房地产开发项目投资管理手册

吴增胜　编著

中国建筑工业出版社

图书在版编目（CIP）数据

房地产开发项目投资管理手册/吴增胜编著. —北京：中国建筑
工业出版社，2013.8
ISBN 978-7-112-15648-1

Ⅰ.①房… Ⅱ.①吴… Ⅲ.①房地产投资-中国-手册 Ⅳ.①
F299.233.5-62

中国版本图书馆 CIP 数据核字（2013）第 166780 号

本书系统地总结、剖析了房地产开发项目在经营、投资与筹资三大活动中的客观规律与实战
技术，为房地产开发项目的从业者、建设项目的管理者提供了一本极为实用的工具书。

全书共包括八个模块，分别为：投资环境分析与投资机会研究、城市用地规划与方案的快速
构思、房地产开发的生命周期与时间管理、房地产的经营业务与房地产的估价、房地产开发的支
出与税费、建设工程的造价指标与工料价格、房地产开发的现金流量与融资、建设项目的财务评
价与决策分析，全面揭示了房地产开发项目投资管理的操作规律，为房地产开发项目或建设项目
的从业者提供了实用借鉴。

本书供房地产开发企业、建设企业各业务部门管理人员和技术人员指导实践。

责任编辑：封　毅
责任设计：李志立
责任校对：肖　剑　赵　颖

房地产开发项目投资管理手册

吴增胜　编著

*

中国建筑工业出版社出版、发行（北京西郊百万庄）
各地新华书店、建筑书店经销
北京红光制版公司制版
北京中科印刷有限公司印刷

*

开本：787×1092毫米　1/16　印张：56　字数：1160千字
2013年11月第一版　2013年11月第一次印刷
印数：1—3000册　定价：**128.00**元
ISBN 978-7-112-15648-1
（24280）

序

与吴增胜师弟相识于 2005 年，当时我组织了中山大学在梅州嘉应大学举办的高级工商管理的移动课堂，恰好，当时是由香港科技大学的一位教授主讲的"决策分析"课程。

吴增胜师弟是一位专家型的人才，于是就决定邀请他加盟了昌盛集团有限公司。吴增胜师弟参与管理了昌盛集团有限公司投资开发的广州中华广场、北京的海晟名苑、太原的双喜城、梅州豪生国际大酒店的开发工作，具有二十多年的房地产开发的实践经验。

更可贵的是，他作为一名职业经理人，不但亲自参与建设了房地产开发的实践工作，而且能在业余时间，对房地产开发的管理工作进行了深度的思考，并系统总结了房地产开发的内在的客观规律，形成了系统的开发理论。今天受吴增胜师弟的邀请，为房地产开发理论的系列"兵法三部"之《房地产开发项目投资管理手册》一书作序，十分高兴并欣然接受。

纵览此书，甚觉经典全面，该书分为"投资环境分析与投资机会研究"、"城市用地规划与方案的快速构思"、"房地产开发的生命周期与时间管理"、"房地产的经营业务与房地产的估价"、"房地产开发的支出与税费"、"建设工程的造价指标与工料价格"、"房地产开发的现金流量与融资"、"建设项目的财务评价与决策分析"八个篇章，系统地总结、剖析了房地产开发项目在经营、投资与筹资三大活动中的客观规律与实战技术，为房地产开发项目的从业者、建设项目的管理者提供了一本极为实用的工具书。

昌盛集团有限公司董事局主席　邹锡昌

于中华广场

2013 年 7 月 1 日

　　中华广场是昌盛集团有限公司创建的广州地标建筑，位于广州市越秀区，是在地铁站上建造的大型城市综合体。占地面积 3.5 万 m^2，总建筑面积近 30 万 m^2，其中，裙楼是十层的商业购物中心，最高塔楼是 62 层的甲级写字楼。中华广场是商业地产的成功典范。

前 言

"投资环境分析与投资机会研究"篇章归集了面对潮起潮落的外部经济环境，善于把握投资机会所必备的知识结构体系，是房地产开发项目投资管理的宏观战略开局篇。

根据宗地的规划条件，快速构思出地块的建筑形态，是在"寻地"阶段确定开发产品类别的基本前提工作。"城市用地规划与方案的快速构思"篇章，集地块之"气候分区、用地分类、规划条件、设计规范"于一体，创建了建筑方案快速构思的速查数据库，为能从众多土地信息中筛选出"风水宝地"的终极目标，构建了相应的知识备查体系。

何时能赶上政策的好时机，何时能赶上楼市销售的黄金周，既不能慢半拍，也不能快半拍，这都是项目时间管理的基本要求。"房地产开发经营的时间管理"篇章，全面剖析了房地产开发的全生命周期规律并分解于主控环节。创建了基于各类建筑形态下的建设项目的设计周期、建造工期的速查表，为管理者提供了极为实用的工具。

"一亩地能收多少粮食？"这是每个农民最朴实的问题，同样，作为在"土地上种房屋"的投资人也会想"这地块能收入多少？"。"开发经营的业务与房地产的估价"篇章，阐述了开发产品的计量规则、归集了典型上市房企的商业模式、解析了房地产项目估价的四大方法，创建了房地产开发的赢利模型，解答了投资人最朴实、最关心的问题。

历经开发的全生命周期，究竟需要花费多少？要想回答这一问题，必然要经过"匡算、估算、概算、预算、期间结算、竣工结算、最终清算、总结盘算"的过程。"房地产开发支出与税费、建设工程造价指标与工料价格"篇章，根据建设工程造价的规律，对于繁杂的建筑形态进行了从简归类，创建了建设项目造价指标与工料价格指标的速算表，从而将建设投资的"八算控制"归简为"掐指一算"，为建设项目的立项研究、财务评价与决策分析提供了最为基本的数据库。

建设项目或房地产开发项目的投资额与现金流量都很巨大。"建设项目的现金流量与融资方案"篇章，全面分析了建设项目的现金流量内在规律和不同的融资渠道，解析了融资方案的编制技巧与融资成本的测算方法。

万物归元，企业的经营、投资、筹资三大活动最终要体现于财务报表。"建设项目的财务评价与决策分析"篇章，创建了基于财务评价和科学思维下的数据决策模型，解答了投资人关心的，诸如"这块地能否购买？需投入多少钱？财务杠杆如何用？投资存在多少风险？"等诸多在投资总控方面的管理问题。

总之,《房地产开发项目投资管理手册》,将房地产开发项目的投资管理的要素归集于"投资时机的研究、地块的规划与设计、开发的全生命周期、开发经营业务与估价、投资支出与税费、造价与工料指标、现金流量与融资方案、财务评价与决策分析"八个模块,全面揭示了房地产开发项目投资管理的内存规律,为房地产开发项目或建设项目的从业者提供了极为实用的管理工具。

北京大学硕士

注册造价工程师　　**吴增胜**

注册监理工程师

高级工程师

于 2013 年 7 月 1 日

交流邮箱：w163126168@163.com

目　　录

9

模块一

投资环境分析与投资机会研究

模块一　投资环境分析与投资机会研究·模块导读

第1-1章　建设项目投资的知识体系　　　　　　第 (5) 页

- 本章节表达了项目、建设项目、投资的概念，其内存的属性特征；表述了国家现行的投资体制，这些都构成了建设项目投资的知识体系。
- 房地产开发企业的最终产品的属性为固定资产，因此，固定资产的概念、固定资产的分类、固定资产的资金来源、固定资产的统计口径、统计报表的解读能力都是"投资分析师"应掌握的知识。房地产开发项目投资管理的基本技能。

第1-2章　房地产行业与宏观经济运行数据　　　第 (24) 页

- 本章节表述了房地产行业的特征；房地产行业的统计报表的内容构成；介绍了宏观经济运行数据中关于房地产行业的统计口径；表述了与房地产行业相关的经济运行数据；归集了与房地产行业相关的宏观经济运行数据的解读方法。

第1-3章　宏观政策对房地产行业的调控　　　　第 (33) 页

- 本章节表述了货币与信贷政策对房地产行业产生的影响、财税政策对房地产行业调控的内容及国土资源方面的现行政策；简介了房地产的行业政策；并根据宏观经济运行趋势，分析了政府未来有可能出台的政策干预措施。

第1-4章　项目选址与房地产市场分析　　　　　第 (69) 页

- 本章节主要是根据国家统计年鉴，分析了在哪个城市进行房地产开发最赚钱的论题；表述了区域城市的"土地储备"战略布局的思路；归集了典型上市房地产开发企业的项目选址的策略。最后总结了房地产城市市场分析方法与纲要。

知识体系·专业技能·目标数据

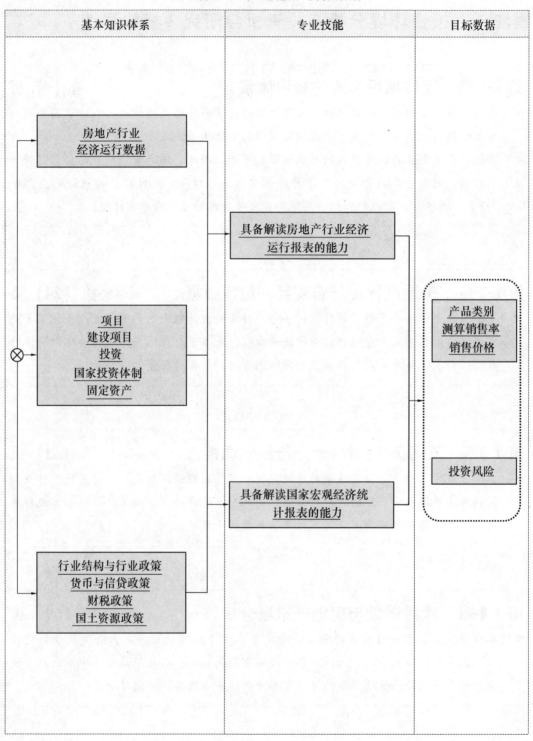

第 1-1 章　建设项目投资的知识体系

建设工程是一种投资行为，从其会计科目的角度，部分或全部将归集为"固定资产"，同时建设工程的开发过程也是"项目管理"的过程。因此，掌握由"投资、国家投资体制、投资政策；建设项目、固定资产"等相关内容构成的建设项目投资的知识体系是房地产开发项目投资管理所必备的基本知识。才能借此形成对"投资环境和投资机会"进行识别和分析的能力。

第 1 节　项目的相关知识

1.1　项目的基本内涵

项目是指在一定的约束条件下（时间约束、资源约束、成本约束、环境约束等），具有明确目标的一次性任务。是在一定时间内，满足一系列特定目标的多项相关工作的总称。

项目定义包含三层含义：第一，项目是一项有待完成的任务，且有特定的环境与要求；第二，在一定的组织机构内，利用有限资源（人力、物力、财力等）在规定的时间内完成任务；第三，任务要满足一定性能、质量、数量、技术指标等特定的要求。

1.2　项目的基本特征

表 1-1-1

明确的目标	（1）项目具有明确的实施目标，一般由结果性目标和约束性目标构成。
独特的性质	（2）每个项目都具有唯一性，项目之间不具有完全相同的特质。
资源的约束性	（3）每个项目都需要运用各种资源来实施，而资源是有限的，项目是有时间、环境、成本等约束条件的。
项目实施的一次性	（4）每个项目的实施都是一次性的，实施过程具备不可重复性。
项目的系统性	（5）一个项目是由人、技术、资源、时间、信息等多种要素组合的，为实现特定系统目标而形成的有机整体。

第 2 节　建设项目的基本特征

2.1　建设项目的内涵

"建设项目"是一个建设单位在一个或几个建设区域内，根据上级下达的计划任务书和批准的总体设计和总概算书，经济上实行独立核算，行政上具有独立的组织形式，严格按基建程序实施的基本建设工程。建设项目必须符合国家总体建设规划，一般需要经过立项和可行性研究后实施。建设项目能独立发挥生产功能或满足生活需要，包括基本建设项目和技术改造项目。

"建设项目"一般是在一个总体设计或初步设计范围内，由一个或几个单项工程所组成，且属于一个总体设计中的主体工程和相应的附属配套工程、综合利用工程、环境保护工程、供水供电工程等，都应归属于一个建设项目；但对于不属于一个总体设计，经济上分别核算的，工艺流程上没有直接联系的几个独立工程，可分别归类于几个建设项目。

2.2　建设项目的特征

建设项目的第一个特征表现为：建设项目一般是按照特定的任务，具有一次性特点的组织形式。建设项目的投资为一次性投入，建设地点具有一次性和固定性。

建设项目第二个特征表现为：在一定的约束条件下，是以形成固定资产为特定目标。时间约束条件体现为建设工期的目标，资源约束条件体现为投资额的管理目标，性能约束条件体现为预期的生产能力、技术能力或使用效益等建设目标。

建设项目第三个特征表现为：建设项目需要遵守一定的建设程序和特定的建设过程。一个建设项目一般都经过立项建议、可行性研究、勘察设计、货物采购、施工建造、竣工验收、投入使用等环节，是一个有序的"项目全生命周期过程"。

第 3 节　投资的相关知识

3.1　投资的基本内涵

投资是指经济主体为了获取经济效益而投入资金或资源，用以转化为"资产"的行为和过程。投资主体、投资目的、投资载体是投资行为的三个基本要素。

投资主体具有独立投资决策权并对投资负有责任的经济法人或自然人。随着经济的发展，投资主体呈现出多元化、多层次发展趋势。

投资目的主要体现在对获取未来效益的预期，效益分为财务效益、经济效益和社会效益。其中财务效益表现为项目的盈利能力、投资回收能力等方面；经济效益表现为：项目对增加社会总产品和国民收入的能力；社会效益表现为项目对社会所作出的贡献能力。

投资载体主要有资金、有形资产、无形资产等形式。

3.2 投资的构成与分类

按照投资路径的不同，可将投资分为"直接投资"和"间接投资"。直接投资是指直接用于生产，投资行为转化为实物资产，间接投资是指用于购买股票、债券等方式，投资行为转化为金融资产。

直接投资按照资金的用途不同，可分为"固定资产投资"和"流动资产投资"。固定资产投资是指投入资金用于购置和建造固定资产，固定资产投资按照固定资产再生产的方式不同，又可分为基本建设投资和更新改造投资。流动资产投资是指投入资金用于增加流动资产，以满足生产和经营中资金周转的需要。

直接投资按照资金运动的方式，可分为"经营性投资"和"非经营性投资"。经营性投资是指资金能够回笼，可以组织回收；非经营性投资是指资金不能回笼，不能组织回收。直接投资按照资金的经济用途可分为："生产性投资"和"非生产性投资"。

对于间接投资，可细分为信贷投资、信托投资、证券投资等形式。"信贷投资"指投入资金用于提供贷款给借款者进行直接投资，并从直接投资主体以利息形式分享投资效益。"信托投资"指投入资金委托银行或信托公司代为投资，并以信托受益形式分享投资效益。

"证券投资"包括债券投资、股票投资等形式。"债券投资"指投入资金用于购买债券，以债息形式分享投资效益。"股票投资"指投入资金用于购买股票，以股息、红利的形式分享投资效益。

3.3 投资的特点与风险

投资行为的特点一般表现为三个方面：第一，投资方向具有宽广性和复杂性；第二，投资周期具有长期性和阶段性：投资的实施过程需要资金和资源不断地投入，具有连续性和波动性的特点；第三，投资收益具有一定的风险性和不确定性：其中可能存在着一定的政治风险、财务风险、法律风险等。基于投资行为特点，投资人在正式实施投资前，一般要进行投资的立项分析与可行性研究。

第4节　国家投资体制与投资政策

4.1　国家投资体制改革的目标

根据国家发展改革委的［2004］20号文件精神，对于投资体制改革的指导思想是：在市场经济体制的要求下，在国家宏观调控下充分发挥市场配置资源的基础性作用，确立企业在投资活动中的主体地位，规范政府投资行为，保护投资者的合法权益，营造有利于各类投资主体公平、有序竞争的市场环境，促进生产要素的合理流动和有效配置，优化投资结构，提高投资效益，推动经济协调发展和社会全面进步。

通过深化投资体制的改革以达到以下目标：改革政府对企业投资的管理制度，按照"谁投资、谁决策、谁收益、谁承担风险"的原则，落实企业投资自主权；合理界定政府投资职能，提高投资决策的科学化、民主化水平，建立投资决策责任追究制度；进一步拓宽项目融资渠道，发展多种融资方式；培育规范的投资中介服务组织，加强行业自律，促进公平竞争；健全投资宏观调控体系，改进调控方式，完善调控手段；加快投资领域的立法进程；加强投资监管，维护规范的投资和建设市场秩序。通过深化改革和扩大开放，最终建立起市场引导投资、企业自主决策、银行独立审贷、融资方式多样、中介服务规范、宏观调控有效的新型投资体制。

4.2　确立企业的投资主体地位

4.2.1　具体落实企业投资自主权

彻底改革现行不分投资主体、不分资金来源、不分项目性质，一律按投资规模大小分别由各级政府及有关部门审批的企业投资管理办法。对于企业不使用政府投资建设的项目，一律不再实行审批制，区别不同情况实行"核准制"和"备案制"。其中，政府仅对重大项目和限制类项目从维护社会公共利益角度进行核准，其他项目无论规模大小，均改为备案制，项目的市场前景、经济效益、资金来源和产品技术方案等均由企业自主决策、自担风险，并依法办理环境保护、土地使用、资源利用、安全生产、城市规划等许可手续和减免税确认手续。对于企业使用政府补助、转贷、贴息投资建设的项目，政府只审批资金申请报告。各地区、各部门要相应改进管理办法，规范管理行为，不得以任何名义截留下放给企业的投资决策权利。

4.2.2 规范投资的政府核准制

严格限定实行政府"核准制"的范围，并根据变化的情况适时调整。《政府核准的投资项目目录》由国务院投资主管部门会同有关部门研究提出，报国务院批准后实施。未经国务院批准，各地区、各部门不得擅自增减核准目录规定的范围。

企业投资建设实行"核准制"的项目，仅需向政府提交"项目申请报告"，不再经过批准项目建议书、可行性研究报告和开工报告的程序。政府对企业提交的"项目申请报告"，主要从维护经济安全、合理开发利用资源、保护生态环境、优化重大布局、保障公共利益、防止出现垄断等方面进行核准。对于外商投资项目，政府还要从市场准入、资本项目管理等方面进行核准。政府有关部门要制定严格规范的核准制度，明确核准的范围、内容、申报程序和办理时限，并向社会公布，提高办事效率，增强透明度。

4.2.3 建立投资项目的备案制

对于《政府核准的投资项目目录》以外的企业投资项目，实行"备案制"，除国家另有规定外，由企业按照属地原则向地方政府投资主管部门备案。"备案制"的具体实施办法由省级人民政府自行制定。国务院投资主管部门要对备案工作加强指导和监督，防止以备案的名义变相审批。

4.2.4 扩大大型企业的投资决策权

基本建立现代企业制度的特大型企业集团，投资建设《政府核准的投资项目目录》内的项目，可以按项目单独申报核准，也可编制中长期发展建设规划，规划经国务院或国务院投资主管部门批准后实施，对于规划属于《目录》内的项目不再另行申报核准，只需办理备案手续。企业集团要及时向国务院有关部门报告规划执行和项目建设情况。

4.2.5 国家鼓励社会资本的投资

放宽"社会资本"的投资领域，允许社会资本进入法律法规未禁入的基础设施、公用事业及其他行业和领域。逐步理顺公共产品价格，通过注入资本金、贷款贴息、税收优惠等措施，鼓励和引导社会资本以独资、合资、合作、联营、项目融资等方式，参与经营性的公益事业、基础设施项目建设。

对于涉及国家垄断资源开发利用、需要统一规划布局的项目，政府在确定建设规划后，可向社会公开招标选定项目业主。鼓励和支持有条件的各种所有制企业进行境外投资。

4.2.6　拓宽企业投资项目的融资渠道

允许各类企业以"股权融资"方式筹集投资资金，逐步建立起多种募集方式相互补充的多层次资本市场。经国务院投资主管部门和证券监管机构批准，选择一些收益稳定的基础设施项目进行试点，通过公开发行股票、可转换债券等方式筹集建设资金。

在严格防范风险的前提下，改革企业债券发行管理制度，扩大企业债券发行规模，增加企业债券品种。按照市场化原则改进和完善银行的固定资产贷款审批和相应的风险管理制度，运用银团贷款、融资租赁、项目融资、财务顾问等多种业务方式，支持项目建设。允许各种所有制企业按照有关规定申请使用国外贷款。

制定相关法规，组织建立中小企业融资和信用担保体系，鼓励银行和各类合格担保机构对项目融资的担保方式进行研究创新，采取多种形式增强担保机构资本实力，推动设立中小企业投资公司，建立和完善创业投资机制。规范发展各类投资基金，鼓励和促进保险资金间接投资基础设施和重点建设工程项目。

4.2.7　规范企业的投资行为

各类企业都应严格遵守国土资源、环境保护、安全生产、城市规划等法律法规，严格执行产业政策和行业准入标准，不得投资建设国家禁止发展的项目；应诚信守法，维护公共利益，确保工程质量，提高投资效益。

国有和国有控股企业应按照国有资产管理体制改革和现代企业制度的要求，建立和完善国有资产"出资人"制度、投资风险约束机制、科学民主的投资决策制度和重大投资责任追究制度。严格执行投资项目的法人责任制、资本金制、招标投标制、工程监理制和合同管理制。

4.3　规范政府的投资行为

4.3.1　合理界定政府投资范围

政府投资主要用于关系国家安全和市场不能有效配置资源的经济和社会领域，包括加强公益性和公共基础设施建设，保护和改善生态环境，促进欠发达地区的经济和社会发展，推进科技进步和高新技术产业化。

对于能够由社会投资建设的项目，尽可能利用社会资金建设。合理划分中央政府与地方政府的投资事权。中央政府投资除本级政权等建设外，主要安排跨地区、跨流域以及对经济和社会发展全局有重大影响的项目。

4.3.2　健全政府投资项目决策机制

进一步完善和坚持科学的决策规则和程序，提高政府投资项目决策的科学化、民主化水平；政府投资项目一般都要经过符合资质要求的咨询中介机构的评估论证。

咨询评估要引入竞争机制，并制定合理的竞争规则；特别重大的项目还应实行专家评议制度；逐步实行政府投资项目公示制度，广泛听取各方面的意见和建议。

4.3.3　规范政府投资的资金管理

编制政府投资的中长期规划和年度计划，统筹安排、合理使用各类政府投资资金，包括预算内投资、各类专项建设基金、统借国外贷款等。政府投资资金按项目安排，根据资金来源、项目性质和调控需要，可分别采取直接投资、资本金注入、投资补助、转贷和贷款贴息等方式。

以资本金注入方式投入的，要确定出资人代表。要针对不同的资金类型和资金运用方式，确定相应的管理办法，逐步实现政府投资的决策程序和资金管理的科学化、制度化和规范化。

4.3.4　规范政府投资项目审批程序

按照项目性质、资金来源和事权划分，合理确定中央政府与地方政府之间、国务院投资主管部门与有关部门之间的项目审批权限。

对于政府投资项目，采用直接投资和资本金注入方式的，从投资决策角度只审批"项目建议书"和"可行性研究报告"，除特殊情况外，不再审批开工报告。同时应严格政府投资项目的初步设计、概算审批工作。

采用投资补助、转贷和贷款贴息方式的，只审批"资金申请报告"。具体的权限划分和审批程序由国务院投资主管部门会同有关方面研究制定，报国务院批准后颁布实施。

4.3.5　加强政府投资的项目管理

规范政府投资项目的建设标准，并根据情况变化及时修订完善。按项目建设进度下达投资资金计划。加强政府投资项目的中介服务管理，对咨询评估、招标代理等中介机构实行资质管理，提高中介服务质量。

对非经营性政府投资项目加快推行"代建制"，即通过招标等方式，选择专业化的项目管理单位负责建设实施，严格控制项目投资、质量和工期，竣工验收后移交给使用单位。增强投资风险意识，建立和完善政府投资项目的风险管理机制。

4.3.6 引入市场机制发挥政府投资效益

根据国家发展改革委的〔2004〕20号文件精神，要求各级政府要创造条件，利用特许经营、投资补助等多种方式，吸引社会资本参与有合理回报和一定投资回收能力的公益事业和公共基础设施项目建设。

对于具有垄断性的项目，试行特许经营，通过业主招标制度，开展公平竞争，保护公众利益。已经建成的政府投资项目，具备条件的经过批准可以依法转让产权或经营权，以回收的资金滚动投资于社会公益等各类基础设施建设。

4.4 加强和改善投资的宏观调控

4.4.1 完善投资宏观调控体系

根据国家发展改革委的〔2004〕20号文件精神，"国家发展和改革委员会"要在国务院领导下会同有关部门，按照职责分工，密切配合、相互协作、有效运转、依法监督，调控全社会的投资活动，保持合理投资规模，优化投资结构，提高投资效益，促进国民经济持续快速协调健康发展和社会全面进步。

4.4.2 改进投资宏观调控方式

根据国家发展改革委的〔2004〕20号文件精神，要综合运用经济的、法律的和必要的行政手段，对全社会投资进行以间接调控方式为主的有效调控。国务院有关部门要依据国民经济和社会发展中长期规划，编制教育、科技、卫生、交通、能源、农业、林业、水利、生态建设、环境保护、战略资源开发等重要领域的发展建设规划，包括必要的专项发展建设规划，明确发展的指导思想、战略目标、总体布局和主要建设项目等。按照规定程序批准的发展建设规划是投资决策的重要依据。各级政府及其有关部门要努力提高政府投资效益，引导社会投资。制定并适时调整国家固定资产投资指导目录、外商投资产业指导目录，明确国家鼓励、限制和禁止投资的项目。

建立投资信息发布制度，及时发布政府对投资的调控目标、主要调控政策、重点行业投资状况和发展趋势等信息，引导全社会投资活动。建立科学的行业准入制度，规范重点行业的环保标准、安全标准、能耗水耗标准和产品技术、质量标准，防止低水平重复建设。

4.4.3 协调投资宏观调控手段

根据国民经济和社会发展要求以及宏观调控需要，合理确定政府投资规模，保持国家对全社会投资的积极引导和有效调控。灵活运用投资补助、贴息、价格、利率、税收等多种手段，引导社会投资，优化投资的产业结构和地区结构。

政府要适时制定和调整信贷政策，引导中长期贷款的总量和投向。严格和规范土地使用制度，充分发挥土地供应对社会投资的调控和引导作用。

4.4.4 改进投资信息与统计的工作

加强投资统计工作，改革和完善投资统计制度，进一步及时、准确、全面地反映全社会固定资产存量和投资的运行态势，并建立各类信息共享机制，为投资宏观调控提供科学依据。建立投资风险预警和防范体系，加强对宏观经济和投资运行的监测分析。

4.5 加强和改进投资的监督管理

4.5.1 建立和完善政府投资监管体

建立政府投资责任追究制度，工程咨询、投资项目决策、设计、施工、监理等部门和单位，都应有相应的责任约束，对不遵守法律法规给国家造成重大损失的，要依法追究有关责任人的行政和法律责任。

完善政府投资制衡机制，投资主管部门、财政主管部门以及有关部门，要依据职能分工，对政府投资的管理进行相互监督。审计机关要依法全面履行职责，进一步加强对政府投资项目的审计监督，提高政府投资管理水平和投资效益。

完善重大项目稽查制度，建立政府投资项目后评价制度，对政府投资项目进行全过程监管。建立政府投资项目的社会监督机制，鼓励公众和新闻媒体对政府投资项目进行监督。

4.5.2 健全协同配合的企业投资监管体系

国土资源、环境保护、城市规划、质量监督、银行监管、证券监管、外汇管理、工商管理、安全生产监管等部门，要依法加强对企业投资活动的监管，凡不符合法律法规和国家政策规定的，不得办理相关许可手续。

在建设过程中不遵守有关法律法规的，有关部门要责令其及时改正，并依法严肃处理。各级政府投资主管部门要加强对企业投资项目的事中和事后监督检查，对于不符合产业政策和行业准入标准的项目，以及不按规定履行相应核准或许可手续而擅自开工建设的项目，要责令其停止建设，并依法追究有关企业和人员的责任。

审计机关依法对国有企业的投资进行审计监督，促进国有资产保值增值。建立企业投资诚信制度，对于在项目申报和建设过程中提供虚假信息、违反法律法规的，要予以惩处，并公开披露，在一定时间内限制其投资建设活动。

4.5.3 加强对投资中介服务机构的监管

各类投资中介服务机构均须与政府部门脱钩，坚持诚信原则，加强自我约束，为投资者提供高质量、多样化的中介服务。鼓励各种投资中介服务机构采取合伙制、股份制等多种形式改组改造。

健全和完善投资中介服务机构的行业协会，确立法律规范、政府监督、行业自律的行业管理体制。打破地区封锁和行业垄断，建立公开、公平、公正的投资中介服务市场，强化投资中介服务机构的法律责任。

4.5.4 完善法律法规且依法监督管理

建立健全与投资有关的法律法规，依法保护投资者的合法权益，维护投资主体公平、有序竞争，投资要素合理流动、市场发挥配置资源的基础性作用的市场环境，规范各类投资主体的投资行为和政府的投资管理活动。

认真贯彻实施有关法律法规，严格财经纪律，堵塞管理漏洞，降低建设成本，提高投资效益。加强执法检查，培育和维护规范的建设市场秩序。

第5节 全社会固定资产投资

针对房地产开发项目的投资管理，必须对国家或各级政府的统计局所发布的各类统计指标有正确的解读能力，尤其是固定资产方面的知识体系是房地产开发投资管理所必备的基本知识之一。

根据"国家统计局"的定义，全社会固定资产投资也称全社会固定资产投资完成额，是指以货币形式表现的在一定时期内全社会建造和购置固定资产的工作量和与此有关的费用总称。固定资产是指使用年限在一年以上，单位价值在规定的标准以上，并在使用过程中保持原来物质形态的资产。全社会固定资产投资反映全国固定资产规模、结构和发展速度，是观察工程进度和考核投资效果的重要依据。

固定资产投资是社会固定资产再生产的主要手段。通过建造和购置固定资产的活动，国民经济不断采用先进技术装备，可进一步调整经济结构和生产力的地区分布，增强经济实力，为改善人民物质文化生活创造物质条件。这对我国的现代化建设具有重要意义。

固定资产投资额是以货币表现的建造和购置固定资产活动的工作量，它是反映固定资产投资规模、速度、比例关系和使用方向的综合性指标。

全社会固定资产投资按发布口径由固定资产投资和农户固定资产投资构成，每年发布一次。固定资产投资（月报口径）由 500 万元及以上"建设项目投资"和"房地产开发投资"构成，是全社会固定资产投资的主体。

500 万元及以上建设项目投资是指各级行政区域内的各种登记注册类型的企业、事业、行政单位及个体户（含个人）进行的计划总投资 500 万元及 500 万元以上的建设项目投资。

房地产开发投资是指各种登记注册类型的房地产开发公司、商品房建设公司及其他房地产开发单位统一开发的包括统代建、拆迁还建的住宅、厂房、办公楼等房屋建筑物和配套的服务设施、土地开发工程的投资。

农村农户投资为农户价值 50 元及以上、使用年限 2 年及以上的房屋、建筑物、机器设备、器具等固定资产建造和购置活动。

全社会固定资产投资按经济类型可分为国有、集体、个体、联营、股份制、外商、港澳台商、其他等。全社会固定资产投资按照其管理渠道的类型，可分为"基本建设"、"更新改造"、"房地产开发投资"和"其他固定资产投资"四个部分。

5.1 根据管理渠道的分类

5.1.1 基本建设投资

"基本建设投资"是指企业、事业、行政单位以扩大生产能力或工程效益为主要目的新建、扩建工程及有关工作。具体包括：

表 1-1-2

---

(1) 列入中央和各级地方本年基本建设计划的建设项目，以及虽未列入本年基本建设计划，但使用以前年度基建计划内结转投资（包括利用基建库存设备材料）在本年继续施工的建设项目；

---

(2) 本年基本建设计划内投资与更新改造计划内投资结合安排的新建项目和新增生产能力（或工程效益）达到大中型项目标准的扩建项目，以及为改变生产力布局而进行的全厂性迁建项目；

---

(3) 国有单位既未列入基建计划，也未列入更新改造计划的总投资在 50 万元以上的新建、扩建、恢复项目和为改变生产力布局而进行的全厂性迁建项目，以及行政、事业单位增建业务用房和行政单位增建生活福利设施的项目。

5.1.2　更新改造投资

"更新改造投资"是指企业、事业单位对原有设施进行固定资产更新和技术改造，以及相应配套的工程和有关工作（不包括大修理和维护工程）。其综合范围为总投资50万元以上的更新改造项目。具体包括：

表 1-1-3

---

(1) 列入中央和各级地方本年更新改造计划的投资单位（项目）和虽未列入本年更新改造计划，但使用上年更新改造计划内结转的投资在本年继续施工的项目；

---

(2) 本年更新改造计划内投资与基本建设计划内投资结合安排的对企、事业单位原有设施进行技术改造或更新的项目和增建主要生产车间、分厂等其新增生产能力（或工程效益）未达到大中型项目标准的项目，以及由于城市环境保护和安全生产的需要而进行的迁建工程；

---

(3) 国有企、事业单位既未列入基建计划也未列入更新改造计划，总投资在50万元以上的属于改建或更新改造性质的项目，以及由于城市环境保护和安全生产的需要而进行的迁建工程。

5.1.3　房地产开发投资

"房地产开发投资"指房地产开发公司、商品房建设公司及其他房地产开发法人单位和附属于其他法人单位实际从事房地产开发或经营的活动单位统一开发的包括统代建、拆迁还建的住宅、厂房、仓库、饭店、宾馆、度假村、写字楼、办公楼等房屋建筑物和配套的服务设施，土地开发工程（如道路、给水、排水、供电、供热、通讯、平整场地等基础设施工程）的投资；不包括单纯的土地交易活动。

5.1.4　其他固定资产投资

"其他固定资产投资"是指全社会固定资产投资中未列入基本建设、更新改造和房地产开发投资的建造和购置固定资产的活动。具体包括：

表 1-1-4

（1）国有单位按规定不纳入基本建设计划和更新改造计划管理，计划总投资（或实际需要总投资）在 50 万元以上的以下工程：

①油田维护费和石油开发基金进行的油田维护和开发工程；

②煤炭、铁矿、森工等采掘采伐业用维简费进行的开拓延伸工程；

③交通部门用公路养路费对原有公路、桥梁进行改建的工程；

④商业部门用简易建筑费建造的仓库工程。

（2）城镇集体固定资产投资：指所有隶属城市、县城和经国务院及省、自治区、直辖市批准建制的镇领导的集体单位（乡镇企业局管理的除外）建造和购置固定资产计划总投资（或实际需要总投资）在 50 万元以上的项目。

（3）除上述以外的其他各种企、事业单位、个体建造和购置固定资产总投资在 50 万元以上的、未列入基本建设计划和更新改造计划的项目。

  城镇和工矿区私人建房投资和农村个人投资是指城镇和工矿区私人建房包括市、县城、镇、工矿区所辖范围内的全部私人建房，不论其房主是否系本地的常住户口均应包括。农村个人投资包括农村个人建房及购置生产性固定资产的投资。

5.2 固定资产投资资金来源

  根据固定资产投资的资金来源不同，固定资产投资的资金来源可分为国家预算内资金、国内贷款、利用外资、自筹资金和其他资金来源。

5.2.1 国家预算内资金

  国家预算内资金是指中央财政和地方财政中由国家统筹安排的基本建设拨款和更新改造拨款，以及中央财政安排的专项拨款中用于基本建设的资金和基本建设拨款改贷款的资金等。

5.2.2 国内贷款

  国内贷款项目是指报告期内企、事业单位向银行及非银行金融机构借入的用于固定资产投资的各种国内借款。包括银行利用自有资金及吸收的存款发放的贷款、上级主管部门拨入的国内贷款、国家专项贷款（包括煤代油贷款、劳改煤矿专项贷款等）、地方财政专项资金安排的贷款、国内储备贷款、周转贷款等。

5.2.3　利用外资

利用外资是指报告期内收到的用于固定资产投资的国外资金，包括统借统还、自借自还的国外贷款，中外合资项目中的外资，以及对外发行债券和股票等。国家统借统还的外资指由我国政府出面同外国政府、团体或金融组织签订贷款协议、并负责偿还本息的国外贷款。

5.2.4　自筹资金

自筹资金是指建设单位报告期内收到的，用于进行固定资产投资的上级主管部门、地方和企业、事业单位自筹的资金。

5.2.5　其他资金来源

其他资金来源是指报告期内收到的除以上各种拨款、固定资产投资按国民经济行业分建设项目归哪个行业，按其建成投产后的主要产品或主要用途及社会经济活动性质来确定。基本建设按建设项目划分国民经济行业，更新改造、国有单位其他固定资产投资及城镇集体投资根据整个企业、事业单位所属的行业来划分。

一般情况下，一个建设项目或一个企业、事业单位只能属于一种国民经济行业。为了更准确地反映国民经济各行业之间的比例关系，联合企业（总厂）所属分厂属于不同行业的，原则上按分厂划分行业。

第6节　固定资产投资的分类

固定资产投资按建设性质分类，一般分为新建、扩建、改建、迁建、恢复。基本建设按建设项目划分建设性质，更新改造、国有单位其他固定资产投资及城镇集体投资等按整个企业、事业单位的建设情况确定建设性质，房地产开发单位、农村投资、城镇工矿区私人建房等投资不划分建设性质。

6.1　按建设性质分类

6.1.1　新建

"新建"一般是指从无到有、新开始建设的。且当对于有此单位原有的基础很小，经过建设后其新增加的固定资产价值超过原有固定资产价值（原值）三倍以上的也算新建。

6.1.2 扩建

"扩建"一般是指为扩大原有产品的生产能力，在厂内或其他地点增建主要生产车间（或主要工程）、独立的生产线或分厂的企业；事业单位和行政单位在原单位增建业务用房（如学校增建教学用房、医院增建门诊部或病床用房、行政机关增建办公楼等）也作为扩建。

6.1.3 改建

"改建"一般是指现有企业、事业单位为了技术进步，提高产品质量，增加花色品种，促进产品升级换代，降低消耗和成本，加强资源综合利用和三废治理、劳保安全等，采用新技术、新工艺、新设备、新材料等对现有设施、工艺条件进行技术改造或更新（包括相应配套的辅助性生产、生活福利设施）。有的企业为充分发挥现有生产能力，进行填平补齐而增建不增加本单位主要产品生产能力的车间等，也属于改建。

6.2 按投资规模分类

固定资产投资规模是指一定时期在国民经济各部门、各行业固定资产再生产中投入资金的数量。投资规模是否适度，是影响经济稳定与增长的一个决定因素。

按照国家计委、国家建委、财政部联合发布的大、中、小型建设项目的划分标准如下：基本建设项目大中型划分标准，均据国家计委、国家建委、财政部"计（78）234号"文件和国家计委"计基（79）725号"文件规定。

6.3 按投资进度分类

6.3.1 施工项目

"施工项目"指报告期内曾进行建筑或安装工程施工活动的建设项目，包括报告期内新开工项目、报告期以前开工跨入报告期继续施工的项目以及在报告期内停缓建的项目。

6.3.2 全部建成投产项目

"全部建成投产项目"分为"工业项目"和"非工业项目"，其中"工业项目"是指设计文件规定形成生产能力的主体工程及其相应配套的辅助设施全部建成，经负荷试运转，证明具备生产设计规定合格产品的条件，并经过验收鉴定合格或达到竣工验收标准，与生产性工程配套的生活福利设施可以满足近期正常生产的需要，正式移交生产的建设项目。

"非工业项目"是指设计文件规定的主体工程和相应的配套工程全部建成，能够发挥设计规定的全部效益，经验收鉴定合格或达到竣工验收标准，正式移交使用的建设项目。

6.3.3　新增生产能力

"新增生产能力"指通过固定资产投资活动而增加的设计能力或工程效益，它是用实物形态表示的固定资产投资的成果。新增生产能力的计算，是以能独立发挥生产能力或工程效益的单项工程（或项目）为对象。当单项工程（或项目）建成，经有关部门鉴定合格，正式移交投入生产，即可计算新增生产能力。

新增生产能力的数量一般按设计能力计算。设计能力是指设计文件中规定的在正常情况下能够达到的生产能力，而不论投产后的实际产量如何。以设备数量、建筑物容积、面积、长度等表示的新增生产能力或工程效益，则按建成的实际数量计算。

第7节　固定资产的统计口径

针对房地产开发项目的投资管理，在对"拟建项目"土地价值进行判断时，了解我国的宏观经济的相关运行数据及发展趋势是必要的，其中经常解读"统计公报"是十分有效的方法之一。因此，掌握固定资产的统计指标的口径是必备的基本知识。下面就对固定资产相关指标的口径进行表述。

7.1　房屋建筑面积

"房屋建筑面积"指从房屋外墙线算起的各层平面面积的总和，包括可供使用的有效面积和房屋结构（如柱、墙）占用的面积。多层建筑按各层（包括地下室）面积总和计算。

7.2　住宅建筑面积

"住宅建筑面积"指施工和竣工房屋建筑面积中供居住用的施工和竣工房屋建筑面积。

7.3 施工面积

"施工面积"指报告期内施工的全部房屋建筑面积。包括本期新开工的面积、上期跨入本期继续施工的房屋面积、上期停缓建在本期恢复施工的房屋面积、本期竣工的房屋面积及本期施工后又停缓建的房屋面积。

7.4 竣工面积

"竣工面积"指在报告期内房屋建筑按照设计要求已全部完工，能达到住人和使用条件，经验收鉴定合格，正式移交使用单位的建筑面积。

7.5 房屋建筑面积竣工率

"房屋建筑面积竣工率"指一定时期内房屋竣工面积占同期房屋施工面积的比率。它是从房屋建筑施工速度的角度反映投资效果和建筑业经济效益的指标。

7.6 新增固定资产

"新增固定资产"指通过投资活动所形成的新的固定资产价值，包括已经建成投入生产或交付使用的工程价值和达到固定资产标准的设备、工具、器具的价值及有关应摊入的费用。它是以价值形式表示的固定资产投资成果的综合性指标，可以综合反映不同时期、不同部门、不同地区的固定资产投资成果。

7.7 建设项目投产率

"建设项目投产率"指一定时期内全部建成投入生产项目个数与同期正式施工项目个数的比率。它是从项目建设速度的角度反映投资效果的指标。

7.8 固定资产交付使用率

"固定资产交付使用率"指一定时期新增固定资产与同期完成投资额的比率。它是反映各个时期固定资产动用速度，衡量建设过程中投资效果的一个综合性指标。

第8节 固定资产投资统计报表的解读

8.1 城镇固定资产投资统计说明

本书以国家统计局所公报的"城镇固定资产投资"报表案例,来分析近五年来,我国城镇固定资产投资情况。

"城镇固定资产投资情况"报表的说明:

表 1-1-5

投资统计内容	(1) 城镇固定资产投资指城镇各种登记注册类型的企业、事业、行政单位及个体户进行的计划总投资(或实际需要总投资)50万元及 50 万元以上的建设项目投资、房地产开发投资。
投资统计范围	(2) 县城及以上区域内发生的投资,县及县以上各级政府及主管部门直接领导、管理的建设项目和企业事业单位的投资均为城镇固定资产投资。
房地产开发投资定义	(3) 指各种登记注册类型的房地产开发公司、商品房建设公司及其他房地产开发法人单位和附属于其他法人单位实际从事房地产开发或经营活动的单位统一开发的包括统代建、拆迁还建的住宅、厂房、仓库、饭店、宾馆、度假村、写字楼、办公楼等房屋建筑物和配套的服务设施,土地开发工程(如道路、给水、排水、供电、供热、通讯、平整场地等基础设施工程)的投资;不包括单纯的土地交易活动。
其他的说明	(4) 表中按建设性质分组不含房地产开发投资。

8.2 固定资产投资对 GDP 贡献

根据国家统计局公布的年度《国民经济和社会发展统计公报》相关数据,将全社会固定资产投资金额与国内生产总值之间的比例结构分析如下(计量单位万亿):

表 1-1-6

年　度	2006	2007	2008	2009	2010	2011
国内生产总值 GDP	21.64	26.59	31.41	34.10	39.80	47.16
全社会固定资产投资 A	11.00	13.74	17.29	22.46	27.82	31.11
A/GDP 比重	51%	52%	55%	66%	70%	66%

根据上组数据进行计算对比分析，全社会固定资产投资占国内生产总值的比例逐年上升，在 2006 年到 2010 年五年之间，其比重由 51%上升至 70%，所以全社会固定资产投资对整个国内生产总值的贡献是巨大的。

8.3　按行业划分的固定资产投资

根据国家统计局发布的 2006 年度至 2011 年度的统计公报中相关数据分析如下（计量单位为万亿）：

表 1-1-7

指标内容	2006	2007	2008	2009	2010	2011
国内生产总值 GDP	21.64	26.59	31.41	34.10	39.80	47.16
房地产开发投资	2.15	2.86	3.53	4.31	5.76	6.18
A/GDP 比重	10%	11%	11%	13%	14%	13%

根据上组数据进行计算对比分析，房地产业投资占国内生产总值的比例逐年上升，在 2006 年到 2010 年五年之间，其比重由 10%上升至 14%，足以说明房地产投资对国内生产总值的贡献率是比较大的。

第 1-2 章 房地产行业与宏观经济运行数据

作为以房地产开发为主营业务的开发企业，在进行建设项目投资决策时，至少将要面临以下四个问题：

(1) 投资这个项目需要多少钱？

(2) 投资这个项目能赚多少钱？

(3) 投资这个项目钱从哪里来？

(4) 投资这个项目有多少风险？

这四个问题是任何一个投资人在项目投资决策过程中必须要思考的问题。对项目进行可行性研究（立项研究）就是对这四个问题的"题解"过程。显然，上述的问题都是站在具体项目的微观层面。

作为从事"项目投资立项分析"及"地块采购"的房地产开发企业的从业人员，应掌握宏观经济的相关知识。因为一个房地产项目的投资的周期，短则一年，长则数年，房地产开发企业在决定是否买地的时候，需要对未来的收益进行定性及定量的预测，也就需要对我国宏观经济的未来数年内的发展趋势应具备一定的预判能力。

投资人在买地时，当对未来经济的发展过于乐观时，一旦国家的宏观经济处于下行的走势时，对于购买的地块就容易出现"面粉贵过面包现象"，导致所购买的"地块"贬值（在财务处理上不得不采取"跌价预提"或赔本转让等措施）；而反之，当投资人对中国的宏观经济过于悲观时，将导致企业在进行"土地储备时"过于谨慎，有时可能失去大量的"低成本购地的机会"甚至会出现"地荒"现象，将直接影响到房地产开发企业可持续性发展的能力。

第 1 节 房地产行业的特点

房地产行业具备典型的资金密集型的特征，具有投资大、建设周期长、地域性强、供应链长、风险高等特点，土地的储备能力对房地产开发企业的可持续发展有着较大的影响，房地产行业具体的行业特点分析如下。

1.1　房地产行业的区域性明显

房地产开发所需要的"地块"是房地产开发最基本的要素资源，一个房地产开发企业能否拥有足够的"土地储备量"是考核开发商是否具备可持续发展的基本指标。因此，研究土地市场是十分必要的，土地的供应量、地价的高低等因素将直接影响着房地产行业健康的发展。

1.2　属于大资金需求量的行业

房地产开发的过程对资金需求量特别大，通过对房地产开发"资金链"运作规律的研究表明，房地产业对金融市场和资本市场的依赖程度较高。因此，房地产开发企业的"投资分析师"应具备对国内外的金融市场和资本市场的分析能力。以测算出"拟建项目"的资金需求量与融资成本。

1.3　具有明显的行业周期性

房地产业从投入到产出的周期比较长，是典型的周期性行业，在不同的时期将呈现明显的上下波动特征。一个完整的房地产业循环周期与宏观经济的发展一样具有明显的周期波动性，这就要求房地产开发项目的"投资分析师"对"拟建项目"的投资机会与投资外部环境具备一定的预判能力。

1.4　与其他产业紧密的关联性

房地产行业与国民经济的其他许多产业密切相关，需要整合的要素资源众多，涉及的交易市场有土地市场、资本市场、技术服务类市场、建材设备市场、施工承包市场等（详见笔者的另行出版的专著《房地产开发企业合同管理手册》），具有很强的"产业关联性"。根据国家统计局发布的相关数据分析，也证明了房地产业对国民经济的贡献率很高。因此，房地产开发企业的从业人员应对整个房地产开发企业的"产业链"有深度的掌握与熟知。

1.5　对国家相关政策的敏感性

房地产行业对政府发布的相关政策具有相当的敏感性。例如，政府发布的各种

"土地政策"将直接影响到向房地产开发市场所投放的土地供应量；政府发布的各种"货币政策"及"财税政策"将直接影响到房地产的销售价格，从而影响至房地产的交易情况。甚至于政府还会出台各类与房地产业直接相关的政策措施以对房地产行业进行直接的"政府干预"，以满足宏观经济稳健运行的需要。因此，房地产开发企业应随时对当前或未来的宏观经济的政策与走向分析。

第2节　房地产业的统计口径与定义

无论是根据国际标准产业的分类标准划分，还是根据我国标准产业的分类标准划分，房地产业属于"第三产业"，而与房地产业紧密相关的建筑业则属于"第二产业"。

根据国家统计局发布的房地产开发投资的统计范围包括：各种登记注册类型的房地产开发公司、商品房建设公司及其他房地产开发单位统一开发的包括统代建、拆迁还建的住宅、厂房、仓库、饭店、宾馆、度假村、写字楼、办公楼等房屋建筑物和配套的服务设施、土地开发工程，如道路、给水、排水、供电、供热、通讯、平整场地等基础设施工程。包括实际从事房地产开发或经营活动的附营房地产开发单位。

国家统计局所规定的房地产业的统计口径如下：

2.1　房地产开发经营

"房地产开发经营"是指房地产开发企业进行的基础设施建设、房屋建设，并转让房地产开发项目或者销售、出租商品房的活动。

统计报表中包括的内容有：土地使用权的转让、买卖和租赁活动；住宅、公寓的开发、销售、出租等活动；办公楼的开发、销售、出租等活动；商业营业用房的开发、销售、出租等活动；其他建筑物的开发、销售、出租等活动。

统计报表中不包括的内容：房屋及其他建筑物的工程施工活动，列入 E（建筑业）的相关行业类别中；房地产商自营的独立核算（或单独核算）的施工单位，列入 E（建筑业）的相关行业类别中；家庭旅社、学校宿舍、露营地的服务，列入 6690（其他住宿服务）。

2.2　物业管理

"物业管理"是指物业管理企业依照合同约定，对物业进行专业化维修、养护、管理，以及对相关区域内的环境、公共秩序等进行管理，并提供相关服务的活动。

统计报表中包括的内容有：住宅小区、住宅楼、公寓、别墅、度假村等物业管理；

综合楼、办公楼、写字楼、商场、商厦、购物中心、酒店、康乐场所等物业管理；工厂厂房、仓库等物业管理；车站、机场、港口、码头、医院、学校等物业管理；房管部门（房管局、房管所）对直管公房的管理；单位对自有房屋的管理；其他物业管理。

统计报表中不包括的内容：独立的房屋维修及设备更新活动，列入 E（建筑业）相关类别中；贸易大厦、小商品大厦的市场管理活动，列入 7470（市场管理）；社区服务，列入 8290（其他居民服务）。

2.3 房地产中介服务

"房地产中介服务"是指房地产咨询、房地产价格评估、房地产经纪等活动，包括的内容有：房地产交易管理；房屋权属登记管理；房屋拆迁管理；住房及房改积（基）金的管理；其他未列明的房地产活动。但不包括：房地产行政主管部门的活动，列入 9425（经济事务管理机构）。

第3节 房地产业相关的经济运行数据

3.1 我国房地产业投资规模分析

根据国家统计局公布的各年度的《国民经济和社会发展统计公报》进行相关数据解读可知每个年度房地产开发行业的投资规模究竟有多大，其中从"房地产开发和销售主要指标完成情况"的科目中便可看出其投资规模的"数量级"。

表 1-2-1

科　目	单位	2008 年	2009 年	2010 年	2011 年
投资完成额	亿元	30 580	36 232	48 267	61 740
	（环比）%	—	18%	33%	28%
房屋施工面积	万 m²	274 149	319 650	405 539	507 959
	（环比）%	—	17%	27%	25%
房屋新开工面积	万 m²	97 574	115 385	163 777	190 083
	（环比）%		18%	42%	16%
房屋竣工面积	万 m²	58 502	70 219	75 961	89 244
	（环比）%		20%	8%	17%
商品房销售面积	万 m²	62 089	93 713	104 349	109 946
	（环比）%	—	51%	11%	5%

从上表统计所披露的数据，可对房地产业投资完成额、施工面积、开工面积、竣工面积、销售面积等角度分析出从 2008 年至 2011 年之间的数据波动情况。

3.2 房地产业的从业情况分析

根据国家统计局 2010 年统计年鉴中所披露的数据分析，从 2005 年度至 2009 年度从事房地产业的企业数量如下：

表 1-2-2

年度	2005	2006	2007	2008	2009
房地产开发企业的个数	56 290	58 710	62 518	87 562	80 407
环比幅度	—	4.3％	6.5％	40.1％	−8.2％

从上组数据分析可知，2007 年度至 2008 年度之间增幅较大，但到了 2009 年度，房地产业的企业数量下降了 8.2％，说明了外部经济周期的变化对房地产企业所带来波动。

根据国家统计局 2010 年统计年鉴中所披露的数据分析，从 2005 年度至 2009 年度从事房地产业的人员如下：

表 1-2-3

年　度	2005	2006	2007	2008	2009
从业人数	1 516 150	1 600 930	1 719 666	2 100 362	1 949 295
环比幅度	—	5.6％	7.4％	22.1％	−7.2％

从上组数据分析可知，2007 年度至 2008 年度之间增幅较大，但到了 2009 年度，房地产业的从业人员下降了 7.2％，说明了外部经济周期的变化对行业的从业人员带来的影响。

3.3 近五年房地产投资额的分析

根据中国人民银行发布的 2006 年度至 2010 年度的《中国货币政策执行报告》中所披露的相关数据分析，我国近五年来在房地产开发投资的情况分析如下：

2006 年，房地产开发投资保持平稳增长，经济适用房投资回升明显。2006 年全年房地产开发投资 1.9 万亿元，同比增长 21.8％，比上年同期加快 2 个百分点，低于同期固定资产投资增速。其中，住宅投资增长速度为 25.3％ 高于同期房地产投资增幅

3.5 个百分点；经济适用房投资同比增长 32.7%，经济适用住房投资下降的趋势得到明显改善。

2007 年，全国完成房地产开发投资 2.5 万亿元，增长 30.2%，增速比上年提高 8.4 个百分点，高于固定资产投资增速 5.4 个百分点。其中，商品住宅完成投资 1.8 万亿元，增长 32.1%，占开发投资总量的 71.2%，占比较上年增加 1 个百分点；90m² 以下住房投资占 16.6%，较年初提高 5.2 个百分点；经济适用住房完成投资 833.8 亿元，增长 19.7%，占开发投资总量的 3.3%。

2008 年，房地产开发投资增速回落，市场供给同比下降。2008 年上半年，房地产开发投资增速延续了 2007 年以来的上升趋势，保持在 30% 以上，6 月份达到顶点 33.5%，随后受市场销售下滑影响逐月回落。2008 年，全国完成房地产开发投资 3.06 万亿元，比上年增长 20.9%，增速回落 9.3 个百分点。2008 年，全国完成土地购置面积 3.7 亿 m²，比上年下降 8.6%；新开工面积 9.8 亿 m²，比上年增长 2.3%，增速回落 18.1 个百分点；房屋竣工面积 5.9 亿 m²，比上年减少 3.5%。

2009 年，房地产开发投资稳步回升。2009 年全国累计完成房地产开发万亿元，比上年增长 16.1%，年内各月房地产开发投资累计增速不断回升，但仍处于 2000 年以来的最低水平。其中，商品住宅的投资 2.56 万亿元，比上年增长 14.2%，占房地产开发投资的比重为 70.7%。2009 年，全国房地产开发企业房屋施工面积 31.96 亿 m²，比 2008 年增长 12.8%；房屋新开工面积 11.54 亿 m²，增长 12.5%；房屋竣工面积 7.02 亿 m²，增长 5.5%。其中，住宅竣工面积 5.77 亿 m²，增长 6.2%。2009 年全国房地产开发企业完成土地购置面积 3.19 亿 m²，比上年下降 18.9%。

2010 年，开发投资保持较快增长。2010 年，全国房地产开发投资完成额 4.8 万亿元，同比增长 33.2%，增幅比前三季度回落 3.2 个百分点，但比上年全年提高 17.1 个百分点。2010 年，全国房屋新开工面积 16.38 亿 m²，同比增长 40.7%，比上年全年提高 28.2 个百分点。房地产开发企业完成土地购置面积 4.10 亿 m²，同比增长 28.4%，上年全年则为下降 18.9%。

全年房地产开发投资 48267 亿元，比上年增长 33.2%。其中，商品住宅投资 34038 亿元，增长 32.9%；办公楼投资 1807 亿元，增长 31.2%；商业营业用房投资 5599 亿元，增长 33.9%。全年各类保障性住房和棚户区改造住房开工 590 万套，基本建成 370 万套。

3.4 近五年商品房销售量的分析

根据中国人民银行发布的 2006 年度至 2010 年度的《中国货币政策执行报告》中所披露的相关数据分析，我国近五年来商品房销售情况分析如下：

2006 年，商品房销售面积和空置面积增幅保持稳定。2006 年 1～11 月，全国商品房销售面积 4.6 亿 m²，同比增长 12%。其中，商品住房销售面积 4.16 亿 m²，同比增长 12.6%。

2007 年，住房需求依然旺盛。商品房竣工增速仍然低于销售增速，但施工面积增长较快。2007 年，商品房竣工面积 5.8 亿 m²，增长 4.3%；销售面积 7.6 亿 m²，增长 23.2%。竣工增速比销售增速低 18.9 个百分点，增速差比上年扩大 6.1 个百分点。商品房施工面积 23.6 亿 m²，增长 21.1%，比上年加快 4 个百分点。

2008 年，商品房需求减弱，销售面积大幅下降，但仍然保持了较高水平。从 2008 年初开始，商品房累计销售面积同比降幅逐月加大。2008 年，全国完成商品房销售面积 6.21 亿 m²，比上年下降 19.7%；商品房销售额 2.41 万亿元，比上年下降 19.5%。虽然商品房销售相对 2007 年有所下降，但 2008 年的销售面积仍然保持了较高水平，2008 年商品房销售面积比 2005 年增长 11.9%，比 2006 年增长 0.37%，仅次于 2007 年的销售面积，为历史第二高水平。

2009 年，商品房销售快速回升。2009 年全国商品房销售比上年增长 42.1%，其中商品住宅销售面积增长 43.9%；商品房销售额 4.40 万亿元，比上年增长 75.5%，其中商品住宅销售额增长 80.0%。商品房销售快速增长的原因是多方面的，既有国家实施一揽子经济刺激计划等行业外部因素，也有 2008 年房价下跌、购房推迟等行业自身因素。由于比较基期（2008 年）销售同比负增长，使得 2009 年销售增长幅度显得较为突出。

2010 年，商品房销售增幅回落。全国房地产销售面积和销售额增幅自 2009 年年末快速回落，但 2010 年 9 月份后增幅略有回升。2010 年，全国商品房销售面积 10.4 亿 m²，同比增长 10.1%，比上年全年回落 32 个百分点。2010 年，商品房销售额 5.3 万亿元，同比增长 18.3%，比上年全年回落 57.2 个百分点。其中，商品住宅的销售面积和销售额分别占商品房销售面积和销售额的 89.2% 和 83.8%，办公楼和商业营业用房销售增幅大幅超过商品住宅销售增幅。

3.5 近五年商品房销售价格的分析

根据中国人民银行发布的 2006 年度至 2010 年度的《中国货币政策执行报告》中所披露的相关数据分析，我国近五年来商品房销售价格的情况分析如下：

2006 年，房屋销售价格涨幅趋于平稳，但部分城市房价上涨依然较快。2006 年，70 个大中城市房屋销售价格上涨 5.5%，比上年回落 2.1 个百分点。分地区看，2006 年第四季度 70 个大中城市中，部分城市房价涨幅仍然较大，同比上涨较快的有深圳、北京、福州、厦门等城市。上海房屋销售价格同比持续下降。

2007年，房屋销售价格全年上涨势头依然较猛，但年末出现放缓迹象。2007年各季，全国房屋销售价格同比分别上涨5.6%、6.3%、8.2%和10.2%。12月份，全国房屋销售价格同比上涨10.5%，涨幅与11月份持平，环比上涨0.2%，比11月份降低0.6个百分点；分地区看，12月份，乌鲁木齐、北海等城市同比涨幅较高，但70个大中城市中已有22个城市房屋销售价格出现环比负增长。

2008年，房屋销售价格涨幅回落，年末房价同比下降。2008年市场观望气氛渐趋浓厚，商品房销售量相对下降，部分开发商资金趋紧，房屋销售价格同比涨幅从2008年初开始逐月回落，12月份出现自2005年7月以来首次同比下降；环比价格从8月份变为负增长，下降速度不断加快。2008年，全国70个大中城市房屋销售价格同比上涨6.5%，比上年回落1.1个百分点；其中，12月份同比下降0.4%，环比下降0.5%。全国70个大中城市中，12月份房价同比出现下降的城市有22个，深圳同比下降11.2%；房价环比下降的城市则达55个。

2009年，房屋销售价格同比涨幅有所上升，全国70个大中城市房屋销售价格同比上涨7.8%；环比上涨1.5%，环比涨幅比11月份扩大0.3个百分点。其中，新建住宅销售价格同比上涨9.1%，环比上涨1.9%；二手住宅销售价格同比上涨6.8%，环比上涨1.0%。70个大中城市中，房屋销售价格同比涨幅超过10%的城市分别为深圳（18.9%）、温州（14.5%）、金华（12.0%）、杭州（11.5%）、湛江（11.0%）和南京（10.4%）。2009年第四季度，全国70个大中城市房屋租赁价格与2008年同期持平；土地交易价格同比上涨13.8%，其中住宅用地交易价格同比上涨19.4%。

2010年，房屋销售价格涨幅放缓。2010年年初全国房价涨幅较高，国发10号文出台后房价涨幅逐步放缓。12月份，全国70个大中城市房屋销售价格同比上涨6.4%，涨幅比年内最高的4月份缩小6.4个百分点；环比上涨0.3%，涨幅比年内最高的4月份缩小1.1个百分点。其中，新建住宅销售价格同比上涨7.6%，环比上涨0.3%；二手住宅销售价格同比上涨5.0%，环比上涨0.5%。

3.6 房屋销售价格指数的分析

房屋销售价格指标是根据抽样调查和重点调查相结合的方法，选取区域代表性强、不同地理位置、不同类型的各类房地产项目，取得房屋设计交易量和金额，在分别计算一级市场商品房、二手房销售价格后，通过加权算术平均法得出房屋销售价格总指数。房屋销售价格指数是反映一定时期房屋销售价格变动程度和趋势的相对数。

从2011年开始，国家统计局将采取新的《住宅销售价格统计调查方案》，统计房屋销售价格指数，调查范围为70个大中城市的市辖区，不包括县。调查城市包括直辖市、省会城市、自治区首府城市（不含拉萨市）和计划单列市（共35个）及其他35

个城市。35个城市新建住宅销售价格、面积、金额等资料直接采用当地房地产管理部门的网签数据，不再另作调查。

新建住宅交易的网签数据内容，主要包括：住宅所在项目（楼盘）名称、项目地址、幢号、总层数、所在层数、住宅结构、建筑面积、成交总价（合同金额）、签约时间等。

二手住宅销售价格调查为非全面调查，采用重点调查与典型调查相结合的方法，按照房地产经纪机构上报、房地产管理部门提供与调查员实地采价相结合的方式收集基础数据。

新建住宅设置保障性住房和商品住宅两个类别。保障性住房，是指享受国家相关优惠政策、出售给城镇中低收入居民家庭的新建住房，包括经济适用住房、限价商品住房等保障性、政策性住房。商品住宅类下设90m² 及以下、90～144m²、144m² 以上三个基本分类。二手住宅设置90m² 及以下、90～144m²、144m² 以上三个基本分类。

数据发布时间为每月18日，节假日顺延。发布内容主要包括分城市的新建住宅（含保障性住房、商品住宅以及各基本分类）和二手住宅的环比、同比、定基价格指数。下面以2011年4月发布的"新建商品房新建商品住宅价格指数"为案例来分析全国新建商品房销售价格的变动情况：

表 1-2-4

环比	（1）全国有12个城市的销售价格比上月"略降"，8个城市是"持平"，50个城市"略涨"。
同比	（2）全国只有2个城市的销售价格比上年同月"略降"，涨幅在2％以内的城市有13个，涨幅在3％～6％的城市有35个，涨幅在7％～9％的城市有15个，涨幅在10％～15％的城市有5个。
定基	（3）相对于2010年来说，全国只有1个城市的销售价格低于上年，涨幅在5％以内的城市有28个，涨幅在6％～9％的城市有20个，涨幅超过10％以上的城市有1个。

总之，房地产开发项目（建设项目）投资管理的从业者必须具备对房地产行业与宏观经济的发展趋势有一定的洞察力，要善于解读与房地产业相关的宏观经济运行数据。

第 1-3 章　宏观政策对房地产行业的调控

正如上个章节所述，房地产业具有相当的政策敏感性，且与国家宏观经济运行周期具有高度的相关性。那么，国家相关政府部门在对房地产业（简称"楼市"）进行监管的过程中，当楼市出现"过热"时，国家将出台一系列"从紧"调控的政策，反之当"楼市"出现"过冷"的时候，国家就会出台"适当宽松"的调控政策，以对"楼市"进行政府干预。

在对房地产开发项目进行投资管理时，应随时关注国家现行相关政策的变化，并对新政策的出台对"楼市"所造成的正面或负面影响进行评估，应有能力对之进行定性或定量的分析，以更及时调整房地产开发企业的经营战略目标和对应的管理措施。

第 1 节　货币与信贷政策的调控

1.1　金融体系构成

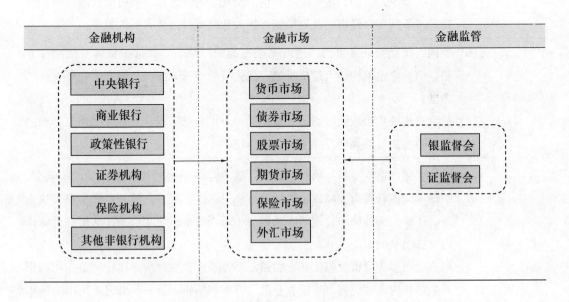

图 1-3-1

1.2 货币政策

1.2.1 近五年的货币政策

根据中国人民银行所发布的各年度的《中国货币政策执行报告》中的内容，总结近五年来我国所执行的货币政策：

表 1-3-1

2006年	(1) 经济中出现的投资增长过快、信贷投放过多、贸易顺差过大及环境、资源压力加大等问题，中国人民银行继续实施稳健的货币政策。
2007年	(2) 针对银行体系流动性偏多、货币信贷扩张压力较大、价格涨幅上升的形势，货币政策逐步从"稳健"转为"从紧"。
2008年	(3) 年初，执行的是"从紧"的货币政策。
	(4) 年中，美国次贷危机蔓延加深，国家宏观调控政策进行了重大调整，中国人民银行及时调整了货币政策的方向、重点和力度，按照既要保持经济平稳较快发展、又要控制物价上涨的要求，调减公开市场操作力度，将全年新增贷款预期目标提高至4万亿元以上，指导金融机构扩大信贷总量，并与结构优化相结合，向"三农"、中小企业和灾后重建等倾斜。
	(5) 9月份以后，国际金融危机急剧恶化，对我国经济的冲击明显加大。中国人民银行实行了适度宽松的货币政策，五次下调存贷款基准利率，四次下调存款准备金率，明确取消对金融机构信贷规划的硬约束，积极配合国家扩大内需等一系列刺激经济的政策措施，加大金融支持经济发展的力度。
2009年	(6) 中国人民银行认真贯彻"适度宽松"的货币政策，保持银行体系流动性充裕，引导金融机构扩大信贷投放，优化信贷结构，加大金融支持经济发展的力度。
	(7) 适度宽松的货币政策得到了有效传导，对扩张总需求、支持经济回升、遏制年初的通货紧缩预期发挥了关键性作用。
2010年	(8) 继续实施"适度宽松"的货币政策。随着经济平稳较快发展势头逐步巩固，中国人民银行着力提高政策的针对性和灵活性，处理好保持经济平稳较快发展、调整经济结构和管理通胀预期的关系，逐步引导货币条件从反危机状态向常态水平回归。
	(9) 综合运用多种货币政策工具，加强流动性管理，发挥利率杠杆调节作用，引导金融机构合理把握信贷投放总量、节奏和结构，进一步推进人民币汇率形成机制改革，深入推进金融改革，改进外汇管理，维护金融稳定和安全。

1.2.2　近五年的货币供应量

根据中国人民银行官方网站所公布的相关统计数据，对广义货币供应量 M2、狭义货币供应量 M1、流通中现金 M0 在 2006 年至 2010 年的数据进行统计分析如下：

2006 年，广义货币供应量 M2 余额 34.6 万亿元，同比增长 16.9%，增速比上年低 0.6 个百分点。狭义货币供应量 M1 余额 12.6 万亿元，同比增长 17.5%，增速比上年高 5.7 个百分点。流通中现金 M0 余额 2.7 万亿元，同比增长 12.7%，比上年高 0.7 个百分点。全年累计现金净投放 3041 亿元，比上年多投放 478 亿元。

2007 年，广义货币供应量 M2 余额 40.3 万亿元，同比增长 16.7%，增速比上年低 0.2 个百分点。狭义货币供应量 M1 余额 15.3 万亿元，同比增长 21%，增速比上年高 3.5 个百分点。流通中现金 M0 余额 3 万亿元，同比增长 12.1%，增速比上年低 0.6 个百分点。全年累计现金净投放 3303 亿元，比上年多投放 262 亿元。

2008 年，广义货币供应量 M2 余额为 47.5 万亿元，同比增长 17.8%，增速比上年高 1.1 个百分点。狭义货币供应量 M1 余额为 16.6 万亿元，同比增长 9.1%，增速比上年低 12.0 个百分点。流通中现金 M0 余额为 3.4 万亿元，同比增长 12.7%，增速比上年高 0.5 个百分点。全年现金净投放 3844 亿元，同比多投放 541 亿元。

2009 年，货币信贷总量较快增长。年末 M2 和 M1 分别增长 27.7% 和 32.4%，分别为 1996 年和 1993 年以来最高。全年新增人民币贷款 9.59 万亿元，同比多增达 4.69 万亿元，增速为 31.7%，为 1985 年以来最高。其中，新增个人消费贷款中 75% 左右为个人住房贷款，主要与住房消费有关。

2010 年，货币信贷增速从上年高位逐步回落，人民币汇率弹性增强。2010 年末，广义货币供应量 M2 余额为 72.6 万亿元，同比增长 19.7%，增速比上年低 8.0 个百分点。狭义货币供应量 M1 余额为 26.7 万亿元，同比增长 21.2%，增速比上年低 11.2 个百分点。人民币贷款余额同比增长 19.9%，增速比上年低 11.8 个百分点，比年初增加 7.95 万亿元，同比少增 1.65 万亿元。

1.2.3　近五年各类贷款利率

2006 年，中国人民银行两次上调金融机构存贷款基准利率。第一次是自 4 月 28 日起上调金融机构贷款基准利率。其中，金融机构一年期的贷款基准利率上调 0.27 个百分点，由 5.58% 提高到 5.85%。第二次是自 8 月 19 日起上调金融机构人民币存贷款基准利率。其中，金融机构一年期存款基准利率上调 0.27 个百分点，由 2.25% 提高到 2.52%；一年期的贷款基准利率上调 0.27 个百分点，由 5.85% 提高到 6.12%。

2007 年，中国人民银行在国内价格水平存在上涨压力、国际环境趋于复杂的背景下，统筹考虑总量及结构因素，灵活运用利率杠杆，先后六次上调金融机构人民币存贷款基准利率。其中，一年期存款基准利率从年初的 2.52% 上调至年末的 4.14%，累计上调 1.62 个百分点；一年期的贷款基准利率从年初的 6.12% 上调至年末的 7.47%，累计上调 1.35 个百分点。

2008 年，人民币贷款利率先升后降。前 8 个月，金融机构人民币贷款利率总体呈平稳上升态势。8 月份，金融机构贷款加权平均利率为 8.19%，较年初上升 0.30 个百分点。9 月份以来中国人民银行连续五次下调人民币贷款基准利率，金融机构人民币贷款利率持续大幅走低。12 月份，金融机构人民币贷款加权平均利率为 6.23%，较 8 月份下降 1.96 个百分点，较年初下降 1.66 个百分点。执行上浮利率的贷款占比也先升后降，12 月份金融机构执行上浮利率的贷款占比为 44.31%，较 8 月份下降 6.31 个百分点。

2009 年，前三季度，非金融性公司及其他部门贷款利率水平回落后保持低位平稳运行。截至 9 月份，贷款加权平均利率为 5.05%，比年初下降 0.51 个百分点。进入第四季度后，受市场环境变化影响，利率小幅回升。12 月份，非金融性公司及其他部门贷款加权平均利率达到 5.25%，但仍比年初下降 0.31 个百分点。其中，一般贷款加权平均利率为 5.88%，比年初下降 0.35 个百分点；票据融资加权平均利率为 2.74%，比年初下降 0.15 个百分点。12 月份，个人住房贷款加权平均利率为 4.42%。一年期存款基准利率维持在 2.25%，一年期贷款基准利率维持在 5.31%。

2010 年，金融机构对非金融性企业及其他部门贷款利率总体小幅上升。其中，第四季度受两次上调存贷款基准利率等因素影响，利率上升速度有所加快。12 月份，贷款加权平均利率为 6.19%，比年初上升 0.94 个百分点。其中，一般贷款加权平均利率为 6.34%，比年初上升 0.46 个百分点；票据融资加权平均利率为 5.49%，比年初上升 2.75 个百分点。个人住房贷款利率稳步上升，12 月份加权平均利率为 5.34%，比年初上升 0.92 个百分点。

1.2.4 近五年的汇率的变化

2006 年，人民币汇率小幅升值，市场供求的基础性作用进一步发挥。2006 年末人民币对美元汇率中间价为 7.8087 元/美元。

2007 年，人民币对美元汇率中间价为 1 美元兑 7.3046 元人民币，比上年末升值 6.90%。

2008 年，外汇市场供求的基础性作用进一步发挥，人民币汇率总体走升。2008 年年末，人民币对美元汇率中间价为 6.8346 元。

2009 年，为应对全球金融危机，人民币汇率保持在合理均衡水平上的基本稳定。年末，人民币对美元汇率中间价为 6.8282 元，比上年末升值 64 个基点，升值幅度为 0.09%。

2010 年，6 月进一步推进人民币汇率形成机制改革以来，人民币小幅升值，双向浮动特征明显，汇率弹性明显增强，人民币汇率预期总体平稳。2010 年年末，人民币对美元汇率中间价为 6.6227 元，比上年末升值 2055 个基点，升值幅度为 3%；2010 年，人民币对美元汇率中间价最高为 6.6227 元，最低为 6.8284 元。

人民币升值对房地产行业的影响：有利方面：有大量的外资通过各种渠道进入国内市场，股市和房地产等市场由于流通性较好将成为这些资金集中的场所，最终导致股市上涨，房地产价格上扬。另一方面，收入效应及财富效应导致国内房地产需求增加。不利方面：货币持续过度升值会导致经济减速（因为 FDI 下降、净出口下降）、外资需要下降，从而使房地产需求下降，并会导致通胀水平下降，从而使房地产价格涨速下降。人民币升值的最终影响取决于升值后宏观经济的走向，如果经济仍然能保持较高的增长，则升值对房地产是利好；如果经济出现严重衰退，则房地产亦将受损。

1.3 信贷政策

信贷政策是宏观经济政策的重要组成部分，是中国人民银行根据国家宏观调控和产业政策要求，对金融机构信贷总量和投向实施引导、调控和监督，促使信贷投向不断优化，实现信贷资金优化配置并促进经济结构调整的重要手段。制定和实施信贷政策是中国人民银行的重要职责。

中国目前的信贷政策大致包含四方面内容：（一）是与货币信贷总量扩张有关，政策措施影响货币乘数和货币流动性。比如，规定汽车和住房消费信贷的首付款比例、证券质押贷款比例等；（二）是配合国家产业政策，通过贷款贴息等多种手段，引导信贷资金向国家政策需要鼓励和扶持的地区及行业流动，以扶持这些地区和行业的经济发展；（三）是限制性的信贷政策。商业银行通过调整授信额度、调整信贷风险评级和风险溢价等方式，限制信贷资金向某些产业、行业及地区过度投放，体现扶优限劣原则；（四）是制定信贷法律法规，引导、规范和促进金融创新，防范信贷风险。

信贷政策和货币政策相辅相成，相互促进。两者既有区别，又有联系。货币政策主要调控总量，通过运用利率、汇率、公开市场操作等工具借助市场平台调节货币供应量和信贷总规模，促进社会总供求大体平衡，从而保持币值稳定。信贷政策主要着眼于解决经济结构问题，通过引导信贷投向，调整信贷结构，促进产业结构调整和区域经济协调发展。从调控手段看，货币政策调控工具更市场化一些；而信贷政策的有效贯彻实施，不仅要依靠经济手段和法律手段，必要时还须借助行政性手段和调控措施。下面将近五年来的与房地产业有关信贷政策总结如下：

2006 年，房地产贷款增速进一步提高，开发贷款增速较快。2006 年末，全国商业性房地产贷款余额 3.68 万亿元，比年初增加 6653 亿元，同比增长 22.1%，增速比上年同期快 5.9 个百分点。其中，房地产开发贷款余额 1.41 万亿元，比年初增加 2996 亿元，同比增长 27%，增速比上年同期快 10 个百分点；购房贷款余额 2.27 万亿元，比年初增加 3630 亿元，同比增长 19%，增速比上年同期快 3.3 个百分点。

2007 年，商业性房地产贷款全年持续快速增长，但第四季度增速已明显减缓。截至 2007 年末，全国商业性房地产贷款余额为 4.8 万亿元，比年初增加 11261 亿元，增长 30.6%，增速比上年提高 8.5 个百分点。其中，房地产开发贷款余额为 1.8 万亿元，比年初增加 3613 亿元，增长 25.7%，增速比上年低 1.3 个百分点；购房贷款余额为 3.0 万亿元，比年初增加 7622 亿元，增长 33.6%，增速比上年快 14.6 个百分点。受冬季不宜开工、施工等季节因素和实施从紧货币政策等有关政策因素影响，2007 年第四季度，房地产贷款增速回落。第四季度新增贷款 1858 亿元，仅为上季度的 50%。其中，房地产开发贷款新增 122 亿元，个人住房贷款新增 1596 亿元，分别仅为上季度的 12.5% 和 60%。

2008 年，商业性房地产贷款余额增速下降，在各项贷款余额中的占比略有减少。2008 年 12 月末，金融机构商业性房地产贷款余额 5.28 万亿元，同比增长 10.4%，增速比上年低 20.2 个百分点。其中，房地产开发贷款余额 1.93 万亿元，同比增长 10.3%，增速比上年低 15.5 个百分点；个人住房贷款余额 2.98 万亿元，同比增长 10.5%，增速比上年低 25.6 个百分点。2008 年年末，金融机构商业性房地产贷款余额占各项人民币贷款余额的 18.3%，比上年低 0.9 个百分点。

2009 年，商业性房地产贷款余额快速增长，但增长结构存在差异，2009 年年末，主要金融机构商业性房地产贷款余额为 7.33 万亿元，同比增长 38.1%，增速比上年同期高 27.7 个百分点，超过同期各项贷款增速 6.7 个百分点。其中，地产开发贷款超高速增长，年末地产开发贷款余额 6678 亿元，同比增长 104.1%，比上年末高 98.4 个百分点；房产开发贷款回升相对缓慢，年末，房产开发贷款余额 1.86 万亿元，同比增长 15.8%，增速比上年末高 4.6 个百分点；个人购房贷款持续回升，特别是下半年增速明显加快，年末个人购房贷款余额 4.76 万亿元，同比增长 43.1%，比上年末高 33.3 个百分点，其中新建房贷款和再交易房贷款增速分别达 40% 和 79%。截至 2009 年年末，房地产贷款余额占各项贷款余额的 19.2%，占比较上年末高 1 个百分点。2009 年新增房地产贷款 2 万亿元，占各项贷款新增额的 21.9%，比上年提高 11.1 个百分点，同比多增 1.5 万亿元。其中，个人购房贷款新增 1.4 万亿元，约为 2008 年的 5 倍，为 2007 年的 2 倍。从新建房贷款新增额与新建住宅销售额的比例关系来看，2009 年为 26.3%，分别比 2008 年和 2007 年提高 16 个和 4 个百分点。

2010 年，房地产贷款余额增速回落。随着房地产市场的变化，房地产贷款余额增速自 5 月份以来持续回落。截至 2010 年年末，全国主要金融机构房地产贷款余额 9.35 万亿元，同比增长 27.5%，增速比 9 月末低 5.3 个百分点，比上年末低 10.6 个百分点。其中，地产开发贷款余额 8325.8 亿元，同比增长 24.7%，增速比 9 月末低 11.3 个百分点，比上年末低 79.5 个百分点；房产开发贷款余额 2.3 万亿元，同比增长 23.0%，增速比 9 月末高 1.5 个百分点，比上年末高 7.2 个百分点；购房贷款余额 6.2 万亿元，同比增长 29.7%，增速比 9 月末低 7.6 个百分点，比上年末低 12.8 个百分点。2010 年年末，房地产贷款余额占各项贷款余额的 20.5%。从贷款新增量看，2010 年全年新增房地产贷款 2.0 万亿元，同比多增 170 亿元。但分月度看，同比多增集中在前五个月，6 月至 12 月连续七个月当月新增均为同比少增。12 月当月新增房地产贷款 746 亿元，同比少增 1148 亿元。

1.3.1 个人住房贷款比例的调控

表 1-3-2

2005 年 3 月	（1）个人住房贷款最低首付款比例可由现行的 20% 提高到 30%。
2007 年 9 月	（2）对已利用贷款购买住房、又申请购买第二套（含）以上住房的，贷款首付款比例不得低于 40%。 （3）商业用房购房贷款首付款比例不得低于 50%。 （4）对以"商住两用房"名义申请贷款的，首付款比例不得低于 45%。
2008 年 11 月	（5）对居民首次购买普通自住房和改善型普通自住房提供贷款，最低首付款比例调整为 20%。
2010 年 4 月	（6）贷款购买第二套住房的家庭，贷款首付款不得低于 50%。 （7）对购买首套住房且套型建筑面积在 90 平方米以上的家庭，贷款首付款比例不得低于 30%。

1.3.2 个人住房贷款利率的调控

根据 2006 年至 2010 年之间国家出台的关于住房贷款方面对利率的调控政策，按时间排列如下表：

表 1-3-3

2006 年	（1）商业性个人住房贷款利率的下限由贷款基准利率的 0.9 倍扩大为 0.85 倍。

2007 年 5 月	(2) 个人住房公积金贷款利率上调 0.09 个百分点。
2007 年 7 月	(3) 个人住房公积金贷款利率相应上调 0.09 个百分点。
2007 年 8 月	(4) 个人住房公积金贷款利率相应上调 0.09 个百分点。
2007 年 9 月	(5) 对已利用贷款购买住房、又申请购买第二套（含）以上住房的，贷款利率不得低于中国人民银行公布的同期同档次基准利率的 1.1 倍。 (6) 商业用房购房贷款，贷款利率不得低于中国人民银行公布的同期同档次利率的 1.1 倍。
2008 年 10 月	(7) 对居民首次购买普通自住房和改善型普通自住房提供贷款，其贷款利率的下限可扩大为贷款基准利率的 0.7 倍。 (8) 下调个人住房公积金贷款利率。其中，五年期以下（含）由现行的 4.32% 调整为 4.05%，五年期以上由现行的 4.86% 调整为 4.59%，分别下调 0.27 个百分点。 (9) 商业性个人住房贷款利率的下限扩大为贷款基准利率的 0.7 倍。
2010 年 4 月	(10) 第二套房贷款利率为基准利率的 1.1 倍。

贷款机构对借款人执行第二套及以上的差别化住房信贷政策：（1）借款人首次申请利用贷款购买住房，如在拟购房所在地房屋登记信息系统（含预售合同登记备案系统）中其家庭已登记有一套及以上的成套住房的；（2）借款人已利用贷款购买过一套及以上的住房，又申请贷款购买住房的；（3）贷款人通过查询征信记录、面测、面谈（必要时居访）等形式的尽责调查，确信借款人家庭已有一套（及以上）住房的。

对能提供 1 年以上当地纳税证明或社会保险缴纳证明的非本地居民申请住房贷款的，贷款人执行差别化住房信贷政策。对不能提供 1 年以上当地纳税证明或社会保险缴纳证明的非本地居民申请住房贷款的，贷款人按第二套及以上的差别化住房信贷政策执行；商品住房价格过高、上涨过快、供应紧张的地区，商业银行可根据风险状况和地方政府有关政策规定，对其暂停发放住房贷款。

1.3.3 对房地产信托业务严格监管

银监会于 2005 年发布 212 号文件，关于加强信托投资公司部分业务风险提示的通知，其主要对房地产业的调控政策如下：

表 1-3-4

理财客户	(1) 商业银行个人理财资金投资于房地产信托产品的，理财客户应符合《信托公司集合资金信托计划管理办法》中有关合格投资者的规定。

受益权配比	（2）信托公司以结构化方式设计房地产集合资金信托计划的，其优先和劣后受益权配比比例不得高于 3∶1。
信托贷款条件	（3）信托公司发放贷款的房地产开发项目必须满足"四证"齐全、开发商或其控股股东具备二级资质、项目资本金比例达到国家最低要求等条件。
信托资金用途	（4）信托公司不得以信托资金发放土地储备贷款。土地储备贷款是指向借款人发放的用于土地收购及土地前期开发、整理的贷款。
项目尽职调查	（5）应建立健全房地产贷款或投资审批标准、操作流程和风险管理制度并切实执行；应进行项目尽职调查；严格落实房地产贷款担保，确保担保真实、合法、有效；应加强项目管理，密切监控房地产信托贷款或投资情况。

2010 年 2 月 11 日，银监会印发《关于加强信托公司房地产信托业务监管有关问题的通知》，规范房地产信托业务经营行为，提高信托公司风险防范意识和风险管控能力，防范房地产信托业务风险。

2010 年 11 月 12 日，银监会印发《关于信托公司房地产信托业务风险提示的通知》，要求各公司对自身存续房地产项目逐笔自查，并要求各地银监局逐笔核查，对违规行为依法处理。

第 2 节　财税政策的调控措施

整个房地产业从其实施的过程，可划分为"土地使用权取得"、"房地产开发"、"房产交易"和"房地产保有"四大环节。从纳税的主体对象划分，可分为"开发商"、"一手购房者"、"二手购房者"、"承出租人"等。

2.1　对开发企业应税项的调控

作为以房地产开发为主营业务的开发企业，其主要涉及的税种及税率有营业税、企业所得税、增值税、城市维护建设税、土地增值税、契税、房产税等。

通过对国家近年来所出台的各类调控政策进行分析，针对开发企业在"土地取得"、"房地产开发"、"房地产交易"等环节中应交纳的税项调控手段主要有以下措施：

2.1.1 土地增值税的调控

2002年7月10日：国家税务总局发布了《关于认真做好土地增值税征收管理工作的通知》（国税函〔2002〕615号）。

表1-3-5

要求完善征税制度和流程	（1）要进一步完善土地增值税的征收管理制度和操作规程，建立健全土地增值税的纳税申报制度、房地产评估规程、委托代征办法等。
规定恢复征税的通知	（2）对在1994年1月1日以前已签订房地产开发合同或立项并已按规定投入资金进行开发，其首次转让房地产的，免征土地增值税的税收优惠政策已到期，应按规定恢复征税。
完善预征办法	（3）针对当前房地产市场逐步规范，房地产投资商的投资回报趋于正常情况，各地要进一步完善土地增值税的预征办法，预征率的确定科学、合理。对已经实行预征办法的地区，可根据实际情况，适当调减预征率。

2004年8月：国家税务总局发布了《关于房地产开发企业土地增值税清算管理有关问题的通知》（国税函〔2004〕938号）。

表1-3-6

修改《土地增值税暂行条例实施细则》	（1）取消《中华人民共和国土地增值税暂行条例实施细则》第十五条第一款对土地增值税纳税人因经常发生房地产转让而难以在每次转让后申报的，定期进行纳税申报须经税务机关审核同意的规定。
税项的定期申报规定	（2）纳税人因经常发生房地产转让而难以在每次转让后申报，是指房地产开发企业开发建造的房地产、因分次转让而频繁发生纳税义务、难以在每次转让后申报纳税的情况，土地增值税可按月或按各省、自治区、直辖市和计划单列市地方税务局规定的期限申报缴纳。 （3）纳税人选择定期申报方式的，应向纳税所在地的地方税务机关备案。定期申报方式确定后，一年之内不得变更。

2006 年：国家税务总局发布了《关于房地产开发企业土地增值税清算管理有关问题的通知》。

表 1-3-7

计税单位的规定	(1) 土地增值税以国家有关部门审批的房地产开发项目为单位进行清算，对于分期开发的项目，以分期项目为单位清算。 (2) 开发项目中同时包含普通住宅和非普通住宅的，应分别计算增值额。
纳税人应申报的情况	(3) 房地产开发项目全部竣工、完成销售的。 (4) 整体转让未竣工决算房地产开发项目的。 (5) 直接转让土地使用权的。
税务机关可要求 清算情况	(6) 已竣工验收的房地产开发项目，已转让的房地产建筑面积占整个项目可售建筑面积的比例在 85% 以上，或该比例虽未超过 85%，但剩余的可售建筑面积已经出租或自用的。 (7) 取得销售（预售）许可证满三年仍未销售完毕的。 (8) 纳税人申请注销税务登记但未办理土地增值税清算手续的。 (9) 省税务机关规定的其他情况。
非直接销售和自用 房地产的收入确定	(10) 房地产开发企业将开发产品用于职工福利、奖励、对外投资、分配给股东或投资人、抵偿债务、换取其他单位和个人的非货币性资产等，发生所有权转移时应视同销售房地产，其收入按下列方法和顺序确认： (11) 按本企业在同一地区、同一年度销售的同类房地产的平均价格确定。 (12) 由主管税务机关参照当地当年、同类房地产的市场价格或评估价值确定。 (13) 房地产开发企业将开发的部分房地产转为企业自用或用于出租等商业用途时，如果产权未发生转移，不征收土地增值税，在税款清算时不列收入，不扣除相应的成本和费用。
土地增值税的扣除项目	(14) 房地产开发企业办理土地增值税清算时计算与清算项目有关的扣除项目金额，应根据土地增值税暂行条例第六条及其实施细则第七条的规定执行。除另有规定外，扣除取得土地使用权所支付的金额、房地产开发成本、费用及与转让房地产有关税金，须提供合法有效凭证；不能提供合法有效凭证的，不予扣除。

土地增值税的扣除项目	（15）房地产开发企业办理土地增值税清算所附送的前期工程费、建筑安装工程费、基础设施费、开发间接费用的凭证或资料不符合清算要求或不实的，地方税务机关可参照当地建设工程造价管理部门公布的建安造价定额资料，结合房屋结构、用途、区位等因素，核定上述四项开发成本的单位面积金额标准，并据以计算扣除。具体核定方法由省税务机关确定。 （16）房地产开发企业开发建造的与清算项目配套的居委会和派出所用房、会所、停车场（库）、物业管理场所、变电站、热力站、水厂、文体场馆、学校、幼儿园、托儿所、医院、邮电通信等公共设施，按以下原则处理： （17）建成后产权属于全体业主所有的，其成本、费用可以扣除。 （18）建成后无偿移交给政府、公用事业单位用于非营利性社会公共事业的，其成本、费用可以扣除。 （19）建成后有偿转让的，应计算收入，并准予扣除成本、费用。 （20）房地产开发企业销售已装修的房屋，其装修费用可以计入房地产开发成本。 （21）房地产开发企业的预提费用，除另有规定外，不得扣除。 （22）属于多个房地产项目共同的成本费用，应按清算项目可售建筑面积占多个项目可售总建筑面积的比例或其他合理的方法，计算确定清算项目的扣除金额。
清算应报送的资料	（23）符合本通知第二条第（一）项规定的纳税人，须在满足清算条件之日起 90 日内到主管税务机关办理清算手续；符合本通知第二条第（二）项规定的纳税人，须在主管税务机关限定的期限内办理清算手续。 （24）房地产开发企业清算土地增值税书面申请、土地增值税纳税申报表。 （25）项目竣工决算报表、取得土地使用权所支付的地价款凭证、国有土地使用权出让合同、银行贷款利息结算通知单、项目工程合同结算单、商品房购销合同统计表等与转让房地产的收入、成本和费用有关的证明资料。 （26）主管税务机关要求报送的其他与土地增值税清算有关的证明资料等。 （27）纳税人委托税务中介机构审核鉴证的清算项目，还应报送中介机构出具的《土地增值税清算税款鉴证报告》。

清算项目的审核鉴证	（28）税务中介机构受托对清算项目审核鉴证时，应按税务机关规定的格式对审核鉴证情况出具鉴证报告。对符合要求的鉴证报告，税务机关可以采信。 （29）税务机关要对从事土地增值税清算鉴证工作的税务中介机构在准入条件、工作程序、鉴证内容、法律责任等方面提出明确要求，并做好必要的指导和管理工作。
税的核定征收	（30）房地产开发企业有下列情形之一的，税务机关可以参照与其开发规模和收入水平相近的当地企业的土地增值税税负情况，按不低于预征率的征收率核定征收土地增值税：依照法律、行政法规的规定应当设置但未设置账簿的。 （31）擅自销毁账簿或者拒不提供纳税资料的。 （32）虽设置账簿，但账目混乱或者成本资料、收入凭证、费用凭证残缺不全，难以确定转让收入或扣除项目金额的；符合土地增值税清算条件，未按照规定的期限办理清算手续，经税务机关责令限期清算，逾期仍不清算的。 （33）申报的计税依据明显偏低，又无正当理由的。
清算后再转让房地产	（34）在土地增值税清算时未转让的房地产，清算后销售或有偿转让的，纳税人应按规定进行土地增值税的纳税申报，扣除项目金额按清算时的单位建筑面积成本费用乘以销售或转让面积计算。 （35）单位建筑面积成本费用＝清算时的扣除项目总金额÷清算的总建筑面积

2008 年：国家税务总局发布了《国家税务总局关于进一步开展土地增值税清算工作的通知》（国税函〔2008〕318 号）的文件，其中就土地增值税的问题的主要内容如下：

表 1-3-8

工作部署情况检查	（1）是否及时转发税务总局关于土地增值税清算工作的相关文件，并对清算工作作出动员、部署。
工作开展情况检查	（2）是否对当地房地产项目及符合土地增值税清算条件的项目进行了税源调查和统计，并在本地区范围内全面开展土地增值税的清算工作；清算工作中存在哪些问题。

工作完成情况检查	（3）是否积极推进土地增值税清算工作，完成清算的项目占符合清算要求的项目的比例是多少；是否对下一阶段清算工作作出了部署和安排。
部门配合情况检查	（4）是否在清算工作中建立了与相关部门的信息共享机制和配合机制。
中介机构参与情况	（5）引入中介机构参与纳税鉴证的地区，是否已对中介机构从事土地增值税清算鉴证工作提出了管理要求并进行了检查。
土地增值税预征情况	（6）是否对房地产开发项目预征了土地增值税；是否区分不同类型的房地产项目设置预征率。
二手房增值税征收	（7）是否按照规定对应予征税的二手房转让征收了土地增值税。
其他情况的检查	（8）土地增值税日常管理情况。是否建立健全了土地增值税的日常管理机制；是否落实了"先税后证"、"一窗式"征收等房地产税收一体化管理措施。 （9）是否有违法或越权减免土地增值税的情况。 （10）是否存在不按规定核定征收土地增值税的问题。

2010 年：国家税务总局发布了《关于通知规范土地增值税清算问题》的文件，其中就土地增值税的问题的主要内容如下：

表 1-3-9

收入确定问题	（1）土地增值税清算时，已全额开具商品房销售发票的，按照发票所载金额确认收入。 （2）未开具发票或未全额开具发票的，以交易双方签订的销售合同所载的售房金额及其他收益确认收入。 （3）销售合同所载商品房面积与有关部门实际测量面积不一致，在清算前已发生补、退房款的，应在计算土地增值税时予以调整。
质量保证金的扣除	（4）房地产开发企业在工程竣工验收后，根据合同约定，扣留建筑安装施工企业一定比例的工程款，作为开发项目的质量保证金，在计算土地增值税时，建筑安装施工企业就质量保证金对房地产开发企业开具发票的，按发票所载金额予以扣除。 （5）未开具发票的，扣留的质量保证金不得计算扣除。

财务费用的扣除	(6) 财务费用中的利息支出，凡能够按转让房地产项目计算分摊并提供金融机构证明的，允许据实扣除，但最高不能超过按商业银行同类同期贷款利率计算的金额。其他房地产开发费用，在按照"取得土地使用权所支付的金额"与"房地产开发成本"金额之和的 5％以内计算扣除。
	(7) 凡不能按转让房地产项目计算分摊利息支出或不能提供金融机构证明的，房地产开发费用在按"取得土地使用权所支付的金额"与"房地产开发成本"金额之和的 10％以内计算扣除。
	(8) 全部使用自有资金，没有利息支出的，按照以上方法扣除。
	(9) 房地产开发企业既向金融机构借款，又有其他借款的，其房地产开发费用计算扣除时不能同时适用本条（1）、（2）项所述两种办法。
	(10) 土地增值税清算时，已经计入房地产开发成本的利息支出，应调整至财务费用中计算扣除。
土地取得时契税扣除	(11) 房地产开发企业为取得土地使用权所支付的契税，应视同"按国家统一规定交纳的有关费用"，计入"取得土地使用权所支付的金额"中扣除。
拆迁安置计税问题	(12) 房地产企业用建造的本项目房地产安置回迁户的，安置用房视同销售处理，按《国家税务总局关于房地产开发企业土地增值税清算管理有关问题的通知》（国税发［2006］187号）第三条第（一）款规定确认收入，同时将此确认为房地产开发项目的拆迁补偿费。房地产开发企业支付给回迁户的补差价款，计入拆迁补偿费；回迁户支付给房地产开发企业的补差价款，应抵减本项目拆迁补偿费。
	(13) 开发企业采取异地安置，异地安置的房屋属于自行开发建造的，房屋价值按国税发［2006］187号第三条第（一）款的规定计算，计入本项目的拆迁补偿费；异地安置的房屋属于购入的，以实际支付的购房支出计入拆迁补偿费。
	(14) 货币安置拆迁的，房地产开发企业凭合法有效凭证计入拆迁补偿费。

转让旧房准予扣除项目的加计问题	（15）《财政部国家税务总局关于土地增值税若干问题的通知》（财税〔2006〕21号）第二条第一款规定"纳税人转让旧房及建筑物，凡不能取得评估价格，但能提供购房发票的，经当地税务部门确认，《条例》第六条第（一）、（三）项规定的扣除项目的金额，可按发票所载金额并从购买年度起至转让年度止每年加计5％计算"。计算扣除项目时"每年"按购房发票所载日期起至售房发票开具之日止，每满12个月计一年；超过一年，未满12个月但超过6个月的，可以视同为一年。
补缴的税加滞纳金	（16）纳税人按规定预缴土地增值税后，清算补缴的土地增值税，在主管税务机关规定的期限内补缴的，不加收滞纳金。

2010年：国家税务总局发布了《国家税务总局关于加强土地增值税征管工作的通知》（国税发〔2010〕53号）的文件，其中就土地增值税的问题的主要内容如下：

表 1-3-10

统一思想，加强征管	（1）各级税务机关要在当地政府支持下，与国土资源、住房建设等有关部门协调配合，进一步加强对土地增值税征收管理工作的组织领导，强化征管手段，配备业务骨干，集中精力加强管理。要组织开展督导检查，推进本地区土地增值税清算工作开展；摸清本地区土地增值税税源状况，健全和完善房地产项目管理制度；完善土地增值税预征和清算制度，科学实施预征，全面组织清算，充分发挥土地增值税的调节作用。
科学合理制定预征率	（2）把土地增值税预征和房地产项目管理工作结合起来，把土地增值税预征和销售不动产营业税结合起来；把预征率的调整和土地增值税清算的实际税负结合起来；把预征率的调整与房价上涨的情况结合起来，使预征率更加接近实际税负水平，研究预征率调整与房价上涨的挂钩机制。 （3）除保障性住房外，东部地区省份预征率不得低于2％，中部和东北地区省份不得低于1.5％，西部地区省份不得低于1％。
提高清算工作水平	（4）要按照《土地增值税清算管理规程》的要求，结合本地实际，进一步细化操作办法，完善清算流程，严格审核房地产开发项目的收入和扣除项目，提升清算水平。有条件的地区，要充分发挥中介机构作用，提高清算效率。

堵塞税收征管漏洞	(5) 建立考核问责机制，把土地增值税清算工作列入年度考核内容，对清算工作开展情况和清算质量提出具体要求。并有力的督导检查，积极推动土地增值税清算工作，提高土地增值税征管水平。 (6) 国家税务总局将继续组织督导检查组，对各地土地增值税贯彻执行情况和清算工作开展情况进行系统深入的督导检查。国家税务总局已经督导检查过的地区，要针对检查中发现的问题，进行认真整改，督导检查组将对整改情况择时择地进行复查。

下面以"深圳"近三年来所执行的土地增值税的政策来分析，政府如何通过土地增值税率的调整来调控"楼市"的：

表 1-3-11

产品类别	2008 年 7 月以前	2008 年 7 月以后	2010 年
普通住宅	0.5％	1％	2％
其他类型房产	0.5％	2％	3％
别墅	1％	3％	4％

2.1.2　对企业所得税政策的调控

2006 年 6 月，国家税务总局发布了《关于房地产开发业务征收企业所得税问题的通知》（国税发〔2006〕31 号）的文件，其中就关于开发企业应交纳企业所得税方面在未完工开发产品的税务处理、完工开发产品的税务处理、开发产品预租收入的确认、合作建造开发产品的税务处理、以土地使用权投资开发项目的税务处理、开发产品视同销售行为的税务处理、代建工程和提供劳务的税务处理、开发产品成本、费用的扣除、征收管理、适用减免税政策、通知适用范围和执行时间等十一个方面进行了详细规定。

2009 年，国家税务总局发布了《房地产开发经营业务企业所得税处理办法》，此文件共六章三十九条，对房地产开发企业在企业所得税方面的纳税义务进行详细的约定。国家税务总局分别于 2006 年（旧 31 号文）与 2009 年（新 31 号文）对房地产开发企业应交纳的企业所得税问题进行规定，两个文件的差异分析如下：

表 1-3-12

关键词	差 异 之 处
产品完工条件	（1）新31号文对企业房地产开发经营业务范围进行了界定，并明确上述三个条件适用"除土地开发之外"的开发产品。
核定征收方式的认定	（2）新31号文直接依据《中华人民共和国税收征收管理法》规定的情形，取消原31号文的列举方式，依据更加充分。将征收管理问题提升到"总则"里来加以表述，依法治理房地产开发经营业务企业所得税的意图更加明确。
开发产品先出租再出售问题	（3）新31号文取消此项规定。
计税毛利率的确定	（4）新31号文取消了原31号文对经济适用房的有关规定。 （5）新31号文对非经济适用房计税毛利率的三个级次分别调减5个百分点。 （6）新31号文增加了"限价房和危改房"不得低于3％规定。 （7）新31号文将计税毛利率的确定作了授权规定。
预计毛利额与实际毛利额的调整	（8）原31号文规定按预计计税毛利率分季（或月）计算出当期毛利额，扣除相关的期间费用、营业税金及附加后再计入当期应纳税所得额，新31号文规定按预计计税毛利率分季（或月）计算出预计毛利额后直接计入当期应纳税所得额。 （9）新31号文对实际毛利额与预计毛利额之间差异调整情况的报告不再强调"须出具有关机构对该项开发产品实际销售收入毛利额与预售收入毛利额之间差异调整情况的税务鉴定报告"。
开发产品成本、费用的扣除问题	（10）新31号文取消区分"开发产品会计成本与计税成本"的规定。 （11）新31号文对扣除项目原则规定更加清楚。 （12）新31号文确定的可售面积单位工程成本计算公式中的分母在原31号文确定的公式中的分母"总可售面积"前加了定语"成本对象"，这样更加合理。 （13）维修费用单列条款，表述更加准确。 （14）新31号文取消"代收代缴的维修基金和预提的维修基金不得扣除"规定。 （15）新31号文将"停车场库"建造单列为第三十三条，不再按照是否属于营利性标准划分，并作了明确规定。

关键词	差　异　之　处
开发产品成本、费用的扣除问题	（16）新 31 号文增加的条款：第二十条，企业委托境外机构销售开发产品的，其支付境外机构的销售费用（含佣金或手续费）不超过委托销售收入 10％的部分，准予据实扣除。 （17）新 31 号文规定借款费用按"企业会计准则的规定进行归集和分配"，对属于财务费用性质的借款费用，可直接在税前扣除。 （18）新 31 号文规定借入方凡能出具从金融机构取得借款的证明文件的，可以在使用借款的企业间合理地分摊利息费用。 （19）新 31 号文取消了有关关联企业借入资金利息支出条款，对涉及关联关系的利息支出问题应该统一按《财政部国家税务总局关于企业关联方利息支出税前扣除标准有关税收政策问题的通知》（国税发［2008］121 号）执行。 （20）新 31 号文取消了原 31 号文关于土地闲置费规定。 （21）新 31 号文第二十三条，企业开发产品（以成本对象为计量单位）整体报废或毁损，其净损失按有关规定审核确认后准予在税前扣除。新 31 号文要求对其净损失按有关规定审核确认。 （22）新 31 号文规定自用开发产品的折旧费用扣除更具操作性，并且明确规定了一个时间尺度。
计税成本的核算	（23）新 31 号文增加的条款，对计税成本进行原则定义：第二十五条，计税成本是指企业在开发、建造开发产品（包括固定资产）过程中所发生的按照税收规定进行核算与计量的应归入某项成本对象的各项费用。 （24）新 31 号文将计税成本对象的确定原则归纳为可否销售原则、分类归集原则、功能区分原则、定价差异原则、成本差异原则、权益区分原则六原则，更具可操作性，并增加了企业在开工之前合理确定成本对象的备案管理规定。
开发产品计税成本支出的内容	（25）新 31 号文具体规定了各项费用支出核算的内容，属于成本对象完工前后发生的费用支出如何归类分摊第二十八条企业计税成本核算的一般程序有具体规定。

关键词	差 异 之 处
企业计税成本核算	（26）新 31 号文在企业计税成本核算的一般程序中对"当期实际发生的"、"应计入成本对象中的"、"期前已完工成本对象应负担的"、"本期已完工成本对象"等都作了核算的程序性规定，并强调对本期未完工和尚未建造的成本对象应当负担的成本费用，应分别建立明细台账。
开发产品成本、费用的扣除问题	（27）新 31 号文细化了土地成本、单独作为过渡性成本对象核算的公共配套设施开发成本以及借款费用等分配方法。 （28）新 31 号文详细介绍了占地面积法、建筑面积法的分配方法，同时还列举了直接成本法、预算造价法在成本计量和核算时选择。 （29）对以地换房，新 31 号文表述比原 31 号更加具体，并增加了"土地使用权转移过程中应支付的相关税费计算确认该项土地使用权的成本"和补价的处理规定。 （30）新 31 号文取消了以股权形式"土地使用权转让所得占当年应纳税所得额的比例如超过 50%，可从投资交易发生年度起，按 5 个纳税年度均摊至各年度的应纳税所得额"的规定。 （31）新 31 号文对企业、单位以股权的形式，将土地使用权投资企业的，具体规定了接受投资企业的土地使用权的成本核算内容。 （32）新 31 号文规定"停车场所"如单独建造，应作为成本对象单独核算，如利用地下基础设施形成的则作为公共配套设施处理，取代了原 31 号文按照营利性、非营利性的划分方法。
特定事项的税务处理	（33）新 31 号文规定对"投资方取得该项目的营业利润应视同股息、红利进行相关的税务处理"与新所得税法规定相一致，不再强调原 31 号文"凭开发企业的主管税务机关出具的证明按规定补交企业所得税"的规定。
其他规定	（34）新 31 号文适用于企业，包括内资、外资等企业；原 31 号文仅适用于内资企业。

　　2010 年，国家税务总局发布了《房地产开发企业开发产品完工条件确认有关问题》，此文件的主要内容如下：

表 1-3-13

政策依据	(1) 根据《国家税务总局关于房地产开发经营业务征收企业所得税问题的通知》（国税发［2006］31 号）规定精神和《国家税务总局关于印发〈房地产开发经营业务企业所得税处理办法〉的通知》（国税发［2009］31 号）第三条规定。
计税成本的完工条件确认	(2) 房地产开发企业建造、开发的开发产品，无论工程质量是否通过验收合格，或是否办理完工（竣工）备案手续以及会计决算手续，当企业开始办理开发产品交付手续（包括入住手续），或已开始实际投入使用时，为开发产品开始投入使用，应视为开发产品已经完工。房地产开发企业应按规定及时结算开发产品计税成本，并计算企业当年度应纳税所得额。

2.2 对购房者应纳税项的调控政策

2.2.1 个人交纳营业税的调控

2006 年，国税总局出台二手房营业税政策，国税总局下发《关于加强住房营业税征收管理有关问题的通知》（国税发 74 号文件），对"国六条"中二手房营业税新政策的具体执行问题予以明确。要求各级地方税务部门要严格执行调整后的个人住房营业税税收政策。2006 年 6 月 1 日后，个人将购买不足 5 年的住房对外销售全额征收营业税。个人将购买超过 5 年（含 5 年）的普通住房对外销售，应持有关材料向地方税务部门申请办理免征营业税的手续。

2009 年，财政部和国家税务总局的二手房营业税优惠政策通知规定，自 2010 年 1 月 1 日起，个人将购买不足 5 年的非普通住房对外销售的，全额征收营业税；个人将购买超过 5 年以上的非普通住房或者不足 5 年的普通住房对外销售的，按照其销售收入减去购买房屋的价款后的差额征收营业税；个人将购买超过 5 年以上的普通住房对外销售的，免征营业税。

2.2.2 个人所得税的调控政策

2005 年，国家税务总局发布了《关于实施房地产税收一体化管理若干具体问题的通知》（国税发［2005］156 号），文件正式明确了个人买卖二手房，必须交纳个人所得税。

2006 年，108 号文强制征收二手房转让个人所得税，国税总局发布《关于住房转让所得征收个人所得税有关问题的通知》（108 号文），宣布从 8 月 1 日起，各地税局将在全国范围内统一强制性征收二手房转让个人所得税。

2008 年，税务总局：企业为个人购买房需征收个人所得税，关于企业为个人购买房屋或其他财产征收个人所得税问题，财政部和税务总局明确批复：企业为个人购买房屋或其他财产需征收个人所得税，同时在批复中对具体的征收办法作出了规定：企业为个人购买房屋需征收个人所得税。

2013 年 2 月 20 日，国务院常务会议，研究部署继续做好房地产市场调控工作。会议确定了五项加强房地产市场调控的政策措施（称为"新国五条"）。其中规定：对出售自有住房按规定应征收的个人所得税，通过税收征管、房屋登记等历史信息能核实房屋原值的，应依法严格按转让所得的 20％计征。

第 3 节　国土资源的调控政策分析

3.1　土地出让方面的政策

2002 年，国土资源部发布的《招标拍卖挂牌出让国有建设用地使用权规定》政策的主要内容：

表 1-3-14

招标出让	（1）出让国有土地使用权，是指市、县人民政府土地行政主管部门（以下简称出让人）发布招标公告，邀请特定或者不特定的公民、法人和其他组织参加国有土地使用权投标，根据投标结果确定土地使用者的行为。
拍卖出让	（2）是指出让人发布拍卖公告，由竞买人在指定时间、地点进行公开竞价，根据出价结果确定土地使用者的行为。
挂牌出让	（3）是指出让人发布挂牌公告，按公告规定的期限将拟出让宗地的交易条件在指定的土地交易场所挂牌公布，接受竞买人的报价申请并更新挂牌价格，根据挂牌期限截止时的出价结果确定土地使用者的行为。
招、拍、挂适用范围	（4）商业、旅游、娱乐和商品住宅等各类经营性用地，必须以招标、拍卖或者挂牌方式出让。
编制出让文件	（5）文件应当包括招标拍卖挂牌出让公告、投标或者竞买须知、宗地图、土地使用条件、标书或者竞买申请书、报价单、成交确认书、国有土地使用权出让合同文本。

| 发布公告 | （6）出让人应当至少在投标、拍卖或者挂牌开始日前 20 日发布招标、拍卖或者挂牌公告，公布招标拍卖挂牌出让宗地的基本情况和招标拍卖挂牌的时间、地点。 |

2010 年，国务院发布的关于坚决遏制部分城市房价过快上涨的通知中关于土地政策方面的调控措施有：

表 1-3-15

| 增加居住用地有效供应 | （1）国土资源部要指导督促各地及时制定并公布以住房为主的房地产供地计划，并切实予以落实。房价上涨过快的城市，要增加居住用地的供应总量。要依法加快处置闲置房地产用地，对收回的闲置土地，要优先安排用于普通住房建设。 |
| 探索土地出让方式 | （2）在坚持和完善土地"招、拍、挂"制度的同时，探索"综合评标"、"一次竞价"、"双向竞价"等出让方式，抑制居住用地出让价格非理性上涨。 |

2002 年，国家出台的《招标拍卖挂牌出让国有建设用地使用权规定》政策已实施了八年多，根据建设用地交易市场案例统计分析，通过"招拍挂"形式成功取得土地的房地产开发企业大多数是上市的房地产开发企业。这种唯以"价格论高低"的"招拍挂"制度容易造就"地王"，容易造成房地产开发企业为了土地储备而频频出现的"非理性的冲动"，拿下"地王"后造成土地闲置或被政府收回的现象时有发生。因此，国务院于 2010 年 4 月发布的《关于坚决遏制部分城市房价过快上涨的通知》中关于土地政策方面的调控措施中就提到：在坚持和完善土地"招拍挂"制度的同时，探索"综合评标"、"一次竞价"、"双向竞价"等出让方式，抑制居住用地出让价格非理性上涨。说明政府相关部门已对未来的土地出让制度的完善方面提出了指导方向性的政策信号。

2011 年，有的地方政策开始用新的土地出让政策，如采用"限地价、竞公租房面积"的"双竞制"。具体作法是：当所拍土地的即时竞价达到该宗土地的上限价后，将不再对土地价格进行竞价，而转为在此价格基础上，对该宗土地的公租房配建面积进行竞拍，竞建面积最大的为该宗土地的最后竞得人。有的城市在出让住宅用地时，要求居住用地竞得人配建一定规模的保障性住房，类似各种新的土地出让政策将随着房地产市场行情的变化而会陆续出台。

3.2 土地供应政策的调控

2003 年，国务院关于促进房地产市场持续健康发展的通知中关于土地相关政策的主要内容：

表 1-3-16

控制高档商品房 建设用地供应量	(1) 各地要根据实际情况，合理确定高档商品住房和普通商品住房的划分标准。对高档、大户型商品住房以及高档写字楼、商业性用房积压较多的地区，要控制此类项目的建设用地供应量，或暂停审批此类项目。 (2) 也可以适当提高高档商品房等开发项目资本金比例和预售条件。

2006 年，国土资源部《关于当前进一步从严土地管理的紧急通知》（国土资电发〔2006〕17 号）中与土地相关的政策的主要内容：

表 1-3-17

停止别墅类用地 的供应计划	(1) 房地产开发用地必须采用招标拍卖挂牌方式公开出让，合理确定土地面积。各地要编制年度土地供应计划，科学合理确定房产开发用地供应规模和结构，优先保证中低价位、中小套型普通商品住房（含经济适用住房）和廉租住房的土地供应。 (2) 供地计划要向社会公布。严格限制低密度、大套型住房的土地供应。坚决执行停止别墅类房地产开发项目土地供应的规定，从即日起，一律停止其供地和办理相关用地手续，进行全面清理。

3.3 土地出让收支管理政策

2006 年，《国务院办公厅关于规范国有土地使用权出让收支管理的通知》（国办发〔2006〕100 号）和《财政部国土资源部中国人民银行关于印发〈国有土地使用权出让收支管理办法〉的通知》（财综〔2006〕68 号）。

2009 年，财政部、国土资源部、中国人民银行、监察部、审计署联合发布《关于进一步加强土地出让收支管理的通知》。

表 1-3-18

地方基金预算管理	（1）不折不扣地落实土地出让收支全额纳入地方基金预算管理的规定，将土地出让收入全额缴入地方国库，支出通过地方基金预算从土地出让收入中予以安排，实行彻底的"收支两条线"管理。
足额缴入地方国库	（2）除国务院有明确规定以外，任何地区和部门均不得减免、缓缴或者变相减免土地出让收入。
严格收入征收管理	（3）对于未按规定缴清全部土地价款的单位或个人，市县国土资源管理部门不得核发国有土地使用证，也不得按土地价款缴纳比例分割发证。
确保收入及时入库	（4）土地出让收入原则上采取就地直接缴库方式，商业银行应当把收缴的土地出让收入及时足额划转地方国库。市县财政部门已将土地出让收入收缴至非税收入汇缴专户的，要严格执行10个工作日划转地方国库的规定，不得超时滞留已收缴的土地出让收入。
规范分期缴纳行为	（5）市县国土资源管理部门与土地受让人在土地出让合同中依法约定的分期缴纳全部土地出让价款的期限原则上不超过一年。经当地土地出让协调决策机构集体认定，特殊项目可以约定在两年内全部缴清。首次缴纳比例不得低于全部土地出让价款的50％。土地租赁合同约定的当期应缴土地价款（租金）应当一次全部缴清，不得分期缴纳。
追缴价款及违约金	（6）对于未按时缴纳土地价款的单位和个人，要依法采取有效措施限期追缴。除因不可抗力未及时缴纳土地出让收入外，要严格按规定加收违约金。对于未按时缴纳土地价款、未按合同约定动工建设的单位和个人，拖欠土地出让收入期间不得参与新的土地出让交易活动；有关拖欠和违约信息要计入其诚信档案，可以通过提高竞买保证金或违约金等方式，限制其参加土地"招、拍、挂"活动。
完善信息共享制度	（7）土地出让（租赁）成交后，及时在中国土地市场网及土地有形市场等指定场所公布。通过中国土地市场网、土地有形市场等方式及时了解土地出让情况及土地出让收入相关信息。建立统一的土地出让收入征管和信息共享机制，确保财政部门、国土资源管理部门及时掌握收缴信息。

2010 年，国土资源部关于严格落实房地产用地调控政策促进土地市场健康发展有关问题的通知（国土资发［2010］204 号），主要的内容总结如下：

表 1-3-19

增强责任感和敏锐性	（1）坚持和完善土地招拍挂制度，切实加强房地产用地供应和监管，以住宅用地为主的房地产用地供应大幅增长，保障性住房用地占比提高，用地结构进一步优化，控制住房用地供应总量，把握供地节奏和时序，优化供地结构，调整供地方式。
三类用地的供应	（2）未完成 2010 年保障性住房建设用地供应任务，保障性住房、棚户区改造住房、中小套型普通商品住房"三类用地"供应总量未达到住房用地供应总量 70％的市县，年底前不得出让大户高档商品住宅用地。
高溢价率地价的备案	（3）对于招拍挂出让中溢价率超过 50％、成交总价或单价创历史新高的地块，市、县国土资源主管部门要在成交确认书签订（中标通知书发出）后 2 个工作日内，通过国土资源部门户网站的中国土地市场网页下载并填写《房地产用地交易异常情况一览表》，分别上报国土资源部和省（区、市）国土资源主管部门。
规范房地产用地出让行为	（4）在坚持国有土地使用权招标拍卖挂牌出让制度的前提下，积极探索"限房价、竞地价"、"限地价、竞政策性住房面积"、"在商品住宅用地中配建保障性住房"、网上挂牌、用地预申请、一次竞价、综合评标等多种交易形式。

3.4 土地闲置的相关政策

1999 年，国土资源部发布的关于《闲置土地处置办法》中与房地产开发相关的主要内容：

表 1-3-20

闲置土地定义	（1）是指土地使用者依法取得土地使用权后，未经原批准用地的人民政府同意，超过规定的期限未动工开发建设的建设用地。
闲置土地的情况	（2）国有土地有偿使用合同或者建设用地批准书未规定动工开发建设日期，自国有土地有偿使用合同生效或者土地行政主管部门建设用地批准书颁发之日起满 1 年未动工开发建设的。

闲置土地的情况	(3) 已动工开发建设但开发建设的面积占应动工开发建设总面积不足三分之一或者已投资额占总投资额不足25％且未经批准中止开发建设连续满1年的。
闲置土地处置方案	(4) 延长开发建设时间，但最长不得超过1年。 (5) 改变土地用途，办理有关手续后继续开发建设。 (6) 安排临时使用，待原项目开发建设条件具备后，重新批准开发，土地增值的，由政府收取增值地价。 (7) 政府为土地使用者置换其他等价闲置土地或者现有建设用地进行开发建设。 (8) 政府采取招标、拍卖等方式确定新的土地使用者，对原建设项目继续开发建设，并对原土地使用者给予补偿。 (9) 土地使用者与政府签订土地使用权交还协议等文书，将土地使用权交还给政府。原土地使用者需要使用土地时，政府应当依照土地使用权交还协议等文书的约定供应与其交还土地等价的土地。
闲置土地的处理	(10) 超过出让合同约定的动工开发日期满1年未动工开发的，可以征收相当于土地使用权出让金20％以下的土地闲置费。 (11) 满2年未动工开发时，可以无偿收回土地使用权。

2008年，国务院发布的关于促进节约集约用地的通知，其中与房地产开发相关的主要内容有：

表 1-3-21

| 加大闲置土地处置力度 | (1) 加大闲置土地处置力度。农用地转征用批准后，满两年未实施具体征地或用地行为的，批准文件自动失效，土地继续归农民集体经济组织所有并使用；已实施征地满两年未供地的，在下达下一年度农用地转用计划时扣减相应指标。
(2) 对因土地使用者自身原因造成土地闲置满两年的，依法无偿收回；土地闲置满一年不满两年的，按出让或划拨土地价款的20％收取土地闲置费。对因规划调整等不可归于用地者的原因造成的闲置土地，应通过协商和合理补偿，采取改变用途、等价置换、纳入政府储备或安排临时使用等途径及时处置、充分利用。 |

2009 年，国土资源部于 9 月发布的《关于集约用地的通知》中关于土地闲置的主要内容：

表 1-3-22

加大闲置土地处置力度	（1）土地闲置满两年、依法应当无偿收回的，坚决无偿收回，重新安排使用。 （2）不符合法定收回条件的，也应采取改变用途、等价置换、安排临时使用、纳入政府储备等途径及时处置、充分利用。 （3）土地闲置满一年不满两年的，按出让或划拨土地价款的 20％征收土地闲置费。 （4）对闲置土地特别是闲置房地产用地要征缴增值地价。

第 4 节 产业结构与行业政策

4.1 项目资本金制度的调控

从 1996 年开始，我国对各种经营性投资项目，包括国有单位的基本建设、技术改造、房地产开发项目和集体投资项目，试行资本金制度，投资项目必须首先落实资本金才能进行建设。

在投资项目的总投资中，除项目法人（依托现有企业的扩建及技术改造项目，现有企业法人即为项目法人）从银行或资金市场筹措的债务性资金外，还必须拥有一定比例的资本金。投资项目资本金，是指在投资项目总投资中，由投资者认缴的出资额，对投资项目来说是非债务性资金，项目法人不承担这部分资金的任何利息和债务；投资者可按其出资的比例依法享有所有者权益，也可转让其出资，但不得以任何方式抽回。

投资项目资本金可以用货币出资，也可以用实物、工业产权、非专利技术、土地使用权作价出资。对作为资本金的实物、工业产权、非专利技术、土地使用权，必须经过有资格的资产评估机构依照法律、法规评估作价，不得高估或低估。以工业产权、非专利技术作价出资的比例不得超过投资项目资本金总额的 20％。

根据国家历年来的宏观政策调控措施分析，在房地产业对资本金的比例是一个动态调整的状态：

表 1-3-23

1996 年 8 月	（1）关于固定资产投资项目试行资本金制度的通知，房地产行业资本金比例≥20％。
2003 年 6 月	（2）关于进一步加强房地产信贷业务管理的通知，房地产行业资本金比例≥30％。
2006 年 5 月	（3）关于调整住房供应结构稳定住房价格意见的通知，房地产行业资本金比例≥35％。
2009 年 5 月	（4）国务院关于调整固定资产投资项目资本金比例的通知，保障性住房和普通商品住房项目资本金比例≥20％，其他房地产开发项目的最低资本金比例≥30％。

　　房地产行业资本金的比例高低对开发企业将造成一定的影响，不仅决定了房地产开发商进入该行业的门槛，而且还决定了房地产开发商自有资金杠杆高低，自有资金所占的比例低，那么其自有资金的杠杆率就高，能够用更少钱来撬动银行更多的贷款。

　　根据国家对保障性住房和普通商品住房与其他房屋开发类别实行的差异化资本金比例的规定，说明了国家从政策上鼓励开发企业从事保障性住房和普通商品住房的开发。

4.2　住房供应结构的调控政策

　　根据我国住房供应结构的分析，目前我国住房的供应结构体系如下：

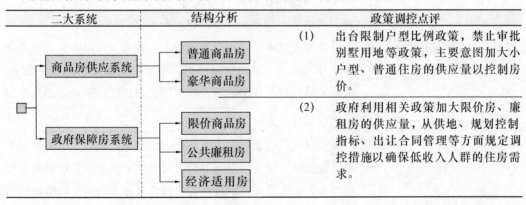

二大系统	结构分析	政策调控点评
商品房供应系统	普通商品房 豪华商品房	（1）出台限制户型比例政策，禁止审批别墅用地等政策，主要意图加大小户型、普通住房的供应量以控制房价。
政府保障房系统	限价商品房 公共廉租房 经济适用房	（2）政府利用相关政策加大限价房、廉租房的供应量，从供地、规划控制指标、出让合同管理等方面规定调控措施以确保低收入人群的住房需求。

图 1-3-2

　　2006 年：国务院办公厅发布的《关于调整住房供应结构稳定住房价格意见的通知》，明确"十一五"期间，特别是 2006 年、2007 年普通商品住房、经济适用住房和廉租住房的建设目标，并纳入当地"十一五"发展规划和近期建设规划。其中关于住房供应结构方面的政策内容有：

表 1-3-24

限制户型面积及户型比例	（1）规定自 2006 年 6 月 1 日起，凡新审批、新开工的商品住房建设，套型建筑面积 90m² 以下住房（含经济适用住房）面积所占比重，必须达到开发建设总面积的 70％以上。
明确普通房和经济适用房供应计划	（2）住房建设要以中低价位普通商品住房和经济适用住房项目为主，并明确开工、竣工面积和占住房建设总量的比例，尽快向社会公布，接受社会监督，稳定市场预期。
明确土地出让的前置条件	（3）要严格控制低密度、高档住房的建设。对中低价位普通商品住房建设项目，在供应土地前，由城市规划主管部门依据控制性详细规划出具建筑高度、容积率、绿地等规划设计条件，房地产主管部门会同有关部门提出住房销售价位、套型面积等控制性要求，并作为土地出让的前置条件，以保证中低价位、中小套型住房的有效供应。
普通房的优惠政策	（4）对于住宅小区建筑容积率在 1.0 以上、单套建筑面积在 120m² 以下、实际成交价格低于同级别土地上住房平均交易价格 1.2 倍以下的情况，在规划审批、土地供应以及信贷、税收等方面，对中小套型、中低价位普通住房给予优惠政策支持。
严格经济适用房的政策执行	（5）落实经济适用住房项目招投标的制度，加强经济适用住房建设，严格实行政府指导价，控制套型面积和销售对象，切实降低开发建设成本，建设单位利润要控制在 3％以内。有关具体要求在《国有土地划拨决定书》中予以明确，并向社会公示。鼓励发展并规范住房出租业，多渠道增加住房供给，提高住房保障能力。
扩大廉租住房制度覆盖面	（6）抓紧开展城镇最低收入家庭住房困难情况的调查，全面掌握本地区廉租住房需求情况，并建立保障对象档案。要根据廉租住房需求，切实落实以财政预算安排为主、多渠道筹措廉租住房资金，着力扩大廉租住房制度覆盖面，加快解决最低收入家庭基本住房需要。 （7）城镇廉租住房制度建设情况要纳入省级对市县政府工作的目标责任制管理，相关部门要加强监督检查。

明确了供应总量比例	（8）保障性住房、棚户区改造和中小套型普通商品住房用地不低于住房建设用地供应总量的70%，并优先保证供应。
纳入土地出让合同管理	（9）国土资源部门，将住房销售价位、套数、套型面积、保障性住房配建比例以及开竣工时间、违约处罚条款等纳入土地出让合同，确保中小套型住房供应结构比例严格按照有关规定落实到位。

4.3　监管开发商的住房预售行为

2010 年，住房和城乡建设部发布了《关于进一步加强房地产市场监管完善商品住房预售制度有关问题的通知》，其中主要的政策内容如下：

表 1-3-25

没有取得预售证时的规定	（1）未取得预售许可的商品住房项目，房地产开发企业不得进行预售，不得以认购、预订、排号、发放 VIP 卡等方式向买受人收取或变相收取定金、预定款等性质的费用，不得参加任何展销活动。
取得预售许可的商品住房项目	（2）房地产开发企业要在 10 日内一次性公开全部准售房源及每套房屋价格，并严格按照申报价格，明码标价对外销售。房地产开发企业不得将企业自留房屋在房屋所有权初始登记前对外销售，不得采取返本销售、售后包租的方式预售商品住房，不得进行虚假交易。

4.4　严管销售代理和房地产经纪

2010 年，住房和城乡建设部发布了《关于进一步加强房地产市场监管完善商品住房预售制度有关问题的通知》，其中主要的政策内容如下：

表 1-3-26

房地产经纪机构的备案	（1）房地产经纪机构应当将经纪服务项目、服务内容和收费标准在显著位置公示；额外提供的延伸服务项目，需事先向当事人说明，并在委托合同中明确约定，不得分解收费项目和强制收取代书费、银行按揭服务费等费用。

规范房地产经纪机构的行为	（2）房地产经纪机构和执业人员不得炒卖房号，不得在代理过程中赚取差价，不得通过签订"阴阳合同"违规交易，不得发布虚假信息和未经核实的信息，不得采取内部认购、雇人排队等手段制造销售旺盛的虚假氛围。

4.5 加强商品住房买卖合同管理

2010 年，住房和城乡建设部发布了《关于进一步加强房地产市场监管完善商品住房预售制度有关问题的通知》，其中主要的政策内容如下：

表 1-3-27

网上签订和备案制度	（1）积极推行商品住房买卖合同网上签订和备案制度。
完善商品房买卖合同示范文本	（2）文本应对商品住房质量性能，物业会所、车位等设施归属，交付使用条件及其违约责任作出明确约定，并将《住宅质量保证书》、《住宅使用说明书》作为合同附件。房地产开发企业应当将商品住房买卖合同在合同订立前向购房人明示。

4.6 健全房地产信息公开机制

2010 年，住房和城乡建设部发布了《关于进一步加强房地产市场监管完善商品住房预售制度有关问题的通知》，其中主要的政策内容如下：

表 1-3-28

信息向社会公开	（1）各地要加强和完善房地产市场信息系统建设，及时准确地向社会公布市场信息。市、县房地产主管部门要及时将批准的预售信息、可售楼盘及房源信息、违法违规行为查处情况等向社会公开。
在销售现场明示	（2）房地产开发企业应将预售许可情况、商品住房预售方案、开发建设单位资质、代理销售的房地产经纪机构备案情况等信息，在销售现场清晰明示。

4.7 完善预售资金监管机制

2010 年，住房和城乡建设部发布了《关于进一步加强房地产市场监管完善商品住房预售制度有关问题的通知》，其中主要的政策内容如下：

表 1-3-29

监管账户	（1）各地要加快完善商品住房预售资金监管制度。尚未建立监管制度的地方，要加快制定本地区商品住房预售资金监管办法。商品住房预售资金要全部纳入监管账户，由监管机构负责监管，确保预售资金用于商品住房项目工程建设。
预售资金的核拨	（2）预售资金可按建设进度进行核拨，但必须留有足够的资金保证建设工程竣工交付。

4.8 严格商品住房的退房管理

2010 年，住房和城乡建设部发布了《关于进一步加强房地产市场监管完善商品住房预售制度有关问题的通知》，其中主要的政策内容如下：

表 1-3-30

严格实行购房实名制	（1）商品住房严格实行购房实名制，认购后不得擅自更改购房者姓名。各地要规范商品住房预订行为，对可售房源预订次数作出限制规定。
所退房源的管理	（2）购房人预订商品住房后，未在规定时间内签订预售合同的，预订应予以解除，解除的房源应当公开销售。已签订商品住房买卖合同并网上备案、经双方协商一致需解除合同的，双方应递交申请并说明理由，所退房源应当公开销售。

4.9 加强商品房交付和质量管理

2010 年，住房和城乡建设部发布了《关于进一步加强房地产市场监管完善商品住房预售制度有关问题的通知》，其中主要的政策内容如下：

表 1-3-31

明确商品房交付使用条件	（1）商品住房交付使用条件应包括工程经竣工验收合格并在当地主管部门备案、配套基础设施和公共设施已建成并满足使用要求、北方地区住宅分户热计量装置安装符合设计要求、住宅质量保证书和住宅使用说明书制度已落实、商品住房质量责任承担主体已明确、前期物业管理已落实。房地产开发企业在商品住房交付使用时，应当向购房人出示上述相关证明资料。
完善商品房交付使用制度	（2）确保商品住房项目单体工程质量、节能环保性能、配套基础设施和公共设施符合交付使用的基本要求。有条件的地方可借鉴上海、山东等地经验，通过地方立法，完善新建商品住房交付使用制度。各地要加强商品住房竣工验收管理，积极推行商品住房工程质量分户验收制度。北方地区要加强商品住房分户热计量装置安装的验收管理。
强化预售商品房质量保证	（3）房地产开发企业应当对其开发建设的商品住房质量承担首要责任，提交的预售方案，应当明确企业破产、解散等清算情况发生后的商品住房质量责任承担主体，由质量责任承担主体提供担保函鼓励推行预售商品住房质量保证金制度，研究建立专业化维修制度。

第 5 节　未来相关政策的调控方向

5.1　对土地出让制度的变革

2011 年，在国土资源部发布的《关于坚持和完善土地招标拍卖挂牌出让制度的意见》（国土资发〔2011〕63 号）中，已就土地出让制度提出了改革的内容：在坚持国有土地使用权招标拍卖挂牌出让制度的前提下，明确了各地实践比较成熟的"限房价、竞地价"、"限地价、竞房价"、"商品住房用地中配建保障性住房"和"土地利用综合条件最佳"等四种"招拍挂"创新做法，要求各地因地制宜，选择恰当的土地出让方式和政策，落实政府促进土地合理布局、节约集约利用，有效合理调整房价地价，保障民生，稳定市场预期的目标。

5.2 推行商品住房现售制度

2010 年，住房和城乡建设部发布了《关于进一步加强房地产市场监管完善商品住房预售制度有关问题的通知》，其中主要的政策内容如下：各地可结合当地实际，制定商品住房"现售"管理办法，鼓励和引导房地产开发企业现售商品住房。实行现售的商品住房，应符合《商品房销售管理办法》规定的现售条件；在商品住房现售前，房地产开发企业应当将符合"现售"条件的有关证明文件和房地产开发项目手册报送房地产开发主管部门备案。

5.3 在全国推广实施房产税

2010 年，根据国务院发布的《关于坚决遏制部分城市房价过快上涨的通知》中的内容要求加快推进房产税改革试点工作，并逐步扩大到全国。

房产税，又称房屋税，是国家以房产作为课税对象向产权所有人征收的一种财产税。根据《中华人民共和国房产税暂行条例》规定，对于"个人所有非营业用的房产"是免税的，根据上述国务院的精神，"加快推进房产税改革试点工作"，如果对"个人所有非营业用的房产"征收房产税的话，将对房地产业造成的影响如何？本书以上海对房产税征收方面的规定为案例来说明房产税对购房行为的影响。

2011 年，根据《上海市开展对部分个人住房征收房产税试点的暂行办法》规定，自 2011 年 1 月 28 日起，上海市开展对部分个人住房征收房产税试点。

表 1-3-32

征收对象	（1）征收对象是指本暂行办法施行之日起上海市居民家庭在上海市新购且属于该居民家庭第二套及以上的住房（包括新购的二手存量住房和新建商品住房，下同）和非上海市居民家庭在上海市新购的住房（以下统称"应税住房"）。
纳税人	（2）纳税人为应税住房产权所有人。产权所有人为未成年人的，由其法定监护人代为纳税。
计税依据	（3）计税依据为参照应税住房的房地产市场价格确定的评估值，评估值按规定周期进行重估。试点初期，暂以应税住房的市场交易价格作为计税依据。

计税办法	（4）房产税暂按应税住房市场交易价格的 70% 计算缴纳。适用税率暂定为 0.6%。应税住房每平方米市场交易价格低于上海市上年度新建商品住房平均销售价格 2 倍（含 2 倍）的，税率暂减为 0.4%。上述上海市上年度新建商品住房平均销售价格，由市统计局每年公布。

第1-4章　项目选址与房地产市场分析

房地产开发赖以生存的第一生产要素资源为"地块"，一个企业所拥有的"土地储备量"的大小是衡量房地产开发企业是否具备可持续发展的重要指标。开发企业要想进行持续不断的开发，就应根据自身的资金实力、融资能力和外部的市场行情，持续不断进行"新项目拓展"工作。房地产开发企业进行"新项目拓展"方式一般有"直接拿地"和"间接拿地"两个渠道。不论是以哪种方式进行项目的投资，首先要考虑的问题是：在哪个城市买地？这个问题实际上就是在项目可行性研究阶段对项目选址的研究。作为"投资分析师"对房地产开发企业项目投资的选址的研究思路是：

（1）大型上市的开发商在全国的土地储备的区域布局规律是什么？

（2）对"拟建项目"所在城市的房地产市场行情分析方法有哪些？

第1节　土地市场的储备政策

1.1　土地储备的主体

根据国土资源部、财政部、中国人民银行于 2007 年 11 月 19 日联合发布的《土地储备管理办法》的规定，土地储备，是指市、县人民政府国土资源管理部门为实现调控土地市场、促进土地资源合理利用目标，依法取得土地，进行前期开发、储存以备供应土地的行为。

土地储备的具体实施单位为土地储备机构，其应为市、县人民政府批准成立、具有独立的法人资格、隶属于国土资源管理部门、统一承担本行政辖区内土地储备工作的事业单位。

1.2　土地储备的开发

对纳入储备的土地，经市、县人民政府国土资源管理部门批准，土地储备机构有权对储备土地进行前期开发、保护、管理、临时利用及为储备土地、实施前期开发进行融资等活动。

政府可根据需要，对产权清晰、申请资料齐全的储备土地，办理土地登记手续，核发土地证书。供应已发证储备土地前，应收回土地证书，设立土地抵押权的，要先行依法解除。

土地储备机构应对储备土地特别是依法征收后纳入储备的土地进行必要的前期开发，使之具备供应条件。

前期开发涉及道路、供水、供电、供气、排水、通信、照明、绿化、土地平整等基础设施建设的，要按照有关规定，通过公开招标方式选择工程实施单位。

土地储备机构应对纳入储备的土地采取必要的措施予以保护管理，防止侵害储备土地权利行为的发生。

在储备土地未供应前，土地储备机构可将储备土地或连同地上建（构）筑物，通过出租、临时使用等方式加以利用。设立抵押权的储备土地临时利用，应征得抵押权人同意。储备土地的临时利用，一般不超过两年，且不能影响土地供应。

1.3 土地储备的供应

储备土地完成前期开发整理后，纳入当地市、县土地供应计划，由市、县人民政府国土资源管理部门统一组织供地。

依法办理农用地转用、土地征收后的土地，纳入储备满两年未供应的，在下达下一年度农用地转用计划时扣减相应指标。

1.4 土地储备的资金

土地储备资金收支管理严格执行《土地储备资金财务管理暂行办法》（财综〔2007〕17号）的规定。土地储备机构向银行等金融机构申请的贷款应为担保贷款，其中抵押贷款必须具有合法的土地使用证；申请贷款的土地储备机构必须满足商业银行及其他金融机构的贷款要求。土地储备机构举借的贷款规模，应当与年度土地储备计划、土地储备资金项目预算相衔接，并报经同级财政部门批准，不得超计划、超规模贷款。

土地储备机构申请贷款时，应持财政部门的贷款规模批准文件及同级人民政府批准的项目实施方案等书面材料向当地商业银行及其他金融机构申请担保贷款。商业银行及其他金融机构应严格按照商业原则在批准的规模内发放土地储备贷款。土地储备贷款应实行专款专用、封闭管理，不得挪用。

政府储备土地设定抵押权，其价值按照市场评估价值扣除应当上缴政府的土地出让收益确定，抵押程序参照划拨土地使用权抵押程序执行。

商业银行及其他金融机构应当准确、完整、及时地向人民银行建立的全国统一的企业信用信息基础数据库报送土地储备机构的土地储备贷款相关信息。在贷款发放前，商业银行及其他金融机构应当查询贷款储备机构的信息，对有不良记录的土地储备机构审慎发放贷款。商业银行及其他金融机构应当根据监管要求，合理、科学确定贷款期限。

土地储备机构举借商业银行及其他金融机构贷款的，必须按贷款合同约定，及时足额偿还贷款本息。各类"财政性资金"不得用于土地储备贷款担保。土地储备机构应加强资金风险管理，不得以任何形式为第三方提供担保。

第2节 项目拓展的区域布局分析

2.1 房地产开发的城市赢利能力

在哪个城市做房地产开发最挣钱？这是房地产开发项目的投资管理者须在项目选址阶段所要思考的问题。

首先可以从国家统计年鉴的相关数据分析来解读这个问题。下面以 2010 年国家统计年鉴中所披露的 2009 年度关于《房地产开发企业经营情况》中的房地产开发企业的营业利润总额排序来说明上述问题：

表 1-4-1

营业利润分档区间值	城市布局
800 亿～600 亿元	（1）上海、江苏、广东；
200 亿～100 亿元	（2）福建、重庆、四川、河南、内蒙古、辽宁、天津、湖北；
90 亿～50 亿元	（3）安徽、河北、江西、广西；
45 亿～18 亿元	（4）黑龙江、湖南、海南、陕西、云南、新疆、山西、吉林；
9 亿元以下	（5）宁夏、贵州、甘肃、西藏、青海。

如果对 2009 年全国房地产开发企业的营业利润率进行统计排序，足以说明每个城市的平均的房地产开发的盈利能力：

表 1-4-2

营业利润率分档区间值	城市布局
25%～21%	（1）上海、西藏；
17%～14%	（2）广东、北京、浙江、海南、江苏、天津、内蒙古；

营业利润率分档区间值	城市布局
13%~10%	(3) 江西、山东、河南、湖北、重庆、河北;
9%~6%	(4) 广西、新疆、黑龙江、安徽、四川、山西、云南、陕西、辽宁、宁夏;
5%以下	(5) 湖南、吉林、甘肃、贵州、青海。

2.2 上市开发企业的区域布局

根据 2010 年度的《中国房地产上市公司测评研究报告》中所披露的数据分析,以上市公司的注册地来划分 50 强的区域分布,50 强的上市公司有 37 家集中于北京、上海、广州、深圳一线城市,由于城镇化进程的推进强化了这四大城市的核心地位,这四大城市房地产市场容量大,发展也较成熟。2009 年四大城市的房地产开发投资额为 5057 亿元,占全国的 13.96%,商品房销售金额为 9990 亿元,占全国的 22.71%,商品房的销售均价达 12690 元/m²,高于全国平均水平 170.31%。而且,四大城市上市公司的发展表现出先立足本地市场获得资本和经验的积累,再逐步扩张布局全国的规律。另外,从全国区域来看,50 强的上市公司分布华东、华北、华南、华中和西南五大区域,其中华东、华北地区分别高达 30%以上。

第3节 典型上市房企的项目拓展策略

3.1 香港上市房企的项目拓展策略

通过对 2011 年典型的上市房地产开发企业的年度财务报告所披露的数据分析,将部分企业的土地储备策略分析如下:

表 1-4-3

远洋地产	(1) 土地储备量为 2398 万 m²,平均楼面地价 3029 元/m²;2011 年度新增土地储备 9 个地块,平均楼面地价为 2900 元/m²。
中海地产	(2) 2011 年度在内地 10 个城市新增地块 10 幅,共计 906 万 m²,在香港新增 2 幅地块,总的土地储备为 4907 万 m²。

富力地产	(3) 截止于 2011 年，富力地产城市的业务分布于 13 个城市，主要是一线城市，土地储备采取保守均衡的策略，总的土地储备为 2802 万 m²。
碧桂园地产	(4) 专注于一线城市的近郊，经济发展潜力高的二、三线城市，截止于 2011 年，共有 103 个项目，总的土地储备为 3677 万 m²。
雅居乐地产	(5) 截止于 2012 年 3 月，共有 70 个项目，总土地储备为 3144 万 m²，可满足未来 8 年至 10 年的开发需求。
华润置地	(6) 截止于 2012 年 3 月，项目分布于 39 个城市，总的土地储备为 2985 万 m²，2011 年度项目新拓展城市为 8 个。
龙湖地产	(7) 截止于 2011 年年底，土地储备总量为 3376 万 m²，土地储备的平均单价为 1859 元/m²。渤海地区占 42%，长三角占 19%，西部地区占 39%。2011 年度新增土地 482 万 m²。
绿城地产	(8) 截止于 2011 年底，全国土地储备为 4000 多万 m²，满足公司未来 5 年至 7 年的开发使用，项目拓展的策略为：先衡量公司的现金流及财务状况，多以合作开发或代建模式进行。
世茂地产	(9) 截止于 2011 年底，全国土地储备为 3950 万 m²，分布于 35 个城市，战略重心向自住刚性需求为主流的二、三线城市转移，致力于加建中小型住宅的产品。
远洋地产	(10) 2011 年度，三、四线城市的市场表现好于二线城市，二线城市好于一线城市；商业物业市场好于住宅市场。2011 年开发业务的平均土地成本为 2574 元/m²，占当期平均销售价格的 22%，截止于 2011 年年底，土地储备总量为 2398 万 m²，平均土地成本为 3029 元/m²。

3.2 国内上市房企的项目拓展策略

3.2.1 万科地产

3.2.1.1 万科的土地储备量的分析

由于"万科地产"主要是以房地产开发为主营业的企业而且是中国最大的房地产

企业，因此，以"万科地产"为样本，建立"数据模型"具有典型的代表意义。

下面就以"万科地产"所披露的 2005 年至 2011 年度的上市公司年报的数据为依据，进行必要的数据整理后归集如下表，其中，每年"拟开发产品"与企业"总资产"之间的结构比重关系如下：

表 1-4-4

年　份	A：总资产（万元）	C：拟开发产品（万元）	C/A
2005	2 199 239.21	699 155.03	32%
2006	4 991 984.04	1 643 938.14	33%
2007	10 009 446.79	2 787 759.77	28%
2008	11 923 657.97	3 413 185.90	29%
2009	13 760 855.48	4 325 916.34	31%
2010	21 563 755.17	4 931 469.42	23%
2011	29 620 844.00	6 298 517.56	21%
平均值			28%

从上表数据分析可知，万科每年进行的"拟开发产品"一般保持在其企业所拥有的"总资产"的 28% 左右。

根据万科 2006 年到 2011 年之间年度报告的数据分析，以项目拓展的个数、总占地面积、规划总面积、权益占地面积、权益总建筑面积、累计储备建筑面积、楼面地价、万科权益比例、平均容积率九项指标来全面反映万科在六年期间每年进行项目拓展的情况。

表 1-4-5

科　目	2011	2010	2009	2008	2007	2006
当期个数	58	87	44	28	54	47
当期总占地面积	845	1 282	763	364	612	910
当期规划总面积	1 895	2 963	1 332	680	1 142	1 222
当期权益占地面积	481	941	593	249	501	731
当期权益总建筑面积	1 149	2 215	1 036	465	934	982
累计储备建筑面积	3 547	3 640	2 436	1 793	2 163	1 851
当期楼面地价	2 567	2 897	2 401	2 003	3 581	1 861
万科权益比例	61%	75%	78%	68%	82%	80%
平均容积率	2.24	2.31	1.75	1.87	1.87	1.34

3.2.1.2 万科在全国项目选址布局

对项目选址布局的研究方法是：以"主营业收入、净利润、结算面积"三项指标为基数，构建三项指标彼此之间的比重关系来说明哪个"区域"对企业的赢利贡献率大。

根据 2009 年度的年报所披露的数据整理可知，"万科地产"在珠江三角洲区域、长江三角洲区域、环渤海区域、中西部区域四大区域年进行的项目开发对企业营业收入的贡献情况（表中计量单位为：万元，万 m²）。

表 1-4-6

城　　市	主营业务收入	比例	净利润	比例	结算面积	比例
珠江三角洲区域	1 643 487	34%	192 043	32%	190	31%
长江三角洲区域	1 512 340	31%	202 259	34%	177	29%
环渤海区域	1 202 519	25%	132 249	22%	168	28%
中西部区域	473 277	10%	65 135	11%	70	12%
合计	4 831 623	100%	591 687	100%	605	100%

从上表所披露的信息分析，万科企业在全国的地产项目主要分布在珠江三角洲、长江三角洲、环渤海、中西部四大区域，从对企业的利润贡献率来看，长江三角洲区域排序第一，珠江三角洲区域排序第二。"万科地产"近年来坚持以珠三角、长三角和环渤海区域为重点的城市经济圈聚焦战略，2009 年深圳、广州、上海、北京、天津几大核心城市占营业收入和净利润的比重分别达到 44.1% 和 44.5%。

根据 2010 年度的年报所披露的数据整理可知，"万科地产"在珠江三角洲区域、长江三角洲区域、环渤海区域、中西部区域四大区域年进行的项目开发对企业营业收入的贡献情况（表中计量单位为：万元，万 m²）。

表 1-4-7

区域划分	主营业务收入	比例	净利润	比例	结算面积	比例
以珠江三角洲为核心的深圳区域	1 645 570	33%	291 595	37.55%	124	28%
以长江三角洲为核心的上海区域	1 918 852	38%	287 038	36.96%	166	37%
以环渤海为核心的北京区域	1 027 250	21%	132 284	17.03%	105	23%
以中西部中心城市组成的成都区域	411 423	8%	65 658	8.45%	57	13%
合计	5 003 095	100%	776 574	100%	452	100%

2010 年，"万科地产"新进入昆明、贵阳、清远、温州、扬州、南通、嘉兴、唐

山、廊坊、吉林、抚顺、乌鲁木齐等 12 个城市。截至 2010 年末,"万科地产"累计已进入了 46 个城市市场,布局更趋广泛。层次丰富的战略纵深,为公司的业务发展提供了更为广阔的空间,同时也有助于公司规避部分市场过热的风险。"万科地产"坚持城市圈聚焦战略,积极开拓战略纵深,2010 年"万科地产"在五个核心城市(深圳、广州、上海、北京、天津)合计占公司整体营业收入和净利润的比重分别为 49.7%和 47.9%。

3.2.1.3　片区公司对企业利润贡献

2010 年,根据年报所披露的关于公司主要全资附属企业及参股公司的经营情况及业绩分析如下(表中计量单位为:万元)。

表 1-4-8

公司名称	序号	2010 年营业收入 A	2010 年净利润 B	B/总净利润
上海万科投资管理有限公司	(1)	735 444	125 144	14%
深圳市万科房地产有限公司	(2)	491 712	95 166	11%
广州万科房地产有限公司	(3)	446 970	69 963	8%
东莞万科房地产有限公司	(4)	284 601	59 938	7%
天津万科房地产有限公司	(5)	237 943	48 832	6%
浙江万科南都房地产有限公司	(6)	227 373	47 497	5%
成都万科房地产有限公司	(7)	135 029	37 876	4%
北京万科企业有限公司	(8)	213 386	31 001	4%
佛山万科置业有限公司	(9)	126 684	29 542	3%
沈阳万科房地产开发有限公司	(10)	123 901	9 710	1%
其他	(11)		329 291	37%
合计	(12)	3 023 042	883,961	100%

从上述数据分析,2010 年度,各片区公司对"万科地产"的利润贡献分为三个梯队,第一梯队为上海、深圳;第二梯队为广州、东莞、天津和浙江;第三梯队为成都、北京、佛山和沈阳等区域。

3.2.1.4　城市对企业利润贡献比例

根据"万科地产"在 2009 年报告中所披露的数据,通过每个城市项目开发对企业总的净利润的贡献比例进行排序如下:

表 1-4-9

排　名	城　市	净利润（万元）	比　例
（1）	上海	77 866	13.2％
（2）	杭州	62 095	10.5％
（3）	深圳	55 588	9.4％
（4）	成都	52 949	9.0％
（5）	广州	49 449	8.4％
（6）	天津	43 245	7.3％
（7）	佛山	42 554	7.2％
（8）	沈阳	37 762	6.4％
（9）	北京	37 251	6.3％
（10）	苏州	20 799	3.5％
（11）	南京	20 578	3.5％
（12）	厦门	19 346	3.3％
（13）	武汉	14 040	2.4％
（14）	宁波	12 942	2.2％
（15）	东莞	11 911	2.0％
（16）	长沙	8 195	1.4％
（17）	无锡	7 478	1.3％
（18）	大连	6 269	1.1％
（19）	长春	4 289	0.7％
（20）	青岛	3 433	0.6％
（21）	中山	2 985	0.5％
（22）	珠海	2 014	0.3％
（23）	南昌	905	0.2％

　　从上表的排名分析，给企业净利润贡献超过 10％的城市有上海、杭州；给企业净利润贡献在 6％～10％的城市有深圳、成都、广州、天津、佛山、沈阳、北京 7 个城市；给企业净利润贡献在 3％～5％的城市有苏州、南京和厦门 3 个城市。总之，万科企业的项目分布于全国的 27 个城市，其中上海、杭州、深圳、成都、广州、天津、佛山、沈阳、北京、苏州 10 个城市对万科企业净利润的贡献已超过总的净利润的 80％。

作为中小型房地产开发企业在思考在哪个城市"买地"时，除了自身所具备的条件之外，可从"万科地产"在全国区域城市的项目布局的数据中得到一些启示。

3.2.2 保利地产

3.2.2.1 保利地产的城市布局

根据保利地产 2009 年的报告所披露的数据分析，保利地产在全国各城市中的土地储备的项目有 45 个，分布于 17 个城市。

3.2.2.2 保利地产的土地储备

保利地产截止于 2009 年，总的土地储备量可用于总规划的建筑面积为 1951 万 m^2，在建的总规划建筑面积为 2555 万 m^2，拟建的总规划建筑面积占在建的总规划面积的 76%。根据每个城市的土地储备量在大小进行排序后的情况详见下表：

表 1-4-10

序 号	城 市	总规划建筑面积（m²）	比 例
（1）	广州	3 139 383	16.1%
（2）	佛山	2 701 047	13.8%
（3）	重庆	2 596 933	13.3%
（4）	成都	2 316 426	11.9%
（5）	长春	1 085 495	5.6%
（6）	沈阳	1 055 356	5.4%
（7）	上海	897 755	4.6%
（8）	阳江	829 417	4.3%
（9）	天津	802 439	4.1%
（10）	武汉	800 058	4.1%
（11）	北京	769 909	3.9%
（12）	南昌	674 000	3.5%
（13）	长沙	617 552	3.2%
（14）	南京	594 258	3.0%
（15）	杭州	229 444	1.2%
（16）	大连	222 743	1.1%
（17）	青岛	180 542	0.9%
Σ	合计	19 512 757	100.0%

从土地储备的地块用途角度分析，保利地产截止于2009年的土地储备中地块的用途有住宅用地、商业用地、综合用地，三者之间的构成分析见下表：

表 1-4-11

用地性质	总规划建筑面积（m²）	比　例
住宅	13 468 245	69.0%
综合	5 907 676	30.3%
商业	136 836	0.7%
合计	19 512 757	100.0%

从规划指标"容积率"的区间进行统计分析，保利地产截止于2009年进行土地储备的"拟建项目"的容积率分布情况详见下表：

表 1-4-12

容积率 P	$P \leqslant 1.0$	$1.0 < P \leqslant 2.0$	$2.0 < P \leqslant 3.0$	$3.0 < P \leqslant 4.0$	$4.0 < P \leqslant 5.0$	$P \geqslant 5.0$
项目个数	3个	7个	22个	5个	5个	3个
占用比例	7%	16%	49%	11%	11%	7%

3.2.2.3　在建项目选址布局

根据保利地产2009年报所披露的数据分析，其有主营业收入的项目所在城市有13个，详见以下统计表：

表 1-4-13

序号	地区	结算收入（万元）	比例（%）	结算面积（m²）	比例
(1)	广州	578 818.64	25.91	447 496.24	16.3%
(2)	北京	401 608.86	17.97	259 551.62	9.4%
(3)	上海	300 232.92	13.44	332 724.79	12.1%
(4)	佛山	184 162.67	8.24	236 196.98	8.6%
(5)	沈阳	150 485.28	6.74	346 183.03	12.6%
(6)	长春	120 391.99	5.39	255 829.60	9.3%
(7)	武汉	105 561.70	4.72	166 253.40	6.1%
(8)	重庆	83 722.13	3.75	130 270.56	4.7%
(9)	成都	77 735.85	3.48	130 674.28	4.8%
(10)	长沙	73 269.64	3.28	147 086.87	5.4%
(11)	南昌	54 482.94	2.44	60 012.86	2.2%
(12)	天津	52 220.27	2.34	86 825.29	3.2%
(13)	包头	51 610.56	2.31	149 411.85	5.4%
Σ	合计	2 234 303.43	100	2 748 517.37	100.0%

从上表分析，对"保利地产"全年主营业收入贡献最大的城市有广州、北京、上海、佛山、沈阳、长春、武汉七个城市，其主营业收入占全年总营业收入的 80% 以上。

3.2.3 招商地产

根据 2011 年招商地产所披露的财务报告数据分析，房地产开发的项目有 50 个项目，深圳 14 个项目，广州 3 个项目，上海 5 个项目，天津、重庆、南京各 3 个项目，武汉、漳州各 4 个项目，北京、厦门、成都、珠海各 2 个项目，苏州、镇江、青岛各 1 个项目。100%权益的占 57%，其他合作项目的权益比例在 34%～75%。

3.2.4 金地地产

根据 2011 年金地地产所披露的财务报告数据分析，其他房地产销售业务在全国的分布情况如下：华东地区占 28.7%，华南地区占 18.9%，华北地区占 18.7%，东北地区占 14.3%，西北地区占 11.1%，华中地区 8.2%。

总之，通过研究具有标杆意义的大型上市房地产开发企业的项目在全国布局的特点与相关数据的分析，对房地产开发企业的项目选址有一定的参考意义，对于中小型房地产开发企业对项目的选址一般根据其企业的注册地址、自身积累的人脉关系和企业自身擅长开发产品类型、企业的资金实力和项目管理能力进行综合考虑。

第 4 节 城市房地产市场的分析

4.1 城市房地产市场分析目的

建设项目的"投资分析师"应对"拟建项目"所在具体城市的房地产市场进行专业的分析，为项目的选址的合理性、对拟建项目的销售价格和销售量的预测提供最基本的市场信息数据。

4.2 城市房地产市场分析方法

项目"投资分析师"在进行项目决策时，首先要考虑的问题：在哪个城市买地？如何进行土地储备的区域布局？其中对具体的某个城市的房地产市场行情进行分析是十分必要的。笔者通过对众多《城市房地产市场分析报告》实例的总结归纳，形成如下报告编制指引纲要：

5.2.2 商业地产的存量市场的成交量分析	5.3 商业地产的租赁市场分析
	5.3.1 商业地产的租赁市场的供应量分析
5.2.3 商业地产的存量市场的销售价格分析	5.3.2 商业地产的租赁市场的成交量分析
	5.3.3 商业地产的租金构成与市场行情分析
5.2.4 商业地产的存量市场的前景趋势分析	5.3.4 商业地产租赁市场的前景趋势分析

模块二

城市用地规划与方案的快速构思

模块二 城市用地规划与方案的快速构思·模块导读

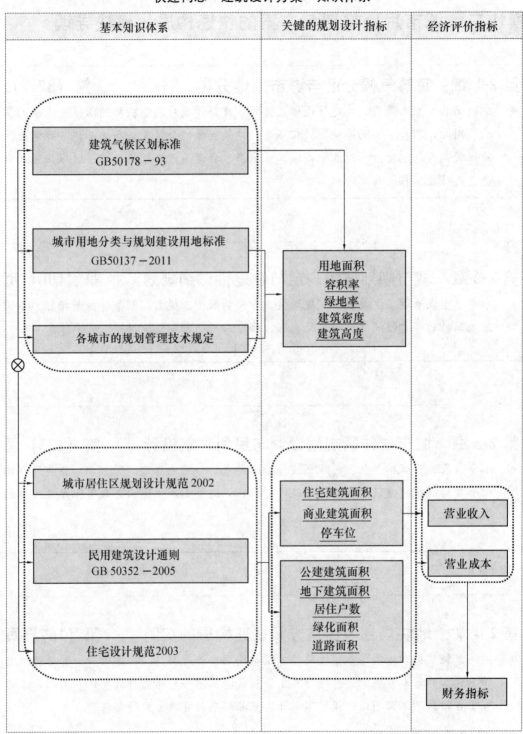

第2-1章　建筑气候分区与城市用地分类

面对大量的土地资源信息，地块信息可能来源于政府官方发布的公告、朋友介绍或"土地中介机构"的推介。作为房地产开发企业第一生产要素的"地块资源"的采购人员（简称"地块采购师"）或对项目立项进行可行性研究的"投资分析师"，在每个城市进行目标地块的"海选"过程中需要思考的问题有：

（1）如何寻到适应自身企业开发的"风水宝地"？

（2）城市用地的标准与规划设计条件有何规定？

（3）如何快速构思目标地块的数字化建筑设计方案？

从其专业知识角度，当然不能要求"地块采购师"或"投资分析师"像"注册城市规划师"及"注册建筑师"一样精通规划和设计方面的专业知识，但作为房地产开发项目的投资管理，应对《城市用地分类与规划建设用地标准》、《城市居住用地规划设计规范》、《民用建筑设计通则》、各地方政府的规划局颁布的《城市规划管理技术规定》等关于城市规划及建筑设计方面的知识熟知了解，以便对目标地块的规划指标和设计方案的构思有一定的专业分析能力。

第1节　城市的建筑气候分区

建筑的规划、设计、施工等环节的技术要求与项目所在城市的气候因素的关联性较强，而我国地域跨度较大，为区分我国不同地区气候条件对建筑影响的差异性，明确各气候区的建筑基本要求，提供建筑气候参数，国家发布了《建筑气候区划标准》（GB 50178—93）。

开发企业在进行城市用地的筛选过程中，应了解"拟建项目"所在城市的建筑气候的类别。本书根据《建筑气候区划标准》（GB 50178—93）中的内容，将主要城市的建筑气候分区表进行了整理归纳形成了如下的《城市建筑气候分区速查表》。以方便开发企业在应用《城市居住区规划设计规范》等规定的规划控制指标，快速构思"拟建项目"的设计方案时，可快速查阅引用。

1.1　城市的建筑气候分区索引表

1.1.1　城市建筑气候分区速查表（A，B，C，D）

表 2-1-1

首拼	城市名	分区码	首拼	城市名	分区码	首拼	城市名	分区码
A	阿克苏	ⅦD.5	B	北京	ⅡA.4	C	长汀	ⅢB.10
A	阿勒泰	ⅦB.1	B	毕节	ⅤA.1	C	朝阳	ⅠD.3
A	安康	ⅢC.11	B	波密	ⅥC.7	C	成都	ⅢC.15
A	安西	ⅦC.4	B	博克图	ⅠB.9	C	承德	ⅡA.6
B	巴塘	ⅥC.3	B	博乐可拉山口	ⅦA.2	C	赤峰	ⅠD.5
B	白银	ⅡB.8	C	沧州	ⅡA.8	D	达尔罕茂明安联合旗	ⅠD.7
B	百色	ⅣB.5	C	察隅	ⅤA.3	D	达县	ⅢC.14
B	班玛	ⅦC.5	C	昌都	ⅥC.6	D	大理	ⅤB.4
B	蚌埠	ⅢB.3	C	长春	ⅠC.7	D	大连	ⅡA.3
B	北海	ⅣA.6	C	长沙	ⅢB.21	D	大同	ⅠD.9

1.1.2　城市建筑气候分区速查表（D，E，F，G，H）

表 2-1-2

首拼	城市名	分区码	首拼	城市名	分区码	首拼	城市名	分区码
D	丹东	ⅡA.2	E	额济纳旗	ⅦC.1	G	刚察	ⅥA.4
D	儋州	ⅣA.8	E	恩施	ⅢC.7	G	格尔木	ⅥA.6
D	德令哈	ⅥA.3	E	二连浩特	ⅦC.2	G	个旧	ⅤB.8
D	德钦	ⅥC.10	F	涪陵	ⅢB.26	G	固始	ⅢC.2
D	定日	ⅥC.9	F	福州	ⅣA.1	G	固原	ⅡB.13
D	东乌珠穆沁旗	ⅠB.10	F	富蕴	ⅦB.3	G	广昌	ⅢB.16
D	都兰	ⅥA.7	G	噶尔	ⅥB.4	G	广州	ⅣA.4
D	独山	ⅤB.12	G	改则	ⅥB.5	G	贵阳	ⅤA.2
D	多伦	ⅠC.14	G	甘孜	ⅥC.2	G	桂林	ⅢB.25
E	额尔古纳右旗	ⅠB.6	G	赣州	ⅢB.17	H	哈尔滨	ⅠC.3

1.1.3 城市建筑气候分区速查表 (H，J，K)

表 2-1-3

首拼	城市名	分区码	首拼	城市名	分区码	首拼	城市名	分区码
H	哈密	ⅦD.2	H	鹤岗	ⅠC.2	J	景德镇	ⅢB.11
H	海口	ⅣA.7	H	黑河	ⅠB.3	J	景洪	ⅣB.9
H	海拉尔	ⅠB.8	H	呼和浩特	ⅠD.6	K	喀什	ⅦD.6
H	邯郸	ⅡA.11	H	虎林	ⅠC.4	K	凯里	ⅢC.19
H	汉中	ⅢC.8	H	桦甸	ⅠC.8	K	康定	ⅦC.4
H	杭锦后旗	ⅦC.3	J	鸡西	ⅠC.5	K	克拉玛依	ⅦA.1
H	杭州	ⅢB.6	J	吉安	ⅢB.14	K	克山	ⅠB.2
H	合肥	ⅢB.4	J	济南	ⅡA.13	K	库车	ⅦD.3
H	和田	ⅦD.8	J	加格达奇	ⅠB.1	K	库尔勒	ⅦD.4
H	河池	ⅣB.4	J	晋城	ⅡB.4	K	昆明	ⅤB.6

1.1.4 城市建筑气候分区速查表 (L，M，N)

表 2-1-4

首拼	城市名	分区码	首拼	城市名	分区码	首拼	城市名	分区码
L	拉萨	ⅦC.8	L	临沧	ⅤB.7	M	漠河	ⅠA.1
L	兰州	ⅡB.9	L	临汾	ⅡB.5	N	内江	ⅢC.16
L	老河口	ⅢC.4	L	卢氏	ⅡA.19	N	那曲	ⅦB.6
L	乐亭	ⅡA.7	L	略阳	ⅢC.9	N	南昌	ⅢB.12
L	冷湖	ⅥA.1	M	马尔康	ⅦC.1	N	南宫	ⅡA.10
L	离石	ⅡB.3	M	玛多	ⅦB.3	N	南京	ⅢB.2
L	丽江	ⅤB.3	M	满洲里	ⅠB.7	N	南宁	ⅣB.6
L	丽水	ⅢB.7	M	茫崖	ⅥA.2	N	嫩江	ⅠB.4
L	涟源	ⅢB.22	M	茂名	ⅣA.5	N	宁德	ⅢA.5
L	林西	ⅠD.4	M	梅州	ⅣB.2	N	宁冈	ⅢB.15

模块二　城市用地规划与方案的快速构思

89

1.1.5 城市建筑气候分区速查表 (P，Q，R，S)

表 2-1-5

首拼	城市名	分区码	首拼	城市名	分区码	首拼	城市名	分区码
P	攀枝花	ⅤB.2	Q	曲麻莱	ⅥB.1	S	韶关	ⅢB.24
P	盘县	ⅤB.10	Q	泉州	ⅣA.2	S	邵武	ⅢB.8
P	平顶山	ⅢC.3	R	若尔盖	ⅥA.10	S	申扎	ⅥB.7
P	平武	ⅢC.12	S	三明	ⅢB.9	S	沈阳	ⅠD.2
P	凭祥	ⅣB.7	S	三亚	ⅣA.10	S	石家庄	ⅡA.9
P	濮阳	ⅡA.17	S	沙市	ⅢB.18	S	思茅	ⅤB.9
Q	齐齐哈尔	ⅠC.1	S	山阳	ⅢC.10	S	四平	ⅠD.1
Q	且末	ⅦD.7	S	汕头	ⅣA.3	S	宿州	ⅡA.20
Q	青岛	ⅡA.15	S	上海	ⅢA.2	S	绥芬河	ⅠC.6
Q	琼中	ⅣA.9	S	上饶	ⅢB.13	S	随州	ⅢC.5

1.1.6 城市建筑气候分区速查表 (T，W，X)

表 2-1-6

首拼	城市名	分区码	首拼	城市名	分区码	首拼	城市名	分区码
T	塔城	ⅦB.2	T	同德	ⅥA.8	W	乌鲁木齐	ⅦB.5
T	台北	ⅣA.11	T	桐梓	ⅢC.18	W	梧州	ⅣB.3
T	太原	ⅡB.2	T	铜川	ⅡB.7	W	武汉	ⅢB.19
T	泰州	ⅢB.1	T	铜陵	ⅢB.5	X	西安	ⅡA.21
T	腾冲	ⅤB.5	T	图们	ⅠC.9	X	西昌	ⅤB.1
T	天池	ⅠC.10	T	吐鲁番	ⅦD.1	X	西宁	ⅥA.5
T	天津	ⅡA.5	W	威海	ⅡA.12	X	锡林浩特	ⅠC.13
T	天水	ⅡB.10	W	蔚县	ⅡB.1	X	夏河	ⅥA.9
T	铁力	ⅠB.5	W	温州	ⅢA.4	X	香港	ⅣA.12
T	通化	ⅠC.11	W	乌兰浩特	ⅠC.12	X	兴义	ⅤB.11

1.1.7 城市建筑气候分区速查表 (Y, Z)

表 2-1-7

首拼	城市名	分区码	首拼	城市名	分区码
Y	延安	ⅡB.6	Z	杂多	ⅥB.2
Y	盐城	ⅢA.1	Z	在庸	ⅢB.20
Y	伊宁	ⅦB.4	Z	枣庄	ⅡA.16
Y	仪陇	ⅢC.13	Z	张家口	ⅠD.8
Y	沂源	ⅡA.14	Z	张掖	ⅦC.5
Y	银川	ⅡB.11	Z	漳州	ⅣB.1
Y	营口	ⅡA.1	Z	郑州	ⅡA.18
Y	永州	ⅢB.23	Z	中宁	ⅡB.12
Y	酉阳	ⅢC.17	Z	重庆	ⅢB.27
Y	榆林	ⅠD.10	Z	舟山	ⅢA.3
Y	元江	ⅣB.8	Z	驻马店	ⅢC.1
Y	远安	ⅢC.6			

1.2 省及地区的建筑气候的索引表

1.2.1 省份及地区的建筑气候分区索引表 (A, B, C, F, G, H, J)

表 2-1-8

序号	首拼	城市	区划	序号	首拼	城市	区划
1	A	安徽	Ⅲ	11	G	甘肃西	Ⅶ
2	B	北京	Ⅱ	12	H	黑龙江	Ⅰ
3	C	重庆	Ⅲ	13	H	河北	Ⅱ
4	F	福建北	Ⅲ	14	H	河南北	Ⅱ
5	F	福建南	Ⅳ	15	H	湖南	Ⅲ
6	G	甘肃东	Ⅱ	16	H	湖北	Ⅲ
7	G	贵州东	Ⅲ	17	H	河南南	Ⅲ
8	G	广西	Ⅳ	18	H	海南	Ⅳ
9	G	广东	Ⅳ	19	J	吉林	Ⅰ
10	G	贵州西	Ⅴ	20	J	江苏北	Ⅱ

1.2.2 省份及地区的建筑气候分区索引表 (J, L, N, Q, S, T, X, Y, Z)

表 2-1-9

序号	首拼	城市	区划	序号	首拼	城市	区划
21	J	江西	III	32	S	上海	III
22	J	江苏南	III	33	S	四川东	III
23	L	辽宁北	I	34	S	陕西南	III
24	L	辽宁南	II	35	S	四川南	V
25	N	内蒙古东	I	36	S	四川西	VI
26	N	内蒙古西	VII	37	T	天津	II
27	N	宁夏	II	38	T	台湾	IV
28	Q	青海	VI	39	X	西藏	VI
29	S	山东	II	40	X	新疆	VII
30	S	山西	II	41	Y	云南	V
31	S	陕西北	II	42	Z	浙江	III

第 2 节　城市用地的分类与标准

　　根据《城市用地分类与规划建设用地标准》GB 50137—2011 规定，按土地使用的主要性质划分，可分为"城乡用地"、"城市建设用地"二大类。其中，房地产开发企业所需要的要素资源是"城市建设用地"。所以，本书主要对"城市建设用地"进行分析。由于大型房地产开发企业可能在不同的城市进行"地块采购"。因此，"投资分析师"除了应熟悉《城市用地分类与规划建设用地标准》GB 50137—2011 的规定外，还应针对每个具体城市的相关规定有所了解。因为，每个城市对城市用地的分类细度是有差别的。例如，根据《深圳市城市规划标准与准则》（〔2004〕53 号文件）中的规定，城市用地分类采用大类、中类和小类三个层次的分类体系，共分 11 大类、53 中类、80 小类；而根据上海规划部门颁布的《上海市城市规划管理技术规定》（2003 版）将城市用地分为六大类，在此基础上再进行二级科目的分类。由于本书主要是立足于房地产开发企业（以住宅和商业地产为主营业务）的管理需求，因此，本书重点只涉及住宅地产和商业地产业务方面的地块进行重点表述。

2.1 城市用地的分类

　　城市建设用地共分为 8 大类、35 中类、44 小类。以房地产开发为主营业的企业，其主要的开发产品类别有"住宅地产（R）"、"商业地产（B）"、"工业地产（M、W）"，所以，本书的重点将归集"居住用地"、"公共设施用地"和"工业用地"三大类的相关用地的中类和小类的分类和用地标准。

2.2 居住用地

根据《城市用地分类与规划建设用地标准》GB 50137—2011 的定义，居住用地是指住宅和相应服务设施的用地。居住用地分为三类（R1，R2、R3）。而根据《深圳规划设计标准与准则》将 R 细分为四类，其中对每一类又进行了细分。读者可通过各地方政府规划局颁布的标准或细则进一步了解，本书不再详述。

2.2.1 一类居住用地

一类居住用地（R1），是指公用设施、交通设施和公共服务设施齐全、布局完整、环境良好的"低层"住区用地。具体可细分为以下小类：

表 2-1-10

住宅用地	R11	住宅建筑用地、住区内城市支路以下的道路、停车场及其社区附属绿地。
服务设施用地	R12	住区主要公共设施和服务设施用地，包括幼托、文化体育设施、商业金融、社区卫生服务站、公用设施等用地，不包括中小学用地。

2.2.2 二类居住用地

二类居住用地（R2），指公用设施、交通设施和公共服务设施较齐全、布局较完整、环境良好的"多、中、高层"住区用地，具体可细分为以下小类：

表 2-1-11

保障性住宅用地	R21	（1）住宅建筑用地、住区内城市支路以下的道路、停车场及其社区附属绿地。
住宅用地	R22	
服务设施用地	R23	（2）住区主要公共设施和服务设施用地，包括幼托、文化体育设施、商业金融、社区卫生服务站、公用设施等用地，不包括中小学用地。

2.2.3 三类居住用地

三类居住用地 R（3），是指公用设施、交通设施不齐全，公共服务设施较欠缺，环境较差，需要加以改造的"简陋"住区用地，包括危房、棚户区、临时住宅等用地。具体可细分为以下小类：

表 2-1-12

住宅用地	R31	（1）住宅建筑用地、住区内城市支路以下的道路、停车场及其社区附属绿地。
服务设施用地	R32	（2）住区主要公共设施和服务设施用地，包括幼托、文化体育设施、商业金融、社区卫生服务站、公用设施等用地，不包括中小学用地。

2.3 商业服务业设施用地

商业服务业设施用地（B）是指：各类商业、商务、娱乐康体等设施用地，不包括居住用地中的服务设施用地以及公共管理与公共服务用地内的事业单位用地。

2.3.1 商业设施用地

商业设施用地（B1）是指各类商业经营活动及餐饮、旅馆等服务业用地。具体的小类划分如下：

表 2-1-13

零售商业用地	B11	（1）商铺、商场、超市、服装及小商品市场等用地
农贸市场用地	B12	（2）以农产品批发、零售为主的市场用地
餐饮业用地	B13	（3）饭店、餐厅、酒吧等用地
旅馆用地	B14	（4）宾馆、旅馆、招待所、服务型公寓、度假村等用地

2.3.2 商务设施用地

商务设施用地（B2）是指金融、保险、证券、新闻出版、文艺团体等综合性办公用地。具体的小类划分如下：

表 2-1-14

金融保险业用地	B21	（1）银行及分理处、信用社、信托投资公司、证券期货交易所、保险公司，以及各类公司总部及综合性商务办公楼宇等用地
艺术传媒产业用地	B22	（2）音乐、美术、影视、广告、网络媒体等的制作及管理设施用地
其他商务设施用地	B23	（3）邮政、电信、工程咨询、技术服务、会计和法律服务以及其他中介服务等的办公用地

2.3.3　娱乐康体用地

娱乐康体用地（B3）是指各类娱乐、康体等设施用地。具体的小类划分如下：

表 2-1-15

娱乐用地	B31	（1）单独设置的剧院、音乐厅、电影院、歌舞厅、网吧以及绿地率小于 65％的大型游乐等设施用地。
康体用地	B32	（2）单独设置的高尔夫练习场、赛马场、溜冰场、跳伞场、摩托车场、射击场，以及水上运动的陆域部分等用地。

2.3.4　公用设施营业网点用地

公用设施营业网点用地（B4）是指零售加油、加气、电信、邮政等公用设施营业网点用地。具体的小类划分如下：

表 2-1-16

加油加气站用地	B41	（1）零售加油、加气以及液化石油气换瓶站用地。
其他公用设施营业网点用地	B42	（2）电信、邮政、供水、燃气、供电、供热等其他公用设施营业网点用地。

2.3.5　其他服务设施用地

其他服务设施用地（B5）是指业余学校、民营培训机构、私人诊所、宠物医院等其他服务设施用地。

模块二　城市用地规划与方案的快速构思

95

2.4 工业用地

"工业用地"是指工矿企业的生产车间、库房及其附属设施等用地，包括专用的铁路、码头和道路等用地，不包括露天矿用地。

2.4.1 一类工业用地

"一类工业用地（M1）"是指：对居住和公共环境基本无干扰、污染和安全隐患的工业用地。

2.4.2 二类工业用地

"二类工业用地（M2）"是指：对居住和公共环境有一定干扰、污染和安全隐患的工业用地。

2.4.3 三类工业用地

"三类工业用地（M3）"是指：对居住和公共环境有严重干扰、污染和安全隐患的工业用地。

第 3 节 规划建设用地标准

根据《城市用地分类与规划建设用地标准》GB 50137—2011 规定：规划建设用地标准应包括"规划人均城市建设用地标准"、"规划人均单项城市建设用地标准"和"规划城市建设用地结构"三部分。

3.1 规划人均建设用地指标

根据《城市用地分类与规划建设用地标准》GB 50137—2011 规定：新建城市的规划人均城市建设用地指标应在 85.1～105.0m²/人内确定。首都的规划人均城市建设用地指标应在 105.1～115.0m²/人内确定。

除首都以外的现有城市的规划人均城市建设用地指标，应根据现状人均城市建设用地规模、城市所在的气候分区以及规划人口规模，按下表的规定综合确定。所采用的规划人均城市建设用地指标应同时符合表中规划人均城市建设用地规模取值区间和允许调整幅度"双因子"的限制要求。

表 2-1-17

级别	现状人均城市建设用地规模	规划人均城市建设用地规模	允许调整幅度，规划人口规模		
			≤20.0 万人	20.1 万～50.0 万人	>50.0 万人
I II VI VII	≤65.0	65.0～85.0	>0.0	>0.0	>0.0
	65.1～75.0	65.0～95.0	+0.1～+20.0	+0.1～+20.0	+0.1～+20.0
	75.1～85.0	75.0～105.0	+0.1～+20.0	+0.1～+20.0	+0.1～+15.0
	85.1～95.0	80.0～110.0	+0.1～+20.0	−5.0～+20.0	−5.0～+15.0
	95.1～105.0	90.0～110.0	−5.0～+15.0	−10.0～+15.0	−10.0～+10.0
	105.1～115.0	95.0～115.0	−10.0～−0.1	−15.0～−0.1	−20.0～−0.1
	>115.0	≤115.0	<0.0	<0.0	<0.0
III IV V	≤65.0	65.0～85.0	>0.0	>0.0	>0.0
	65.1～75.0	65.0～95.0	+0.1～+20.0	+0.1～+20.0	+0.1～+20.0
	75.1～85.0	75.0～100.0	−5.0～+20.0	−5.0～+20.0	−5.0～+15.0
	85.1～95.0	80.0～105.0	−10.0～+15.0	−10.0～+15.0	−5.0～+15.0
	95.1～105.0	85.0～105.0	−15.0～+10.0	−15.0～+10.0	−15.0～+5.0
	105.1～115.0	90.0～110.0	−20.0～−0.1	−20.0～−0.1	−25.0～−5.0
	>115.0	≤110.0	<0.0	<0.0	<0.0

边远地区、少数民族地区以及部分山地城市、人口较少的工矿业城市、风景旅游城市等具有特殊情况的城市，应专门论证确定规划人均城市建设用地指标，且上限不得大于 150.0m²/人。

3.2 规划人均单项建设用地指标

根据《城市用地分类与规划建设用地标准》GB 50137—2011 规定：规划人均居住用地指标应符合表 2-1-18 的规定。

表 2-1-18

建筑气候区划	I、II、VI、VII气候区	III、IV、V气候区
人均居住用地面积	28.0～38.0	23.0～36.0

规划人均公共管理与公共服务用地面积不应小于 5.5m²/人。规划人均交通设施用

地面积不应小于 12.0m²/人。规划人均绿地面积不应小于 10.0m²/人，其中人均公园绿地面积不应小于 8.0m²/人。

3.3 规划建设用地结构

根据《城市用地分类与规划建设用地标准》GB 50137—2011 规定：编制和修订城市总体规划时，居住、工业、道路广场和绿地四大类主要用地占建设用地的比例应符合下表的规定。

表 2-1-19

用地性质	居住用地	公共管理 与公共服务用地	工业用地	交通设施用地	绿地
结构比例	25%～40%	5%～8%	15%～30%	10%～30%	10%～15%

第 4 节　建筑产品的形态与分类

4.1 建筑楼层分类

通过仔细研究关于建筑层数的分类规范，规范分类与地方规划部门的分类略有差别，例如，根据《民用建筑设计通则》、《上海城市规划管理技术规定》的内容，将分类对照如下：

表 2-1-20

	(1) 低层住宅：1～3 层； (2) 多层住宅：4～6 层； (3) 中高层住宅：7～9 层； (4) 高层住宅：≥10 层。
民用建筑设计通则	(1) 单层和多层建筑：除住宅建筑之外的民用建筑高度不大于 24m 者。 (2) 高层建筑：大于 24m 者（不包括建筑高度大于 24m 的单层公共建筑）。 (3) 超高层建筑：高度大于 100m 的民用建筑。

上海城市规划管理技术规定	(1) 低层建筑：指 $H \leqslant 10\text{m}$ 的建筑，楼层为一层至三层（1 层 $<N \leqslant 3$ 层）。
	(2) 多层建筑：指 $10\text{m}<H \leqslant 24\text{m}$ 的建筑，楼层在四层至八层（4 层 $<N \leqslant 8$ 层）。
	(3) 高层建筑：指 $H>24\text{m}$ 的建筑，高层居住建筑为八层以上（不含八层）（$N \geqslant 8$ 层）。

4.2 建筑产品分类

从规划控制条件的角度对建筑产品进行分类，了解其名称与其在规划设计中的分类属性，对于房地产开发项目的投资管理是须掌握的知识。根据《上海城市规划管理技术规定》的内容，将建筑产品的分类摘录如下：

表 2-1-21

居住建筑	(1) 供人们日常居住生活使用的建筑物，包括住宅、别墅、宿舍和公寓。
酒店式公寓	(2) 指按酒店式管理的公寓，按居住建筑处理。
办公建筑	(3) 指非单元式小空间划分，按楼层设置卫生设备的办公建筑。
公寓式办公建筑	(4) 指单元式小空间划分，有独立卫生设备的办公建筑。
商业建筑	(5) 指综合百货商店、商场、经营各类商品的专业零售和批发商店，以及饮食等服务业的建筑。
公寓式酒店	(6) 指按公寓式（单元式）分隔出租的酒店，按旅馆建筑处理。
商住综合楼	(7) 指商业和居住混合的建筑。
商办综合楼	(8) 指商业和办公混合的建筑。
裙房	(9) 指与高层建筑紧密连接，组成一个整体的多、低层建筑。裙房的最大高度不超过 24m，超过 24m 的，按高层建筑处理。

模块二 城市用地规划与方案的快速构思

第 2-2 章　城市规划技术规定与修建性详细规划

每个城市的规划局（规划委员会）一般都会发布《城市规划管理技术规定》或《城市规划管理技术标准与准则》等文件，以对城市的规划进行详细的规定，本书将以广州、上海、江苏等城市规划部门发布的《城市规划管理技术规定》的相关内容以基础资料，进行归纳整理。以便房地产开发项目的投资管理者了解相关的城市规划的知识，这对解读"拟建项目"地块的规划控制指标及对"目标地块"进行快速设计方案的构思都有帮助作用。

第 1 节　城市规划技术的一般规定

1.1　建筑基地面积

1.1.1　建筑基地边界

以《上海市城市规划管理技术规定》为实例，来表述建筑基地边界的规定：建筑基地应与控制性详细规划相衔接，限定在单个街坊范围以内。建筑基地四至边界应以城市道路、河流等自然边界和相邻建筑基地边界为界限。街坊内建设用地性质不同分类的，应在控制性详细规划中细分地块，每一个建筑基地不应大于 9 万 m^2。

1.1.2　建筑基地面积

以《上海市城市规划管理技术规定》为实例，来表述建筑基地面积的规定：建筑基地面积以城市规划管理部门正式划定用地范围的面积为准。不计入建筑基地面积的用地，主要包括：$3000m^2$ 以上公共绿地和居住小区以上级公共绿地；独立的公益设施和公共服务设施用地，如中学、小学和幼托用地；独立的市政设施用地，如 $10kV$ 以上变电站、污水泵站等；城市规划划定的有关控制线范围内的用地；城市道路用地。"中心城"范围内，由开发单位实施的沿城市道路设置的公共绿地，公共绿地总面积的 50%，可以纳入建筑基地面积，但增加的建筑面积不得超过核定建筑面积（原建筑基地面积乘以核定建筑容积率）的 20%。

每个城市或地区一般都对建筑基地的最小面积进行规定，对建筑基地最小面积的指标是按建筑的使用功能、楼层数、建筑高度三个关联因子进行分档控制的；而江苏、上海对建筑基地最小面积的规定是根据建筑的使用功能、楼层数二个关联因子进行分档控制的。

本书以上海与江苏省为案例，建筑基础的最小面积是以楼层、建筑功能进行分档控制的：

表 2-2-1

建设项目类型	住宅建筑			非住宅建筑		
	低层	多层	高层	低层	多层	高层
江苏	500	1 000	2 000	—	1 000	3 000
上海	500	1 000	2 000	—	1 000	3 000

建筑基地不足上述规定的最小面积，但有下列情况之一，且不妨碍规划实施的，城市规划行政主管部门可以核准建设：邻接土地已经完成建设或为道路、河道或有其他类似情况，确实无法调整、合并的。因城市规划街区划分、市政公用设施等的限制，确实无法调整、合并的。城市规划区内的成片开发地区，必须编制详细规划，经批准后实施。

1.2 建筑容量的控制指标

建筑基地的建筑容量控制指标主要是指以建筑密度和建筑容积率等指标来对地块上的建筑面积进行规划控制的指标。

根据《上海市城市规划管理技术规定》：建筑基地面积＞3 万 m² 的成片开发地区，必须编制详细规划，经批准后实施；成片开发地区的详细规划，应先确定建筑总容量控制指标。对于建筑基地面积≤3 万 m² 的居住建筑和公共建筑用地，其建筑容量控制指标在经批准的详细规划或中心城分区规划中已经确定的，应按批准的规划执行。

城市规划技术规定中的指标一般为上限。单个建筑基地的具体建筑容量，城市规划管理部门应结合现状情况、服务区位、交通区位、环境区位和土地价值等因素，进行综合环境分析后确定。

对于混合类型的建筑基地，其建筑容量控制指标应将建筑基地按使用性质分类划定后，按不同类型分别执行；对难以分类执行的建筑基地和综合楼基地，应按不同性质建筑的建筑面积比例和不同的建筑容量控制指标换算建筑容量综合控制指标。

对于科研机构、大中专院校、中小学校、体育场馆以及医疗卫生、文化艺术、幼托等设施的建筑容量控制指标，应按经批准的详细规划和有关专业规定执行。

城市新区、旧城区范围由城市总体规划确定。表中所列数值以"单块建筑基地"计算，住宅建筑密度和住宅建筑容积率分别是指住宅建筑净密度和住宅建筑面积净密度；住宅建筑的建筑基地达到居住组团及以上规模时，采用居住用地控制上限指标的，根据《城市居住区规划设计规范》GB 50180—93（2002 年版）3.0.2.2 条居住区用地平衡控制指标折算。

科研机构、大中专院校、中小学校、体育场馆以及医疗卫生、文化艺术、幼托等设施的容积率控制指标，应按有关规定执行，但不得超过表中相应住宅建筑的指标。综合类建筑按不同性质建筑面积比例折算。表中指标不包括地下层建筑面积；但计算各类建筑相关配套设施指标时，地下层建筑面积应计入建筑总面积。

建筑容量规划指标（上海）　　　　　　　　　　表 2-2-2

地块位置		内环线以内地区		内外环线之间地区	
规划指标		建筑密度	容积率	建筑密度	容积率
低层独立式住宅		20%	0.4	18%	0.35
其他低层居住建筑		30%	0.9	27%	0.8
居住建筑 含酒店式公寓	多层	33%	1.8	30%	1.6
	高层	25%	2.5	25%	2.0
商业、办公建筑 含旅馆建筑、公寓式办公建筑	多层	50%	2.0	50%	1.8
	高层	50%	4.0	45%	3.5
工业建筑 （一般通用厂房）仓储建筑	低层	60%	1.2	50%	1.0
	多层	45%	2.0	40%	1.6
	高层	30%	3.0	30%	2.0

建筑容量规划指标（上海）　　　　　　　　　　表 2-2-3

地块位置		新城		中心镇		一般镇和其他地区	
规划指标		建筑密度	容积率	建筑密度	容积率	建筑密度	容积率
低层独立式住宅		18%	0.3	18%	0.3	18%	0.3
其他低层居住建筑		25%	0.7	25%	0.7	25%	0.7
居住建筑 含酒店式公寓	多层	30%	1.4	30%	1.0	30%	1.0
	高层	25%	1.8				

102

地块位置		新城		中心镇		一般镇和其他地区	
规划指标		建筑密度	容积率	建筑密度	容积率	建筑密度	容积率
商业、办公建筑 含旅馆、公寓式办公	多层	50%	1.6	40%	1.2	40%	1.2
	高层	40%	2.5				
工业建筑 （一般通用厂房）仓储建筑	低层	40%	1.0	40%	1.0	40%	1.0
	多层	35%	1.2	35%	1.2	35%	1.2
	高层	—	—	—	—	—	—

根据《江苏省规划技术管理规定》的内容分析，江苏对建筑容量指标的控制是根据建筑的功能、楼层、新旧区三个关联因素进行分档控制的：

建筑容量控制指标表（江苏） 表 2-2-4

建设类型		建筑密度（%）				容积率			
		新区		旧区		新区		旧区	
		Ⅱ类	Ⅲ类	Ⅱ类	Ⅲ类	Ⅱ类	Ⅲ类	Ⅱ类	Ⅲ类
低层		33%	35%	35%	40%	1	1.1	1.1	1.2
多层		26%	28%	28%	30%	1.6	1.7	1.7	1.8
中高层		24%	25%	25%	28%	1.9	2	2	2.2
高层		20%	20%	20%	20%	3.5	3.5	3.5	3.5
办公建筑类	多层	45%		50%		2.5		3	
	高层	35%		40%		5		6	
商业建筑类	多层	55%		60%		3.5		4	
	高层	50%		55%		5.5		6.5	
工业建筑类	多层	45%		50%		1		1.2	
	高层	40%		45%		2		2.2	

根据《广州市城乡规划技术规定，2012》规定，居住用地容积率、建筑密度和绿地率控制指标如下表：

模块二 城市用地规划与方案的快速构思

表 2-2-5

适用范围	住宅平均层数	容积率			建筑密度（%）			绿地率
		$R \geqslant 15ha$	$5ha \leqslant R$ $<15ha$	$R<5ha$	$R \geqslant 15ha$	$5ha \leqslant R$ $<15ha$	$R<5ha$	
旧城区	1～3层	—	≤1.6	≤1.8	—	≤45	≤50	≥25%
	4～6层	≤2.2	≤2.3	≤2.4	≤32	≤35	≤40	
	7～9层	≤2.4	≤2.5	≤2.6	≤28	≤30	≤32	
	10～18层	≤2.5	≤2.6	≤2.8	≤25	≤28	≤30	
	19层以上	≤2.8	≤2.9	≤3.0	≤22	≤25	≤28	
旧城外地区	1～3层	—	≤1.0	≤1.2	—	≤32	≤40	≥35%
	4～6层	≤1.3	≤1.4	≤1.6	≤28	≤30	≤32	
	7～9层	≤1.6	≤1.7	≤2.0	≤25	≤28	≤30	
	10层以上	≤2.8	≤2.9	≤3.0	≤22	≤25	≤28	

根据《广州市城乡规划技术规定，2012》规定，商业用地建筑密度、绿地率控制指标如下：

表 2-2-6

适用类型	适用范围	建筑密度	绿地率	控制要求
零售商业用地 餐饮业用地 金融保险业用地 艺术传媒产业用地 其他商务设施用地	历史文化保护区	—	—	按《广州市历史文化名城保护规划》及各历史文化街区保护规划进行控制
	旧城区 市级商业中心	≤60%	≥10%	成片拆除重建地块，按《广州旧城更新规划纲要》进行控制
		≤现状建筑密度，且≤50%	≥原绿地率，且≥15%	零散拆建地块，按《广州旧城更新规划纲要》进行控制
	旧城区 区级商业中心	≤45%	≥15%	成片拆除重建地块，按《广州旧城更新规划纲要》进行控制
		≤现状建筑密度，且≤50%	≥原绿地率，且≥15%	零散拆建地块，按《广州旧城更新规划纲要》进行控制
	旧城区 其他地区	≤现状建筑密度，且≤40%	≥原绿地率，且≥20%	零散拆建地块，按《广州旧城更新规划纲要》进行控制

模块二 城市用地规划与方案的快速构思

适用类型	适用范围		建筑密度	绿地率	控制要求
零售商业用地 餐饮业用地 金融保险业用地 艺术传媒产业用地 其他商务设施用地	旧城区外地区	市级商业中心	≤55%	≥20%	商业中心若能够满足总体绿地率不小于30%，且最少应布局1处面积不小于2hm²的集中绿地；若不能满足条件，仍按"技术标准与准则"控制
		区级商业中心	≤50%	≥25%	
		其他地区	≤40%	≥35%	建筑面积≥20000m²
			≤40%	≥30%	建筑面积＜20000m²
旅馆用地	—		≤40%	≥35%	按照"技术标准与准则"控制
市场用地	农贸市场		≤45%	≥25%	集中大规模的市场用地，应布局1处面积不小于1hm²的开敞空间，市场用地地块内部必须预留足够的道路广场用地，必须预留足够规模的地下停车场库，且不会对周边城市交通造成太大影响
	大型批发市场		≤60%	≥20%	

根据《广州市城乡规划技术规定，2012》规定，工业用地容积率、建筑密度、绿地率控制指标如下：

表 2-2-7

类型		容积率上限	容积率下限	建筑密度上限	建筑密度下限	绿地率
工业园区	位于都会区的都市工业园区、高新技术产业区	4.0	按照《广州市产业用地指南》，分产业门类分别控制	50%	30%	工业地块不高于20%，工业地块以外需设集中绿地或防护绿地，全区整体绿地率不低于30%
	其他工业园区	3.0		45%	35%	工业地块不高于20%，如生产工艺有特殊要求，绿地率上限可适当上浮，全区整体绿地率不低于30%
工业园区外独立工业用地		4.0	按照《广州市产业用地指南》相应指标的120%控制	45%	35%	不高于20%

1.3 建筑面积指标的调整

根据《上海市城市规划管理技术规定（2011）》规定：中心城内的建筑基地为社会公众提供开放空间的，在符合消防、卫生、交通等有关规定和本章有关规定的前提下，可按下表的规定增加建筑面积。但增加的建筑面积总计不得超过核定建筑面积（建筑基地面积乘以核定建筑容积率）的百分之二十。具体的每提供 $1m^2$ 有效面积的开放空间，允许增加的建筑面积（m^2）详见下表：

表 2-2-8

容积率＜2	2≤容积率＜4	4≤容积率＜6	容积率≥6
1.5	2.0	2.5	3.0

开放空间是指在建筑基地内，为社会公众提供的广场、绿地、通道、停车场（库）等公共使用的室内外空间（包括平地、下沉式广场和屋顶平台）。开放空间必须同时符合条件详见相关规定，本书不再详述。

1.4 城市规划的影响评估

对于不同类别的建设项目，应当进行交通分析及环境影响评估。下表是以《武汉市规划管理技术规定》为实例，来说明哪些项目需要进行交通影响的评价。

表 2-2-9

项目类型			说　明
第一类项目			大型商业、宾馆、餐饮、娱乐、旅游、物流中心、工业设施等建设项目
第二类项目	二环线以内区域	居住类项目	用地规模≥3 万 m^2；建筑规模≥5 万 m^2
		办公类项目	用地规模≥1 万 m^2；建筑规模≥2 万 m^2
		居住、办公混合类项目	用地规模≥1.5 万 m^2；建筑规模≥3 万 m^2
	二环线以外区域	居住类项目	用地规模≥5 万 m^2；建筑规模≥10 万 m^2
		办公类项目	用地规模≥2.5 万 m^2；建筑规模≥5 万 m^2
		居住、办公混合类项目	用地规模≥3 万 m^2；建筑规模≥6 万 m^2

项目类型	说　明
第三类项目	三环线以内区域，城市轨道交通现状及规划站点周边200m范围内涉及的新（改）建项目；城市对外交通场站、城市快速路、主干道及立交、公交枢纽、公共停车场等大型交通设施项目
第四类项目	规划行政主管部门确定需要进行交通影响评价的其他建设项目

第 2 节　公共设施用地修建性详细规划

2.1　城市公共设施分类

根据《广州市城市规划管理技术标准与准则》之修建性详细规划篇中的规定：城市公共设施（居住区以上级的）按照使用功能主要分为"（1）行政办公设施；（2）商业金融设施；（3）文化娱乐设施；（4）体育设施；（5）医疗卫生设施；（6）教育科研设施；（7）社会福利与保障设施等类别"。

城市公共设施均应采用无障碍设计。公共设施规划用地内应包含必要的辅助配套设施用地和绿化用地，具体用地比例依照不同类别的城市公共设施性质，参照景观、防火、安全、卫生、交通运输和环境保护等要求综合确定。根据城市发展战略目标、具体用地状况和不同地段的公共设施类型，结合景观、交通、安全、环境等要求，综合确定技术经济控制指标。

2.2　规划布局原则

大型公共设施应根据城市规划的要求，与规划功能定位、社会经济文化发展目标和社会需求相适应，以市、区为单位，在符合相关设施设置及设计标准的条件下，统筹规划，合理布局。

大型城市公共设施的规划建设，应注意塑造城市标志性空间的景观形象。城市公共设施的规划建设，应当处理好其功能与城市交通、城市景观和环境保护等的关系，设置相应规模的停车场（库）及集中绿地。

2.3 行政办公设施

根据使用性质和建设规模，科学分区，合理安排设备机房、附属设施和地下建筑物。应根据建筑规模设置相应的机动车和非机动车停放场（库）。在同一用地内办公楼与其他功能建筑合建的，应根据使用功能不同，做到分区明确、互不干扰。

办公区域内不应建设职工住宅。行政办公设施如附设有锅炉房、食堂，宜设运送燃料、货物和清除垃圾等的单独出入口。办公建筑主体部分应有良好的朝向。出入口设置应符合集散要求。以《广州市城市规划管理技术标准与准则之修建性详细规划篇》为实例，对于行政办公设施的规划控制指标规定如下：建筑密度不应超过 40%，绿地率不应低于 35%。

2.4 商业金融设施

对于商业金融设施，应当合理布置商业、储存和辅助设施等分区，组织好内部交通，避免人流、货流交叉。大中型肉菜市场类建筑用地，其道路出入口距城市干道交叉路口的红线转弯起点处不应小于规定的指标。

大中型商业设施的主要出入口前，应留有适当集散场地。应根据建筑规模设置相应的机动车和非机动车停放场（库）。应合理地组织对外交通，大中型商业设施应有不少于两个面的出入口与城市道路相邻接。当受用地条件限制，用地仅一面邻城市道路时，应有不小于 1/4 的建设用地周边总长度与城市道路相邻接，且建筑物有不少于两个出入口与该城市道路相邻接。大中型商业设施用地内，在建筑物背面或侧面，应设置净宽度不小于 4m（广州）的道路。

以《广州市城市规划管理技术标准与准则之修建性详细规划篇》为实例，对于商业金融设施的规划控制指标规定如下：建筑密度不应超过 40%；当面积≤2 万 m^2 时，绿地率不应低于 30%；面积＞2 万 m^2 时，绿地率不应低于 35%。

2.5 文化娱乐设施

2.5.1 文化馆

文化馆的总平面布局应符合下列要求：功能分区明确，合理组织人流和车辆交通路线，对喧闹与安静的用房应有合理的分区与适当的分隔；基地按使用需要，至少应设两个出入口。当主要出入口紧临主要交通干道时，应按规划部门要求留出缓冲距离；

在基地内应设置自行车和机动车停放场地，并考虑设置画廊、橱窗等宣传设施。

文化馆一般应由群众活动部分、学习辅导部分、专业工作部分及行政管理部分组成。文化馆内噪声较大的排练、游艺设施不宜布置在用地内靠近医院、住宅及托儿所、幼儿园等建筑的一侧。馆内设置儿童、老年人活动分区时，应布置在最佳朝向和出入安全、方便的地方。文化馆庭院的设计，应结合地形、地貌及建筑功能分区，布置室外休息活动场地、绿化、建筑小品等，创造优美的空间环境。

以《广州市城市规划管理技术标准与准则之修建性详细规划篇》为实例，对于文化馆设施的规划控制指标规定如下：建筑密度不应超过40%，不应低于35%，在旧区改造或场地具体条件限制时，绿地率不应小于25%。

2.5.2 图书馆

总平面布局应功能分区明确，布局合理，各区联系方便，采编、收藏、外借、阅览之间互不干扰，并留有发展用地。图书馆的安全出口不应少于两个，并应分散设置。大型图书馆应独立设置。小型馆与其他建筑合建时，必须满足图书馆的使用功能和环境要求，并自成一区，单独设置出入口。设有少年儿童阅览区的图书馆，该区应有单独的出入口，室外应有设施较完善的儿童活动场地。

交通组织应做到人、车分流，道路布置应便于人员进出、图书运送、装卸和消防疏散且方便残疾人使用。应根据建筑规模或日平均观众流量，设置机动车和非机动车停放场（库）。

以《广州市城市规划管理技术标准与准则之修建性详细规划篇》为实例，对于图书馆设施的规划控制指标规定如下：建筑密度不应超过40%，不应低于35%，在旧区改造或场地具体条件限制时，绿地率不应小于25%。

2.5.3 博物馆

大、中型博物馆应独立设置。针对小型博物馆，若与其他建筑合建，必须满足环境和使用功能要求，并自成一区，单独设置出入口。总平面布局应做到功能分区明确，馆区应由藏品库区、陈列区、技术及办公用房、观众服务设施等部分组成。馆区用地内宜布置观众活动、休息场地，不应建造职工生活用房。馆区室内外场地和道路布置应便于观众活动、集散和藏品装卸运送，应根据建筑规模或日平均观众流量，设置机动车和非机动车停放场。

以《广州市城市规划管理技术标准与准则之修建性详细规划篇》为实例，对于博物馆设施的规划控制指标规定如下：建筑密度不应超过40%，不应低于35%，在旧区改造或场地具体条件限制时，绿地率不应小于25%。

2.5.4 影剧院

用地应至少有一面衔接城市道路，或邻接直接通向城市道路的空地。一面临街的电影院，中、小型至少应有另一侧临内院空地或通路，大型、特大型至少应有另两侧临内院空地或通路，路面宽度均不应小于 3.5m。

总平面布置应做到功能分区明确，人行交通与车行交通、观众流线与内部路线（工艺及管理）明确便捷，互不干扰。应结合交通量设置相应的机动车和非机动车停放场（库）。道路设置还应符合无障碍设计要求，残疾人设置的通道坡度不应大于 1∶12。

用地主要入口前道路通行宽度除不应小于安全出口宽度总和外，且中、小型电影院不应小于 8m，大型不应小于 12m，特大型不应小于 15m。

主要入口前的集散空地，中、小型电影院应按每座 $0.2m^2$ 计，大型、特大型电影院除应满足此要求外，且深度不应小于 10m。室外疏散及集散广场不得兼作停车场。

当剧场前的集散空地面积或疏散口的宽度不能满足前款规定，应在剧场后面或侧面另辟疏散口，并应设有与其疏散容量相适应的疏散通路或空地。

电影院总规模较大时，宜设多观众厅，设备用房应置于对观众干扰最少的位置。剧场建筑后面及侧面衔接的道路作疏散通路时，其宽度不得小于 3.5m。

以《广州市城市规划管理技术标准与准则之修建性详细规划篇》为实例，独立影剧院建筑密度不得超过 40%，绿地率不宜小于 35%；在旧区改造或场地具体条件限制时，绿地率不应小于 25%。

2.6 体育设施

体育设施的布置应合理确定竞赛区、观众区、运动员区、竞赛管理区、新闻媒体区、贵宾区、场馆运营区等，妥善安排各类设施的位置，解决好各部分之间的联系和分隔要求。根据体育设施规模大小，基地至少应分别有一面或二面衔接城市道路且该道路应有足够的通行宽度，以保证疏散和交通；运动场地设计应满足开展运动项目的特点和使用要求；满足各运动项目的朝向、光线、风向、风速、安全、防护等要求。出入口布置应明显，不宜少于二处，并以不同方向通向城市道路，应保证观众的安全和有序入场及疏散，避免观众和其他人流（如运动员、贵宾等）的交叉。停车场出入口的机动车和自行车的流线不应交叉，并应与城市道路顺向连接。

以《广州市城市规划管理技术标准与准则之修建性详细规划篇》为实例，对于体育设施的规划控制指标规定如下：建筑密度不应超过 40%，当面积≤2 万 m^2 时，绿地率不应低于 30%；面积>2 万 m^2 时，绿地率不应低于 35%。

2.7　医疗卫生设施

综合医院的用地，宜面临两条城市道路，不应临近少年儿童活动密集场所。大中型医院平面布局一般可分三大区：医疗区、医技区、后勤供应区。总平面设计应做到功能分区合理，洁污路线清楚，避免或减少交叉感染。综合医院医疗区、医技区应布置在基地的主要中心位置，后勤供应用房应设置在医院基地的下风向地段，门诊部、急诊部应设置在面对主要交通干道，临近出入口的位置。应保证住院部、手术部、功能检查用房等处于环境安静的地段，病房楼应设计成最佳的朝向。职工宿舍等生活用房不宜布置在医院基地内。医疗卫生设施应当设置相应的有害物质存放及医疗废物和污水处理设施。太平间、病理解剖室、焚毁炉等应设于医院隐蔽处，并应与主体建筑有适当隔离。

环境设计应充分利用地形、防护间距和其他空地布置绿化，并应有供病人康复活动的专用绿地。在儿科用房及其入口附近，宜采取符合儿童生理和心理特点的环境设计。

以《广州市城市规划管理技术标准与准则之修建性详细规划篇》为实例，医疗卫生设施的建筑密度不得超过40%，绿地率不宜小于35%；在旧区改造或场地具体条件限制时，绿地率不应小于25%。

2.8　教育科研设施

教育设施用地可分为建筑用地、运动场地和绿化用地三部分。其中建筑用地包括教学用房、生活服务用房、行政用房等用地。各部分用地应分区明确、布局合理、联系方便、互不干扰。

教学用房的平面组合应做到功能分区明确、联系方便和有利于疏散，音乐教室、琴房、舞蹈教室应设在不干扰其他教学用房的位置。教学用房与学生宿舍应布置在校内安静区，且应有良好的日照与自然通风。

建筑用地、运动场地之间宜有绿化带隔离，学校运动场地应包括体育课、课间操及课外体育活动的整片运动场地。教育设施主要出入口不宜开向城市交通性主干道，不宜与车辆出入频繁的单位入口相邻，且校门处应留出一定缓冲距离。

普通高等院校应配备有教室、图书馆、实验室实习场所及附属用房、风雨操场、校行政用房、系行政用房、会堂、学生宿舍、学生食堂、教工住宅、教工宿舍、教工食堂、生活福利及其他附属用房。

以《广州市城市规划管理技术标准与准则之修建性详细规划篇》为实例，对于教育科研设施的规划控制指标规定如下：建筑密度不应超过40%，当面积≤2万 m² 时，绿地率不应低于30%；面积>2万 m² 时，绿地率不应低于35%。

2.9 社会福利与保障设施

平面布局应做到功能分区明确，各分区联系方便，并保证休养用房具有良好的室内外环境，处于环境幽静，日光充足，通风良好且便于种植、设置园景设施的地段。

总平面设计应充分注意基地原有地貌、地物、园林、绿化、水面等的利用，并根据需要和地形条件，设置必要的室外体育活动场地及康复训练场地。总平面布置应预留一定面积的发展用地。社会福利与保障设施的主要生活居住用房应安排在用地内安静地段，应有良好的日照与自然通风，并应保证冬至日底层满窗日照不少于相应的国家标准。

福利疗养主要建筑物的坡道、出入口、走道应满足使用轮椅者的要求。残疾人康复中心的各种室外空间的设置应满足残疾人的特点，确保使用上的功能关系及安全性，弯道的转弯处应设置触感标志。绿化设计应结合当地条件和使用功能的要求并选择能美化环境净化空气的树种花草。

以《广州市城市规划管理技术标准与准则之修建性详细规划篇》为实例，医疗卫生设施的建筑密度不得超过 40%，绿地率不宜小于 35%；在旧区改造或场地具体条件限制时，绿地率不应小于 25%。

第3节 工业用地修建性详细规划

3.1 规划布局原则

根据对居住和公共环境的不同影响程度，工业用地可分为：一类工业用地、二类工业用地和三类工业用地。标准工业厂房的基本地块规模可参照下表执行。根据不同类别工业性质合理确定各类用地构成比例，应有一定比例的配套设施及道路、停车、卸货用地。

工业用地总平面布置应在上层次规划的基础上，根据生产流程、防火、安全、卫生、施工等要求，结合内外部运输条件、场地地形、地质、气象条件、建设程序以及远期发展等因素，经技术经济综合比较后确定。

以《广州市城市规划管理技术标准与准则之修建性详细规划篇》为实例，标准工业厂房的基本地块建议规模如下：

表 2-2-10

一类工业	二类工业	三类工业
标准工业厂房：0.1~0.4ha	标准工业厂房：0.25~1.0ha	独立厂区：4.5~18ha

3.2 总平面布置原则

工业项目的总平面布置应做到：科学功能分区，合理确定生产、办公、生活服务设施等区域，各项设施的布置应紧凑、合理，人行交通与货运交通应明确便捷，互不干扰。在符合生产流程、操作要求和使用功能的前提下，建筑物等设施可采取多层布置，提高土地利用效益。

厂区及功能分区用地宜规整，建构筑物外形宜简洁明快。应充分利用地形、地势、工程和水文地质条件，合理布置建（构）筑物和有关设施，当工业用地地形坡度较大时，建筑物的长轴宜顺等高线布置。产生高噪声的生产设施宜相对集中布置，其周边宜布置对噪声不敏感、高大和朝向有利于隔声的建构筑物。厂区内总平面布置中的噪声控制，应符合《工业企业噪声控制设计规范》的规定。有防潮、防水雾要求的生产设施，应布置在地势较高、地下水位较低的地段。产生高温、有害气体、烟、雾、粉尘的生产设施，应布置在厂区内全年最小频率风向的上风侧且地势开阔、通风条件良好的地段。产生高温的生产设施的长轴宜与夏季盛行风向垂直。散发有害气体、烟、雾、粉尘等有害物质的工业用地与居住地段之间，必须设置卫生防护用地，卫生防护用地应尽量利用原有绿地、水塘、河流、山岗等地带，该用地内应绿化。出入口的位置和数量，应根据企业的生产规模、工业用地面积及总平面布置等因素综合确定，大、中型厂区出入口的数量一般不宜少于两个。

3.3 规划控制的指标

工业用地通用厂房的建筑密度和容积率应符合工业项目建设用地控制指标中关于不同工业类别用地容积率下限的规定。

以《广州市城市规划管理技术标准与准则之修建性详细规划篇》为实例，工业用地通用厂房的规划控制指标如下：

表 2-2-11

规划控制指标	一类工业	二类工业	三类工业
建筑密度	≥30%且≤50%	≥30%且≤45%	≤40%
容积率	≤2.0	≤1.6	≤1.0

工业厂区用地的绿地率不得低于20%。对环境要求高的工业类别，厂区用地的绿地率不宜低于30%。有毒有害的重污染单位和危险品仓库，绿地率不应低于40%。

3.4 配套设施

提供配套服务设施时，应综合考虑工业用地的位置、主要工业类别、工作人口的结构及环境素质等因素，合理确定配套服务设施的用地位置及规模。工业项目所需行政办公及生活服务设施用地面积不得超过工业项目总用地面积的 7％（广州）。严禁在工业项目用地范围内建造成套住宅、专家楼、宾馆、招待所和培训中心等非生产性配套设施。

3.4.1 生活配套服务设施

大中型工业项目配套的居住设施应符合安全和卫生防护距离的要求。配套居住用地应位于散发有害物质的工业企业厂区和全年最小频率风向的上风侧。

应积极引导不同的中小型工业项目集中设置员工宿舍。无污染的工业用地内，如满足一定用地规模，且远离生活区，满足功能分区、消防及环境要求，根据用地条件经报城市规划行政主管部门同意，可在单位用地范围内建设少量值班宿舍。但需符合以下规定：（1）宿舍建筑面积不得超过项目总建筑面积的 10％。（2）应与生产区功能分工明确，建筑形式和风格应统一协调，且满足消防及环境要求。（3）应同时符合二类居住用地（R2）的规划建设相关控制要求。

生产管理用房的布置，应布置在便于生产管理、环境洁净、靠近主要人流出入口、对外交通联系方便和污染影响最小的地段。食堂应集中设置，应具备一定规模服务的能力，且位于污染源的上风向。

3.4.2 市政配套设施

用地及周边地段应有足够的供水、供电、供气、污水处理、电话服务等公用工程设施以及存放与处理废物等设施。配套的污水处理措施，宜位于厂区全年最小频率风向的上风侧，并控制必要的卫生防护距离。沿江、河布置的污水处理设施，宜位于厂区和居住地段的下游。

配套锅炉房的布置，应符合下列要求：（1）宜位于厂区的全年最小频率风向的上风侧，避免有害气体及粉尘等对周围环境的影响。（2）当采取自流回收冷凝水时，宜布置在地势较低且不窝风的地段。（3）燃煤锅炉房应有储煤与灰渣场地和方便的运输条件，储煤与灰渣场地宜布置在锅炉房的全年最小频率风向的上风侧。（4）配套的热电站和集中供热锅炉房，宜靠近负荷中心或主要负荷用户，应具有方便的供煤和排灰渣条件。（5）配套的压缩空气站应位于空气洁净的地段，避免靠近散发爆炸性、腐蚀性物质、有害气体和粉尘等的场所。煤气站和天然气配气站的布置，还应符合《工业企业煤气安全规程》的规定。（6）配套给水净化站的布置，宜靠近水源地或水源汇集处，布置在厂区内时，应位于厂区边缘、环境洁净且距主要用户较近的地段。

大型配套变电站的位置选择应符合下列规定：（1）宜靠近负荷中心或主要负荷用户，不受粉尘、水雾、腐蚀性气体等污染源的影响；（2）避免布置在强烈振动设施的场地附近；（3）地势较高，避免位于低洼积水地段。

3.5　绿地景观系统

根据不同的布局方式、环境特点及用地的具体条件，采用集中与分散相结合，点、线、面相结合的绿地系统，并宜保留和利用用地范围内的已有树木和绿地。用地内重要地段（主要出入口）应当进行环境景观设计，配套设施、小品、雕塑应与周围的环境设计相一致。工业用地绿化建设还应符合《城市绿化管理条例》和环境保护要求，绿化景观系统应保证具有促进空气流通的通风廊。

3.5.1　防护绿地

生产区与其他功能区之间应当设置符合环境保护要求的绿地。有污染的工业用地周边应设置相应的防护绿带，经环境保护部门鉴定的重污染单位和危险品仓库应设置的防护林带最小宽度、防护绿化带宽度、江河两岸防护绿化带宽度、水源涵养林宽度均应符合要求。保留河涌的防护绿地应结合周边用地的规划建设，在满足防洪排涝功能的前提下，建成有特色的防护绿地，并可结合停车、水面等功能性布置，形成有特色的休闲景观带。

3.5.2　道路绿化

应选择能适应本地自然条件和城市环境的乡土树种，宜选择树干挺直、树形美观、夏日遮阳、耐修剪、抗尘力强、无飞絮、具防火功能的树种，产生有害物质的工业企业应选择抗污染及有害气体的树种。

3.6　道路交通系统

根据地形、用地四周的环境条件、用地规模及工业门类运行方式，选择经济、便捷的道路系统和道路断面形式。厂区内道路的布置，应符合下列要求：（1）满足生产、运输、安装、检修、消防及环境卫生的要求。（2）划分功能分区，并与区内主要建筑物轴线平行或垂直，宜呈环形布置。（3）与竖向设计相协调，有利于场地及道路的排水。（4）与厂外道路连接便捷，与城市交通性主干道或跨境公路、铁路、港口等交通设施有顺畅的交通联系。（5）道路的宽度应综合考虑交通、日照通风、地下工程管线埋设、防灾等的要求。

工业用地内部道路的设计不应吸引过境车辆途经该区，应避免设置错位的 T 字形机动车道路路口，厂区内道路宜采用平面交叉，交叉应设置在直线路段，并且垂直正交。特殊情况下需要斜交时，交叉角不宜小于 45°，露天矿山道路受地形条件所限时，交叉角可适当减小。

道路系统的设置应考虑防灾要求和预留消防通道。道路尽端设置回车场时，回车场面积应根据汽车的最小转弯半径和路面宽度确定。

步行系统的设置应结合用地功能布局、道路交通组织，以方便行人交通，并且易于到达绿化景观区及休憩用地。主要人流出入口宜与主要货流出入口分开设置，并应位于厂区主干道通往居住地段一侧，主要货流出入口应位于主要货流方向，并应与外部运输线路连接方便。

大型及货流量较大的工业项目应先取得交通规划评估意见且应有不少于两条对外连接的主要道路。其主要出入口地段宜设置适当规模的广场。工业用地应满足必要的停车卸货要求。

3.7　工业用地的竖向设计

合理利用地形地貌，对于不良工程地质，应采取防范措施或回避的方法。各种场地的适用坡度：当自然地形坡度过大时，地面连接形式宜选用台地式，台地之间应用挡土墙或护坡连接。

竖向规划用地自然坡度小于 5％时，宜规划为平坡式；用地自然坡度大于 8％时，宜规划为台阶式；用地自然坡度为 5％～8％时，宜结合地形适当进行工程处理，混合式布局；台地划分应与规划布局和总平面布置相协调，应满足使用性质相同的用地或功能联系密切的建构筑物布置在同一台地或相邻台地的布局要求。

工业项目的竖向设计应满足排水管线的埋设要求，并与城市管线衔接。用地内地面水的排水系统应根据地形特点设计。在山区和丘陵地区还必须考虑排洪要求。对外联系道路的高程应与城市道路标高相衔接。

第 4 节　仓储用地修建性详细规划

4.1　规划布局原则

根据储物性质的不同，仓储用地可分为普通仓储用地和危险品仓储用地。仓库和堆场应按不同类别相对集中布置，不同类型和不同性质的仓库宜分别布置在不同的地段。总平面布局应考虑贮存物料的性质、货流出入方向、供应对象、贮存面积、运输方式等因素，为运输、装卸、管理创造有利条件。

4.2 规划控制的指标

仓储用地内应包含必要的辅助设施和绿化用地，依照存贮物品的不同性质，具体指标参照防火、安全、卫生、交通运输和环境保护等要求综合确定。

提高土地使用效率，结合交通、安全、环境等要求综合确定经济技术控制指标。普通仓储用地建筑密度及容积率应符合相关规定。

以《广州市城市规划管理技术标准与准则之修建性详细规划篇》为实例，普通仓储用地建筑密度及容积率控制指标如下：

表 2-2-12

建筑物层数	建筑密度	容积率
单层仓库	≥30%且≤50%	≥0.3且≤0.5
多层仓库	≥30%且≤50%	≤2.0

4.3 配套设施

仓储项目用地内应严格控制单身宿舍和商业建筑的建设，不得建设仓库与住宅混合使用的综合楼。仓储项目用地内办公辅助用房应考虑动静分区，与作业区相对独立。应依贮物不同性质，设置相应的市政配套设施。大中型储备、中转仓库应具备可靠的水源和电源保障。

4.4 绿地景观系统

根据不同的布局方式、环境特点及用地的具体条件，采用集中与分散相结合，形成点、线、面相结合的绿地系统。规划仓库地块绿地率不得低于20%，危险品仓库绿地率不得低于40%，并根据国家标准设置宽度不少于50m的防护林带。绿化宜选择美观、夏日遮阳、抗尘力强、具防火功能的树种。在可行的情况下，应在用地的界线内提供全面美化环境的设施，如绿化、树木园景等。

有大量重型车辆运输和较多露天作业的仓储用地宜在用地周边设置较大范围的绿化隔离带区，可隔开凌乱的作业和重型车辆所造成的繁忙交通，从而减少对环境造成的不良影响。

仓储用地与居住用地的卫生防护距离应参照环保、防灾、卫生等专业部门的要求并结合城市规划综合确定，该范围内宜绿化。

仓储用地与疗养院、医院、高新技术园区等环境质量要求较高的设施或机构的卫生防护距离应符合要求。

4.5 道路交通系统

道路宽度应考虑运输、防灾、消防、环保、卫生防疫、劳动保护及景观等要求综合确定。大型仓储项目用地的道路应当满足大型平板车和集装箱车辆通行、停放、装卸的需要。

重要货源点与集散点之间应有便捷的货运道路。道路系统的设置还应考虑防灾救灾要求和预留消防通道。货流量较大的仓储项目应先取得交通评估意见。仓储项目应当根据具体项目要求配套建设停车场库。

4.6 竖向设计

应合理利用地形地貌，用地应有适宜坡度，利于排水。用地最小坡度不应小于0.2%。当自然地形坡度大于8%，地面连接形式宜选用台地式，对外联系道路的高程应与城市道路标高相衔接。

4.7 特殊仓库

布局应满足其对交通、用地、设施的特殊需求，避免对其他用地产生干扰，并应符合环境保护和防火、防灾的要求。危险品仓库建设项目应作环境影响评价，并征求消防、环保等部门的专业意见。应远离产生有害气体、烟雾、粉尘等物质的污染源和传染病医院、火葬场等场所。

4.7.1 危险品仓库

不同类型的危险品仓库应相互分隔，不得混合存储，其相隔距离应符合相关规范及消防规定。

石油库用地与城市居住区、大中型工矿企业和交通线等的安全距离应符合《石油库设计规范》的有关规定。液化石油气、天然气的储存应符合市政燃气工程的有关规定。爆破器材库区的布置，应符合现行国标《民用爆破器材工厂设计安全规范》的规定。

4.7.2 物流用地

物流用地是一家或多家物流企业在空间集中布局的场所，具综合服务功能的物流集结点。以物品批发贸易功能为主的物流用地按商业设施布局要求设置，以物品储运功能为主的物流用地按仓储设施布局要求设置。物流用地土地使用及分类要求应符合国家及地方政策规定。

4.8 堆场用地

堆场用地应远离城市水源地，可与港口、铁路、公路货运场站结合设置。堆场不宜位于居住区上风向。建筑材料露天堆场与居住用地应满足必要的卫生防护带宽度、与其他设施的防护距离不应小于最小规定值，具体宽度还应结合环保、卫生、消防等部门的要求综合确定。

第 5 节   公园绿地修建性详细规划

5.1   公园的分类和规模

公园按主导功能不同可分为综合性公园、儿童公园、动物园、专类动物园、植物园、专类植物园、盆景园、风景名胜公园、其他专类公园、居住区公园、居住小区游园、带状公园、街旁游园等类型。

公园应达到一定规模，以满足其服务功能和生态效益。综合性公园全园面积不宜小于 10 公顷；儿童公园全园面积宜大于 2 公顷；植物园全园面积宜大于 40 公顷；动物园全园面积宜大于 20 公顷；独立的盆景园及其他专类公园全园面积宜大于 2 公顷。旧城改造受用地条件所限时，公园用地规模可适当降低。

5.2   规划布局原则

公园设计应在批准的城市总体规划和绿地系统规划的指导下进行，结合现状条件对功能或景区划分、景观构想、景点设置、出入口位置、竖向及地貌、园路系统、河湖水系、绿化布局建筑物的位置、规模、造型及各专业工程管线系统等作出综合设计。

沿城市主、次干道的市、区级公园主要出入口的位置，必须与城市交通和游人走向、流量相适应，并根据规划和交通的需要设置游人集散广场。公园周边用地性质和建设容量应与公园性质相协调，并保证市民的景观观赏需要。

应根据公园性质和现状条件，发挥公园的游憩功能和改善环境的作用，并进行功能或景区划分，确定各分区的规模及特色。综合性公园的内容应包括多种文化娱乐设施、儿童游戏场和安静休憩区，也可设游戏型体育设施。在已有动物园的城市，其综合性公园内不宜设大型或猛兽类动物展区。

儿童公园应有儿童科普教育内容和游戏设施。植物园应创造适于多种植物生长的立地环境，应有体现本园特点的科普展览区和相应的科研实验区。

动物园应有适合动物生活的环境；游人参观、休息、科普的设施；安全、卫生隔离的设施和绿带；饲料加工场以及兽医院。检疫站、隔离场和饲料基地不宜设在园内。

公园内的游戏场与安静休憩区、游人密集区及城市干道之间，应用园林植物或自然地形等构成隔离地带。

应根据公园功能和景观要求及市政设施条件等，确定各类建筑位置、朝向、高度、体量、空间关系，提出其平面布局形式和出入口位置。如位于有城市设计控制要求的地段，各类建筑设施还应进一步满足色彩、材质等要求。

河湖水系设计，应根据水源和现状地形等条件，结合景观设计，确定园中河湖水系的布局和走向，水井、泵房和游艇码头的位置。

风景名胜公园应在保护好自然和人文景观的基础上，设置适量游览路、休憩、服务和公用等设施。

历史名园修复设计必须符合文物保护法律法规的规定。园内古树名木严禁砍伐或擅自移植，并应采取保护措施。在古树名木树冠边缘外 5m 范围内，为控制保护范围。

主题性公园宜结合自然风景资源布局，附近应有交通干线和次级道路作辅助。根据客源市场和资源条件，合理确定各种设施的数量和接待能力，科学进行空间布局及环境设计。

街旁带状绿地及游园，应具有分隔、装饰街道和供短暂休憩的作用，应考虑与城市环境的关系及观赏效果。应设置简单的休憩设施，并注意衔接好城市不同类型的机动和人行交通。

5.3 内部用地构成

公园用地比例应根据公园类型和陆地面积确定，其绿化、建筑、园路及铺装场地等用地的比例应符合相关规定。

一般情况增加绿化用地的面积或设置各种活动用的铺装场地、院落、棚架、花架、假山等构筑物；公园陆地形状或地貌出现特殊情况时，园路及铺装场地应增加。公园平面长宽比值、地形坡度、水体岸线长度较为特殊时，园路及铺装场地用地比例可适当加大。

5.4　规划控制的指标

公园的绿化面积（含水面）应大于70%。根据具体区位和功能要求合理确定容积率等技术经济控制指标。游览、休憩、服务性建筑设施的建筑面积，不得超过总用地面积的5%。其他相关的规划控制指标，详见相关规定。

5.5　相关配套的设施

游览、休憩、服务性建筑配套设施应与地形、地貌、山石、水体、植物等其他造园要素统一协调；层数以一层为宜，起主题和点景作用的建筑高度和层数服从景观需要。

公园内不得建设与其性质无关的单纯以赢利为目的的餐厅、旅馆和舞厅等建筑。公园中方便游人使用的餐厅、小卖店等服务设施的规模应与游人容量相适应。管理设施和服务建筑附属设施，其体量、高度应按不破坏景观和环境；管理建筑不宜超过2层。

厕所等建筑物的位置，应隐蔽又方便使用。面积大于10公顷的公园，应按游人容量的2%设置游人使用厕所蹲位（包括小便斗位数），小于10公顷者按游人容量的1.5%设置；厕所的服务半径不宜超过250m；各厕所内的蹲位数应与公园内的游人分布密度相适应；在儿童游戏场附近，应设置方便儿童使用的厕所；公园应设方便残疾人使用的厕所。

停车场和自行车存车处的位置应设于各游人出入口附近，不得占用出入口内外广场，其用地面积应根据公园性质和游人使用的交通工具确定，停车相应指标应符合标准相关篇目的规定。

公园内水、电、燃气等线路布置，不得破坏景观，同时应符合安全、卫生、节约和便于维修的要求。需要采暖的各种建筑物或动物馆舍，宜采用集中供热。电气、上下水工程的配套设施、垃圾存放场及处理设施应设在隐蔽地带，受用地条件限制不能满足时可适当灵活，但需经过绿化设施遮蔽。

5.6　道路交通系统

园路系统设计，应根据公园的规模、各分区的活动内容、游人容量和管理需要，确定园路的路线、分类分级和园桥、铺装场地的位置和特色要求。园路的路网密度宜在 $200\sim380m/m^2$，动物园的路网密度宜在 $160\sim300m/m^2$。

出入口设计应根据城市规划和公园内部布局要求，确定游人主、次和专用出入口的位置；需要设置出入口内外集散广场、停车场、自行车存车处者，应确定其规模要求。

主要园路应具有引导游览的作用，易于识别方向。游人大量集中地区的园路要做到明显、通畅、便于集散。通行养护管理机械的园路宽度应与机具、车辆相适应。通向建筑集中地区的园路应有环行路或回车场地。生产管理专用路不宜与主要游览路交叉。

主路纵坡宜小于 8%，横坡宜小于 3%，粒料路面横坡宜小于 4%，纵、横坡不得同时无坡度。经常通行机动车的园路宽度应大于 4m，转弯半径不得小于 12m。山地公园的园路纵坡应小于 12%，超过 12% 应作防滑处理。主园路不宜设梯道，园路在地形险要的地段应设置安全防护设施。

园路线形设计应符合下列规定：与地形、水体、植物、建筑物、铺装场地及其他设施结合，满足观景和景观构图的需要；创造连续展示园林景观的空间或欣赏前方景物的透视线；路的转折、衔接通顺，符合游人的行为规律。通往孤岛、山顶等卡口的路段，宜设通行复线；必须沿原路返回的，宜适当放宽路面。应根据路段行程及通行难易程度，适当设置供游人短暂休憩的场所及护栏设施。

5.7 公园用地竖向

竖向控制应根据公园四周城市道路规划标高和园内主要内容，充分利用原有地形地貌，提出主要景物的高程及对其周围地形的要求，地形标高还必须适应拟保留的现状物和地表水的排放。

竖向控制应包括以下内容：确定自然和人工景观的控制点标高（山顶、水面、驳岸、水底等）；公园内的河、湖最高水位，必须保证重要的建筑物、构筑物和动物笼舍不被水淹。合理确定顶部、园路主要转折点、交叉点和变坡点；主要建筑的底层和室外地坪；各出入口内、外地面；地下工程管线及地下构筑物的埋深；园内外佳景的相互因借观赏点的地面高程。地形创造及改造时应同时考虑园林景观和地表水的排放，各类地表的排水坡度应符合相关规定。

第 2-3 章　城市居住区规划设计与民用建筑设计

第 1 节　开发规模与用地平衡

根据《城市居住区规划设计规范》GB 50180—93，2002 年版（本书简称为"规划设计规范"）规定，城市居住区按居住户数或者人口规模可分为"居住区、居住小区、住宅组团"三档次的开发规模。根据《广州市城市规划管理技术标准与准则》，也可按"用地规模"划分城市居住区的级别，在房地产开发项目的投资管理过程中，快速判断目标地块的规模级别是必要的环节。因此，本书编制以下速查表，以方便在开发实践中应用。

1.1　开发规模的分级判断

表 2-3-1

划分因素	居住区级	小区级	组团级	备注
户数（户）	10 000～16 000	3 000～5 000	300～1 000	规范规定
人口（人）	30 000～50 000	10 000～15 000	1 000～3 000	规范规定
用地规模（公顷）	50～100	10～15	1～5	广州规定

1.2　用地面积的平衡分析

表 2-3-2

用地构成	居住区	小　区	组　团
（1）住宅用地（R01）	50%～60%	55%～65%	70%～80%
（2）公建用地（R02）	15%～25%	12%～22%	6%～12%
（3）道路用地（R03）	10%～18%	9%～17%	7%～15%
（4）公共绿地（R04）	7.5%～18%	5%～15%	3%～6%
居住区用地	100%	100%	100%

第 2 节　居住人数与户数的控制指标

2.1　人均用地指标

表 2-3-3

$\dfrac{R}{N_人}$	（1）R 指居住区用地面积。
	（2）$N_人$ 指地块内设计出的住宅内可居住的人数。
指标应用	（3）可以试算目标地块的可居住人数、户数。

《城市居住区规划设计规范》中对人均用地指标的控制区间值的上限与下限：人均用地指标取决于三个因素：居住规模级别、层数和地块的建筑气候所属的区域：

表 2-3-4

居住规模	层数	建筑气候区划		
		Ⅰ、Ⅱ、Ⅵ、Ⅶ	Ⅲ、Ⅴ	Ⅳ
居住区 m²/人	低层	33～47	30～43	28～40
	多层	20～28	19～27	18～25
	多层、高层	17～26	17～26	17～26
小区 m²/人	低层	30～43	20～40	26～37
	多层	20～28	19～26	18～25
	中高层	17～24	15～22	14～20
	高层	10～15	10～15	10～15
组团 m²/人	低层	25～35	23～32	21～30
	多层	16～23	15～22	14～20
	中高层	14～20	13～18	12～16
	高层	8～11	8～11	8～11

人均用地指标居住的人数、户数、建筑面积等指标之间存在如下的关联关系，根

模块二　城市用地规划与方案的快速构思

据《城市居住区规划设计规范》规定：

表 2-3-5

户与人	（1）规范值：一个标准户为 3.2 人。 （2）地方值：一户为 3.5 人，根据各地方政府规划局的具体规定为准。
户与建筑面积 （广州规定）	（3）普通住宅：1 个标准户＝每户住宅建筑面积 100m²。
	（4）别墅住宅：1 个标准户＝每户住宅建筑面积 120m²。
	（5）解困住宅：1 个标准户＝每户住宅建筑面积 80m²。

2.2 人口毛密度

表 2-3-6

$\dfrac{人}{R}$	（1）分子是指地块中可容纳的人口数量，计量单位为"人"。
	（2）分母是指地块中用于居住区规划的用地面积，计量单位为"万 m²"。
指标应用	（3）可以试算目标地块的可容纳的居住人口数量的上下限值区间。
	（4）评审：可评审设计单位的设计值，是否符合规范要求。

以《广州市城市规划管理技术标准与准则》为案例，其中关于"居住区级、小区级、组团级"人口之毛密度的控制指标规定如下：

表 2-3-7

密度区	住宅层数	人口毛密度（人/hm²）		
		居住区	小区	组团
一二区	1～3（低层）	—	270	340
	4～6（多层）	370	400	490
	7～9（中高层）	470	500	620
	N≥10（高层）	680	740	900
三四区	1～3（低层）	—	250	290
	4～6（多层）	340	370	470
	7～9（中高层）	430	470	600
	N≥10（高层）	620	680	870

第3节　容积率与建筑密度

3.1　基于规范定义的容积率

3.1.1　规划设计规范的定义

表 2-3-8

$\dfrac{S_{计容总}}{R}$	(1) 分子是指居住区用地中各类建筑的总面积（可计入容积率的面积简称为计容面积）。
	(2) 分母是指居住区用地面积。
指标应用	(3) 可以试算目标地块中可建的各类建筑的计容总面积的限值区间。
	(4) 可根据设计单位给定的设计值评审，指标是否符合规范或规划局规定的限值。

　　基于《城市居住区规划设计规范》中对容积率的规定，各地方政府的"规划局（规划委员会）"在规范基础上对容积率的计算进行细化。本书仅介绍上海市、广州市关于城市规划方面的规定。

3.1.2　民用建筑设计规范的定义

　　根据《民用建筑设计通则（GB 50352—2005）》及条文说明，其规范对容积率的表述为：容积率主要反映用地的开发强度，由城市规划确定。

3.2　计容面积与不计容面积

　　容积率主要反映用地的开发强度，由城市规划确定。"用地面积"指详细规划确定的一定用地范围内的面积。在整个建筑面积中，哪些建筑面积计入容积率，哪些不计入容积率，各地方的"规划局（规划委员会）"都出台了相应的《容积率计算规则》。本书仅摘录部分内容，具体应以地块所在城市规划局的规定为准。

3.2.1　容积率与层高的关系

表 2-3-9

| 住宅建筑标准层 | (1) 层高大于等于 4.5m 的，不论层内是否有隔层，均按该层水平投影面积的 1.5 倍计入容积率。 |

住宅建筑标准层	(2) 层高大于等于 5.0m（2.8m＋2.2m）的，不论层内是否有隔层，均按该层水平投影面积的 2.0 倍计入容积率。
	(3) 但跃层式住宅、低层住宅、错层式住宅的起居室（指客厅）层高在户内通高时，不列入超层高控制范围。
办公建筑标准层	(4) 层高大于等于 4.8m 的，不论层内是否有隔层，均按该层水平投影面积的 1.5 倍计入容积率。
	(5) 层高大于等于 5.8m（3.6m＋2.2m）的，不论层内是否有隔层，均按该层水平投影面积的 2.0 倍计入容积率。
	(6) 层高大于等于 9.4m（3.6m×2＋2.2m）的，不论层内是否有隔层，均按该层水平投影面积的 3.0 倍计入容积率。
	(7) 办公建筑的门厅、大堂、中厅、内廊、采光厅等可根据功能需要适当提高建筑层高，此类功能面积按其水平投影面积计算容积率。
商业建筑标准层	(8) 层高大于 5.0m 且小于等于 6.0m 时，不论层内有无隔层，按该层水平投影面积的 1.5 倍计算建筑面积并计算容积率。
	(9) 层高大于 6.0m 且小于等于 7.8m 时，不论层内有无隔层，按该层水平投影面积的 2 倍计算建筑面积并计算容积率。
	(10) 单层面积达到 2000m² 以上的大空间商业用房（如超市、大型商场功能集中布置的商业用房）建筑层高可根据功能要求适当提高，不列入超层高范围。
	(11) 门厅、大堂、中厅、内廊、采光厅等的层高不受一般层高度控制，此类功能面积按其水平投影面积计算建筑面积并计算容积率。

3.2.2 地下、半地下空间的容积率计算

表 2-3-10

地下室	(1) 房间地平面低于室外地平面的高度超过该房间净高的 1/2 者为地下室，四面土层围合的地下空间界定为地下室～一面、二面、三面土层围合则不界定为地下室，其建筑面积按地面以上建筑计算，并计算容积率。
半地下室	(2) 房间地平面低于室外地平面的高度超过该房间净高的 1/3，且不超过 1/2 者为半地下室。

模块二 城市用地规划与方案的快速构思

用于停车场	（3）以室外地坪为基准，其顶板面高出就近室外地面大于等于1.0m的（不分面宽长度），按其水平投影面积计算建筑面积并计算容积率。
	（4）当其顶板面高出就近室外地面小于1.0m的，其建筑面积计入总建筑面积，不计算容积率。
用于商业、娱乐居住等其他功能	（5）按其水平投影面积计算容积率。但有的地方规划局规定："地下有经营性面积的，其经营面积不纳入计算容积率的建筑面积。"

3.2.3 架空层、设备层与结构转换层

表 2-3-11

架空层	（1）以柱、剪力墙落地，视觉通透，空间开敞，无特定功能，只作为公共休闲、交通、绿化等公共开敞空间使用。架空层应计入建筑层次，架空层建筑面积应计入总建筑面积。
	（2）架空层内除电梯井、门厅、过道、楼梯间等围合的部分计入容积率。开敞空间部分可不计算容积率若设计用于停车功能，则须计算容积率。
设备层	（3）层高高度不超过2.2m的设备层，其建筑面积可不计入容积率。
结构转换层	（4）有围护的结构转换层当其层高小于2.2m时，按其水平投影面积的1/2计算建筑面积并计算容积率，当其层高大于或等于2.2m时，按其水平投影面积计算建筑面积并计算容积率。
	（5）无围护的结构转换层不计算容积率，当其层高小于2.2m时，按其水平投影面积的1/2应计算建筑面积，当其层高大于或等于2.2m时，按其水平投影面积计算建筑面积。

3.2.4 阳台、凸窗与入户花园

表 2-3-12

建筑阳台	（1）建筑物南向或东西向主阳台（一户仅限一个）进深不大于2.2m、北向或东西向次阳台进深不大于1.5m的，无论是否封闭，无论是凹阳台、挑阳台，均按其水平投影面积的1/2计算建筑面积并计算容积率～超出此规定尺寸的部分按全部面积计算建筑面积并计算容积率。

飘（凸）窗	(2) 当突出外墙的凸窗距离墙面不大于0.8m，窗高小于2.2m，窗台高度大于0.4m时，不计算建筑面积。超出上述尺寸任何一项的，均按其水平投影面积计算建筑面积并计算容积率。
入户花园	(3) 入户花园必须位于住宅入户处且有开敞面，其进深和"面宽"均小于等于2.4m的，按该入户花园水平投影全面积的1/2计算建筑面积，并计算容积率，凡不符合上述条件任何一项的入户花园，按其水平投影全面积计算建筑面积，并计算容积率。

3.2.5 坡屋顶与屋顶层

表 2-3-13

跃式坡屋顶	(1) 住宅建筑坡屋顶部分不作为单独套型而是和其下面一层通过户内楼梯连为一体作为跃层式套型使用的，可按坡屋顶部分建筑面积的1/2计入容积率。
屋顶层	(2) 建筑面积不超过标准层建筑面积的1/8的可不计入容积率。

3.3 上海对容积率的细则规定

3.3.1 住宅规划容积率

表 2-3-14

$\dfrac{S_{01计容}}{R}$	(1) 分子是指居住区用地中住宅部分的建筑总面积（计入容积率的面积简称为计容面积）。
	(2) 分母是指居住区用地面积。

3.3.2 住宅建筑容积率

表 2-3-15

$\dfrac{S_{01计容}}{S_{01基底}}$	(1) 分子是指居住区用地中住宅部分的基底总面积（计入容积率的面积简称为计容面积）。
	(2) 分母是指居住区用地中的住宅部分的基底总面积。

3.3.3 商办建筑容积率

表 2-3-16

$\dfrac{S_{02商计容}}{S_{02商基底}}$	（1）分子是指居住区用地中商业和办公部分的总建筑面积（计入容积率的面积简称为计容面积）。
	（2）分母是指居住区用地中的商业与办公部分的总基底面积。

3.4 广州对容积率的细则规定

3.4.1 住宅容积率

根据《广州市城市规划管理技术标准与准则》，对"住宅容积率"进行了定义如下：

表 2-3-17

$\dfrac{S_{01总}}{R}$	（1）分子是指居住区用地中住宅部分的总建筑面积。
	（2）分母是指居住区用地总面积。

以《广州市城市规划管理技术标准与准则》为案例，其中关于"居住区级、小区级、组团级"住宅容积率的控制指标规定如下：

表 2-3-18

密度区	住宅层数	居住区容积率	小区容积率	组团容积率
一二区	1～3（低层）	—	0.8	1.0
	4～6（多层）	1.1	1.2	1.5
	7～9（中高层）	1.4	1.5	1.9
	$N \geqslant 10$（高层）	2.1	2.3	2.8
三四区	1～3（低层）	—	0.7	0.9
	4～6（多层）	1.0	1.1	1.4
	7～9（中高层）	1.3	1.4	1.8
	$N \geqslant 10$（高层）	1.9	2.1	2.7

3.4.2 综合容积率

表 2-3-19

$\dfrac{S_{计容总}}{R}$	(1) 分子是指居住区用地中各类建筑的总面积（可计入容积率的面积简称为计容面积）。
	(2) 分母是指居住区用地面积。

以《广州市城市规划管理技术标准与准则》为案例，其中关于"居住区级、小区级、组团级"的综合容积率及楼层及开发规模关系如下：

表 2-3-20

密度区	住宅层数	居住区容积率	小区容积率	组团容积率
一二区	1~3（低层）	—	0.9	1.0
	4~6（多层）	1.3	1.3	1.6
	7~9（中高层）	1.6	1.6	2.0
	$N\geqslant10$（高层）	2.4	2.4	2.9
三四区	1~3（低层）	—	0.8	0.9
	4~6（多层）	1.2	1.2	1.5
	7~9（中高层）	1.5	1.5	1.9
	$N\geqslant10$（高层）	2.2	2.2	2.8

3.5 建筑密度

表 2-3-21

$\dfrac{S_{基}}{R}$	(1) 分子是指居住区用地中各类建筑的基底总面积，计量单位为平方米（m²）。
	(2) 分母是指居住区用地面积，计量单位为平方米（m²）。
指标应用	(3) 试算目标地块中可建的各类建筑的基底总面积的限值区间。计算时一般包括附属建设物。
	(4) 可根据设计单位给定的设计值评审，指标是否符合规范或规划局规定的限值。

以《广州市城市规划管理技术标准与准则》为案例，其中关于"居住区级、小区

模块二 城市用地规划与方案的快速构思

131

级、组团级"建筑密度的控制指标规定如下：

表 2-3-22

密度区	住宅层数	居住区建筑密度	小区建筑密度	组团建筑密度
一二区	1~3（低层）	—	32%	35%
	4~6（多层）	28%	30%	32%
	7~9（中高层）	25%	28%	30%
	N≥10（高层）	22%	25%	28%
三四区	1~3（低层）	—	30%	32%
	4~6（多层）	25%	28%	30%
	7~9（中高层）	22%	25%	28%
	N≥10（高层）	20%	22%	25%

3.6 住宅建筑净密度

表 2-3-23

$\dfrac{S_{住基}}{R_{01}}$	(1) 分子是指居住区用地中用于住宅建筑的基底总面积，计量单位为平方米（m²）。
	(2) 分母是指居住区用地中用于住宅的用地面积，计量单位为平方米（m²）。
指标应用	(3) 可试算目标地块的住宅基底总面积的上下限值区间，可根据已设计的指标评审，住宅建筑净密度是否符合规范要求。或评审地块设计产品的档次。

根据《城市居住区规划设计规范》（GB 50180—93，2002 年版）中的表 5.0.6-1 之规定，住宅建筑净密度控制指标（%）如下表：

表 2-3-24

建筑气候区划	Ⅰ、Ⅱ、Ⅵ、Ⅶ	Ⅲ、Ⅴ	Ⅳ
1~3（低层）	35%	40%	43%
4~6（多层）	28%	30%	32%
7~9（中高层）	25%	28%	30%
N≥10（高层）	20%	20%	22%

注：混合层取两者的指标值作为控制指标的上、下限值。

3.7 住宅建筑面积净密度

表 2-3-25

$\dfrac{S_{01}}{R_{01}}$	（1）分子是指地块中用于住宅建筑的总面积，计量单位为"万 m²"。
	（2）分母是指居住区用地中用于住宅的用地面积，计量单位为"公顷"。
指标应用	（3）可以试算目标地块的住宅建筑总面积的上下限值区间。评审：可根据已设计的指标评审，住宅建筑净密度是否符合规范要求。或评审地块设计产品的档次。

根据《城市居住区规划设计规范》（GB 50180—93，2002 年版）中的之规定，住宅建筑面积净密度控制指标如下表：

表 2-3-26

建筑气候区别	Ⅰ、Ⅱ、Ⅵ、Ⅶ	Ⅲ、Ⅴ	Ⅳ
1~3（低层）	1.10	1.20	1.30
4~6（多层）	1.70	1.80	1.90
7~9（中高层）	2.00	2.20	2.40
N≥10（高层）	3.50	3.50	3.50

注：1. 混合层取两者的指标值作为控制指标的上、下限值，计量单位为"万 m²/公顷"
 2. 本表不计入地下层面积。

第 4 节 公共服务设施

4.1 公建配套设施的分类

根据《城市居住区规划设计规范》（2002 年版）的定义：公共服务设施是居住区配建设施的总称。分为"教育、医疗卫生、文化体育、商业服务、金融邮电、社区服务、市政公用、行政管理及其他"八类。

居住区公共服务设施的配建，主要反映在配建的项目和面积指标两个方面。而这两个方面的确定依据，主要是考虑居民在物质与文化生活方面的多层次需要，以及公共服务设施项目对自身经营管理的要求，即配建项目和面积与其服务的人口：规模相对应时，才能方便居民使用和发挥项目最大的经济效益，如一个街道办事处为 3 万至 5 万居民服务，一所小学为 1 万至 1.5 万居民服务，一个居委会为 300 户至 1000 户居民服务。

根据各地居住区规划的实践，为满足 3 万至 5 万居民要有一整套完善的日常生活需要的公共服务设施，应配建派出所、街道办、具有一定规模的综合商业服务、文化活动中心、门诊所等；为满足 1 万至 1.5 万居民要有一套基本生活需要的公共服务设施，应配建托幼、学校、综合商业服务、文化活动站、社区服务等；为满足 300 户至 1000 户居民要有一套基层生活需要的公共服务设施，应配建居委会、居民存车处、便民店等。

公共服务设施的布局是与规划布局结构、组团划分、道路和绿化系统反复调整、相互协调后的结果。为此，其布局因规划用地所处的周围物质条件、自身的规模、用地的特征等因素而各具特色。对公共活动中心，可将能连带销售，又互不干扰的项目组合在一个综合体内，以利综合经营、方便居民和节约用地。

4.1.1 居住区用地的教育类配置

教育类公建设施有托儿所、幼儿园、小学、中学等，具体的配置要求如下表：

表 2-3-27

项目	序号	居住区	小区	组团
托儿所	(1)	—	应配置	宜配置
幼儿园	(2)	—	应配置	—
小学	(3)	—	应配置	—
中学	(4)	应配置	—	—

4.1.1.1 托儿所

托儿所是用于专门照顾和培养婴幼儿生活能力的地方，托儿的对象一般是小于 3 周岁的儿童：

表 2-3-28

用地面积（m²）	具体的规划设计要求
	(1) 设于阳光充足，接近公共绿地，便于家长接送的地段。
	(2) 托儿所每班按 25 座计，幼儿园每班按 30 座计。
4 班≥1 200	(3) 服务半径不宜大于 300m，层数不宜高于 3 层。
6 班≥1 400	
8 班≥1 600	(4) 三班和三班以下的托、幼儿所，可混合设置，也可附设于其他建筑，但应有独立院落和出入口，四班和四班以上托、幼园所，其用地均应独立设置。

4.1.1.2　幼儿园

幼儿园是学前教育机构，用于对幼儿集中进行保育和教育，接收的对象一般为三至六周岁的幼儿：

表 2-3-29

用地面积（m²）	具体的规划设计要求
4 班≥1 500 6 班≥2 000 8 班≥2 400	（1）八班和八班以上的托、幼儿所，其用地应分别按每座不小于 7m²或 9m²。
	（2）建筑应布置于可抵御寒风的建筑物的背风面，但其生活用房应满足底层满窗冬至日不小于 3h 的日照标准。
	（3）活动场地应有不少于 1/2 的活动面积的标准的建筑日照阴影线之外。

4.1.1.3　小学

小学是为 6 至 12 岁适龄儿童，提供正规教育的学校，现阶段小学阶段教育的年限一般为 6 年。根据班级规模的规划控制指标规定如下：

表 2-3-30

用地面积（m²）	具体的规划设计要求
12 班≥6 000	（1）学生上下学穿越城市道路时，应有相应的安全措施。
18 班≥7 000	（2）服务半径不宜大于 500m。
24 班≥8 000	（3）其中的教学楼应满足：冬至日不小于 2h 的日照标准。

4.1.1.4　中学

中学是为 12 至 18 周岁之间的青少年提供的基础教育机构，分为初级中学与高级中学，根据《城市居住区规划设计规范》规定，其配置的规划控制指标如下：

表 2-3-31

用地面积（m²）	具体的规划设计要求
18 班≥11 000	（1）在拥有三所或以上的中学的居住区内，应有一所设置 400m 环行跑道的运动场。
24 班≥12 000	
30 班≥14 000	（2）服务半径不宜大于 1000m。
	（3）教学楼应满足于冬至日不小于 2h 的日照标准。

4.1.2 医疗卫生

表 2-3-32

项目	序号	居住区	小区	组团
医院（200 至 300 床）	（1）	应配置	—	—
门诊所	（2）	应配置	—	—
卫生站	（3）	—	应配置	—
护理院	（4）	宜配置	—	—

4.1.2.1 医院

医院指以向人提供医疗护理服务为主要目的医疗机构。其服务对象不仅包括患者和伤员，也包括处于特定生理状态的健康人，含社区卫生服务中心。根据《城市居住区规划设计规范》规定：

表 2-3-33

用地面积（m^2）	建筑面积（m^2）	具体的规划设计要求
15 000～25 000	12 000～18 000	（1）宜设于交通方便，环境较安静地段。 （2）十万人左右则应设一所 300～400 床位的医院。 （3）"病房楼"应满足冬至日不小于 2h 的日照标准。

4.1.2.2 社区卫生服务中心

社区卫生服务中心也称为"门诊所"，社区卫生服务中心指在一定社区中，由卫生及有关部门向居民提供的预防、医疗、康复和健康促进为内容的卫生保健活动的总称。根据《城市居住区规划设计规范》规定：

表 2-3-34

用地面积（m^2）	建筑面积（m^2）	具体的规划设计要求
3 000～5 000	2 000～3 000	（1）一般 30 000～50 000 人设一处，设有医院的居住区可不再设置独立的门诊。 （2）应设于交通便捷、服务距离适中的地段。

4.1.2.3 卫生站

社区卫生服务站是在政府领导、社区参与、上级卫生机构指导下，以基层卫生机构为主体，以解决社区主要卫生问题、满足基本卫生服务需求为目的，融预防、医疗、保健、康复、健康教育、计划生育技术服务功能等一体的综合机构。根据《城市居住区规划设计规范》规定：

表 2-3-35

用地面积（m²）	建筑面积（m²）	具体的规划设计要求
500	300	10 000～15 000 人应配置一处。

4.1.2.4 护理院

护理院一般为当地卫生局批准，并在当地民政局登记的民办，非营利性医疗护理机构，一般为无自理能力的老年人提供居住、医疗、保健、康复和护理的配套服务设施。根据《城市居住区规划设计规范》规定：

表 2-3-36

用地面积（m²）	建筑面积（m²）	具体的规划设计要求
—	3 000～4 500	(1) 最佳规模为 100～150 床位。 (2) 每床位建筑面积≥30m²。 (3) 可与社区卫生服务中心合并配置。

4.1.3 文化体育

表 2-3-37

项目	序号	居住区	小区	组团
文化活动中心（含青少年、老年活动中心）	(1)	应配置	—	—
文化活动站（含青少年、老年活动中心）	(2)	—	应配置	—
居民运动场、馆	(3)	宜配置	—	—
居民健身设施（含老年户外活动场地）	(4)	—	应配置	宜配置

4.1.3.1 文化活动中心

文化活动中心一般由小型图书馆、科普知识宣传与教育；影视厅、舞厅、游艺厅、球类、棋类活动室；科技活动、各类艺术训练班及青少年和老年人学习活动场地、用房等构成。根据《城市居住区规划设计规范》规定：

表 2-3-38

用地面积（m²）	建筑面积（m²）	具体的规划设计要求
4 000～6 000	8 000～12 000	宜结合或靠近同级中心绿地安排。

4.1.3.2 文化活动站

文化活动站一般具备书报阅览、书画、文娱、健身、音乐欣赏、茶座等使用功能，主要是为青少年和老年人提供必要的文化活动场所。根据《城市居住区规划设计规范》规定：

表 2-3-39

用地面积（m²）	建筑面积（m²）	具体的规划设计要求
400～600	400～600	（1）宜结合或靠近同级中心绿地安排。 （2）独立性组团也应设置本站。

4.1.3.3 居民运动场馆

居民运动场馆主要是为居住区内的居民提供运动、健身的场地或建筑房屋。根据《城市居住区规划设计规范》规定：

表 2-3-40

用地面积（m²）	建筑面积（m²）	具体的规划设计要求
—	10 000～15 000	一般宜设置 60～100m 直跑道、200m 环形跑道及简单的运动设施。

4.1.3.4 居民健身设施

为居民提供健身运动的设施一般包括篮球、排球及小型球类场地，为儿童及老年人提供必要的活动场地和其他简单运动设施，在规划设计时宜结合绿地统筹规划设计，使之融入居住环境中。

4.1.4 商业服务

表 2-3-41

项目	序号	居住区	小区	组团
综合食品店	（1）	应配置	应配置	—
综合百货站	（2）	应配置	应配置	—
餐饮	（3）	应配置	应配置	—
中西药店	（4）	应配置	宜配置	—
书店	（5）	应配置	宜配置	—
市场	（6）	应配置	宜配置	—
便民店	（7）	—	—	宜配置
其他第三产业设施	（8）	应配置	应配置	—

4.1.4.1 综合食品店

综合食品店是为了满足居民购买食品的综合商业服务功能的房屋，根据《城市居住区规划设计规范》规定：

表 2-3-42

用地面积（m²）	建筑面积（m²）	具体的规划设计要求
居住区 1 500～2 500	—	（1）服务半径：居住区不宜大于 500m，居住小区不宜大于 300m。
小区 800～1 500	—	（2）地处山坡地的居住区，其商业服务设施的布点，除满足服务半径的要求外，还应考虑上坡空手，下坡负重的原则。

4.1.4.2 综合百货站

综合百货站是指具备在一个建筑物内，经营若干类商品，以满足顾客对商品多样化选择需求的零售商业服务功能的房屋。根据《城市居住区规划设计规范》规定：

表 2-3-43

用地面积（m²）	建筑面积（m²）	具体的规划设计要求
居住区 2 000～3 000	—	（1）居住区的服务半径不宜大于 500m。
小区 400～600	—	（2）居住小区的服务半径不宜大于 300m。

地处山坡地的居住区，其商业服务设施的布点，除满足服务半径的要求外，还应考虑上坡空手，下坡负重的原则。

4.1.4.3 餐饮

对于"居住区级"、"小区级"的地块内，根据《城市居住区规划设计规范》规定：应在"拟建地块"内设置具有主食、早点、快餐、正餐等商业服务功能的建筑区域。具体的规定要求：（1）服务半径：居住区不宜大于 500m，居住小区不宜大于 300m。（2）地处山坡地的居住区，其商业服务设施的布点，除满足服务半径的要求外，还应考虑上坡空手，下坡负重的原则。

4.1.4.4 中西药店

根据《城市居住区规划设计规范》规定，对于"居住区级"的地块内"应配置"药店，对于"小区级"的地块内，"宜配置"具备药店功能的商业服务用房。具体规定如下：

模块二 城市用地规划与方案的快速构思

139

表 2-3-44

用地面积（m²）	建筑面积（m²）	具体的规划设计要求
200～500	—	（1）居住区：服务半径不宜大于 500m。 （2）居住小区：服务半径不宜大于 300m。

地处山坡地的居住区，其商业服务设施的布点，除满足服务半径的要求外，还应考虑上坡空手，下坡负重的原则。

4.1.4.5　书店

书店是具备为消费者提供各类书籍商品的商业服务功能的建筑，根据《城市居住区规划设计规范》规定，对于"居住区级"的地块内"应配置"书店用地，对于"小区级"的地块内，"宜配置"书店用地。具体规定如下：

表 2-3-45

用地面积（m²）	具体的规划设计要求
300～1 000	（1）服务半径：居住区不宜大于 500m，居住小区不宜大于 300m。 （2）地处山坡地的居住区，其商业服务设施的布点，除满足服务半径的要求外，还应考虑上坡空手，下坡负重的原则。

4.1.4.6　市场

在"拟建地块"中配置"农贸市场"主要是以销售农副产品和小商品为主，根据《城市居住区规划设计规范》规定，对于"居住区级"的地块内"应配置"市场用地与建筑，对于"小区级"的地块内，"宜配置"市场用地与建筑。具体规定如下：

表 2-3-46

用地面积（m²）	建筑面积（m²）	具体的规划设计要求
居住区 1 000～1 200	居住区 1 500～2 500	设置方式应根据气候特点与当地传统的集市要求而定。
小区 500～1 000	小区 800～1 500	

4.1.4.7　便民店

便民店主要是以小百货、小日杂的商品经营为主，宜设于组团的出入口附近，根据《城市居住区规划设计规范》规定，对于"组团级"的地块内"宜配置"具有"便民店"功能的设施。

4.1.4.8 其他第三产业设施

"其他第三产业设施"主要是指零售、洗染、美容美发、照相、影视文化、休闲娱乐、洗浴、旅店、综合修理以及辅助就业设施等项目，根据《城市居住区规划设计规范》规定，对于"居住级"和"小区级"的拟建地块"应配置"其他第三产业设施。

4.1.5 金融邮电

表 2-3-47

项目	序号	居住区	小区	组团
银行	（1）	宜配置	—	—
储蓄所	（2）	—	应配置	—
电信支局	（3）	宜配置	—	—
邮电所	（4）	—	应配置	—

4.1.5.1 银行

在拟建地块中配置银行主要是为居民提供通过存款、贷款、汇兑、储蓄等业务，根据《城市居住区规划设计规范》规定，对于"居住级"的拟建地块"宜配置"银行商业用房。具体的规划指标要求如下：

表 2-3-48

用地面积（m²）	建筑面积（m²）	具体的规划设计要求
800～1 000	400～500	宜与商业服务中心结合或邻近设置。

4.1.5.2 储蓄所

在拟建地块中配置"储蓄所"主要是为居民提供通过存款、取款等业务，根据《城市居住区规划设计规范》规定，对于"小区级"的拟建地块"应配置"储蓄所商业用房。具体的规划指标要求如下：

表 2-3-49

用地面积（m²）	建筑面积（m²）	具体的规划设计要求
100～150	—	宜与商业服务中心结合或邻近设置。

4.1.5.3 电信支局

在拟建地块中配置"电信支局"主要是为居民提供通讯等业务，根据《城市居住区规划设计规范》规定，对于"居住区级"的拟建地块"应配置"具备"电信支局"功能方面的商业用房。具体的规划指标要求如下：

模块二 城市用地规划与方案的快速构思

表 2-3-50

用地面积（m²）	建筑面积（m²）	具体的规划设计要求
1000～25 000	600～1 500	根据专业规划需要设置。

4.1.5.4 邮电所

邮电所主要是居民提供通信、通邮等业务的服务，根据《城市居住区规划设计规范》规定，对于"小区级"的拟建地块"应配置"具备"邮电所"功能方面的商业用房。具体的规划指标要求如下：

表 2-3-51

用地面积（m²）	建筑面积（m²）	具体的规划设计要求
100～150	—	宜与商业服务中心结合或邻近设置。

4.1.6 社区服务

表 2-3-52

项目	序号	居住区	小区	组团
社区服务中心	（1）	—	应配置	—
养老院	（2）	宜配置	—	—
托老所	（3）	—	宜配置	—
残疾人托养所	（4）	宜配置	—	—
治安联防站	（5）	—	—	应配置
居委会（社区用房）	（6）	—	—	应配置
物业管理	（7）	—	应配置	—

4.1.6.1 社区服务中心

社区服务中心主要是为居民提供家政服务、就业指导、中介、咨询服务、代客订票等服务功能，其中还具有为老年人提供必要服务的设施等。根据《城市居住区规划设计规范》规定，对于"小区级"的拟建地块"应配置"具备"社会服务中心"功能方面的商业用房。具体的规划指标要求如下：

表 2-3-53

用地面积（m²）	建筑面积（m²）	具体的规划设计要求
200～300	300～500	每个小区设置一处，居住区也可合并设置。

4.1.6.2 养老院

在拟建地块中配置"养老院",主要是为老年人提供全托式的护理服务,根据《城市居住区规划设计规范》规定,对于"居住区级"的拟建地块"宜配置"具备"托老"功能方面的商业用房。具体的规划指标要求如下:(1)一般规模为150～200床位;(2)每床位建筑面积≥40m²。

4.1.6.3 托老所

"托老所"主要是为老年人提供日托服务(餐饮、文娱、健身、医疗保健等),根据《城市居住区规划设计规范》规定,对于"小区级"的拟建地块"宜配置"具备"养老院"功能方面的商业用房。但没有对用地面积与建筑面积指标作出具体的规定。

4.1.6.4 残疾人托养所

"残疾人托养所"主要是为残疾人提供日托的服务,根据《城市居住区规划设计规范》规定,对于"居住区级"的拟建地块"宜配置"具备"残疾人托养"功能方面的商业用房。但规划中没有对用地面积与建筑面积作具体的规定。

4.1.6.5 治安联防站

确保居住环境的治安是十分重要的,根据《城市居住区规划设计规范》规定,对于"组团级"的拟建地块"应配置"具备"治安联防"功能方面的用房(可与居委会合设)。具体的规划要求如下:

表 2-3-54

用地面积(m²)	建筑面积(m²)	具体的规划设计要求
18～30	12～20	可与居(里)委会合设。

4.1.6.6 居民委员会

居民委员会是居民自我管理、自我教育、自我服务的基层群众性自治组织,根据《城市居住区规划设计规范》规定,对于"组团级"的拟建地块"应配置"居委会用房。具体的规划要求如下:

表 2-3-55

用地面积(m²)	建筑面积(m²)	具体的规划设计要求
30～50	—	每300～1 000户配置一处。

4.1.6.7 物业管理

物业管理主要是受物业所有人的委托，依据物业管理委托合同，对物业的房屋建筑及其设备，市政公用设施、绿化、卫生、交通、治安和环境容貌等管理项目进行维护、修缮和整治，并向物业所有人和使用人提供综合性的有偿服务。根据《城市居住区规划设计规范》规定，对于"小区级"的拟建地块"应配置"物业管理用房。具体的规划要求如下：

表 2-3-56

用地面积（m²）	建筑面积（m²）	具体的规划设计要求
300～500	300	—

4.1.7 市政公用

市政公用设施主要有供热站或热交换站、变电室、开闭所、路灯配电室、燃气调压站、高压水泵房、公共厕所、垃圾转运站、垃圾收集站、居民存车处、居民停车场（库）、公交始末站、消防站、燃料供应站等设施，根据不同的用地规模，其配置要求如下：

表 2-3-57

项目	序号	居住区	小区	组团
供热站或热交换站	（1）	宜配置	宜配置	宜配置
变电室	（2）	—	应配置	宜配置
开闭所	（3）	应配置	—	—
路灯配电室	（4）	—	应配置	—
燃气调压站	（5）	宜配置	宜配置	—
高压水泵房	（6）	—	—	宜配置
公共厕所	（7）	应配置	应配置	宜配置
垃圾转运站	（8）	宜配置	宜配置	—
垃圾收集站	（9）	—	—	应配置
居民存车处	（10）	—	—	应配置
居民停车场（库）	（11）	宜配置	宜配置	宜配置
公交始末站	（12）	宜配置	宜配置	—
消防站	（13）	宜配置	—	—
燃料供应站	（14）	宜配置	宜配置	—

4.1.7.1 供热站或热交换站

供热主要是针对北方地区的城市，进入冬季后为保证人们的正常生产生活，而采取的一系列供热保暖措施。目前我国主要采取的措施是集中供热。集中供热就是在一个较大的区域内，利用集中热源，向该区域的工厂及民用建筑供应生产、生活和采暖用热。

根据《城市居住区规划设计规范》规定，对于"居住区级"、"小区级"、"组团级"的拟建地块均要求"宜配置"供热站或热交换站，但规划中没有对用地面积与建筑面积作具体的规定。

4.1.7.2 变电室

变电是指通过电力变压器传输电能。实现变电的场所为变电所（站或室）。根据《城市居住区规划设计规范》规定，对于"小区级"的拟建地块要求"应配置"，对于"组团级"的拟建地块均要求"宜配置"，具体的规划要求如下：

表 2-3-58

用地面积（m²）	建筑面积（m²）	具体的规划设计要求
30～50	—	变电室负荷半径不应大于 250m，尽可能设于其他建筑内。

4.1.7.3 开闭所

开闭所是将高压电力分别向周围的几个用电单位供电的电力设施，位于电力系统中变电站的下一级。其特征是电源进线侧和出线侧的电压相同。根据《城市居住区规划设计规范》规定，对于"居住区级"的拟建地块要求"应配置"开闭所，具体的规划要求如下：

表 2-3-59

用地面积（m²）	建筑面积（m²）	具体的规划设计要求
≥500	200～300	12 000 万～20 000 万户设一所，应独立设置。

4.1.7.4 路灯配电室

路灯配电室是为居住区域内路灯供应电力电压等级设备的设施，根据《城市居住区规划设计规范》规定，对于"小区级"的拟建地块要求"应配置"，具体的规划要求如下规定：

表 2-3-60

用地面积（m²）	建筑面积（m²）	具体的规划设计要求
20～40	—	可与变电室合设于其他建筑内。

4.1.7.5 燃气调压站

燃气调压站是燃气输送的关键设施，其主要作用是调节和稳定系统压力，并且控制输气系统燃气流量，保护系统以免出口压力过高或过低。根据《城市居住区规划设计规范》规定，对于"居住区级"和"小区级"的拟建地块，均要求"宜配置"燃气调压站。具体的规划要求如下规定：

表 2-3-61

用地面积（m²）	建筑面积（m²）	具体的规划设计要求
50	—	按每个中低调压站负荷半径 500m 设置，无管道燃气地区不设。

4.1.7.6 高压水泵房

高压水泵房是给水系统中的重要的设施，根据《城市居住区规划设计规范》规定，对于"组团级"的拟建地块要求"宜配置"高压水泵房。具体的规划要求如下规定：

表 2-3-62

用地面积（m²）	建筑面积（m²）	具体的规划设计要求
40～60	—	一般为低水压区住宅加压供水的附属工程。

4.1.7.7 公共厕所

根据不同的居住规模配置相应的公共厕所是改善居住环境的措施之一，根据《城市居住区规划设计规范》规定，对于"居住区级"、"小区级"的拟建地块要求"应配置"公共厕所，对于"组团级"的拟建地块均要求"宜配置"公共厕所。具体的规划要求如下规定：

表 2-3-63

用地面积（m²）	建筑面积（m²）	具体的规划设计要求
30～60	60～100	每 1 000～1 500 户设一处，宜设于人流集中处。

4.1.7.8 垃圾转运站

根据《城市居住区规划设计规范》规定，对于"居住区级"、"小区级"的拟建地

块均要求"应配置",垃圾转运站应采用封闭式设施,力求垃圾存放和转动不外露。具体的规划要求如下规定:

表 2-3-64

用地面积（m²）	建筑面积（m²）	具体的规划设计要求
>100	—	每 0.7～1km² 应设一处,与周围建筑物的间隔不应小于 5m。

4.1.7.9 垃圾收集站

根据《城市居住区规划设计规范》规定,对于"组团"的拟建地块均要求"应配置",服务半径不应大于 70m,宜采用分类收集。

4.1.7.10 居民存车处

居民存车处主要是指存放自行车、摩托车的地方,根据《城市居住区规划设计规范》规定,对于"组团"的拟建地块均要求"应配置",具体的停车位指标详见下一节各城市的具体规定。

4.1.7.11 居民停车场（库）

居民停车场（库）主要是指存放机动车的地方,根据《城市居住区规划设计规范》规定,对于"居住区级"、"小区级"、"组团级"的拟建地块均要求"宜配置",服务半径不宜大于 150m。

4.1.7.12 公交始末站

公交始末站主要是与城市交通系统进行接驳的交通设施,根据《城市居住区规划设计规范》规定,对于"居住区级"、"小区级"的拟建地块均要求"宜配置",但没有具体的限值要求。

4.1.7.13 消防站

根据《城市居住区规划设计规范》规定,只对"居住区级"的拟建地块,均要求"宜配置",但没有具体的限值要求。

4.1.7.14 燃料供应站

根据《城市居住区规划设计规范》规定,对于"居住区级"、"小区级"的拟建地块均要求"宜配置",但没有给出具体的规模控制指标的限值。

模块二 城市用地规划与方案的快速构思

但每个城市的规划技术规定中有具体的限值规定，以天津城市为案例，根据天津城市规划技术规定的内容，热力站用地面积一般为 $100\sim200m^2$，应与其他建筑物结合设置，重要地区应采用箱式换热站。燃气锅炉房的用地面积指标应当符合下表规定：

表 2-3-65

锅炉房总容量（mW）	用地面积（m²）	锅炉房总容量（mW）	用地面积（m²）
<21	<1 800	56～116	2 500～4 000
21～56	1 800～2 500	>116	4 000～5 000

4.1.8 行政管理及其他

行政管理及其他类中的"其他"是前七类和行政管理设施以外的"宜设置"的项目，如国家确定的一、二类人防重点城市应配与宜配建的防空地下室或由于体制改革，经营管理的发展，今后会出现的其他应配、宜配建的新项目，不能归入上述七类，可暂统归入其他类，但由于各城市应配、宜配建的"其他"项目、面积差异大而目前又难以统计，也无一定规律，故没有确定其控制指标，分类指标和总控制指标中也未包括"其他"指标，在执行时应另加，以便切合实际地指导本地的居住区建设。

表 2-3-66

项目	序号	居住区	小区	组团
街道办事处	（1）	应配置	—	—
市政管理机构（所）	（2）	应配置	—	—
派出所	（3）	应配置	—	—
其他管理用房	（4）	应配置	宜配置	—
防空地下室	（5）	宜配置	宜配置	宜配置

4.1.8.1 街道办事处

街道办事处是基本城镇化的行政区划，下辖若干社区居民委员会，或有极少数的行政村。街道办事处是市辖区人民政府或功能区管委会（例：经济技术开发区管委会）的派出机关，受市辖区人民政府或功能区管委会领导，行使区人民政府或功能区管委会赋予的职权。根据《城市居住区规划设计规范》规定，对于"居住区级"的拟建地块均要求"应配置"街道办事处，具体的规划要求如下规定：

表 2-3-67

用地面积（m²）	建筑面积（m²）	具体的规划设计要求
700～1 200	300～500	每 30 000～50 000 人设一处。

4.1.8.2 市政管理所

市政管理所主要是为居住区域提供供电、供水、雨污水、绿化、环卫等管理与维修服务，根据《城市居住区规划设计规范》规定，对于"居住区级"的拟建地块均要求"应配置"市政管理所，但规范中没有对其用地面积与建筑面积作出具体的规定。

4.1.8.3 派出所

派出所为我国公安部门的基层机构，主要是管理户籍和基层治安等工作，根据《城市居住区规划设计规范》规定，对于"居住区级"的拟建地块均要求"应配置"派出所，具体的规划要求如下规定：

表 2-3-68

用地面积（m²）	建筑面积（m²）	具体的规划设计要求
600	700～1 000	30 000～50 000 人设一处，应有独立院落。

4.1.8.4 其他管理用房

其他管理用房主要是指"市场、工商税务、粮食"管理等用房，根据《城市居住区规划设计规范》规定，对于"居住区级"的拟建地块均要求"应配置"，对于"小区级"的拟建地块要求"宜配置"，具体的规划要求如下规定：

表 2-3-69

用地面积（m²）	建筑面积（m²）	具体的规划设计要求
100	—	每 30 000～50 000 人配置一处，可结合市场或街道办事处设置。

4.2 开发规模与公建设施

当居住区的居住人口规模大于组团、小区或居住区时，公共服务设施配建的项目或面积也要相应增加。根据各地的建设实践：

表 2-3-70

开发规模的分档区间	公共服务设施的配置
组团～小区	（1）一般按"小区级"增配相应的配套设施
小区～居住区	（2）一般增配"门诊所"和相应的"居住区级"配套设施等
居住区	（3）可增配医院、银行、分理处、邮电支局等

当规划用地周围有设施可使用时，配建的项目和面积可酌情减少，当周围的设施不足，需兼为附近居民服务时，配建的项目和面积可相应增加。当处在公交转乘站附近、流动人口多的地方，可增加百货、食品、服装等项目或扩大面积，以兼为流动顾客服务。在严寒地区由于是封闭式的营业或各项目之间有暖廊相连，配建的项目和面积就有所增加。在山地，由于地形的限制，配建的项目或面积也会稍有增加。因此，居住区的公共服务设施可根据现状条件及居住区周围现有的设施情况以及本地的特点可在配建水平上相应增减。

4.3 防空建筑的配置要求

国家一、二类人防重点城市应根据人防规定，结合民用建筑修建防空地下室，应贯彻平战结合原则，战时能防空，平时能民用，如作居民存车或作第三产业用房等，并将其使用部分分别纳入配套公建面积或相关面积之中，以提高投资效益。

每个城市的防空等级是不同的，其防空建筑面积的控制指标，每个城市也有区别，"项目投资分析师"在测算用地的防空工程的建筑面积时可按以下表之内容进行估算。

表 2-3-71

规划控制指标	建筑形态与功能
防空工程的建筑面积≥首层建筑面积	（1）楼层≥10 层
	（2）楼层＜9 层：基础埋深≥3m
地上总建筑面积的 3%，5%	（3）楼层＜9 层：基础埋深＜3m
地下总建筑面积 50%	（4）地下空间开发项目

4.4 公建设施的配置指标

4.4.1 公建设施的配置总指标

公共服务设施各有其自身的专业特点,其设置要求,有的可参考有关的设计手册,如锅炉房、变电室、燃气站等。有的已有国标、行标,可按其要求执行,如中小学建筑设计标准等。但在居住区公共服务设施中大量是小而内容多样的小型项目,虽有一定规律,但还未标准化,因此本条对其设置的规定仅提出一般性的要求,居住区公共服务设施的配建水平应以每千居民所需的建筑和用地面积(简称千人指标)作控制指标。

"千人指标"是一个包含了多种影响因素的综合性指标,因此具有很高的总体控制作用。是综合分析了不同居住人口、不同配建水平的已建居住区实例,并剔除了不合理因素和特殊情况后制定的。因此,它可以起到总体的控制作用。

可根据居住区、小区、组团不同居住人口规模估算出需配建的公共服务设施总面积,也可对大于组团或小区的居住人口规模所需的配套设施面积进行插入法计算。同时,由于各地的情况千差万别,因而各地在根据自身的经营习惯、需要水平、气候及地形等因素制定本地居住区应配建的公共服务设施具体项目、内容、面积和千人指标的具体规定或实施细则时,应满足本规定对项目和千人总控制指标的要求。《城市居住区规划设计规范》规定的指标如下:

表 2-3-72

居住区 (m²/千人)		小区 (m²/千人)		组团 (m²/千人)	
建筑面积	用地面积	建筑面积	用地面积	建筑面积	用地面积
1 668~3 293	2 172~5 559	968~2 397	1 091~3 835	362~856	488~1 058
2 228~4 213	2 762~6 329	1 338~2 977	1 491~4 585	703~1 356	868~1 578

4.4.2 用地面积控制指标 (居住区,公建)

根据《城市居住区规划设计规范》规定,"居住区"须配置的公建设施用地面积的规划控制指标如下表:

表 2-3-73

公共服务设施类别	序号	下限值,m²/千人	上限值,m²/千人
教育	(1)	1 000	2 400

公共服务设施类别	序号	下限值，m²/千人	上限值，m²/千人
医疗卫生	(2.1)	138	378
(含医院)	(2.2)	298	548
文体	(3)	225	645
商业服务	(4)	600	940
社区服务	(5)	76	668
金融邮电（含银行、邮电局）	(6.1)	25	50
市政公用	(7.1)	70	360
(含居民存车处)	(7.2)	500	960
行政管理及其他	(8)	37	960

4.4.3 用地面积控制指标（小区，公建）

根据《城市居住区规划设计规范》规定，"小区"须配置的公建设施的用地规划控制指标如下表：

表 2-3-74

公共服务设施类别	序号	下限值（m²/千人）	上限值（m²/千人）
教育	(1)	700	2 400
医疗卫生	(2)	78	228
文体	(3)	62	105
商业服务	(4)	100	600
社区服务	(5)	76	328
金融邮电	(6)	22	34
市政公用	(7.1)	50	140
(含居民存车处)	(7.2)	450	760

4.4.4 用地面积控制指标（组团，公建）

根据《城市居住区规划设计规范》规定，"组团"须配置的公建设施建筑面积的规划控制指标如下表：

表 2-3-75

公共服务设施类别	序号	下限（m²/千人）	上限 m²/千人
教育	(1)	300	500
医疗卫生	(2)	12	40
文体	(3)	40	60
商业服务	(4)	100	400
社区服务	(5)	16	28
市政公用	(6)	20	30
合计公共配套房屋	(7)	488	1058

4.4.5 建筑面积控制指标（居住区，公建）

根据《城市居住区规划设计规范》规定，"居住区"须配置的公建设施建筑面积的规划控制指标如下表：

表 2-3-76

公共服务设施类别	序号	下限值（m²/千人）	上限值（m²/千人）
教育	(1)	600	1 200
医疗卫生	(2.1)	78	198
（含医院）	(2.2)	178	398
文体	(3)	125	245
商业服务	(4)	700	910
社区服务	(5)	59	464
金融邮电	(6.1)	20	30
（含银行、邮电局）	(6.2)	60	80
市政公用	(7.1)	40	150
（含居民存车处）	(7.2)	460	820
行政管理及其他	(8)	46	96

4.4.6 建筑面积控制指标（小区，公建）

根据《城市居住区规划设计规范》规定，"小区"的公建设施建筑面积的规划控制指标如下表：

表 2-3-77

公共服务设施类别	序号	下限值 m²/千人	上限值 m²/千人
教育	（1）	330	1 200
医疗卫生	（2）	38	98
文体	（3）	45	75
商业服务	（4）	450	570
社区服务	（5）	59	292
金融邮电	（6）	16	22
市政公用	（7.1）	30	140
（含居民存车处）	（7.2）	400	720

4.4.7 建筑面积控制指标（组团，公建）

根据《城市居住区规划设计规范》规定，"组团"的公建设施建筑面积的规划控制指标如下表：

表 2-3-78

公共服务设施类别	序号	下限（m²/千人）	上限（m²/千人）
教育	（1）	160	400
医疗卫生	（2）	6	20
文体	（3）	18	24
商业服务	（4）	150	370
社区服务	（5）	19	32
市政公用	（6.1）	9	10
（含居民存车处）	（6.2）	350	510
合计公共配套房屋	（7）	362	856

第 5 节　停车位规划控制指标

5.1　基于规划设计规范的控制指标

根据《城市居住区规划设计规范》，停车率指标的定义与内涵如下：

表 2-3-79

$\dfrac{N_车}{N_人}$	分子是指居住区内居民汽车停车位数量。
	分母是指居住区居住的户数。
停车倍数	＝停车规划控制指标×户数

根据城市居住区规划设计规范（GB 50180—93，2002 年版）中的规定，公建设施之停车位的规划控制指标如下：

表 2-3-80

序号	名称	单位	自行车	机动车
(1)	公共中心	车位/100m² 建筑面积	≥7.5	≥0.45
(2)	商业中心	车位/100m² 营业面积	≥7.5	≥0.45
(3)	集贸市场	车位/100m² 营业面积	≥7.5	≥0.30
(4)	饮食店	车位/100m² 营业面积	≥3.6	≥0.30
(5)	医院、门诊所	车位/100m² 建筑面积	≥1.5	≥0.30

机动车停车位控制指标，是以小型汽车为标准当量表示的。其他各种车型的停车车位数应按表 6 中算出的机动车车位数除以车型的换算系数，即得出实际停放的机动车车位数。例如，按正文表 6.0.5 的配建停车位指标，应安排 10 辆卧车停车位。若停放微型客货车，可停放 10÷0.7＝14.3 辆。若停放中型客车，则可停放 10÷2＝5 辆。

表 2-3-81

车型	序号	换算系数
微型（客、货车、汽车）、机动三轮车	(1)	0.7
卧车、两吨以下货运汽车	(2)	1
中型客车、面包车、2 吨至 4 吨货运汽车	(3)	2
铰接车	(4)	3.5

配建停车场的设置位置要尽量靠近相关的主体建筑或设施，以方便使用及减少对道路上车辆交通的干扰。

为节约用地，在用地紧张地区或楼层较高的公共建筑地段，应尽可能地采用多层停车楼或地下停车库。

5.2 地方政府规划部门的控制指标

各地方政府"规划局"一般都发布了停车位的规划指标，房地产开发企业在测算地块的停车位数量时，应以当地规划部门的规定为准。下面分别以上海、武汉、广州城市的规定为案例，说明停车位的规划指标的规定。

5.2.1 上海停车位控制指标

对于具体停车位的配置要求，各地方政府的规划局有不同的规定，例如，根据《上海规划管理技术规定》：

表 2-3-82

城区	中心城区	郊区
规划指标	停车率≥0.6辆/户	停车率≥0.72辆/户

5.2.2 武汉停车位控制指标

根据武汉在城市规划管理技术方面的相关规定，关于武汉各行政区域对停车位控制指标如下表：

表 2-3-83

建筑类别		计量单位	机动车		非机动车	备 注
			二环内	二环外		
住宅	别墅	停车位/每户	1.0	1.0	—	
	酒店式公寓	停车位/每户	0.8	1.0	1.0	
	普通商品住宅	停车位/100m²建筑面积	0.5	0.7	1.0	
	经济适用房、廉租房	停车位/每户	0.25	0.25	1.5	

建筑类别		计量单位	机动车		非机动车	备 注
			二环内	二环外		
商业	一类	停车位/100m²建筑面积	0.6	0.8	3.0	指综合性商场、购物中心等
	二类		1.0	1.5	5.0	指大型超市、批发市场等
	三类		0.3	0.4	5.0	居住区级的商业中心
办公	行政办公	停车位/100m²建筑面积	1.0	1.2	2.5	
	其他办公		0.8	1.0	3.0	
	会议中心	停车位/每百座	5.0	8.0	2.5	
酒店宾馆	五星级及以上	停车位/客房	0.8	1.0	0.5	
	三~四星级		0.5	0.7	0.5	
	其他酒店		0.25	0.4	1.0	指经济型酒店、一般招待所
餐饮娱乐	大型	停车位/100m²建筑面积	1.5	2.0	2.0	餐饮指建筑面积≥1000m²，娱乐指建筑面积≥3000m²
	一般		1.0	1.5	2.0	餐饮指建筑面积＜5000m²，娱乐指建筑面积＜3000m²
医疗	综合、专科医院	停车位/100m²建筑面积	1.0	1.2	3.0	
	疗养院	停车位/100m²建筑面积	0.4	0.5	—	

建筑类别		计量单位	机动车		非机动车	备 注
			二环内	二环外		
体育场馆	一类	停车位/每百座	4.0	4.5	25	指座位数 ≥15000的体育场～座位数 ≥4000的体育馆
	二类		3.0	3.5	25	指座位数 <15000的体育场，座位数<4000 的体育馆
文娱	电影院	停车位/每百座	5.0	5.0	15	
	剧院	停车位/每百座	10.0	10.0	20	
	博物馆、图书馆	停车位/100m² 建筑面积	0.4	0.8	4.0	
	展览馆	停车位/100m² 建筑面积	0.6	0.8	2.5	
公园	综合公园、主题公园	停车位/10000m² 占地面积	6	12	6.0	
	一般性公园		1	4	30	
交通	火车站	停车位/高峰日 每百旅客	2.5		4.0	
	汽车站		2.5		5.0	
	客运码头		2.2		2.0	
	客运机场		5.0		—	

模块二 城市用地规划与方案的快速构思

建筑类别		计量单位	机动车		非机动车	备 注
			二环内	二环外		
教育	幼儿园	停车位/每班	1.5		—	校址范围内至少设 2 个校车停车位
	小学	停车位/每班	1.3		30	
	中学	停车位/每班	1.0		50	
	培训机构	停车位/100m² 建筑面积	1.0	1.5	35	
工业、仓储		停车位/100m² 建筑面积	0.2	0.4	—	

5.2.3　广州停车位的配置指标

　　根据《广州市城乡规划技术规定，2012》第 38 条规定：新建、改建、扩建建筑物，应当按照有关技术标准配建或者增建一定规模的停车场。商业设施、文娱场所、医院、中小学校、幼儿园、交通枢纽等建设项目，应当在用地范围内根据建设项目的具体情况增配符合城乡规划、道路交通管理要求的装卸货泊位、出租车和小汽车上下客泊位、旅游巴士或者救护车停车位。

　　建筑工程停车配建标准按国家、省和市的有关规定执行，其中住宅建筑工程的停车配建标准根据住宅类型、所处区位、交通条件等因素综合确定，每 100m² 的住宅建筑面积应当配建 1.2～1.8 个停车位。建筑工程停车配建标准应当由城乡规划主管部门会同交通管理部门和公安机关交通管理部门每 3 年评估 1 次，并根据实际需要调整。上表中指标为最低控制值，综合性建筑配建停车位指标按各类性质和规模分别计算，三星级及以上酒店、大型餐饮娱乐设施、剧院、博物馆、图书馆、展览馆按每 1000m² 建筑面积配建一个旅游巴士停车位，远城区的城镇区域建筑物配建停车场可参照上表二环线内停车位指标控制值，其他区域可参照二环线外停车位指标控制值。

5.3　地下停车位与建筑面积的关系

　　根据政府发布的地块规划控制指标可测算出停车位的个数，根据大量的地块总平面规划方案的经验数据分析，对于住宅类地下停车位的个数与地下建筑总面积之

间的相关经验值为 $40\sim50$（m^2/个）。对于商业与办公楼项目，地下停车位的个数与地下建筑总面积之间的相关经验值为 $50\sim100$（m^2/个）。总之，地下建筑面积的设计数据取值取决于"人防面积"、"停车位数量"等因素。对于自走式立体车库，每个车位占用的总建筑面积可按 36（m^2/个）建立停车位数与总建筑面积之间的指标的速算关系。

根据大量设计方案数据统计分析，办公类停车位个数与计容面积的相关关系为 $0.7\%\sim0.9\%$；住宅类为 $0.2\%\sim0.6\%$；酒店类为 $0.7\%\sim0.8\%$；综合类为 $0.5\%\sim0.8\%$；此数据仅适用于快速估算停车位的数量。

第 6 节 绿地的规划控制指标

6.1 绿地率定义

表 2-3-84

$\dfrac{S_{绿}}{R}$	（1）分子是指居住区用地中各类绿地用地面积，绿地应包括：公共绿地、宅旁绿地、公共服务设施所属绿地和道路绿地（即道路红线内的绿地），其中包括满足当地植树绿化覆土要求、方便居民出入的地下或半地下建筑的屋顶绿地，不应包括屋顶、晒台的人工绿地。
	（2）分母是指居住区用地面积。
指标应用	（3）可以试算目标地块中可建的绿地总面积的限值区间。
	（4）可根据设计单位给定的设计值评审，指标是否符合规范或规划局规定的限值。

绿地率不同于绿化覆盖率，后者包括树冠覆盖的范围和屋面的绿化。公共绿地、宅旁绿地、公共服务设施所属绿地和道路绿地等四类绿地（包括满足当地植树绿化覆土要求、方便居民出入的地下建筑或半地下建筑的屋顶绿地）面积的总和占居住区用地总面积的比率即绿地率，是衡量居住区环境质量的重要标志。

6.2 绿地的规划控制指标

根据城市居住区规划设计规范（GB 50180—93，2002 年版）中的规定，各级中心绿地设置规定如下：

表 2-3-85

中心绿地名称	设置内容要求	最小规模
居住区公园	花木草坪、花坛水面、凉亭雕塑、小卖茶座、老幼设施、停车场地和铺装地面等园内布局应有明确的功能划分。	10～1 000m²
小游园	花木草坪、花坛水面、雕塑、儿童设施和铺装地面等，园内布局应有一定的功能划分。	4～1 000m²
组团绿地	花木草坪、桌椅、简易儿童设施等，灵活布局。	400m²

按照居住区分级的规模及其规划布局形式，设置相应的中心绿地的原则，是按照集中与分散相结合的公共绿地系统的布局构思确定的。各级公共绿地一般应采用"开敞式"。

居住区各级公共绿地是居住区空间环境的重要组成部分，应里外浑然一体，在居民视野高度内不能"隔断"。如设院墙也应以绿篱或其他空透式栏杆作分隔，以确保里外通透。

确定组团绿地（包括其他块状、带状绿地）面积标准的基本要素：第一，满足日照环境的基本要求，即"应有不少于1/3的绿地面积在当地标准的建筑日照阴影线范围之外"；第二，满足功能要求，即"要便于设置儿童游戏设施和适于老年人、成人游憩活动"而不干扰居民生活；第三，同时要考虑空间环境的因素，即绿地四邻建筑物的高度及绿地空间的形式是开敞型还是封闭型等。

根据城市居住区规划设计规范（GB 50180—93，2002 年版）中的规定，院落式组团绿化设置规定如下：

表 2-3-86

封闭型绿地		开敞型绿地	
南侧多层楼	南侧高层楼	南侧多层楼	南侧高层楼
$L \geqslant 1.5L2$	$L \geqslant 1.5L2$	$L \geqslant 1.5L2$	$L \geqslant 1.5L2$
$L \geqslant 30m$	$L \geqslant 50m$	$L \geqslant 30m$	$L \geqslant 50m$
$S1 \geqslant 800m^2$	$S1 \geqslant 1800m^2$	$S1 \geqslant 500m^2$	$S1 \geqslant 1200m^2$
$S2 \geqslant 1000m^2$	$S2 \geqslant 2000m^2$	$S2 \geqslant 600m^2$	$S2 \geqslant 1400m^2$

（1）L：南北两楼正面间距（m）

（2）$L2$：当地住宅的标准日照间距（m）

（3）$S1$：北侧为多层楼的组团绿地面积（m²）

（4）$S2$：北侧为高层楼的组团绿地面积（m²）

模块二 城市用地规划与方案的快速构思

旧区改建由于用地紧张等因素，可酌情降低，但不得低于相应指标的 70%，以保证基本的环境要求。

第 7 节 民用建筑的设计

民用建筑是指供人们居住和进行公共活动的建筑的总称。民用建筑按使用功能可分为居住建筑和公共建筑两大类。居住建筑是指供人们居住使用的建筑。公共建筑供人们进行各种公共活动的建筑。房地产开发企业主要是以民用建筑的开发为主营业务的。所以，项目"投资分析师"应对《民用建筑设计通则》GB 50352—2005 的内容应有所了解，以便能具备快速构思"拟建项目"的设计方案的能力。

7.1 用地的三线的术语

表 2-3-87

道路红线	（1）规划的城市道路（含居住区级道路）用地的边界线；
用地红线	（2）各类建筑工程项目用地的使用权属范围的边界线；
建筑控制线	（3）有关法规或详细规划确定的建筑物、构筑物的基底位置不得超出的界线。

7.2 建筑形态的分类

7.2.1 基于民用建筑设计通则的分类

根据《民用建筑设计通则》GB 50352—2005 相关规定，建筑楼层的分类有二种分类标准，一是按楼层个数进行分类，另一种是按建筑的高度进行分类。

7.2.1.1 按楼层数量分类

根据《民用建筑设计通则》GB 50352—2005 相关规定，按楼层数量的多少可将房屋的建筑形态划分为低层、多层、中高层和高层四类。

表 2-3-88

分类	低层	多层	中高层	高层住宅
楼层	1～3	4～6	7～9	≥10

7.2.1.2　按建筑高度分类

对于非民用建筑的分类，根据《民用建筑设计通则》GB 50352—2005 相关规定，是按建筑高度进行分类的：

表 2-3-89

分类	单层和多层	高层	超高层
高度	0～24m	24～100m 但不包括建筑高度大于 24m 的单层公共建筑	＞100m

7.2.2　基于地方规划技术规程的分类

根据上海《城市规划管理技术规定》，建筑形态分类的依据是双重标准，具体分类如下表：

表 2-3-90

楼层分类	序号	楼层的分档区间（层）	建筑高度分档区间（m）
低层	（1）	1～3	0～10
多层	（2）	4～6	10～24
高层	（3）	≥10	≥24

因此，项目"投资分析师"在对建筑形态的理解上应从不同规范、规程的角度，根据项目所在地的城市规划主管部门的定义去解读。

7.3　建筑产品功能分类

作为房地产开发企业的"投资分析师"应掌握建筑产品分类名称与其在规划设计中的分类属性，以便形成对"拟建项目"快速设计方案构思能力，根据《上海城市规划技术管理规定》中的定义，建筑物的产品功能分类如下：

表 2-3-91

居住建筑	（1）供人们日常居住生活使用的建筑物，包括住宅、别墅、宿舍和公寓；
酒店式公寓	（2）指按酒店式管理的公寓，按居住建筑处理；
办公建筑	（3）指非单元式小空间划分，按楼层设置卫生设备的办公建筑；
公寓式办公建筑	（4）指单元式小空间划分，有独立卫生设备的办公建筑；
商业建筑	（5）指综合百货商店、商场、经营各类商品的专业零售和批发商店，以及饮食等服务业的建筑；
公寓式酒店	（6）指按公寓式（单元式）分隔出租的酒店，按旅馆建筑处理；

商住综合楼	（7）指商业和居住混合的建筑；
商办综合楼	（8）指商业和办公混合的建筑；
裙房	（9）指与高层建筑紧密连接，组成一个整体的多、低层建筑。裙房的最大高度不超过 24m，超过 24m 的，按高层建筑处理。

7.4 场地的设计

7.4.1 建筑布局

民用建筑应根据城市规划条件和任务要求，按照建筑与环境关系的原则，对建筑布局、道路、竖向、绿化及工程管线等进行综合性的场地设计。

表 2-3-92

防火要求	（1）建筑间距应符合防火规范要求；
采光要求	（2）建筑间距应满足建筑用房天然采光（本通则第 7 章 7.1 节采光）的要求，并应防止视线干扰；
日照要求	（3）有日照要求的建筑应符合日照标准的要求，并应执行当地城市规划行政主管部门制定的相应的建筑间距规定；
防震要求	（4）对有地震等自然灾害地区，建筑布局应符合有关安全标准的规定；
交通要求	（5）建筑布局应使建筑基地内的人流、车流与物流合理分流，防止干扰，并有利于消防、停车和人员集散；
气流要求	（6）建筑布局应根据地域气候特征，防止和抵御寒冷、暑热、疾风、暴雨、积雪和沙尘等灾害侵袭，并应利用自然气流组织好通风，防止不良小气候产生；
防噪要求	（7）根据噪声源的位置、方向和强度，应在建筑功能分区、道路布置、建筑朝向、距离以及地形、绿化和建筑物的屏障作用等方面采取综合措施，以防止或减少环境噪声；
防污要求	（8）建筑物与各种污染源的卫生距离，应符合有关卫生标准的规定。

7.4.2 场内道路

基地道路的出入口位置离城市道路交叉口的距离不小于 70m。基地应与道路红线相邻接，否则应设基地道路与道路红线所划定的城市道路相连接。由于基地可能的形状与周边状况比较复杂，因此对连接部分的长度未作规定，但其连接部分的最小宽度是维系基地对外交通、疏散、消防以及组织不同功能出入口的要素，应按基地使用性质、基地内总建筑面积和总人数而定。3000m² 是小型商场、幼儿园、小户型多层住宅的规模，以此为界规定基地内道路不同要求。

表 2-3-93

建筑面积分档	序号	基地道路
≤3 000	(1)	道路宽度≥4m
>3 000	(2)	一条与城市道路相连接：道路宽度≥7m
	(3)	两条以上与城市道路相连接：道路宽度≥4m

7.4.3 道路宽度的规定

根据《民用建筑设计通则》GB 50352—2005 相关规定，建筑基地道路宽度应符合下列规定：

表 2-3-94

单车道	双车道	人行道路
≥4m	≥7m	≥1.5m

7.4.4 地下车库与道路之间关系

根据《民用建筑设计通则》GB 50352—2005 相关规定，道路与地下车库的关系应符合下列规定：

表 2-3-95

起坡点≥4m	(1) 地下车库出入口距基地道路的交叉路口或高架路的起坡点不应小于 7.50m；
安全距离≥4m	(2) 地下车库出入口与道路垂直时，出入口与道路红线应保持不小于 7.50m 安全距离；
缓冲车道≥4m	(3) 地下车库出入口与道路平行时，应经不小于 7.50m 长的缓冲车道汇入基地道路。

7.5 电梯的设计要求

根据《民用建筑设计通则》规定：以电梯为主要垂直交通的高层公共建筑和12层以上的高层住宅，每栋楼设置电梯的台数不应少于2台（其中宜配置一台可容纳担架的电梯）。建筑物每个服务区单侧排列的电梯不宜超过4台，双侧排列的电梯不宜超过2×4台；电梯不应在转角处贴邻布置。

根据《住宅设计规范》规定：七层以上的住宅或住户入口层楼面距室外设计地面的高度超过16m以上的住宅必须设置电梯。高层住宅电梯宜每层设站。当住宅电梯非每层设站时，不设站的层数不应超过两层。塔式和通廊式高层住宅电梯宜成组集中布置。单元式高层住宅每单元只设一台电梯时应采用联系廊连通。

第 2-4 章　地块规划与建筑方案快速构思的实例

【实例一】　住宅地块数据化设计方案的快速构思

1. 地块的规划控制条件

已知"拟建项目"的宗地规划控制指标如下：

表 2-4-1

指标科目	代码	数值	单位	数据来源与算式
总用地	A	＝19 264	m²	来源于已知规划条件
	B	＝1.9264	公顷	B＝A/10000 换算
	C	＝29	亩	C＝B×15 换算
容积率	D	≤3.5		来源于已知规划条件
建筑密度	E	≤27%		来源于已知规划条件
绿地率	F	≥35%		来源于已知规划条件
建筑高度	G	≤100	m	来源于已知规划条件

2. 建筑气候分区的分析

根据《建筑气候区划标准》GB 50178—93，查本章节相应的数据表得知，此地块在"武汉"，其建筑气候分区的级别为"Ⅲ"。

3. 估算居住人户指标

地块的容积率 3.7，初步判断房屋的层高为 10 层以上，为"高层"，根据《城市居住区规划设计规范》（GB 50180—93，2002 年版）中的相关数据表得知："人均居住区用地控制指标"：

表 2-4-2

规划控制指标	代码	单位	下限值	平均值	上限值	数据来源
人均用地指标	A	m²/人	11	10	8	查数据表
居住用地	B	公顷	1.9	1.9	1.9	查数据表
居住人数	C	人	1 751	1 926	2 408	C＝B＊10000/A
户数	D	户	547	602	753	D＝C/3.2

4. 用地规模的分级

根据《城市居住区规划设计规范》用地规模分级表分析，对"拟建项目"居住用地的规模分档如下：

表 2-4-3

划分因素	居住区级	小区级	组团级	备注
户数（户）	10000～16000	3000～5 000	300～1 000	规范规定
人口（人）	30000～50000	10000～15000	1000～3000	规范规定
			1751～2408	

根据"拟建项目"上的居住人数与规划设计规范中的分级区间值进行对比，可判断此项目属于"组团级"。

5. 用地平衡的分析

根据城市居住区规划设计规范（GB 50180—93，2002 年版）中的表 3.0.2 之居住区用地平衡控制指标规定："组团"级之用地平衡的指标如下：

居住区用地（R）	19 264	m²			表 2-4-4		
地块分割	下限	中值	上限	下限	中值	上限
住宅用地（R01）	70%	75%	80%	13 485	14 448	15 411
公建用地（R02）	6%	9%	12%	1 156	1 734	2 312
道路用地（R03）	7%	11%	15%	1 348	2 119	2 890
公共绿地（R04）	3%	5%	6%	578	963	1 156

6. 用地的建筑总面积

表 2-4-5

指标内容	代码	取值	单位	数据来源与算式
容积率	A	3.5		来源于已知的规划条件
建筑密度	B	27%		来源于已知的规划条件
用地面积	C	19 264	m²	来源于已知的规划条件
计容建筑总面积	D	≤67 424	m²	
建筑总基底面积	E	≤5 201	m²	

7. 住宅经济指标测算

7.1 住宅规划控制性指标

表 2-4-6

指标科目		数值	单位	数据来源及算式
地块位置	A	ⅢB		查数据表
住宅建筑净密度控制指标	B	≤20%		查数据表
住宅建筑面积净密度控制指标	C	≤3.5		查数据表
住宅用地	D	15 411	m²	查数据表
住宅基底建筑总面积	E	≤3 082	m²	$E=D*B$
住宅总建筑面积	F	≤53 939	m²	$F=D*C$

7.2 住宅建筑形态的分析

表 2-4-7

指标科目	代码	数值	单位	数据来源与算式
住宅总建筑面积	A	53 939	m²	引用计算表
住宅基底总建筑面积	B	3 082	m²	计算值
最低的层数	C	18	层	计算值
疏地拔高	D	50%	—	估算值
住宅基底总建筑面积	E	1 541	m²	修正值
层高	F	35	层	计算值
总户数	G	547	户	计算值
每户面积	H	99	m²/户	假定的数值
每栋的户数	I	3	户	假定的数值
每栋的基底面积	J	296	m²	计算值
栋数	K	5	栋	计算值

8. 公共配套房屋

8.1 公共配套房屋的规划面积估算

8.1.1 停车位与人防面积

表 2-4-8

指标科目	代码	数值	单位	数据来源与算式
停车位的配置指标	A	0.7	个/户	武汉规定
户数	B	547	户	计算值
停车位	C	383	个/户	计算值
地下面积与停车位的比值	D	42	m²/个	经验值
地下总建筑面积	E	16090	m²	计算值
人防面积指标要求	F	>5201	m²	计算值，符合要求

8.1.2 商业房屋的面积估算

由于"拟建项目"二面临街，且"商铺"能给开发商带来的营业收入的贡献率较大，所以，在设计时应尽量加大临街商铺的建筑面积。

表 2-4-9

指标科目	代码	数值	单位	数据来源说明
临街长度	A	180	m	根据地块平面图之测量数值
商业房屋深度	B	24	m	假设的取值
每层建筑面积	C	4 320		计算值
楼层假设	D	3	层	假设的取值
商业总建筑面积	E	12 960	m²	

8.1.3 其他类别的公建

根据城市居住区规划设计规范（GB 50180—93，2002 年版）中的规定，"组团"级的开发规模，应配置的公共服务房屋的要求如下：

千人	下限	上限
居住人数	1.751	2.408

表 2-4-10

公共设施类别	下限(m²/千人)	上限(m²/千人)	下限(m²)	上限(m²)	备注
教育	300	500	525	1 204	非独立建筑
医疗卫生	12	40	21	96	非独立建筑
文体	40	60	70	144	非独立建筑
商业服务	100	400	175	963	裙楼
社区服务	16	28	28	67	非独立建筑
市政公用	20	30	35	72	非独立建筑
合计	488	1058	855	2 548	

9. 数据化设计方案指标

表 2-4-11

项目名称	总指标		设计说明
总用地面积	19 264	m²	从用地规模及容积率分析，此楼盘为组团级的高容积率楼盘
建筑总占地面积	5 159	m²	

项目名称		总指标		设计说明
	总建筑面积	67 204	m²	
	住宅建筑面积	5 524	m²	五栋"一梯三户"一字型布局
	商业建筑面积	11 541	m²	为三层裙楼,沿着道路临街布置
其中	物业管理建筑面积	167	m²	非独立建筑形态
	社区用房建筑面积	179	m²	非独立建筑形态
	配电房建筑面积	78	m²	独立建筑形态
	景观架空建筑面积	2 586	m²	非独立建筑形态
	地下室面积	16 202	m²	为整体地下室,地下室上面有五个塔楼
	容积率	3.5		
	建筑密度	27%		
	绿化率	35%		
	停车位	488	辆	
其中	地面停车位	16	辆	
	地下停车位	388	辆	
	户数	576	户	
	人数	1 844	人	

【实例二】 评价设计单位的建筑方案的技术指标

(一) 背景资料

某开发商在"武汉"购买如下地块,用于房地产的开发,地块给定的"规划设计"条件如下表:

表 2-4-12

指标科目		数值	单位	数据来源与算式
总用地		23 185	m²	来源于已知规划条件
		2.3185	公顷	$B=A/10000$ 换算
		35	亩	$C=B\times15$ 换算
容积率	≤	3.49		来源于已知规划条件
建筑密度	≤	15%		来源于已知规划条件
绿地率	≥	35%		来源于已知规划条件
建筑高度	≤	100	m	来源于已知规划条件

开发商委托某设计院设计出的建筑设计方案的"技术经济指标"如下:

表 2-4-13

指标	数值	单位
住宅总建筑面积	80 031	m²
社区服务房	313	m²
物业管理用房	168	m²
其他公建	300	m²
计容积率总建筑面积	<u>80 812</u>	m²
地下室面积	34 485	m²
不计容积率总建筑面积	<u>34 485</u>	m²
总建筑面积	115 297	m²
建筑占地面积	3 378	m²
容积率	3.49	
建筑密度	14.57%	
居住户数	828	户
居住人数	2 650	人
户均人口	3.2	人/户
地面停车位	—	个
地下停车位	707	个

请用本书的速查表来审核设计单位的"技术经济指标"的合理性，在满足国家设计规范的前提下，指标是否有利于开发商？

（二）案例分析

1. 用地规模的分级判断

表 2-4-14

划分因素	居住区级	小区级	组团级	设计取值
户数（户）	10 000~16 000	3 000~5 000	300~1 000	828 户
人口（人）	30 000~50 000	10 000~15 000	1 000~3 000	2650 人

根据《城市居住区规划设计规范》规定，此地块的开发规模属于"组团级"。

2. 人均用地指标的评价

表 2-4-15

居住规模	层数	建筑气候区划 Ⅲ、Ⅴ	设计取值 科目	数据	单位
组团 m²/人	低层	23～32	用地面积	23 185	m²
	多层	15～22	居住人数	2 650	人
	中高层	13～18	人均用地	8.7	m²/人
	高层	8～11	符合要求，且接近上限，有利于开发商		

3. 建筑面积与建筑密度的评价

表 2-4-16

项目	数值	单位	设计值	偏差
规划净用地面积	23 185	m²		
总容积率	3.49			
计容积率总建筑面积	80 916	m²	80 812	−0.1%
建筑密度	20%		15%	
建筑基底面积	4637	m²	3 378	−27.2%

设计方案的评价：计容积率总建筑面积的偏差为−0.1%，接近规范限值，有利于开发企业，而建筑密度的偏差为−27%，说明设计单位采取了"拔高疏地"的方法，改善了居住环境。

4. 停车位的评价

表 2-4-17

指标	规范值	单位	设计取值	偏差
地下室面积	24212	m²	34 485	42%
总建筑面积	115 297	m²		
地下停车位	576	个	707	23%
个/100	0.5		0.6	
地下室与停车位经验比值	42		49	

从上表数据分析，停车位个数多于地块所在地规划部门规定的最低配置要求，但停车位可给开发商带来"营业收入"，而地下室的面积偏大，由于地下室的造价十分

高，所以，在满足人防面积和停车位的前提下，可适当减少地下室的面积以降低造价。

【实例三】　住宅的数字化设计方案实例

表 2-4-18

用地面积			容积率	建筑密度	绿地率
公顷	m²	亩			
1.51	15 100.75	22.65	6.45	29.80%	30.00%

表 2-4-19

建筑形态	设计数据	占计容面积比
建筑占地面积	4 752.85	4.88%
计容积面积	97 399.16	100.00%
住宅（1 栋 43 层）	33 562.51	34.46%
商业（2 层裙楼）	5 405.44	5.55%
办公（1 栋 39 层）	57 848.58	59.39%
物业管理用房	425.73	0.44%
社会服务用房	156.90	0.16%
不计容面积	25 555.93	26.24%
地下室（连体）	23 027.32	23.64%
避难层	2 204.78	2.26%
架空层	323.83	0.33%
总建筑面积	120 426.48	123.64%
停车位（个）	665.00	0.68%
地下停车位	612.00	0.63%
地面停车位	53.00	0.05%
总户数	164.00	0.17%

表 2-4-20

用地面积			容积率	建筑密度	绿地率
公顷	m²	亩			
2.11	21 067.49	31.60	4.00	24.60%	35.20%

表 2-4-21

建筑形态	设计数据	占计容面积比
建筑基底面积	5 182.60	6.15%
计容积面积	84 227.00	100.00%
住宅	82 236.30	97.64%
公建配套	1 990.70	2.36%
商铺	1 672.80	1.99%
物业管理用房	156.00	0.19%
社区服务用房	161.90	0.19%
不计容面积	15 918.40	18.90%
地下室	13 389.10	15.90%
架空层	2 529.30	3.00%
其中人防地下室	3 926.70	4.66%
总建筑面积	100 145.40	118.90%
停车位（个）	3 750.00	4.45%
地下停车位	316.00	0.38%
地面停车位	90.00	0.11%
总户数	674.00	0.80%
总人口	2 157.00	2.56%

表 2-4-22

用地面积			容积率	建筑密度	绿地率
公顷	m²	亩			
3.96	39 609.08	59.41	3.34	23.61%	33.01%

模块二 城市用地规划与方案的快速构思

表 2-4-23

建筑形态	设计数据	占计容面积比
建筑基底面积	9 351.70	7.08%
计容积面积	132 110.00	100.00%
住宅	114 474.00	86.65%
公建配套	17 636.00	13.35%
幼儿园	651.00	0.49%
商铺	16 985.00	12.86%
不计容面积	14 647.00	11.09%
地下室	14 647.00	11.09%
架空层	—	0.00%
其中人防地下室	5 000.00	3.78%
总建筑面积	146 757.00	111.09%
停车位（个）	3 750.00	2.84%
地下停车位	617.00	0.47%
地面停车位	77.00	0.06%
总户数	1 172.00	0.89%
总人口	3 752.00	2.84%

74 亩的地块

表 2-4-24

用地面积			容积率	建筑密度	绿地率
公顷	m²	亩			
4.92	49 196.97	73.80	2.18	17.29%	35.00%

表 2-4-25

建筑形态	设计数据	占计容面积比
建筑基底面积	8 506.16	7.91%
计容总面积	107 469.91	100.00%
住宅	95 555.60	88.91%
配套公建	11 914.31	11.09%
绿化架空层	2 069.72	1.93%
地下室（1 层）	12 107.66	11.27%
总建筑面积	121 647.29	
停车位个数	713.00	0.66%
地下停车位个数	347.00	0.32%
地上停车位个数	366.00	0.34%
总户数	1 022.00	0.95%
居住人数	3 270.00	3.04%

模块二 城市用地规划与方案的快速构思

表 2-4-26

用地面积			容积率	建筑密度	绿地率
公顷	m^2	亩			
7.96	79 584.00	119.38	3.15	25.20％	32.60％

表 2-4-27

建筑形态	设计数据	占计容面积比
建筑占地面积	4 564.00	1.82％
计容积面积	250 472.19	100.00％
住宅面积	231 790.27	92.54％
超高层	98 927.14	39.50％
高层	121 458.11	48.49％
多层	11 405.02	4.55％
商业面积	16 297.73	6.51％
公建配套	2 384.19	0.95％
物业管理用房	696.33	0.28％
社会服务用房	440.83	0.18％
社区卫生服务站	611.36	0.24％
变电室/开闭所	585.36	0.23％
消防控制室	50.31	0.02％
不计容面积	34 399.38	13.73％
地下室	33 443.42	13.35％
景观架空层	955.96	0.38％
总建筑面积	283 915.61	113.35％
停车位（个）	55	0.02％
地下停车位	496.00	0.20％
地面停车位	1 034.00	0.41％
总户数	2 272.00	0.91％
总人数	7 270.00	2.90％

模块二 城市用地规划与方案的快速构思

177

用地面积			容积率	建筑密度	绿地率
公顷	m²	亩			
58.64	586 400.00	879.60	1.36	27.57%	45.63%

表 2-4-29

建筑形态	设计数据	占计容面积比
建筑基底面积	161 670.48	20.28%
计容积面积	797 100.00	100.00%
住宅	774 500.00	97.16%
公建配套	22 600.00	2.84%
幼儿园	5 000.00	0.63%
会所	2 600.00	0.33%
卫生站	500.00	0.06%
社区服务中心	859.00	0.11%
物业管理用房	1 595.00	0.20%
变电室	200.00	0.03%
商铺	11 846.00	1.49%
不计容面积	200 000.00	25.09%
地下室	200 000.00	25.09%
避难层	—	0.00%
架空层	—	0.00%
总建筑面积	997 100.00	125.09%
停车位（个）	3 750.00	0.47%
总户数	3 722.00	0.47%
总人口	11 000.00	1.38%

模块二 城市用地规划与方案的快速构思

【实例四】 办公楼的数字化设计方案实例

5 亩的地块

表 2-4-30

用地面积			容积率	建筑密度	绿地率
公顷	m²	亩			
0.31	3 122.00	4.68	4.79	27.40%	35.00%

表 2-4-31

建筑形态	设计数据	占计容面积比
建筑基底面积	855.50	5.72%
地上建筑（19 层）	14 946.96	100.00%
办公用房	13 251.21	88.65%
服务用房	1 106.80	7.40%
卫生站	588.95	3.94%
地下室（1 层）	2 367.47	15.84%
总建筑面积	17 314.43	115.84%
停车位个数		0.00%
地下停车位个数	123.00	0.82%
地上停车位个数	28.00	0.19%

12 亩的地块

表 2-4-32

用地面积			容积率	建筑密度	绿地率
公顷	m²	亩			
0.78	7 792.40	11.69	1.68	25.15%	35.00%

表 2-4-33

建筑形态	设计指标	占计容面积比
建筑基底面积	1 628.12	12.42%
计容面积	13 106.10	100.00%
9 层塔楼	13 106.10	100.00%
地下室	6 890.10	52.57%
总建筑面积	19 996.20	152.57%
地面停车位个数	26.00	0.20%
地下停车位个数	118.00	0.90%

表 2-4-34

用地面积			容积率	建筑密度	绿地率
公顷	m²	亩			
0.96	9 605.00	14.41	1.26	12.48%	45.70%

表 2-4-35

建筑形态	设计指标	占计容面积比
建筑基底面积	1 198.62	9.88%
计容面积	12 137.06	100.00%
11 层塔楼	13 106.10	107.98%
地下室（1 层）	4 509.15	37.15%
总建筑面积	16 646.21	137.15%
地面停车位个数	27.00	0.22%
地下停车位个数	92.00	0.76%

24 亩的地块

表 2-4-36

用地面积			容积率	建筑密度	绿地率
公顷	m²	亩			
1.62	16 220.00	24.33	6.17	32.79%	20.00%

表 2-4-37

建筑形态	设计数据	占计容面积比
建筑占地面积	4 564.00	4.56%
计容积面积	100 077.40	100.00%
4 层裙楼	4 973.40	4.97%
42 层主塔楼	72 000.00	71.94%
19 层附塔楼	23 104.00	23.09%
地下室（3 层）	29 902.00	29.88%
总建筑面积	129 979.40	129.88%

模块二 城市用地规划与方案的快速构思

【实例五】 酒店的数字化设计方案实例

表 2-4-38

用地面积			容积率	建筑密度	绿地率
公顷	m²	亩			
0.21	2 140.65	3.21	4.75	29.40%	20.10%

表 2-4-39

建筑形态	设计指标	占计容面积比
建筑基底面积	629.35	6.19%
计容面积	10 168.85	100.00%
3 层裙楼	1 041.11	10.24%
19 层塔楼	9 073.14	89.22%
机械车库	54.60	0.54%
地下室	882.06	8.67%
总建筑面积	11 050.91	108.67%
地面停车位个数	12.00	0.12%
地上机械停车位个数	118.00	1.16%

表 2-4-40

用地面积			容积率	建筑密度	绿地率
公顷	m²	亩			
0.46	4 631.70	6.95	5.50	33.00%	20.00%

表 2-4-41

建筑形态	设计指标	占计容面积比
建筑基底面积	1 528.46	6.00%
计容面积	25 474.35	100.00%
5 层裙楼	1 996.87	7.84%
23 层塔楼	23 477.48	92.16%
地下室（2 层）	7 463.12	29.30%
总建筑面积	32 937.47	129.30%
地面停车位个数	12.00	0.05%
地下停车位个数	180.00	0.71%

模块二 城市用地规划与方案的快速构思

181

表 2-4-42

用地面积			容积率	建筑密度	绿地率
公顷	m²	亩			
0.62	6 233.30	9.35	7.00	36.30%	20.00%

表 2-4-43

建筑形态	设计数据	占计容面积比
建筑占地面积	2 262.69	5.19%
计容积面积	43 609.86	100.00%
4 层裙楼	6 400.00	14.68%
29 层主塔楼	37 209.86	85.32%
地下室	7 776.08	17.83%
总建筑面积	51 385.94	117.83%

表 2-4-44

用地面积			容积率	建筑密度	绿地率
公顷	m²	亩			
0.83	8 345.42	12.52	5.58	36.60%	31.60%

表 2-4-45

建筑形态	设计指标	占计容面积比
建筑基底面积	3 054.42	6.55%
计容面积	46 623.05	100.00%
7 层裙楼	4 503.05	9.66%
31 层塔楼	42 120.00	90.34%
客房	29 841.00	64.00%
大堂	2 150.00	4.61%
会议	4 905.00	10.52%
餐饮	5 224.00	11.20%
地下室（1 层）	8 514.00	18.26%
总建筑面积	55 137.05	118.26%
地面停车位个数	96.00	0.21%
地下停车位个数	137.00	0.29%

表 2-4-46

用地面积			容积率	建筑密度	绿地率
公顷	m²	亩			
1.84	18 362.00	27.54	2.75	45.00%	30.00%

表 2-4-47

建筑形态	设计指标	占计容面积比
建筑基底面积	8 262.90	11.03%
计容面积	74 889.20	100.00%
地下室	24 379.70	32.55%
总建筑面积	99 268.90	132.55%
地面停车位个数	28.00	0.04%
地下停车位个数	270.00	0.36%
客房数	356.00	0.48%

【实例六】　城市综合体的设计方案数据

5 亩的地块

表 2-4-48

用地面积			容积率	建筑密度	绿地率
公顷	m²	亩			
0.34	3 419.00	5.13	6.07	62.48%	6.31%

表 2-4-49

建筑形态	设计数据	占计容面积比
建筑占地面积	2 136.19	10.37%
计容积面积	20 596.00	100.00%
住宅	7 593.00	36.87%
办公	1 743.00	8.46%
商业	10 870.00	52.78%
消防控制室	390.00	1.89%
地下室	744.00	3.61%
停车位	30.00	0.15%
地下停车位	23.00	0.11%
地面停车位	7.00	0.03%

模块二　城市用地规划与方案的快速构思

星级酒店设计指标的快速估算

1. 客房数量的估算

    客房的数量＝（项目所在地年接待游客规划人数×过夜率÷365×选择星级酒店的比例×项目所在地同等星级酒店的个数）÷平均入住率

2. 计容总面积的估算

    计容总建筑面积＝客房数量×100m²

25 亩的地块

表 2-4-50

用地面积			容积率	建筑密度	绿地率
公顷	m²	亩			
1.64	16 360.90	24.54	3.99	41.00％	30.00％

表 2-4-51

建筑形态	设计数据	占计容面积比
建筑占地面积	6 707.97	10.27％
计容积面积	65 287.00	100.00％
酒店（16 层）	29 665.00	45.44％
办公（20 层）	31 612.00	48.42％
商铺（2 层、3 层）	4 010.00	6.14％
地下室	15 834.00	24.25％
酒店地下面积	5 952.00	9.12％
办公地下面积	9 882.00	15.14％
架空层	6 705.00	10.27％
总建筑面积	87 826.00	134.52％

184

表 2-4-52

用地面积			容积率	建筑密度	绿地率
公顷	m²	亩			
3.60	35 958.00	53.94	4.50	32.00%	30.00%

表 2-4-53

建筑形态	设计数据	占计容面积比
建筑占地面积	11 506.56	7.11%
计容积面积	161 801.00	100.00%
住宅	65 614.00	40.55%
住宅（1号楼29层，2号楼30层，3号楼27层）	64 970.00	40.15%
社区用房	302.00	0.19%
物业用房	342.00	0.21%
公建配套	96 187.00	59.45%
办公（40层）	61 680.00	38.12%
商业（4层）	34 507.00	21.33%
地下室（2层，连体）	51 389.00	31.76%
总建筑面积	213 190.00	131.76%
停车位	1 182.00	0.73%
地下停车位	1 163.00	0.72%
地面停车位	19.00	0.01%

表 2-4-54

用地面积			容积率	建筑密度	绿地率
公顷	m²	亩			
4.02	40 187.00	60.28	2.79	28.85%	20.10%

模块二　城市用地规划与方案的快速构思

表 2-4-55

建筑形态	设计数据	占计容面积比
建筑基底面积	11 593.95	10.35%
计容建筑面积	112 072.05	100.00%
酒店（4 层）	35 507.00	31.68%
综合楼	76 231.09	68.02%
办公	63 847.06	56.97%
餐厅	8 454.11	7.54%
银行	1 091.68	0.97%
超市	2 838.24	2.53%
物业管理用房	333.96	0.30%
地下室	20 993.93	18.73%
酒店地下室	4 216.30	3.76%
办公楼地下室	16 777.63	14.97%
总建筑面积	133 065.98	118.73%
停车位个数	2 127.00	1.90%
地下停车位	643.00	0.57%
地面停车位	120.00	0.11%
非机动车位	1 364.00	1.22%

84 亩的地块

表 2-4-56

用地面积			容积率	建筑密度	绿地率
公顷	m²	亩			
5.59	55 909.00	83.86	2.07	37.60%	15.20%

表 2-4-57

建筑形态	设计数据	占计容面积比
建筑占地面积	21 021.78	18.17%
计容积面积	115 682.00	100.00%
市场（3 层）	58 964.00	50.97%
酒店（1 栋 19 层）	19 226.00	16.62%
办公（3 栋，17 层）	37 492.00	32.41%
不计容面积	48 183.00	41.65%
地下室（2 层，连体）	45 096.00	38.98%
设备层	3 087.00	2.67%
总建筑面积	163 865.00	141.65%
停车位	1 376.00	1.19%
地下停车位	940.00	0.81%
地面停车位	210.00	0.18%
地下社会公共停车位	226.00	0.20%

模块二 城市用地规划与方案的快速构思

表 2-4-58

		项目	数量	单位	构成比
		规划净用地面积	43 877.00	m²	8%
		总建筑面积	717 349.00	m²	130.71%
		计容建筑面积	548 801.00	m²	100.00%
其中	地上	酒店	70 121.00	m²	12.78%
		办公	258 288.00	m²	47.06%
		SOHO	96 395.00	m²	17.56%
		商业娱乐	102 738.00	m²	18.72%
	地下	酒店	5 690.00	m²	1.04%
		商业娱乐	10 380.00	m²	1.89%
		后勤	5 189.00	m²	0.95%
		不计容建筑面积	168 548.00	m²	30.71%
	其中	避难区	16 406.00	m²	2.99%
		地下建筑面积	152 142.00	m²	27.72%
		高层建筑指数	4.00	栋	0.00%
		最大建筑高度	606 以上	m	
最大建筑层数		地上	125.00	层	0.02%
		地下建筑面积	6.00	层	0.00%
		建筑基底面积	18 725.00	m²	3.41%
		建筑密度	42.68	%	0.01%
		容积率	12.51		0.00%
		绿地面积	3 889.00	m²	0.71%
		绿地率	8.86	%	0.00%
		机动车位	2 851.00	辆	0.52%
其中		地上	10.00	辆	0.00%
		地下	2 841.00	辆	0.52%

表 2-4-59

用地面积			容积率	建筑密度	绿地率
公顷	m^2	亩			
7.75	77 546.00	116.32	2.60	45.00%	20.00%

表 2-4-60

建筑形态	设计数据	占计容面积比
建筑占地面积	34 895.70	10.63%
计容积面积	328 358.00	100.00%
家居商场（6层）	164 179.00	50.00%
商场	148 851.00	45.33%
小商铺	15 328.00	4.67%
外围商铺（3层）	20 957.00	6.38%
高层办公（18层）	15 237.00	4.64%
地下室	73 971.00	22.53%
地下一层	36 619.00	11.15%
地下二层	37 352.00	11.38%
停车位	1 845.00	0.56%
地下停车位	1 649.00	0.50%
地面停车位	196.00	0.06%

表 2-4-61

用地面积			容积率	建筑密度	绿地率
公顷	m^2	亩			
8.52	85 231.00	127.85	4.57	28.86%	26.50%

表 2-4-62

建筑形态	设计数据	占计容面积比
建筑占地面积	24 597.67	6.32%
计容积面积	389 400.00	100.00%
住宅	247 000.00	63.43%
住宅（2 栋 43 层，3 栋 44 层）	244 900.00	62.89%
住宅配套	2 100.00	0.54%
公建配套	142 400.00	36.57%
办公（2 栋 22 层）	89 400.00	22.96%
酒店（10 层）	8 000.00	2.05%
商业（3 层裙楼）	45 000.00	11.56%
不计容面积	88 400.00	22.70%
地下室（2 层，连体）	87 100.00	22.37%
架空层	1 300.00	0.33%
总建筑面积	477 800.00	122.70%
停车位	6 712.00	1.72%
地下停车位	1 925.00	0.49%
地面停车位	200.00	0.05%
自行车位	4 587.00	1.18%
住宅总户数	627.00	0.16%
住宅总人数	2 967.00	0.76%

模块三

房地产开发的生命周期与时间管理

模块三　房地产开发的生命周期与时间管理·模块导读

第 3-1 章　房地产开发时间管理总论　　　　　第（196）页

- 房地产开发项目必将经过项目的立项研究、取得地块、规划设计、工程交易、甲供货物、施工建造、推广销售、行政许可等各个环节，每个环节都要测算其他现金流量和资金需求量。因此，掌握建设项目全生命周期的循环规律是建设项目投资管理的基本要求。

第 3-2 章　政府对开发环节的许可时间　　　　　第（210）页

- 开发一个楼盘，政府究竟会对哪些环节进行行政许可的管制？每个管制环节的行政许可的承诺时间有多长，如何将政府行政许可的时间穿插于整个开发计划中？这些问题都是应掌握的时间管理内容。本章节重点表述了政府对开发环节的管制内容。

第 3-3 章　建设工程的设计周期与设计工时　　　　第（234）页

- 针对不同项目类别与项目特征，所需要的设计周期有多少？在设计合同的谈判过程中，如何判断设计单位配置的设计人员的合理性？诸类问题都设计业务的基本内容，本章节修建了各类建设工程的设计周期速算表。

第 3-4 章　专业承包模式下的建造工期　　　　　第（265）页

- 面对复杂不定的施工承包模式，本书归集了典型城市的建造工期定额数据，创建了专业承包模式下的建造工期速算模型，为建设项目在立项阶段、招标阶段、履约监督阶段提供了施工建造工期的数据库。

第3-5章 施工总承包模式下的建造工期 第（331）页

- 从全国各地典型区域及重要城市的最新颁布的施工建造工期定额中，精选出常用的数据，并整合创建了总承包模式下的建造工期速算模型，为建设项目在立项阶段、招标阶段、履约监管阶段提供了施工建造工期的数据库。

第3-6章 实例：房地产开发总控计划的编制 第（380）页

- 本书以一个占地面积为"18 820m²"的办公楼与商业楼为实例，全过程的演示了如何编制房地产开发企业全生命周期的开发计划，并以"PROJECT"时间管理软件进行实战推演。

模块三 房地产开发的生命周期与时间管理

知识体系·专业技能·目标数据

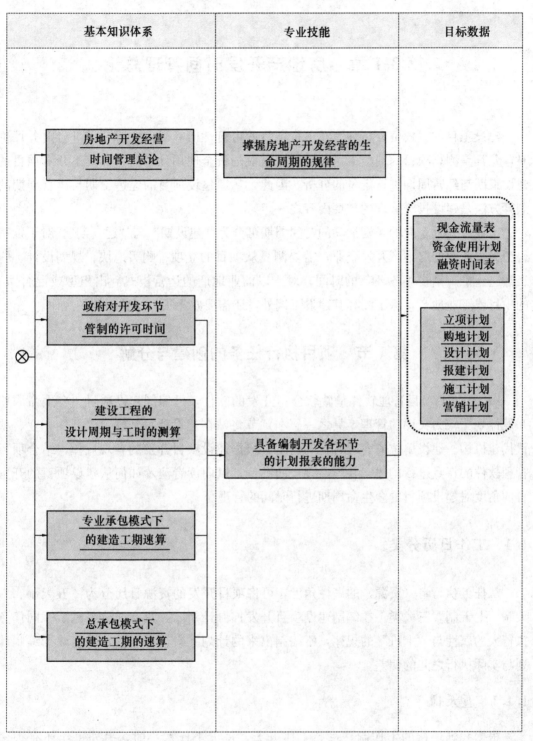

基本知识体系	专业技能	目标数据
房地产开发经营 时间管理总论	撑握房地产开发经营的生 命周期的规律	现金流量表 资金使用计划 融资时间表
政府对开发环节 管制的许可时间		立项计划 购地计划 设计计划 报建计划 施工计划 营销计划
建设工程的 设计周期与工时的测算	具备编制开发各环节 的计划报表的能力	
专业承包模式下 的建造工期速算		
总承包模式下 的建造工期的速算		

第 3-1 章　房地产开发时间管理总论

建设项目的"投资分析师"在进行项目的可行性研究时；在对项目进行财务评价时，尤其是测算项目的现金流量和项目所需要的资金使用计划时，都离不开对项目的建设工期与经营周期进行定量的分析。因此，掌握建设项目的建造工期与运营周期的测算方法是建设投资管理的重要内容之一。

房地产开发企业的经营活动的时间周期可分为"建设期"与"运营期"。对于以销售型为主营业的房地产开发企业，需要测算从项目的立项、购买地块、规划设计、施工建造、推广销售等各环节的时间；对于以商业地产的运营模式（出租型或混合型）的项目或工业地产，除了测算其建设工期外，还需要熟悉项目运营周期的规律。

第 1 节　项目执行任务的创建与分解

PROJECT 项目管理软件是微软公司开发的软件，是编制建设项目"全生命周期开发计划"较为实用的管理工具之一。本章节将站在建设项目开发者（开发企业、项目代建机构、建设单位的管理者）的角度，根据建设项目开发的客观规律，结合项目管理软件的特点进行阐述，并列出大量的案例，以向读者演示如何从建设项目的开发者的角度对建设项目的全生命周期进行时间的管理。

1.1　工作日历分类

从任务执行者（资源）的属性角度，可将项目开发的资源日历分为"五天制、六天制、七天制"三大类。在编制建设项目开发控制计划时，只有充分考虑了不同任务执行人的属性与"上班"的规律，所编制出来的计划才有可操作性，才能减少编制计划与实际执行之间的偏差。

1.1.1　五天制

根据我国现行的工作制，每周工作五天，每天工作八小时，另外每年还有很多"法定假日"，以 2011 年为例，这一年的假日如下：

表 3-1-1

月份	假日情况	工作日
1月	元旦放假三天（1、2、3日），30日（星期日）上班	20
2月	春节放假七天（2至8日），12日（星期六）上班	15
3月	没有特别的假日	23
4月	清明放假三天（3、4、5日），2日（星期六）上班	19
5月	五一放假三天（1、2、3日）	20
6月	端午节放假三天（5、6、7日）	20
7月	没有特别的假日	21
8月	没有特别的假日	23
9月	中秋节放假三天（10、11、12日）	21
10月	国庆放假七天（1至7日），8、9日（周六、周日）上班	18
11月	没有特别的假日	22
12月	没有特别的假日	22
全年	2011年全年的工作日	244

由上表分析的数据可知，"五天制"的日历天数仅为全年日历天数的 67%。但建设工程的建造阶段的施工工期一般是以"全日历天数"来实施的，因此，有必要对执行任务的人的"工作制"来差异化地设置日历。

项目开发控制计划的编制人员可在 PROJCET 软件的"工具栏"中点击"更改工作时间"，并点击"新建日历"，并命名为"五天制"，将项目开发建设期间之间的年度内每年的放假时间与调整的工作日在"例外日期"中调整，以形成"五天制"模板。当在编制开发计划时，对于涉及任务的资源为"政府部门"或，其他严格执行"五天制"的单位时，可将其资源日历设置为"五天制"。

1.1.2 六天制

根据房地产开发企业的实践经验，一些房地产开发企业除了实行"五天工作制"的之外，也有很多企业实施"六天或六半制"的作息制度。因此，对于此类资源任务的执行人，需要设置"六天工作制"。

项目开发控制计划的编制人员可在 PROJCET 软件的"工具栏"中点击"更改工作时间"，并点击"新建日历"，并命名为"六天制"，将项目开发建设期间之间的年度内每年的放假时间与调整的工作日在"例外日期"中调整，以形成"六天制"模板。当在编制开发计划时，对于涉及任务的资源为"六天制"的单位时，可将其资源日历调整为"六天制"模式。

模块三　房地产开发的生命周期与时间管理

1.1.3 七天制

房地产开发企业在项目的开发过程中，需要调动的"资源"较多，其中通过业务合同进行资源整合业务单位，包括且不限于设计人、总承包人、甲方分包人、甲方供货人等，但就其属性都是企业，与开发商都是以业务合同形成的合作关系，开发企业在与其进行业务合同谈判时，所要求的"合同工期"一般都具有"竞争驱动因素"，如果开发商与各类资源合作商进行业务合作时，都是以"五天制或六天制"为准的话，将导致整个开发周期较长，不能适应市场竞争、快速周转的需求。因此，开发企业一般都与各类合作商以业务合同形成的任务，合作商在执行该任务时，可以在业务合同的谈判过程中形成具备"竞争驱动因素"的工作日历，即"七天工作制"，但在设置"七天工作制"时也应注意以下几点：

表 3-1-2

| 七天制 | （1）根据实践的开发经验，结合承包人雇用民工的生活习惯，可将房屋施工建造的工作日设置为每周七天。 |
| | （2）一年内，可考虑春节之前五天至正月十五之间为长假期。其余时间均为正常的施工作业时间。 |

1.2 任务间的关联

开发企业在编制项目的开发计划时，首先需要对任务进行分解。其次，计划编制人员应统筹考虑各"任务（任务）"之前的逻辑语言，任务之间的逻辑语言分为 FS、FF、SS、FS 四种，作为开发计划的编制者应掌握这几个任务之间的逻辑语言。

1.2.1 完成—开始型（FS）

"完成—开始（FS）"型逻辑语言（简称"顺排工期法"）可细分以下三种"连贯型"、"交叉型"、"延迟型"情况，在编制各类时开发计划时，将经常使用：

表 3-1-3

逻辑语言	任务编号	甘特图示例
nFS	完成时必须开始	任务编号n　任务编号$n+1$

逻辑语言	任务编号	甘特图示例
$n\mathrm{FS}-t$	完成时提前 t 天开始	任务编号n / 任务编号$n+1$
$n\mathrm{FS}+t$	完成后延迟 t 天开始	任务编号n / 任务编号$n+1$

1.2.2 完成—完成型（FF）

"完成—完成（FF）"型关系中可细分以下三种情况，在编制开发计划时，也将经常使用：

表 3-1-4

逻辑语言	任务关联性	甘特图示例
$n\mathrm{FF}$	完成时须同时完成	任务编号n / 任务编号$n+1$
$n\mathrm{FF}+t$	完成时提前 t 天完成	任务编号n / 任务编号$n+1$
$n\mathrm{FF}-t$	完成时延迟 t 天完成	任务编号n / 任务编号$n+1$

1.2.3 开始—开始型（SS）

"开始—开始"型关系可细分以下三种情况，在编制开发计划时，也会将经常引用这几个类型的任务逻辑语言：

模块三 房地产开发的生命周期与时间管理

表 3-1-5

逻辑语言	任务关联性	甘特图示例
SS	开始时开始	任务编号n 任务编号n+1
SS+t	开始时延迟 t 天开始	任务编号n 任务编号n+1
SS−t	开始时提前 t 天开始	任务编号n 任务编号n+1

1.2.4　开始—完成型（SF）

"开始—完成"型关系（SF 法也称为"倒排工期法"）可细分以下三种情况，在编制开发计划时，也会将经常引用这几个类型的任务逻辑语言：

表 3-1-6

逻辑语言	任务关联性	甘特图示例
SF	开始时须完成	任务编号n 任务编号n+1
SF+t	开始前 t 天完成	任务编号n 任务编号n+1
SF−t	开始后 t 天完成	任务编号n 任务编号n+1

在编制建设项目的"全生命周期运营计划"时，应综合考虑任务的属性、项目的建筑形态（与建造工期有关）、开发规模、政府对项目管制的要求等因素编制关键工作的节点，必要时以此节点为里程碑，采用"倒排工期（SF 法）"的方法，统筹整个项目的计划，以确保整个开发计划的重大节点符合整个开发企业的经营目标。

第 2 节　执行任务的工时估算方法

2.1　管制型任务的工时估算

建设项目在其全生命周期运营过程中，政府相关部门将对各个重点业务环节进行必要的行政许可管制，是项目计划编制过程中不可缺少的任务内容，此类任务可定义为"管制型任务"。

"管制型任务"的工时属于（相对）固定工期，政府各职能部门一般都在其官方网站或办事指南中承诺各类行政许可事项所需要的工作日历天数。在立项研究阶段，"投资分析师"可以此估算政府各职能部门办理相关行政许可业务所需要的时间。

通过分析多个城市的官方网站，每个城市对同样的行政许可业务所承诺的时间是不同的，"投资分析师"应了解项目所在地政府报建程序的时间承诺并差异化地调整和修正。下面以开发商取得《建设工程施工许可证》为案例，比较各城市"规划局（委）"对此项目行政许可业务所承诺的时间：

表 3-1-7

城市	北京	上海	天津	重庆	广州	苏州	合肥	南京
承诺时限	10 天	15 天	7 天	10 天	30 天	3 天	7 天	5 天

从上面数据分析，每个城市对核发《建筑工程规划许可证》所承诺的"工作时限"是不同的，因此，在估算政府"管制型任务"的工作时间时，应根据项目具体所在城市的政府主管部门所承诺的时间作为任务工时的参考依据。

2.2　外业型任务的工时估算

开发企业属于资源整合型的行业，对于建设项目开发所需要的要素资源一般都可以通过业务合同的方式来完成的（详见笔者的另一专著《房地产开发企业合同管理手册》）。除了少数的"垄断型资源"外，业务合同谈判的市场竞争程度较高，业务合同所达成一致意见的"合同完成时间条款"也相对具备市场竞争驱动因素，合同条款可以约束各类合作商在相对较短的时间内完成。因此，在估算"外业型任务"时，在参考各类专业的"时间定额"时，因考虑到市场的竞争驱动因素。应对时间定额乘以"竞争因素修正系数"。

在整个项目的"全生命开发周期"中，其中最重要的关键工期应是对"设计周期"

201

与"施工工期"和其他业务合同完成时间的测算。具体的工期业定额分类如下：

表 3-1-8

施工类合同工期	（1）针对施工工期，各类城市主管部门发布的《工期定额》较系统全面，在估算施工工期时，应根据设计的建筑形态进行正确的套用，或根据开发商企业内部积累的数据。
设计类合同工期	（2）可参与政府主管部门发布的《设计周期定额》或开发商企业内部积累的数据库资料。
其他类合同工期	（3）根据开发企业内部积累的定额数据库资料并结合拟开发项目的特点综合估算。

2.3 内控型任务的工时估算

正如笔者另一本专著《房地产开发企业内部控制手册》一书中所述，房地产开发企业建制管理有"项目建制"与"集团建制"两类管理模式，每个企业内部对各类文件与业务合同的"内审"时间是不一样的。因此，对于"内控型任务"工时的估算，应结合企业的建制类型及文件流转的类别所确定的各类任务的企业内部定额时间来估算。

下面重点以业务合同的招标与内部评审的流转时间为案例，来说明在不同规模建制下其"内控型任务"工时估算的办法。下面以"地砖采购"业务为案例，分别在"一正二副六部制"为项目建制模式的小型开发企业，以及在集团建制下的大型房地产开发企业中进行"内控任务流转"为案例，说明同样的业务招标在不同建制模式下的工时估算的差异性。经过下面的管理软件的测算分析，此项地砖采购招标任务的完成工期需要 32 天。

同样的"地砖采购业务"在集团建制下的流转工时，将会延长，假设此业务招标金额较大，根据集团与项目公司之间业务授权体系的要求，需要集团批准。基于上述假设的条件下，此任务需要完成的工期分析如下：

通过项目管理软件的分析，此项地砖采购招标的业务在集团、项目公司二级控制模式下所需要完成的工时为 46 个工作日，比在项目公司建制模式下所需要的完成的工时多 14 天。

对于"内控型任务"，在编制项目开发计划时，还应考虑文件流转方式对任务完成工期所造成的不同影响，文件在团队内部的流转路径有"并联法"和"串联法"。经过项目管理软件的测算分析，当文件在团队内部采取"串联法"进行流转时，完成此项任务的工期为 45 个工作日，将比其所采用的"并联法"进行流转时所需要的工期多

任务名称	工期
1 招标文件的定稿	12 工作日
1.1 编制工程量清单	5 工作日
1.2 编制采购招标文件	5 工作日
1.3 招标文件内审（部门并联法）	3 工作日
1.4 营销副总经理签字	1 工作日
1.5 工程副总经理签字	1 工作日
1.6 总经理签字	1 工作日
1.7 招标文件的定稿与发放	1 工作日
2 评标与定标	11 工作日
2.1 发出邀请函	1 工作日
2.2 投标人报名	3 工作日
2.3 投标人编制投标文件	5 工作日
2.4 收标、评标与编制中标通知书	1 工作日
2.5 签发中标通知书	1 工作日
3 合同的签约、生效与盖章	10 工作日
3.1 供货商签约盖章	3 工作日
3.2 开发商签约评审（部门并联法）	3 工作日
3.3 营销副总经理签字	1 工作日
3.4 工程副总经理签字	1 工作日
3.5 总经理签字	1 工作日
3.6 合同盖章与发放	1 工作日

图 3-1-1 项目建制模式下的地砖采购计划

任务名称	工期
1 招标文件的定稿	26 工作日
1.1 编制工程量清单	5 工作日
1.2 编制采购招标文件	5 工作日
1.3 项目公司内审（部门并联法）	3 工作日
1.4 项目公司营销副总经理签字	1 工作日
1.5 项目公司工程副总经理签字	1 工作日
1.6 项目公司总经理签字	1 工作日
1.7 集团公司职能部门会审（并联法）	5 工作日
1.8 招标文件的修改与定稿	2 工作日
1.9 集团营销总裁签字	1 工作日
1.10 集团工程副总裁签字	1 工作日
1.11 集团总裁签字	1 工作日
1.12 招标文件的定稿与发放	1 工作日
2 评标与定标	11 工作日
2.1 发出邀请函	1 工作日
2.2 投标人报名	3 工作日
2.3 投标人编制投标文件	5 工作日
2.4 收标、评标与编制中标通知书	1 工作日
2.5 签发中标通知书	1 工作日
3 合同的签约、生效与盖章	10 工作日
3.1 供货商签约盖章	3 工作日
3.2 开发商签约评审（部门并联法）	3 工作日
3.3 营销副总经理签字	1 工作日
3.4 工程副总经理签字	1 工作日
3.5 总经理签字	1 工作日
3.6 合同盖章与发放	1 工作日

图 3-1-2 集团建制模式下的地砖采购计划

40％。因此，开发企业要想形成快速的开发节奏，必须在每个管理环节上都要采取较为合理的内部控制方法以形成任务之间合理的交叉流转的逻辑语言，关于房地产开发企业的内部控制方法，详见笔者另一专著《房地产开发企业内部控制手册》。

第3节 开发重点环节的时间管理

3.1 政府对开发环节的管制工时

房地产开发企业在经营活动、筹资活动和投资活动中将会受到政府各主管部门的行政许可及管制，涵盖到"投资立项、用地规划、土地登记、规划设计、施工建造、推广销售"各个阶段。

政府对房地产开发企业经营业务的管制涉及的部门有发展与改革委员会、环保局、国土资源局、规划局、消防局、人防办、气象局、建设局、房管局等众多部门，且通过分析，每个城市的政府部门机构的设置都有差异性，因此，对于不同城市进行房地产开发的经营活动，政府对开发环节的管制环节是有差异的，地方政府对行政许可事项的审批流程、承诺的审批时限也是有差异的。因此，本书仅从一般性的管制环节与审批时限为案例，来说明政府对开发环节的管理工时管理的办法。

3.2 建设工程的设计周期与工时

建设工程的设计周期在整个开发的经营业务中是十分重要的控制环节，作为房地产开发企业在设计合同条款的拟定时、编制开发计划时，都需要掌握设计单位在不同阶段（方案设计阶段、初步设计阶段、施工图设计阶段）的"出图时间"。因此，掌握不同类别、不同功能工程的设计同期规律十分必要，而由"建设部"发布的《全国统一民用建筑设计周期定额》（2001 修编版）全面规定了不同建筑形态的工程的设计周期，对于房地产开发企业在设计业务方面的时间管理提供了实用的指导文件，本书将以此定额为基础性的资料，将其单列成章节形成了"设计周期速算表"，以方便读者在实践的房地产开发过程中查阅引用。

当房地产开发在设计业务的招标时，在分析设计人提交的"项目设计人员配置名单"的专业配置的合理性时，在设计方案竞赛进行设计工作量的分配时，在设计合同的履行过程中评估设计变更导致的设计费调整的过程中，都需要掌握"设计用工量"及"六大设计专业的工比指标"。因此，本书根据建设部发布的《民用建筑设计劳动定额》（2000 版）的内容进行了整理汇编，形成了实用的"设计用工量速算表"及"设计阶段与设计专业工时速查表"，以方便读者在实践的房地产开发过程中查阅引用。

3.3 建设工程的建造工期的管理

项目的建造工期的测算方法比较复杂，项目的建造工期主要是依据国家现行产品标准、设计、施工及验收规范、质量评定标准和技术安全操作规程。按照正常施工条件、合理劳动组织及平均技术装备和管理水平，采用实际调查数据与理论分析计算相结合的方法，应用系统工程原理编制而成。再结合针对房地产开发企业经常开发的建筑形态，综合编制而成。

测算的项目建造工期的精度将受到外部许多制约条件，所以，根据不同的开发阶段，应对其建造工期进行必要的动态修正，如对于项目立项阶段、可行性研究阶段（合称为立项阶段）可引用速算指标及"立项阶段的工期表"，对于已完成施工图设计阶段，可引用其中的"施工阶段的工期表"。

影响项目的建造工期的因素有很多，主要地质条件、气候条件、工程专业、承包模式、建设规模、建筑形态、结构类别、标段与流水段的划分、市场竞争因素等。

3.3.1 地质条件对工期的影响

对于地下工程，影响地下工程建造工期的因素主要是地质条件的差异，根据《土壤及岩石（普氏）》分类表的定义，将地质根据其紧固程度，将土壤分为Ⅰ、Ⅱ、Ⅲ、Ⅳ四类（由软至硬）。岩石分为软石、次坚石、普坚石、特坚石等类别。

在项目投资的分析阶段，对地块的地质条件信息可能收集的不太详细，因此，在项目的投资立项分析阶段，可按一般条件下估算其工期。当进入规划设计阶段后，且当《地质勘察报告》出来后，可对其施工建造工期进行地质条件的修正。

当开发企业在视察"拟建项目的地块"时，开发企业应对周边地块的地质条件进行观察，查看一下周边工地是否有桩基础的施工，当"拟建项目"周边地块有桩基础施工时，可观察其他工地施工桩基的类别。以便测算项目的建造工期时参考。

当然，在项目的立项投资分析阶段，对基础类别的判断将存在一定的偏差。为了形成可靠的项目投资分析的"时间坐标"参考体系，开发企业应重视对"拟建项目"地块的地质条件的信息收集工作。

3.3.2 气候条件对工期的影响

建设项目的施工建造阶段大部分工程（基础、结构）是室外作业，受气候条件的影响较大。气候条件对建设项目的建造工期影响有二方面：第一方面是指同一地区，不同的季节的异常气候（高温、台风（大风）、暴雨）会对建造工期造成影响。而本书所列出的"工期表"的工期是以正常气候条件下施工作业为准编制，对于在受气候影响比较大的季节，应根据相关规定计算该工程的季节补偿工期。第二方面，由于我国地幅跨度较大，不同地区的气候条件相差较大，根据相关规定，将我国建筑气候分为三类地区（此处的气候分类仅适用于工期的编制）：

表 3-1-9

工期气候类别	城市名称
一类地区	（1）上海、江苏、浙江、安徽、福建、江西、湖北、湖南、广东、广西、四川、贵州。
二类地区	（2）北京、天津、河北、山西、山东、河南、陕西、甘肃、宁夏。
三类地区	（3）内蒙古、辽宁、吉林、黑龙江、西藏、青海、新疆。

在应用工期表时，应首先根据"拟建项目"所在城市判断其气候所在类别，再根据气候类别查找相应的单元格内的数值。

3.3.3　项目承包范围对工期的影响

开发企业开发的项目尤其住宅小区，建筑产品的形态一般都是群体工程，面对多个单体工程构成的项目，开发商可能对其分割成多个标段进行承包，当每个承包施工合同的承包范围不同时，测算整个项目的工期是有区别的，需要对单体工程进行"群体工期组合"：

表 3-1-10

合同承包范围	单项工程数量	工期组合规则
单体工程	1	（1）直接查《工程速查表》取值
群体工程 Nx 表示单体个数	2	（2）最长工期者＋另一个工期×0.35
	3	（3）最长工期者＋（N1＋N2）×0.20
	4	（4）最长工期者＋（N1＋N2＋N3）×0.20
	N＞4	（5）不再另行增加工期

3.3.4　工程承包模式对工期的影响

面对同样的项目，开发企业采取不同的承包模式（总承包或专业分包）将对建造工期造成不同的影响，因此，有必要将工程的建造工期分为"总承包模式"与"专业承包模式"二类，在编制项目开发控制计划时，应根据开发企业所使用的工程"发包习惯"分别套用不同的《工期表》。

专业承包模式是指将项目中的某个专项工程或某个专业工程分别承包给不同的承包人组织实施。可将完整的项目从承包范围的角度分割为：土方工程、桩基础工程、地下室工程、地上（±0.00 以上）结构工程、外装修工程、室内装修工程、安装工程等。

专业承包模式的工期是指从其实施之日起到完成全部工程内容，达到国家验收标准之日为止的全过程所需的日历天数（包括法定节假日），不包含施工准备、竣工文件的编制和实施验收的时间。

3.3.5　建筑产品形态对工期的影响

建筑产品形态的不同、建筑产品功能的不同对其建造工期影响很大，且由于本书不是专业的建造工期定额，所以附录本书的《工期表》是根据房地产开发企业经常开发的建筑产品的形态（住宅、酒店、办公楼、商业综合体、配套的公建项目等）而汇编，对于不经常出现的工业建筑和特种建筑形态，本书不再罗列，读者可分别查阅相关专业的工期定额。

3.3.6 建筑结构类别对工期的影响

根据《全国统一建筑安装工程工期定额》的分类，建筑产品的结构类别分为砖混结构、内浇外砌结构、内浇外挂结构、全现浇结构、现浇框架结构、砖木结构、砌块结构、内板外砌结构、预制构架结构、滑模结构、升板结构等类别。

由于本书主要是针对房地产开发企业项目管理的需要而编制的，所以，本书仅收集了房地产开发企业经常使用的结构类别，本书仅对常用的"现浇结构"类别进行汇编。

3.3.7 建筑面积对建造工期的影响

根据房屋建造施工的规律分析，楼层对工期的影响较大，楼层越大，工期越长，因此，在汇编《工期表》时，是根据不同的楼层来进行编制的，不同性质的楼层（例如地下室层、地面层、标准层、屋面层）即使是同样的建筑面积，其工期是不一样的。所以，在套用《工期表》时，应根据楼层的层数与楼层的属性分别套用并加以修正。

根据建筑面积测算工期时，当建筑面积增加至一定的程度时，面积再增加时，其工期将不再增加，因为可通过调整施工标段的划分，增加施工流水段和施工作业区的办法解决建筑面积的增加导致工期变化的问题。因此，在测算项目的整个建造工期时，不应根据地块的建筑总面积一次性计算，应根据建筑形态（功能、栋数、楼层）、分期开发等因素进行测算。

建筑面积依据《建筑工程建筑面积计算规范》（GB/T 50353—2005）计算。当建筑面积超过一定值时，建筑面积不断扩大，但其工期不变。面积的变化不是影响工期的主要因素，当面积足够大时，可形成流水段作业或分区作业。当工期表中有建筑面积以外时，面积增加，工期不变。

3.3.8 各城市工期定额水平的研究

通过对各城市所采用建设工程建造工期现行的依据文件分析，一般可分为二种情形：一是各城市自行发布了地方的建设工程建造工期定额；二是以《全国统一建筑安装工程工期定额 2000》为基础，在此基础上再以文件形式约定执行的标准；本书以青岛、江苏为实例来分析其对建设工程建造工期的规定：

青岛建委于 2011 年 1 月 21 日发布的《关于加强建筑安装工程工期管理的通知》规定：（1）招标工期不得小于定额工期的 70%（不含）。招标工期小于定额工期的70%（不含），视为发包人任意压缩合理工期。（2）招标工期小于定额工期的 85%

207

（不含）时，招标人应根据工期要求编制按期完成且保证工程质量和安全的施工方案，并据此计算抢工费。非国有资金投资工程，可按税前工程造价的一定比例计取，不宜超过 2%。

根据江苏"建定（2000）283 号关于贯彻执行《全国统一建筑安装工程工期定额》的通知"：

表 3-1-11

不调整的	(1) 凡是没有约定，均按原《全国统一建筑安装工程工期定额》中的规定执行。
调减 5%	(2) ±0.00 以下工程。
	(3) 民用建筑工程中单位工程之±0.00 以上结构工程。
	(4) 其他建筑工程：地下汽车库、汽车库、仓库、独立地下工程、服务用房、停车场、园林庭院、构筑物。
	(5) 设备安装专业工程（电梯安装工程除外）。
调减 10%	(6) ±0.00 以上的结构工程（单位工程除外），宾馆、饭店及其他类建筑的装修工程。
	(7) 工业建筑工程之单层厂房、多层厂房、降压站、冷冻机房、冷库、冷藏间、空压机房、变电室、开闭所、锅炉房工程。
调减 15%	(8) 民用建筑工程中单项工程之±0.00 以上工程中的宾馆、饭店、影剧院、体育馆。

本书通过对《全国统一建筑安装工程工期定额 2000》、《广东省建设工程施工标准工期定额 2011》、《深圳市建设工程施工工期标准 2006》、《安徽省建设工程工期定额 2012》、《上海建设工程施工工期定额 2011》、《北京市建设工程工期定额 2009》等工期定额资料进行了系统地研究，各地区建设工程建造工期的定额水平之间进行了比较，以"地上之现浇钢筋砼结构之住宅"的科目为实例，对比分析如下：

表 3-1-12

定额及版本年度	全国 2000	深圳 2006（一类）	广东 2011（一类）	上海 2011（一类）	北京 2009（二类）
地上/现浇混凝土结构/住宅≤10 层，≤1 万 m²	一类：250 二类：265 三类：305	196	216	333	250
定额水平差异	基准水平	缩短了 22%	缩短了 14%	延长了 33%	缩短了 6%

3.3.9　承包模式下的建造工期速算

由于本书主要是从房地产开发企业的角度研究建设工程的投资立项、投资控制方面的专著，不可能也没有必要将各城市的建造工期定额罗列出来，只能从各城市建设工程建造工期定额的共性提炼出来，形成较为通用的建造工期速算表。以形成"一册在手、随查随用"的效果。本书将房地产经常涉及的房屋建筑形态和产品开发类别的建造工期以不同的承包模式形成两个独立章节，以方便读者在房地产开发时间管理的实践"快速查阅、直接引用"。

3.4　建设工程交易程序的时间管理

建设工程交易的时间取决于招投标法、建设工程管理团队建制模式及内部的流程、建设工程交易中心的规定等因素。

根据《招投标法实施条例》（2011 年）中关于时间管理规定的统计，整理如下表，开发企业在编制开发计划时可参考：

表 3-1-13

5 天	第十七条规定：资格预审的申请时间，自资格预审文件停售之日起不得少于 5 日。
3 天前 15 天前	第二十一条规定：招标人修改招标文件或澄清招标文件时间，应在提交资格预审文件截止时间至少 3 天前，或投标截止日至少 15 天前。
≥3 天	第五十条规定：招标人收到评标报告之内须公示中标候选人，且公示期不得少于 3 天。
≥20 天	根据招投标法第第二十四条规定：给投标人编制投标文件的时间，自招标文件发出之日至投标人提交投标文件截止之日，最短不得少于 20 天。

第 3-2 章　政府对开发环节的许可时间

房地产开发企业从项目的立项研究、购地并购、规划设计、采购建造、推广营销各个阶段与环节，都要受到政府相关主管部门的行政许可方面的管制，形成了政府对房地产开发经营活动行政许可的控制体系。

显然，房地产开发企业在编制整个开发全生命周期计划时，必须考虑到政府对项目开发控制环节的工序与时间，开发全生命周期只有真正考虑了政府的行政许可后的开发计划才具备可实施性。

对于销售型的开发企业来说，房地产开发全生命周期始于项目的立项研究，止于房屋销售后权属登记与售后服务的完成。下面就从政府对房地产开发主要环节的管制工序、管制工时与提交的文件等角度来阐述，以便开发企业在编制开发控制计划时参考。但具体准确的管制工序与管制工序应以"拟建项目"城市各主管部门的官方承诺时限为准。

第 1 节　项目立项与取得地块阶段

"项目立项与取得地块阶段"任务完成的里程碑是开发企业取得《国有土地使用证》。由于开发企业拿地的方式不同如可以通过"招拍挂"方式，也可以并购方式从二手市场取得开发所需要的地块，另外取得地块的"交地标准"也各有不同，有的需要办理拆迁，有的取得的是"熟地"。因此，在项目立项与取得地块阶段的开发控制计划的时间控制是有差异的。

另外，每个城市在项目立项与用地阶段的行政许可程序是有差异的，本书不可能将全国各个城市的行政许可程序与所需要的工作日历天数全部列示出来。因此，本书仅以某个城市的行政许可程序为案例，来说明如何结合行政许可程序编制项目全生命周期开发计划的。

通过对比分析，发现其主要的行政许可控制节点是基本相同的。通过"七证一表"即"建设用地规划许可证、建设工程规划许可证、建筑施工许可证、商品房预售许可证、土地使用证、契证、房屋产权证和建设工程竣工验收备案表"进行房地产开发各环节的政府管制。

有的城市政府部门为了提高办事效率，实施了"窗口式、一站式"的行政许可服务，将此业务在各个部门之间实施"并联"式审批程序，大大缩短了行政审批的时间。因此，在编制"管制型任务"时，应具体先行了解"拟建项目"所在城市各主管部门的官方网站或其实行的行政许可方式与承诺的工作时限。

1.1 投资立项

1.1.1 政府项目的立项

表 3-2-1

工序时间	行政许可申请资料
6 个工作日	(1) 项目申请报告； (2) 项目建议书，或可行性研究报告； (3) 主管部门意见； (4) 财政部门资金意见； (5) 环保、国土、规划等部门意见； (6) 招标基本情况表； (7) 其他应提交的文件。

1.1.2 企业项目的核准

表 3-2-2

工序时间	行政许可申请资料
6 个工作日	(1) 申请核准的请示； (2) 核准申请报告； (3) 环保、国土、规划、银行等部门意见； (4) 以及根据法律、法规或规章应提交的其他文件； (5) 招标基本情况表。

1.1.3 企业项目的备案

表 3-2-3

工序时间	行政许可申请资料
5 个工作日	(1) 项目申请表； (2) 项目发起人及合作单位的法人证书； (3) 资金来源等证明。

1.1.4 环保专项的立项

表 3-2-4

工序时间	行政许可申请资料
5 个工作日	（1）项目建议书； （2）建设单位申请立项的报告； （3）其他需提供的有关证明文件。

1.1.5 消防专项的立项

表 3-2-5

工序时间	行政许可申请资料
5 个工作日	（1）建筑消防设计防火审核申报表； （2）提交该建设工程的建设项目批准文件； （3）单位申请报告； （4）总规划平面布局图。

1.2 用地规划

1.2.1 项目选址意见书

表 3-2-6

工序时间	行政许可申请资料
7 个工作日	（1）书面申请（建设单位或个人签章）； （2）1：500 现状地形图； （3）关于建设项目的情况说明、拟选址位置、建设技术条件以及相关图纸等； （4）大型建设项目、对城市布局有重大影响的建设项目，须附相应资质规划设计单位提交的选址论证意见，并附送行业主管部门意见； （5）属原址改建的建设项目，须附有效的建设单位或个人用地权属证明（含附图）复印件。

1.2.2 规划与设计条件

表 3-2-7

工序时间	行政许可申请资料
6 个工作日	(1) 书面申请； (2) 1：500 现状地形图； (3) 有效的用地权属证明（含附图）； (4) 已办理的《建设项目选址意见书》； (5) 若属房地产开发建设项目，还须提交市国土管理部门、建设管理部门、房地产管理部门批准的年度房地产用地计划批文； (6) 业务科室明确要求补充的其他资料。

1.2.3 规划设计方案

表 3-2-8

工序时间	行政许可申请资料
6 个工作日	(1) 书面申请； (2) 红线图； (3) 地形图； (4) 建设项目选址意见书； (5) 土地出让合同或转让合同； (6) 规划设计条件批文； (7) 建筑设计方案，高层由还须提交日照分析报告； (8) 分层面积表。

1.2.4 用地规划许可证

表 3-2-9

工序时间	行政许可申请资料
5 个工作日	(1) 书面申请； (2) 1：500 现状地形图； (3) 立项批文复印件（属大型建设项目的，批准的可行性研究报告或其他文件）； (4) 规划总平面图（规划方案已批准）； (5) 属行政划拨土地的，须附划拨审批表； (6) 国有土地使用权出让合同； (7) 业务科室明确要求补充的其他资料。

1.3 土地登记

1.3.1 出让方式的土地登记

表 3-2-10

工序时间	行政许可申请资料
20 个工作日	（1）土地登记申请书； （2）申请人身份证明文件； （3）用地批文及征地图； （4）国有土地使用权出让合同； （5）规划设计要点及红线图、规划许可证； （6）土地出让金支付凭证、土地契税完（免）税证； （7）数字地籍调查测量宗地图。

1.3.2 转让方式的土地登记

表 3-2-11

工序时间	行政许可申请资料
20 个工作日	（1）土地登记申请书； （2）申请人身份证明文件； （3）土地估价报告书； （4）公开交易的成交确认书； （5）国有土地转让合同； （6）土地增值税、营业税、契税等税费的完（免）税证明； （7）数字地籍调查测量宗地图； （8）国有土地使用证； （9）属公有制企事业单位的土地使用权转让，土地登记申请书内应由上级资产部门加盖公章；属股份有限公司的土地使用权转让，需提供股东签名同意的证明。

1.3.3 土地的抵押登记

表 3-2-12

工序时间	行政许可申请资料
20 个工作日	（1）国有土地使用证； （2）抵押合同及相应的贷款合同； （3）土地估价报告； （4）抵押双方的合法身份证明； （5）共有人同意抵押的书面证明； （6）房屋所有权证或房地产权证； （7）集体土地使用权抵押的，需提交该集体土地所有者同意抵押的证明； （8）公司抵押土地使用权时，需提交董事会或股东会同意的书面证明； （9）分割抵押的，需提供抵押双方盖章认可的分割数字地籍调查测量宗地图； （10）抵押已出租土地的，需提交承租人已被告知抵押事宜的书面证明。

1.3.4 土地抵押注销登记

表 3-2-13

工序时间	行政许可申请资料
20 个工作日	（1）国有土地使用证； （2）他项权利证； （3）抵押权人同意注销抵押的证明文件； （4）出租双方同意终止出租协议并注销出租登记的证明文件； （5）公司名下的土地抵押，需提交董事会或股东会同意注销登记的书面证明。

1.3.5 旧城区拆迁改造的土地登记

表 3-2-14

工序时间	行政许可申请资料
20 个工作日	（1）土地登记申请书； （2）申请人身份证及身份证明； （3）拆迁补偿合同； （4）旧城改造任务书及旧改用地批文、用地绿线图； （5）国有土地出让合同及土地出让金支付凭证； （6）土地契税完（免）税证； （7）规划设计要点及红线图、拆迁许可证； （8）数字地籍调查测量宗地图； （9）涉及拆迁范围内的国有土地使用证。

第 2 节　规划与设计阶段

规划与设计阶段的计划控制目标：开发企业应在合理的时间内取得《施工图审查意见书》，在编制"规划与设计阶段"的开发控制计划时可以此工序为标志性的里程碑。

在项目的规划与设计阶段，作为开发企业要想顺利取得《施工图审查意见书》，所需要调动与整合的资源有外部资源（可控资源、非可控资源）和内部资源：

表 3-2-15

政府部门	规划局（规划委员会）、发展与改革委员会（"发改委或发改局"）、环保局、气象局、人防办等。
业务单位	规划院、设计院（设计事务所）、施工图审查单位等。
管理团队	总工室（设计管理部）、外联部（开发部）等。

2.1　规划与设计条件

表 3-2-16

工时估算	行政许可申请资料
6 个工作日	（1）书面申请； （2）1：500 现状地形图； （3）有效的用地权属证明； （4）建设项目选址意见书； （5）若属房地产开发建设项目，还须提交市国土管理部门、建设管理部门、房地产管理部门批准的年度房地产用地计划。

2.2 设计方案的招标

表 3-2-17

工时估算	行政许可申请资料
3 个工作日	（1）项目立项批准文件； （2）选择招标代理招标的应提供代理招标合同； （3）招标代理机构资质证书； （4）招标人和招标代理机构法定代表人证明书和法定代表人授权委托证明书； （5）工程建设项目招标核准表； （6）招标公告，资格预审文件，招标文件； （7）建设用地规划许可证和规划设计条件； （8）建筑设计要点。

2.3 修建性详细规划方案

表 3-2-18

工时估算	行政许可申请资料
5 个工作日	（1）书面申请； （2）建设项目选址意见书； （3）规划设计条件（含附图）； （4）规划设计文件及光盘； （5）属于须要招投标进行规划设计方案的，须附中标通知书、专家评审意见、设计单位对照评审意见的逐条修改说明； （6）属修改规划设计方案送审的，须附前次方案审批意见、设计单位对照审批意见的逐条修改说明；修改规划设计方案应同时符合规划设计条件和审批意见的要求。

2.4 初步设计

表 3-2-19

工时估算	行政许可申请资料
5 个工作日	（1）建设工程初步设计审批表； （2）规划设计条件或建筑设计条件（含附图）； （3）设计单位附送的对应规划或建筑设计条件的设计说明； （4）建筑设计方案图及设计文件（纸质版本与光盘）； （5）如属招投标方案的附送中标方案、中标通知书及专家评审意见； （6）若需复审或扩初设计则须对应方案审批意见作出设计修改说明。

2.5 项目环评的管制

2.5.1 登记表的核准

表 3-2-20

工时估算	行政许可申请资料
12 个工作日	（1）工商部门核准项目名称文件； （2）办理饮食行业项目须提交规划部门意见； （3）项目选址已作了总体区域环评的，提供原环保部门总体环评意见； （4）位于敏感区域范围的提供公众意见表； （5）环境影响登记表。

2.5.2 报告表的核准

表 3-2-21

工时估算	行政许可申请资料
15 个工作日	（1）工商部门核准项目名称文件； （2）办理饮食行业项目须提交规划部门意见； （3）项目选址已作了总体区域环评的，提供原环保部门总体环评意见； （4）位于敏感区域范围的提供公众意见表； （5）有环评资质单位编制的环境影响报告表。

模块三 房地产开发的生命周期与时间管理

2.5.3 报告书的核准

表 3-2-22

工时估算	行政许可申请资料
30 个工作日	(1) 有环评资质单位编制的环境影响报告书； (2) 符合专家评审要求的环境影响报告书； (3) 申请审批的函； (4) 专家评审意见及对应的修改清单； (5) 其他需提供的有关证明文件。

2.6 人防的设计

2.6.1 人防的设计方案

表 3-2-23

工时估算	行政许可申请资料
4 个工作日	(1) 建设工程人防报建申请表； (2) 用地批文； (3) 规划（建筑）设计条件； (4) 设计图纸； (5) 地质勘探报告。

2.6.2 人防的初步设计

表 3-2-24

工时估算	行政许可申请资料
4 个工作日	(1) 结合民用建筑修建防空地下室设计要点批文； (2) 人防工程部分的初步设计图纸。

模块三 房地产开发的生命周期与时间管理

2.7 防雷设计

2.7.1 防雷的初步设计审查

表 3-2-25

工时估算	行政许可申请资料
4 个工作日	(1) 防雷装置初步设计审核申请书； (2) 建筑天面、立面、总平面图一套，总平面图须加盖建设单位公章和提供电子版； (3) 设计单位资质证复印件，须加盖公章； (4) 需要进行雷击风险评估的项目，要提交雷击风险评估报告。

2.7.2 防雷的施工图审查

表 3-2-26

工时估算	行政许可申请资料
5 个工作日	(1) 防雷装置施工图设计审核申请书； (2) 防雷检测机构出具的防雷设施设计施工图技术审查意见； (3) 防雷工程设计单位资质文件及防雷装置设计核准书； (4) 建设工程规划许可证； (5) 防雷图设计说明、天面防雷平面图、基础接地平面图、防雷大样图、均压环平面图（或在设计说明中写明），其中天面防雷平面图和基础接地平面图须提供电子文档； (6) 需要安装雷击电磁脉冲防护装置的提供设计图纸。

2.8 施工图审查

表 3-2-27

工时估算	行政许可申请资料
4 个工作日	(1) 施工图设计文件审查情况备案表； (2) 民用建筑节能设计审查登记表。

2.9　工程规划许可证

表 3-2-28

工时估算	行政许可申请资料
14 个工作日	（1）工程规划报建表； （2）规划设计条件、建筑设计条件及附图； （3）建筑设计方案审批意见及方案审批意见要求附送的相关资料； （4）建筑施工图、排水施工图； （5）规划成果文件光盘及对应审批意见的设计修改说明文件； （6）项目立项批文； （7）国土用地批文； （8）年度用地计划批文。

第 3 节　施 工 建 造 阶 段

施工时间在整个项目的全生命周期所占用的比重最大，是整个开发控制计划的"关键线路"。因此，建设项目的施工建造工期估算的合理性对整个开发控制计划的"可指导性"影响很大。

在编制施工建造阶段的开发控制计划时，应考虑的因素有：建筑产品的形态（功能与规模）、项目所在地的气候因素、季节因素、项目的承包模式（总承包模式还是专业承包模式）等。为了"项目投资分析师"编制工期的便利性，笔者根据国家主管部门及部门地方政府主管所颁布的工期定额为依据，对其内容进行了摘录与整理形成了《施工工期速查表》，以便计划工程师在项目投资分析阶段编制项目的开发控制计划时参考使用。由于，在编制施工建造阶段的开发计划时，与政府对此阶段的关键业务行政许可时间的长短是分不开的。因此，下面首先应介绍一下政府部门对施工建造阶段关键业务行政许可方面的时间规定。

3.1 房屋拆迁的许可证

表 3-2-29

工序时间	行政许可申请资料
30 个工作日	（1）房屋拆迁申请书； （2）项目立项的批文； （3）用地规划许可证； （4）国有土地使用权批准文件； （5）拆迁计划和拆迁方案； （6）办理存款业务的金融机构出具的拆迁补偿安置资金证明。

3.2 房屋拆除的施工备案

表 3-2-30

工时估算	行政许可申请资料
15 个工作日	（1）房屋拆除施工备案表； （2）需要补偿的，须提交房屋拆迁许可证； （3）属于自拆自建的，须提交"拟拆房屋"的《房地产权证》、建设项目批文、《建设规划许可证》及附图、市旧改办批文等有效文件； （4）属于排危的，须提交《房地产权证》、《建设规划许可证》及附图、市房屋安全鉴定委员会出具的《房屋安全鉴定书》； （5）施工单位资质证书； （6）拆房施工合同书； （7）拆除施工组织方案及安全防范措施，堆放、清除废弃物的措施； （8）施工项目经理资质证书或注册建造师的执业注册证书； （9）拆除施工安全监督申报文件。

模块三 房地产开发的生命周期与时间管理

3.3 招标方式的核准

表 3-2-31

工时估算	行政许可申请资料
3 个工作日	(1) 项目立项批准文件； (2) 代理招标合同、招标代理机构资质证书、招标代理机构法定代表人证明书； (3) 建设单位的法定代表人授权委托证明书； (4) "发改委" 批准的工程建设项目招标核准表； (5) 招标公告，资格预审文件，招标文件； (6) 工程建设项目施工招标基本情况表； (7) 工程规划许可证（施工招标、施工阶段监理招标）； (8) 施工图审查机构出具的审查报告； (9) 资金到位情况证明； (10) 需要招标的设备、材料清单。

3.4 施工招标控制价备案

表 3-2-32

工时估算	行政许可申请资料
10 个工作日	(1) 招标控制价备案申请表； (2) 招标方案核准表； (3) 有资质的造价机构编制的招标控制价文件； (4) 经审图机构审核的施工图纸； (5) 工程量计算书或电子文档； (6) 经招标人确认的新材料、特殊材料价格证明。

3.5 道路临时占用

表 3-2-33

工时估算	行政许可申请资料
10 个工作日	(1) 城市道路临时占用申请表； (2) 所占用的城市道路为机动车道时，需公安交通管理部门审批文件； (3) 有关附图。

模块三 房地产开发的生命周期与时间管理

3.6 树木砍伐迁移

表 3-2-34

工时估算	行政许可申请资料
7 个工作日	(1) 迁移绿化树木申请表； (2) 规划部门审批的相关文件； (3) 有关附图。

3.7 质量监督手续

表 3-2-35

工时估算	行政许可申请资料
3 个工作日	(1) 工程质量监督登记表； (2) 建设工程施工报建表； (3) 工程质量保证体系审查表； (4) 桩基础工程施工报建表（包含基坑支护）； (5) 工程规划许可证； (6) 设计、监理、施工中标通知书（或免招标批文）； (7) 监理合同、监理规划； (8) 施工承包合同； (9) 工程预算书； (10) 设计图纸； (11) 施工图审查报告； (12) 地质勘探资料； (13) 外地勘察、设计、监理、施工单位资质证书。

模块三 房地产开发的生命周期与时间管理

3.8 安全监督手续

表 3-2-36

工时估算	行政许可申请资料
3 个工作日	(1) 建设工程安全监督登记表； (2) 建设工程施工前期安全措施登记表； (3) 安全管理各项制度（须监理单位盖章）； (4) 关于伤亡控制指标、安全评价、文明施工等管理目标； (5) 施工企业安全生产许可证、施工企业分管本项目技术负责人（总工）、安全员及项目负责人、施工员、资料员、特种作业人员等花名册，资格证书； (6) 单位工程施工组织设计（总监盖执业注册章同意）、专项施工组织设计、方案（脚手架、井字架、卸料平台、施工用电、桩基工程、基坑支护、模板工程、高支模等）； (7) 临时设施（办公室、大门、围墙、排水设施等）； (8) 拟进场施工机械、设备型号和数量； (9) 建设工程安全生产、文明施工设施经费落实情况（施工合同中安全生产、文明施工措施费相关内容）； (10) 意外伤害保险办理情况。

3.9 白蚁防治合同备案

表 3-2-37

工时估算	行政许可申请资料
7 个工作日	(1) 白蚁防治合同； (2) 防治施工方案； (3) 工程规划许可证； (4) 建筑设计图纸； (5) 小区总平面图。

3.10 散装水泥专项资金

表 3-2-38

工时估算	行政许可申请资料
20 个工作日 交纳	（1）项目中标书； （2）施工合同； （3）商品混凝土合同； （4）工程预算书。
20 个工作日 退款	（1）退款申请表； （2）法人委托书； （3）购买散装水泥和商品混凝土的有效发票； （4）预交专项资金的凭证； （5）工程结算书； （6）现场搅拌混凝土申请表（需要则申请）。

3.11 使用新型墙体材料

表 3-2-39

工时估算	行政许可申请资料
7 个工作日	（1）申请鉴定单位的申请报告； （2）市建筑工程质量检测部门或国家有关检测机构检验合格证明； （3）企业营业执照及法人代表证明材料； （4）产品技术说明书；产品企业标准； （5）企业现行质量管理文件。

3.12 施工许可证

表 3-2-40

工时估算	行政许可申请资料
3个工作日	(1) 建筑施工许可申请表； (2) 工程规划许可证； (3) 施工场地已经基本具备施工条件，需要拆迁的，其拆迁进度符合要求； (4) 提交建施工合同中标通知书、施工合同（单列安全与文明施工措施费用支付计划）； (5) 监理项目中标通知书、监理合同；总监理工程师岗位证书、监理员上岗证书； (6) 质量、安全监督手续； (7) 建设资金已落实（银行出具不少于工程合同价的30%的到位资金证明）； (8) 施工单位的安全生产许可证；项目经理资质证书，安全生产考核合格证书；专职安全员岗位证书； (9) 廉政责任书； (10) 施工图设计审查报告； (11) 意外伤害保险交费凭证； (12) 建设工程施工报建表。

3.13 施工放样复验收

表 3-2-41

工时估算	行政许可申请资料
5个工作日	(1) 工程放样复验申请表； (2) 依法施工责任书； (3) 依法建设责任书； (4) 工程规划许可证。

模块三 房地产开发的生命周期与时间管理

3.14 混凝土现场搅拌

表 3-2-42

工时估算	行政许可申请资料
5 个工作日	(1) 建筑工程使用袋装水泥和现场搅拌混凝土申请表； (2) 工程规划许可证与规划四置图； (3) 施工企业营业执照、资质证书； (4) 施工许可证。

3.15 人防专项验收

表 3-2-43

工时估算	行政许可申请资料
7 个工作日	(1) 工程设计及设计变更文件资料； (2) 工程竣工图； (3) 工程初验以及验收申请报告等文件； (4) 人防工程技术档案； (5) 工程竣工图。

3.16 环保专项验收

表 3-2-44

工时估算	行政许可申请资料
30 个工作日	(1) 环评文件及批复意见或建设项目环境影响登记表； (2) 竣工验收申请报告； (3) 验收监测报告； (4) 对生态环境产生影响项目，建设应提交环境保护验收调查报告（表）。

模块三 房地产开发的生命周期与时间管理

3.17 消防验收合格证

表 3-2-45

工时估算	行政许可申请资料
10 个工作日 土建消防	（1）建筑工程消防验收申报表； （2）提交消防产品（灭火器材、防火门、防火卷帘等）相关资料； （3）土建工程竣工图等相关资料。
10 个工作日 消防安装	（1）建筑工程消防验收申报表； （2）提交消防产品（水泵、喷头、火灾探测器等）相关资料（检测报告、合格证等）消防设施安装工程竣工图等相关资料； （3）提交 消防设施审核意见书； （4）提交自动消防系统施工安装单位的有效资质证明。
10 个工作日 装修消防	（1）建筑工程消防验收申报表； （2）提交消防产品（灭火器材等）相关资料（检测报告、合格证等）、主要装修材料检测报告或合格证； （3）室内装修工程竣工图等相关资料； （4）提交装修审核意见书； （5）提交室内装修施工的有效资质证明。

3.18 防雷专项验收

表 3-2-46

工时估算	行政许可申请资料
5 个工作日	（1）防雷验收原始记录表； （2）其他相关资料。

模块三 房地产开发的生命周期与时间管理

229

3.19 规划验收合格证

表 3-2-47

工时估算	行政许可申请资料
13 个工作日	（1）建设工程验收申请表； （2）建筑设计条件（含附图）； （3）建筑设计方案审批意见； （4）经批准的建筑施工图、排水施工图； （5）建筑竣工测量图及建筑周边隐蔽工程竣工测量图； （6）建设工程规划批后管理登记表； （7）工程规划许可证； （8）属旧区改造的须附征拆绿线。

3.20 竣工验收备案

表 3-2-48

工时估算	行政许可申请资料
5 个工作日	（1）竣工验收备案表； （2）工程竣工验收申请表； （3）工程竣工验收报告； （4）施工图设计文件审查批准书； （5）施工许可证； （6）规划验收合格证； （7）消防验收合格证； （8）环保专项验收批准文件； （9）勘察、设计单位提供的《质量检查报告》； （10）监理单位出具的《工程质量评估报告》； （11）安全监督机构出具的《建设工程施工安全评价书》； （12）建设单位和施工单位签署的《工程质量保修书》； （13）商品房住宅提供《住宅质量保证书》、《住宅使用说明书》； （14）勘察、设计、监理、施工等款项的支付证明。

3.21 房屋面积的测绘

表 3-2-49

工时估算	行政许可申请资料
10 个工作日	(1) 项目立项批文； (2) 国有土地使用证； (3) 规划红线图； (4) 工程规划许可证； (5) 竣工验收证明文件； (6) 竣工验收备案表； (7) 竣工验收图纸。

第 4 节 推广与销售阶段

无论是以"项目建制"还是以"集团建制"模式进行房地产开发业务，在房地产开发企业的管理团队中一般均由专职的"营销部或营销中心"负责。

推广与销售阶段的业务包括推广、销售、售后服务三个环节，编制推广与销售的工作计划是营销职能部门最基本的业务之一，同时营销业务的工作计划也是测算项目现金流量收入的最重要的时间参考坐标。因此，在项目投资决策分析阶段，项目"投资分析师"应掌握营销阶段各重要工作节点的逻辑关系和工序时间的估值。

4.1 商品房预售证

表 3-2-50

工时估算	行政许可申请资料
10 个工作日	(1) 预售商品房申报表； (2) 房地产开发资质证书，营业执照，项目立项批文； (3) 土地使用权出让金凭证及国有土地使用证； (4) 房地产开发合同或旧城改造合同； (5) 工程规划许可证； (6) 工程施工许可证； (7) 施工进度方案：已完成结构工程并封顶（≤七层的商品房项目），或已完成三分之二结构工程（＞七层的商品房项目）； (8) 投资计划和资金来源等文件； (9) 前期物业管理合同； (10) 商品房预售款专用账户监管协议书； (11) 开立商品房预售款监管专用账户证明； (12) 施工合同、建设监理合同； (13) 工程质量及施工安全监督通知书；

工时估算	行政许可申请资料
10 个工作日	（14）预售说明书（包括商品房的四置、标准名、地点、装修标准、销售计划、销售面积、建筑面积、公摊面积、计价面积与价格、开工及竣工交付使用时间等）； （15）规划图（总平面图）、建筑图纸； （16）公安部门门牌证明； （17）如在境外销售，需提供境外销售商品房批文。

4.2 预售合同备案

表 3-2-51

工时估算	行政许可申请资料
20 个工作日	（1）商品房买卖合同； （2）银行现金缴款单或银行进账单； （3）前期物业管理合同； （4）身份证明。

4.3 商品房权属登记

表 3-2-52

工时估算	行政许可申请资料
15 个工作日	（1）国有土地使用证； （2）红线图或总平面图； （3）规划施工图、竣工图； （4）规划验收合格证； （5）竣工验收备案表； （6）商品房预售许可证； （7）商品房屋情况登记表； （8）新建楼宇产权资料移交清单； （9）公安部门门牌证明； （10）面积测量报告； （11）拆迁许可证（旧城改造项目）。

4.4 房屋使用证

表 3-2-53

工时估算	行政许可申请资料
20个工作日	(1) 新建住宅交付使用申请表； (2) 建设用地批准书（土地出让合同）； (3) 建设工程规划许可证及所附建筑工程总平面图、建筑工程项目表； (4) 竣工验收备案文件或竣工报告； (5) 供水、供电、供气、有线电视、电话通信和宽带数据传输信息端口敷设到户的配套建设验收合格证明； (6) 雨污水排放批准文件，或主管机关同意的临时性排放期限的文件； (7) 住宅建设配套费缴纳收据或项目包干使用证明； (8) 规划验收合格证明（新建住宅建设工程未全部竣工的除外）； (9) 住宅门牌编号批件及附图；高层住宅消防验收合格证明；电梯验收检验报告； (10) 房屋土地权属调查报告书； (11)《新建住宅质量保证书》和《新建住宅使用说明书》。

第3-3章　建设工程的设计周期与设计工时

在规划设计阶段，无论是在设计合同的谈判阶段，还是作为企业内部的时间管理，都需要熟知设计周期的规律。由于建设工程的规划设计早已从绘图版、描图笔的"手工作业"的时代发展到电脑软件绘制图纸的阶段。因此，设计人员的工作效率越来越高，建设工程的设计周期将越来越短。所以，开发企业在测算建设工程的"设计周期"时，一定要考虑时效、市场竞争等因素的修正。

下面以建设部于 2000 年颁布的《民用建筑设计劳动定额》及 2002 年颁布的《全国统一民用建筑设计周期定额》为基准的指标，在此基础上再对其进行设计市场、时效因素等影响建设工程设计周期的各种因素进行修正，形成了以"日历天"为计量单位的设计周期指标，以方便读者进行相关数据的速查。为了读者快速掌握设计阶段的时间管理的方法，本书创建了设计时间管理模型如下：

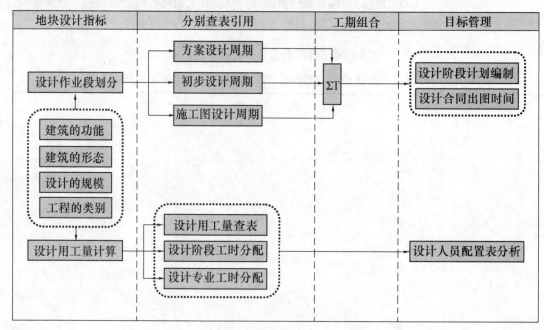

图 3-3-1

第 1 节 建设工程设计周期指标说明

1.1 设计周期指标内涵

建设工程"设计周期指标"的编制的设计时间是指自建设工程设计条件具备的前提下，设计人员从建设工程的实施方案设计开始至全部施工图设计全部完成所需要的日历天数。

设计周期指标时间不包括设计前期工作，设计方案投标、设计前至现场踏勘、收集资料、方案设计与初步设计的批准时间、施工图审查和施工图修改时间。

"设计周期指标"考虑了我国各类民用建筑设计一般需要投入的设计力量，以单项工程为单位，按建筑类别及规模、复杂程度，按设计程序的方案设计和初步设计、施工图设计三个阶段，分别列出除施工配合至竣工验收以外的工作周期（日历天）。

1.1.1 方案设计阶段的设计周期

方案设计阶段的设计周期指标是设计单位根据建设单位所提供的设计任务书和各项设计基础资料为依据，按规划等审查部门的规划条件所进行的方案设计（包括编制方案阶段的投资估算）所需要的时间。不包括政府主管部门对设计方案进行行政许可的审查时间。

如果建设单位是以直接委托的方式与设计单位合作的，应直接进行正式的方案设计；如果建设单位是投标方式与设计单位合作的，中标后应进行实施方案设计。设计单位在方案阶段所编制的设计文件应满足进入初步设计所必须达到的设计深度。

1.1.2 初步设计阶段的设计周期

初步设计阶段的设计周期是指从始于方案设计正式定稿后，止于设计单位提交了初步设计、编制初步设计概算、完成初步设计会审后的修改，直到满足进入施工图设计必须达到的设计深度之间所需要的设计时间。不包括政府对初步设计文件的行政许可审查时间。

对于简单的建设工程，且没有初步设计阶段的，则其设计周期的测算可以仅引用方案设计阶段与施工图设计阶段的设计周期指标即可。

1.1.3 施工图设计阶段的设计周期

施工图设计阶段的设计周期是指设计单位根据定稿后初步设计的书面批复，正式进行施工图设计，完成包括室外总体设计、管线综合设计在内的全部施工图设计所需要的工作时间。不包括编制施工图预算的时间，也不包括施工图审查所需要的时间。

当建设单位需要另行委托有专项设计资质单位对某项进行深化设计时，所需要的设计时间需要另行测算。

1.2　设计周期指标的引用

建设单位在引用下面各项设计周期的指标时，应按单项工程分别套用，类似的工程可参照套用，无法套用时，另行商定周期。对于功能单一，技术要求简单的小型项目经商定可分为两阶段，即由方案设计阶段直接进入施工图设计阶段。由方案设计直接进入施工图设计的项目，其初步设计周期应并入方案设计周期之内。

设计周期指标是基于 2001 年静态的指标，还需要根据以下各类情况进行设计周期指标的修正：

表 3-3-1

影响因素	设计周期修正办法
重复设计时	(1) 全部重复设计时，下表数据×0.3 (2) 上部重复，基础重新设计时，下表数据×0.4
改建、扩建工程	(3) 根据不同复杂程度按同类工程周期增加×1.1~1.4
居住类建筑底层为商业用房	(4) 按同类工程周期增加×1.1~1.2
分阶段委托	(5) 初步设计和施工图设计周期各×1.1
五级及五级以上人防设计	(6) 初步设计和施工图设计周期各×1.1
多个单位设计	(7) 主体设计单位的设计周期×1.1
市场竞争因素	(8) 按同类工程的设计周期×0.4~0.8

第 2 节　住 宅 类 设 计 周 期

根据住宅的层数、设计面积和设计阶段的划分，分别给出了设计周期指标，建设单位在引用时应根据建设工程的地块的规划控制条件（占地面积、容积率、建筑密度、绿化率等），初步判断出建设工程的建筑形态（多层、中高层、高层、超高层），再根据下表进行测算：

2.1 别墅及小住宅

表 3-3-2

面积 （m²）	方案设计		初步设计		施工图设计		全过程设计	
	天数	天/m²	天数	天/m²	天数	天/m²	天数	天/m²
300	30	10.0%	0	0	30	10.0%	60	20.0%
500	30	6.0%	0	0	30	6.0%	60	12.0%
1 000	38	3.8%	0	0	38	3.8%	75	7.5%
1 500	38	2.5%	0	0	45	3.0%	83	5.5%
速算指标		5.6%				5.7%		11.3%

2.2 多层住宅

表 3-3-3

面积 （m²）	方案设计		初步设计		施工图设计		全过程设计	
	天数	天/m²	天数	天/m²	天数	天/m²	天数	天/m²
3 000	15	0.5%	15	0.5%	30	1.0%	60	2.0%
5 000	15	0.3%	23	0.5%	38	0.8%	75	1.5%
8 000	23	0.3%	23	0.3%	45	0.6%	90	1.1%
10 000	30	0.3%	30	0.3%	60	0.6%	120	1.2%
速算指标		0.3%		0.4%		0.7%		1.5%

2.3 中高层住宅（7 层≤N≤9 层）

表 3-3-4

面积 （m²）	方案设计		初步设计		施工图设计		全过程设计	
	天数	天/m²	天数	天/m²	天数	天/m²	天数	天/m²
5 000	23	0.5%	23	0.5%	45	0.9%	90	1.8%
8 000	23	0.3%	30	0.4%	53	0.7%	105	1.3%
10 000	30	0.3%	30	0.3%	75	0.8%	135	1.4%
15 000	30	0.2%	38	0.3%	83	0.6%	150	1.0%
速算指标		0.3%		0.3%		0.7%		1.4%

2.4　高层住宅（10 层≤N≤18 层）

表 3-3-5

面积 （m²）	方案设计		初步设计		施工图设计		全过程设计	
	天数	天/m²	天数	天/m²	天数	天/m²	天数	天/m²
8 000	23	0.3‰	30	0.4‰	60	0.8‰	113	1.4‰
10 000	30	0.3‰	38	0.4‰	75	0.8‰	143	1.4‰
15 000	30	0.2‰	45	0.3‰	98	0.7‰	173	1.2‰
20 000	38	0.2‰	53	0.3‰	120	0.6‰	210	1.1‰
30 000	38	0.1‰	75	0.3‰	158	0.5‰	270	0.9‰
速算指标		0.2‰		0.3‰		0.7‰		1.2‰

2.5　高层住宅（19 层≤N≤29 层）

表 3-3-6

面积 （m²）	方案设计		初步设计		施工图设计		全过程设计	
	天数	天/m²	天数	天/m²	天数	天/m²	天数	天/m²
15 000	38	0.3‰	53	0.4‰	105	0.7‰	196	1.3‰
20 000	38	0.2‰	60	0.3‰	120	0.6‰	218	1.1‰
30 000	45	0.2‰	83	0.3‰	165	0.6‰	293	1.0‰
50 000	60	0.1‰	105	0.2‰	188	0.4‰	353	0.7‰
速算指标		0.2‰		0.3‰		0.6‰		1.0‰

2.6　超高层住宅（N≥30 层）

表 3-3-7

面积 （m²）	方案设计		初步设计		施工图设计		全过程设计	
	天数	天/m²	天数	天/m²	天数	天/m²	天数	天/m²
25 000	45	0.2‰	90	0.4‰	180	0.7‰	315	1.3‰
35 000	53	0.2‰	98	0.3‰	195	0.6‰	346	1.0‰
45 000	60	0.1‰	113	0.3‰	225	0.5‰	398	0.9‰
60 000	75	0.1‰	128	0.2‰	233	0.4‰	436	0.7‰
90 000	90	0.1‰	150	0.2‰	255	0.3‰	495	0.6‰
速算指标		0.1‰		0.3‰		0.5‰		0.9‰

第3节 办公楼类设计周期

3.1 多层办公楼

表 3-3-8

面积 (m²)	方案设计		初步设计		施工图设计		全过程设计	
	天数	天/m²	天数	天/m²	天数	天/m²	天数	天/m²
3 000	15	0.5‰	15	0.5‰	38	1.3‰	68	2.3‰
5 000	15	0.3‰	23	0.5‰	45	0.9‰	83	1.7‰
8 000	23	0.3‰	23	0.3‰	68	0.9‰	114	1.4‰
6 000	23	0.4‰	30	0.5‰	60	1.0‰	113	1.9‰
速算指标		0.4‰		0.4‰		1.0‰		1.8‰

3.2 高层办公楼 (20m≤H≤50m)

表 3-3-9

面积 (m²)	方案设计		初步设计		施工图设计		全过程设计	
	天数	天/m²	天数	天/m²	天数	天/m²	天数	天/m²
6 000	23	0.4‰	30	0.5‰	60	1.0‰	113	1.9‰
10 000	30	0.3‰	45	0.5‰	83	0.8‰	158	1.6‰
15 000	38	0.3‰	53	0.4‰	98	0.7‰	189	1.3‰
速算指标		0.3‰		0.4‰		0.8‰		1.6‰

3.3 高层办公楼 (50m＜H≤100m)

表 3-3-10

面积 (m²)	方案设计		初步设计		施工图设计		全过程设计	
	天数	天/m²	天数	天/m²	天数	天/m²	天数	天/m²
15 000	45	0.3‰	68	0.5‰	120	0.8‰	233	1.6‰
20 000	60	0.3‰	75	0.4‰	150	0.8‰	285	1.4‰
30 000	68	0.2‰	90	0.3‰	180	0.6‰	338	1.1‰
50 000	75	0.2‰	105	0.2‰	210	0.4‰	390	0.8‰
速算指标		0.2‰		0.3‰		0.6‰		1.2‰

3.4 超高层办公楼 (*H*>100m)

表 3-3-11

面积 （m²）	方案设计		初步设计		施工图设计		全过程设计	
	天数	天/m²	天数	天/m²	天数	天/m²	天数	天/m²
40 000	75	0.2‰	113	0.3‰	225	0.6‰	413	1.0‰
60 000	75	0.1‰	120	0.2‰	248	0.4‰	443	0.7‰
80 000	83	0.1‰	135	0.2‰	270	0.3‰	488	0.6‰
100 000	90	0.1‰	150	0.2‰	300	0.3‰	540	0.5‰
速算指标		0.1‰		0.2‰		0.4‰		0.7‰

第 4 节　酒店类设计周期

4.1 招待所

表 3-3-12

面积 （m²）	方案设计		初步设计		施工图设计		全过程设计	
	天数	天/m²	天数	天/m²	天数	天/m²	天数	天/m²
4 000	23	0.6‰	30	0.8‰	60	1.5‰	113	2.8‰
6 000	30	0.5‰	38	0.6‰	75	1.3‰	143	2.4‰
10 000	38	0.4‰	45	0.5‰	90	0.9‰	173	1.7‰
速算指标		0.5‰		0.6‰		1.2‰		2.3‰

4.2 三星级宾馆 (*H*<24m)

表 3-3-13

面积 （m²）	方案设计		初步设计		施工图设计		全过程设计	
	天数	天/m²	天数	天/m²	天数	天/m²	天数	天/m²
10 000	45	0.5‰	60	0.6‰	120	1.2‰	225	2.3‰
15 000	45	0.3‰	68	0.5‰	135	0.9‰	248	1.7‰
20 000	45	0.2‰	75	0.4‰	150	0.8‰	270	1.4‰
25 000	53	0.2‰	90	0.4‰	180	0.7‰	323	1.3‰
速算指标		0.3‰		0.4‰		0.9‰		1.6‰

4.3 三星宾馆（24m≤H≤50m）

表 3-3-14

面积 (m²)	方案设计		初步设计		施工图设计		全过程设计	
	天数	天/m²	天数	天/m²	天数	天/m²	天数	天/m²
15 000	45	0.3%	90	0.6%	150	1.0%	285	1.9%
25 000	60	0.2%	98	0.4%	203	0.8%	361	1.4%
速算指标		0.3%		0.5%		0.9%		1.7%

4.4 三星宾馆（50m＜H≤100m）

表 3-3-15

面积 (m²)	方案设计		初步设计		施工图设计		全过程设计	
	天数	天/m²	天数	天/m²	天数	天/m²	天数	天/m²
20 000	60	0.3%	98	0.5%	203	1.0%	361	1.8%
30 000	68	0.2%	105	0.4%	218	0.7%	391	1.3%
50 000	75	0.2%	135	0.3%	270	0.5%	480	1.0%
速算指标		0.2%		0.4%		0.8%		1.4%

4.5 四星级宾馆（H＜24m）

表 3-3-16

面积 (m²)	方案设计		初步设计		施工图设计		全过程设计	
	天数	天/m²	天数	天/m²	天数	天/m²	天数	天/m²
20 000	53	0.3%	90	0.5%	195	1.0%	338	1.7%
25 000	60	0.2%	105	0.4%	210	0.8%	375	1.5%
速算指标		0.3%		0.4%		0.9%		1.6%

模块三 房地产开发的生命周期与时间管理

4.6　四星宾馆（24m≤H≤50m）

表 3-3-17

面积 （m²）	方案设计		初步设计		施工图设计		全过程设计	
	天数	天/m²	天数	天/m²	天数	天/m²	天数	天/m²
20 000	60	0.3‰	105	0.5‰	210	1.1‰	375	1.9‰
30 000	68	0.2‰	113	0.4‰	225	0.8‰	406	1.4‰
50 000	83	0.2‰	150	0.3‰	285	0.6‰	518	1.0‰
速算指标		0.2‰		0.4‰		0.8‰		1.4‰

4.7　四星宾馆（50m＜H≤100m）

表 3-3-18

面积 （m²）	方案设计		初步设计		施工图设计		全过程设计	
	天数	天/m²	天数	天/m²	天数	天/m²	天数	天/m²
30 000	75	0.3‰	135	0.5‰	270	0.9‰	480	1.6‰
50 000	90	0.2‰	150	0.3‰	300	0.6‰	540	1.1‰
70 000	98	0.1‰	165	0.2‰	330	0.5‰	593	0.8‰
速算指标		0.2‰		0.3‰		0.7‰		1.2‰

4.8　四星宾馆（H＞100m）

表 3-3-19

面积 （m²）	方案设计		初步设计		施工图设计		全过程设计	
	天数	天/m²	天数	天/m²	天数	天/m²	天数	天/m²
40 000	90	0.2‰	150	0.4‰	315	0.8‰	555	1.4‰
60 000	98	0.2‰	165	0.3‰	330	0.6‰	593	1.0‰
80 000	105	0.1‰	180	0.2‰	360	0.5‰	645	0.8‰
速算指标		0.2‰		0.3‰		0.6‰		1.1‰

4.9 五星级宾馆（$H < 24m$）

表 3-3-20

面积 （m²）	方案设计		初步设计		施工图设计		全过程设计	
	天数	天/m²	天数	天/m²	天数	天/m²	天数	天/m²
20 000	60	0.3%	113	0.6%	225	1.1%	398	2.0%
25 000	68	0.3%	120	0.5%	240	1.0%	428	1.7%
速算指标		0.3%		0.5%		1.0%		1.9%

4.10 五星宾馆（$24m \leqslant H \leqslant 50m$）

表 3-3-21

面积 （m²）	方案设计		初步设计		施工图设计		全过程设计	
	天数	天/m²	天数	天/m²	天数	天/m²	天数	天/m²
20 000	68	0.3%	120	0.6%	240	1.2%	428	2.1%
30 000	75	0.3%	135	0.5%	255	0.9%	465	1.6%
速算指标		0.3%		0.5%		1.0%		1.8%

4.11 五星宾馆（$50m < H \leqslant 100m$）

表 3-3-22

面积 （m²）	方案设计		初步设计		施工图设计		全过程设计	
	天数	天/m²	天数	天/m²	天数	天/m²	天数	天/m²
25 000	75	0.3%	135	0.5%	270	1.1%	480	1.9%
30 000	83	0.3%	150	0.5%	300	1.0%	533	1.8%
50 000	90	0.2%	165	0.3%	330	0.7%	585	1.2%
速算指标		0.3%		0.5%		0.9%		1.6%

模块三 房地产开发的生命周期与时间管理

4.12 五星宾馆（$H>100m$）

表 3-3-23

面积	方案设计		初步设计		施工图设计		全过程设计	
（m²）	天数	天/m²	天数	天/m²	天数	天/m²	天数	天/m²
40 000	90	0.2%	165	0.4%	330	0.8%	585	1.5%
60 000	105	0.2%	180	0.3%	360	0.6%	645	1.1%
80 000	120	0.2%	195	0.2%	390	0.5%	705	0.9%
速算指标		0.2%		0.3%		0.6%		1.1%

第 5 节　教育类设计周期

5.1 托幼建筑

表 3-3-24

面积	方案设计		初步设计		施工图设计		全过程设计	
（m²）	天数	天/m²	天数	天/m²	天数	天/m²	天数	天/m²
1 000	15	1.5%	15	1.5%	45	4.5%	75	7.5%
3 000	23	0.8%	23	0.8%	53	1.8%	99	3.3%
3 000	15	0.5%	15	0.5%	38	1.3%	68	2.3%
5 000	15	0.3%	23	0.5%	45	0.9%	83	1.7%
8 000	15	0.2%	30	0.4%	60	0.8%	105	1.3%
10 000	23	0.2%	38	0.4%	75	0.8%	136	1.4%
5 000	15	0.3%	30	0.6%	60	1.2%	105	2.1%
10 000	23	0.2%	45	0.5%	90	0.9%	158	1.6%
20 000	45	0.2%	60	0.3%	143	0.7%	248	1.2%
30 000	60	0.2%	83	0.3%	165	0.6%	308	1.0%
速算指标		0.4%		0.6%				2.3%

5.2 中小学教学楼

表 3-3-25

面积 (m²)	方案设计		初步设计		施工图设计		全过程设计	
	天数	天/m²	天数	天/m²	天数	天/m²	天数	天/m²
1 000	15	1.5%	15	1.5%	45	4.5%	75	7.5%
3 000	23	0.8%	23	0.8%	53	1.8%	99	3.3%
3 000	15	0.5%	15	0.5%	38	1.3%	68	2.3%
5 000	15	0.3%	23	0.5%	45	0.9%	83	1.7%
8 000	15	0.2%	30	0.4%	60	0.8%	105	1.3%
10 000	23	0.2%	38	0.4%	75	0.8%	136	1.4%
5 000	15	0.3%	30	0.6%	60	1.2%	105	2.1%
10 000	23	0.2%	45	0.5%	90	0.9%	158	1.6%
20 000	45	0.2%	60	0.3%	143	0.7%	248	1.2%
30 000	60	0.2%	83	0.3%	165	0.6%	308	1.0%
速算指标		0.4%		0.6%		1.3%		2.3%

5.3 大中专院校教学楼

表 3-3-26

面积 (m²)	方案设计		初步设计		施工图设计		全过程设计	
	天数	天/m²	天数	天/m²	天数	天/m²	天数	天/m²
1 000	15	1.5%	15	1.5%	45	4.5%	75	7.5%
3 000	23	0.8%	23	0.8%	53	1.8%	99	3.3%
3 000	15	0.5%	15	0.5%	38	1.3%	68	2.3%
5 000	15	0.3%	23	0.5%	45	0.9%	83	1.7%
8 000	15	0.2%	30	0.4%	60	0.8%	105	1.3%
10 000	23	0.2%	38	0.4%	75	0.8%	136	1.4%
5 000	15	0.3%	30	0.6%	60	1.2%	105	2.1%
10 000	23	0.2%	45	0.5%	90	0.9%	158	1.6%
20 000	45	0.2%	60	0.3%	143	0.7%	248	1.2%
30 000	60	0.2%	83	0.3%	165	0.6%	308	1.0%
速算指标		0.4%		0.6%		1.3%		2.3%

模块三 房地产开发的生命周期与时间管理

第6节 综合类设计周期

6.1 商业楼 （$H < 24m$）

表 3-3-27

面积 （m²）	方案设计		初步设计		施工图设计		全过程设计	
	天数	天/m²	天数	天/m²	天数	天/m²	天数	天/m²
10 000	30	0.3%	53	0.5%	90	0.9%	173	1.7%
15 000	45	0.3%	60	0.4%	113	0.8%	218	1.5%
20 000	53	0.3%	75	0.4%	135	0.7%	263	1.3%
50 000	75	0.2%	90	0.2%	180	0.4%	345	0.7%
速算指标		0.3%		0.4%		0.7%		1.3%

6.2 金融楼 （$H < 24m$）

表 3-3-28

面积 （m²）	方案设计		初步设计		施工图设计		全过程设计	
	天数	天/m²	天数	天/m²	天数	天/m²	天数	天/m²
10 000	38	0.4%	53	0.5%	105	1.1%	196	2.0%
20 000	45	0.2%	75	0.4%	135	0.7%	255	1.3%
30 000	60	0.2%	90	0.3%	180	0.6%	330	1.1%
50 000	75	0.2%	105	0.2%	210	0.4%	390	0.8%
速算指标		0.2%		0.4%		0.7%		1.3%

6.3 多层综合楼

表 3-3-29

面积 （m²）	方案设计		初步设计		施工图设计		全过程设计	
	天数	天/m²	天数	天/m²	天数	天/m²	天数	天/m²
5 000	23	0.5%	38	0.8%	68	1.4%	129	2.6%
8 000	30	0.4%	45	0.6%	83	1.0%	158	2.0%
10 000	45	0.5%	60	0.6%	113	1.1%	218	2.2%
速算指标		0.4%		0.6%		1.2%		2.2%

6.4 高层综合楼（24m≤H≤50m）

表 3-3-30

面积 （m²）	方案设计		初步设计		施工图设计		全过程设计	
	天数	天/m²	天数	天/m²	天数	天/m²	天数	天/m²
10 000	45	0.5‰	68	0.7‰	120	1.2‰	233	2.3‰
15 000	53	0.4‰	75	0.5‰	135	0.9‰	263	1.8‰
20 000	60	0.3‰	90	0.5‰	165	0.8‰	315	1.6‰
速算指标	0.4‰		0.5‰		1.0‰		1.9‰	

6.5 高层综合楼（50m<H≤100m）

表 3-3-31

面积 （m²）	方案设计		初步设计		施工图设计		全过程设计	
	天数	天/m²	天数	天/m²	天数	天/m²	天数	天/m²
15 000	60	0.4‰	90	0.6‰	180	1.2‰	330	2.2‰
30 000	75	0.3‰	120	0.4‰	225	0.8‰	420	1.4‰
50 000	90	0.2‰	150	0.3‰	270	0.5‰	510	1.0‰
70 000	98	0.1‰	165	0.2‰	300	0.4‰	563	0.8‰
速算指标	0.2‰		0.4‰		0.7‰		1.4‰	

6.6 超高层综合楼（H>100m）

表 3-3-32

面积 （m²）	方案设计		初步设计		施工图设计		全过程设计	
	天数	天/m²	天数	天/m²	天数	天/m²	天数	天/m²
50 000	98	0.2‰	165	0.3‰	300	0.6‰	563	1.1‰
80 000	105	0.1‰	180	0.2‰	330	0.4‰	615	0.8‰
120 000	120	0.1‰	195	0.2‰	360	0.3‰	675	0.6‰
150 000	135	0.1‰	210	0.1‰	390	0.3‰	735	0.5‰
速算指标	0.1‰		0.2‰		0.4‰		0.7‰	

模块三 房地产开发的生命周期与时间管理

6.7 广播电视楼

表 3-3-33

面积 （m²）	方案设计		初步设计		施工图设计		全过程设计	
	天数	天/m²	天数	天/m²	天数	天/m²	天数	天/m²
10 000	45	0.5%	60	0.6%	120	1.2%	225	2.3%
20 000	60	0.3%	90	0.5%	180	0.9%	330	1.7%
40 000	90	0.2%	120	0.3%	240	0.6%	450	1.1%
60 000	105	0.2%	150	0.3%	300	0.5%	555	0.9%
80 000	120	0.2%	195	0.2%	390	0.5%	705	0.9%
速算指标		0.3%		0.4%		0.7%		1.4%

6.8 电信通讯楼

表 3-3-34

面积 （m²）	方案设计		初步设计		施工图设计		全过程设计	
	天数	天/m²	天数	天/m²	天数	天/m²	天数	天/m²
10 000	45	0.5%	60	0.6%	120	1.2%	225	2.3%
30 000	60	0.2%	90	0.3%	180	0.6%	330	1.1%
50 000	75	0.2%	120	0.2%	240	0.5%	435	0.9%
80 000	90	0.1%	150	0.2%	300	0.4%	540	0.7%
速算指标		0.2%		0.3%		0.7%		1.2%

6.9 电力调度大楼

表 3-3-35

面积 （m²）	方案设计		初步设计		施工图设计		全过程设计	
	天数	天/m²	天数	天/m²	天数	天/m²	天数	天/m²
15 000	45	0.3%	60	0.4%	120	0.8%	225	1.5%
30 000	60	0.2%	75	0.3%	180	0.6%	315	1.1%
50 000	75	0.2%	120	0.2%	240	0.5%	435	0.9%
速算指标		0.2%		0.3%		0.6%		1.1%

模块三　房地产开发的生命周期与时间管理

6.10 邮政

表 3-3-36

面积 （m²）	方案设计		初步设计		施工图设计		全过程设计	
	天数	天/m²	天数	天/m²	天数	天/m²	天数	天/m²
8 000	30	0.4％	45	0.6％	75	0.9％	150	1.9％
15 000	38	0.3％	53	0.4％	105	0.7％	196	1.3％
30 000	53	0.2％	75	0.3％	150	0.5％	278	0.9％
速算指标		0.3％		0.4％		0.7％		1.4％

第7节 文化娱乐类设计周期

7.1 影剧院

表 3-3-37

面积 （m²）	方案设计		初步设计		施工图设计		全过程设计	
	天数	天/m²	天数	天/m²	天数	天/m²	天数	天/m²
5 000	60	1.2％	68	1.4％	135	2.7％	263	5.3％
10 000	90	0.9％	105	1.1％	203	2.0％	398	4.0％
速算指标		1.1％		1.2％		2.4％		4.6％

7.2 综合文娱

表 3-3-38

面积 （m²）	方案设计		初步设计		施工图设计		全过程设计	
	天数	天/m²	天数	天/m²	天数	天/m²	天数	天/m²
5 000	38	0.8％	45	0.9％	90	1.8％	173	3.5％
10 000	53	0.5％	60	0.6％	120	1.2％	233	2.3％
20 000	60	0.3％	75	0.38％	150	0.8％	285	1.4％
速算指标		0.5％		0.6％		1.3％		2.4％

模块三 房地产开发的生命周期与时间管理

7.3 会堂与会展

表 3-3-39

面积 (m²)	方案设计		初步设计		施工图设计		全过程设计	
	天数	天/m²	天数	天/m²	天数	天/m²	天数	天/m²
5 000	38	0.8‰	45	0.9‰	90	1.8‰	173	3.5‰
8 000	45	0.6‰	53	0.7‰	105	1.3‰	203	2.5‰
15 000	53	0.4‰	75	0.5‰	143	1.0‰	271	1.8‰
30 000	75	0.3‰	120	0.4‰	240	0.8‰	435	1.5‰
45 000	90	0.2‰	143	0.3‰	278	0.6‰	511	1.1‰
速算指标		0.4‰		0.6‰		1.1‰		2.1‰

第 8 节 试验楼类设计周期

8.1 多层试验楼

表 3-3-40

面积 (m²)	方案设计		初步设计		施工图设计		全过程设计	
	天数	天/m²	天数	天/m²	天数	天/m²	天数	天/m²
3 000	23	0.8‰	23	0.8‰	45	1.5‰	91	3.0‰
6 000	30	0.5‰	45	0.8‰	60	1.0‰	135	2.3‰
速算指标		0.6‰		0.8‰		1.3‰		2.6‰

8.2 多层试验研究楼

表 3-3-41

面积 (m²)	方案设计		初步设计		施工图设计		全过程设计	
	天数	天/m²	天数	天/m²	天数	天/m²	天数	天/m²
5 000	30	0.6‰	45	0.9‰	68	1.4‰	143	2.9‰
8 000	30	0.4‰	53	0.7‰	98	1.2‰	181	2.3‰
15 000	38	0.3‰	60	0.4‰	120	0.8‰	218	1.5‰
速算指标		0.4‰		0.7‰		1.1‰		2.2‰

模块三 房地产开发的生命周期与时间管理

8.3 高层试验研究楼

表 3-3-42

面积 （m²）	方案设计		初步设计		施工图设计		全过程设计	
	天数	天/m²	天数	天/m²	天数	天/m²	天数	天/m²
8 000	30	0.4%	53	0.7%	105	1.3%	188	2.4%
10 000	38	0.4%	60	0.6%	120	1.2%	218	2.2%
20 000	53	0.3%	90	0.5%	165	0.8%	308	1.5%
30 000	68	0.2%	113	0.4%	225	0.8%	406	1.4%
速算指标		0.3%		0.5%		1.0%		1.9%

第 9 节　博览类设计周期

9.1 图书馆

表 3-3-43

面积 （m²）	方案设计		初步设计		施工图设计		全过程设计	
	天数	天/m²	天数	天/m²	天数	天/m²	天数	天/m²
6 000	38	0.6%	45	0.8%	90	1.5%	173	2.9%
10 000	53	0.5%	60	0.6%	120	1.2%	233	2.3%
30 000	68	0.2%	105	0.4%	195	0.7%	368	1.2%
50 000	90	0.2%	135	0.3%	240	0.5%	465	0.9%
速算指标		0.4%		0.5%		1.0%		1.8%

9.2 档案馆

表 3-3-44

面积 （m²）	方案设计		初步设计		施工图设计		全过程设计	
	天数	天/m²	天数	天/m²	天数	天/m²	天数	天/m²
5 000	30	0.6%	38	0.8%	75	1.5%	143	2.9%
8 000	38	0.5%	45	0.6%	90	1.1%	173	2.2%
15 000	53	0.4%	60	0.4%	120	0.8%	233	1.6%
速算指标		0.5%		0.6%		1.1%		2.2%

9.3 博物馆

表 3-3-45

面积 （m²）	方案设计		初步设计		施工图设计		全过程设计	
	天数	天/m²	天数	天/m²	天数	天/m²	天数	天/m²
10 000	53	0.5%	60	0.6%	120	1.2%	233	2.3%
30 000	60	0.2%	120	0.4%	233	0.8%	413	1.4%
速算指标		0.4%		0.5%		1.0%		1.9%

9.4 展览馆

表 3-3-46

面积 （m²）	方案设计		初步设计		施工图设计		全过程设计	
	天数	天/m²	天数	天/m²	天数	天/m²	天数	天/m²
10 000	38	0.4%	60	0.6%	105	1.1%	203	2.0%
30 000	60	0.2%	90	0.3%	180	0.6%	330	1.1%
50 000	75	0.2%	135	0.3%	225	0.5%	435	0.9%
速算指标		0.2%		0.4%		0.7%		1.3%

9.5 科技馆

表 3-3-47

面积 （m²）	方案设计		初步设计		施工图设计		全过程设计	
	天数	天/m²	天数	天/m²	天数	天/m²	天数	天/m²
8 000	38	0.5%	45	0.6%	90	1.1%	173	2.2%
15 000	45	0.3%	68	0.5%	120	0.8%	233	1.6%
速算指标		0.4%		0.5%		1.0%		1.9%

9.6 美术馆

表 3-3-48

面积	方案设计		初步设计		施工图设计		全过程设计	
（m²）	天数	天/m²	天数	天/m²	天数	天/m²	天数	天/m²
6 000	45	0.8%	53	0.9%	113	1.9%	211	3.5%
10 000	53	0.5%	60	0.6%	128	1.3%	241	2.4%
20 000	75	0.4%	90	0.5%	150	0.8%	315	1.6%
速算指标	1.7%		1.9%		3.9%		7.5%	

第 10 节　体育类设计周期

10.1　体育馆

表 3-3-49

面积	方案设计		初步设计		施工图设计		全过程设计	
（m²）	天数	天/m²	天数	天/m²	天数	天/m²	天数	天/m²
8 000	38	0.5%	60	0.8%	120	1.5%	218	2.7%
15 000	53	0.4%	90	0.6%	180	1.2%	323	2.2%
30 000	68	0.2%	120	0.4%	240	0.8%	428	1.4%
速算指标	0.4%		0.6%		1.2%		2.1%	

10.2　体育场

表 3-3-50

面积	方案设计		初步设计		施工图设计		全过程设计	
（人）	天数	天/m²	天数	天/m²	天数	天/m²	天数	天/m²
10 000	38	0.4%	75	0.8%	158	1.6%	271	2.7%
30 000	60	0.2%	120	0.4%	240	0.8%	420	1.4%
50 000	90	0.2%	150	0.3%	300	0.6%	540	1.1%
80 000	120	0.2%	180	0.2%	360	0.5%	660	0.8%
速算指标	0.2%		0.4%		0.9%		1.5%	

模块三　房地产开发的生命周期与时间管理

10.3 游泳馆

表 3-3-51

面积 (m²)	方案设计		初步设计		施工图设计		全过程设计	
	天数	天/m²	天数	天/m²	天数	天/m²	天数	天/m²
6 000	45	0.8%	68	1.1%	120	2.0%	233	3.9%
10 000	53	0.5%	90	0.9%	150	1.5%	293	2.9%
20 000	60	0.3%	135	0.7%	210	1.1%	405	2.0%
30 000	75	0.3%	165	0.6%	270	0.9%	510	1.7%
速算指标		0.5%		0.8%		1.4%		2.6%

10.4 训练馆

表 3-3-52

面积 (m²)	方案设计		初步设计		施工图设计		全过程设计	
	天数	天/m²	天数	天/m²	天数	天/m²	天数	天/m²
6 000	30	0.5%	30	0.5%	60	1.0%	120	2.0%
15 000	38	0.3%	45	0.3%	90	0.6%	173	1.2%
速算指标		0.4%		0.4%		0.8%		1.6%

第 11 节　医疗类设计周期

11.1 门诊楼

表 3-3-53

面积 (m²)	方案设计		初步设计		施工图设计		全过程设计	
	天数	天/m²	天数	天/m²	天数	天/m²	天数	天/m²
6 000	38	0.6%	45	0.8%	90	1.5%	173	2.9%
10 000	45	0.5%	68	0.7%	120	1.2%	233	2.3%
20 000	68	0.3%	90	0.5%	180	0.9%	338	1.7%
30 000	83	0.3%	120	0.4%	248	0.8%	451	1.5%
速算指标		0.4%		0.6%		1.1%		2.1%

模块三　房地产开发的生命周期与时间管理

11.2 医技楼

表 3-3-54

面积 (m²)	方案设计		初步设计		施工图设计		全过程设计	
	天数	天/m²	天数	天/m²	天数	天/m²	天数	天/m²
4 000	30	0.8‰	30	0.8‰	75	1.9‰	135	3.4‰
6 000	38	0.6‰	45	0.8‰	90	1.5‰	173	2.9‰
10 000	45	0.5‰	75	0.8‰	135	1.4‰	255	2.6‰
速算指标		0.6‰		0.8‰		1.6‰		2.9‰

11.3 病房楼

表 3-3-55

面积 (m²)	方案设计		初步设计		施工图设计		全过程设计	
	天数	天/m²	天数	天/m²	天数	天/m²	天数	天/m²
5 000	30	0.6‰	38	0.8‰	75	1.5‰	143	2.9‰
10 000	45	0.5‰	60	0.6‰	105	1.1‰	210	2.1‰
20 000	60	0.3‰	75	0.4‰	158	0.8‰	293	1.5‰
30 000	75	0.3‰	98	0.3‰	203	0.7‰	376	1.3‰
60 000	90	0.2‰	128	0.2‰	255	0.4‰	473	0.8‰
速算指标		0.4‰		0.5‰		0.9‰		1.7‰

第 12 节　交通类设计周期

12.1 汽车客运楼

表 3-3-56

面积 (m²)	方案设计		初步设计		施工图设计		全过程设计	
	天数	天/m²	天数	天/m²	天数	天/m²	天数	天/m²
6 000	30	0.5‰	38	0.6‰	75	1.3‰	143	2.4‰
10 000	45	0.5‰	45	0.5‰	120	1.2‰	210	2.1‰
20 000	60	0.3‰	68	0.3‰	150	0.8‰	278	1.4‰
速算指标		0.4‰		0.5‰		1.1‰		2.0‰

12.2 火车客运楼

表 3-3-57

面积 (m²)	方案设计		初步设计		施工图设计		全过程设计	
	天数	天/m²	天数	天/m²	天数	天/m²	天数	天/m²
6 000	38	0.6%	45	0.8%	90	1.5%	173	2.9%
10 000	45	0.5%	60	0.6%	120	1.2%	225	2.3%
20 000	60	0.3%	83	0.4%	165	0.8%	308	1.5%
30 000	68	0.2%	98	0.3%	195	0.7%	361	1.2%
50 000	75	0.2%	128	0.3%	248	0.5%	451	0.9%
速算指标		0.4%		0.5%		0.9%		1.8%

12.3 民航候机楼

表 3-3-58

面积 (m²)	方案设计		初步设计		施工图设计		全过程设计	
	天数	天/m²	天数	天/m²	天数	天/m²	天数	天/m²
10 000	60	0.6%	75	0.8%	150	1.5%	285	2.9%
30 000	90	0.3%	120	0.4%	240	0.8%	450	1.5%
50 000	98	0.2%	150	0.3%	300	0.6%	548	1.1%
80 000	113	0.1%	173	0.2%	360	0.5%	646	0.8%
100 000	120	0.1%	195	0.2%	390	0.4%	705	0.7%
速算指标		0.3%		0.4%		0.7%		1.4%

12.4 港口客运楼

表 3-3-59

面积 (m²)	方案设计		初步设计		施工图设计		全过程设计	
	天数	天/m²	天数	天/m²	天数	天/m²	天数	天/m²
5 000	30	0.6%	38	0.8%	75	1.5%	143	2.9%
8 000	38	0.48%	53	0.7%	98	1.2%	189	2.4%
10 000	45	0.5%	53	0.5%	120	1.2%	218	2.2%
15 000	60	0.4%	68	0.5%	150	1.0%	278	1.9%
速算指标		0.5%		0.6%		1.2%		2.3%

第 13 节　设备房设计周期

13.1　锅炉房

表 3-3-60

面积	方案设计		初步设计		施工图设计		全过程设计	
（吨×2）	天数	天/吨	天数	天/吨	天数	天/吨	天数	天/吨
2	15	7.5	0	0.0	30	15.0	45	22.5
4	15	3.8	0	0.0	38	9.5	53	13.3
6	23	3.8	0	0.0	45	7.5	68	11.3
10	15	1.5	30	3.0	60	6.0	105	10.5
速算指标		4.15		3.0		9.5		14.4

13.2　水泵房

表 3-3-61

面积	方案设计		初步设计		施工图设计		全过程设计	
（m²）	天数	天/m²	天数	天/m²	天数	天/m²	天数	天/m²
50	15	30％	0	0.0％	23	46％	38	76％
100	15	15％	0	0.0％	30	30％	45	45％
150	15	10％	0	0.0％	38	25％	53	35％
速算指标		18％				34％		52％

13.3　空调机房

表 3-3-62

规模	方案设计		初步设计		施工图设计		全过程设计	
（万大卡）	天数	天/万大卡	天数	天/万大卡	天数	天/万大卡	天数	天/万大卡
150	15	10.0％	0	0.0％	23	15.3％	38	25.3％
200	15	7.5％	0	0.0％	30	15.0％	45	22.5％
300	15	5.0％	15	5.0％	45	15.0％	75	25.0％
600	15	2.5％	23	3.8％	60	10.0％	98	16.3％
800	23	2.9％	30	3.8％	75	9.4％	128	16.0％
速算指标		5.6％		2.5％		12.9％		21.0％

13.4 变配电房

表 3-3-63

规模 （万大卡）	方案设计		初步设计		施工图设计		全过程设计	
	天数	天/千伏安	天数	天/千伏安	天数	天/千伏安	天数	天/千伏安
1 000	30	3.0%	0	0.0%	45	4.5%	75	7.5%
2 000	30	1.5%	0	0.0%	53	2.7%	83	4.2%
4 000	38	1.0%	0	0.0%	60	1.5%	98	2.5%
6 000	38	0.6%	0	0.0%	75	1.3%	113	1.9%
10 000	45	0.5%	0	0.0%	90	0.9%	135	1.4%
速算指标		1.3%		0.0%		2.2%		3.5%

第 14 节　室外总体设计周期

表 3-3-64

面积 （m²）	方案设计		初步设计		施工图设计		全过程设计	
	天数	天/m²	天数	天/m²	天数	天/m²	天数	天/m²
5 000	15	0.3%	0	0.0%	30	0.6%	45	0.9%
10 000	30	0.3%	0	0.0%	38	0.4%	68	0.7%
30 000	30	0.1%	38	0.1%	128	0.4%	196	0.7%
50 000	45	0.1%	45	0.1%	180	0.4%	270	0.5%
100 000	60	0.1%	68	0.1%	248	0.2%	376	0.4%
200 000	90	0.0%	90	0.0%	360	0.2%	540	0.3%
速算指标		0.1%		0.1%		0.4%		0.6%

第15节　民用建筑设计劳动定额

根据建设部发布的《民用建筑设计劳动定额》（2000版）内容分析，作为房地产开发企业掌握其中一些知识，对设计任务的工时计算、设计工作量的增加计算都有一定的参考依据。

15.1　工程类别的划分

表 3-3-65

类别	主　要　特　征
特类 特别复杂	(1) 以国际性活动为主的大型公共建筑。 (2) 有全国性意义或技术要求特别复杂的中小型公共建筑。 (3) 高大空间有声、光、热、振动、视线等特殊要求的公共建筑。 (4) 30层以上或高度100m以上的建筑（含30层和100m）。 (5) 单体建筑面积8万 m² 以上或投资2亿元以上的公共建筑。 (6) 地下工程总建筑面积5万 m² 以上的建筑及附建式人防建筑。 (7) 抗震设防区特殊超限高层建筑。
一类 较复杂	(1) 有地区性意义或技术要求复杂的中小型公共建筑。 (2) 建筑高度50m以上至100m以下的公共建筑。 (3) 单位建筑面积2万 m² 以上至8万 m²，或投资1千万元至2亿元的公共建筑。 (4) 20层至29层住宅、公寓。 (5) 地下：工程总建筑面积1万 m² 以上至5万 m² 及附近建式人防建筑。 (6) 抗震设防区建筑高度100m以下的超限高层特殊公共建筑。
二类 复杂	(1) 12层以上至19层住宅、公寓。 (2) 建筑高度24m以上至50m以下的公共建筑。 (3) 单体建筑面积5千 m² 以上至2万 m² 或投资1千元以上至4千万元的公共建筑。地下工程总建筑面积1万 m² 及以下建筑。
三类 一般	(1) 单体建筑面积5千 m² 及以下或投资1千万元及以下的公共建筑。 (2) 建筑高度24m以下的公共建筑。 (3) 12层以下住宅、公寓、宿舍。 (4) 一、二层单功能、小跨度建筑。 (5) 与建筑配套的独立设备用房。

15.2 二阶段设计用工量表

15.2.1 查表说明

表 3-3-66

工程类别 概算 面积	(1) 四类项目设计的工日表，均按工程项目设计建筑面积分档，以体现不同项目的规模差异；按单方造价（以概算计）分级，以体现不同项目的建设标准、功能和技术复杂性等的差异。
数据引用	(2) 表列工日数为面积（档次）和造价（级次）的中间值。不同建筑面积和单方造价的项目设计工日，可按插入法计取。
	(3) 左端值之外的工日＝"建筑面积×左端值"。
	(4) 右端值之外的工日＝"右端值的邻值＋（面积差）×右端值"。
设计内容	(5) 本设计用工量表包含的工作范围为初步设计、施工图设计和后期服务。
工日与张数	(6) 平均每张施工图的用工数据为 4.8 个工日，（包含初步设计、施工图设计和后期服务综合用工）。
工日内涵	(7) 本表 1 个工日，解释为中级职称设计人员生产作业一个工作天。

15.2.2 特类工程设计用工量表

表 3-3-67

单方造价 千元/m²	建筑面积（m²）									
	＜5千	5千	1万	2万	3万	4万	6万	8万	10万	＞10万
＞8	16.0%	798	1 388	2 361	2 632	2 999	3 829	4 339	4 626	4.0%
7～8	14.8%	738	1 284	2 185	2 436	2 775	3 543	4 015	42 81	3.7%
6～7	13.6%	679	1 181	2 009	2 239	2 551	3 257	3 691	3 936	3.4%
5～6	12.4%	619	1 077	1 832	2 043	2 328	2 971	3 368	3 591	3.1%
4～5	11.2%	560	974	1 656	1 846	2 104	2 686	3 044	3 245	2.8%
3～4	10.0%	550	870	1 480	1 650	1 860	2 400	2 720	2 900	2.5%
2～3	8.8%	440	766	1 304	1 454	1 656	2 114	2 396	2 555	2.2%
＜2	7.7%	381	663	1 128	1 257	1 432	1 829	2 072	2 210	1.9%
计量单位	工日/m²	工日	工日	工日	工日	工日	工日	工日	工日	工日/m²

模块三 房地产开发的生命周期与时间管理

15.2.3 一类工程设计用工量表

表 3-3-68

单方造价 千元/m²	建筑面积（m²）									
	<5千	5千	1万	1.5万	2万	3万	4万	5万	6万	>6万
>6	11.3%	562	833	1 145	1 388	1 708	1 999	2 291	2 582	3.9%
5~6	10.5%	523	775	1 065	1 291	1 588	1 859	2 131	2 402	3.6%
4~5	9.7%	484	717	985	1 194	1 469	1 720	1 970	2 221	3.3%
3~4	8.9%	444	658	905	1 097	1 349	1 580	1 810	2 041	3.1%
2~3	8.1%	405	600	825	1 000	1 230	1 440	1 650	1 860	2.8%
1.5~2	7.5%	376	556	765	927	1 140	1 335	1 530	1 725	2.6%
1~1.5	6.9%	346	513	705	854	1 051	1 230	1 410	1 589	2.4%
<1	6.4%	317	469	645	782	961	1 125	1 290	1 454	2.2%
计量单位	工日/m²	工日	工日	工日	工日	工日	工日	工日	工日	工日/m²

15.2.4 二类工程设计用工量表

表 3-3-69

单方造价 千元/m²	建筑面积（m²）									
	<3千	3千	5千	1万	1.5万	2万	2.5万	3万	4万	5万	>5万
>5	11.3%	338	494	852	1 027	1 247	1 407	1 506	1 643	1 673	3.2%
4~5	10.5%	307	449	774	933	1 133	1 278	1 368	1 493	1 520	2.9%
3~4	9.2%	276	404	696	839	1 019	1 150	1 231	1 343	1 367	2.6%
2.5~3	8.5%	253	370	638	769	934	1 054	1 128	1 230	1 253	2.4%
2~2.5	7.9%	237	348	599	722	877	989	1 059	1 155	1 176	2.2%
1.5~2	7.4%	222	325	560	675	820	925	990	1 080	1 100	2.1%
1~1.5	6.8%	204	299	515	620	754	850	910	993	1 010	1.9%
<1	6.2%	186	272	469	566	687	775	830	905	922	1.8%
计量单位	工日/m²	工日	工日	工日	工日	工日	工日	工日	工日	工日	工日/m²

模块三 房地产开发的生命周期与时间管理

261

15.2.5　三类工程设计用工量表

表 3-3-70

单方造价千元/m²	建筑面积（m²）							
	<1千	1千	2千	5千	8千	1.2万	1.6万	2万
>4	13.0%	129	184	371	465	601	698	775
3～4	12.0%	117	167	336	421	544	631	701
2.5～3	11.0%	105	149	301	377	486	565	628
2～2.5	10.0%	96	137	277	347	448	521	578
1.5～2	9.0%	85	126	254	318	410	476	529
1～1.5	8.0%	80	114	230	288	372	432	480
0.5～1	7.2%	72	102	206	259	334	388	431
<0.5	6.5%	64	91	183	229	296	314	382
计量单位	工日/m²	工日	工日	工日	工日	工日	工日	工日

15.3　设计阶段的工时分配

15.3.1　方案设计阶段的工时分配

表 3-3-71

工程类别	特类	1类	2类	3类
用工量（%）	12%～15%	10%～12%	8%～10%	5%～8%

15.3.2　初步设计与施工图阶段工时分配

表 3-3-72

工程类别	初步设计	施工图设计	合　计
特、1类	30%～35%	70%～65%	100%
2类	25%～30%	75%～70%	100%
3类	20%～25%	80%～75%	100%

15.4 专业工种间的工时分配

15.4.1 土建与设备之间的工时分配

表 3-3-73

工程类别	土建（建、结）	设备（水、暖、电）	合　　计
特复杂/特类	63.7%	36.3%	100%
较复杂/1类	64.7%	35.3%	100%
复杂/2类	67.4%	32.6%	100%
一般/3类	71.6%	28.4%	100%

15.4.2 六大专业之间工时分配

表 3-3-74

工程类别	建筑	结构	给排水	暖通	强电	弱电	合计
特复杂/特类	31.60%	32.10%	9.10%	13.20%	10.00%	4.00%	100%
较复杂/1类	32.10%	32.60%	8.90%	12.60%	10.20%	3.60%	100%
复杂/2类	33.20%	34.20%	8.40%	11.00%	10.60%	2.60%	100%
一般/3类	35.30%	36.30%	7.90%	8.90%	9.60%	2.00%	100%

15.5 阶段与专业之间工时分配

15.5.1 各专业与各设计阶段的综合工比

表 3-3-75

专业阶段	建筑	结构	给排水	暖通	电气	经济	合计
方案设计	7.5%	0.9%	0.4%	0.4%	0.5%	0.3%	10%
初步设计	9.5%	4.5%	1.8%	2.0%	2.5%	4.7%	25%
施工图	16.5%	20.5%	5.4%	6.6%	8%	—	57%
后期服务	2.0%	3.8%	0.7%	0.7%	0.8%	—	8%
合计	35.5%	29.7%	8.3%	9.7%	11.8%	5.0%	100%

15.5.2 各设计阶段分配于各专业的工比

表 3-3-76

专业	建筑	结构	给排水	暖通	电气	经济	合计
方案设计	75%	9%	4%	4%	5%	3%	100%
初步设计	38%	18%	7%	8%	10%	19%	100%
施工图	29%	36%	9.5%	11.5%	14%	—	100%
后期服务	25%	48%	8%	9%	10%	—	100%

15.5.3 各专业分配于各设计阶段的工比

表 3-3-77

专业阶段	建筑	结构	给排水	暖通	电气	经济
方案设计	20%	3%	5%	5%	5%	6%
初步设计	26%	17%	22%	22%	22%	94%
	(33%)	(18%)	(23%)	(23%)	(23%)	(100%)
施工图	48%	68%	68%	68%	67%	—
	(61%)	(70%)	(72%)	(72%)	(71%)	—
后期服务	6%	12%	5%	5%	6%	—
合计	100%	100%	100%	100%	100%	100%

模块三 房地产开发的生命周期与时间管理

第 3-4 章 专业承包模式下的建造工期

第 1 节 专业承包工期表的说明

1.1 专业分包模式下的工期模型

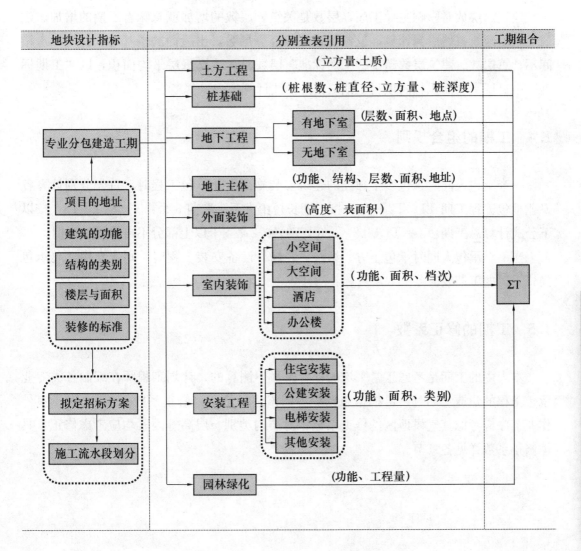

图 3-4-1

1.2 面积对工期的影响

建筑面积依据《建筑工程建筑面积计算规范》（GB/T 50353—2005）计算。当建筑面积超过一定值时，建筑面积不断扩大，但其工期不变。面积的变化不是影响工期的主要因素，当面积足够大时，可形成流水段作业或分区作业。当工期表中有建筑面积以外时，面积增加，工期不变。

1.3 楼层对工期的影响

建筑的层数对影响主导工序，层数是关键，层数的增加就意味着工期的增加。建筑层数以建筑自然层数计算，设备管道层应计算层数，出屋面的楼（电）梯间、水箱间不计算层数。建筑层数超出"工期标准"层数时，计算每层平均面积，以"工期标准"中每层平均面积相同项目工期，按外插法计算。

1.4 工期的组合规则

一个承包人同时承包多个独立的建筑安装施工专业承包工程时，首先分别计算各专业承包工程工期 T1、T2、T3。按工期长短由大至小取前 3 个：T1＞T2＞T3，按以下公式计算总工期：T＝T1＋T2×0.3＋T3×0.2；三个以上部分不再另增加工期。

当一个承包人同时承包土方、结构、装修、设备安装工程时，则应套用"总承包模式下"的工期表。

1.5 工期的修正系数

本表中的工期是考虑正常平均的社会水平下测算的，计划工程师在编制各类专业承包工程的建造工期时，可根据市场竞争因素进行修正（修正系数 0.85）。对于室外作业工序应考虑其气候地区的修正系数，对结构类别、层高等因素均应考虑修正，具体修正系数详见各章节。

第2节 机械土方与基坑支护工程

2.1 工期使用的说明

表 3-4-1

土质不同时	（1）当一个工程土质不同时，当Ⅳ类土≥30％时，应按Ⅳ类之定额工期引用。
有岩石时	（2）当土方中有岩石时，其工期按Ⅳ类之工期乘2.5。
有流砂或淤泥时	（3）当土方中有流砂或淤泥时，其工期按Ⅰ类土之工期乘1.8。

2.2 影响工期的因素

表 3-4-2

挖深、土质	（1）对于机械土方工程，挖深与土质是影响其施工工期的主要因素，本工期表是根据挖深与土质情况分档编制的。
竞争的因素	（2）根据施工单位的投标情况，根据本工期表计算出工期后，可考虑竞争市场因素，再乘0.85至0.95的修正系数。

2.3 机械土方工程

2.3.1 全国工期定额

根据下表数据进行统计分析，在项目立项阶段的时间管理中，总结出的机械挖土方工程的速算公式为：工期天数＝0.023％×土方开挖量×挖深×土类别系数（Ⅰ类土系数为1.00；Ⅱ～Ⅲ类土系数为1.10；Ⅳ类土系数为1.28）。

表 3-4-3

序号	挖深（m）	工程量（m³）	Ⅰ类土	Ⅱ类土	Ⅲ类土	Ⅳ类土
1	5m 以内	1 000 以内	1	2	3	4
2	5m 以内	2 000 以内	3	4	5	6
3	5m 以内	3 000 以内	5	6	7	8
4	5m 以内	4 000 以内	7	8	9	11
5	5m 以内	5 000 以内	9	10	11	13
6	5m 以内	6 000 以内	10	11	12	15
7	5m 以内	7 000 以内	12	13	14	17
8	5m 以内	8 000 以内	14	15	16	19
9	5m 以内	9 000 以内	16	17	18	21
10	5m 以内	10 000 以内	18	19	20	23
11	5m 以内	12 000 以内	20	21	22	25
12	5m 以内	14 000 以内	23	23	24	27
13	5m 以内	16 000 以内	26	26	28	31
14	5m 以内	18 000 以内	30	30	32	35
15	5m 以内	20 000 以内	34	34	36	39
16	5m 以内	25 000 以内	44	44	46	49
17	5m 以内	每增 1 000 增加工期	2	2	2	2
18	10m 以内	2 000 以内	6	6	8	11
19	10m 以内	3 000 以内	6	8	10	13
20	10m 以内	4 000 以内	8	10	12	15
21	10m 以内	5 000 以内	10	12	14	17
22	10m 以内	6 000 以内	12	14	15	19
23	10m 以内	7 000 以内	14	16	17	21
24	10m 以内	8 000 以内	16	18	19	23
25	10m 以内	9 000 以内	19	20	21	25
26	10m 以内	10 000 以内	20	22	23	27
27	10m 以内	12 000 以内	22	24	25	29
28	10m 以内	14 000 以内	24	26	27	31

序号	挖深（m）	工程量（m³）	Ⅰ类土	Ⅱ类土	Ⅲ类土	Ⅳ类土
29	10m 以内	16 000 以内	26	28	30	33
30	10m 以内	18 000 以内	28	30	33	35
31	10m 以内	20 000 以内	32	35	37	39
32	10m 以内	25 000 以内	34	38	41	43
33	10m 以内	30 000 以内	40	44	47	49
34	10m 以内	35 000 以内	46	50	54	56
35	10m 以内	40 000 以内	54	58	61	63
36	10m 以内	每增 1 000 增加工期	2	2	2	2
37	10m 以外	4 000 以内	10	12	13	16
38	10m 以外	5 000 以内	12	14	15	18
39	10m 以外	6 000 以内	14	16	17	20
40	10m 以外	7 000 以内	16	18	19	22
41	10m 以外	8 000 以内	18	20	21	24
42	10m 以外	9 000 以内	20	22	23	26
43	10m 以外	10 000 以内	22	24	25	28
44	10m 以外	12 000 以内	24	26	27	30
45	10m 以外	14 000 以内	26	28	29	32
46	10m 以外	16 000 以内	28	30	31	34
47	10m 以外	18 000 以内	30	34	36	38
48	10m 以外	20 000 以内	34	36	38	40
49	10m 以外	25 000 以内	36	40	42	44
50	10m 以外	30 000 以内	42	46	49	52
51	10m 以外	35 000 以内	48	52	57	60
52	10m 以外	40 000 以内	56	60	64	66
53	10m 以外	45 000 以内	60	65	71	74
54	10m 以外	50 000 以内	68	72	78	81
55	10m 以外	每增 1 000 增加工期	2	2	2	2

2.3.2 安徽工期定额

根据下表数据进行统计分析，在项目立项阶段的时间管理中，总结出的机械挖土方工程的速算公式为：工期天数＝0.018‰×土方开挖量×挖深×土类别系数（单机系数为 1.00；双机系数为 0.665；多机系数为 0.453）。

表 3-4-4

编号	挖深（m）	数量（m³）	单机	双机	多机
1	5 以内	2 000 以内	3	2	1
2	5 以内	5 000 以内	6	3	2
3	5 以内	10 000 以内	13	7	5
4	5 以内	15 000 以内	19	10	8
5	5 以内	20 000 以内	25	14	10
6	5 以内	25 000 以内	31	17	12
7	5 以内	每增 1 000 增加工期	1	1	1
8	10 以内	5 000 以内	8	5	4
9	10 以内	10 000 以内	14	9	6
10	10 以内	15 000 以内	21	14	9
11	10 以内	20 000 以内	28	18	13
12	10 以内	25 000 以内	34	22	15
13	10 以内	30 000 以内	41	27	18
14	10 以内	35 000 以内	48	31	22
15	10 以内	40 000 以内	54	35	24
16	10 以内	每增 2 000 增加工期	2	1	1
17	10 以外	10 000 以内	17	13	9
18	10 以外	15 000 以内	24	18	12
19	10 以外	20 000 以内	32	24	16
20	10 以外	25 000 以内	39	29	20
21	10 以外	30 000 以内	46	35	23
22	10 以外	35 000 以内	53	40	27
23	10 以外	40 000 以内	60	45	30
24	10 以外	45 000 以内	67	50	34
25	10 以外	50 000 以内	74	56	37
26	10 以外	每增 2 000 增加工期	2	2	1

2.3.3 深圳工期定额

根据下表数据进行统计分析，在项目立项阶段的时间管理中，总结出的机械挖土方工程的速算公式为：工期天数＝0.012‰×土方开挖量×挖深×土类别系数（Ⅰ、Ⅱ、Ⅲ类土系数为 1.00；Ⅳ类土系数为 1.10）。

表 3-4-5

挖深（m）	工程量（m³）	Ⅰ、Ⅱ、Ⅲ类土	Ⅳ类土
5 以内	1 000 以内	1	2
5 以内	3 000 以内	2	3
5 以内	5 000 以内	3	4
5 以内	7 000 以内	4	5
5 以内	9 000 以内	5	6
5 以内	10 000 以内	6	7
5 以内	12 000 以内	7	8
5 以内	14 000 以内	8	9
5 以内	16 000 以内	9	10
5 以内	18 000 以内	10	11
5 以内	20 000 以内	11	12
5 以内	25 000 以内	13	14
5 以内	每增 1 000 增加工期	1	1
10 以内	3 000 以内	3	4
10 以内	5 000 以内	4	5
10 以内	7 000 以内	5	7
10 以内	9 000 以内	7	8
10 以内	10 000 以内	7	9
10 以内	12 000 以内	9	10
10 以内	14 000 以内	10	12
10 以内	16 000 以内	11	13
10 以内	18 000 以内	13	14
10 以内	20 000 以内	14	15
10 以内	25 000 以内	17	19

挖深（m）	工程量（m³）	Ⅰ、Ⅱ、Ⅲ类土	Ⅳ类土
10 以内	30 000 以内	21	22
10 以内	35 000 以内	24	25
10 以内	40 000 以内	27	29
10 以内	每增 1 000 增加工期	1	2
10 以外	5 000 以内	7	9
10 以外	7 000 以内	9	11
10 以外	9 000 以内	12	14
10 以外	10 000 以内	13	15
10 以外	12 000 以内	16	18
10 以外	14 000 以内	18	20
10 以外	16 000 以内	21	23
10 以外	18 000 以内	23	25
10 以外	20 000 以内	26	27
10 以外	25 000 以内	32	34
10 以外	30 000 以内	38	41
10 以外	35 000 以内	44	47
10 以外	40 000 以内	51	53
10 以外	45 000 以内	57	60
10 以外	50 000 以内	63	66
10 以外	每增 1 000 增加工期	2	2

2.4 基坑支护工程

表 3-4-6

编号	支护方式	天数
1	非预应力土钉一层	7
2	每增加一层	7
3	预应力土钉一层	10
4	每增加一层	10
5	锚杆一层	15
6	每增加一层	15

第3节 基 础 工 程

3.1 工期的使用说明

表 3-4-7

工期的始于 止于	(1) 始于第一根开始，止于全部的桩基础完成，但不包括施工准备，机械进场，试桩和桩基的检验时间。
立项阶段 的工期	(2) 立项阶段是项目的立项阶段与初步设计之前，在编制项目的开发计划时，可引用立项阶段的工期表。
施工阶段 的工期	(3) 施工阶段是项目完成了施工图的设计，各类的参数均已明确的前提下，可引用施工阶段的工期表。

3.2 影响工期的因素

表 3-4-8

与根数	(1) 按桩的直径与根数的加权平均值得出平均后，再按桩深度计算其工期。
基础形式	(2) 基础工程分为桩基础工程、非桩基础工程（可细分为条形基础、筏板基础、独立基础等）。
竞争的因素	(3) 根据施工单位的投标情况，根据本工期表计算出工期后，可考虑竞争市场因素，再乘 0.85 至 0.95 的修正系数。

3.3 桩基础工程

3.3.1 全国工期定额

（1）预制混凝土桩

表 3-4-9

序号	规格	工程量	1类土	2类土	3类土	4类土
1	桩深 8m 以内断面周长 120cm 以内	50 根以内	3	4	5	8
2	桩深 8m 以内断面周长 120cm 以内	100 根以内	5	6	7	10

序号	规格	工程量	1类土	2类土	3类土	4类土
3	桩深 8m 以内断面周长 120cm 以内	150 根以内	7	8	9	12
4	桩深 8m 以内断面周长 120cm 以内	200 根以内	9	10	11	14
5	桩深 8m 以内断面周长 120cm 以内	250 根以内	11	12	13	16
6	桩深 8m 以内断面周长 120cm 以内	300 根以内	13	14	15	18
7	桩深 8m 以内断面周长 120cm 以内	350 根以内	15	16	17	20
8	桩深 8m 以内断面周长 120cm 以内	400 根以内	17	18	19	22
9	桩深 8m 以内断面周长 120cm 以内	450 根以内	19	20	22	24
10	桩深 8m 以内断面周长 120cm 以内	500 根以内	21	23	24	26
11	桩深 8m 以内断面周长 120cm 以内	550 根以内	23	25	27	29
12	桩深 8m 以内断面周长 120cm 以内	600 根以内	25	27	29	31
13	桩深 8m 以内断面周长 120cm 以内	650 根以内	28	30	32	35
14	桩深 8m 以内断面周长 120cm 以内	700 根以内	30	32	34	37
15	桩深 8m 以内断面周长 120cm 以内	750 根以内	32	34	36	39
16	桩深 8m 以内断面周长 120cm 以内	800 根以内	34	36	38	42
17	桩深 8m 以内断面周长 120cm 以内	850 根以内	37	39	41	44
18	桩深 8m 以内断面周长 120cm 以内	900 根以内	39	41	43	47
19	桩深 8m 以内断面周长 120cm 以内	950 根以内	42	44	46	49
20	桩深 8m 以内断面周长 120cm 以内	1 000 根以内	45	47	49	52
21	桩深 10m 以内断面周长 120cm 以内	50 根以内	4	5	6	9
22	桩深 10m 以内断面周长 120cm 以内	100 根以内	6	7	8	11
23	桩深 10m 以内断面周长 120cm 以内	150 根以内	8	9	10	13
24	桩深 10m 以内断面周长 120cm 以内	200 根以内	10	11	12	15
25	桩深 10m 以内断面周长 120cm 以内	250 根以内	12	13	14	17
26	桩深 10m 以内断面周长 120cm 以内	300 根以内	14	15	16	19
27	桩深 10m 以内断面周长 120cm 以内	350 根以内	17	18	19	21
28	桩深 10m 以内断面周长 120cm 以内	400 根以内	19	20	21	25
29	桩深 10m 以内断面周长 120cm 以内	450 根以内	22	23	24	27
30	桩深 10m 以内断面周长 120cm 以内	500 根以内	24	25	27	30

序号	规格	工程量	1类土	2类土	3类土	4类土
31	桩深 10m 以内断面周长 120cm 以内	550 根以内	25	27	29	33
32	桩深 10m 以内断面周长 120cm 以内	600 根以内	28	30	32	35
33	桩深 10m 以内断面周长 120cm 以内	650 根以内	31	33	35	37
34	桩深 10m 以内断面周长 120cm 以内	700 根以内	34	36	38	40
35	桩深 10m 以内断面周长 120cm 以内	750 根以内	36	38	40	42
36	桩深 10m 以内断面周长 120cm 以内	800 根以内	39	41	43	45
37	桩深 10m 以内断面周长 120cm 以内	850 根以内	42	44	46	48
38	桩深 10m 以内断面周长 120cm 以内	900 根以内	44	46	49	52
39	桩深 10m 以内断面周长 120cm 以内	950 根以内	46	48	51	55
40	桩深 10m 以内断面周长 120cm 以内	1 000 根以内	50	52	54	57
41	桩深 12m 以内断面周长 120cm 以内	50 根以内	5	6	7	10
42	桩深 12m 以内断面周长 120cm 以内	100 根以内	7	8	9	12
43	桩深 12m 以内断面周长 120cm 以内	150 根以内	9	10	11	14
44	桩深 12m 以内断面周长 120cm 以内	200 根以内	11	12	13	16
45	桩深 12m 以内断面周长 120cm 以内	250 根以内	13	14	15	18
46	桩深 12m 以内断面周长 120cm 以内	300 根以内	15	16	17	20
47	桩深 12m 以内断面周长 120cm 以内	350 根以内	17	18	22	23
48	桩深 12m 以内断面周长 120cm 以内	400 根以内	19	20	22	25
49	桩深 12m 以内断面周长 120cm 以内	450 根以内	21	23	25	28
50	桩深 12m 以内断面周长 120cm 以内	500 根以内	24	26	28	31
51	桩深 12m 以内断面周长 120cm 以内	550 根以内	27	29	31	34
52	桩深 12m 以内断面周长 120cm 以内	600 根以内	30	32	34	37
53	桩深 12m 以内断面周长 120cm 以内	650 根以内	33	35	37	40
54	桩深 12m 以内断面周长 120cm 以内	700 根以内	36	38	40	43
55	桩深 12m 以内断面周长 120cm 以内	750 根以内	39	41	43	46
56	桩深 12m 以内断面周长 120cm 以内	800 根以内	41	44	46	49
57	桩深 12m 以内断面周长 120cm 以内	850 根以内	44	47	49	52
58	桩深 12m 以内断面周长 120cm 以内	900 根以内	47	50	52	55

模块三　房地产开发的生命周期与时间管理

序号	规格	工程量	1类土	2类土	3类土	4类土
59	桩深12m以内断面周长120cm以内	950根以内	49	53	55	58
60	桩深12m以内断面周长120cm以内	1 000根以内	54	56	58	61
61	桩深16m以内断面周长120cm以内	50根以内	6	7	8	12
62	桩深16m以内断面周长120cm以内	100根以内	9	10	11	15
63	桩深16m以内断面周长120cm以内	150根以内	12	13	14	18
64	桩深16m以内断面周长120cm以内	200根以内	15	16	17	22
65	桩深16m以内断面周长120cm以内	250根以内	19	20	21	26
66	桩深16m以内断面周长120cm以内	300根以内	23	24	25	30
67	桩深16m以内断面周长120cm以内	350根以内	27	28	29	34
68	桩深16m以内断面周长120cm以内	400根以内	31	32	33	38
69	桩深16m以内断面周长120cm以内	450根以内	35	36	37	41
70	桩深16m以内断面周长120cm以内	500根以内	40	41	42	45
71	桩深16m以内断面周长120cm以内	550根以内	44	45	46	50
72	桩深16m以内断面周长120cm以内	600根以内	49	50	51	55
73	桩深16m以内断面周长120cm以内	650根以内	53	54	55	61
74	桩深16m以内断面周长120cm以内	700根以内	58	59	60	66
75	桩深16m以内断面周长120cm以内	750根以内	63	64	65	71
76	桩深16m以内断面周长120cm以内	800根以内	67	68	69	75
77	桩深16m以内断面周长120cm以内	850根以内	72	73	74	79
78	桩深16m以内断面周长120cm以内	900根以内	76	77	78	84
79	桩深16m以内断面周长120cm以内	1 000根以内	83	84	85	89
80	桩深12m以内断面周长160cm以内	50根以内	8	9	10	13
81	桩深12m以内断面周长160cm以内	100根以内	11	12	13	16
82	桩深12m以内断面周长160cm以内	150根以内	14	15	16	19
83	桩深12m以内断面周长160cm以内	200根以内	16	17	18	21
84	桩深12m以内断面周长160cm以内	250根以内	18	19	20	23
85	桩深12m以内断面周长160cm以内	300根以内	20	21	22	25

序号	规格	工程量	1类土	2类土	3类土	4类土
86	桩深12m以内断面周长160cm以内	350根以内	24	25	26	28
87	桩深12m以内断面周长160cm以内	400根以内	27	28	29	32
88	桩深12m以内断面周长160cm以内	450根以内	31	32	33	36
89	桩深12m以内断面周长160cm以内	500根以内	34	35	36	39
90	桩深12m以内断面周长160cm以内	550根以内	36	38	40	43
91	桩深12m以内断面周长160cm以内	600根以内	40	42	44	47
92	桩深12m以内断面周长160cm以内	650根以内	44	46	48	51
93	桩深12m以内断面周长160cm以内	700根以内	48	50	52	55
94	桩深12m以内断面周长160cm以内	750根以内	52	54	56	59
95	桩深12m以内断面周长160cm以内	800根以内	55	57	59	62
96	桩深12m以内断面周长160cm以内	850根以内	59	61	63	65
97	桩深12m以内断面周长160cm以内	900根以内	63	65	67	70
98	桩深12m以内断面周长160cm以内	950根以内	67	69	71	74
99	桩深12m以内断面周长160cm以内	1 000根以内	71	73	75	78
100	桩深16m以内断面周长180cm以内	50根以内	10	11	12	16
101	桩深16m以内断面周长180cm以内	100根以内	11	13	15	19
102	桩深16m以内断面周长180cm以内	150根以内	13	15	17	20
103	桩深16m以内断面周长180cm以内	200根以内	17	19	21	24
104	桩深16m以内断面周长180cm以内	250根以内	21	23	25	29
105	桩深16m以内断面周长180cm以内	300根以内	25	27	29	34
106	桩深16m以内断面周长180cm以内	350根以内	29	31	33	38
107	桩深16m以内断面周长180cm以内	400根以内	33	35	37	41
108	桩深16m以内断面周长180cm以内	450根以内	38	40	42	46
109	桩深16m以内断面周长180cm以内	500根以内	43	45	47	51
110	桩深16m以内断面周长180cm以内	550根以内	48	50	52	56
111	桩深16m以内断面周长180cm以内	600根以内	53	55	57	61
112	桩深16m以内断面周长180cm以内	650根以内	58	60	62	66

序号	规格	工程量	1类土	2类土	3类土	4类土
113	桩深 16m 以内断面周长 180cm 以内	700 根以内	63	65	67	71
114	桩深 16m 以内断面周长 180cm 以内	750 根以内	68	70	72	76
115	桩深 16m 以内断面周长 180cm 以内	800 根以内	73	75	77	81
116	桩深 16m 以内断面周长 180cm 以内	850 根以内	78	80	82	86
117	桩深 16m 以内断面周长 180cm 以内	900 根以内	82	85	87	91
118	桩深 16m 以内断面周长 180cm 以内	950 根以内	86	89	92	96
119	桩深 16m 以内断面周长 180cm 以内	1 000 根以内	91	94	97	102
120	桩深 20m 以内断面周长 180cm 以内	50 根以内	12	14	16	19
121	桩深 20m 以内断面周长 180cm 以内	100 根以内	16	18	20	23
122	桩深 20m 以内断面周长 180cm 以内	150 根以内	20	22	24	27
123	桩深 20m 以内断面周长 180cm 以内	200 根以内	24	26	28	31
124	桩深 20m 以内断面周长 180cm 以内	250 根以内	28	30	32	35
125	桩深 20m 以内断面周长 180cm 以内	300 根以内	32	34	36	41
126	桩深 20m 以内断面周长 180cm 以内	350 根以内	38	40	42	46
127	桩深 20m 以内断面周长 180cm 以内	400 根以内	43	45	47	52
128	桩深 20m 以内断面周长 180cm 以内	450 根以内	49	51	53	58
129	桩深 20m 以内断面周长 180cm 以内	500 根以内	55	57	59	64
130	桩深 20m 以内断面周长 180cm 以内	550 根以内	61	63	65	70
131	桩深 20m 以内断面周长 180cm 以内	600 根以内	65	68	71	76
132	桩深 20m 以内断面周长 180cm 以内	650 根以内	71	74	77	83
133	桩深 20m 以内断面周长 180cm 以内	700 根以内	78	81	84	89
134	桩深 20m 以内断面周长 180cm 以内	750 根以内	84	87	90	95
135	桩深 20m 以内断面周长 180cm 以内	800 根以内	90	93	96	101
136	桩深 20m 以内断面周长 180cm 以内	850 根以内	96	99	102	108
137	桩深 20m 以内断面周长 180cm 以内	900 根以内	102	106	109	114
138	桩深 20m 以内断面周长 180cm 以内	950 根以内	109	112	115	120
139	桩深 20m 以内断面周长 180cm 以内	1 000 根以内	115	118	121	127

（2）预制混凝土管桩

表 3-4-10

序号	规格	工程量	1 类土	2 类土	3 类土	4 类土
1	桩深 12m 以内	50 根以内	4	5	6	8
2	桩深 12m 以内	100 根以内	6	7	8	10
3	桩深 12m 以内	150 根以内	9	10	11	14
4	桩深 12m 以内	200 根以内	13	14	15	17
5	桩深 12m 以内	250 根以内	16	17	18	21
6	桩深 12m 以内	300 根以内	20	21	22	25
7	桩深 12m 以内	350 根以内	22	24	26	29
8	桩深 12m 以内	400 根以内	26	28	30	33
9	桩深 12m 以内	450 根以内	30	32	34	37
10	桩深 12m 以内	500 根以内	34	36	38	41
11	桩深 16m 以内	50 根以内	6	7	8	11
12	桩深 16m 以内	100 根以内	9	10	11	14
13	桩深 16m 以内	150 根以内	12	13	14	17
14	桩深 16m 以内	200 根以内	16	17	18	21
15	桩深 16m 以内	250 根以内	19	21	23	26
16	桩深 16m 以内	300 根以内	22	24	27	31
17	桩深 16m 以内	350 根以内	27	29	32	35
18	桩深 16m 以内	400 根以内	32	34	36	40
19	桩深 16m 以内	450 根以内	37	39	41	45
20	桩深 16m 以内	500 根以内	42	44	46	50
21	桩深 18m 以内	50 根以内	8	9	10	14
22	桩深 18m 以内	100 根以内	12	13	14	18
23	桩深 18m 以内	150 根以内	17	18	19	23
24	桩深 18m 以内	200 根以内	20	22	24	28
25	桩深 18m 以内	250 根以内	25	27	29	33
26	桩深 18m 以内	300 根以内	30	32	34	39
27	桩深 18m 以内	350 根以内	36	38	40	44
28	桩深 18m 以内	400 根以内	39	41	45	50
29	桩深 18m 以内	450 根以内	45	48	51	56
30	桩深 18m 以内	500 根以内	51	54	57	62

（3）人工挖孔桩工程

表 3-4-11

序号	规格	工程量	1类土	2类土	3类土	4类土
1	桩深 10m 以内	100m³ 以内	20	22	25	29
2	桩深 10m 以内	200m³ 以内	25	27	30	34
3	桩深 10m 以内	300m³ 以内	29	31	35	44
4	桩深 10m 以内	500m³ 以内	34	41	45	49
5	桩深 15m 以内	100m³ 以内	25	27	30	34
6	桩深 15m 以内	200m³ 以内	30	32	35	39
7	桩深 15m 以内	300m³ 以内	35	37	40	49
8	桩深 15m 以内	500m³ 以内	45	47	50	59
9	桩深 15m 以内	700m³ 以内	55	57	60	69
10	桩深 20m 以内	100m³ 以内	30	32	35	39
11	桩深 20m 以内	200m³ 以内	35	37	40	45
12	桩深 20m 以内	300m³ 以内	40	42	45	49
13	桩深 20m 以内	500m³ 以内	50	52	55	64
14	桩深 20m 以内	700m³ 以内	60	62	65	79
15	桩深 20m 以内	1 000m³ 以内	75	77	80	94
16	桩深 20m 以内	1 000m³ 以外	121	125	130	144
17	桩深 25m 以内	100m³ 以内	35	37	40	44
18	桩深 25m 以内	200m³ 以内	40	42	445	49
19	桩深 25m 以内	300m³ 以内	45	47	50	54
20	桩深 25m 以内	500m³ 以内	55	57	60	64
21	桩深 25m 以内	700m³ 以内	65	67	70	74
22	桩深 25m 以内	1 000m³ 以内	80	82	85	99
23	桩深 25m 以内	1 500m³ 以内	98	97	100	111
24	桩深 25m 以内	2 000m³ 以内	110	112	115	125
25	桩深 25m 以内	2 500m³ 以内	125	127	130	140
26	桩深 25m 以内	3 000m³ 以内	140	142	145	160
27	桩深 25m 以内	3 000m³ 以外	160	162	165	180

（4）钢板桩

表 3-4-12

序号	规格	工程量	1 类土	2 类土	3 类土	4 类土
1	桩深 12m 以内	50 根以内	2	3	4	6
2	桩深 12m 以内	100 根以内	5	6	7	9
3	桩深 12m 以内	150 根以内	9	10	11	13
4	桩深 12m 以内	200 根以内	12	13	14	17
5	桩深 12m 以内	250 根以内	16	17	18	20
6	桩深 12m 以内	300 根以内	19	20	21	24
7	桩深 12m 以内	350 根以内	21	23	25	27
8	桩深 12m 以内	400 根以内	24	26	28	31
9	桩深 12m 以内	450 根以内	28	30	32	35
10	桩深 12m 以内	500 根以内	32	34	36	39
11	桩深 12m 以内	550 根以内	36	38	40	43
12	桩深 12m 以内	600 根以内	40	42	44	46
13	桩深 12m 以内	650 根以内	41	44	47	50
14	桩深 12m 以内	700 根以内	45	48	51	54
15	桩深 12m 以内	750 根以内	49	52	55	58
16	桩深 12m 以内	800 根以内	53	56	59	62
17	桩深 12m 以内	850 根以内	57	60	63	66
18	桩深 12m 以内	900 根以内	61	64	67	69
19	桩深 12m 以内	950 根以内	64	67	70	73
20	桩深 12m 以内	1 000 根以内	68	71	74	77
21	桩深 16m 以内	50 根以内	3	4	5	8
22	桩深 16m 以内	100 根以内	7	8	9	12
23	桩深 16m 以内	150 根以内	111	12	13	16
24	桩深 16m 以内	200 根以内	15	16	17	20
25	桩深 16m 以内	250 根以内	17	18	21	24
26	桩深 16m 以内	300 根以内	21	23	25	29
27	桩深 16m 以内	350 根以内	26	28	30	32

序号	规格	工程量	1类土	2类土	3类土	4类土
28	桩深16m以内	400根以内	29	31	33	37
29	桩深16m以内	450根以内	34	36	38	41
30	桩深16m以内	500根以内	38	40	42	46
31	桩深16m以内	550根以内	43	45	47	50
32	桩深16m以内	600根以内	45	48	51	55
33	桩深16m以内	650根以内	50	53	56	59
34	桩深16m以内	700根以内	54	57	60	64
35	桩深16m以内	750根以内	59	62	65	69
36	桩深16m以内	800根以内	65	67	70	73
37	桩深16m以内	850根以内	68	71	74	78
38	桩深16m以内	900根以内	73	76	79	82
39	桩深16m以内	950根以内	77	80	83	87
40	桩深16m以内	1000根以内	82	85	88	92

3.3.2 深圳工期定额

（1）锤击预制管桩

表 3-4-13

桩深 桩数	10m 以内	15m 以内	20m 以内	25m 以内	30m 以内	35m 以内	40m 以内	45m 以内
≤50根	4	5	6	7	7	8	8	9
≤100根	8	11	13	14	15	16	17	18
≤150根	13	16	19	21	22	24	25	27
≤200根	17	21	25	28	30	32	33	36
≤250根	19	24	28	32	34	36	38	41
≤300根	21	27	31	35	37	40	42	45
≤350根	23	29	34	37	40	43	45	48
≤400根	25	31	36	40	43	45	48	51
≤450根	27	32	38	42	45	48	50	54

桩深 桩数	10m 以内	15m 以内	20m 以内	25m 以内	30m 以内	35m 以内	40m 以内	45m 以内
≤500 根	29	33	39	43	47	50	52	56
≤550 根	31	35	40	45	49	51	54	58
≤600 根	33	36	42	46	50	53	56	60
≤650 根	35	38	43	48	51	54	57	61
≤700 根	37	40	44	49	52	56	58	63
≤750 根	39	41	45	50	54	57	60	64
≤800 根	41	45	48	51	55	58	61	65
≤850 根	43	47	49	52	56	59	62	66
≤900 根	45	49	51	53	57	60	63	67
≤950 根	47	51	53	55	58	61	64	68
≤1 000 根	50	54	57	59	60	62	66	69
>1 000 根	55	58	63	65	66	67	68	72

（2）静压预制管桩

表 3-4-14

桩深 桩数	10m 以内	15m 以内	20m 以内	25m 以内	30m 以内	35m 以内	40m 以内	45m 以内
≤50 根	3	3	4	4	5	5	6	7
≤100 根	6	7	7	8	9	10	12	14
≤150 根	9	10	11	12	14	16	18	21
≤200 根	13	14	15	16	18	21	24	27
≤250 根	15	16	17	19	21	24	28	31
≤300 根	16	18	19	21	24	27	31	33
≤350 根	18	19	20	23	26	30	33	35
≤400 根	19	20	21	25	28	32	35	37
≤450 根	20	21	22	27	30	34	37	39
≤500 根	21	22	23	28	32	36	38	41
≤550 根	22	23	24	29	33	37	39	42
≤600 根	23	24	25	30	34	39	40	43
≤650 根	24	25	26	31	35	40	41	44
≤700 根	25	26	27	32	36	41	42	45

模块三 房地产开发的生命周期与时间管理

桩数 \ 桩深	10m以内	15m以内	20m以内	25m以内	30m以内	35m以内	40m以内	45m以内
≤750根	26	27	28	33	37	42	44	46
≤800根	27	28	29	34	38	43	45	47
≤850根	28	29	30	35	39	44	46	48
≤900根	29	30	31	36	40	45	47	49
≤950根	30	31	32	37	41	46	48	51
≤1 000根	31	32	33	38	42	47	49	52
>1 000根	33	34	35	40	44	49	53	56

（3）冲孔灌注桩

表 3-4-15

桩数	桩深 \ 桩径	15m	20m	25m	30m	35m	40m	45m	50m	55m	60m	65m
30根内	1.0m内	11	12	13	14	15	16	17	18	19	20	21
30根内	1.5m内	15	16	17	18	19	20	21	22	23	24	25
30根内	2.0m内	17	18	19	20	21	22	23	24	25	26	27
30根内	2.5m内	21	22	23	24	25	26	27	28	29	30	31
60根内	1.0m内	21	22	24	25	26	27	28	29	30	31	33
60根内	1.5m内	29	30	31	33	34	35	36	37	38	39	41
60根内	2.0m内	32	33	35	36	37	38	39	40	41	43	45
60根内	2.5m内	38	40	41	42	43	44	45	46	48	50	52
100根内	1.0m内	30	33	34	36	38	40	42	44	46	48	50
100根内	1.5m内	33	35	37	39	41	43	45	47	49	51	53
100根内	2.0m内	38	40	42	44	46	48	50	52	54	56	58
100根内	2.5m内	40	43	46	49	52	55	58	61	64	67	70
150根内	1.0m内	44	46	48	50	52	55	58	61	64	67	70
150根内	1.5m内	48	51	54	57	60	63	66	69	72	75	78
150根内	2.0m内	52	55	58	61	64	67	70	73	76	79	82
150根内	2.5m内	57	60	63	66	69	72	75	78	81	84	87
200根内	1.0m内	48	51	54	57	60	63	66	69	72	75	78

桩数	桩径＼桩深	15m	20m	25m	30m	35m	40m	45m	50m	55m	60m	65m
200 根内	1.5m 内	52	55	58	61	64	67	70	73	76	79	82
200 根内	2.0m 内	61	64	67	70	73	76	79	82	85	88	91
200 根内	2.5m 内	68	71	74	77	80	83	86	89	92	95	98
250 根内	1.0m 内	57	60	63	66	69	72	75	78	81	84	87
250 根内	1.5m 内	65	68	71	74	77	80	83	86	89	92	95
250 根内	2.0m 内	69	72	75	78	81	84	87	90	93	95	99
250 根内	2.5m 内	75	78	81	84	87	90	93	95	99	102	105
320 根内	1.0m 内	66	69	72	75	78	81	84	87	90	93	96
320 根内	1.5m 内	68	71	74	77	80	83	86	89	92	95	98
320 根内	2.0m 内	71	74	77	80	83	86	89	92	95	98	101
320 根内	2.5m 内	73	76	79	82	85	88	91	94	97	100	103
400 根内	1.0m 内	75	78	81	84	87	90	93	95	99	102	105
400 根内	1.5m 内	82	85	88	91	94	97	100	103	106	109	112
400 根内	2.0m 内	87	90	93	96	99	102	105	108	111	114	117
400 根内	2.5m 内	89	92	95	98	101	104	107	110	113	116	119
400 根外	1.0m 内	81	84	87	91	94	97	100	104	107	110	113
400 根外	1.5m 内	89	92	95	98	102	105	108	111	114	118	121
400 根外	2.0m 内	94	97	100	104	107	110	113	117	120	123	126
400 根外	2.5m 内	96	99	103	106	109	112	116	119	122	125	129

（4）钻孔灌注桩

表 3-4-16

桩数	桩径＼桩深	15m	20m	25m	30m	35m	40m	45m	50m	55m	60m	65m	70m	75m
30 根内	1.0m 内	6	7	8	9	10	11	12	13	14	15	16	17	18
30 根内	1.5m 内	7	8	9	10	11	12	13	14	15	16	17	18	19
30 根内	2.0m 内	9	10	11	12	13	14	15	16	17	18	18	20	21
30 根内	2.5m 内	10	11	12	13	14	15	16	17	18	19	20	21	22

模块三 房地产开发的生命周期与时间管理

桩数	桩深／桩径	15m	20m	25m	30m	35m	40m	45m	50m	55m	60m	65m	70m	75m
60 根内	1.0m 内	11	12	13	14	15	16	17	18	19	20	21	22	23
60 根内	1.5m 内	13	14	15	16	18	19	20	21	22	23	24	25	26
60 根内	2.0m 内	15	17	18	19	20	21	23	24	25	26	27	28	29
60 根内	2.5m 内	17	18	19	20	22	24	26	27	28	29	30	32	33
100 根内	1.0m 内	18	20	21	22	23	25	26	27	29	30	31	33	34
100 根内	1.5m 内	21	23	24	25	26	28	29	30	31	32	34	36	37
100 根内	2.0m 内	25	26	27	28	29	30	31	32	33	34	35	37	39
100 根内	2.5m 内	27	28	29	30	31	33	34	35	36	37	39	41	43
150 根内	1.0m 内	30	32	33	34	36	38	40	41	42	44	46	49	51
150 根内	1.5m 内	32	34	36	37	38	39	41	42	43	45	47	50	52
150 根内	2.0m 内	36	37	38	39	40	41	42	43	44	46	48	51	53
150 根内	2.5m 内	38	39	40	41	42	43	45	46	47	48	51	54	57
200 根内	1.0m 内	39	42	43	45	46	49	51	52	53	54	56	58	62
200 根内	1.5m 内	42	45	46	47	48	49	52	53	54	55	58	60	64
200 根内	2.0m 内	47	48	49	51	52	53	54	55	56	57	59	62	65
200 根内	2.5m 内	49	50	52	53	54	55	56	57	58	59	62	65	69
250 根内	1.0m 内	49	51	53	55	57	59	61	63	65	68	71	74	78
250 根内	1.5m 内	52	54	56	58	60	61	63	65	68	71	74	77	80
250 根内	2.0m 内	55	57	59	61	63	65	67	69	71	73	76	79	83
250 根内	2.5m 内	58	60	62	64	66	68	70	72	74	76	80	83	87
320 根内	1.0m 内	60	63	64	65	67	69	71	73	75	76	79	82	85
320 根内	1.5m 内	64	66	67	68	69	71	73	74	76	77	80	84	88
320 根内	2.0m 内	66	68	69	70	71	72	74	75	77	78	81	86	90
320 根内	2.5m 内	69	71	73	74	75	76	77	78	80	82	84	88	92
400 根内	1.0m 内	72	73	74	75	78	80	83	85	86	87	90	94	97
400 根内	1.5m 内	75	76	77	78	79	83	84	86	88	90	93	96	100
400 根内	2.0m 内	78	79	80	82	84	85	86	87	89	91	94	98	103
400 根内	2.5m 内	81	83	84	85	87	89	91	93	95	97	99	103	108
400 根外	1.0m 内	77	79	80	81	84	86	90	92	93	94	97	102	105
401 根外	1.5m 内	81	82	83	84	85	90	90	93	95	97	100	104	108
402 根外	2.0m 内	84	85	86	89	91	92	93	94	96	98	102	106	111
403 根外	2.5m 内	87	89	91	92	94	96	98	100	103	105	107	111	117

（5）人工挖孔桩

表 3-4-17

工程量（m³）	桩深 10m 内	桩深 15m 内	桩深 20m 内	桩深 25m 内	桩深 30m 内
100 以内	21	26	30	34	39
200 以内	26	30	34	38	43
300 以内	30	34	38	43	48
500 以内	38	43	47	51	56
700 以内	500m³ 以外 43 天	51	55	60	65
1 000 以内		700m³ 外 58 天	68	72	77
1 500 以内			1000m³ 外 58 天	85	90
2 000 以内				98	103
2 500 以内				111	116
3 000 以内				123	128
3 500 以内				3000m³ 外 140 天	142
4 000 以内					156
4 500 以内					170
5 000 以内					185
5 000 以外					211

3.4　安徽工期定额

（1）预制混凝土方桩

表 3-4-18

编号	桩深（m）	工程量（根）	单机	双机	多机
1	10 以内	50 以内	3	2	1
2	10 以内	50 每增	3	2	1
3	15 以内	50 以内	4	3	2
4	15 以内	50 每增	4	3	2
5	20 以内	50 以内	5	3	2
6	20 以内	50 每增	5	3	2
7	25 以内	50 以内	6	4	3
8	25 以内	50 每增	6	4	3
9	30 以内	50 以内	8	5	3
10	30 以内	50 每增	8	5	3
11	30 以外	50 以内	13	8	6
12	30 以外	50 每增	13	8	6

（2）预制混凝土管桩

表 3-4-19

编号	桩深（m）	工程量（根）	单机	双机	多机
1	15 以内	50 以内	3	2	1
2	15 以内	50 每增	3	2	1
3	20 以内	50 以内	4	3	2
4	20 以内	50 每增	4	3	2
5	25 以内	50 以内	5	3	2
6	25 以内	50 每增	5	3	2
7	30 以内	50 以内	7	5	3
8	30 以内	50 每增	7	5	3
9	30 以外	50 以内	10	7	4
10	30 以外	50 每增	10	7	4

（3）机械钻孔灌注桩

表 3-4-20

编号	桩深（m）	直径	工程量（根）	单机	双机	多机
1	10 以内	Φ300/400	100 以内	4	3	2
2	10 以内	Φ500	100 每增	4	3	2
3	10 以内	Φ500	100 以内	5	3	2
4	10 以内	Φ500	100 每增	5	3	2
5	10 以内	Φ600	100 以内	6	4	3
6	10 以内	Φ600	100 每增	6	4	3
7	10 以内	Φ700/800	100 以内	7	5	3
8	10 以内	Φ700/800	100 每增	7	5	3
9	10 以内	Φ900	100 以内	8	5	3
10	10 以内	Φ900	100 每增	8	5	3
11	10 以内	Φ1000	100 以内	11	7	5
12	10 以内	Φ1000	100 每增	11	7	5
13	10 以内	Φ1000	100 以内	16	10	7
14	10 以内	Φ1000	100 每增	16	10	7

编号	桩深（m）	直径	工程量（根）	单机	双机	多机
15	15 以内	Φ300	100 以内	6	4	3
16	15 以内	Φ300	100 每增	6	4	3
17	15 以内	Φ400	100 以内	7	5	3
18	15 以内	Φ400	100 每增	7	5	3
19	15 以内	Φ500	100 以内	8	5	3
20	15 以内	Φ500	100 每增	8	5	3
21	15 以内	Φ600	100 以内	9	6	4
22	15 以内	Φ600	100 每增	9	6	4
23	15 以内	Φ700/800	100 以内	10	7	4
24	15 以内	Φ700/800	100 每增	10	7	4
25	15 以内	Φ900	100 以内	11	7	5
26	15 以内	Φ900	100 每增	11	7	5
27	15 以内	Φ1000	100 以内	16	10	7
28	15 以内	Φ1000	100 每增	16	10	7
29	15 以内	Φ1000	100 以内	19	12	8
30	15 以内	Φ1000	100 每增	19	12	8
31	20 以内	Φ500	100 以内	10	7	4
32	20 以内	Φ500	100 每增	10	7	4
33	20 以内	Φ600	100 以内	11	7	5
34	20 以内	Φ600	100 每增	11	7	5
35	20 以内	Φ700	100 以内	13	8	6
36	20 以内	Φ700	100 每增	13	8	6
37	20 以内	Φ800	100 以内	15	10	6
38	20 以内	Φ800	100 每增	15	10	6
39	20 以内	Φ900	100 以内	16	10	7
40	20 以内	Φ900	100 每增	16	10	7
41	20 以内	Φ1000	100 以内	19	12	8
42	20 以内	Φ1000	100 每增	19	12	8
43	20 以内	Φ1000	100 以内	25	16	11

模块三 房地产开发的生命周期与时间管理

编号	桩深（m）	直径	工程量（根）	单机	双机	多机
44	20 以内	Φ1000	100 每增	25	16	11
45	25 以内	Φ600	100 以内	14	9	6
46	25 以内	Φ600	100 每增	14	9	6
47	25 以内	Φ700	100 以内	17	11	7
48	25 以内	Φ700	100 每增	17	11	7
49	25 以内	Φ800	100 以内	20	13	9
50	25 以内	Φ800	100 每增	20	13	9
51	25 以内	Φ900	100 以内	22	14	9
52	25 以内	Φ900	100 每增	22	14	9
53	25 以内	Φ1000	100 以内	25	16	11
54	25 以内	Φ1000	100 每增	25	16	11
55	25 以内	Φ1000	100 以内	29	19	12
56	25 以内	Φ1000	100 每增	29	19	12
57	30 以内	Φ700	100 以内	20	13	9
58	30 以内	Φ700	100 每增	20	13	9
59	30 以内	Φ800	100 以内	23	15	10
60	30 以内	Φ800	100 每增	23	15	10
61	30 以内	Φ900	100 以内	25	16	11
62	30 以内	Φ900	100 每增	25	16	11
63	30 以内	Φ1000	100 以内	29	19	12
64	30 以内	Φ1000	100 每增	29	19	12
65	30 以内	Φ1000	100 以内	34	22	15
66	30 以内	Φ1000	100 每增	34	22	15
67	35 以内	Φ800	100 以内	25	16	11
68	35 以内	Φ800	100 每增	25	16	11
69	35 以内	Φ900	100 以内	29	19	12
70	35 以内	Φ900	100 每增	29	19	12
71	35 以内	Φ1000	100 以内	34	22	15
72	35 以内	Φ1000	100 每增	34	22	15
73	35 以内	Φ1000	100 以内	40	26	17

编号	桩深（m）	直径	工程量（根）	单机	双机	多机
74	35 以内	Φ1000	100 每增	40	26	17
75	40 以内	Φ900	100 以内	34	22	15
76	40 以内	Φ900	100 每增	34	22	15
77	40 以内	Φ1000	100 以内	40	26	17
78	40 以内	Φ1000	100 每增	40	26	17
79	40 以内	Φ1000	100 以内	50	33	22
80	40 以内	Φ1000	100 每增	50	33	22
81	45 以内	Φ1000	100 以内	67	44	29
82	45 以内	Φ1000	100 每增	67	44	29

（4）人工挖孔桩

表 3-4-21

编号	桩深（m）	工程量（根）	天数
1	10 以内	100 以内	20
2	10 以内	100 每增	5
3	15 以内	100 以内	25
4	15 以内	100 每增	5
5	20 以内	100 以内	30
6	20 以内	100 每增	5
7	25 以内	100 以内	35
8	25 以内	100 每增	5
9	30 以内	100 以内	45
10	30 以内	100 每增	10
11	35 以内	100 以内	50
12	35 以内	100 每增	10
13	40 以内	100 以内	55
14	40 以内	100 每增	10

3.5 非桩基础工程

3.5.1 全国工期定额

表 3-4-22

序号	基础类型	建筑面积（m²）	1、2类土	3、4类土
1	带形基础	500 以内	30	35
2	带形基础	1 000 以内	45	50
3	带形基础	1 000 以外	65	70
4	满堂红基础	500 以内	40	45
5	满堂红基础	1 000 以内	55	60
6	满堂红基础	1 000 以外	75	80
7	框架基础/独立柱基	500 以内	25	30
8	框架基础/独立柱基	1 000 以内	35	40
9	框架基础/独立柱基	1 000 以外	55	60

3.5.2 安徽工期定额

表 3-4-23

编号	首层建筑面积（m²）	天数	百分比系数
条形基础	500 以内	20	4.00%
	1 000 以内	25	2.50%
	1 000 以外	30	3.00%
筏板基础	1 000 以内	38	3.80%
	3 000 以内	46	1.53%
	5 000 以内	55	1.10%
	5 000 以外	65	1.30%
独立基础	500 以内	16	3.20%
	1 000 以内	19	1.90%
	2 000 以内	23	1.15%
	2 000 以外	28	1.40%

3.5.3 深圳工期定额

表 3-4-24

序号	基础类型	建筑面积（m²）	Ⅰ、Ⅱ类土	Ⅲ、Ⅳ类土
1	带形基础	500 以内	30	34
2	带形基础	1 000 以内	34	38
3	带形基础	1 500 以内	37	41
4	带形基础	2 000 以内	41	45
5	带形基础	3 000 以内	47	53
6	带形基础	3 000 以外	58	64
7	满堂红基础	500 以内	38	42
8	满堂红基础	1 000 以内	41	45
9	满堂红基础	1 500 以内	45	49
10	满堂红基础	2 000 以内	48	52
11	满堂红基础	3 000 以内	55	60
12	满堂红基础	4 000 以内	62	67
13	满堂红基础	5 000 以内	68	74
14	满堂红基础	5 000 以外	83	90
15	框架基础/独立柱基	500 以内	24	28
16	框架基础/独立柱基	1 000 以内	26	30
17	框架基础/独立柱基	1 500 以内	29	33
18	框架基础/独立柱基	2 000 以内	31	35
19	框架基础/独立柱基	3 000 以内	35	40
20	框架基础/独立柱基	4 000 以内	40	45
21	框架基础/独立柱基	5 000 以内	44	51
22	框架基础/独立柱基	5 000 以外	59	67

3.5.4 北京工期定额

表 3-4-25

序号	基础类型	首层建筑面积（m²）	天数
1	带形基础	1 000 以内	45
2	带形基础	3 000 以内	60
3	带形基础	5 000 以内	80
4	带形基础	5 000 以外	100
5	满堂基础	1 000 以内	55
6	满堂基础	3 000 以内	70
7	满堂基础	5 000 以内	90
8	满堂基础	5 000 以外	120
9	框架基础/独立柱	1 000 以内	40
10	框架基础/独立柱	3 000 以内	55
11	框架基础/独立柱	5 000 以内	75
12	框架基础/独立柱	5 000 以外	95

模块三 房地产开发的生命周期与时间管理

第4节 地下室工程

4.1 工期表的说明

表 3-4-26

施工内容	(1) 包括基坑清理、放线、基坑以下基槽基坑土方（不包括±0.00以下至基坑底板以上部分的土方开挖）、结构及安装配管等内容。
建筑面积 首层建筑面积	(2) 地下室的建筑面积是影响其建造工期的主要因素，工期表是根据地下室的建筑面积分档编制的。有地下室的按地下总建筑面积查表，无地下室的按首层建筑面积查表。
竞争的因素	(3) 根据施工单位的投标情况，根据本工期表计算出工期后，可考虑竞争市场因素，再乘 0.85 至 0.95 的修正系数。

4.2 全国工期定额

表 3-4-27

序号	层数	建筑面积	天数		天/m²		天/层	
			1、2类土	3、4类土	1、2类土	3、4类土	1、2类土	3、4类土
1	1	500	50	55	10.00%	11.00%	50	55
2	1	1 000	60	65	6.00%	6.50%	60	65
3	1	1 000	75	80	7.50%	8.00%	75	80
4	2	1 000	85	90	8.50%	9.00%	43	45
5	2	2 000	95	100	4.75%	5.00%	48	50
6	2	3 000	110	115	3.67%	3.83%	55	58
7	2	3 000	130	135	4.33%	4.50%	65	68
8	3	7 000	180	190	2.57%	2.71%	60	63
9	3	10 000	205	215	2.05%	2.15%	68	72
10	3	15 000	230	240	1.53%	1.60%	77	80
11	3	15 000	260	270	1.73%	1.80%	87	90
12	3	3 000	140	150	4.67%	5.00%	47	50
13	3	3 000	160	170	5.33%	5.67%	53	57
14	4	5 000	190	205	3.80%	4.10%	48	51
15	4	7 000	210	225	3.00%	3.21%	53	56
16	4	10 000	230	245	2.30%	2.45%	58	61
17	4	15 000	255	270	1.70%	1.80%	64	68
18	4	20 000	280	295	1.40%	1.48%	70	74
19	4	20 000	310	325	1.55%	1.63%	78	81

4.3 深圳工期定额

表 3-4-28

层数	建筑面积	天数	天/m²	天/层	层数	建筑面积	天数	天/m²	天/层
1层	500	47	9.40%	47	3层	3 000	91	3.03%	30
	1 000	50	5.00%	50		5 000	96	1.92%	32
	1 500	52	3.47%	52		6 000	98	1.63%	33
	2 000	55	2.75%	55		10 000	107	1.07%	36
	3 000	61	2.03%	61		15 000	118	0.79%	39
	5 000	72	1.44%	72		20 000	128	0.64%	43
	8 000	88	1.10%	88		25 000	138	0.55%	46
	10 000	99	0.99%	99		30 000	148	0.49%	49
	10 000	113	1.13%	113		30 000	158	0.53%	53
2层	1 000	68	6.80%	34	4层	4 000	127	3.18%	32
	2 000	71	3.55%	36		6 000	132	2.20%	33
	3 000	75	2.50%	38		8 000	137	1.71%	34
	4 000	79	1.98%	40		12 000	142	1.18%	36
	6 000	88	1.47%	44		15 000	144	0.96%	36
	10 000	104	1.04%	52		20 000	150	0.75%	38
	15 000	124	0.83%	62		25 000	156	0.62%	39
	20 000	145	0.73%	73		30 000	162	0.54%	41
	20 000	159	0.80%	80		30 000	173	0.58%	43

4.4 安徽工期定额

表 3-4-29

层数	1	2	3	4
天数	48	82	114	143
层高米>4m时	3 天/m	3 天/m	3 天/m	3 天/m

模块三 房地产开发的生命周期与时间管理

4.5 北京工期定额

表 3-4-30

层数	m²	天数	天/m²	天/层	层数	m²	天数	天/m²	天/层
1	1 000	85	8.50%	85	3	15 000	270	1.80%	90
1	3 000	110	3.67%	110	3	20 000	285	1.43%	95
1	5 000	130	2.60%	130	3	25 000	300	1.20%	100
1	7 000	140	2.00%	140	3	30 000	315	1.05%	105
1	10 000	150	1.50%	150	3	30 000	330	1.10%	110
1	10 000	180	1.80%	180	4	10 000	280	2.80%	70
2	2 000	125	6.25%	63	4	20 000	320	1.60%	80
2	5 000	155	3.10%	78	4	30 000	350	1.17%	88
2	8 000	175	2.19%	88	4	40 000	370	0.93%	93
2	10 000	190	1.90%	95	4	40 000	400	1.00%	100
2	15 000	210	1.40%	105	5	20 000	360	1.80%	72
2	20 000	220	1.10%	110	5	40 000	405	1.01%	81
2	20 000	240	1.20%	120	5	50 000	425	0.85%	85
3	5 000	195	3.90%	65	5	50 000	455	0.91%	91
3	10 000	250	2.50%	83					

第 5 节　地上主体结构工程

5.1　工期表使用说明

表 3-4-31

包括的施工内容	工期表中地上部分（±0.00 以上）的施工内容包括结构、墙体、屋面、安装配管等内容。

5.2　工期的组合规则

表 3-4-32

二种结构时	（1）有变形缝时：Max（T1；T2）+MIN（T1；T2）×20%。 （2）无变形缝时：各自面积引用其工期，再按面积加权平均数。
不同层数时	（3）有变形缝时：Max（T1；T2；T3）+ΣT 其他×20%。
多个独立部分	（4）Max（T₁；T₂；T₃）+ΣT其他×20%；三个以上不再另计工期。

5.3 工期的影响因素

表 3-4-33

气候因素	（1）下表是按Ⅰ类地区编制，Ⅱ类地区的气候修正系数为 1.05；Ⅲ类地区的气候修正系数为 1.15。
层高因素	（2）表中是按 3.6m 编制，对于大于 3.6m 层高时，层高每增加 1m 则每层增加 4 天测算，有结构转换层时，每层增加 20 天。
结构类别	（3）对于砖混结构的地上主体结构工程，当用此工期表计算工期时则按表格的引用数据×0.78。
竞争的因素	（4）根据施工单位的投标情况，根据本工期表计算出工期后，可考虑竞争市场因素，再乘 0.85 至 0.95 的修正系数。

5.4 深圳定额

5.4.1 现浇混凝土结构

表 3-4-34

层数	建筑面积（m²）	天数	天/层数	天/m²
3	1 500 以内	55	18	3.67%
3	3 000 以内	58	19	1.93%
3	4 500 以内	61	20	1.36%
3	4 500 以外	64	21	1.42%
4	2 000 以内	63	16	3.15%
4	4 000 以内	66	17	1.65%
4	6 000 以内	69	17	1.15%
4	6 000 以外	73	18	1.22%
5	2 500 以内	70	14	2.80%
5	5 000 以内	73	15	1.46%
5	7 500 以内	76	15	1.01%
5	7 500 以外	80	16	1.07%

模块三 房地产开发的生命周期与时间管理

层数	建筑面积（m²）	天数	天/层数	天/m²
6	3 000 以内	78	13	2.60%
6	6 000 以内	82	14	1.37%
6	9 000 以内	86	14	0.96%
6	9 000 以外	91	15	1.01%
7	3 500 以内	85	12	2.43%
7	7 000 以内	90	13	1.29%
7	10 500 以内	94	13	0.90%
7	10 500 以外	99	14	0.94%
8	4 000 以内	101	13	2.53%
8	8 000 以内	106	13	1.33%
8	12 000 以内	109	14	0.91%
8	12 000 以外	115	14	0.96%
9	9 000 以内	100	11	1.11%
9	13 500 以内	104	12	0.77%
9	18 000 以内	107	12	0.59%
9	18 000 以外	110	12	0.61%
10	10 000 以内	108	11	1.08%
10	15 000 以内	111	11	0.74%
10	20 000 以内	115	12	0.58%
10	20 000 以外	119	12	0.60%
11	11 000 以内	115	10	1.05%
11	16 500 以内	119	11	0.72%
11	22 000 以内	122	11	0.55%
11	22 000 以外	128	12	0.58%
12	12 000 以内	123	10	1.03%
12	18 000 以内	126	11	0.70%
12	24 000 以内	132	11	0.55%
12	24 000 以外	138	12	0.58%

模块三　房地产开发的生命周期与时间管理

层数	建筑面积（m²）	天数	天/层数	天/m²
13	13 000 以内	130	10	1.00％
13	19 500 以内	135	10	0.69％
13	26 000 以内	148	11	0.57％
13	26 000 以外	155	12	0.60％
14	14 000 以内	138	10	0.99％
14	21 000 以内	143	10	0.68％
14	28 000 以内	151	11	0.54％
14	28 000 以外	158	11	0.56％
15	15 000 以内	145	10	0.97％
15	22 500 以内	151	10	0.67％
15	30 000 以内	159	11	0.53％
15	30 000 以外	165	11	0.55％
16	16 000 以内	153	10	0.96％
16	24 000 以内	160	10	0.67％
16	32 000 以内	169	11	0.53％
16	32 000 以外	175	11	0.55％
17	17 000 以内	160	9	0.94％
17	25 500 以内	167	10	0.65％
17	34 000 以内	176	10	0.52％
17	34 000 以外	182	11	0.54％
18	18 000 以内	168	9	0.93％
18	27 000 以内	175	10	0.65％
18	36 000 以内	185	10	0.51％
18	36 000 以外	192	11	0.53％
19	19 000 以内	175	9	0.92％
19	28 500 以内	185	10	0.65％
19	38 000 以内	195	10	0.51％
19	38 000 以外	202	11	0.53％

模块三 房地产开发的生命周期与时间管理

层数	建筑面积（m²）	天数	天/层数	天/m²
20	20 000 以内	183	9	0.92%
20	30 000 以内	193	10	0.64%
20	40 000 以内	204	10	0.51%
20	40 000 以外	211	11	0.53%
21	21 000 以内	190	9	0.90%
21	31 500 以内	201	10	0.64%
21	42 000 以内	212	10	0.50%
21	42 000 以外	218	10	0.52%
22	22 000 以内	198	9	0.90%
22	33 000 以内	209	10	0.63%
22	44 000 以内	221	10	0.50%
22	44 000 以外	227	10	0.52%
23	23 000 以内	205	9	0.89%
23	34 500 以内	218	9	0.63%
23	46 000 以内	233	10	0.51%
23	46 000 以外	241	10	0.52%
24	24 000 以内	213	9	0.89%
24	36 000 以内	227	9	0.63%
24	48 000 以内	243	10	0.51%
24	48 000 以外	252	11	0.53%
25	25 000 以内	220	9	0.88%
25	37 500 以内	223	9	0.59%
25	50 000 以内	236	9	0.47%
25	50 000 以外	244	10	0.49%
26	26 000 以内	228	9	0.88%
26	39 000 以内	241	9	0.62%
26	52 000 以内	255	10	0.49%
26	52 000 以外	265	10	0.51%

模块三 房地产开发的生命周期与时间管理

层数	建筑面积（m²）	天数	天/层数	天/m²
27	27 000 以内	235	9	0.87%
27	40 500 以内	249	9	0.61%
27	54 000 以内	263	10	0.49%
27	54 000 以外	273	10	0.51%
28	28 000 以内	243	9	0.87%
28	42 000 以内	258	9	0.61%
28	56 000 以内	273	10	0.49%
28	56 000 以外	283	10	0.51%
29	29 000 以内	250	9	0.86%
29	43 500 以内	265	9	0.61%
29	58 000 以内	280	10	0.48%
29	58 000 以外	291	10	0.50%
30	30 000 以内	258	9	0.86%
30	45 000 以内	274	9	0.61%
30	60 000 以内	290	10	0.48%
30	60 000 以外	300	10	0.50%
31	31 000 以内	265	9	0.85%
31	46 500 以内	281	9	0.60%
31	62 000 以内	298	10	0.48%
31	62 000 以外	309	10	0.50%
32	32 000 以内	285	9	0.89%
32	48 000 以内	303	9	0.63%
32	64 000 以内	321	10	0.50%
32	64 000 以外	333	10	0.52%
33	33 000 以内	280	8	0.85%
33	49 500 以内	297	9	0.60%
33	66 000 以内	315	10	0.48%
33	66 000 以外	326	10	0.49%

模块三 房地产开发的生命周期与时间管理

层数	建筑面积（m²）	天数	天/层数	天/m²
34	34 000 以内	288	8	0.85％
34	51 000 以内	306	9	0.60％
34	68 000 以内	324	10	0.48％
34	68 000 以外	336	10	0.49％
35	35 000 以内	295	8	0.84％
35	52 500 以内	313	9	0.60％
35	70 000 以内	332	9	0.47％
35	70 000 以外	344	10	0.49％
36	36 000 以内	303	8	0.84％
36	54 000 以内	322	9	0.60％
36	72 000 以内	341	9	0.47％
36	72 000 以外	354	10	0.49％
37	37 000 以内	310	8	0.84％
37	55 500 以内	330	9	0.59％
37	74 000 以内	349	9	0.47％
37	74 000 以外	362	10	0.49％
38	38 000 以内	318	8	0.84％
38	57 000 以内	338	9	0.59％
38	76 000 以内	358	9	0.47％
38	76 000 以外	372	10	0.49％
39	39 000 以内	325	8	0.83％
39	58 500 以内	346	9	0.59％
39	78 000 以内	366	9	0.47％
39	78 000 以外	380	10	0.49％
40	40 000 以内	333	8	0.83％
40	60 000 以内	354	9	0.59％
40	80 000 以内	376	9	0.47％
40	80 000 以外	390	10	0.49％

5.5 安徽定额

5.5.1 混合结构

表 3-4-35

层数	单层面积分档，且层高≤4m，（层高－4）×2 天				
	≤1000m²	≤1 500m²	≤3 000m²	≤5 000m²	>5 000m²
1	30	35	38	45	60
2	42	48	53	63	84
3	54	62	68	81	108
4	66	76	83	99	132
5	78	90	98	117	156
6	90	104	113	135	180

5.5.2 钢混凝土结构

表 3-4-36

层数	单层面积分档，且层高≤4m，（层高－4）×2 天				
	≤1 000m²	≤1 500m²	≤3 000m²	≤5 000m²	>5 000m²
1	40	46	50	60	80
2	52	60	65	78	104
3	64	74	80	96	128
4	76	87	95	114	152
5	88	101	110	132	176
6	100	115	125	150	200
7	112	129	140	168	224
8	124	143	155	186	248
9	136	156	170	204	272
10	148	170	185	222	296
11	160	184	200	240	320

模块三 房地产开发的生命周期与时间管理

层数	单层面积分档，且层高≤4m，（层高－4）×2天				
	≤1 000m²	≤1 500m²	≤3 000m²	≤5 000m²	>5 000m²
12	172	198	215	258	344
13	184	212	230	276	368
14	196	225	245	294	392
15	208	239	260	312	416
16	220	253	275	330	440
17	232	267	290	348	464
18	244	281	305	366	488
19	256	294	320	384	512
20	268	308	335	402	536
21	280	322	350	420	560
22	292	336	365	438	584
23	304	350	380	456	608
24	316	363	395	474	632
25	328	377	410	492	656
26	340	391	425	510	680
27	352	405	440	528	704
28	364	419	455	546	728
29	376	432	470	564	752
30	388	446	485	582	776
31	400	460	500	600	800
32	412	474	515	618	824
33	424	488	530	636	848
34	436	501	545	654	872
35	448	515	560	672	896
36	460	529	575	690	920
37	472	543	590	708	944
38	484	557	605	726	968
39	496	570	620	744	992
40	508	584	635	762	1016

模块三 房地产开发的生命周期与时间管理

5.5.3 钢混凝土框架结构

表 3-4-37

檐高 m	建筑面积 m²	天数	檐高 m	建筑面积 m²	天数
20 以内	3 000 以内	155	40 以内	10 000 以内	230
20 以内	5 000 以内	170	40 以内	30 000 以内	275
20 以内	10 000 以内	185	40 以内	50 000 以内	315
20 以内	10 000 以外	205	40 以内	50 000 以外	355
30 以内	5 000 以内	190	40 以外	10 000 以内	245
30 以内	10 000 以内	215	40 以外	30 000 以内	295
30 以内	20 000 以内	245	40 以外	50 000 以内	340
30 以内	20 000 以外	285	40 以外	50 000 以外	380

5.5.4 钢结构

表 3-4-38

层数	建筑面积 m²	天数	层数	建筑面积 m²	天数
1	3 000 以下	40	2	10 000 以上	84
1	5 000 以下	50	3	9 000 以下	72
1	5 000 以上	60	3	15 000 以下	90
2	6 000 以下	56	3	15 000 以上	108
2	10 000 以下	70			

第 6 节 装 修 工 程

6.1 工期表使用说明

表 3-4-39

适用范围	（1）适用于单独发包的工程，且需要搭设外墙脚手架的整个建筑物的外墙装修工程。
装修工程	（2）搭设外墙脚手架、外墙抹灰、涂料、面砖、石材、幕墙、门窗、广告招牌、装饰造型、照明电气等。

模块三 房地产开发的生命周期与时间管理

工期起止	（3）从搭设外墙脚手架至拆除外墙脚手架之间所需要完成的日历天数。	
外墙高度	（4）是指从室外地坪至外墙装修最高点的垂直高度。	
外墙面积	（5）是指装修施工的外墙展开的面积。	
室内外同时装修	（6）当室内装修与室外装修同时施工时，将取其中最长一个工期为总工期。	
外脚手架扣除	（7）当外装修工程利用土建单位的外脚手架时，应从下表中扣除"双排钢管外脚手架"所占用的工期，根据《建设工程劳动定额》（LD/T 72.1～11—2008）进行脚手架搭设的工期计算。	
立项阶段的工期	（8）立项阶段是项目的立项阶段与初步设计之前，在编制项目的开发计划时，可引用立项阶段的工期表。	
施工阶段的工期	（9）施工阶段是项目完成了施工图的设计，各类的参数均已明确的前提下，可引用施工阶段的工期表。	

6.2 全国工期定额

6.2.1 砖混结构

表 3-4-40

序号	层数或名称	建筑面积（m²）	1类	2类	3类
1	1	500 以内	40	45	50
2	1	1 000 以内	45	50	55
3	1	1 000 以外	55	60	70
4	2	500 以内	55	60	70
5	2	1 000 以内	60	65	75
6	2	2 000 以内	65	70	80
7	2	2 000 以外	75	80	90
8	3	1 000 以内	70	75	85
9	3	2 000 以内	75	80	90
10	3	3 000 以内	80	85	95

序号	层数或名称	建筑面积（m²）	1 类	2 类	3 类
11	3	3 000 以外	90	95	105
12	4	2 000 以内	90	95	105
13	4	3 000 以外	95	100	115
14	4	5 000 以内	100	105	120
15	4	5 000 以外	110	115	130
16	5	3 000 以内	110	115	130
17	5	5 000 以内	115	120	135
18	5	5 000 以外	125	130	145
19	6	3 000 以内	125	130	145
20	6	5 000 以内	130	135	150
21	6	7 000 以内	140	145	160
22	6	7 000 以外	155	160	180
23	7	3 000 以内	140	145	160
24	7	5 000 以内	145	150	165
25	7	7 000 以内	155	160	180
26	7	7 000 以外	170	175	195

6.2.2 全现浇结构

表 3-4-41

序号	层数	建筑面积（m²）	1 类	2 类	3 类
1	8 以下	5 000 以内	185	190	210
2	8 以下	7 000 以内	195	200	220
3	8 以下	10 000 以内	205	215	235
4	8 以下	15 000 以内	220	230	255
5	8 以下	15 000 以外	240	250	275
6	10 以下	7 000 以内	210	220	245
7	10 以下	10 000 以内	225	235	260
8	10 以下	15 000 以内	240	250	275

模块三 房地产开发的生命周期与时间管理

序号	层数	建筑面积（m²）	1 类	2 类	3 类
9	10 以下	20 000 以内	255	265	295
10	10 以下	20 000 以外	275	285	315
11	12 以下	10 000 以内	250	260	290
12	12 以下	15 000 以内	265	275	305
13	12 以下	20 000 以内	280	290	320
14	12 以下	25 000 以内	295	305	335
15	12 以下	25 000 以外	310	325	360
16	14 以下	10 000 以内	275	285	315
17	14 以下	15 000 以内	290	300	330
18	14 以下	2 000 以内	300	315	345
19	14 以下	25 000 以内	315	330	365
20	14 以下	25 000 以外	335	350	385
21	16 以下	10 000 以内	295	310	340
22	16 以下	15 000 以内	310	325	360
23	16 以下	20 000 以内	325	340	375
24	16 以下	25 000 以内	340	355	390
25	16 以下	25 000 以外	360	375	415
26	18 以下	15 000 以内	335	350	385
27	18 以下	20 000 以内	350	365	405
28	18 以下	25 000 以内	365	380	420
29	18 以下	30 000 以内	385	400	440
30	18 以下	30 000 以外	405	425	470
31	20 以下	15 000 以内	360	375	415
32	20 以下	20 000 以内	375	390	430
33	20 以下	25 000 以内	390	405	445
34	20 以下	30 000 以内	405	425	470
35	20 以下	30 000 以外	430	450	495
36	22 以下	15 000 以内	390	405	445

序号	层数	建筑面积（m²）	1类	2类	3类
37	22 以下	20 000 以内	400	420	465
38	22 以下	25 000 以内	415	435	480
39	22 以下	30 000 以内	435	455	500
40	22 以下	30 000 以外	455	475	525
41	24 以下	20 000 以内	430	450	495
42	24 以下	25 000 以内	445	465	515
43	24 以下	30 000 以内	465	485	535
44	24 以下	30 000 以外	485	510	565
45	26 以下	20 000 以内	460	480	530
46	26 以下	25 000 以内	475	495	545
47	26 以下	30 000 以内	490	515	570
48	26 以下	30 000 以外	515	540	595
49	28 以下	25 000 以内	510	535	590
50	28 以下	30 000 以内	530	555	610
51	28 以下	35 000 以内	555	580	640
52	28 以下	35 000 以外	580	610	675
53	30 以下	25 000 以内	540	565	625
54	30 以下	30 000 以内	560	585	645
55	30 以下	35 000 以内	580	610	675
56	30 以下	35 000 以外	610	640	705
57	32 以下	30 000 以内	585	615	680
58	32 以下	35 000 以内	610	640	705
59	32 以下	40 000 以内	640	670	740
60	32 以下	40 000 以外	670	705	775
61	34 以下	30 000 以内	620	650	715
62	34 以下	35 000 以内	645	675	745
63	34 以下	40 000 以内	670	705	775
64	34 以下	40 000 以外	705	740	815

模块三 房地产开发的生命周期与时间管理

序号	层数	建筑面积（m²）	1类	2类	3类
65	36 以下	35 000 以内	675	710	785
66	36 以下	40 000 以内	705	740	815
67	36 以下	45 000 以内	740	775	855
68	36 以下	45 000 以外	770	810	895
69	38 以下	35 000 以内	710	745	820
70	38 以下	40 000 以内	740	775	855
71	38 以下	45 000 以内	770	810	895
72	38 以下	45 000 以外	810	850	935

6.2.3 现浇框架结构

表 3-4-42

序号	层数	建筑面积（m²）	1类	2类	3类
1	6 以下	7 000 以内	180	185	205
2	6 以下	7 000 以外	195	200	220
3	8 以下	5 000 以内	210	220	245
4	8 以下	7 000 以内	220	230	255
5	8 以下	10 000 以内	235	245	270
6	8 以下	15 000 以内	250	260	285
7	8 以下	15 000 以外	270	280	310
8	10 以下	7 000 以内	240	250	275
9	10 以下	10 000 以内	255	265	295
10	10 以下	15 000 以内	270	280	310
11	10 以下	20 000 以内	285	295	325
12	10 以下	20 000 以外	300	315	345
13	12 以下	10 000 以内	275	285	315
14	12 以下	15 000 以内	290	300	330
15	12 以下	20 000 以内	300	315	345
16	12 以下	25 000 以内	320	335	370

序号	层数	建筑面积（m²）	1 类	2 类	3 类
17	12 以下	25 000 以外	345	360	395
18	14 以下	10 000 以内	295	310	340
19	14 以下	15 000 以内	310	325	360
20	14 以下	20 000 以内	325	340	375
21	14 以下	25 000 以内	345	360	395
22	14 以下	25 000 以外	370	385	425
23	16 以下	10 000 以内	320	335	370
24	16 以下	15 000 以内	335	350	385
25	16 以下	20 000 以内	350	365	405
26	16 以下	25 000 以内	370	385	425
27	18 以下	25 000 以外	390	410	455
28	18 以下	15 000 以内	365	380	420
29	18 以下	20 000 以内	380	395	435
30	18 以下	25 000 以内	395	415	460
31	18 以下	30 000 以内	415	435	480
32	18 以下	30 000 以外	440	460	505
33	20 以下	15 000 以内	390	410	455
34	20 以下	20 000 以内	405	425	470
35	20 以下	25 000 以内	425	445	490
36	20 以下	30 000 以内	445	465	515
37	20 以下	30 000 以外	470	490	540
38	22 以下	15 000 以内	420	440	485
39	22 以下	20 000 以内	435	455	500
40	22 以下	25 000 以内	455	475	525
41	22 以下	30 000 以内	475	495	545
42	22 以下	30 000 以外	495	520	575
43	24 以下	20 000 以内	465	485	535
44	24 以下	25 000 以内	480	505	555
45	24 以下	30 000 以内	500	525	580
46	24 以下	35 000 以内	525	550	605
47	24 以下	35 000 以外	555	580	640

模块三 房地产开发的生命周期与时间管理

6.3 工期的影响因素

表 3-4-43

气候因素	（1）下表是按 I 类地区编制，II 类地区的气候修正系数为 1.05；III 类地区的气候修正系数为 1.15。
外墙高度	（2）同样的装修面积但不同的外墙高度，其施工工期是不一样的，根据测算，每增加 1m 的外装修高度，其工期将增加 1.8 天。
竞争的因素	（3）根据施工单位的投标情况，可考虑竞争市场修正系数为 0.85。

6.4 全国工期定额

6.4.1 宾馆与酒店

表 3-4-44

序号	建筑面积（m²）	装修标准	1类	2类	3类
1	1 000 以内	3 星级以内	75	80	90
2	3 000 以内	3 星级以内	100	105	120
3	7 000 以内	3 星级以内	125	130	145
4	10 000 以内	3 星级以内	155	160	175
5	15 000 以内	3 星级以内	195	200	220
6	20 000 以内	3 星级以内	225	235	260
7	30 000 以内	3 星级以内	280	290	320
8	40 000 以内	3 星级以内	345	360	390
9	40 000 以外	3 星级以内	460	480	530
10	1 000 以内	4 星级	95	100	110
11	3 000 以内	4 星级	125	130	145
12	7 000 以内	4 星级	155	160	175
13	10 000 以内	4 星级	195	200	220
14	15 000 以内	4 星级	235	245	270
15	20 000 以内	4 星级	280	290	320
16	30 000 以内	4 星级	345	360	395

序号	建筑面积（m²）	装修标准	1类	2类	3类
17	40 000 以内	4 星级	430	450	495
18	40 000 以外	4 星级	570	600	660
19	1 000 以内	5 星级	115	120	135
20	3 000 以内	5 星级	145	150	165
21	7 000 以内	5 星级	185	190	210
22	10 000 以内	5 星级	230	240	265
23	15 000 以内	5 星级	285	295	325
24	20 000 以内	5 星级	335	350	385
25	30 000 以内	5 星级	410	430	475
26	40 000 以内	5 星级	515	540	590
27	40 000 以外	5 星级	685	720	780

6.4.2 其他工程

表 3-4-45

序号	建筑面积（m²）	装修标准	1类	2类	3类
1	500 以内	一般装修	55	60	65
2	1 000 以内	一般装修	65	70	75
3	3 000 以内	一般装修	80	85	95
4	5 000 以内	一般装修	95	100	110
5	10 000 以内	一般装修	120	125	135
6	15 000 以内	一般装修	150	155	170
7	20 000 以内	一般装修	180	185	205
8	30 000 以内	一般装修	230	240	265
9	35 000 以内	一般装修	265	275	305
10	35 000 以外	一般装修	310	325	355
11	500 以内	中级装修	65	70	80
12	1 000 以内	中级装修	75	80	90
13	3 000 以内	中级装修	95	100	110

模块三 房地产开发的生命周期与时间管理

序号	建筑面积（m²）	装修标准	1类	2类	3类
14	5 000 以内	中级装修	115	120	130
15	10 000 以内	中级装修	145	150	165
16	15 000 以内	中级装修	180	185	205
17	20 000 以内	中级装修	215	225	205
18	30 000 以内	中级装修	285	295	325
19	35 000 以内	中级装修	325	340	375
20	35 000 以外	中级装修	380	400	440
21	500 以内	高级装修	80	85	95
22	1 000 以内	高级装修	90	95	105
23	3 000 以内	高级装修	115	120	130
24	5 000 以内	高级装修	140	145	160
25	10 000 以内	高级装修	175	180	200
26	15 000 以内	高级装修	215	225	250
27	20 000 以内	高级装修	260	270	300
28	30 000 以内	高级装修	340	355	390
29	35 000 以内	高级装修	390	410	450
30	35 000 以外	高级装修	460	480	530

6.5　深圳工期定额

6.5.1　外墙装修工程

表 3-4-46

外装修高度（m）	外装修面积（m²）	天数	外装修高度（m）	外装修面积（m²）	天数
10 以内	1 000 以内	28	10 以内	4 000 以外	45
10 以内	1 500 以内	30	15 以内	1 500 以内	40
10 以内	2 000 以内	32	15 以内	2 000 以内	42
10 以内	3 000 以内	36	15 以内	3 000 以内	45
10 以内	4 000 以内	40	15 以内	4 500 以内	50

外装修高度（m）	外装修面积（m²）	天数	外装修高度（m）	外装修面积（m²）	天数
15 以内	6 000 以内	55	35 以内	7 000 以内	93
15 以内	6 000 以外	60	35 以内	8 500 以内	98
20 以内	2 000 以内	51	35 以内	10 000 以内	103
20 以内	3 000 以内	54	35 以内	10 000 以外	108
20 以内	4 000 以内	57	40 以内	6 000 以内	100
20 以内	5 500 以内	62	40 以内	7 000 以内	104
20 以内	7 000 以内	67	40 以内	8 000 以内	108
20 以内	7 000 以外	72	40 以内	9 000 以内	113
25 以内	3 000 以内	62	40 以内	10 000 以内	118
25 以内	4 000 以内	66	40 以内	10 000 以外	124
25 以内	5 000 以内	70	45 以内	7 000 以内	115
25 以内	6 500 以内	75	45 以内	8 000 以内	119
25 以内	8 000 以内	80	45 以内	9 000 以内	123
25 以内	8 000 以外	85	45 以内	10 500 以内	128
30 以内	4 000 以内	73	45 以内	12 000 以内	133
30 以内	5 000 以内	77	45 以内	12 000 以外	139
30 以内	6 000 以内	81	50 以内	8 000 以内	130
30 以内	7 500 以内	86	50 以内	9 000 以内	134
30 以内	9 000 以内	91	50 以内	10 000 以内	138
30 以内	9 000 以外	96	50 以内	11 000 以内	143
35 以内	5 000 以内	85	50 以内	12 000 以内	148
35 以内	6 000 以内	89	50 以内	12 000 以外	154

6.5.2 住宅的室内装修

表 3-4-47

建筑面积（m²）	单价（元/m²）	天数	建筑面积（m²）	单价（元/m²）	天数
100 以内	500 以内	30	100 以内	1 000 以内	40
100 以内	700 以内	35	100 以内	1 500 以内	45

模块三 房地产开发的生命周期与时间管理

建筑面积(m²)	单价(元/m²)	天数	建筑面积(m²)	单价(元/m²)	天数
100 以内	1 500 以外	50	400 以内	500 以内	54
200 以内	500 以内	40	400 以内	700 以内	59
200 以内	700 以内	45	400 以内	1 000 以内	64
200 以内	1 000 以内	50	400 以内	1 500 以内	69
200 以内	1 500 以内	55	400 以内	1 500 以外	74
200 以内	1 500 以外	60	500 以内	500 以内	58
300 以内	500 以内	48	500 以内	700 以内	63
300 以内	700 以内	53	500 以内	1 000 以内	68
300 以内	1 000 以内	58	500 以内	1 500 以内	73
300 以内	1 500 以内	63	500 以内	1 500 以外	78
300 以内	1 500 以外	68			

6.5.3 办公楼室内装修

表 3-4-48

建筑面积(m²)	单价(元/m²)	天数	建筑面积(m²)	单价(元/m²)	天数
1 000 以内	700 以内	50	4 000 以内	2 000 以内	82
1 000 以内	1 000 以内	55	4 000 以内	2 000 以上	89
1 000 以内	1 500 以内	60	6 000 以内	700 以内	73
1 000 以内	2 000 以内	65	6 000 以内	1 000 以内	79
1 000 以内	2 000 以上	71	6 000 以内	1 500 以内	85
2 000 以内	700 以内	55	6 000 以内	2 000 以内	91
2 000 以内	1 000 以内	60	6 000 以内	2 000 以上	98
2 000 以内	1 500 以内	65	9 000 以内	700 以内	85
2 000 以内	2 000 以内	70	9 000 以内	1 000 以内	92
2 000 以内	2 000 以上	76	9 000 以内	1 500 以内	99
4 000 以内	700 以内	64	9 000 以内	2 000 以内	106
4 000 以内	1 000 以内	70	9 000 以内	2 000 以上	114
4 000 以内	1 500 以内	76	12 000 以内	700 以内	97

模块三 房地产开发的生命周期与时间管理

建筑面积(m²)	单价(元/m²)	天数	建筑面积(m²)	单价(元/m²)	天数
12 000 以内	1 000 以内	104	25 000 以内	2 000 以内	172
12 000 以内	1 500 以内	111	25 000 以内	2 000 以上	182
12 000 以内	2 000 以内	118	30 000 以内	700 以内	163
12 000 以内	2 000 以上	126	30 000 以内	1 000 以内	172
16 000 以内	700 以内	112	30000 以内	1 500 以内	181
16 000 以内	1 000 以内	120	30 000 以内	2 000 以内	190
16 000 以内	1 500 以内	128	30 000 以内	2 000 以上	200
16 000 以内	2 000 以内	136	35 000 以内	700 以内	181
16 000 以内	2 000 以上	145	35 000 以内	1 000 以内	191
20 000 以内	700 以内	127	35 000 以内	1 500 以内	201
20 000 以内	1 000 以内	135	35 000 以内	2 000 以内	211
20 000 以内	1 500 以内	143	35 000 以内	2 000 以上	222
20 000 以内	2 000 以内	151	35 000 以外	700 以内	201
20 000 以内	2 000 以上	160	35 000 以外	1 000 以内	211
25 000 以内	700 以内	145	35 000 以外	1 500 以内	221
25 000 以内	1 000 以内	154	35 000 以外	2 000 以内	231
25 000 以内	1 500 以内	163	35 000 以外	2 000 以上	242

6.5.4 酒店室内装修工程

表 3-4-49

建筑面积(m²)	单价(元/m²)	天数	建筑面积(m²)	单价(元/m²)	天数
1 000 以内	700 以内	55	2 000 以内	1 500 以内	70
1 000 以内	1 000 以内	60	2 000 以内	2 000 以内	75
1 000 以内	1 500 以内	65	2 000 以内	2 000 以上	81
1 000 以内	2 000 以内	70	4 000 以内	700 以内	69
1 000 以内	2 000 以上	76	4 000 以内	1 000 以内	75
2 000 以内	700 以内	60	4 000 以内	1 500 以内	81
2 000 以内	1 000 以内	65	4 000 以内	2 000 以内	87

建筑面积(m²)	单价(元/m²)	天数	建筑面积(m²)	单价(元/m²)	天数
4 000 以内	2 000 以上	94	20 000 以内	1 500 以内	148
6 000 以内	700 以内	78	20 000 以内	2 000 以内	156
6 000 以内	1 000 以内	84	20 000 以内	2 000 以上	165
6 000 以内	1 500 以内	90	25 000 以内	700 以内	150
6 000 以内	2 000 以内	96	25 000 以内	1 000 以内	159
6 000 以内	2 000 以上	103	25 000 以内	1 500 以内	168
9 000 以内	700 以内	90	25 000 以内	2 000 以内	177
9 000 以内	1 000 以内	97	25 000 以内	2 000 以上	187
9 000 以内	1 500 以内	104	30 000 以内	700 以内	168
9 000 以内	2 000 以内	111	30 000 以内	1 000 以内	177
9 000 以内	2 000 以上	119	30 000 以内	1 500 以内	186
12 000 以内	700 以内	102	30 000 以内	2 000 以内	195
12 000 以内	1 000 以内	109	30 000 以内	2 000 以上	205
12 000 以内	1 500 以内	116	40 000 以内	700 以内	195
12 000 以内	2 000 以内	123	40 000 以内	1 000 以内	205
12 000 以内	2 000 以上	131	40 000 以内	1 500 以内	215
16 000 以内	700 以内	117	40 000 以内	2 000 以内	225
16 000 以内	1 000 以内	125	40 000 以内	2 000 以上	236
16 000 以内	1 500 以内	133	40 000 以外	700 以内	225
16 000 以内	2 000 以内	141	40 000 以外	1 000 以内	235
16 000 以内	2 000 以上	150	40 000 以外	1 500 以内	245
20 000 以内	700 以内	132	40 000 以外	2 000 以内	255
20 000 以内	1 000 以内	140	40 000 以外	2 000 以上	266

6.5.5 大空间室内装修工程

表 3-4-50

建筑面积(m²)	单价(元/m²)	天数	建筑面积(m²)	单价(元/m²)	天数
1 000 以内	700 以内	68	1 000 以内	2 000 以内	78
1 000 以内	1 500 以内	73	1 000 以内	2 000 以上	85

模块三　房地产开发的生命周期与时间管理

建筑面积(m²)	单价(元/m²)	天数	建筑面积(m²)	单价(元/m²)	天数
3 000 以内	700 以内	75	15 000 以内	2 000 以内	138
3 000 以内	1 500 以内	80	15 000 以内	2 000 以上	149
3 000 以内	2 000 以内	85	20 000 以内	700 以内	140
3 000 以内	2 000 以上	92	20 000 以内	1 500 以内	149
6 000 以内	700 以内	87	20 000 以内	2 000 以内	158
6 000 以内	1 500 以内	94	20 000 以内	2 000 以上	169
6 000 以内	2 000 以内	101	30 000 以内	700 以内	180
6 000 以内	2 000 以上	110	30 000 以内	1 500 以内	190
10 000 以内	700 以内	102	30 000 以内	2 000 以内	200
10 000 以内	1 500 以内	109	30 000 以内	2 000 以上	212
10 000 以内	2 000 以内	116	30 000 以外	700 以内	210
10 000 以内	2 000 以上	125	30 000 以外	1 500 以内	220
15 000 以内	700 以内	120	30 000 以外	2 000 以内	230
15 000 以内	1 500 以内	129	30 000 以外	2 000 以上	242

6.6 安徽工期定额

6.6.1 室外装饰

表 3-4-51

高度 (m)	幕墙	明框幕墙	铝塑（单）板幕墙	贴砖	涂料
50 以内	80	64	48	45	30
100 以内	120	96	72	50	35
150 以内	150	120	90	55	40
200 以内	180	144	108	60	45
250 以内	210	168	126	65	50
300 以内	240	192	144	70	55

6.6.2 室内装饰

表 3-4-52

类别	建筑面积（m²）	天数	天/m²
一般建筑	3 000 以内	100	3.33％
一般建筑	5 000 以内	150	3.00％
一般建筑	10 000 以内	180	1.80％
一般建筑	20 000 以内	210	1.05％
一般建筑	30 000 以内	240	0.80％
一般建筑	50 000 以内	270	0.54％
一般建筑	50 000 以上	300	0.60％
大型场馆工程	10 000 以内	240	2.40％
大型场馆工程	30 000 以内	300	1.00％
大型场馆工程	30 000 以上	350	1.17％

第 7 节 安 装 工 程

7.1 机电安装工程

7.1.1 工期使用的说明

表 3-4-53

工期的始于止于	（1）始于电梯设备的吊装开始，包括电梯的机械与电气部分的安装与调式，止于安装满足验收的条件。
不计入工期的情况	（2）不包括需要安装单位配合土建的洞口预留、预埋件的预埋时间。也不包括前期准备，井道整改与验收的时间，也不包括电梯安装的临时设施的时间。
立项阶段的工期	（3）立项阶段是项目的立项阶段与初步设计之前，在编制项目的开发计划时，可引用立项阶段的工期表。
施工阶段的工期	（4）施工阶段是项目完成了施工图的设计，各类的参数均已明确的前提下，可引用施工阶段的工期表。

7.1.2 安装工程工期表

表 3-4-54

类别	层数	建筑面积	工期天数	天/m²	类别	层数	建筑面积	工期天数	天/m²
住宅	4	1 200	18	1.50%	公建	4	2 400	55	2.29%
住宅	4	1 800	20	1.11%	公建	4	3 600	71	1.97%
住宅	4	2 400	21	0.88%	公建	4	4 800	90	1.88%
住宅	5	1 500	23	1.53%	公建	5	3 000	69	2.30%
住宅	5	2 250	25	1.11%	公建	5	4 500	85	1.89%
住宅	5	3 000	27	0.90%	公建	5	6 000	104	1.73%
住宅	6	1 800	28	1.56%	公建	6	3 600	82	2.28%
住宅	6	2 700	30	1.11%	公建	6	5 400	99	1.83%
住宅	6	3 600	31	0.86%	公建	6	7 200	118	1.64%
住宅	7	2 100	32	1.52%	公建	7	4 200	96	2.29%
住宅	7	3 150	34	1.08%	公建	7	6 300	112	1.78%
住宅	7	4 200	37	0.88%	公建	7	8 400	131	1.56%
住宅	8	2 400	36	1.50%	公建	8	4 800	110	2.29%
住宅	8	3 600	40	1.11%	公建	8	7 200	127	1.76%
住宅	8	4 800	42	0.88%	公建	8	9 600	146	1.52%
住宅	9	2 700	41	1.52%	公建	9	5 400	124	2.30%
住宅	9	4 050	45	1.11%	公建	9	8 100	140	1.73%
住宅	9	5 400	48	0.89%	公建	9	10 800	159	1.47%
住宅	10	3 000	46	1.53%	公建	10	6 000	137	2.28%
住宅	10	4 500	50	1.11%	公建	10	9 000	153	1.70%
住宅	10	6 000	53	0.88%	公建	10	12 000	172	1.43%
住宅	>10	查表工期+层数×8 天			公建	>10	查表工期+层数×10 天		

7.2 电梯安装工程

7.2.1 工期表使用说明

表 3-4-55

前提条件	(1) 电梯设备已运至项目的施工现场，井道与预埋符合图纸要求，满足连续的施工条件。
工期的始于止于	(2) 始于电梯设备的吊装开始，包括电梯的机械与电气部分的安装与调试，止于安装满足验收的条件。

模块三 房地产开发的生命周期与时间管理

不计入工期的情况	(3) 不包括需要安装单位配合土建的洞口预留、预埋件的预埋时间。也不包括前期准备,井道整改与验收的时间,也不包括电梯安装的临时设施的时间。
楼层	(4) 楼层是电梯施工工期的因素之一,本工期表的楼层是分档设置的,在引用此表时,应根据楼层分档引用。
电梯的参数	(5) 是否为高速、电梯为整装还是散装、电梯的提升高度都是影响电梯安装工期的因素之一,在引用工期表时应注意电梯的参数。
作业组	(6) 本工期表是根据垂直梯为 3 台为一组,扶手梯为 2 台为一组,每增加一组垂直梯,工期增加 2 天,每增加一组扶手梯,工期增加 1 天。
工期组合	(7) 当多组电梯同时开工,流水作业时,应计算出各级组的安装工期后,再取其中最大者为总工期。
竞争的因素	(8) 根据施工单位的投标情况,可考虑竞争市场修正系数为 0.85。

7.2.2　全国工期定额

表 3-4-56

序号	安装项目	主要内容	工期	备　　注
1	交流电梯	8 层 8 站一部	50	每增减一层,增减 3 天
2	交流电梯	12 层 12 站一部	65	每增减一层,增减 3 天
3	交流电梯	16 层 16 站一部	75	每增减一层,增减 3 天
4	交流电梯	20 层 20 站一部	85	每增减一层,增减 3 天
5	交流电梯	25 层 25 站一部	95	每增减一层,增减 3 天
6	交流电梯	30 层 30 站一部	110	每增减一层,增减 3 天
7	直流电梯	12 层 12 站一部	80	每增减一层,增减 3 天
8	直流电梯	16 层 16 站一部	90	每增减一层,增减 3 天
9	直流电梯	20 层 20 站一部	100	每增减一层,增减 3 天
10	直流电梯	25 层 25 站一部	120	每增减一层,增减 3 天
11	直流电梯	30 层 30 站一部	130	每增减一层,增减 3 天
12	直流电梯	35 层 35 站一部	145	每增减一层,增减 3 天

模块三　房地产开发的生命周期与时间管理

序号	安装项目	主要内容	工期	备 注
13	直流观景电梯	15 层 15 站一部	110	每增减一层,增减 3 天
14	直流观景电梯	25 层 25 站一部	140	每增减一层,增减 3 天
15	交流货梯	3t 以内 3 层 3 站一部	30	每增减一层,增减 3 天
16	交流货梯	5t 以内 5 层 5 站一部	40	每增减一层,增减 3 天
17	交流货梯	5t 以内 10 层 10 站一部	50	每增减一层,增减 3 天
18	交流食梯	500kg 以内 4 层 4 站一部	25	每增减一层,增减 3 天
19	交流食梯	500kg 以内 12 层 12 站一部	45	每增减一层,增减 3 天
20	液压梯	5t 以内 5 层 5 站一部	70	每增减一层,增减 5 天
21	自动扶梯	倾角 30 * 升高 6m 以内	65	每升高 2m,增加 10 天

7.2.3 深圳工期定额

表 3-4-57

安装项目	主要内容	天数
普通客梯	15 楼以下 1 部	33
普通客梯	15 楼以下 2 部	44
普通客梯	15 楼以下 3 部	54
普通客梯	16～30 楼 1 部	43
普通客梯	16～30 楼 2 部	58
普通客梯	16～30 楼 3 部	72
普通客梯	30 楼以上 1 部	58
普通客梯	30 楼以上 2 部	77
普通客梯	30 楼以上 3 部	91
病床/观光/无机房/货梯	15 楼以下 1 部	37
病床/观光/无机房/货梯	15 楼以下 2 部	49
病床/观光/无机房/货梯	15 楼以下 3 部	61
病床/观光/无机房/货梯	16～30 楼 1 部	48
病床/观光/无机房/货梯	16～30 楼 2 部	64
病床/观光/无机房/货梯	16～30 楼 3 部	80
病床/观光/无机房/货梯	30 楼以上 1 部	64
病床/观光/无机房/货梯	30 楼以上 2 部	85
病床/观光/无机房/货梯	30 楼以上 3 部	96
高速＞2.5m/s	16～30 楼 1 部	46
高速＞2.5m/s	16～30 楼 2 部	73

模块三 房地产开发的生命周期与时间管理

安装项目	主要内容	天数
高速＞2.5m/s	16～30楼3部	85
高速＞2.5m/s	30楼以上1部	73
高速＞2.5m/s	30楼以上2部	94
高速＞2.5m/s	30楼以上3部	104
散装扶梯	提升高度5m以下1部	13
散装扶梯	提升高度5m以下2部	19
散装扶梯	提升高度7.5m以下1部	18
散装扶梯	提升高度7.5m以下2部	24
散装扶梯	提升高度7.5m以上1部	23
散装扶梯	提升高度7.5m以上2部	28
整装扶梯	提升高度5m以下1部	9
整装扶梯	提升高度5m以下2部	12
整装扶梯	提升高度7.5m以下1部	11
整装扶梯	提升高度7.5m以下2部	15
整装扶梯	提升高度7.5m以上1部	14
整装扶梯	提升高度7.5m以上2部	17

7.3 发电机安装工程

7.3.1 工期表使用说明

表 3-4-58

工期的始于止于	(1) 工期表中工期时间始于从土建交付安装时并具备连续施工条件时，止于承担的全部设计内容并达到国家建筑安装工程验收的标准时，是指这一过程的绝对日历天数。
不计入工期的情况	(2) 本工期表中的时间不包括：在施工过程中，需要安装单位配合土建的洞口预留、预埋件的预埋时间。

7.3.2 工期的影响因素

表 3-4-59

发电机的安装	(1) 工期表是根据发电机功率的大小进行分档编制的，在引用此工期表时，应首先查明发电机的功率。

通风空调安装	（2）工期表是根据通风空调安装的风管制作展开面积分档编制的，包括制作与安装的工期。
变电室的安装	（3）工期表是根据变电的电压、电容量、台数、低压柜与高压柜的数量等因素编制的。
开闭所的安装	（4）工期表是根据电压、高压柜的数量等因素编制的，在引用此工期表的数据之前应先查阅开闭所的安装参数。工期包括控制柜和室内控制电缆。
竞争的因素	（5）根据施工单位的投标情况，根据本工期表计算出工期后，可考虑竞争市场因素，再乘 0.85 至 0.95 的修正系数。

7.3.3 全国工期定额

表 3-4-60

序号	主要内容	工期	备注
1	柴油发电机组 50kW 以内，包括机房配线等	35	每增加 1 台，加 10 天
2	柴油发电机组 100kW 以内，包括机房配线等	45	每增加 1 台，加 10 天
3	柴油发电机组 250kW 以内，包括机房配线等	60	每增加 1 台，加 15 天
4	柴油发电机组 500kW 以内，包括机房配线等	75	每增加 1 台，加 20 天
5	柴油发电机组 750kW 以内，包括机房配线等	95	每增加 1 台，加 20 天
6	柴油发电机组 1 000kW 以内，包括机房配线等	120	每增加 1 台，加 25 天
7	柴油发电机组 1 350kW 以内，包括机房配线等	140	每增加 1 台，加 25 天

7.3.4 深圳工期定额

表 3-4-61

主要内容	天数	备注
柴油发电机组 50kW 以内，包括机房配线等	33	每增加 1 台加 9 天
柴油发电机组 100kW 以内，包括机房配线等	42	每增加 1 台加 9 天
柴油发电机组 250kW 以内，包括机房配线等	56	每增加 1 台加 14 天
柴油发电机组 500kW 以内，包括机房配线等	70	每增加 1 台加 18 天
柴油发电机组 750kW 以内，包括机房配线等	88	每增加 1 台加 18 天
柴油发电机组 1 000kW 以内，包括机房配线等	111	每增加 1 台加 23 天
柴油发电机组 1 350kW 以内，包括机房配线等	129	每增加 1 台加 23 天

模块三　房地产开发的生命周期与时间管理

7.4 空调通风工程

7.4.1 全国工期定额

表 3-4-62

序号	类别	安装项目	主要内容	工期
1	通风空调安装	一般空调安装	风管 500m² 以内制作安装及消声等设备安装	65
2	通风空调安装	一般空调安装	风管 1 000m² 以内制作安装及消声等设备安装	80
3	通风空调安装	一般空调安装	风管 2 000m² 以内制作安装及消声等设备安装	120
4	通风空调安装	一般空调安装	风管 3 000m² 以内制作安装及消声等设备安装	150
5	通风空调安装	一般空调安装	风管 5 000m² 以内制作安装及消声等设备安装	190
6	通风空调安装	宾馆空调系统	风管 3 000m² 以内制作安装及消声等设备安装	180
7	通风空调安装	宾馆空调系统	风管 5 000m² 以内制作安装及消声等设备安装	210
8	通风空调安装	宾馆空调系统	风管 7 500m² 以内制作安装及消声等设备安装	255
9	通风空调安装	宾馆空调系统	风管 10 000m² 以内制作安装及消声等设备安装	320
10	通风空调安装	宾馆空调系统	风管 15 000m² 以内制作安装及消声等设备安装	400
11	通风空调安装	宾馆空调系统	风管 20 000m² 以内制作安装及消声等设备安装	480
12	通风空调安装	宾馆空调系统	风管 30 000m² 以内制作安装及消声等设备安装	520
13	空调设备安装	空调设备	空调机 6 台以内，风机 3 台以内及风管制作安装	60
14	空调设备安装	空调设备	空调机 8 台以内，风机 6 台以内及风管制作安装	75
15	空调设备安装	空调设备	空调机 12 台以内，风机 8 台以内及风管制作安装	100

7.4.2 深圳工期定额

表 3-4-63

序号	主要内容	天数	天/m²
1	风管 500m² 以内制作安装及设备安装	49	9.80%
2	风管 1 000m² 以内制作安装及设备安装	68	6.80%
3	风管 2 000m² 以内制作安装及设备安装	98	4.90%
4	风管 3 000m² 以内制作安装及设备安装	135	2.25%
5	风管 5 000m² 以内制作安装及设备安装	158	3.16%

模块三　房地产开发的生命周期与时间管理

序号	主要内容	天数	天/m²
6	风管 7 500m² 以内制作安装及设备安装	191	2.55%
7	风管 10 000m² 以内制作安装及设备安装	240	2.40%
8	风管 15 000m² 以内制作安装及设备安装	300	2.00%
9	风管 20 000m² 以内制作安装及设备安装	360	1.80%
10	风管 30 000m² 以内制作安装及设备安装	390	1.30%
11	风管 30 000m² 以外制作安装及设备安装	435	1.45%

表 3-4-64

电压	容 量	台数	低压柜数量	高压柜数量	天数	递增低压柜工期增加	递增高压柜工期增加
10kV	315（320）kV·A	2	10	2组负荷开关	37	2 台/2 天	2 台/3 天
10kV	630（560）kV·A	2	10	5	56	2 台/2 天	2 台/3 天
10kV	800（750）kV·A	2	12	7	70	2 台/2 天	2 台/3 天
10kV	1 000kV·A	2	20	10	83	2 台/2 天	2 台/3 天
10kV	1 000kV·A	3	25	15	102	2 台/2 天	2 台/3 天
10kV	2 000kV·A	3	30	20	102	2 台/2 天	2 台/3 天
10kV	2 000kV·A	6	30	20	106	2 台/2 天	2 台/3 天
35kV	6 300 至 10 000kV·A	3	35	20	139	2 台/2 天	2 台/3 天

7.5 开闭所安装工程

表 3-4-65

序号	主要内容	全国工期定额	深圳工期定额	备 注
1	10kV，高压柜 20 台以内	100	86	包括控制柜和室内控制电缆
2	10kV，高压柜 30 台以内	110	94	包括控制柜和室内控制电缆
3	10kV，高压柜 35 台以内	115	98	包括控制柜和室内控制电缆

模块三 房地产开发的生命周期与时间管理

7.6 变电室安装工程

7.6.1 全国工期定额

表 3-4-66

序号	主要内容	天数	备注
1	10kV，容量 315（320）kV·A 变压器 2 台以内，低压柜 10 台以内，负荷开关 2 组	40	每增低压柜 2 台，加 2 天
2	10kV，容量 630（560）kV·A 变压器 2 台以内，高压柜 5 台以内，低压柜 10 台以内	60	每增低压柜 2 台，加 2 天 每增高压柜 2 台，加 3 天
3	10kV，容量 800（750）kV·A 变压器 2 台以内，高压柜 7 台以内，低压柜 12 台以内	75	每增低压柜 2 台，加 2 天 每增高压柜 2 台，加 3 天
4	10kV，容量 1 000kV·A 变压器 2 台以内，高压柜 10 台以内，低压柜 20 台以内	90	每增低压柜 2 台，加 2 天 每增高压柜 2 台，加 3 天
5	10kV，容量 1 000kV·A 变压器 3 台以内，高压柜 15 台以内，低压柜 25 台以内	110	每增低压柜 2 台，加 2 天 每增高压柜 2 台，加 3 天
6	10kV，容量 2 000kV·A 变压器 3 台以内，高压柜 20 台以内，低压柜 30 台以内	110	每增低压柜 2 台，加 2 天 每增高压柜 2 台，加 3 天
7	10kV，容量 2 000kV·A 变压器 6 台以内，高压柜 20 台以内，低压柜 30 台以内	115	每增低压柜 2 台，加 2 天 每增高压柜 2 台，加 3 天
8	35kV，容量 6 300～10 000kV·A 变压器 2 台以内，高压柜 20 台以内，低压柜 35 台以内	150	每增低压柜 2 台，加 2 天 每增高压柜 2 台，加 3 天

7.6.2 深圳工期定额

表 3-4-67

序号	主要内容	天数	备注
1	10kV，容量 315（320）kV·A 变压器 2 台以内，低压柜 10 台以内，负荷开关 2 组	37	每增低压柜 2 台加 2 天
2	10kV，容量 630（560）kV·A 变压器 2 台以内，高压柜 5 台以内，低压柜 10 台以内	56	每增高压柜 2 台加 3 天 每增低压柜 2 台加 2 天

序号	主要内容	天数	备注
3	10kV，容量 800（750）kV·A 变压器 2 台以内，低压柜 7 台以内，低压柜 12 台以内	70	每增高压柜 2 台加 3 天 每增低压柜 2 台加 2 天
4	10kV，容量 1 000kV·A 变压器 2 台以内，低压柜 10 台以内，低压柜 20 台以内	83	每增高压柜 2 台加 3 天 每增低压柜 2 台加 2 天
5	10kV，容量 1 000kV·A 变压器 3 台以内，高压柜 15 台以内，低压柜 25 台以内	102	每增高压柜 2 台加 3 天 每增低压柜 2 台加 2 天
6	10kV，容量 2 000kV·A 变压器 3 台以内，高压柜 20 台以内，低压柜 30 台以内	102	每增高压柜 2 台加 3 天 每增低压柜 2 台加 2 天
7	10kV，容量 2 000kV·A 变压器 6 台以内，高压柜 20 台以内，低压柜 30 台以内	106	每增高压柜 2 台加 3 天 每增低压柜 2 台加 2 天
8	35kV，容量 6 300～10 000kV·A 变压器 3 台以内，高压柜 20 台以内，低压柜 35 台以内	139	每增高压柜 2 台加 3 天 每增低压柜 2 台加 2 天

第 8 节 园林绿化工程

8.1 工期表使用说明

表 3-4-68

施工内容	（1）工期表中工期的时间已综合了不同草种、花种、树种、场地平整、清理、种植、施工期养护。
不包括的内容	（2）下面三大类种植工期表中的工期时间不包括成活、养护的工作时间。
种植的品种	（3）园林绿化工程的施工工期与种植的品种是相关的，本表分为草皮、灌木与花、乔木三个种类分别测算。
种植的面积	（4）园林绿化工程的种植工期与种植的面积有关联的关系，三大类工期表中将根据其面积进行分档计算。
竞争的因素	（5）根据施工单位的投标情况，根据本工期表计算出工期后，可考虑竞争市场因素，再乘 0.85 至 0.95 的修正系数。

8.2 深圳工期定额

表 3-4-69

类别	m²	天数	类别	m²	天数	类别	m²	天数
铺种草皮	5 000	13	种植花坛/花灌木	1 000	4	种植乔木	300	6
铺种草皮	10 000	16	种植花坛/花灌木	2 000	7	种植乔木	500	9
铺种草皮	20 000	27	种植花坛/花灌木	3 000	9	种植乔木	1 000	13
铺种草皮	30 000	34	种植花坛/花灌木	5 000	13	种植乔木	1 500	16
铺种草皮	40 000	40	种植花坛/花灌木	7 000	17	种植乔木	2 000	18
铺种草皮	50 000	44	种植花坛/花灌木	10 000	22	种植乔木	3 000	23
铺种草皮	60 000	48	种植花坛/花灌木	15 000	30	种植乔木	5 000	33
铺种草皮	70 000	51	种植花坛/花灌木	20 000	37	种植乔木	10 000	60
铺种草皮	80 000	53	种植花坛/花灌木	25 000	43	种植乔木	15 000	75
铺种草皮	100 000	57	种植花坛/花灌木	30 000	48	种植乔木	20 000	86

8.3 安徽工期定额

表 3-4-70

屋顶绿化/庭园工程			市政道路绿化/庭园工程			公园绿化/庭园工程		
序号	面积	天数	编号	面积	天数	序号	面积	天数
1	500	29	1	10 000	71	1	30 000	95
2	1 000	38	2	20 000	90	2	50 000	105
3	3 000	48	3	50 000	109	3	100 000	114
4	5 000	57	4	100 000	124	4	100 000	124
5	5 000	71	5	100 000	143			

第 3-5 章　施工总承包模式下的建造工期

第 1 节　总承包工期表的说明

1.1　总承包模式下的工期模型

为了读者快速掌握施工总承包模式下的时间管理，本书创建了总承包模式下的工期模型详见如下：

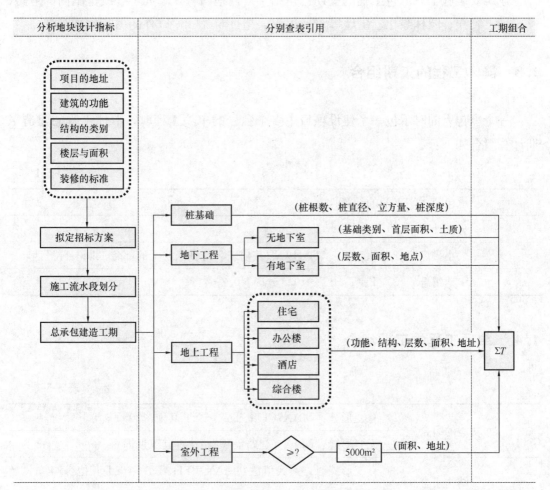

图 3-5-1

模块三　房地产开发的生命周期与时间管理

为了本书在全国的适用性，本书以北京市建设工程工期（2009 年版）、上海市建设工程施工工期定额（2012 年版）、广东省建设工程施工工期定稿（2011 年版）为典型样例，可分别代表北方区域、中原区域、南方区域建设工程的施工工期管理的社会平均水平。

1.2　总承包内涵及工作内容

建筑安装施工总承包工程，是指建筑项目施工全过程或全部专业工作由一个承包人全面负责组织实施的工程。其工期是从基础破土动工算起，完成各章、节规定所包含的全部工程内容（不含桩基工程，其工期应单独计算），达到国家验收标准之日为止的全过程所需的日历天数（包括法定节假日），不包含施工准备、竣工文件的编制和实施验收的时间。

建筑安装施工总承包工程的工期已包括室外占地面积 5 000m² 红线范围内的道路、停车场、管线、园林绿化、围墙等室外工程，超过 5 000m² 以外的另行增加工期。

1.3　群体工程的工期组合

一个承包人同时承包一个建设项目中多个独立的单项工程时，群体工程的建造工期计算组合如下：

表 3-5-1

承包模式	工期的计算
分别计算	(1) T_1、T_2、T_3
大小排序	(2) $T_1 > T_2 > T_3$ 且只取其前三名（多于三个的部分工期不再另计）
工期组合	(3) $T = T_1 + T_2 \times 0.3 + T_3 \times 0.2$

1.4　单项工程的工期组合

表 3-5-2

功能的组合	(1) 有变形缝：MAX（T1；Tn）＋ΣT 其他×20％
	(2) 无变形缝：MAX（建筑面积），速查其工期即可
结构组合	(3) 有变形缝时，最大值法：MAX（T1；Tn）＋ΣT 其他×20％
	(4) 无变形缝时，加权平均值法：Σ（Sn×Tn）/ΣSn

层数组合	（5）最大值法：MAX（T1；Tn）＋ΣT 其他×20％
独立组合	（6）总承包工程±0.00 以上分成若干个独立部分时，按工期长短由大至小取前 3 个，以其中一个最大工期为基数，另加其他部分工期之和的 20％ 计算总工期，3 个以上独立部分不再另行增加工期。±0.00 以上有整体部分相连的，将其并入最大部分工期计算。

1.5 装修标准与工期关系

表 3-5-3

高级装修定义	（1）内墙为贴墙纸、软包、高级涂料、木墙裙；高级装修抹灰；地面为木地板、块料面层、铺地毯；天花为吊顶；门窗为硬木门窗、塑钢门窗、铝合金门窗；厨卫间为厨房、卫生间墙面贴面砖、地面块料面层。
高级装修的工期调整	（2）高级住宅、别墅工程的工期按相应住宅总工期乘以 1.2 系数计算。

1.6 地上工程的工期说明

表 3-5-4

建筑面积	（1）按工程用途、层数及建筑面积划分，±0.00 以上工期：按±0.00以上部分建筑面积总和计算。
施工内容	（2）其工期施工内容包括结构、装修、设备安装及部分室外工程等全部内容。

1.7 地下工程的工期说明

表 3-5-5

建筑面积	（1）±0.00 以下工期：无地下室按首层建筑面积计算，有地下室按地下室建筑面积总和计算。

模块三 房地产开发的生命周期与时间管理

施工内容	（2）±0.00以下有地下室工程，是包含了土石方（基坑、基槽土石方）、结构、装修、安装工程内容在内的工期。
工期组合	（3）±0.00以下由2种或2种以上类型组成时，按不同类型部分的面积查出相应工期，相加计算。

1.8 工期的修正系数

表 3-5-6

气候因素修正	（1）下表是按一类地区编制，二类地区的气候修正系数为1.05，三类地区的气候修正系数为1.15
结构类别修正	（2）砖混结构的，则按表格的引用数据×0.84
装修标准修正	（3）高级住宅、别墅工程，按相应工期×1.2
竞争因素修正	（4）根据施工单位的投标情况，可考虑竞争市场修正系数为0.85

第2节 地 下 工 程

2.1 全国工期定额

2.1.1 无地下室

表 3-5-7

序号	层数或名称	建筑面积（m²）	1、2类土	3、4类土
1	带形基础	500以内	30	35
2	带形基础	1 000以内	45	50
3	带形基础	1 000以外	65	70
4	满堂红基础	500以内	40	45
5	满堂红基础	1 000以内	55	60
6	满堂红基础	1 000以外	75	80
7	独立柱基	500以内	25	30
8	独立柱基	1 000以内	35	40
9	独立柱基	1 000以外	55	60

2.1.2 有地下室

表 3-5-8

层数	建筑面积(m²)	1、2类土	3、4类土	层数	建筑面积(m²)	1、2类土	3、4类土
1	500 以内	75	80	3	10 000 以内	280	290
1	1 000 以内	90	95	3	15 000 以内	310	320
1	1 000 以外	110	115	3	15 000 以外	345	355
2	1 000 以内	120	125	4	5 000 以内	255	270
2	2 000 以内	140	145	4	7 000 以内	285	300
2	3 000 以内	165	170	4	10 000 以内	315	330
2	3 000 以外	190	195	4	15 000 以内	345	360
3	3 000 以内	195	205	4	20 000 以内	380	395
3	5 000 以内	220	230	4	20 000 以外	415	430
3	7 000 以内	250	260				

2.2 深圳工期定额

2.2.1 无地下室

表 3-5-9

基础类型	建筑面积(m²)	I、II类土	III、IV类土	基础类型	建筑面积(m²)	I、II类土	III、IV类土
带形基础	500	30	34	满堂红基础	4 000	62	67
带形基础	1 000	34	38	满堂红基础	5 000	68	74
带形基础	1 500	37	41	满堂红基础	5 000	83	90
带形基础	2 000	41	45	独立柱基	500	24	28
带形基础	3 000	47	53	独立柱基	1 000	26	30
带形基础	3 000	58	64	独立柱基	1 500	29	33
满堂红基础	500	38	42	独立柱基	2 000	31	35
满堂红基础	1 000	41	45	独立柱基	3 000	35	40
满堂红基础	1 500	45	49	独立柱基	4 000	40	45
满堂红基础	2 000	48	52	独立柱基	5 000	44	51
满堂红基础	3 000	55	60	独立柱基	5 000	59	67

2.2.2 有地下室

表 3-5-10

层数	建筑面积（m²）	Ⅰ、Ⅱ类土	Ⅲ、Ⅳ类土	层数	建筑面积（m²）	Ⅰ、Ⅱ类土	Ⅲ、Ⅳ类土
1	500	68	73	3	3 000	146	152
1	1 000	72	77	3	5 000	153	160
1	1 500	77	81	3	6 000	157	164
1	2 000	81	85	3	10 000	172	178
1	3 000	89	94	3	15 000	188	196
1	5 000	105	111	3	20 000	204	213
1	8 000	129	136	3	25 000	219	230
1	10 000	145	153	3	30 000	235	246
1	10 000	166	174	3	30 000	252	263
2	1 000	104	108	4	4 000	209	219
2	2 000	109	113	4	6 000	218	228
2	3 000	116	120	4	8 000	226	236
2	4 000	122	126	4	12 000	234	244
2	6 000	135	139	4	15 000	239	249
2	10 000	161	165	4	20 000	249	259
2	15 000	193	197	4	25 000	259	270
2	20 000	225	229	4	30 000	269	280
2	20 000	248	252	4	30 000	281	299

第 3 节　住宅的地上工程

3.1　全国工期定额

表 3-5-11

层数	建筑面积（m²）	类型	1类	2类	3类
1	300 以内	砖木	45	50	60
1	500 以内	砖木	50	55	65
1	500 以外	砖木	60	65	75
1	500 以内	砖混	55	60	75

层数	建筑面积（m²）	类型	1类	2类	3类
1	1 000 以内	砖混	60	65	80
1	1 000 以外	砖混	70	75	90
2	500 以内	砖混	70	75	90
2	1 000 以内	砖混	75	80	95
2	2 000 以内	砖混	85	90	105
2	2 000 以外	砖混	95	100	115
3	1 000 以内	砖混	90	95	110
3	2 000 以内	砖混	100	105	125
3	3 000 以内	砖混	110	115	135
3	3 000 以外	砖混	125	130	150
4	2 000 以内	砖混	115	125	145
4	3 000 以内	砖混	125	135	155
4	5 000 以内	砖混	135	145	165
4	5 000 以外	砖混	150	160	185
5	3 000 以内	砖混	145	155	180
5	5 000 以内	砖混	155	165	190
5	5 000 以外	砖混	170	180	205
6	3 000 以内	砖混	170	180	205
6	5 000 以内	砖混	180	190	215
6	7 000 以内	砖混	195	205	235
6	7 000 以外	砖混	210	225	255
7	3 000 以内	砖混	195	205	235
7	5 000 以内	砖混	205	220	250
7	7 000 以内	砖混	220	235	265
7	7 000 以外	砖混	240	255	285
6 以下	3 000 以内	现浇框架	205	220	250
6 以下	5 000 以内	现浇框架	220	235	265
6 以下	7 000 以内	现浇框架	235	250	285
6 以下	7 000 以外	现浇框架	255	270	300
8 以下	5 000 以内	现浇框架	285	300	330
8 以下	7 000 以内	现浇框架	300	315	345
8 以下	10 000 以内	现浇框架	320	335	365
8 以下	15 000 以内	现浇框架	340	355	385

模块三 房地产开发的生命周期与时间管理

层数	建筑面积（m²）	类型	1类	2类	3类
8 以下	15 000 以外	现浇框架	365	380	415
10 以下	7 000 以内	现浇框架	330	345	375
10 以下	10 000 以内	现浇框架	350	365	400
10 以下	15 000 以内	现浇框架	370	385	420
10 以下	20 000 以内	现浇框架	390	410	445
10 以下	2 000 以外	现浇框架	415	435	470
12 以下	10 000 以内	现浇框架	380	400	435
12 以下	15 000 以内	现浇框架	405	425	460
12 以下	20 000 以内	现浇框架	430	450	485
12 以下	25 000 以内	现浇框架	455	475	510
12 以下	25 000 以外	现浇框架	480	505	545
14 以下	10 000 以内	现浇框架	415	435	470
14 以下	15 000 以内	现浇框架	440	460	495
14 以下	20 000 以内	现浇框架	465	485	520
14 以下	25 000 以内	现浇框架	485	510	550
14 以下	25 000 以外	现浇框架	515	540	580
16 以下	10 000 以内	现浇框架	450	470	505
16 以下	15 000 以内	现浇框架	475	495	535
16 以下	20 000 以内	现浇框架	500	520	560
16 以下	25 000 以内	现浇框架	520	545	585
16 以下	25 000 以外	现浇框架	550	575	615
18 以下	15 000 以内	现浇框架	505	530	575
18 以下	20 000 以内	现浇框架	530	555	600
18 以下	25 000 以内	现浇框架	555	580	625
18 以下	30 000 以内	现浇框架	580	610	655
18 以下	30 000 以外	现浇框架	610	640	690
20 以下	15 000 以内	现浇框架	540	565	610
20 以下	20 000 以内	现浇框架	560	590	635
20 以下	25 000 以内	现浇框架	585	615	660
20 以下	30 000 以内	现浇框架	615	645	695
20 以下	30 000 以外	现浇框架	645	675	725
22 以下	15 000 以内	现浇框架	570	600	650
22 以下	20 000 以内	现浇框架	595	625	675

层数	建筑面积（m²）	类型	1类	2类	3类
22 以下	25 000 以内	现浇框架	620	650	700
22 以下	30 000 以内	现浇框架	650	680	730
22 以下	30 000 以外	现浇框架	675	710	770
24 以下	20 000 以内	现浇框架	630	660	710
25 以下	25 000 以内	现浇框架	655	685	745
26 以下	30 000 以内	现浇框架	680	715	775
27 以下	35 000 以内	现浇框架	710	745	805
28 以下	35 000 以外	现浇框架	740	775	835
8 以下	5 000 以内	全现浇	205	215	255
8 以下	7 000 以内	全现浇	220	230	270
8 以下	10 000 以内	全现浇	230	245	285
8 以下	15 000 以内	全现浇	250	265	305
8 以下	15 000 以外	全现浇	270	285	325
10 以下	7 000 以内	全现浇	240	250	290
10 以下	10 000 以内	全现浇	250	265	305
10 以下	15 000 以内	全现浇	270	285	325
10 以下	20 000 以内	全现浇	290	305	345
10 以下	20 000 以外	全现浇	315	330	370
12 以下	10 000 以内	全现浇	280	295	335
12 以下	15 000 以内	全现浇	300	315	355
12 以下	20 000 以内	全现浇	320	335	375
12 以下	25 000 以内	全现浇	345	360	400
12 以下	25 000 以外	全现浇	370	385	425
14 以下	10 000 以内	全现浇	310	325	365
14 以下	15 000 以内	全现浇	330	345	385
14 以下	20 000 以内	全现浇	350	365	405
14 以下	25 000 以内	全现浇	375	390	430
14 以下	25 000 以外	全现浇	395	415	455
16 以下	10 000 以内	全现浇	340	355	395
16 以下	15 000 以内	全现浇	360	375	415
16 以下	20 000 以内	全现浇	380	395	435
16 以下	25 000 以内	全现浇	400	420	460
16 以下	25 000 以外	全现浇	425	445	485

模块三 房地产开发的生命周期与时间管理

层数	建筑面积（m²）	类型	1 类	2 类	3 类
18 以下	15 000 以内	全现浇	390	405	445
18 以下	20 000 以内	全现浇	405	425	465
18 以下	25 000 以内	全现浇	430	450	490
18 以下	30 000 以内	全现浇	455	475	515
18 以下	30 000 以外	全现浇	475	500	540
20 以下	15 000 以内	全现浇	415	435	475
20 以下	20 000 以内	全现浇	435	455	495
20 以下	25 000 以内	全现浇	460	480	520
20 以下	30 000 以内	全现浇	480	505	545
20 以下	30 000 以外	全现浇	505	530	570
1	500 以内	砌块	55	60	75
1	1 000 以内	砌块	60	65	80
1	1 000 以外	砌块	70	75	90
2	500 以内	砌块	70	75	90
2	1 000 以内	砌块	75	80	95
2	2 000 以内	砌块	85	90	105
2	2 000 以外	砌块	95	100	120
3	1 000 以内	砌块	95	100	120
3	2 000 以内	砌块	105	110	130
3	3 000 以内	砌块	115	120	140
3	3 000 以外	砌块	130	135	160
4	2 000 以内	砌块	120	125	150
4	3 000 以内	砌块	130	135	160
4	5 000 以内	砌块	140	145	170
4	5 000 以外	砌块	155	160	185
5	3 000 以内	砌块	150	155	180
5	5 000 以内	砌块	160	165	190
5	5 000 以外	砌块	170	180	205
6	3 000 以内	砌块	165	175	200
6	5 000 以内	砌块	175	185	210
6	7 000 以内	砌块	190	200	230
6	7 000 以外	砌块	210	220	250
7	3 000 以内	砌块	190	200	230
7	5 000 以内	砌块	205	215	245
7	7 000 以内	砌块	220	230	260
7	7 000 以外	砌块	235	250	280

3.2 深圳工期定额

表 3-5-12

层数	建筑面积（m²）	结构	天数	天/层	层数	建筑面积（m²）	结构	天数	天/层
3	1 500	现浇混凝土	109	36	9	18 000	现浇混凝土	204	23
3	3 000	现浇混凝土	115	38	10	10 000	现浇混凝土	196	20
3	4 500	现浇混凝土	125	42	10	15 000	现浇混凝土	203	20
3	4 500	现浇混凝土	132	44	10	20 000	现浇混凝土	209	21
4	2 000	现浇混凝土	122	31	10	20 000	现浇混凝土	218	22
4	4 000	现浇混凝土	129	32	11	11 000	现浇混凝土	208	19
4	6 000	现浇混凝土	140	35	11	16 500	现浇混凝土	217	20
4	6 000	现浇混凝土	148	37	11	22 000	现浇混凝土	226	21
5	2 500	现浇混凝土	129	26	11	22 000	现浇混凝土	234	21
5	5 000	现浇混凝土	135	27	12	12 000	现浇混凝土	224	19
5	7 500	现浇混凝土	147	29	12	18 000	现浇混凝土	235	20
5	7 500	现浇混凝土	155	31	12	24 000	现浇混凝土	245	20
6	3 000	现浇混凝土	142	24	12	24 000	现浇混凝土	254	21
6	6 000	现浇混凝土	151	25	13	13 000	现浇混凝土	236	18
6	9 000	现浇混凝土	161	27	13	19 500	现浇混凝土	246	19
6	9 000	现浇混凝土	169	28	13	26 000	现浇混凝土	255	20
7	3 500	现浇混凝土	151	22	13	26 000	现浇混凝土	265	20
7	7 000	现浇混凝土	160	23	14	14 000	现浇混凝土	248	18
7	10 500	现浇混凝土	168	24	14	21 000	现浇混凝土	259	19
7	10 500	现浇混凝土	176	25	14	28 000	现浇混凝土	269	19
8	8 000	现浇混凝土	175	22	14	28 000	现浇混凝土	280	20
8	12 000	现浇混凝土	182	23	15	15 000	现浇混凝土	260	17
8	16 000	现浇混凝土	186	23	15	22 500	现浇混凝土	272	18
8	16 000	现浇混凝土	195	24	15	30 000	现浇混凝土	281	19
9	9 000	现浇混凝土	184	20	15	30 000	现浇混凝土	292	19
9	13 500	现浇混凝土	191	21	16	16 000	现浇混凝土	297	19
9	18 000	现浇混凝土	196	22	16	24 000	现浇混凝土	311	19

模块三 房地产开发的生命周期与时间管理

层数	建筑面积 （m²）	结构	天数	天/层	层数	建筑面积 （m²）	结构	天数	天/层
16	32 000	现浇混凝土	322	20	24	24 000	现浇混凝土	404	17
16	32 000	现浇混凝土	334	21	24	36 000	现浇混凝土	429	18
17	17 000	现浇混凝土	309	18	24	48 000	现浇混凝土	456	19
17	25 500	现浇混凝土	324	19	24	48 000	现浇混凝土	468	20
17	34 000	现浇混凝土	339	20	25	25 000	现浇混凝土	416	17
17	34 000	现浇混凝土	351	21	25	37 500	现浇混凝土	438	18
18	18 000	现浇混凝土	321	18	25	50 000	现浇混凝土	461	18
18	27 000	现浇混凝土	338	19	25	50 000	现浇混凝土	473	19
18	36 000	现浇混凝土	354	20	26	26 000	现浇混凝土	432	17
18	36 000	现浇混凝土	366	20	26	39 000	现浇混凝土	456	18
19	19 000	现浇混凝土	333	18	26	52 000	现浇混凝土	480	18
19	28 500	现浇混凝土	351	18	26	52 000	现浇混凝土	493	19
19	38 000	现浇混凝土	372	20	27	27 000	现浇混凝土	444	16
19	38 000	现浇混凝土	383	20	27	40 500	现浇混凝土	468	17
20	20 000	现浇混凝土	345	17	27	54 000	现浇混凝土	492	18
20	30 000	现浇混凝土	365	18	27	54 000	现浇混凝土	505	19
20	40 000	现浇混凝土	388	19	28	28 000	现浇混凝土	456	16
20	40 000	现浇混凝土	400	20	28	42 000	现浇混凝土	482	17
21	21 000	现浇混凝土	368	18	28	56 000	现浇混凝土	507	18
21	31 500	现浇混凝土	390	19	28	56 000	现浇混凝土	521	19
21	42 000	现浇混凝土	413	20	29	29 000	现浇混凝土	468	16
21	42 000	现浇混凝土	423	20	29	43 500	现浇混凝土	494	17
22	22 000	现浇混凝土	380	17	29	58 000	现浇混凝土	519	18
22	33 000	现浇混凝土	404	18	29	58 000	现浇混凝土	533	18
22	44 000	现浇混凝土	430	20	30	30 000	现浇混凝土	480	16
22	44 000	现浇混凝土	440	20	30	45 000	现浇混凝土	507	17
23	23 000	现浇混凝土	392	17	30	60 000	现浇混凝土	534	18
23	34 500	现浇混凝土	414	18	30	60 000	现浇混凝土	548	18
23	46 000	现浇混凝土	40	2	31	31 000	现浇混凝土	505	16
23	46 000	现浇混凝土	452	20	31	46 500	现浇混凝土	533	17

模块三 房地产开发的生命周期与时间管理

层数	建筑面积（m²）	结构	天数	天/层	层数	建筑面积（m²）	结构	天数	天/层
31	62 000	现浇混凝土	561	18	36	54 000	现浇混凝土	619	17
31	62 000	现浇混凝土	576	19	36	72 000	现浇混凝土	655	18
32	32 000	现浇混凝土	517	16	36	72 000	现浇混凝土	672	19
32	48 000	现浇混凝土	546	17	37	37 000	现浇混凝土	596	16
32	64 000	现浇混凝土	576	18	37	55 000	现浇混凝土	631	17
32	64 000	现浇混凝土	591	18	37	72 000	现浇混凝土	667	18
33	33 000	现浇混凝土	529	16	37	74 000	现浇混凝土	684	18
33	49 500	现浇混凝土	558	17	38	38 000	现浇混凝土	637	17
33	66 000	现浇混凝土	588	18	38	57 000	现浇混凝土	676	18
33	66 000	现浇混凝土	603	18	38	76 000	现浇混凝土	714	19
34	34 000	现浇混凝土	541	16	38	76 000	现浇混凝土	733	19
34	51 000	现浇混凝土	572	17	39	39 000	现浇混凝土	649	17
34	68 000	现浇混凝土	603	18	39	58 500	现浇混凝土	688	18
34	68 000	现浇混凝土	619	18	39	78 000	现浇混凝土	726	19
35	35 000	现浇混凝土	572	16	39	78 000	现浇混凝土	745	19
35	52 500	现浇混凝土	606	17	40	40 000	现浇混凝土	661	17
35	70 000	现浇混凝土	640	18	40	60 000	现浇混凝土	701	18
35	70 000	现浇混凝土	657	19	40	80 000	现浇混凝土	741	19
36	36 000	现浇混凝土	584	16	40	80 000	现浇混凝土	761	19

第4节 办公楼的地上工程

4.1 全国工期定额

表 3-5-13

层数	建筑面积（m²）	结构	1类	2类	3类
1	500 以内	砖混	65	70	85
1	1 000 以内	砖混	70	75	90
1	1 000 以外	砖混	80	85	100

层数	建筑面积（m²）	结构	1类	2类	3类
2	500 以内	砖混	80	85	100
2	1 000 以内	砖混	85	90	105
2	2 000 以内	砖混	95	100	115
2	2 000 以外	砖混	110	115	135
3	1 000 以内	砖混	105	110	130
3	2 000 以内	砖混	115	120	140
3	3 000 以内	砖混	125	130	150
3	3 000 以外	砖混	140	145	165
4	2 000 以内	砖混	135	140	160
4	3 000 以内	砖混	145	150	170
4	5 000 以内	砖混	160	165	189
4	5 000 以外	砖混	175	180	205
5	3 000 以内	砖混	165	170	195
5	5 000 以内	砖混	180	185	210
5	5 000 以外	砖混	190	200	225
6	3 000 以内	砖混	185	190	215
6	5 000 以内	砖混	195	205	230
6	7 000 以内	砖混	210	220	250
6	7 000 以外	砖混	230	240	270
7	3 000 以内	砖混	205	215	245
7	5 000 以内	砖混	220	230	260
7	7 000 以内	砖混	235	245	275
7	7 000 以外	砖混	255	265	295
6 以下	3 000 以内	现浇框架	220	230	260
6 以下	5 000 以内	现浇框架	235	245	275
6 以下	7 000 以内	现浇框架	250	260	290
6 以下	7 000 以外	现浇框架	270	280	310
8 以下	5 000 以内	现浇框架	295	305	335
8 以下	7 000 以内	现浇框架	305	320	350
8 以下	10 000 以内	现浇框架	325	340	370
8 以下	15 000 以内	现浇框架	350	365	395
8 以下	15 000 以外	现浇框架	380	395	425
10 以下	7 000 以内	现浇框架	335	350	380

模块三 房地产开发的生命周期与时间管理

层数	建筑面积（m²）	结构	1类	2类	3类
10 以下	10 000 以内	现浇框架	355	370	400
10 以下	15 000 以内	现浇框架	380	395	425
10 以下	20 000 以内	现浇框架	400	420	460
10 以下	20 000 以外	现浇框架	430	450	490
12 以下	10 000 以内	现浇框架	390	405	445
12 以下	15 000 以内	现浇框架	410	430	470
12 以下	20 000 以内	现浇框架	435	455	495
12 以下	25 000 以内	现浇框架	465	485	525
12 以下	25 000 以外	现浇框架	490	515	555
14 以下	10 000 以内	现浇框架	420	440	480
14 以下	15 000 以内	现浇框架	445	465	505
14 以下	20 000 以内	现浇框架	470	490	530
14 以下	25 000 以内	现浇框架	495	520	560
14 以下	25 000 以外	现浇框架	525	550	600
16 以下	10 000 以内	现浇框架	460	480	520
16 以下	15 000 以内	现浇框架	480	505	545
16 以下	20 000 以内	现浇框架	505	530	580
16 以下	25 000 以内	现浇框架	535	560	610
16 以下	25 000 以外	现浇框架	565	590	640
18 以下	15 000 以内	现浇框架	520	545	595
18 以下	20 000 以内	现浇框架	545	570	620
18 以下	25 000 以内	现浇框架	570	600	650
18 以下	30 000 以内	现浇框架	600	630	680
18 以下	30 000 以外	现浇框架	630	660	720
20 以下	15 000 以内	现浇框架	560	585	635
20 以下	20 000 以内	现浇框架	580	610	660
20 以下	25 000 以内	现浇框架	610	640	700
20 以下	30 000 以内	现浇框架	640	670	730
20 以下	30 000 以外	现浇框架	665	700	760
22 以下	15 000 以内	现浇框架	595	625	675
22 以下	20 000 以内	现浇框架	620	650	710
22 以下	25 000 以内	现浇框架	650	680	740

模块三　房地产开发的生命周期与时间管理

层数	建筑面积（m²）	结构	1 类	2 类	3 类
22 以下	30 000 以内	现浇框架	675	710	770
22 以下	30 000 以外	现浇框架	705	740	810
24 以下	20 000 以内	现浇框架	660	690	750
24 以下	25 000 以内	现浇框架	685	720	790
24 以下	30 000 以内	现浇框架	715	750	820
24 以下	35 000 以内	现浇框架	745	780	850
24 以下	35 000 以外	现浇框架	770	810	880
18 以下	15 000 以内	全现浇	390	410	450
18 以下	20 000 以内	全现浇	410	430	480
18 以下	25 000 以内	全现浇	435	455	505
18 以下	30 000 以内	全现浇	460	480	530
18 以下	30 000 以外	全现浇	480	505	555
20 以下	15 000 以内	全现浇	420	440	490
20 以下	20 000 以内	全现浇	440	460	510
20 以下	25 000 以内	全现浇	465	485	535
20 以下	30 000 以内	全现浇	485	510	560
20 以下	30 000 以外	全现浇	510	535	585
8 以下	5 000 以内	全现浇	210	220	250
8 以下	7 000 以内	全现浇	225	235	265
8 以下	10 000 以内	全现浇	240	250	280
8 以下	15 000 以内	全现浇	260	270	300
8 以下	15 000 以外	全现浇	280	290	320
10 以下	7 000 以内	全现浇	245	255	285
10 以下	10 000 以内	全现浇	260	270	300
10 以下	15 000 以内	全现浇	280	290	320
10 以下	20 000 以内	全现浇	295	310	350
10 以下	20 000 以外	全现浇	320	335	375
12 以下	10 000 以内	全现浇	285	300	340
12 以下	15 000 以内	全现浇	305	320	360
12 以下	20 000 以内	全现浇	325	340	380
12 以下	25 000 以内	全现浇	350	365	405
12 以下	25 000 以外	全现浇	375	390	430

层数	建筑面积（m²）	结构	1类	2类	3类
14 以下	10 000 以内	全现浇	315	330	370
14 以下	15 000 以内	全现浇	335	350	390
14 以下	20 000 以内	全现浇	355	370	410
14 以下	25 000 以内	全现浇	380	395	435
14 以下	25 000 以外	全现浇	400	420	460
16 以下	10 000 以内	全现浇	345	360	400
16 以下	15 000 以内	全现浇	365	380	420
16 以下	20 000 以内	全现浇	380	400	440
16 以下	25 000 以内	全现浇	405	425	465
16 以下	25 000 以外	全现浇	430	450	500

4.2 深圳工期定额

表 3-5-14

层数	建筑面积（m²）	结构	天数	层数	建筑面积（m²）	结构	天数
4	2 000	现浇混凝土	118	7	10 500	现浇混凝土	182
4	4 000	现浇混凝土	127	8	8 000	现浇混凝土	169
4	6 000	现浇混凝土	141	8	12 000	现浇混凝土	176
4	6 000	现浇混凝土	144	8	16 000	现浇混凝土	183
5	2 500	现浇混凝土	130	8	16 000	现浇混凝土	192
5	5 000	现浇混凝土	137	9	9 000	现浇混凝土	186
5	7 500	现浇混凝土	144	9	13 500	现浇混凝土	193
5	7 500	现浇混凝土	151	9	18 000	现浇混凝土	199
6	3 000	现浇混凝土	143	9	18 000	现浇混凝土	209
6	6 000	现浇混凝土	152	10	10 000	现浇混凝土	198
6	9 000	现浇混凝土	161	10	15 000	现浇混凝土	207
6	9 000	现浇混凝土	169	10	20 000	现浇混凝土	213
7	3 500	现浇混凝土	156	10	20 000	现浇混凝土	223
7	7 000	现浇混凝土	165	11	11 000	现浇混凝土	211
7	10 500	现浇混凝土	173	11	16 500	现浇混凝土	218

模块三 房地产开发的生命周期与时间管理

层数	建筑面积（m²）	结构	天数	层数	建筑面积（m²）	结构	天数
11	22 000	现浇混凝土	228	19	19 000	现浇混凝土	351
11	22 000	现浇混凝土	236	19	28 500	现浇混凝土	371
12	12 000	现浇混凝土	226	19	38 000	现浇混凝土	392
12	18 000	现浇混凝土	235	19	38 000	现浇混凝土	402
12	24 000	现浇混凝土	247	20	20 000	现浇混凝土	364
12	24 000	现浇混凝土	255	20	30 000	现浇混凝土	332
13	13 000	现浇混凝土	239	20	40 000	现浇混凝土	332
13	19 500	现浇混凝土	249	20	40 000	现浇混凝土	339
13	26 000	现浇混凝土	260	21	21 000	现浇混凝土	394
13	26 000	现浇混凝土	270	21	31 500	现浇混凝土	416
14	14 000	现浇混凝土	251	21	42 000	现浇混凝土	436
14	21 000	现浇混凝土	263	21	42 000	现浇混凝土	448
14	28 000	现浇混凝土	275	22	22 000	现浇混凝土	407
14	28 000	现浇混凝土	286	22	33 000	现浇混凝土	429
15	15 000	现浇混凝土	264	22	44 000	现浇混凝土	451
15	22 500	现浇混凝土	277	22	44 000	现浇混凝土	464
15	30 000	现浇混凝土	292	23	23 000	现浇混凝土	420
15	30 000	现浇混凝土	302	23	34 500	现浇混凝土	445
16	16 000	现浇混凝土	311	23	46 000	现浇混凝土	471
16	24 000	现浇混凝土	327	23	46 000	现浇混凝土	481
16	32 000	现浇混凝土	346	24	24 000	现浇混凝土	432
16	32 000	现浇混凝土	358	24	36 000	现浇混凝土	460
17	17 000	现浇混凝土	323	24	48 000	现浇混凝土	487
17	25 500	现浇混凝土	339	24	48 000	现浇混凝土	498
17	34 000	现浇混凝土	358	25	25 000	现浇混凝土	445
17	34 000	现浇混凝土	369	25	37 500	现浇混凝土	468
18	18 000	现浇混凝土	338	25	50 000	现浇混凝土	491
18	27 000	现浇混凝土	356	25	50 000	现浇混凝土	501
18	36 000	现浇混凝土	376	26	26 000	现浇混凝土	461
18	36 000	现浇混凝土	389	26	39 000	现浇混凝土	486

层数	建筑面积（m²）	结构	天数	层数	建筑面积（m²）	结构	天数
26	52 000	现浇混凝土	510	33	66 000	现浇混凝土	641
26	52 000	现浇混凝土	521	34	34 000	现浇混凝土	580
27	27 000	现浇混凝土	474	34	51 000	现浇混凝土	612
27	40 500	现浇混凝土	498	34	68 000	现浇混凝土	643
27	54 000	现浇混凝土	523	34	68 000	现浇混凝土	657
27	54 000	现浇混凝土	534	35	35 000	现浇混凝土	606
28	28 000	现浇混凝土	487	35	52 500	现浇混凝土	639
28	42 000	现浇混凝土	513	35	70 000	现浇混凝土	671
28	56 000	现浇混凝土	539	35	70 000	现浇混凝土	686
28	56 000	现浇混凝土	550	36	36 000	现浇混凝土	619
29	29 000	现浇混凝土	499	36	54 000	现浇混凝土	653
29	43 500	现浇混凝土	525	36	72 000	现浇混凝土	687
29	58 000	现浇混凝土	551	36	72 000	现浇混凝土	702
29	58 000	现浇混凝土	563	37	37 000	现浇混凝土	632
30	30 000	现浇混凝土	512	37	55 500	现浇混凝土	666
30	45 000	现浇混凝土	540	37	72 000	现浇混凝土	700
30	60 000	现浇混凝土	567	37	74 000	现浇混凝土	715
30	60 000	现浇混凝土	579	38	38 000	现浇混凝土	675
31	31 000	现浇混凝土	542	38	57 000	现浇混凝土	713
31	46 500	现浇混凝土	570	38	76 000	现浇混凝土	750
31	62 000	现浇混凝土	599	38	76 000	现浇混凝土	766
31	62 000	现浇混凝土	612	39	39 000	现浇混凝土	688
32	32 000	现浇混凝土	554	39	58 500	现浇混凝土	725
32	48 000	现浇混凝土	585	39	78 000	现浇混凝土	763
32	64 000	现浇混凝土	615	39	78 000	现浇混凝土	779
32	64 000	现浇混凝土	628	40	40 000	现浇混凝土	701
33	33 000	现浇混凝土	567	40	60 000	现浇混凝土	740
33	49 500	现浇混凝土	597	40	80 000	现浇混凝土	779
33	66 000	现浇混凝土	627	40	80 000	现浇混凝土	795

模块三·房地产开发的生命周期与时间管理

第 5 节　宾馆与酒店的地上工程

5.1　全国工期定额

表 3-5-15

层数	建筑面积（m²）	结构	1类	2类	3类
1	500 以内	砖混	85	90	100
1	1 000 以内	砖混	95	100	110
1	1 000 以外	砖混	105	115	130
2	500 以内	砖混	100	110	125
2	1 000 以内	砖混	110	120	135
2	2 000 以内	砖混	120	130	145
2	2 000 以外	砖混	135	145	165
3	1 000 以内	砖混	130	140	160
3	2 000 以内	砖混	140	150	170
3	3 000 以内	砖混	155	165	180
3	3 000 以外	砖混	175	182	200
4	2 000 以内	砖混	160	170	185
4	3 000 以内	砖混	175	185	200
4	5 000 以内	砖混	195	205	220
4	5 000 以外	砖混	215	225	240
5	3 000 以内	砖混	200	210	230
5	5 000 以内	砖混	220	230	250
5	5 000 以外	砖混	240	250	270
6	3 000 以内	砖混	230	240	265
6	5 000 以内	砖混	250	260	285
6	7 000 以内	砖混	270	280	305
6	7 000 以外	砖混	295	305	330
7	3 000 以内	砖混	255	270	300
7	5 000 以内	砖混	275	290	320

层数	建筑面积（m²）	结构	1类	2类	3类
7	7 000 以内	砖混	295	310	340
7	7 000 以外	砖混	320	335	365
6 以下	3 000 以内	现浇框架	290	300	345
6 以下	5 000 以内	现浇框架	305	320	365
6 以下	7 000 以内	现浇框架	325	340	385
6 以下	7 000 以外	现浇框架	350	365	415
8 以下	5 000 以内	现浇框架	380	400	450
8 以下	7 000 以内	现浇框架	400	420	470
8 以下	10 000 以内	现浇框架	425	445	495
8 以下	15 000 以内	现浇框架	455	475	525
8 以下	15 000 以外	现浇框架	480	505	555
10 以下	7 000 以内	现浇框架	430	455	505
10 以下	10 000 以内	现浇框架	455	480	530
10 以下	15 000 以内	现浇框架	485	510	570
10 以下	20 000 以内	现浇框架	510	540	600
10 以下	20 000 以外	现浇框架	545	575	635
12 以下	10 000 以内	现浇框架	490	515	575
12 以下	15 000 以内	现浇框架	520	545	605
12 以下	20 000 以内	现浇框架	550	575	635
12 以下	25 000 以内	现浇框架	580	605	665
12 以下	25 000 以外	现浇框架	610	640	700
14 以下	10 000 以内	现浇框架	525	550	610
14 以下	15 000 以内	现浇框架	555	580	640
14 以下	20 000 以内	现浇框架	585	610	670
14 以下	25 000 以内	现浇框架	610	640	700
14 以下	25 000 以外	现浇框架	645	675	745
16 以下	10 000 以内	现浇框架	570	595	655
16 以下	15 000 以内	现浇框架	595	625	695
16 以下	20 000 以内	现浇框架	625	655	725
16 以下	25 000 以内	现浇框架	655	685	755
16 以下	25 000 以外	现浇框架	685	720	800
18 以下	15 000 以内	现浇框架	640	670	740

模块三 房地产开发的生命周期与时间管理

层数	建筑面积（m²）	结构	1类	2类	3类
18 以下	20 000 以内	现浇框架	670	700	780
18 以下	25 000 以内	现浇框架	695	730	810
18 以下	30 000 以内	现浇框架	725	760	840
18 以下	30 000 以外	现浇框架	760	795	885
20 以下	15 000 以内	现浇框架	690	720	800
20 以下	20 000 以内	现浇框架	720	750	830
20 以下	25 000 以内	现浇框架	750	780	870
20 以下	30 000 以内	现浇框架	775	810	900
20 以下	30 000 以外	现浇框架	810	845	935
22 以下	15 000 以内	现浇框架	740	770	860
22 以下	20 000 以内	现浇框架	765	800	890
22 以下	25 000 以内	现浇框架	795	830	920
22 以下	30 000 以内	现浇框架	825	860	950
22 以下	30 000 以外	现浇框架	860	895	985
24 以下	20 000 以内	现浇框架	815	850	940
24 以下	25 000 以内	现浇框架	845	880	970
24 以下	30 000 以内	现浇框架	870	910	1000
24 以下	35 000 以内	现浇框架	900	940	1030
24 以下	35 000 以外	现浇框架	935	975	1065
8 以下	5 000 以内	全现浇	270	280	320
8 以下	7 000 以内	全现浇	285	295	335
8 以下	10 000 以内	全现浇	305	320	360
8 以下	15 000 以内	全现浇	330	345	385
8 以下	15 000 以外	全现浇	360	375	415
10 以下	7 000 以内	全现浇	315	325	365
10 以下	10 000 以内	全现浇	335	350	390
10 以下	15 000 以内	全现浇	360	375	415
10 以下	20 000 以内	全现浇	385	400	450
10 以下	20 000 以外	全现浇	415	430	480
12 以下	10 000 以内	全现浇	370	385	435
12 以下	15 000 以内	全现浇	395	410	460
12 以下	20 000 以内	全现浇	420	435	485

模块三 房地产开发的生命周期与时间管理

层数	建筑面积（m²）	结构	1类	2类	3类
12 以下	25 000 以内	全现浇	445	460	510
12 以下	25 000 以外	全现浇	475	490	540
14 以下	10 000 以内	全现浇	405	420	470
14 以下	15 000 以内	全现浇	430	445	495
14 以下	20 000 以内	全现浇	455	470	520
14 以下	25 000 以内	全现浇	480	495	545
14 以下	25 000 以外	全现浇	505	525	585
16 以下	10 000 以内	全现浇	440	455	505
16 以下	15 000 以内	全现浇	465	480	530
16 以下	20 000 以内	全现浇	485	505	564
16 以下	25 000 以内	全现浇	510	530	590
16 以下	25 000 以外	全现浇	540	560	620
18 以下	15 000 以内	全现浇	495	515	575
18 以下	20 000 以内	全现浇	520	540	600
18 以下	25 000 以内	全现浇	545	565	625
18 以下	30 000 以内	全现浇	575	595	655
18 以下	30 000 以外	全现浇	600	625	695
20 以下	15 000 以内	全现浇	530	550	610
20 以下	20 000 以内	全现浇	555	575	635
20 以下	25 000 以内	全现浇	585	600	670
20 以下	30 000 以内	全现浇	605	630	700
20 以下	30 000 以外	全现浇	635	660	730
22 以下	15 000 以内	全现浇	570	590	650
22 以下	20 000 以内	全现浇	590	615	685
22 以下	25 000 以内	全现浇	615	640	710
22 以下	30 000 以内	全现浇	645	670	740
22 以下	30 000 以外	全现浇	670	700	770
24 以下	20 000 以内	全现浇	630	655	725
24 以下	25 000 以内	全现浇	655	680	750
24 以下	30 000 以内	全现浇	680	710	780
24 以下	30 000 以外	全现浇	710	740	810
26 以下	20 000 以内	全现浇	670	695	765
26 以下	25 000 以内	全现浇	690	720	790
26 以下	30 000 以内	全现浇	720	750	820
26 以下	30 000 以外	全现浇	750	780	760
28 以下	25 000 以内	全现浇	730	760	840

层数	建筑面积（m²）	结构	1类	2类	3类
28 以下	30 000 以内	全现浇	760	790	870
28 以下	35 000 以内	全现浇	785	820	900
28 以下	35 000 以外	全现浇	820	855	935
30 以下	25 000 以内	全现浇	765	800	980
30 以下	30 000 以内	全现浇	795	830	910
30 以下	35 000 以内	全现浇	825	860	940
30 以下	35 000 以外	全现浇	860	895	985
32 以下	30 000 以内	全现浇	835	870	960
32 以下	35 000 以内	全现浇	865	900	990
32 以下	40 000 以内	全现浇	890	930	1020
32 以下	40 000 以外	全现浇	825	965	1055
34 以下	30 000 以内	全现浇	875	915	1005
34 以下	35 000 以内	全现浇	905	945	1035
34 以下	40 000 以内	全现浇	935	975	1065
34 以下	40 000 以外	全现浇	965	1010	1100
36 以下	35 000 以内	全现浇	950	990	1080
36 以下	40 000 以内	全现浇	975	1020	1110
36 以下	45 000 以内	全现浇	1010	1055	1155
36 以下	45 000 以外	全现浇	1045	1090	1190
38 以下	35 000 以内	全现浇	995	1035	1135
38 以下	40 000 以内	全现浇	1025	1065	1165
38 以下	45 000 以内	全现浇	1055	1100	1200
38 以下	45 000 以外	全现浇	1090	1135	1235

5.2 深圳工期定额

表 3-5-16

层数	建筑面积（m²）	结构	天数	层数	建筑面积（m²）	结构	天数
4	2 000	现浇混凝土	132	5	5 000	现浇混凝土	152
4	4 000	现浇混凝土	141	5	7 500	现浇混凝土	160
4	6 000	现浇混凝土	153	5	7 500	现浇混凝土	168
4	6 000	现浇混凝土	155	6	3 000	现浇混凝土	161
5	2 500	现浇混凝土	146	6	6 000	现浇混凝土	169

模块三　房地产开发的生命周期与时间管理

层数	建筑面积（m²）	结构	天数	层数	建筑面积（m²）	结构	天数
6	9 000	现浇混凝土	179	14	14 000	现浇混凝土	294
6	9 000	现浇混凝土	188	14	21 000	现浇混凝土	307
7	3 500	现浇混凝土	175	14	28 000	现浇混凝土	318
7	7 000	现浇混凝土	184	14	28 000	现浇混凝土	330
7	10 500	现浇混凝土	193	15	15 000	现浇混凝土	308
7	10 500	现浇混凝土	199	15	22 500	现浇混凝土	321
8	8 000	现浇混凝土	189	15	30 000	现浇混凝土	335
8	12 000	现浇混凝土	202	15	30 000	现浇混凝土	345
8	16 000	现浇混凝土	204	16	16 000	现浇混凝土	359
8	16 000	现浇混凝土	211	16	24 000	现浇混凝土	377
9	9 000	现浇混凝土	219	16	32 000	现浇混凝土	394
9	13 500	现浇混凝土	227	16	32 000	现浇混凝土	405
9	18 000	现浇混凝土	235	17	17 000	现浇混凝土	374
9	18 000	现浇混凝土	245	17	25 500	现浇混凝土	389
10	10 000	现浇混凝土	233	17	34 000	现浇混凝土	407
10	15 000	现浇混凝土	242	17	34 000	现浇混凝土	420
10	20 000	现浇混凝土	250	18	18 000	现浇混凝土	388
10	20 000	现浇混凝土	261	18	27 000	现浇混凝土	405
11	11 000	现浇混凝土	248	18	36 000	现浇混凝土	425
11	16 500	现浇混凝土	257	18	36 000	现浇混凝土	438
11	22 000	现浇混凝土	267	19	19 000	现浇混凝土	402
11	22 000	现浇混凝土	276	19	28 500	现浇混凝土	420
12	12 000	现浇混凝土	262	19	38 000	现浇混凝土	436
12	18 000	现浇混凝土	273	19	38 000	现浇混凝土	449
12	24 000	现浇混凝土	284	20	20 000	现浇混凝土	417
12	24 000	现浇混凝土	293	20	30 000	现浇混凝土	436
13	13 000	现浇混凝土	280	20	40 000	现浇混凝土	453
13	19 500	现浇混凝土	292	20	40 000	现浇混凝土	466
13	26 000	现浇混凝土	302	21	21 000	现浇混凝土	443
13	26 000	现浇混凝土	313	21	31 500	现浇混凝土	465

模块三　房地产开发的生命周期与时间管理

层数	建筑面积（m²）	结构	天数	层数	建筑面积（m²）	结构	天数
21	42 000	现浇混凝土	486	29	29 000	现浇混凝土	560
21	42 000	现浇混凝土	499	29	43 500	现浇混凝土	585
22	22 000	现浇混凝土	457	29	58 000	现浇混凝土	610
22	33 000	现浇混凝土	480	29	58 000	现浇混凝土	625
22	44 000	现浇混凝土	504	30	30 000	现浇混凝土	575
22	44 000	现浇混凝土	517	30	45 000	现浇混凝土	600
23	23 000	现浇混凝土	471	30	60 000	现浇混凝土	625
23	34 500	现浇混凝土	493	30	60 000	现浇混凝土	641
23	46 000	现浇混凝土	516	31	31 000	现浇混凝土	608
23	46 000	现浇混凝土	529	31	46 500	现浇混凝土	635
24	24 000	现浇混凝土	486	31	62 000	现浇混凝土	662
24	36 000	现浇混凝土	509	31	62 000	现浇混凝土	678
24	48 000	现浇混凝土	534	32	32 000	现浇混凝土	622
24	48 000	现浇混凝土	547	32	48 000	现浇混凝土	650
25	25 000	现浇混凝土	500	32	64 000	现浇混凝土	677
25	37 500	现浇混凝土	521	32	64 000	现浇混凝土	694
25	50 000	现浇混凝土	543	33	33 000	现浇混凝土	637
25	50 000	现浇混凝土	556	33	49 500	现浇混凝土	665
26	26 000	现浇混凝土	518	33	66 000	现浇混凝土	693
26	39 000	现浇混凝土	540	33	66 000	现浇混凝土	710
26	52 000	现浇混凝土	562	34	34 000	现浇混凝土	651
26	52 000	现浇混凝土	576	34	51 000	现浇混凝土	680
27	27 000	现浇混凝土	532	34	68 000	现浇混凝土	709
27	40 500	现浇混凝土	555	34	68 000	现浇混凝土	726
27	54 000	现浇混凝土	578	35	35 000	现浇混凝土	683
27	54 000	现浇混凝土	593	35	52 500	现浇混凝土	713
28	28 000	现浇混凝土	546	35	70 000	现浇混凝土	744
28	42 000	现浇混凝土	570	35	70 000	现浇混凝土	762
28	56 000	现浇混凝土	594	36	36 000	现浇混凝土	697
28	56 000	现浇混凝土	608	36	54 000	现浇混凝土	728

层数	建筑面积（m²）	结构	天数	层数	建筑面积（m²）	结构	天数
36	72 000	现浇混凝土	759	38	76 000	现浇混凝土	849
36	72 000	现浇混凝土	778	39	39 000	现浇混凝土	775
37	37 000	现浇混凝土	706	39	58 500	现浇混凝土	809
37	55 500	现浇混凝土	737	39	78 000	现浇混凝土	844
37	72 000	现浇混凝土	769	39	78 000	现浇混凝土	865
37	74 000	现浇混凝土	788	40	40 000	现浇混凝土	789
38	38 000	现浇混凝土	760	40	60 000	现浇混凝土	824
38	57 000	现浇混凝土	794	40	80 000	现浇混凝土	860
38	76 000	现浇混凝土	828	40	80 000	现浇混凝土	881

第 6 节　综合楼的地上工程

6.1　全国工期定额

表 3-5-17

层数	建筑面积（m²）	结构	1 类	2 类	3 类
1	500 以内	砖混	70	75	90
1	1 000 以内	砖混	80	85	100
1	1 000 以外	砖混	95	100	115
2	500 以内	砖混	90	95	110
2	1 000 以内	砖混	100	105	120
2	2 000 以内	砖混	110	115	130
2	2 000 以外	砖混	125	130	150
3	1 000 以内	砖混	120	125	145
3	2 000 以内	砖混	130	135	155
3	3 000 以内	砖混	140	145	165
3	3 000 以外	砖混	155	160	180
4	2 000 以内	砖混	150	155	175
4	3 000 以内	砖混	160	165	185
4	5 000 以内	砖混	175	180	200
4	5 000 以外	砖混	190	195	215

层数	建筑面积（m²）	结构	1类	2类	3类
5	3 000 以内	砖混	180	185	205
5	5 000 以内	砖混	195	200	230
5	5 000 以外	砖混	210	220	250
6	3 000 以内	砖混	200	210	240
6	5 000 以内	砖混	215	225	255
6	7 000 以内	砖混	235	245	275
6	7 000 以外	砖混	255	265	295
7	3 000 以内	砖混	225	235	265
7	5 000 以内	砖混	240	250	280
7	7 000 以内	砖混	260	270	300
7	7 000 以外	砖混	285	295	325
6 以下	3 000 以内	现浇框架	245	255	285
6 以下	5 000 以内	现浇框架	260	270	300
6 以下	7 000 以内	现浇框架	275	285	315
6 以下	7 000 以外	现浇框架	295	305	335
8 以下	5 000 以内	现浇框架	325	340	370
8 以下	7 000 以内	现浇框架	340	355	385
8 以下	10 000 以内	现浇框架	360	375	405
8 以下	15 000 以内	现浇框架	385	400	430
8 以下	15 000 以外	现浇框架	410	430	470
10 以下	7 000 以内	现浇框架	370	385	425
10 以下	10 000 以内	现浇框架	385	405	445
10 以下	15 000 以内	现浇框架	410	430	470
10 以下	20 000 以内	现浇框架	435	455	495
10 以下	20 000 以外	现浇框架	465	485	525
12 以下	10 000 以内	现浇框架	420	440	480
12 以下	15 000 以内	现浇框架	445	465	505
12 以下	20 000 以内	现浇框架	470	490	530
12 以下	25 000 以内	现浇框架	495	520	560
12 以下	25 000 以外	现浇框架	525	550	590
14 以下	10 000 以内	现浇框架	455	475	515
14 以下	15 000 以内	现浇框架	475	500	540
14 以下	20 000 以内	现浇框架	500	525	565
14 以下	25 000 以内	现浇框架	530	555	595
14 以下	25 000 以外	现浇框架	565	585	635
16 以下	10 000 以内	现浇框架	495	515	555

层数	建筑面积（m²）	结构	1 类	2 类	3 类
16 以下	15 000 以内	现浇框架	520	540	580
16 以下	20 000 以内	现浇框架	545	565	615
16 以下	25 000 以内	现浇框架	575	595	645
16 以下	25 000 以外	现浇框架	595	625	675
18 以下	15 000 以内	现浇框架	560	585	635
18 以下	20 000 以内	现浇框架	580	610	660
18 以下	25 000 以内	现浇框架	610	640	690
18 以下	30 000 以内	现浇框架	645	675	735
18 以下	30 000 以外	现浇框架	680	710	770
20 以下	15 000 以内	现浇框架	600	630	680
20 以下	20 000 以内	现浇框架	625	655	715
20 以下	25 000 以内	现浇框架	655	685	745
20 以下	30 000 以内	现浇框架	685	720	780
22 以下	30 000 以外	现浇框架	720	755	815
22 以下	15 000 以内	现浇框架	645	676	735
22 以下	20 000 以内	现浇框架	670	700	760
22 以下	25 000 以内	现浇框架	695	730	790
22 以下	30 000 以内	现浇框架	730	765	825
22 以下	30 000 以外	现浇框架	760	800	870
24 以下	20 000 以内	现浇框架	710	745	805
24 以下	25 000 以内	现浇框架	740	775	845
24 以下	30 000 以内	现浇框架	770	810	880
24 以下	35 000 以内	现浇框架	805	845	915
24 以下	35 000 以外	现浇框架	840	880	950
8 以下	5 000 以内	全现浇	230	240	275
8 以下	7 000 以内	全现浇	245	255	290
8 以下	10 000 以内	全现浇	265	275	310
8 以下	15 000 以内	全现浇	285	295	330
8 以下	15 000 以外	全现浇	305	320	355
10 以下	7 000 以内	全现浇	275	285	320
10 以下	10 000 以内	全现浇	295	305	340
10 以下	15 000 以内	全现浇	310	325	360
10 以下	20 000 以内	全现浇	335	350	390
10 以下	20 000 以外	全现浇	360	375	415
12 以下	10 000 以内	全现浇	320	335	375
12 以下	15 000 以内	全现浇	340	355	395

模块三 房地产开发的生命周期与时间管理

层数	建筑面积（m²）	结构	1类	2类	3类
12 以下	20 000 以内	全现浇	365	380	420
12 以下	25 000 以内	全现浇	385	405	445
12 以下	25 000 以外	全现浇	410	430	470
14 以下	10 000 以内	全现浇	350	365	405
14 以下	15 000 以内	全现浇	370	385	425
14 以下	20 000 以内	全现浇	390	410	450
14 以下	25 000 以内	全现浇	415	435	475
14 以下	25 000 以外	全现浇	440	460	510
16 以下	10 000 以内	全现浇	380	395	435
16 以下	15 000 以内	全现浇	395	415	455
16 以下	20 000 以内	全现浇	420	440	490
16 以下	25 000 以内	全现浇	445	465	515
16 以下	25 000 以外	全现浇	470	490	540
18 以下	15 000 以内	全现浇	425	445	495
18 以下	20 000 以内	全现浇	450	470	520
18 以下	25 000 以内	全现浇	475	495	545
18 以下	30 000 以内	全现浇	495	520	570
18 以下	30 000 以外	全现浇	520	545	595
20 以下	15 000 以内	全现浇	460	480	530
20 以下	20 000 以内	全现浇	480	505	555
20 以下	25 000 以内	全现浇	505	530	580
20 以下	30 000 以内	全现浇	530	555	605
20 以下	30 000 以内	全现浇	555	580	640
22 以下	15 000 以内	全现浇	490	515	565
22 以下	20 000 以内	全现浇	515	540	590
22 以下	25 000 以内	全现浇	540	565	615
22 以下	30 000 以内	全现浇	565	590	650
22 以下	30 000 以外	全现浇	585	615	675
24 以下	20 000 以内	全现浇	550	575	635
24 以下	25 000 以内	全现浇	575	600	660
24 以下	30 000 以内	全现浇	595	625	685
24 以下	30 000 以内	全现浇	620	650	710
26 以下	20 000 以内	全现浇	585	615	675
26 以下	25 000 以内	全现浇	610	640	700
26 以下	30 000 以内	全现浇	635	665	725
26 以下	30 000 以外	全现浇	665	695	755

模块三 房地产开发的生命周期与时间管理

6.2 深圳工期定额

表 3-5-18

层数	建筑面积（m²）	结构	天数	层数	建筑面积（m²）	结构	天数
3	1 500	现浇混凝土	126	9	18 000	现浇混凝土	267
3	3 000	现浇混凝土	132	9	18 000	现浇混凝土	278
3	4 500	现浇混凝土	137	10	10 000	现浇混凝土	260
3	6 000	现浇混凝土	142	10	15 000	现浇混凝土	270
4	2 000	现浇混凝土	149	10	20 000	现浇混凝土	281
4	4 000	现浇混凝土	157	10	20 000	现浇混凝土	293
4	6 000	现浇混凝土	165	11	11 000	现浇混凝土	270
4	6 000	现浇混凝土	165	11	16 500	现浇混凝土	280
5	2 500	现浇混凝土	171	11	22 000	现浇混凝土	291
5	5 000	现浇混凝土	179	11	22 000	现浇混凝土	302
5	7 500	现浇混凝土	187	12	12 000	现浇混凝土	281
5	7 500	现浇混凝土	196	12	18 000	现浇混凝土	293
6	3 000	现浇混凝土	194	12	24 000	现浇混凝土	305
6	6 000	现浇混凝土	204	12	24 000	现浇混凝土	316
6	9 000	现浇混凝土	215	13	13 000	现浇混凝土	293
6	9 000	现浇混凝土	225	13	19 500	现浇混凝土	304
7	3 500	现浇混凝土	216	13	26 000	现浇混凝土	319
7	7 000	现浇混凝土	226	13	26 000	现浇混凝土	332
7	10 500	现浇混凝土	236	14	14 000	现浇混凝土	304
7	10 500	现浇混凝土	245	14	21 000	现浇混凝土	318
8	8 000	现浇混凝土	238	14	28 000	现浇混凝土	334
8	12 000	现浇混凝土	247	14	28 000	现浇混凝土	348
8	16 000	现浇混凝土	255	15	15 000	现浇混凝土	315
8	16 000	现浇混凝土	266	15	22 500	现浇混凝土	330
9	9 000	现浇混凝土	249	15	30 000	现浇混凝土	341
9	13 500	现浇混凝土	258	15	30 000	现浇混凝土	348

层数	建筑面积（m²）	结构	天数	层数	建筑面积（m²）	结构	天数
16	16 000	现浇混凝土	339	23	34 500	现浇混凝土	444
16	24 000	现浇混凝土	356	23	46 000	现浇混凝土	472
16	32 000	现浇混凝土	375	23	46 000	现浇混凝土	485
16	32 000	现浇混凝土	383	24	24 000	现浇混凝土	430
17	17 000	现浇混凝土	351	24	36 000	现浇混凝土	458
17	25 500	现浇混凝土	367	24	48 000	现浇混凝土	487
17	34 000	现浇混凝土	389	24	48 000	现浇混凝土	501
17	34 000	现浇混凝土	403	25	25 000	现浇混凝土	442
18	18 000	现浇混凝土	362	25	37 500	现浇混凝土	468
18	27 000	现浇混凝土	382	25	50 000	现浇混凝土	494
18	36 000	现浇混凝土	406	25	50 000	现浇混凝土	508
18	36 000	现浇混凝土	420	26	26 000	现浇混凝土	458
19	19 000	现浇混凝土	373	26	39 000	现浇混凝土	485
19	28 500	现浇混凝土	394	26	52 000	现浇混凝土	512
19	38 000	现浇混凝土	414	26	52 000	现浇混凝土	527
19	38 000	现浇混凝土	428	27	27 000	现浇混凝土	469
20	20 000	现浇混凝土	385	27	40 500	现浇混凝土	497
20	30 000	现浇混凝土	407	27	54 000	现浇混凝土	525
20	40 000	现浇混凝土	429	27	54 000	现浇混凝土	540
20	40 000	现浇混凝土	443	28	28 000	现浇混凝土	481
21	21 000	现浇混凝土	396	28	42 000	现浇混凝土	509
21	31 500	现浇混凝土	419	28	56 000	现浇混凝土	538
21	42 000	现浇混凝土	445	28	56 000	现浇混凝土	553
21	42 000	现浇混凝土	457	29	29 000	现浇混凝土	492
22	22 000	现浇混凝土	408	29	43 500	现浇混凝土	422
22	33 000	现浇混凝土	433	29	58 000	现浇混凝土	551
22	44 000	现浇混凝土	461	29	58 000	现浇混凝土	567
22	44 000	现浇混凝土	473	30	30 000	现浇混凝土	504
23	23 000	现浇混凝土	419	30	45 000	现浇混凝土	534

模块三 房地产开发的生命周期与时间管理

层数	建筑面积（m²）	结构	天数	层数	建筑面积（m²）	结构	天数
30	60 000	现浇混凝土	564	35	70 000	现浇混凝土	666
30	60 000	现浇混凝土	580	36	36 000	现浇混凝土	589
31	31 000	现浇混凝土	530	36	54 000	现浇混凝土	625
31	46 500	现浇混凝土	562	36	72 000	现浇混凝土	661
31	62 000	现浇混凝土	594	36	72 000	现浇混凝土	680
31	62 000	现浇混凝土	611	37	37 000	现浇混凝土	600
32	32 000	现浇混凝土	542	37	55 500	现浇混凝土	637
32	48 000	现浇混凝土	574	37	72 000	现浇混凝土	674
32	64 000	现浇混凝土	607	37	74 000	现浇混凝土	693
32	64 000	现浇混凝土	624	38	38 000	现浇混凝土	627
33	33 000	现浇混凝土	553	38	57 000	现浇混凝土	666
33	49 500	现浇混凝土	587	38	76 000	现浇混凝土	704
33	66 000	现浇混凝土	620	38	76 000	现浇混凝土	724
33	66 000	现浇混凝土	638	39	39 000	现浇混凝土	638
34	34 000	现浇混凝土	564	39	58 500	现浇混凝土	678
34	51 000	现浇混凝土	599	39	78 000	现浇混凝土	717
34	68 000	现浇混凝土	633	39	78 000	现浇混凝土	737
34	68 000	现浇混凝土	651	40	40 000	现浇混凝土	650
35	35 000	现浇混凝土	578	40	60 000	现浇混凝土	690
35	52 500	现浇混凝土	613	40	80 000	现浇混凝土	730
35	70 000	现浇混凝土	648	40	80 000	现浇混凝土	750

第 7 节 工 业 建 筑 工 程

7.1 全国工期定额

7.1.1 单层厂房

表 3-5-19

类别	建筑面积（m²）	结构	1 类	2 类	3 类
二类	500	混合	105	115	125
二类	1 000	混合	115	125	135

类别	建筑面积（m²）	结构	1类	2类	3类
二类	2 000	混合	130	140	155
二类	3 000	混合	170	180	195
二类	3 000	混合	145	155	170
二类	1 000	现浇框架	240	255	280
二类	2 000	现浇框架	265	280	305
二类	3 000	现浇框架	290	305	330
二类	5 000	现浇框架	315	330	355
二类	7 000	现浇框架	340	355	380
二类	10 000	现浇框架	370	385	410
二类	15 000	现浇框架	400	415	440
二类	20 000	现浇框架	430	445	470
二类	25 000	现浇框架	470	485	510
二类	30 000	现浇框架	500	515	540
二类	30 000	现浇框架	535	550	575
二类	1 000	预制排架	230	240	260
二类	2 000	预制排架	245	255	275
二类	3 000	预制排架	260	270	290
二类	5 000	预制排架	280	295	310
二类	7 000	预制排架	300	310	330
二类	10 000	预制排架	320	330	350
二类	15 000	预制排架	345	355	375
二类	20 000	预制排架	375	385	405
二类	25 000	预制排架	415	425	445
二类	25 000	预制排架	460	470	490
一类	500	混合	90	100	115
一类	1 000	混合	100	110	125
一类	2 000	混合	115	125	140
一类	3 000	混合	130	140	155
一类	5 000	混合	185	195	210
一类	5 000	混合	155	165	180
一类	1 000	现浇框架	215	230	255
一类	2 000	现浇框架	230	245	270

类别	建筑面积（m²）	结构	1类	2类	3类
一类	3 000	现浇框架	245	260	285
一类	3 000	现浇框架	420	435	465
一类	5 000	现浇框架	265	280	305
一类	7 000	现浇框架	285	300	330
一类	10 000	现浇框架	310	325	355
一类	15 000	现浇框架	335	350	380
一类	20 000	现浇框架	360	375	405
一类	25 000	现浇框架	390	405	435
一类	30 000	现浇框架	455	470	500
一类	1 000	预制门架	155	165	185
一类	2 000	预制门架	170	180	200
一类	3 000	预制门架	185	195	215
一类	5 000	预制门架	205	215	235
一类	7 000	预制门架	225	235	255
一类	7 000	预制门架	250	260	280
一类	1 000	预制排架	180	190	210
一类	2 000	预制排架	195	205	225
一类	3 000	预制排架	210	220	240
一类	5 000	预制排架	230	240	260
一类	7 000	预制排架	250	260	280
一类	10 000	预制排架	270	280	300
一类	15 000	预制排架	295	305	325
一类	20 000	预制排架	325	335	355
一类	25 000	预制排架	355	365	385
一类	25 000	预制排架	390	400	420

7.1.2 多层厂房

表 3-5-20

类别	层数	建筑面积（m²）	结构	1类	2类	3类
一类	2～3	3 000 以内	混合	160	170	185
一类	2～3	5 000 以内	混合	185	195	205

类别	层数	建筑面积（m²）	结构	1类	2类	3类
一类	2～3	7 000 以内	混合	205	215	230
一类	2～3	7 000 以外	混合	235	245	260
一类	4	3 000 以内	混合	180	195	205
一类	4	5 000 以内	混合	205	215	230
一类	4	7 000 以内	混合	230	240	255
一类	4	10 000 以内	混合	255	265	280
一类	4	10 000 以外	混合	280	290	305
一类	5	5 000 以内	混合	230	240	255
一类	5	7 000 以内	混合	255	265	280
一类	5	10 000 以内	混合	275	285	300
一类	5	10 000 以外	混合	305	315	330
一类	6	5 000 以内	混合	255	265	280
一类	6	7 000 以内	混合	275	285	300
一类	6	10 000 以内	混合	300	310	325
一类	6	15 000 以内	混合	325	335	350
一类	6	15 000 以外	混合	355	365	380
一类	2～3	3 000 以内	混合	195	205	220
一类	2～3	5 000 以内	混合	220	230	245
一类	2～3	7 000 以内	混合	245	255	270
一类	2～3	7 000 以外	混合	275	285	300
一类	4	3 000 以内	混合	220	230	245
一类	4	5 000 以内	混合	245	255	270
一类	4	7 000 以内	混合	265	275	290
一类	4	10 000 以内	混合	295	305	320
一类	4	10 000 以外	混合	320	360	375
一类	5	5 000 以内	混合	265	275	290
一类	5	7 000 以内	混合	295	305	320
一类	5	10 000 以内	混合	315	325	340
一类	5	10 000 以外	混合	345	355	370
一类	6	5 000 以内	混合	290	300	315
一类	6	7 000 以内	混合	315	325	340
一类	6	10 000 以内	混合	335	345	360

类别	层数	建筑面积（m²）	结构	1类	2类	3类
一类	6	15 000 以内	混合	365	375	390
一类	6	15 000 以外	混合	390	400	415
一类	2～3	15 000 以内	现浇框架	410	430	465
一类	2～3	15 000 以外	现浇框架	440	460	495
一类	4	3 000 以内	现浇框架	325	245	375
一类	4	5 000 以内	现浇框架	350	370	400
一类	4	7 000 以内	现浇框架	375	395	425
一类	4	10 000 以内	现浇框架	400	420	455
一类	4	15 000 以内	现浇框架	430	450	485
一类	4	15 000 以外	现浇框架	460	480	515
一类	5	5 000 以内	现浇框架	375	395	425
一类	5	7 000 以内	现浇框架	400	420	450
一类	5	10 000 以内	现浇框架	425	445	480
一类	5	15 000 以内	现浇框架	455	475	510
一类	5	20 000 以内	现浇框架	485	505	540
一类	5	20 000 以外	现浇框架	515	535	570
一类	6	5 000 以内	现浇框架	400	420	450
一类	6	7 000 以内	现浇框架	425	445	475
一类	6	10 000 以内	现浇框架	450	470	505
一类	6	15 000 以内	现浇框架	480	500	535
一类	6	20 000 以内	现浇框架	505	525	560
一类	6	25 000 以内	现浇框架	535	555	590
一类	6	25 000 以外	现浇框架	565	585	620
一类	7	7 000 以内	现浇框架	455	475	505
一类	7	10 000 以内	现浇框架	480	500	530
一类	7	15 000 以内	现浇框架	505	525	555
一类	7	20 000 以内	现浇框架	530	550	580
一类	7	25 000 以内	现浇框架	555	575	605
一类	7	30 000 以内	现浇框架	585	605	635
一类	7	30 000 以外	现浇框架	630	650	680
一类	8	10 000 以内	现浇框架	510	530	565
一类	8	15 000 以内	现浇框架	535	555	590

类别	层数	建筑面积（m²）	结构	1类	2类	3类
一类	8	20 000 以内	现浇框架	565	585	620
一类	8	25 000 以内	现浇框架	595	615	650
一类	8	30 000 以内	现浇框架	625	645	680
一类	8	35 000 以内	现浇框架	655	675	710
一类	8	35 000 以外	现浇框架	695	715	750
一类	2～3	3 000 以内	现浇框架	340	360	390
一类	2～3	5 000 以内	现浇框架	365	385	415
一类	2～3	7 000 以内	现浇框架	390	410	440
一类	2～3	10 000 以内	现浇框架	420	435	470
一类	2～3	15 000 以内	现浇框架	450	465	500
一类	2～3	15 000 以外	现浇框架	490	505	540
一类	4	3 000 以内	现浇框架	370	390	420
一类	4	5 000 以内	现浇框架	395	415	445
一类	4	7 000 以内	现浇框架	420	440	475
一类	4	10 000 以内	现浇框架	450	465	495
一类	4	15 000 以内	现浇框架	480	495	530
一类	4	15 000 以外	现浇框架	520	540	570
一类	5	5 000 以内	现浇框架	525	445	475
一类	5	7 000 以内	现浇框架	450	470	500
一类	5	10 000 以内	现浇框架	480	495	530
一类	5	15 000 以内	现浇框架	510	525	560
一类	5	20 000 以内	现浇框架	540	555	590
一类	5	20 000 以外	现浇框架	580	600	630
一类	6	5 000 以内	现浇框架	455	475	505
一类	6	7 000 以内	现浇框架	480	500	530
一类	6	10 000 以内	现浇框架	510	525	560
一类	6	15 000 以内	现浇框架	540	555	590
一类	6	20 000 以内	现浇框架	570	585	620
一类	6	25 000 以内	现浇框架	605	625	655
一类	6	25 000 以外	现浇框架	645	665	695
一类	7	7 000 以内	现浇框架	510	530	560
一类	7	10 000 以内	现浇框架	540	560	590

类别	层数	建筑面积（m²）	结构	1类	2类	3类
一类	7	15 000 以内	现浇框架	570	590	620
一类	7	20 000 以内	现浇框架	600	620	650
一类	7	25 000 以内	现浇框架	635	655	685
一类	7	30 000 以内	现浇框架	670	690	720
一类	7	30 000 以外	现浇框架	710	730	760
一类	8	10 000 以内	现浇框架	575	595	625
一类	8	15 000 以内	现浇框架	605	625	655
一类	8	20 000 以内	现浇框架	635	655	685
一类	8	25 000 以内	现浇框架	670	690	720
一类	8	30 000 以内	现浇框架	705	725	755
一类	8	35 000 以内	现浇框架	740	760	790
一类	8	35 000 以外	现浇框架	780	800	830
一类	2~3	3 000 以内	现浇框架	300	320	350
一类	2~3	5 000 以内	现浇框架	325	345	375
一类	2~3	7 000 以内	现浇框架	350	370	400
一类	2~3	10 000 以内	现浇框架	380	400	435
一类	2~3	3 000 以内	预制框架	275	290	315
一类	2~3	5 000 以内	预制框架	295	310	335
一类	2~3	7 000 以内	预制框架	315	330	355
一类	2~3	10 000 以内	预制框架	340	355	380
一类	2~3	15 000 以内	预制框架	365	380	405
一类	2~3	15 000 以外	预制框架	395	410	435
一类	4	3 000 以内	预制框架	300	315	340
一类	4	5 000 以内	预制框架	320	335	360
一类	4	7 000 以内	预制框架	340	355	380
一类	4	10 000 以内	预制框架	365	380	405
一类	4	15 000 以内	预制框架	390	405	430
一类	4	15 000 以外	预制框架	420	435	460
一类	5	5 000 以内	预制框架	345	360	385
一类	5	7 000 以内	预制框架	365	380	405
一类	5	10 000 以内	预制框架	385	400	425
一类	5	15 000 以内	预制框架	410	425	450

模块三　房地产开发的生命周期与时间管理

类别	层数	建筑面积（m²）	结构	1类	2类	3类
一类	5	20 000 以内	预制框架	435	450	475
一类	5	20 000 以外	预制框架	465	480	505
一类	6	5 000 以内	预制框架	370	385	410
一类	6	7 000 以内	预制框架	390	405	430
一类	6	10 000 以内	预制框架	410	425	450
一类	6	15 000 以内	预制框架	435	450	475
一类	6	20 000 以内	预制框架	460	475	500
一类	6	25 000 以内	预制框架	485	500	525
一类	6	25 000 以外	预制框架	515	530	555
一类	7	7 000 以内	预制框架	420	435	460
一类	7	10 000 以内	预制框架	440	455	480
一类	7	15 000 以内	预制框架	465	480	505
一类	7	20 000 以内	预制框架	490	505	530
一类	7	25 000 以内	预制框架	515	530	555
一类	7	30 000 以内	预制框架	540	555	580
一类	7	30 000 以外	预制框架	570	585	610
一类	8	10 000 以内	预制框架	470	485	510
一类	8	15 000 以内	预制框架	495	510	535
一类	8	20 000 以内	预制框架	520	535	560
一类	8	25 000 以内	预制框架	545	560	585
一类	8	30 000 以内	预制框架	570	585	610
一类	8	35 000 以内	预制框架	595	610	635
一类	8	35 000 以外	预制框架	625	640	665
一类	2～3	3 000 以内	预制框架	325	340	365
一类	2～3	5 000 以内	预制框架	345	360	385
一类	2～3	7 000 以内	预制框架	365	380	405
一类	2～3	10 000 以内	预制框架	390	405	430
一类	2～3	15 000 以内	预制框架	415	430	455
一类	2～3	15 000 以外	预制框架	445	460	485
一类	4	3 000 以内	预制框架	350	365	390
一类	4	5 000 以内	预制框架	370	385	410
一类	4	7 000 以内	预制框架	390	405	430

类别	层数	建筑面积（m²）	结构	1类	2类	3类
一类	4	10 000 以内	预制框架	415	430	455
一类	4	15 000 以内	预制框架	440	455	480
一类	4	15 000 以外	预制框架	470	485	510
一类	5	5 000 以内	预制框架	395	410	435
一类	5	7 000 以内	预制框架	415	430	455
一类	5	10 000 以内	预制框架	435	450	475
一类	5	15 000 以内	预制框架	460	475	500
一类	5	20 000 以内	预制框架	485	500	525
一类	5	20 000 以外	预制框架	515	530	555
一类	6	5 000 以内	预制框架	425	440	465
一类	6	7 000 以内	预制框架	445	460	485
一类	6	10 000 以内	预制框架	470	485	510
一类	6	15 000 以内	预制框架	495	510	535
一类	6	20 000 以内	预制框架	525	541	565
一类	6	25 000 以内	预制框架	555	570	595
一类	6	25 000 以外	预制框架	595	610	635
一类	7	7 000 以内	预制框架	475	490	515
一类	7	1 000 以内	预制框架	495	510	535
一类	7	15 000 以内	预制框架	520	535	560
一类	7	20 000 以内	预制框架	550	565	590
一类	7	25 000 以内	预制框架	580	595	620
一类	7	30 000 以内	预制框架	610	625	650
一类	7	30 000 以外	预制框架	650	665	690
一类	8	10 000 以内	预制框架	525	540	656
一类	8	15 000 以内	预制框架	550	565	590
一类	8	20 000 以内	预制框架	575	590	615
一类	8	25 000 以内	预制框架	605	620	645
一类	8	30 000 以内	预制框架	635	650	675
一类	8	35 000 以内	预制框架	665	680	705
一类	8	35 000 以外	预制框架	705	720	745
二类	2～3	3 000 以内	混合	210	220	235
二类	2～3	5 000 以内	混合	235	245	260
二类	2～3	7 000 以内	混合	250	260	275

模块三　房地产开发的生命周期与时间管理

类别	层数	建筑面积（m²）	结构	1类	2类	3类
二类	2～3	7 000 以外	混合	275	285	300
二类	4	3 000 以内	混合	230	240	255
二类	4	5 000 以内	混合	250	260	275
二类	4	7 000 以内	混合	270	280	295
二类	4	7 000 以外	混合	295	305	320
二类	5	3 000 以内	混合	250	260	275
二类	5	5 000 以内	混合	270	280	295
二类	5	7 000 以内	混合	290	300	315
二类	5	10 000 以内	混合	310	320	325
二类	5	10 000 以外	混合	340	350	365
二类	5	5 000 以内	混合	290	300	315
二类	6	7 000 以内	混合	310	320	335
二类	6	10 000 以内	混合	330	340	355
二类	6	15 000 以内	混合	355	365	380
二类	6	15 000 以外	混合	390	400	415
二类	2～3	3 000 以内	混合	255	265	280
二类	2～3	5 000 以内	混合	270	280	295
二类	2～3	7 000 以内	混合	290	300	315
二类	2～3	7 000 以外	混合	315	325	340
二类	4	3 000 以内	混合	280	290	305
二类	4	5 000 以内	混合	300	310	325
二类	4	7 000 以内	混合	320	330	345
二类	4	7 000 以外	混合	350	360	375
二类	5	3 000 以内	混合	310	320	330
二类	5	5 000 以内	混合	325	335	350
二类	5	7 000 以内	混合	345	355	370
二类	5	10 000 以内	混合	370	380	395
二类	5	10 000 以外	混合	400	410	425
二类	6	5 000 以内	混合	350	360	375
二类	6	7 000 以内	混合	370	380	395
二类	6	10 000 以内	混合	395	405	420
二类	6	15 000 以内	混合	420	430	445
二类	6	15 000 以外	混合	450	460	475

类别	层数	建筑面积（m²）	结构	1类	2类	3类
二类	2～3	3 000 以内	现浇框架	355	375	405
二类	2～3	5 000 以内	现浇框架	380	400	430
二类	2～3	7 000 以内	现浇框架	405	425	455
二类	2～3	10 000 以内	现浇框架	435	455	485
二类	2～3	15 000 以内	现浇框架	465	485	515
二类	2～3	15 000 以外	现浇框架	510	530	560
二类	4	3 000 以内	现浇框架	380	400	430
二类	4	5 000 以内	现浇框架	405	425	455
二类	4	7 000 以内	现浇框架	430	450	480
二类	4	10 000 以内	现浇框架	460	480	510
二类	4	15 000 以内	现浇框架	500	520	550
二类	4	15 000 以外	现浇框架	540	560	590
二类	5	5 000 以内	现浇框架	440	460	490
二类	5	7 000 以内	现浇框架	465	485	515
二类	5	10 000 以内	现浇框架	490	510	540
二类	5	15 000 以内	现浇框架	520	540	570
二类	5	20 000 以内	现浇框架	560	580	610
二类	5	20 000 以外	现浇框架	605	625	655
二类	6	5 000 以内	现浇框架	470	490	520
二类	6	7 000 以内	现浇框架	495	515	545
二类	6	10 000 以内	现浇框架	525	545	575
二类	6	15 000 以内	现浇框架	555	575	605
二类	6	20 000 以内	现浇框架	590	610	640
二类	6	25 000 以内	现浇框架	630	650	680
二类	6	25 000 以外	现浇框架	675	695	725
二类	7	7 000 以内	现浇框架	525	545	575
二类	7	10 000 以内	现浇框架	555	575	605
二类	7	15 000 以内	现浇框架	590	610	640
二类	7	20 000 以内	现浇框架	630	650	680
二类	7	25 000 以内	现浇框架	670	690	720
二类	7	30 000 以内	现浇框架	710	730	760
二类	7	30 000 以外	现浇框架	755	775	805
二类	8	10 000 以内	现浇框架	590	610	640

模块三　房地产开发的生命周期与时间管理

类别	层数	建筑面积（m²）	结构	1类	2类	3类
二类	8	15 000 以内	现浇框架	625	645	675
二类	8	20 000 以内	现浇框架	665	685	715
二类	8	25 000 以内	现浇框架	710	730	760
二类	8	30 000 以内	现浇框架	750	770	800
二类	8	35 000 以内	现浇框架	790	810	840
二类	8	35 000 以外	现浇框架	835	855	
二类	2～3	3 000 以内	现浇框架	395	415	445
二类	2～3	5 000 以内	现浇框架	420	440	470
二类	2～3	7 000 以内	现浇框架	445	465	495
二类	2～3	10 000 以内	现浇框架	475	495	525
二类	2～3	15 000 以内	现浇框架	515	535	565
二类	2～3	15 000 以外	现浇框架	565	585	615
二类	4	3 000 以内	现浇框架	425	445	475
二类	4	5 000 以内	现浇框架	450	470	500
二类	4	7 000 以内	现浇框架	480	500	530
二类	4	10 000 以内	现浇框架	515	535	565
二类	4	15 000 以内	现浇框架	555	575	605
二类	4	15 000 以外	现浇框架	605	625	655
二类	5	5 000 以内	现浇框架	480	500	530
二类	5	7 000 以内	现浇框架	505	525	555
二类	5	10 000 以内	现浇框架	535	555	585
二类	5	15 000 以内	现浇框架	570	590	620
二类	5	20 000 以内	现浇框架	610	630	660
二类	5	20 000 以外	现浇框架	665	685	715
二类	6	5 000 以内	现浇框架	510	530	560
二类	6	7 000 以内	现浇框架	535	555	585
二类	6	10 000 以内	现浇框架	565	585	615
二类	6	15 000 以内	现浇框架	600	620	650
二类	6	20 000 以内	现浇框架	640	660	690
二类	6	25 000 以内	现浇框架	685	705	735
二类	6	25 000 以外	现浇框架	740	760	790
二类	7	7 000 以内	现浇框架	565	585	615
二类	7	10 000 以内	现浇框架	595	615	645

类别	层数	建筑面积（m²）	结构	1类	2类	3类
二类	7	15 000 以内	现浇框架	630	650	680
二类	7	2 000 以内	现浇框架	670	690	720
二类	7	25 000 以内	现浇框架	715	735	765
二类	7	30 000 以内	现浇框架	760	780	810
二类	7	30 000 以外	现浇框架	815	838	865
二类	8	10 000 以内	现浇框架	630	650	680
二类	8	15 000 以内	现浇框架	665	685	715
二类	8	20 000 以内	现浇框架	705	725	755
二类	8	25 000 以内	现浇框架	750	770	800
二类	8	30 000 以内	现浇框架	800	820	850
二类	8	35 000 以内	现浇框架	840	860	890
二类	8	35 000 以外	现浇框架	895	915	945
二类	2～3	3 000 以内	预制框架	325	340	365
二类	2～3	5 000 以内	预制框架	350	365	390
二类	2～3	7 000 以内	预制框架	375	390	415
二类	2～3	10 000 以内	预制框架	400	415	440
二类	2～3	15 000 以内	预制框架	430	445	470
二类	2～3	15 000 以外	预制框架	460	475	500
二类	4	3 000 以内	预制框架	350	365	390
二类	4	5 000 以内	预制框架	375	390	415
二类	4	7 000 以内	预制框架	400	415	440
二类	4	10 000 以内	预制框架	425	440	465
二类	4	15 000 以内	预制框架	455	470	495
二类	4	15 000 以外	预制框架	485	500	525
二类	5	5 000 以内	预制框架	400	415	440
二类	5	7 000 以内	预制框架	425	440	465
二类	5	10 000 以内	预制框架	450	465	490
二类	5	15 000 以内	预制框架	480	495	520
二类	5	20 000 以内	预制框架	510	525	550
二类	5	20 000 以外	预制框架	540	555	580
二类	6	5 000 以内	预制框架	425	440	465
二类	6	7 000 以内	预制框架	450	465	490
二类	6	10 000 以内	预制框架	480	495	520
二类	6	15 000 以内	预制框架	510	525	550

模块三 房地产开发的生命周期与时间管理

类别	层数	建筑面积（m²）	结构	1类	2类	3类
二类	6	20 000 以内	预制框架	540	555	580
二类	6	25 000 以内	预制框架	570	585	610
二类	6	25 000 以外	预制框架	600	615	640
二类	7	7 000 以内	预制框架	475	490	515
二类	7	10 000 以内	预制框架	500	515	540
二类	7	15 000 以内	预制框架	530	545	570
二类	7	20 000 以内	预制框架	560	575	600
二类	7	25 000 以内	预制框架	590	605	630
二类	7	30 000 以内	预制框架	620	635	660
二类	7	30 000 以外	预制框架	660	675	700
二类	8	10 000 以内	预制框架	530	545	570
二类	8	15 000 以内	预制框架	595	575	600
二类	8	20 000 以内	预制框架	560	610	635
二类	8	25 000 以内	预制框架	630	645	670
二类	8	30 000 以内	预制框架	665	680	705
二类	8	35 000 以内	预制框架	700	715	740
二类	8	35 000 以外	预制框架	740	755	780
二类	2～3	3 000 以内	预制框架	360	375	400
二类	2～3	5 000 以内	预制框架	385	400	425
二类	2～3	7 000 以内	预制框架	410	425	450
二类	2～3	10 000 以内	预制框架	440	455	480
二类	2～3	15 000 以内	预制框架	470	485	510
二类	2～3	15 000 以外	预制框架	510	525	550
二类	4	3 000 以内	预制框架	385	400	425
二类	4	5 000 以内	预制框架	410	425	450
二类	4	7 000 以内	预制框架	435	450	475
二类	4	10 000 以内	预制框架	460	475	500
二类	4	15 000 以内	预制框架	490	505	530
二类	4	15 000 以外	预制框架	530	545	570
二类	5	5 000 以内	预制框架	435	450	475
二类	5	700 以内	预制框架	460	475	500
二类	5	10 000 以内	预制框架	490	505	530
二类	5	15 000 以内	预制框架	520	535	560
二类	5	20 000 以内	预制框架	550	565	590

类别	层数	建筑面积（m²）	结构	1类	2类	3类
二类	5	20 000 以外	预制框架	590	605	630
二类	6	5 000 以内	预制框架	465	480	505
二类	6	7 000 以内	预制框架	490	505	530
二类	6	10 000 以内	预制框架	520	535	560
二类	6	15 000 以内	预制框架	550	565	590
二类	6	20 000 以内	预制框架	580	595	620
二类	6	25 000 以内	预制框架	610	625	650
二类	6	25 000 以外	预制框架	650	665	690
二类	7	7 000 以内	预制框架	520	535	560
二类	7	10 000 以内	预制框架	550	565	590
二类	7	15 000 以内	预制框架	580	595	620
二类	7	20 000 以内	预制框架	610	625	620
二类	7	25 000 以内	预制框架	640	655	680
二类	7	30 000 以内	预制框架	670	658	710
二类	7	30 000 以外	预制框架	710	725	750
二类	8	10 000 以内	预制框架	580	595	620
二类	8	15 000 以内	预制框架	610	625	650
二类	8	20 000 以内	预制框架	640	655	680
二类	8	25 000 以内	预制框架	670	686	710
二类	8	30 000 以内	预制框架	700	715	740
二类	8	35 000 以内	预制框架	730	745	770
二类	8	35 000 以外	预制框架	770	785	810

7.2 深圳工期定额

7.2.1 单层厂房

表 3-5-21

层数	建筑面积（m²）	天数	层数	建筑面积（m²）	天数
1	1 000	153	1	15 000	220
1	2 000	162	1	20 000	234
1	3 000	170	1	25 000	250
1	5 000	181	1	30 000	267
1	7 000	192	1	30 000	287
1	10 000	206			

7.2.2 多层厂房

表 3-5-22

层数	建筑面积（m²）	天数	层数	建筑面积（m²）	天数
0/2	2 000	167	0/2	40 000	348
0/2	4 000	179	0/2	7 000	263
0/2	6 000	190	0/2	15 000	285
0/2	10 000	209	0/2	20 000	296
0/2	15 000	223	0/2	35 000	334
0/2	20 000	250	0/2	50 000	383
0/2	20 000	265	0/2	50 000	408
0/2	3 000	179	0/2	8 000	277
0/2	6 000	196	0/2	15 000	292
0/2	9 000	211	0/2	25 000	318
0/2	15 000	230	0/2	40 000	356
0/2	20 000	243	0/2	56 000	397
0/2	30 000	271	0/2	56 000	417
0/2	30 000	287	−1/2	3 000	192
0/2	4 000	199	−1/2	6 000	208
0/2	8 000	220	−1/2	9 000	223
0/2	12 000	233	−1/2	15 000	240
0/2	20 000	254	−1/2	20 000	253
0/2	30 000	281	−1/2	30 000	279
0/2	30 000	298	−1/2	30 000	300
0/2	5 000	218	−1/2	4 000	208
0/2	10 000	240	−1/2	8 000	229
0/2	15 000	254	−1/2	12 000	244
0/2	25 000	281	−1/2	20 000	265
0/2	35 000	307	−1/2	28 000	287
0/2	35 000	323	−1/2	40 000	320
0/2	6 000	238	−1/2	40 000	344
0/2	12 000	260	−1/2	5 000	227
0/2	18 000	275	−1/2	10 000	252
0/2	30 000	306	−1/2	15 000	265
0/2	40 000	333	−1/2	25 000	292

层数	建筑面积（m²）	天数	层数	建筑面积（m²）	天数
-1/2	35 000	318	-1/2	50 000	407
-1/2	35 000	340	-1/2	8 000	281
-1/2	6 000	247	-1/2	15 000	302
-1/2	12 000	271	-1/2	25 000	329
-1/2	18 000	286	-1/2	40 000	372
-1/2	30 000	317	-1/2	55 000	416
-1/2	42 000	349	-1/2	55 000	437
-1/2	42 000	370	-1/2	9 000	301
-1/2	7 000	269	-1/2	18 000	322
-1/2	15 000	295	-1/2	28 000	350
-1/2	20 000	308	-1/2	45 000	398
-1/2	35 000	353	-1/2	60 000	441
-1/2	50 000	385	-1/2	60 000	461

第8节　园林庭院的建造工期

表 3-5-23

建筑面积（m²）	一类地区		二类地区		三类地区		平均值
	天数	天/m²	天数	天/m²	天数	天/m²	天/m³
1 000	53	5.30%	54	5.41%	61	6.10%	5.60%
2 000	57	2.85%	58	2.90%	66	3.28%	3.01%
3 000	62	2.07%	63	2.10%	71	2.38%	2.18%
5 000	70	1.40%	71	1.42%	81	1.61%	1.48%
7 000	79	1.13%	80	1.14%	91	1.30%	1.19%
10 000	88	0.88%	89	0.89%	101	1.01%	0.93%
15 000	97	0.65%	98	0.65%	112	0.74%	0.68%
20 000	106	0.53%	107	0.54%	122	0.61%	0.56%
25 000	114	0.46%	115	0.46%	131	0.52%	0.48%
30 000	123	0.41%	124	0.41%	141	0.47%	0.43%
平均值	85	1.57%	86	1.59%	98	1.80%	1.65%

模块三　房地产开发的生命周期与时间管理

第3-6章 实例：房地产开发总控计划的编制

一、案例背景资料

(一) 地块挂牌公告

经某市人民政府批准，国土资源和规划局决定以挂牌方式出让以下地块的国有建设用地使用权。挂牌出让地块的基本情况和规划指标要求。

地块编号	土地位置	总用地面积（m²）	净用地面积（m²）	土地用途	容积率	建筑密度	出让年限（年）	保证金（万元）	备注
×××××	××街	18 820	14 820	办公	4.8	≤45%	50	2000	储备地

将有关事项公告如下：

(1) 中华人民共和国境内外的法人、自然人和其他组织，除法律、行政法规和地块挂牌文件另有规定外，均可申请参加竞买。

(2) 本次国有建设用地使用权挂牌出让按照价高者得原则确定竞得人。

(3) 本次挂牌出让的详细资料和具体要求，以挂牌出让文件为准。申请人可自2012年9月6日至2012年9月26日在某某网站下载挂牌文件电子文本，或到市土地交易中心咨询窗口领取挂牌出让文件。

(4) 申请人可于2012年9月14日至2012年9月26日17时整，到市土地交易中心提交书面申请。交纳竞买保证金的截止时间为2012年9月26日17时整。

(5) 经审查，申请人按挂牌文件的有关规定交纳竞买保证金和具备申请条件的，我局将在2012年9月26日17时前确认其竞买资格。

(6) 本次国有建设用地使用权挂牌出让地点为市土地交易中心交易大厅，各地块挂牌时间为：2012年9月14日9时至2012年9月27日10时整。

(7) 挂牌出让截止时间2012年9月27日10时整，在某某市公证处的公证下，在挂牌地点举行揭牌仪式，并宣布竞得结果；挂牌时间截止时，有竞买人表示愿意继续竞价的，转入现场竞价，通过现场竞价确定竞得人。

(二) 技术经济指标

地块的主要技术经济指标

技术经济指标的科目	单位	数量
总用地面积	m²	14 820
	公顷	1.5
	亩	22
容积率		4.8
建筑密度		45%
绿地率		20%
建筑基底面积	m²	6 635
总建筑面积	m²	82 901
地下建筑面积	m²	12 297
地上建筑面积	m²	70 604
地上建筑面积——酒店用房	m²	37 182
地上建筑面积——商业用房	m²	33 422
地上停车位	个	102
地下停车位	个	270

(三) 案例的应用

(1) 根据本书各类的速查表测算各阶段工期
(2) 编制本项目的全生命周期的开发计划

二、案例分析

(一) 规划与设计阶段的开发计划

1.1 建筑形态的分析

序号	使用功能	层数	建筑形态
(1)	地下室	−1	为连体地下室
(2)	酒店	+26	与商业楼连体,与连体地下室重叠
(3)	商业	+6	商业楼与酒店相连,与连体地下室重叠

1.2 设计业务的分割方案

整个地块的设计业务分割如下：

设计业务的分割		公开招标	邀请招标	竞争谈判	直接委托
主体房屋	建筑方案设计业务	×	×	√	×
	初步设计与施工图的设计业务	×	×	√	×
	室内设计业务	×	×	√	×
	建筑智能专业的深化设计	×	√	×	×
	外墙幕墙的设计	×	×	√	×
营销中心	营销中心的室内设计业务	×	√	×	×
样板房	样板房的室内设计业务	×	×	√	×
小市政	景观绿化设计	√	×		

1.3 估算各类设计业务的设计周期

1.3.1 建筑方案设计周期

酒店

+26层

总建筑面积：82 901m²

(1) 查本模块数据表：0.2‰×82 901＝166 天

(2) 考虑的市场竞争因素与建筑形态，修正系数取50%，建设方案阶段的设计周期约为 166 天×50%＝83 天

1.3.2 初步设计的设计周期

住宅

+26层

建筑面积：82 946m²

(1) 查本模块数据表：0.2‰×82 901＝249 天；

(2) 考虑的市场竞争因素与建筑形态，修正系数取50%，初步设计阶段的设计周期约为 249 天×50%＝124 天。

1.3.3 施工图设计的周期

住宅

+26层

建筑面积：82 946m²

(1) 查本模块数据表：0.5‰×82 901＝415 天；

(2) 考虑的市场竞争因素与建筑形态，修正系数取 0.4，施工图阶段的设计周期约为 415 天×0.40%＝166 天。

1.3.4 其他设计业务的设计周期

业务	计划控制节点
建筑智能系统深化设计 幕墙的专项设计 办公楼的室内设计 样板房、营销中心的室内设计	(1) 必须于主体结构封顶之前完成; (2) 当建筑设计方案定稿后,可穿插进行,不占用关键线路; (3) 将其他设计业务控制在 $(83+124+166)=373$ 天内。

(二) 施工建造阶段的开发计划

2.1 施工业务的分割方案

根据本项目的建筑面积规模,采取"专业承包模式",通过招标,选择一个土建总承包单位,对此项目的商业楼与办公楼同时进行施工,对于其他专业则采取"专业承包模式"进行穿插施工,具体的施工业务进行分割如下:

	施工业务分割	公开招标	邀请招标	竞争谈判	直接委托
主楼 附楼	桩基础施工业务	×	√	×	×
	主体土建及总承包业务	√	×	×	×
	室内装修与机电安装施工业务	×	√	×	×
	建筑智能分包施工业务	×	√	×	×
	电梯施工业务	×	√	×	×
	小区市政工程施工业务	×	√	×	×
	小区园林绿化施工业务	×	√	×	×
	交通标志施工业务	×	√	×	×

2.2 物料与设备采购方式

以下表中的材料与设备计划为"甲方采购"方式进行,因此,在开发总控计划中将占用开发管理团队的时间,需要编制计划。

甲方采购方式的时间计划的编制方法是 (1) 先编制施工建造的计划;(2) 根据施工需求计划,再利用"SF±d"技术进行"倒排工期"的计划。

施工业务分割	公开招标	邀请招标	竞争谈判	直接委托
发电机采购业务	×	√	×	×
石材采购业务	×	√	×	×
灯具采购业务	×	√	×	×

2.3 测算施工业务的工期

2.3.1 基坑支护与围护桩

根据现场的条件，三边为"水泥搅拌桩"的围护施工方案，一边为"自然放坡且锚杆喷射混凝土"的围护的施工方案。

地下室的工程量的估算

长 (m)	宽 (m)	高 (m)
117	65	6

直径 600 的水泥搅拌桩	420	根
锚杆	6	排
土方	54 000	m³

工序	工期估算
水泥桩	(1) 根据施工经验，水泥搅拌桩施工控制在 30 天内完成（日历天）；
土方	(2) 查本模块数据表，多机作业，施工工期控制在 30 天内；
锚杆与喷混凝土	(3) 查本模块数据表，锚杆 15 天一层，5 天一搭接，需要 60 天完成。

2.3.2 桩基础

长 (m²)	宽 (m²)	面积 (m²)
117	65	7 506

静压桩	750	根

工序	工期估算
静压桩	(1) 查模块数据表，假设桩深度为 20m 以内，施工工期控制在 50 天内；
	(2) 根据作业面的情况，可分为二个流水段平行施工。工期为 25 天。

2.3.3 地下室

层数	长（m）	宽（m）	高（m）
−1	117	65	6

<u>地下室面积</u>   7 506

工序	工期估算

<u>地下室</u>

（1）查模块数据表，施工的工期＝1.2‰×7 506＝90天；

（2）根据作业面的情况，可分为两个流水段平行施工，工期为45天。

2.3.4 地上主体结构工程

工程量估算

形态	功能	层数	长（m）	宽（m）	总高（m）
一栋	办公楼	＋26	63	25	78
二栋	商业楼	＋6	93	28	20

<u>办公楼的建筑面积</u>   37 182
<u>单栋商业楼的建筑面积</u>   15 960

工序	工期估算

<u>办公楼</u> （1）查本模块数据表，施工的工期＝0.7‰×37 182＝260天；

<u>商业楼</u> （2）查本模块数据表，施工的工期＝91天；

（3）一个土建单位兼总承包施工，商业楼分两个流水段，办公楼一个流水段。平行施工，关键工期取决于办公楼的工期。

2.3.5 装修工程

工程量估算

形态	功能	装修标准	层数	长（m）	宽（m）	总高（m）
整体	地下室	简单装修	−1	117	65	6
一栋	办公楼	五星级	＋26	63	25	78
二栋	商业楼	三星级	＋6	93	28	20

	地上-办公楼的外立面积	13 728
	地上-商业楼的外立面积	4 840
	地上-办公楼的建筑面积	37 182
	地上-单栋商业楼的建筑面积	15 960

工序	工期估算
地下室的装饰	(1) 查本模块数据表地下室的室内装饰施工工期取值73 天。
商业楼外立面装修	(2) 查本模块数据表，商业楼外立面装修施工的工期＝64 天；
商业楼室内装修与机电安装	(3) 查本模块数据表，商业楼室内装修施工的工期＝136 天。
办公楼外立面装修	(4) 查本模块数据表，办公楼外立面装修施工的工期＝96 天；
办公楼室内装修与机电安装	(5) 查本模块数据表，办公楼室内装修施工的工期＝242 天。
工序搭接	(6) 当商业楼主体结构封顶后，可进行外立面与室内装修平行作业法。
	(7) 当办公楼主体结构封顶后，可进行外立面与室内装修平行作业法。

2.3.6 其他专业的施工

其他专业可穿插于室内装修的时间内，甲方采购业务也可穿插于其间。

2.3.7 红线内市政工程的施工

功能	计算式
道路	$6 \times (182 + 96) = 1668m^2$
绿化	$15 \times (182 + 96) \times 2 = 8340m^2$
广场	$12 \times (182 + 96) \times 2 = 6672m^2$

工序	工期估算
道路	(1) 查本模块数据表，红线内小市政与绿化工程的工期＝71 天。
绿化	(2) 考虑到市场的修正系数为 70%，则工期＝71 天×70%＝49 天。
广场	(3) 道路、绿化、广场假设为平行作法。

(三) 营销与推广阶段的开发计划

3.1 交楼标准

建筑形态	交楼标准
地下室	(1) 墙面为普通涂料，天花不须吊顶，地面为车库专用漆。
办公楼	(2) 大堂与公共电梯间为高级精装修，地面与墙面为花岗石，异形吊顶和高级灯具。 (3) 办公楼楼层内的公共走廊为中级装修，走廊地面为架空地板，上铺地毯，墙面为墙砖，天花为造型吊顶。
商业楼	(4) 室内为粗装修，地面为找平层，墙面为找平层，天花为找平层，各类电气设备预留好。 (5) 公共楼梯间为中级精装修标准，地面为地面砖，墙面与天花为普通涂料。

3.2 营销方案

建筑形态	交楼标准
营销中心选址	(1) 选择商业入口的一层商业楼作为营销中心，当六层结构封顶后，可提前对一层进行室内精装修和营销环境的布置。 (2) 选择商业楼一层建造 $1000m^2$ 的营销中心。查表〖表3-116〗室内装修的施工工期取值为 60 天。
示范单元选址	(3) 当办公楼十层结构封顶后，可在六层提前布置样板房，对"样板房"进行室内精装修，以营造销售环境。室内施工的工期控制45天内。

(四) 用 PROJECT 项目管理软件编制开发计划

根据上述房地产开发各阶段的工期估算后，可利用项目管理软件编制整个项目的开发总控计划，详见附表3-1的"某项目全生命周期开发控制计划"。

模块三　房地产开发的生命周期与时间管理

某项目全生命周期开发控制计划　　　　附表 3-1

时间轴表头（横道图）：2012（H1 H2）、2013（H1 H2）、2014（H1 H2）、2015（H1 H2）、2016（H1 H2）、2017（H1 H2）。横道图中标注部门/节点：外联部、总工室、造价部、营销部、投资部、土地交易中心（2012-9-25）、合约部、测绘人、发改委、规划局、国土局、2012-11-6、2012-12-6、2014.3.20 等。

标识号	任务名称	工期（工作日）	开始时间	完成时间
1	（一）土地取得阶段的计划	92	2012.9.6	2012.12.6
2	收集土地交易的信息	2	2012.9.6	2012.9.7
3	领取挂牌文件	1	2012.9.6	2012.9.6
4	立项研究的内部分工	1	2012.9.7	2012.9.7
5	对地块进行立项的研究	13	2012.9.8	2012.9.20
6	地块设计方案的构思	5	2012.9.8	2012.9.12
7	测算地块的成本投入	5	2012.9.13	2012.9.17
8	分析地块的营业收入	5	2012.9.13	2012.9.17
9	编制项目立项研究报告	3	2012.9.18	2012.9.20
10	竞投资格的确认	1	2012.9.21	2012.9.21
11	向交易中心提交书面申请	1	2012.9.21	2012.9.21
12	交纳买方保证金	1	2012.9.21	2012.9.21
13	确认买方人的竞买资格	1	2012.9.21	2012.9.21
14	揭牌、竞投、成交	4	2012.9.24	2012.9.27
15	揭牌并在成交确认书上签字	3	2012.9.24	2012.9.27
16	签订《土地出让合同》	3	2012.9.25	2012.9.27
17	委托测绘单位进行地籍测绘	10	2012.9.25	2012.10.4
18	测绘合同的谈判与签约	5	2012.9.25	2012.9.29
19	进行现场测绘并提交测绘图	5	2012.9.30	2012.10.4
20	项目选址的行政许可	13	2012.10.5	2012.10.17
21	提交项目选址报告资料	1	2012.10.5	2012.10.5
22	对项目选址进行核准	7	2012.10.8	2012.10.16
23	项目立项的行政许可	1	2012.10.17	2012.10.17
24	对项目立项进行核准	9	2012.10.17	2012.10.26
25	提交项目的报建资料	1	2012.10.18	2012.10.18
26	对项目立项进行核准	5	2012.10.19	2012.10.25
27	取回项目立项的政府批文	1	2012.10.26	2012.10.26
28	用地规划的行政许可	9	2012.10.26	2012.11.6
29	提交用地规划许可的报建资料	1	2012.10.29	2012.11.5
30	对项目用地规划进行核准	5	2012.10.30	2012.11.5
31	取回《用地规划许可证》	1	2012.11.6	2012.11.6
32	土地的登记行政许可	30	2012.11.6	2012.12.6
33	提交土地登记的报建资料	2	2012.11.7	2012.11.7
34	对土地登记进行核准	20	2012.11.8	2012.12.5
35	取回《土地使用证》	1	2012.12.6	2012.12.6
36	（二）规划设计阶段的计划	519	2012.10.18	2014.3.20
37	申请项目的规划与设计方案	9	2012.10.18	2012.10.26
38	提交设计条件核准报建资料	2	2012.10.18	2012.10.19
39	对规划设计条件进行核准	6	2012.10.20	2012.10.25
40	取得规划与设计条件的批文	1	2012.10.26	2012.10.26
41	设计招标方式的行政许可	6	2012.10.27	2012.11.1
42	提交设计招标方案报建资料	2	2012.10.27	2012.10.28
43	对招标方案进行核准的许可	3	2012.10.29	2012.10.31
44	取回设计招标方案的批文	1	2012.11.1	2012.11.1
45	主体建筑方案设计竞赛	104	2012.11.2	2013.2.13

标识号	任务名称	工期（工作日）	开始时间	完成时间	2012 H1	H2	2013 H1	H2	2014 H1	H2	2015 H1	H2	2016 H1	H2	2017 H1	H2
46	编制设计竞赛的文件	5	2012.11.2	2012.11.6												
47	发布招标公告	1	2012.11.7	2012.11.7												
48	竞投人报名期间	5	2012.11.8	2012.11.12												
49	设计方案的设计与提交	83	2012.11.13	2013.2.3												
50	设计方案的评标	5	2013.2.4	2013.2.8												
51	方案合同的定标	5	2013.2.9	2013.2.13												
52	设计合同的签约	26	2012.11.6	2012.12.1												
53	编制设计招标文件	5	2012.11.6	2012.11.10												
54	发布招标公告	1	2012.11.11	2012.11.11												
55	投标人报名	5	2012.11.12	2012.11.16												
56	编制投标文件的定标并提交	10	2012.11.17	2012.11.26												
57	设计合同的定标与签约	5	2012.11.27	2012.12.1												
58	主体建筑方案的设计	20	2013.2.14	2013.3.5												
59	设计方案的修改	10	2013.2.14	2013.2.23												
60	设计方案的定稿	10	2013.2.24	2013.3.5												
61	主体工程的初步设计	138	2013.3.6	2013.7.21												
62	编制初步设计文件与图纸	124	2013.3.6	2013.7.7												
63	初步设计文件的定稿	5	2013.7.8	2013.7.12												
64	提交初步设计的报建资料	3	2013.7.13	2013.7.15												
65	核准初步设计(含消防、人防)	5	2013.7.16	2013.7.20												
66	取回初步设计的批文	1	2013.7.21	2013.7.21												
67	主体施工图设计	137	2013.7.22	2013.12.5												
68	编制各专业施工图	132	2013.7.22	2013.11.30												
69	内部评审施工图并定稿	5	2013.12.1	2013.12.5												
70	施工图审查业务	63	2013.11.1	2014.1.2												
71	施工图审查合同谈判与签约	10	2013.11.1	2013.11.10												
72	提交施工图审查报告	20	2013.12.6	2013.12.25												
73	施工图的修改与定稿	5	2013.12.26	2013.12.30												
74	提交施工图审查备案资料	2	2013.12.31	2014.1.2												
75	取回施工图审查备案批文	1	2014.1.2	2014.1.2												
76	申请建筑工程的规划许可	25	2013.12.6	2013.12.30												
77	提交工程规划许可的资料	2	2013.12.6	2013.12.9												
78	核准工程规划(并联审批)	14	2013.12.10	2013.12.27												
79	取回《工程规划许可证》	1	2013.12.30	2013.12.30												
80	室内设计业务	80	2013.12.31	2014.3.20												
81	室内设计招标文件	5	2013.12.31	2014.1.4												
82	室内设计合同的谈判与签约	5	2014.1.5	2014.1.9												
83	编制室内设计方案	20	2014.1.10	2014.1.29												
84	评审室内设计方案	5	2014.1.30	2014.2.3												
85	修改与批准室内设计方案	5	2014.2.4	2014.2.8												
86	编制室内设计施工图	30	2014.2.9	2014.3.10												
87	评审室内设计施工图	5	2014.3.11	2014.3.15												
88	修改室内设计施工图	5	2014.3.16	2014.3.20												
89	建筑智能化专项设计	70	2014.1.5	2014.3.15												
90	编制智能化招标文件	5	2014.1.5	2014.1.9												

模块三　房地产开发的生命周期与时间管理

389

模块三 房地产开发的生命周期与时间管理

标识号	任务名称	工期(工作日)	开始时间	完成时间
91	智能化设计合同的谈判签约	10	2014.1.10	2014.1.19
92	智能化设计施工图的绘制	30	2014.1.20	2014.2.18
93	智能化设计施工图的内审	10	2014.2.19	2014.2.28
94	智能化设计施工图的修改	10	2014.3.1	2014.3.10
95	智能化设计施工图的定稿	5	2014.3.11	2014.3.15
96	(三)工程建造阶段的计划	1073.5	2013.3.6	2016.2.12
97	施工监理业务	27	2013.3.6	2013.4.1
98	编制监理招标文件	5	2013.3.6	2013.3.10
99	编制监理投标标文件	20	2013.3.11	2013.3.30
100	施工监理的评标	1	2013.3.31	2013.3.31
101	签订施工监理合同	1	2013.4.1	2013.4.1
102	主体土建与总承包	53	2013.12.31	2014.2.21
103	编制土建工程控制价	10	2013.12.31	2014.1.9
104	土建工程控制价的备案	10	2014.1.10	2014.1.23
105	编制土建施工招标文件	5	2014.1.24	2014.1.28
106	编制土建施工招标文件	20	2014.1.29	2014.2.17
107	土建施工招标的评标	2	2014.2.18	2014.2.19
108	签订土建施工合同	2	2014.2.20	2014.2.21
109	白蚁防治业务	14	2013.12.31	2014.1.13
110	提交白蚁合同的备案	2	2013.12.31	2014.1.1
111	白蚁防治合同备案核准	1	2014.1.2	2014.1.2
112	施工许可证的报建业务	7	2014.1.3	2014.1.13
113	施工许可证的报建	5	2014.2.24	2014.2.28
114	质量监督注册手册的报建	5	2014.2.24	2014.2.28
115	安全监督注册手册保证金交纳	1	2014.2.24	2014.2.24
116	散发水泥专项资金交纳	1	2014.2.24	2014.2.24
117	新型墙体材料保证金的报建	1	2014.2.24	2014.2.24
118	政府核准准施工许可资料	3	2014.2.25	2014.2.27
119	取得《建设工程施工许可证》	1	2014.2.28	2014.2.28
120	地下工程的施工	123	2014.3.1	2014.7.1
121	水泥桩进行基坑围护	30	2014.3.1	2014.3.30
122	土方开挖	30	2014.3.31	2014.4.29
123	锚杆喷混凝土边坡支护	60	2014.3.31	2014.5.29
124	桩基础的正式开工	1	2014.5.30	2014.5.30
125	桩基础过程施工	25	2014.5.31	2014.6.24
126	桩基础检测	5	2014.5.31	2014.6.29
127	桩基础验收	2	2014.6.30	2014.7.1
128	主体土建工程的施工	290	2014.7.2	2015.4.17
129	地下室的结构工程	45	2014.7.2	2014.8.15
130	商业楼1~6层主体结构	91	2014.8.16	2014.11.14
131	组织商业楼的结构验收	5	2014.11.15	2014.11.19
132	办公楼1~17层主体结构	173	2014.8.16	2015.2.4
133	办公楼18~26层主体结构	60	2015.2.5	2015.4.5
134	组织办公楼的主体结构验收	12	2015.4.6	2015.4.17
135	装饰与机电安装工程的施工	478	2014.8.16	2015.12.6

续表

模块三 房地产开发的生命周期与时间管理

标识号	任务名称	工期 (工作日)	开始时间	完成时间
136	地下室的室内装饰施工	73	2014.8.16	2014.10.27
137	商业楼的室内装饰的施工	64	2014.11.15	2015.1.17
138	商业楼的室内装饰与机电安装	136	2014.11.25	2015.4.9
139	办公楼的外立面装饰的施工	96	2015.4.6	2015.7.10
140	办公楼的室内装饰与机电安装	240	2015.4.11	2015.12.6
141	建筑智能化工程施工业务	517	2014.7.8	2015.12.6
142	编制招标文件/建筑智能	5	2014.7.8	2014.7.13
143	编制合同控制价/建筑智能	5	2014.7.13	2014.7.18
144	查阅招标公告与报名/建筑智能	5	2014.7.18	2014.7.23
145	编制投标文件/建筑智能	20	2014.7.23	2014.8.12
146	开标、评标与定标、盖章/建筑智能	1	2014.8.12	2014.8.13
147	合同内审与签章/建筑智能	3	2014.8.13	2014.8.16
148	施工的开始时间/建筑智能	1	2014.8.21	2014.8.21
149	施工的完成时间/建筑智能	1	2015.12.6	2015.12.6
150	红线内室外市政工程的施工	73	2015.5.13	2015.7.24
151	编制招标文件/室外市政	20	2015.5.13	2015.6.2
152	编制合同控制价/室外市政	5	2015.6.2	2015.6.7
153	查阅招标公告与报名/室外市政	5	2015.6.7	2015.6.12
154	编制投标文件/室外市政	20	2015.6.12	2015.7.2
155	开标、评标与定标、盖章/室外市政	1	2015.7.2	2015.7.3
156	合同内审与签章/室外市政	3	2015.7.3	2015.7.6
157	工程施工过程/室外市政	11	2015.7.11	2015.7.21
158	组织专项验收/室外市政	3	2015.7.22	2015.7.24
159	红线内室外绿化工程的施工	63	2015.6.7	2015.8.8
160	编制招标文件/园林绿化	5	2015.6.7	2015.6.12
161	编制合同控制价/园林绿化	5	2015.6.12	2015.6.16
162	查阅招标公告与报名/园林绿化	5	2015.6.7	2015.6.12
163	编制投标文件/园林绿化	20	2015.6.12	2015.7.2
164	开标、评标与定标、盖章/园林绿化	1	2015.7.2	2015.7.3
165	合同内审与签章/园林绿化	3	2015.7.3	2015.7.6
166	工程施工过程/园林绿化	26	2015.7.11	2015.8.5
167	组织专项验收/园林绿化	3	2015.8.6	2015.8.8
168	单位工程的竣工与备案	58.5	2015.12.15	2016.1.15
169	人防工程的专项验收	5	2015.12.7	2015.12.11
170	环保工程的专项验收	5	2015.12.7	2015.12.11
171	消防工程的专项验收	5	2015.12.7	2015.12.11
172	防雷工程的专项验收	5	2015.12.7	2015.12.11
173	组织各方对工程综合竣工验收	22.5	2015.12.15	2016.1.14
174	提交工程竣工验收备案资料	3	2016.1.14	2016.1.19
175	政府对竣工备案进行核准许可	10	2016.1.19	2016.2.2
176	取回工程竣工备案表）	1	2016.2.2	2016.2.3
177	工程的实体的移交接收	9	2016.2.3	2016.2.12
178	检查工程实体的移交条件	2	2016.2.3	2016.2.5
179	收集工程移交的资料	2	2016.2.5	2016.2.7
180	工程（销售）资料的移交交接收	5	2016.2.7	2016.2.12

391

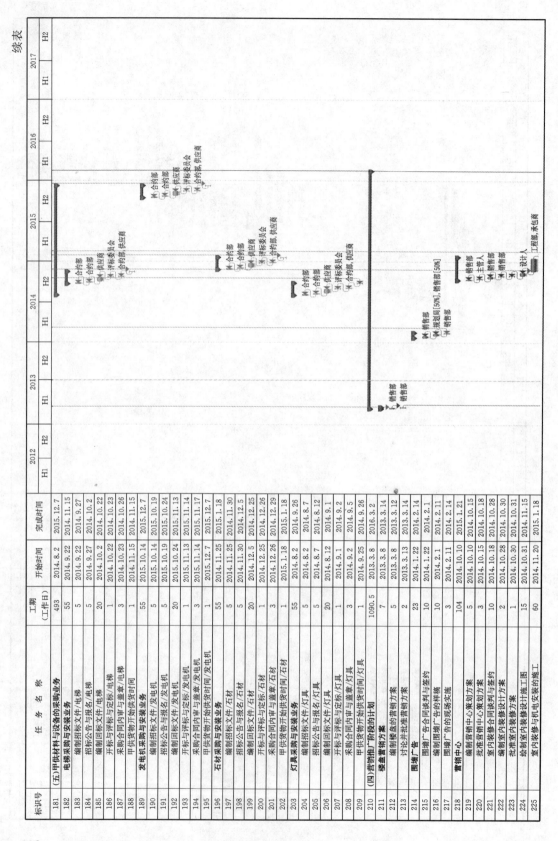

模块三 房地产开发的生命周期与时间管理

标识号	任 务 名 称	工期(工作日)	开始时间	完成时间
181	(五)甲供材料与设备的采购业务	493	2014.8.2	2015.12.7
182	电梯采购与安装业务	55	2014.9.22	2014.11.15
183	编制招标文件/电梯	5	2014.9.22	2014.9.27
184	招标公告与报名/电梯	5	2014.9.27	2014.10.2
185	编制回标文件/电梯	20	2014.10.2	2014.10.22
186	开标与评标与定标/电梯	1	2014.10.22	2014.10.23
187	采购合同内审与盖章/电梯	3	2014.10.23	2014.10.26
188	甲供货物开始供货时间	1	2014.11.15	2014.11.15
189	发电机采购与安装业务	55	2015.10.14	2015.12.7
190	编制招标文件/发电机	5	2015.10.14	2015.10.19
191	招标公告与报名/发电机	5	2015.10.19	2015.10.24
192	编制回标文件/发电机	20	2015.10.24	2015.11.13
193	开标与评标与定标/发电机	1	2015.11.13	2015.11.14
194	采购合同内审与盖章/发电机	3	2015.11.14	2015.11.17
195	甲供货物开始供货时间/发电机	1	2015.12.7	2015.12.7
196	石材采购与安装业务	55	2014.11.25	2015.1.18
197	编制招标文件/石材	5	2014.11.25	2014.11.30
198	招标公告与报名/石材	5	2014.11.30	2014.12.5
199	编制回标文件/石材	20	2014.12.5	2014.12.25
200	开标与评标与定标/石材	1	2014.12.25	2014.12.26
201	采购合同内审与盖章/石材	3	2014.12.26	2014.12.29
202	甲供货物开始供货时间/石材	1	2015.1.18	2015.1.18
203	灯具采购与安装业务	55	2014.8.2	2014.9.26
204	编制招标文件/灯具	5	2014.8.2	2014.8.7
205	招标公告与报名/灯具	5	2014.8.7	2014.8.12
206	编制回标文件/灯具	20	2014.8.12	2014.9.1
207	开标与评标与定标/灯具	1	2014.9.1	2014.9.2
208	采购合同内审与盖章/灯具	3	2014.9.2	2014.9.5
209	甲供货物开始供货时间/灯具	1	2014.9.25	2014.9.26
210	(四)营销推广阶段的计划	1090.5	2013.3.8	2016.3.2
211	楼盘营销方案	7	2013.3.8	2013.3.14
212	编制楼盘的营销方案	5	2013.3.8	2013.3.12
213	讨论并批准营销方案	2	2013.3.12	2013.3.14
214	围墙广告	23	2014.1.22	2014.2.14
215	围墙广告合同谈判与签约	10	2014.1.22	2014.2.1
216	编制围墙广告的样稿	10	2014.2.1	2014.2.11
217	围墙广告的现场实施	3	2014.2.11	2014.2.14
218	营销中心	104	2014.10.10	2015.1.21
219	编制营销中心策划方案	5	2014.10.10	2014.10.15
220	批准营销中心策划方案	3	2014.10.15	2014.10.18
221	室内装修合同谈判与签约	10	2014.10.18	2014.10.28
222	编制室内装修设计方案	2	2014.10.28	2014.10.30
223	批准室内装修修方案	1	2014.10.30	2014.10.31
224	绘制室内装修设计施工图	15	2014.10.31	2014.11.15
225	室内装修与机电安装的施工	60	2014.11.20	2015.1.18

标识号	任务名称	工期(工作日)	开始时间	完成时间	2012 H1	2012 H2	2013 H1	2013 H2	2014 H1	2014 H2	2015 H1	2015 H2	2016 H1	2016 H2	2017 H1	2017 H2
226	营销中心对外正式开放	1	2015.1.19	2015.1.19												
227	建筑模型合同谈判与签约	10	2014.12.24	2015.1.3												
228	建筑模型的收发与验收	2	2015.1.3	2015.1.5												
229	家具与软装饰品采购合同签约	10	2015.1.5	2015.1.15												
230	家具与软装饰品的收货与验收	2	2015.1.20	2015.1.21												
231	样板示范单元	97	2014.12.16	2015.3.22												
232	编制样板房展示方案	5	2014.12.16	2014.12.21												
233	批准样板房展示方案	3	2014.12.21	2014.12.24												
234	样板房室内装修合同	10	2014.12.24	2015.1.3												
235	绘制样板房室内装修设计方案	2	2015.1.3	2015.1.5												
236	批准室内装修方案	1	2015.1.5	2015.1.6												
237	绘制室内装修设计施工图	15	2015.1.6	2015.1.21												
238	室内装修与机电安装施工合同	10	2015.1.21	2015.1.31												
239	室内装修与机电安装的过程施工	45	2015.2.5	2015.3.22												
240	样板房家具采购的收货与验收	10	2015.2.21	2015.3.3												
241	样板房家具采购合同签约	2	2015.3.3	2015.3.5												
242	样板房软装饰采购合同签约	10	2015.3.5	2015.3.15												
243	样板房软装饰品的供货与验收	2	2015.3.15	2015.3.17												
244	样板房正式对外开放	1	2015.3.22	2015.3.22												
245	商品房的预售证	101	2014.11.12	2015.2.20												
246	收集预售证建资料/商业楼	2	2014.11.12	2014.11.14												
247	提交预售证报建资料/商业楼	1	2014.11.17	2014.11.17												
248	核准《商品房预售证》/商业楼	10	2014.11.18	2014.12.1												
249	取回商品房预售证/商业楼	1	2014.12.2	2014.12.2												
250	收集预售证建资料/办公楼	2	2015.2.2	2015.2.4												
251	提交预售证报建资料/办公楼	1	2015.2.5	2015.2.5												
252	核准《商品房预售证》/办公楼	10	2015.2.6	2015.2.19												
253	取回商品房预售证/商业楼	1	2015.2.20	2015.2.20												
254	印刷售楼书与宣传单	19	2013.3.20	2013.4.7												
255	印制合同的谈判与签约	10	2013.3.20	2013.3.29												
256	提交售楼书和宣传单的样稿	5	2013.3.30	2013.4.3												
257	审核售楼书和宣传单的样本	3	2013.4.4	2013.4.6												
258	售楼书和宣传单的收货	1	2013.4.7	2013.4.7												
259	电视/报纸/网络/短信的广告	22	2013.3.25	2013.4.15												
260	广告合同的签约	10	2013.3.25	2013.4.3												
261	编制广告的样稿/样片	5	2013.4.4	2013.4.8												
262	审核广告的样稿/样片	5	2013.4.9	2013.4.13												
263	审定广告的样稿/样片	2	2013.4.14	2013.4.15												
264	商品房的产权的初始登记	19	2016.2.12	2016.3.2												
265	收集商品房产权初始登记资料	2	2016.2.12	2016.2.14												
266	提交商品房委托登记建资料	1	2016.2.14	2016.2.15												
267	核准商品房产权登记	15	2016.2.15	2016.3.1												
268	取回商品房产权登记批文	1	2016.3.1	2016.3.2												

模块四

房地产的经营业务与房地产的估价

模块四　房地产的经营业务与房地产的估价

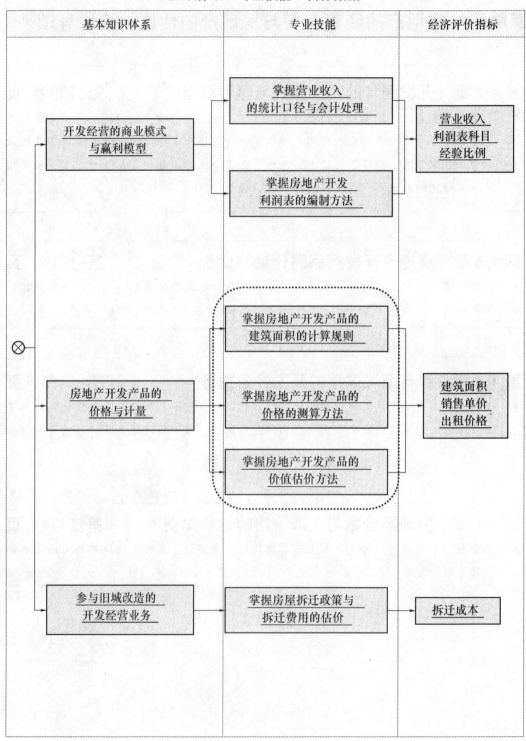

基本知识体系	专业技能	经济评价指标
开发经营的商业模式与赢利模型	掌握营业收入的统计口径与会计处理	营业收入利润表科目经验比例
	掌握房地产开发利润表的编制方法	
房地产开发产品的价格与计量	掌握房地产开发产品的建筑面积的计算规则	建筑面积销售单价出租价格
	掌握房地产开发产品的价格的测算方法	
	掌握房地产开发产品的价值估价方法	
参与旧城改造的开发经营业务	掌握房屋拆迁政策与拆迁费用的估价	拆迁成本

第 4-1 章 开发经营的商业模式与赢利模型

第 1 节 政府对开发经营资质的管制

根据住房和城乡建设部频发的《房地产开发资质管理规定》，房地产开发企业按照企业条件分为一、二、三、四个资质等级。分别从注册资金、企业经营年限、年度开发量、累计开发量、工程质量合格率、技术人才的配备、企业相关管理制度等指标对房地产开发企业的资质进行分类。

1.1 暂定开发资质

新设立的房地产开发企业应当自领取营业执照之日起 30 日内，持下列文件到房地产开发主管部门备案：

（1）营业执照复印件；

（2）企业章程；

（3）验资证明；

（4）企业法定代表人的身份证明；

（5）专业技术人员的资格证书和劳动合同；

（6）房地产开发主管部门认为需要出示的其他文件。

房地产开发主管部门应当在收到备案申请后 30 日内，向符合条件的企业核发有效期为一年的《暂定资质证书》。房地产开发主管部门可以视企业经营情况延长《暂定资质证书》有效期，但延长期限不得超过 2 年。自领取《暂定资质证书》之日起一年内无开发项目的，《暂定资质证书》有效期不得延长。

1.2 四级开发资质

表 4-1-1

关键指标	具备的条件
最少注册资金	（1）不得低于 100 万元人民币；

关键指标	具备的条件
企业经营年限	(2) 从事房地产开发经营 1 年以上；
累计开发规模	(3) 近 2 年房屋建筑面积累计竣工 5 万 m² 以上，或者累计完成与此相当的房地产开发投资额；
工程质量情况	(4) 已竣工的建筑工程质量合格率达 100%；未发生过重大工程质量事故；
技术人才配置	(5) 有职称的建筑、结构、财务、房地产及有关经济类的专业管理人员不少于 5 人，持有资格证书的专职会计人员不少于 2 人；财务负责人具有相应专业初级以上职称；配有专业统计人员；
企业相关制度	(6) 具有完善的质量保证体系，商品住宅销售中实行了《住宅质量保证书》和《住宅使用说明书》制度。

1.3 三级开发资质

表 4-1-2

关键指标	具备的条件
最少注册资金	(1) 不得低于 800 万元人民币；
企业经营年限	(2) 从事房地产开发经营 3 年以上；
累计开发规模	(3) 近 2 年房屋建筑面积累计竣工 5 万 m² 以上，或者累计完成与此相当的房地产开发投资额；
工程质量情况	(4) 连续 2 年建筑工程质量合格率达 100%；未发生过重大工程质量事故；
技术人才配置	(5) 有职称的建筑、结构、财务、房地产及有关经济类的专业管理人员不少于 10 人，其中具有中级以上职称的管理人员不少于 5 人，持有资格证书的专职会计人员不少于 2 人；工程技术、财务、统计等业务负责人具有相应专业中级以上职称；
企业相关制度	(6) 具有完善的质量保证体系，商品住宅销售中实行了《住宅质量保证书》和《住宅使用说明书》制度。

1.4 一级开发资质

表 4-1-3

关键指标	具备的条件
最少注册资金	(1) 不得低于 5 000 万元人民币；
企业经营年限	(2) 从事房地产开发经营 5 年以上；
累计开发规模	(3) 近 3 年房屋建筑面积累计竣工 30 万 m^2 以上，或者累计完成与此相当的房地产开发投资额；
年度开发规模	(4) 上一年房屋建筑施工面积 15 万 m^2 以上，或者完成与此相当的房地产开发投资额；
工程质量情况	(5) 连续 5 年建筑工程质量合格率达 100%；未发生过重大工程质量事故；
技术人才配置	(6) 有职称的建筑、结构、财务、房地产及有关经济类的专业管理人员不少于 40 人，其中具有中级以上职称的管理人员不少于 20 人，持有资格证书的专职会计人员不少于 4 人；工程技术、财务、统计等业务负责人具有相应专业中级以上职称；
企业相关制度	(7) 具有完善的质量保证体系，商品住宅销售中实行了《住宅质量保证书》和《住宅使用说明书》制度。

第 2 节 经营业务对收入贡献分析

2.1 基于宏观角度对收入的研究

根据国家统计局发布的 2010 年统计年鉴所披露的数据分析，房地产开发企业的经营收入由"土地转让收入"、"商品房销售收入"、"房屋出租收入"、"其他收入"和"总经营收入"构成。具体收入的变化规律分析如下：

表 4-1-4

土地转让收入	(1) 从 1992 年至 2009 年间，"土地转让收入"占"总收入"的比例区间值在 1%～11%，且其比例呈现逐年下降的走势。

商品房销售收入	（2）从 1992 年至 2009 年间，"商品房销售收入"占"总收入"的比例区间值在 73%～94%，且其比例呈现逐年上升的走势。
房屋出租收入	（3）从 1992 年至 2009 年间，"房屋出租收入"占"总收入"的比例区间值在 1%～2%，且其比例呈现相对稳中有升的走势。
其他收入	（4）从 1992 年至 2009 年间，"其他收入"占"总收入"的比例区间值在 3%～16%，且其比例呈现相对逐年下降的走势。

从上述 18 年之间房地产开发企业的经营情况分析，随着市场经济的日益成熟，房地产开发企业的经营越来越专业化。

2.2 基于上市公司对收入的研究

如果对上市的房地产开发企业进行综合研究，根据其所披露的上市年报内容分析，房地产企业收入包括房地产开发销售收入、物业租赁收入、物业管理收入、酒店运营收入、土地一级开发经营收入等。

根据中国房地产测评中心的测评报告数据分析，进入 2010 年中国房地产上市公司 50 强榜单的企业，最低房地产的经营收入为 19.81 亿元，平均房地产经营收入为 80.35 亿元，房地产经营收入在 100 亿元以上的企业有 11 家，50 亿～100 亿元的有 15 家，50 亿元以下的 24 家。在平均值以上的有 14 家。前 10 强企业房地产经营总收入占前 50 强的公司经营收入比为 52%，表明房地产行业规模化趋势明显，未来呈现"行业集中"发展态势。

2.2.1 商品房销售收入

从房地产经营范围的业务类型上分析，房地产上市公司商业模式的发展表现为：房地产开发销售业务模式为主导地位，逐步健全房地产运营能力，发挥酒店、零售百货、物业管理的专业品牌组合优势，通过良好的商业物业营运能力实现持有物业的经营升值。

根据典型上市房地产开发公司的 2011 年财务报告所披露的数据分析，"万科地产"在商品房销售业务收入占总收入的比例为 98.42%，"保利地产"在商品房销售业务收入占总收入的比例为 95.96%，"招商地产"在商品房销售业务收入占总收入的比例为 86.48%，"碧桂园地产"在商品房销售业务收入占总收入的比例为 95.53%。

2.2.2　物业租赁收入

在物业租赁经营业务方面，上市公司逐渐加大了对"商业地产"的开发，并在重点城市核心地段逐渐持有投资性物业。方兴地产、华润置业、陆家嘴等公司持有相当规模的投资性物业。2009 年的华润置地和陆家嘴的出租收入分别为 10.69 亿元和 4.76 亿元，占主营经营收入比重分别为 6.44％和 13.66％。

根据"保利地产"的 2011 年财务报告所披露的数据分析，其他商业物业经营初具规模，全年共实现物业租赁、展览服务、商场和酒店经营等收入超 8 亿元，实现了公司住宅开发与商业地产运营双轮驱动的经营模式。

根据"招商地产"的 2011 年财务报告所披露的数据分析，全年共实现物业租赁收入超 6.3 亿元，占总收入的 4.13％。

2.2.3　物业管理收入

在物业管理经营业务方面，房地产开发企业旗下的物业管理业务已具有一定规模，一般都组建了集团附属的物业管理队伍。优质的房地产物业管理可提升开发企业的地产品牌价值。

以"万科地产"为案例，根据其 2010 年度的企业年报披露，万科地产旗下的物业管理系统有员工 18 386 人。根据 2010 中国房地产品牌价值研究成果发布会上，万科物业以 7.28 亿元的品牌价值，荣获"2010 中国物业服务优秀品牌企业"第一名。根据"独立第三方"的客户调查结果，物业管理成为 75％客户再推荐万科产品的首选理由。

2.2.4　其他经营收入

通过解读在香港联合交易所上市的房地产开发企业"碧桂园"地产的年报显示，其经营业务的范围除了房地产的开发、物业管理经营业务之外，还包括建安施工、装修施工、酒店运营等内容。从其 2011 年财务报告数据分析，建筑与装饰工程业务占总收入的比例为 0.69％；酒店运营的业务收入占总收入的比例为 2.31％。

第 3 节　房地产开发的营销模式

房地产开发企业可经营的业务有商品性土地、商品房、出租房、周转房、代建工程、配套设施等。房屋的营销业务模式不同于一般的消费品。

从向"楼市"供应的渠道角度分析，可将商品房分为"增量房"和"存量房"。研究房地产开发企业的营销业务模式，可从二方面考虑，一是从营销的时间角度分析，二是从营销渠道角度分析。

商品房的销售从营销的时间角度分类，可分为"现售"和"预售"二类。"现售"主要是指房地产开发企业将竣工验收合格的商品房出售给买受人，并由买受人支付房价款的营销模式；"预售"是指房地产开发企业将正在建设中的商品房预先出售给买受人，并由买受人支付定金或者房价款的营销模式。由于"预售"能够提前实现开发企业的现金回笼，可加速整个建设资金周转，可提高资金使用效率。因此，大多数开发企业对于"期货"主要采用的是"预售"的营销模式；对于"存货"则采取"现售"的营销模式。

另一方面，从商品房的销售渠道角度分类，又可进一步细分为"自行销售"与"委托销售"二类。

3.1　商品房的预售模式

3.1.1　预售许可与预售条件

商品房的预售模式是指房地产开发企业将正在建设中的房屋预先出售给承购人，由承购人支付定金或购房价款的营销模式。销售的对象中"期货"（在建的、尚未完成建设的、不能交付使用的、没取得房屋产权证房屋）政府对商品房的预售采取的是行政许可的管制。开发企业进行商品房预售，应当向城市、县房地产管理部门办理预售登记，取得《商品房预售许可证》。根据《城市商品房预售管理办法》规定，商品房预售应当符合下列条件：

表 4-1-5

三证齐全	（1）已交付全部土地使用权出让金，取得"土地使用权证书"；持有"建设工程规划许可证"和"施工许可证"；
已完投资额	（2）按提供预售的商品房计算，投入开发建设的资金达到工程建设总投资的 25% 以上；
施工进度要求	（3）已经确定了工程的施工进度和竣工交付日期。

开发企业申请办理《商品房预售许可证》应当提交下列证件（复印件）及资料：开发企业的《营业执照》和资质等级证书；土地使用证、规划许可证、施工许可证；施工合同；已完成投资额度的证明、施工进度证明文件；商品房预售方案（预售方案应当说明商品房的位置、装修标准、竣工交付日期、预售总面积、交付使用后的物业管理等内容，并应当附商品房预售总平面图、分层平面图）等资料。

房地产管理部门在接到开发企业申请后，应当详细查验各项证件和资料，并到现场进行查勘。经审查合格的，应在接到申请后的 10 日内核发《商品房预售许可证》。开发企业进行商品房预售，应当向承购人出示《商品房预售许可证》。售楼广告和说明书必须载明《商品房预售许可证》的批准文号。

商品房的预售，开发企业应当与承购人签订商品房预售合同。预售人应当在签约之日起 30 日内持商品房预售合同向县级以上人民政府房地产管理部门和土地管理部门办理登记备案手续。开发企业未按本办法办理预售登记，取得商品房预售许可证明预售商品房的，责令停止预售、补办手续，没收违法所得，并可处以已收取的预付款 1% 以下的罚款。预售的商品房交付使用之日起 90 日内，承购人应当持有关凭证到县级以上人民政府房地产管理部门和土地管理部门办理权属登记手续。

3.1.2 预售房款的政府监控

设立商品房预售款监控的作用主要表现在：规范商品房预售行为，维护房地产预售市场秩序；维护预购人的合法权益，防止预售人在预售项目未竣工前将商品房预售款挪作他用；保证预售款在项目竣工之前，只能用于购买项目建设必需的建筑材料、设备和支付项目建设的施工进度款及法定税费，做到专款专用。

商品房预售款专用账户是预售人在竣工验收前出售其开发的商品房时，于该项目所在地的银行设立的专用账户。预购人应当按照合同约定的付款时间，将商品房预售款直接存入商品房预售款专用账户，凭银行出具的存款凭证，向预售人换领交款收据。一般由市商品房预售款监督管理组负责监督管理本市商品房预售款的收存和使用。

监控银行须配合监控机关做好预售款的监管工作，凡在银行开设监控账户并申请办理按揭贷款的预售人，其预购人的首期款必须直接存入监控账户内，银行发放的按揭贷款也必须划入监控账户内。同时，未经预售款监控机关核准，任何监控银行不得擅自批准预售人使用监控账户内的款项。

开发企业申请划拨使用监控账户内的预售款时，须提供申请用款的相关合同，经监控银行审核并加署意见后，交监控机关审核，对项目的施工进度、申请款项的用途等符合规定的（该款项只能用于购买项目建设必需的建筑材料、设备和支付项目建设的施工进度款及法定税费），将同意其使用，对不同意使用的，将以书面方式说明理由。同时，监控银行必须凭监控机关核准同意支付的数额拨付。

当预售人的预售商品房项目竣工验收合格后，经监控机关批准，可凭批准书到监控银行办理监控账户的销户手续，其监控账户内的资金余额可以转到预售人的其他账户使用。同时，监控机关不再对该项目之后的预售款进行监督管理。

3.2 商品房的现售模式

3.2.1 商品房现售条件

根据"住建部"发布的《商品房销售管理办法》规定，商品房现售的，应当符合以下条件：现售商品房的房地产开发企业应当具有企业法人营业执照和房地产开发企业资质证书；取得土地使用权证书或者使用土地的批准文件、持有建设工程规划许可证和施工许可证；已通过竣工验收、拆迁安置已经落实；供水、供电、供热、燃气、通信等配套基础设施具备交付使用条件，其他配套基础设施和公共设施具备交付使用条件或者已确定施工进度和交付日期；物业管理方案已经落实。

3.2.2　商品房现售的备案

房地产开发企业应当在商品房现售前将房地产开发项目手册及符合商品房"现售条件"的有关证明文件报送房地产开发主管部门备案。

3.3　自行销售模式

"自行销售"是指由开发企业自己组建销售队伍对外进行销售；"自行销售"适合于外部"楼市"好的情况下，或开发企业有营销经验的情况下，所带来的销售业绩较为理想。

3.4　委托销售模式

"委托销售"是指开发企业将销售任务委托第三方的销售代理公司进行营销。当外部的"楼市"处于"熊市"，或开发企业没有销售经验的情况下，采取"委托销售"的方式较好。

第 4 节　基于会计准则的收入规定

4.1　收入的定义

根据《企业会计准则-收入》的规定，收入是指企业在日常活动中形成的，会导致所有者权益增加的、与所有者投入资本无关的经济利益的总流入。其中"日常活动"是指企业为完成其经营目标所从事的经常性活动以及与之相关的其他活动。企业的收入包括"销售商品的收入"、"提供劳务的收入"和"让渡资产使用权收入"。

房地产开发企业大多数上市于上海证券交易所、深圳证券交易所或香港证券交易所，鉴于国内会计准则和香港会计准则关于收入确认口径的不一致，因此，在对上市的房地产开发企业进行财务的比较分析时，应对其收入的"统计口径"进行调整，使其对比指标的收入口径具一致性，以确保其财务指标具有可对比性。

4.2 收入的分类

4.2.1 销售商品收入

根据《企业会计准则》的规定，销售商品收入的确认条件为：将商品所有权上的主要风险和报酬已转移给购货方；企业既没有保留通常与所有权相联系的继续管理权，也没有对已售出的商品实施有效控制。

针对具体的房地产开发企业，当房地产销售在房产完工并验收合格，达到了销售合同约定的交付条件，取得了买方按销售合同约定交付房产的付款证明时（通常收到销售合同首期款及已确认余下房价款的付款安排）时，可确认为销售收入的实现。开发企业一般按已收或应收的合同或协议价款的公允价值确定销售商品收入的金额。

4.2.2 提供劳务的收入

根据《企业会计准则-收入》的规定，企业应当按照从接受劳务方已收或应收的合同或协议价款确定提供劳务收入总额（但已收或应收的合同或协议价款"不公允"的除外）。提供劳务收入的确认条件为：收入的金额能够可靠计量、相关经济利益很可能流入企业，交易的完成进度能够可靠地确定、交易中已发生的或将发生的成本能够可靠地计量。

企业在"资产负债表日"提供的劳务交易的结果能够可靠估计的，应当采取"完工百分比法"确定提供的劳务收入。"完工百分比法"指按照提供劳务交易的完工进度确认收入与费用的方法，企业确定提供劳务交易的完工进度，可以选用下列方法：(1)已完工作的测量；(2)已经提供的劳务占应提供劳务总量的比例；(3)已经发生的成本占总成本的比例。

当企业在"资产负债表日"提供的劳务交易的结果不能够可靠估计的，当已经发生的劳务成本预计能够得到补偿的，按照已经发生的劳务成本金额确认提供劳务收入，并按相同金额结转劳务成本。当已经发生的劳务成本预计不能够得到补偿的，应当将已经发生的劳务成本计入当期损益，不确认提供劳务收入。

企业与其他企业签订的合同或协议包括销售商品和提供劳务时，销售商品部分和提供劳务部分能够区分且能够单独计量的，应当将销售商品的部分作为销售商品处理，将提供劳务的部分作为提供劳务处理。当销售商品部分和提供劳务部分不能够区分，或虽能区分但不能够单独计量时，应当将销售商品部分和提供劳务部分全部作为销售商品处理。

4.2.3 让渡资产使用权收入

让渡资产使用权收入包括利息收入、使用费收入等。让渡资产使用权收入同时满足下列条件的，才能予以确认：相关的经济利益很可能流入企业、收入的金额能够可靠地计量。

利息收入金额，按照他人使用本企业货币资金的时间和实际利率计算确定。使用费收入金额，按照有关合同或协议约定的收费时间和方法计算确定。

4.2.4 收入的会计科目

从会计科目的角度，收入的会计科目有主营业收入、利息收入、手续费及佣金收入、其他经营收入、营业外收入等内容。主营业收入科目主要企业确认的销售商品、提供劳务等主营业的收入。

利息收入科目核算企业确认的利息收入，包括各类核算企业（金融）确认的利息收入，包括发放的各类贷款（银团贷款、贸易融资、贴现和转贴现融出资金、协议透支、信用卡透支、转贷款、垫款等）、与其他金融机构（中央银行、同业等）之间发生资金往来业务、买入返售金融资产等实现的利息收入等。

手续费及佣金收入科目核算企业（金融）确认的手续费及佣金收入，包括办理结算业务、咨询业务、担保业务、代保管等代理业务以及办理受托贷款及投资业务等取得的手续费及佣金，如结算手续费收入、佣金收入、业务代办手续费收入、基金托管收入、咨询服务收入、担保收入、受托贷款手续费收入、代保管收入，代理买卖证券、代理承销证券、代理兑付证券、代理保管证券、代理保险业务等代理业务以及其他相关服务实现的手续费及佣金收入等。

其他经营收入科目核算企业确认的除主营业务活动以外的其他经营活动实现的收入，包括出租固定资产、出租无形资产、出租包装物和商品、销售材料、用材料进行非货币性交换（非货币性资产交换具有商业实质且公允价值能够可靠计量）或债务重组等实现的收入。

营业外收入科目核算企业发生的各项营业外收入，主要包括非流动资产处置利得、非货币性资产交换利得、债务重组利得、政府补助、盘盈利得、捐赠利得等。

物业出租收入：按与承租方签订的合同或协议规定的承租方付租日期和金额，确认房屋出租收入的实现。

物业管理收入：在物业管理服务已经提供，与物业管理服务相关的经济利益能够流入企业，与物业管理服务相关的成本能够可靠计量时，确认物业管理收入的实现。

第 5 节　房地产开发的销售收入的实现

根据国家税务总局关于印发《房地产开发经营业务企业所得税处理办法》（国税发〔2009〕31号）中的规定，开发企业开发产品销售收入的范围为销售开发产品过程中取得的全部价款，包括现金、现金等价物及其他经济利益。企业代有关部门、单位和企业收取的各种基金、费用和附加等，凡纳入开发产品价内或由企业开具发票的，应按规定全部确认为销售收入；未纳入开发产品价内并由企业之外的其他收取部门、单位开具发票的，可作为代收代缴款项进行管理。

企业通过正式签订《房地产销售合同》或《房地产预售合同》所取得的收入，应确认为销售收入的实现，不同的销售方式与其收入的确认实现是不同的，具体的规定如下所述。

5.1　一次性全额收款的方式

一次性全额收款的销售是开发企业现金回笼是最理想的营销模式，此类方式仅适合"有钱"的购房者，是少数的群体。

从财务会计确认收入的实现角度看，对于开发企业以"一次性全额收款方式"销售开发产品的，应于实际收讫价款或取得索取价款凭据（权利）之日，确认为收入的实现。

5.2　采取分期收款的方式

开发企业与购房者在销售合同中约定的购房款为分期支付的（以银行按揭形式除外），这种营销方式称之为"分期收款的方式"。

从税务的处理角度来看，对于开发企业采取分期收款的方式销售开发产品的，应按销售合同或协议约定的价款和付款日确认收入的实现。当付款方提前付款的，应在实际付款日确认收入的实现。

5.3　采取银行按揭的方式

银行按揭是指购房者在购买住房时因自有资金不足，在支付首期房款后，以其房产作为抵押，向银行借款支付余款后，并按约定分期定时按约定的还款方式还本付息的一种贷款业务。

开发企业与购房者在销售合同中约定的购房款是以银行按揭形式支付的，这种营销方式称之为"银行按揭的方式"。

从税务的处理角度来看，对于开发企业采取银行按揭的方式销售开发产品的，应按销售合同或协议约定的价款确定收入额，其首付款应于实际收到日确认收入的实现，余款在银行按揭贷款办理转账之日确认收入的实现。

5.4　委托销售的模式

5.4.1　支付手续费的委托模式

当房地产开发企业采用"支付手续费"进行委托销售的模式时，从税务的处理角度来看，对于开发企业以支付手续费方式委托第三方进行销售时，应按销售合同或协议中约定的价款于收到受托方已销开发产品清单之日确认收入的实现。

5.4.2　采取买断的销售模式

对于开发企业以"买断"方式委托第三方进行委托销售的，从税务的处理角度来看，属于企业与购买方签订销售合同或协议，或企业、受托方、购买方三方共同签订销售合同或协议的，如果销售合同或协议中约定的价格高于买断价格，则应按销售合同或协议中约定的价格计算的价款于收到受托方已销开发产品清单之日确认收入的实现；如果属于前两种情况中销售合同或协议中约定的价格低于买断价格，以及属于受托方与购买方签订销售合同或协议的，则应按买断价格计算的价款于收到受托方已销开发产品清单之日确认收入的实现。

5.4.3　保底价加分成的销售模式

当开发企业以"基价（保底价）并实行超基价双方分成"的方式委托第三方进行销售时，从税务的处理角度来看，属于由企业与购买方签订销售合同或协议，或企业、受托方、购买方三方共同签订销售合同或协议的，如果销售合同或协议中约定的价格高于基价，则应按销售合同或协议中约定的价格计算的价款于收到受托方已销开发产品清单之日确认收入的实现，企业按规定支付受托方的分成额，不得直接从销售收入中减除；如果销售合同或协议约定的价格低于基价的，则应按基价计算的价款于收到受托方已销开发产品清单之日确认收入的实现。属于由受托方与购买方直接签订销售合同的，则应按基价加上按规定取得的分成额于收到受托方已销开发产品清单之日确认收入的实现。

5.4.4 包销方式委托销售

当开发企业采取"包销"方式委托第三方进行销售时，从财务会计确认收入的实现角度看，包销期内可根据包销合同的有关约定，可参照"支付手续费委托模式"、"卖断的委托模式"、"保底价加分成的委托销售方式"所规定的方法确认收入的实现；包销期满后尚未出售的开发产品，企业应根据包销合同或协议约定的价款和付款方式确认收入的实现。

第6节 开发企业的赢利模型分析

6.1 基于国内上市房企的利润分析

利润表是用以反映公司在一定期间利润实现（或发生亏损）的财务报表。它是一张动态报表。利润表的项目，按利润构成和分配分为两个部分。其利润构成部分先列示销售收入，然后减去销售成本得出销售利润；再减去各种费用后得出营业利润（或亏损）；再加减营业外收入和支出后，即为利润（亏损）总额。利润分配部分先将利润总额减去应交所得税后得出税后利润；其下即为按分配方案提取的公积金和应付利润；如有余额，即为未分配利润。利润表中的利润分配部分如单独划出列示，则为"利润分配表"。

6.1.1 利润表构成的科目与内容

表 4-1-6

会计科目	编 制 说 明
营业收入 主营业务收入 其他业务收入	（1）房地产开发企业的营业收入，是指房地产开发企业在开发经营过程中，由销售开发产品、出租商品、提供劳务以及其他多种经营活动所实现的收益，分为主营业务收入和其他业务收入。 （2）主营业务收入包括土地转让收入、商品房销售收入、配套设施销售收入、出租产品租金收入和代建工程结算收入等在主要开发经营过程中实现的各种收入。 （3）除了上述的主营业务以外的其他业务实现的收入，均应在"其他业务收入"科目中核算，如商品房售后服务收入、材料销售收入、固定资产出租收入和无形资产转让收入等。 （4）另外，房地产开发企业出售的周转房，在旧城改造中回迁安置户交纳的拆迁面积内的安置房产权款和增加面积的房产款，也属于房地产销售收入核算范围。而房地产开发企业出售自用的作为固定资产核算的房产则不能作为房地产销售收入的核算对象。

会计科目	编 制 说 明
总营业成本	（5）由营业成本、营业税及附加、销售费用、管理费、财务费用、资产减值损失科目构成。
营业成本	（6）房地产开发企业的营业成本由土地成本、前期工程费、建安工程费、基础设施费、公共配套设施费等构成、开发间接费等构成。
营业税金及附加	（7）包括营业税、城市维护建设税、教育费附加、土地增值税等内容。对于房地产开发企业，土地增值税应纳入"主营业务税金及附加"科目。
销售费用	（8）企业在销售产品、自制半成品和提供劳务等过程中发生的费用。详见第 5-1 章节内容。
管理费用	（9）是指开发企业为组织和管理企业生产经营所发生的各种费用。详见第 5-1 章节内容。
财务费用	（10）财务费用是指企业为筹集生产经营所需资金而发生的费用。详见第 5-1 章节内容。
营业利润	（11）等于营业总收入减去营业总成本。
利润总额	（12）等于营业利润加上营业外净收益。
净利润	（13）等于利润总额减去企业所得税费用，企业所得税率取决于不同城市的规定。详见第 5-10 章节内容。

6.1.2 基于营业收入的赢利模型

以在国内上市的招商地产、保利地产、金地地产、万科地产近五年的财务报告所披露数据为典型房企业的样本，以营业收入为基数，建立了营业成本、销售费用、管理费用、财务费用、所得税、净利率之间的相关数据模型如下：

6.1.2.1 万科地产

表 4-1-7

科目	2011 年	2010 年	2009 年	2008 年	2007 年	最小值	中位数	最大值
营业总收入	100.0%	100.0%	100.0%	100.0%	100.0%	100.0%	100.0%	100.0%
营业成本	60.2%	59.3%	70.6%	61.0%	58.0%	58.0%	59.8%	70.6%
营业税金及附加	10.8%	11.1%	7.4%	11.1%	11.6%	7.4%	10.9%	11.6%

科目	2011 年	2010 年	2009 年	2008 年	2007 年	最小值	中位数	最大值
销售费用	3.6%	4.1%	3.1%	4.5%	3.4%	3.1%	3.5%	4.5%
管理费用	3.6%	3.6%	2.9%	3.7%	5.0%	2.9%	3.6%	5.0%
财务费用	0.7%	1.0%	1.2%	1.6%	1.0%	0.7%	1.0%	1.6%
所得税	5.9%	6.1%	4.5%	4.1%	6.5%	4.1%	5.2%	6.5%
净利率	15.2%	14.8%	10.3%	14.0%	14.5%	10.3%	14.2%	15.2%

6.1.2.2 招商地产

表 4-1-8

科目	2011 年	2010 年	2009 年	2008 年	2007 年	最小值	中位数	最大值
营业总收入	100.0%	100.0%	100.0%	100.0%	100.0%	100.0%	100.0%	100.0%
营业成本	47.6%	60.2%	58.8%	58.7%	53.0%	47.6%	55.9%	60.2%
营业税金及附加	19.2%	12.0%	16.0%	7.4%	12.5%	7.4%	12.2%	19.2%
销售费用	3.3%	2.1%	2.8%	6.3%	1.9%	1.9%	2.4%	6.3%
管理费用	2.4%	1.7%	2.1%	5.7%	3.9%	1.7%	2.2%	5.7%
财务费用	−1.1%	0.7%	−0.2%	0.9%	0.3%	−1.1%	0.1%	0.9%
所得税	7.8%	5.7%	5.1%	5.9%	6.3%	5.1%	5.8%	7.8%
净利率	20.8%	17.6%	15.3%	15.1%	22.2%	15.1%	16.5%	22.2%

6.1.2.3 保利地产

表 4-1-9

科目	2011 年	2010 年	2009 年	2008 年	2007 年	最小值	中位数	最大值
营业总收入	100.0%	100.0%	100.0%	100.0%	100.0%	100.0%	100.0%	100.0%
营业成本	62.8%	65.9%	63.2%	59.2%	61.5%	59.2%	62.1%	65.9%
营业税金及附加	10.8%	10.0%	11.0%	10.0%	10.3%	10.0%	10.2%	11.0%
销售费用	2.7%	2.2%	2.6%	3.0%	3.1%	2.2%	2.6%	3.1%
管理费用	1.6%	1.6%	2.0%	2.0%	2.6%	1.6%	1.8%	2.6%

科目	2011 年	2010 年	2009 年	2008 年	2007 年	最小值	中位数	最大值
财务费用	0.8%	−0.3%	−0.3%	−0.2%	−0.4%	−0.4%	−0.3%	0.8%
所得税	5.8%	5.3%	6.0%	6.3%	9.5%	5.3%	5.9%	9.5%
净利率	15.6%	15.3%	15.5%	19.8%	13.3%	13.3%	15.4%	19.8%

6.1.2.4 金地地产

表 4-1-10

科目	2011 年	2010 年	2009 年	2008 年	2007 年	最小值	中位数	最大值
营业总收入	100.0%	100.0%	100.0%	100.0%	100.0%	100.0%	100.0%	100.0%
营业成本	61.3%	61.9%	63.3%	56.9%	56.2%	56.2%	59.1%	63.3%
营业税金及附加	10.1%	10.3%	9.7%	12.2%	11.0%	9.7%	10.2%	12.2%
销售费用	4.0%	2.6%	3.4%	4.2%	2.8%	2.6%	3.1%	4.2%
管理费用	3.8%	4.2%	4.1%	4.9%	5.3%	3.8%	4.2%	5.3%
财务费用	0.1%	0.2%	1.5%	2.6%	0.8%	0.1%	0.5%	2.6%
所得税	5.2%	5.6%	4.7%	4.6%	6.3%	4.6%	5.0%	6.3%
净利率	15.5%	15.2%	13.3%	14.7%	17.5%	13.3%	14.9%	17.5%

6.2 基于香港上市房企的收益分析

6.2.1 收益表的构成科目分析

根据在香港证券交易所上市的典型房地产开发企业公开披露的上市财务报告分析，收益表构成科目的名称表述略有差异，本书统一成"收入、销售成本、营销费用、行政费用、财务费用、税项"六个科目。

6.2.2 基于香港上市房企的赢利模型

以在香港上市的十二家的 2011 年财务报告所披露数据为典型房企业的样本，以营业收入为基数，建立了销售成本、营销费用、行政费用、财务费用、所得税、毛利率、净利率之间的相关数据模型如下：

表 4-1-11

序号	科目	收入	销售成本	营销费用	行政费用	财务费用	税项	毛利率	净利率
1	雅居乐	100.00%	−46.16%	−3.64%	−3.82%	2.81%	−27.85%	53.84%	21.34%
2	中海地产	100.00%	−57.45%	−1.36%	−2.54%	−1.22%	−17.80%	42.55%	19.63%
3	合景泰富	100.00%	−55.82%	−2.29%	−5.26%	−1.23%	−18.53%	44.18%	16.86%
4	碧桂园地产	100.00%	−65.48%	−3.25%	−3.80%	−0.35%	−10.85%	34.52%	16.29%
5	龙湖地产	100.00%	−59.45%	−2.67%	−2.94%	−0.84%	−18.78%	40.55%	15.32%
6	融创地产	100.00%	−66.37%	−2.96%	−2.84%	−1.73%	−10.80%	33.63%	15.30%
7	富力地产	100.00%	−58.29%	−1.72%	−5.31%	−4.16%	−15.83%	41.71%	14.68%
8	恒大地产	100.00%	−66.72%	−4.39%	−3.49%	0.72%	−13.87%	33.28%	12.25%
9	世茂地产	100.00%	−61.58%	−2.96%	−5.92%	−1.46%	−16.53%	38.42%	11.55%
10	绿城地产	100.00%	−66.27%	−2.73%	−6.01%	−1.89%	−11.76%	33.73%	11.34%
11	华润置地	100.00%	−60.38%	−4.32%	−5.88%	−1.95%	−17.13%	39.62%	10.34%
12	远洋地产	100.00%	−68.55%	−3.90%	−4.12%	−2.11%	−12.83%	31.45%	8.49%

6.3 典型房地产企业的赢利指标

6.3.1 毛利率

根据典型上市的房地产开发企业在 2011 年度披露的财务报告数据进行统计分析，房地产开发的毛利率的最小值、最大值、中位数、平均数如下：

表 4-1-12

最小值	中位数	最大值	平均数
26.4%	34.1%	56%	36.5%

6.3.2 净利率

根据典型上市的房地产开发企业在 2011 年度披露的财务报告数据进行统计分析，房地产开发的净利率的最小值、最大值、中位数、平均数如下：

表 4-1-13

最小值	中位数	最大值	平均数
8.5%	15.3%	23%	15.0%

第 4-2 章 房地产开发产品的计量与估价

土地储备的"地块采购师",或进行项目可行性研究(项目立项研究)的"投资分析师",或"土地估价师",或"房地产估价师"在房地产开发项目(建设项目)的投资管理过程中,应掌握房地产开发产品的价格规律与计量模式。

第 1 节 房地产开发产品的计量

1.1 建筑面积计算规则

1.1.1 建筑面积的关键词

"建筑面积"是表达房屋开发规模、工程造价、房屋大小、各类经济指标等与房地产开发相关产品最基本的计量单位。作为房地产开发项目的"投资分析师"应掌握房屋建筑面积的计算规范。

我国出台的《建筑工程建筑面积计算规范》GB/T 50353—2005 已对建筑面积的计算规则进行了系统的规定。下面对规范中关于建筑面积方面的关键定义进行归纳总结如下表。

表 4-2-1

层高	(1)	上下两层楼面或楼面与地面之间的垂直距离。
自然层	(2)	按楼板、地板结构分层的楼层。
架空层	(3)	建筑物深基础或坡地建筑吊脚架空部位不回填土石方形成的建筑空间。
走廊	(4)	建筑物的水平交通空间。
挑廊	(5)	挑出建筑物外墙的水平交通空间。
檐廊	(6)	设置在建筑物底层出檐下的水平交通空间。
回廊	(7)	在建筑物门厅、大厅内设置在二层或二层以上的回形走廊。
门斗	(8)	在建筑物出入口设置的起分隔、挡风、御寒等作用的建筑过渡空间。

建筑物通道	（9）	为道路穿过建筑物而设置的建筑空间。
架空走廊	（10）	建筑物与建筑物之间，在二层或二层以上专门为水平交通设置的走廊。
勒脚	（11）	建筑物的外墙与室外地面或散水接触部位墙体的加厚部分。
围护结构	（12）	围合建筑空间四周的墙体、门、窗等。
围护性幕墙	（13）	直接作为外墙起围护作用的幕墙。
装饰性幕墙	（14）	设置在建筑物墙体外起装饰作用的幕墙。
落地橱窗	（15）	突出外墙面根基落地的橱窗。
阳台	（16）	供使用者进行活动和晾晒衣物的建筑空间。
眺望间	（17）	设置在建筑物顶层或挑出房间的供人们远眺或观察周围情况的建筑空间。
雨篷	（18）	设置在建筑物进出口上部的遮雨、遮阳篷。
地下室	（19）	房间地平面低于室外地平面的高度超过该房间净高的1/2者为地下室。
半地下室	（20）	房间地平面低于室外地平面的高度超过该房间净高的1/3，且不超过1/2者为半地下室。
变形缝	（21）	伸缩缝（温度缝）、沉降缝和抗震缝的总称。
永久性顶盖	（22）	经规划批准设计的永久使用的顶盖。
飘窗	（23）	为房间采光和美化造型而设置的突出外墙的窗。
骑楼	（24）	楼层部分跨在人行道上的临街楼房。
过街楼	（25）	有道路穿过建筑空间的楼房。

1.1.2 建筑面积的计算规则

1.1.2.1 单层建筑物的建筑面积

表 4-2-2

关键因素		计算规则
一般规则	（1）	应按其外墙勒脚以上结构外围水平面积计算。
高度	（2）	≥2.2m：计算全面积。
	（3）	＜2.2m：按一半面积计算。

417

关键因素	计算规则
坡屋顶	(4) 净高>2.10m：计算其全面积。
	(5) 1.20m≤净高≤2.10m：按一半面积计算。
	(6) 净高<1.20m：不计算面积。
局部楼层	(7) 有围护结构：按其围护结构外围水平面积计算。
	(8) 没围护结构：按其结构底板水平面积计算。
	(9) 层高≥2.2m：计算全面积。
	(10) 层高<2.2m：按一半面积计算。

1.1.2.2 多层建筑物的建筑面积

表 4-2-3

关键因素	计算规则
一般规则	(1) 一层：应按其外墙勒脚以上结构外围水平面积计算。
	(2) 二层及以上：按其外墙结构外围水平面积计算。
高度	(3) ≥2.2m：计算全面积。
	(4) <2.2m：按一半面积计算。
坡屋顶 场馆看台	(5) 净高>2.10m：计算全面积。
	(6) 1.20m≤净高≤2.10m：按一半面积计算。
	(7) 设计不利用或净高<1.20m：不计算面积。
地下室 半地下室 永久性顶盖的 出入口	(8) 外墙上口（不包括采光井、外墙防潮层及其保护墙）外边线所围水平面积计算。
	(9) 层高≥2.2m：计算全面积。
	(10) 层高<2.2m：按一半面积计算。
架空层	(11) 设计利用且有围护结构：坡地的建筑物吊脚架空层、深基础之架空层层高在2.20m及以上的部位应计算全面积；层高不足2.20m的部位应计算1/2面积。
	(12) 设计加以利用且无围护结构：建筑吊脚架空层，应按其利用部位水平面积的1/2计算。
	(13) 设计不利用的深基础架空层、坡地吊脚架空层、多层建筑坡屋顶内、场馆看台下的空间不应计算面积。

关键因素	计算规则
门厅 大厅	（14）　按一层计算建筑面积。 （15）　门厅、大厅内设有回廊时，应按其结构底板水平面积计算。 （16）　层高在2.20m及以上者应计算全面积。 （17）　层高不足2.20m者应计算1/2面积。
架空走廊	（18）　建筑物间有围护结构的架空走廊，应按其围护结构外围水平面积计算。 （19）　层高在2.20m及以上者应计算全面积；层高不足2.20m者应计算1/2面积。有永久性顶盖无围护结构的应按其结构底板水平面积的1/2计算。
立体书库 立体仓库 立体车库	（20）　无结构层的应按一层计算，有结构层的应按其结构层面积分别计算。 （21）　层高在2.20m及以上者应计算全面积；层高不足2.20m者应计算1/2面积。
舞台灯光控制室	（22）　有围护结构的舞台灯光控制室，应按其围护结构外围水平面积计算。 （23）　层高在2.20m及以上者应计算全面积；层高不足2.20m者应计算1/2面积。
落地橱窗 门斗、挑廊 走廊、檐廊	（24）　建筑物外有围护结构的，应按其围护结构外围水平面积计算。层高在2.20m及以上者应计算全面积。 （25）　层高不足2.20m者应计算1/2面积。有永久性顶盖无围护结构的应按其结构底板水平面积的1/2计算。
场馆看台	（26）　有永久性顶盖无围护结构的场馆看台应按其顶盖水平投影面积的1/2计算。
楼梯间 水箱间 电梯机房	（27）　建筑物顶部有围护结构的，层高在2.20m及以上者应计算全面积。 （28）　层高不足2.20m者应计算1/2面积。
超出底板外沿的建筑物	（29）　设有围护结构不垂直于水平面而超出底板外沿的建筑物，应按其底板面的外围水平面积计算。层高在2.20m及以上者应计算全面积；层高不足2.20m者应计算1/2面积。
室内井道	（30）　建筑物内的室内楼梯间、电梯井、观光电梯井、提物井、管道井、通风排气竖井、垃圾道、附墙烟囱应按建筑物的自然层计算。
雨篷	（31）　雨篷结构的外边线至外墙结构外边线的宽度超过2.10m者，应按雨篷结构板的水平投影面积的1/2计算。

关键因素		计算规则
室外楼梯	(32)	有永久性顶盖的室外楼梯，应按建筑物自然层的水平投影面积的1/2计算。
阳台	(33)	建筑物的阳台均应按其水平投影面积的1/2计算。
车棚、货棚、站台、加油站、收费站	(34)	有永久性顶盖无围护结构的车棚、货棚、站台、加油站、收费站等，应按其顶盖水平投影面积的1/2计算。
高低联跨建筑物	(35)	高低联跨的建筑物，应以高跨结构外边线为界分别计算建筑面积；其高低跨内部连通时，其变形缝应计算在低跨面积内。
幕墙围护	(36)	以幕墙作为围护结构的建筑物，应按幕墙外边线计算建筑面积。
立面有保温层	(37)	建筑物外墙外侧有保温隔热层的，应按保温隔热层外边线计算建筑面积。
变形缝	(38)	建筑物内的变形缝，应按其自然层合并在建筑物面积内计算。

1.1.3 不计入建筑面积的情况

根据《建筑工程建筑面积计算规范》GB/T 50353—2005 规定：（1）建筑物通道（骑楼、过街楼的底层）；（2）建筑物内的设备管道夹层；建筑物内分隔的单层房间；（3）舞台及后台悬挂幕布、布景的天桥、挑台等、屋顶水箱、花架、凉棚、露台、露天游泳池；（4）建筑物内的操作平台、上料平台、安装箱和罐体的平台；（5）勒脚、附墙柱、垛、台阶、墙面抹灰、装饰面、镶贴块料面层、装饰性幕墙、空调室外机搁板（箱）、飘窗、构件、配件、宽度在 2.1m 及以内的雨篷、与建筑物内不相连通的装饰性阳台、挑廊、无永久性顶盖的架空走廊；（6）室外楼梯和用于检修、消防等的室外钢梯、爬梯、自动扶梯、自动人行道；（7）独立烟囱、烟道、地沟、油（水）罐、气柜、水塔、贮油（水）池、贮仓、栈桥、地下人防通道、地铁隧道等部位，均不计入建筑面积。

1.2 房产测量规范

国家质量技术监督局于 2000 年正式发布了《房产测量规范》GB/T 17986.1—2000，本书将根据房产测量规范的内容归纳总结于本章节，以便读者了解房产测算方面的规定。

房产面积的测算是指水平面积的测算，可分为房屋面积和用地面积测算两类，其中房屋面积测算包括房屋建筑面积、共有建筑面积、产权面积、使用面积等测算。其中房产面积相关的定义如下。

1.2.1 面积的相关定义

表 4-2-4

建筑面积	(1)	房屋建筑面积系指房屋外墙（柱）勒脚以上各层的外围水平投影面积，包括阳台、挑廊、地下室、室外楼梯等，且具备有上盖，结构牢固，层高 2.20m 以上（含 2.20m）的永久性建筑。
共有建筑面积	(2)	房屋共有建筑面积系指各产权主共同占有或共同使用的建筑面积。
使用面积	(3)	房屋使用面积系指房屋户内全部可供使用的空间面积，按房屋的内墙面水平投影计算。
产权面积	(4)	房屋产权面积系指产权主依法拥有房屋所有权的房屋建筑面积。房屋产权面积由直辖市、市、县房地产行政主管部门登记确权认定。

1.2.2 计算全部建筑面积的范围

根据《房产测量规范》GB/T 17986.1—2000 规定，计算全部建筑面积的范围：

表 4-2-5

按自然层计算面积	(1)	永久性结构的单层房屋，按一层计算；
	(2)	多层房屋按各层建筑面积的总和计算；
	(3)	楼梯间、电梯（观光梯）井、提物井、垃圾道、管道井等；
按一层计算面积	(4)	房屋内的夹层、插层、技术层及其楼梯间、电梯间等其高度在 2.20m 以上部位；
	(5)	穿过房屋的通道，房屋内的门厅、大厅；
按其水平投影面积计算	(6)	层高在 2.20m 以上的门厅、大厅内的回廊部分；
	(7)	房屋天面上的属永久性建筑，层高在 2.20m 以上的楼梯间、水箱间、电梯机房及斜面结构屋顶高度在 2.20m 以上的部位；
	(8)	属永久性结构有上盖的室外楼梯；

	(9)	挑楼、全封闭的阳台；
	(10)	与房屋相连的有柱走廊，两房屋间有上盖和柱的走廊，房屋间永久性的封闭的架空通廊；
外围水平投影面积计算	(11)	地下室、半地下室及其相应出入口，层高在2.20m以上的按其外墙（不包括采光井、防潮层及保护墙）；
	(12)	有柱或有围护结构的门廊、门斗，按其柱或围护结构；
	(13)	玻璃幕墙等作为房屋外墙的；
	(14)	属永久性建筑有柱的车棚、货棚；
	(15)	依坡地建筑的房屋，高度在2.20m以上部位利用吊脚做架空层，且有围护结构的；
伸缩缝	(16)	有伸缩缝的房屋，若其与室内相通的，伸缩缝计算建筑面积。

1.2.3 计算一半建筑面积的范围

根据《房产测量规范》GB/T17986.1—2000规定：（1）房屋相连有上盖无柱的走廊、檐廊，按其围护结构外围水平投影面积的一半计算；（2）独立柱、单排柱的门廊、车棚、货棚等属永久性建筑的，按其上盖水平投影面积的一半计算；（3）未封闭的阳台、挑廊，按其围护结构外围水平投影面积的一半计算；（4）无顶盖的室外楼梯按各层水平投影面积的一半计算；（5）有顶盖不封闭的永久性的架空通廊，按外围水平投影面积的一半计算。

1.2.4 不计算建筑面积的范围

根据《房产测量规范》GB/T 17986.1—2000规定，凡是属于下列情形的，均不计算建筑面积：（1）层高小于2.20m以下的夹层、插层、技术层和层高小于2.20m的地下室和半地下室；（2）突出房屋墙面的构件、配件、装饰柱、装饰性的玻璃幕墙、垛、勒脚、台阶、无柱雨篷等；（3）房屋之间无上盖的架空通廊；房屋的天面、挑台、天面上的花园、泳池；建筑物内的操作平台、上料平台及利用建筑物的空间安置箱、罐的平台；骑楼、过街楼的底层用作道路街巷通行的部分；（4）利用引桥、高架路、高架桥、路面作为顶盖建造的房屋；（5）活动房屋、临时房屋、简易房屋；独立烟囱、亭、塔、罐、池、地下人防干、支线；（6）与房屋室内不相通的房屋间伸缩缝。

1.2.5 房产面积计量的补充规定

根据住房和城乡建设部关于《房屋建筑面积计算与房屋权属登记有关问题的通知》（建住房［2002］74号文件）规定：在房屋权属证书附图中应注明施测的房产测

绘单位名称、房屋套内建筑面积（在图上标注尺寸）和房屋分摊的共有建筑面积。根据《房产测绘管理办法》的有关规定，由房产测绘单位对其完成的房产测绘成果的质量负责。

房屋权属登记涉及的有关房屋建筑面积计算问题，《房产测量规范》未作规定或规定不明确的，暂按下列规定执行：

表 4-2-6

房屋层高	(1)	计算建筑面积的房屋，层高（高度）均≥2.20m。
外墙墙体	(2)	同一楼层外墙，既有"主墙"，又有"玻璃幕墙"的，以主墙为准计算建筑面积，墙厚按主墙体厚度计算。各楼层墙体厚度不同时，分层分别计算。金属幕墙及其他材料幕墙，参照玻璃幕墙的有关规定处理。
斜面结构屋顶	(3)	屋顶为斜面结构（坡屋顶）的，层高（高度）≥2.20m 的部位计算建筑面积。
不规则围护物	(4)	阳台、挑廊、架空通廊的外围水平投影超过其底板外沿的，以底板水平投影计算建筑面积。
变形缝	(5)	与室内任意一边相通，具备房屋的一般条件，并能正常利用的伸缩缝、沉降缝应计算建筑面积。
非垂直墙体	(6)	对倾斜、弧状等非垂直墙体的房屋，层高（高度）≥2.20m 的部位计算建筑面积，房屋墙体向外倾斜，超出底板外沿的，以底板投影计算建筑面积。
楼梯下方空间	(7)	楼梯已计算建筑面积的，其下方空间不论是否利用均不再计算建筑面积。
公共通道	(8)	临街楼房、挑廊下的底层作为公共道路街巷通行的，不论其是否有柱，是否有围护结构，均不计算建筑面积。
二层及二层以上的	(9)	二层及二层以上的房屋建筑面积均按《房产测量规范》中多层房屋建筑面积计算的有关规定执行。
与室内不相通的	(10)	与室内不相通的类似于阳台、挑廊、檐廊的建筑，不计算建筑面积。
室外楼梯	(11)	室外楼梯的建筑面积，按其在各楼层水平投影面积之和计算。
权属登记	(12)	房屋套内具有使用功能但层高（高度）＜2.20m 的部分，在房屋权属登记中应明确其相应权利的归属。

1.3 共有建筑面积的分摊

共有建筑面积的内容包括：电梯井、管道井、楼梯间、垃圾道、变电室、设备间、公共门厅、过道、地下室、值班警卫室等，以及为整幢服务的公共用房和管理用房的建筑面积，以水平投影面积计算。共有建筑面积还包括套与公共建筑之间的分隔墙，以及外墙（包括山墙）水平投影面积一半的建筑面积。

独立使用的地下室、车棚、车库、为多幢服务的警卫室，管理用房，作为人防工程的地下室都不计入共有建筑面积。

共有建筑面积的计算方法：整幢建筑物的建筑面积扣除整幢建筑物各套套内建筑面积之和，并扣除已作为独立使用的地下室、车棚、车库、为多幢服务的警卫室、管理用房，以及人防工程等建筑面积，即为整幢建筑物的共有建筑面积。

住宅楼共有建筑面积的分摊方法：住宅楼以幢为单元，根据各套房屋的套内建筑面积，求得各套房屋分摊所得的共有建筑分摊面积。

商住楼共有建筑面积的分摊方法：首先根据住宅和商业等的不同使用功能按各自的建筑面积将全幢的共有建筑面积分摊成住宅和商业两部分，即住宅部分分摊得到的全幢共有建筑面积和商业部分分摊得到的全幢共有建筑面积。然后住宅和商业部分将所得的分摊面积再各自进行分摊。

住宅部分：将分摊得到的全幢共有建筑面积，加上住宅部分本身的共有建筑面积，按各套的建筑面积分摊计算各套房屋的分摊面积。商业部分：将分摊得到的全幢共有建筑面积，加上本身的共有建筑面积，按各层套内的建筑面积依比例分摊至各层，作为各层共有建筑面积的一部分，加至各层的共有建筑面积中，得到各层总的共有建筑面积，然后再根据层内各套房屋的套内建筑面积按比例分摊至各套，求出各套房屋分摊得到的共有建筑面积。

多功能综合楼共有建筑面积的分摊方法：多功能综合楼共有建筑面积按照各自的功能，参照商住楼的分摊计算方法进行分摊。

1.4 上市房企的面积分类

通过对三大交易所（香港、深圳、上海）上市的且具备典型代表意义的房地产开发企业所披露的年报进行解读分析，对于作为房地产开发产品的基本计量单位的建筑面积，在其上市报告中的计量分类情况进行了归纳总结于本节，以便读者对上市房地产开发企业所披露的上市报告的解读：

表 4-2-7

模块四　房地产的经营业务与房地产的估价

"雅居乐"地产年报	(1)	分为"已竣工面积、在建面积、待作未来发展的面积"等。
"碧桂园"地产年报	(2)	分为"总建筑面积、在建面积、在建的可销售面积、已预售的可销售面积"等。
"富力"地产年报	(3)	分为"落成及规划在建中的面积、没有落成的建筑面积、没有落成的可售面积";"发展中的物业、已落成待售中的物业"等。
"万科"地产年报	(4)	划分为"结算面积、销售面积、已售未结面积、新开工面积、竣工面积、计划开工面积、实际开工面积、占地面积、规划建筑面积、权益建筑面积、计划竣工面积、未开工面积、总建筑面积"等。
"保利"地产年报	(5)	划分为"销售签约面积、新开工面积、竣工面积、结转面积、权益容积率面积、在建面积、占地面积、容积率面积、规划总建筑面积、结算面积、总建筑面积"等。
"招商"地产年报	(6)	划分成"结算面积、租赁(出租)面积、可租面积、销售面积、在售面积、在建面积、规划建筑面积、权益建筑面积、结转面积、结转销售面积、开工及拟开工面积、竣工面积及拟竣工面积、用地面积、占地面积"等。
"金地"地产年报	(7)	划分为"占地面积、可售面积、新开工面积、竣工面积、销售面积、结算面积、计划开发面积、计划竣工面积"等。

第 2 节　房地产开发产品的价格体系

2.1　房屋价格的特性

　　房地产开发产品具有很强的"个性",影响开发产品价格的因素除了地段外,还与土地性质、土地使用起止年限、容积率、绿化率、车位配比、楼盘的建筑结构、装修标准以及水、电、燃气、供暖、通信等基础设施配套情况等多个因素有关。即使是一个楼盘,房屋所坐落的位置、楼层、朝向、所能观看的景观不同,其价格将均有差异。为此,国家发改委于 2011 年 3 月 16 日发布了《商品房销售明码标价规定》,规定从 2011 年 5 月 1 日起"商品房销售明码标价实行'一套一标'制度。

　　作为项目的投资分析师应了解房地产产品价格的特性,并掌握楼盘的定价技术(详见笔者另出版的书《房地产开发企业内部控制手册》),以便在项目的赢利能力分析时，能测算出符合市场行情的房屋价格。

2.2 房屋的销售价格

房地产开发企业向"楼市"所提供的开发产品主要有商品性土地、商品房、出租房、周转房、配套设施、代建工程等类别。

从开发产品的使用功能划分可分为住宅类、商业类、办公楼类、车位、其他类等，房地产产品的销售价格构成如下：

表 4-2-8

产品	计量单位	销售价格的计量
别墅	套或栋	(1) 根据别墅建筑产品形态的特点，一般按每栋或每套的单价计价，也可根据别墅的建筑面积折算成每平方米的单价计价。
车位	个，或平方米	(2) 根据车位所占用的空间位置，一般按每个车位的价格进行计价。
其他产品	平方米	(3) 根据普通住宅、商铺、办公室等建筑产品的形态特点，一般按每平方米建筑面积的单价计价。

2.2.1 住宅地产的销售价格

下面以广州"阳光家缘"官方网站所公布的 2011 年 1～4 月的销售数据为案例，来说明住宅类房地产的销售情况：

表 4-2-9

行政区	套数	面积（万 m²）	均价（元/m²）
越秀区	367	4.25	24 122
天河区	1 206	14.89	26 371
南沙区	1 548	18.91	7 882
萝岗区	633	9.53	10 102
荔湾区	1 647	16.69	21 034
黄埔区	115	1.11	13 677
花都区	3 894	40.45	13 077
海珠区	860	9.59	21 423
番禺区	5 215	56.74	6 789
白云区	1 869	25.30	16 735
合计	17 354	197.46	16 121

从上统计数据可知，广州十个行政区在 2011 年 1～4 月份期间，住宅类的销售价格的均价为 16 121 元/m²，最高价为 26 371 元/m²，最低价为 7 882 元/m²。

2.2.2 商业地产的销售价格

下面以广州"阳光家缘"官方网站所公布的 2011 年 1～4 月份之间销售数据为案例，来说明商业与办公类开发产品的销售情况：

表 4-2-10

行政区	商业			办公		
	套数	面积 （万 m²）	均价 （元/m²）	套数	面积 （万 m²）	均价 （元/m²）
越秀区	113	0.88	17 234	518	3.88	25 567
天河区	497	3.39	35 292	674	8.15	23 456
南沙区	78	1.21	11 173	123	0.96	8 709
萝岗区	23	0.12	51 916	393	5.77	13 512
荔湾区	198	1.06	24 897	386	4.48	19 904
黄埔区	1	0.05	4 011	4.0	0.03	10 592
花都区	175	1.82	20 786	256	2.29	18 370
海珠区	123	0.58	29 174	46	0.44	30 575
番禺区	113	3.28	5 324	5	0.06	4 697
白云区	104	1.65	13 218	130	1.71	20 694
合计	1 425	14.03	19 595	2 535	27.77	20 069

以上统计数据可知，广州十个行政区在 2011 年 1～4 月份期间，商业类地产的销售价格的区间值为 4 011～51 916 元/m²，均价为 20 069 元/m²；办公类地产销售价格的区间值为 4 697～30 575 元/m²，均价为 19 595 元/m²。

2.2.3 停车位的销售价格

下面以广州"阳光家缘"官方网站所公布的在 2011 年 1～4 月份期间的销售数据为案例，来说明停车位的销售情况：

表 4-2-11

行政区	套数	面积（万 m²）	均价（元/m²）	均价（万元/个）
越秀区	629	0.7757	25 439	31.37
天河区	984	1.2334	19 772	24.78
南沙区	1	0.0020	1 967	3.93
萝岗区	109	0.1415	6 470	8.40

行政区	套数	面积（万 m²）	均价（元/m²）	均价（万元/个）
荔湾区	834	1.0278	20 042	24.70
黄埔区	246	0.2978	13 821	16.73
花都区	176	0.2464	9 747	13.65
海珠区	177	0.2196	22 137	27.46
番禺区	170	1.2826	3 177	23.97
白云区	1 094	1.3623	14 458	18.00
合计	4 420	6.5891	15 296	19.30

以上统计数据可知，广州十个行政区在 2011 年 1～4 月份期间，停车位的销售价格的区间值为 1 967～25 439 元/m²，均价为 15 296 元/m²。如果以个数计量，停车位的销售价格的区间值为 3.93～31.37 元/个，均价为 19.30 万元/个。

2.3 出租价格的构成

房地产开发产品对于消费者来说，属于固定资产，由产权人根据其出租的价格收取"租金"，以此形成的房屋租赁市场是开发产品的特征之一。根据开发产品的使用功能和其所处于行政区域的位置，可将出租价格分为住宅出租价格、商业片区出租价格、商业线路出租价格、办公用房租金、工业租金等类别，房屋出租价格的计价单位一般以建筑面积"元/（m²·月）"为计量单位。

房屋租金表现形式有三种：一是路线价，即以道路沿线的房屋为单位测定的租金；二是区片价，即以区片内的房屋为单位测定的租金；三是楼盘价，即以住宅小区、社区或单栋办公楼为单位测定的租金。

2.3.1 住宅出租价格

住宅分为国有土地上的住宅和集体土地上的住宅，其中国有土地上的住宅又分为楼梯住宅与电梯住宅。集体土地上的住宅不再区分有无电梯。由于小户型住宅普遍受到市场欢迎，因此建筑面积小于等于 50m² 的住宅租金可在公布租金水平基础上加价 20％测算。

2.3.2 商铺的出租价格

广州所公布的出租参考价格体系中的商铺是指一面临街的"首层商铺"，未包含专业批发市场与购物中心。商业租金按照"路线价"和"区片价"分别列表，其中"区片价"是指某区片内去除繁华道路后区片内其他商铺的平均租金。

关于非首层商铺租金问题，二层、负一层商铺租金可按照一层商铺租金的50％计算，三层及负二层以上的商铺租金采用首层商铺租金的25％计算。

住宅与办公用房租金"成果表"和图中的"区片价"又分两种情况，一是在成果表和图中明确标明东南西北四至界线的区片总租金，二是"除以上楼盘（路段）以外的区域"对应的"排他区片"租金。区片总租金的构成中国有土地上的多层与高层住宅租金、办公用房租金（仅指办公楼区片中包含排他区片租金者）主要用于市场趋势分析的宏观用途，其他租金一般用于市场交易、课税等微观和具体工作使用。

2.4 房屋出租价格指导价

下面以广州市房地产租赁管理所公布的《关于2010年广州市房屋租金参考价的通知》为案例来说明一个城市里，房屋出租价格构成体系来显示出租价格水平。广州的房屋租金参考价是指城市市辖区范围内正常市场条件下，按照住宅、商铺、办公用房、工业（主要指厂房、仓库）四类用途划分，依据地段相同、租金相似的原则划分均质区片，并分别设定总楼层、所在楼层、建筑结构、设备、装修、朝向、景观、小区规模与物业管理、临街深度、临街宽度、容积率等标准，在此基础上以道路、住宅小区、楼宇或区片为单位，根据市场交易数据的统计分析结果，分别评估确定的某一估价基准日的平均租金。

政府公布房屋租金参考价的作用：房屋租金参考价是政府房地产租金市场管理、租金课税，司法机关纠纷调处，消费者市场交易，评估机构房地产估价的重要依据。

广州市的房屋租金参考价格体系共涵盖了荔湾区、越秀区、海珠区、天河区、白云区、黄埔区、番禺区、花都区、南沙区、萝岗区等十个行政区域。

2.4.1 住宅类房屋/出租价格速查表

广州行政区域，2010年[元/（m²·月）]

表 4-2-12

序号	行政区	楼梯房	电梯房	集体房
（1）	荔湾区	15～36	19～49	6～14
（2）	越秀区	15～95	20～52	15～16
（3）	天河区	12～38	20～63	9～15
（4）	海珠区	11～27	13～56	7～13
（5）	白云区	5～32	7～46	4～14
（6）	黄埔区	6～24	10～26	6～11

序号	行政区	楼梯房	电梯房	集体房
(7)	番禺区	9~27	13~36	4~10
(8)	萝岗区	6~25	10~22	5~9
(9)	南沙区	11~22	20~22	5~9
(10)	花都区	8~18	11~22	6~10

2.4.2 商业类房屋/出租价格速查表

广州行政区域，2010 年［元/（m²·月）］ 表 4-2-13

序号	行政区	线路租金	区片租金
(1)	荔湾区	43~1150	30~119
(2)	越秀区	72~1556	62~206
(3)	天河区	62~498	41~216
(4)	海珠区	48~311	39~95
(5)	白云区	45~172	10~67
(6)	黄埔区	40~185	20~62
(7)	番禺区	46~289	18~67
(8)	萝岗区	70~70	24~60
(9)	南沙区	/	14~25
(10)	花都区	46~468	16~46

根据市场调查，一线城市五星级酒店会议室的出租价格一般在 30~95 元/（m²·天）之间，会议中心按 1.2m²/人估算开会人数与会议室面积的关系。

2.4.3 其他类房屋/出租价格速查表

广州行政区域，2010 年［元/（m²·月）］ 表 4-2-14

序号	行政区	办公类租金	工业类租金
(1)	荔湾区	22~58	8~33
(2)	越秀区	22~87	30~48
(3)	天河区	15~135	9~38
(4)	海珠区	10~64	9~24

序号	行政区	办公类租金	工业类租金
(5)	白云区	8～64	5～16
(6)	黄埔区	18～42	11～20
(7)	番禺区	20～27	4～9
(8)	萝岗区	9～42	7～13
(9)	南沙区	26～26	4～7
(10)	花都区	45～45	3～7

以广州的工业地产的出租为案例来分析，工业地产的出租情况，广州产业园的2010年的租金为40～50元/(m²·月)，产业园的空置率为15%，仓储物流园于2010年的出租价格区间范围在25～32元/(m²·月)，空置率为5%，厂房于2010年的出租价格区间范围在16～28元/(m²·月)。

2.5　租售比指标的分析

租售比反映了房屋的出租价格与其销售价格之间的关联关系，其对比关系的内涵：投资购买一套房屋，出租多少个月才能回收购房总价款。国际上用来衡量一个区域房产运行状况良好的租售比一般的限值区域为1/300至1/200。当"租售比指标"不在此区间值，都表示此时的房产价格已偏离了理性的价值。如果租售比低于1/300，可以初步判断此时的房产投资价值趋小，存在房产泡沫现象；如果租售比高于1/200，可以初步判断此时有一定的房产投资价值。

2.6　房价收入比指标的分析

"房价收入比"是指房屋价格与城市居民家庭年收入之比。其中家庭年收入则是指全部家庭成员的年度税前收入。根据房屋的交易情况，可分为新建房屋的"房价收入比"、二手房的"房价收入比"。房价数据一般是统计数据的中位数价格。同样，所采集的家庭收入也是统计数据的中位数收入。由于我国的家庭众多，统计数据的离散程度较大，不能仅以"房价收入比"单一指标对房屋的购买能力、房价的合理等进行判断，还应结合我国居民消费习惯、统计数据的采集统计方式、政府住房政策、住宅产业政策和土地使用政策、房屋使用寿命、房屋功能效用、收入的变化状态和调控等因素进行综合分析。

按照国际惯例，房价收入比的合理区间值范围在 3～6 之间，"房价收入比"可反映家庭对住房的购买力，比值越大，说明居民家庭对房屋的支付能力越低。也可用"房价收入比"测算出一个家庭购买住房所需要的劳动成本。

第 3 节　房地产估价方法

3.1　房地产估价规范

房地产估价是指：根据估价目的，遵循估价原则，按照估价程序，选用适宜的估价方法，并在综合分析影响房地产价格因素的基础上，对房地产在估价时点的客观合理价格或价值进行估算和判定的活动。

国家质量技术监督局和建设部于 1999 年 2 月 12 日发布了《房地产估价规范》GB/T 50291/1999。对房地产估价术语、估价程序与估价方法进行全面的规定形成了完整的房地产估价体系。本书将其中关键的、重要的估价术语摘录如下：

房地产估价术语 表 4-2-15

公开市场	(1)	在该市场上交易双方进行交易的目的在于最大限度地追求经济利益，并掌握必要的市场信息，有较充裕的时间进行交易，对交易对象具有必要的专业知识，交易条件公开并不具有排他性；
公开市场价值	(2)	在公开市场上最可能形成的价格。采用公开市场价值标准时，要求评估的客观合理价格或价值应是公开市场价值；
同一供求圈	(3)	与估价对象具有替代关系、价格会相互影响的适当范围；
类似房地产	(4)	与估价对象处在同一供求圈内，并在用途、规模、档次、建筑结构等方面与估价对象相同或相近的房地产；
最高最佳使用	(5)	法律上允许、技术上可能、经济上可行，经过充分合理的论证，能使估价对象产生最高价值的使用；
潜在毛收入	(6)	假定房地产充分利用、无空置状态下可获得的收入；
有效毛收入	(7)	由潜在毛收入扣除正常的空置、拖欠租金以及其他原因造成的收入损失后所得到的收入；
建筑物重置价格	(8)	采用估价时点的建筑材料和建筑技术，按估价时点的价格水平，重新建造与估价对象具有同等功能效用的全新状态的建筑物的正常价格；

建筑物重建价格	（9）	采用估价对象原有的建筑材料和建筑技术，按估价时点的价格水平，重新建造与估价对象相同的全新状态的建筑物的正常价格；
物质折旧	（10）	建筑物在物质实体方面的磨损所造成的建筑物价值的损失；
功能折旧	（11）	建筑物在功能方面的落后所造成的建筑物价值的损失；
经济折旧	（12）	建筑物以外的各种不利因素所造成的建筑物价值的损失；
估价时点	（13）	估价结果对应的日期。

3.2 估价方法的选用

根据《房地产估价规范》GB/T 50291/1999 中规定的估价方法有以下四种，还有一种估算地块价格的方法，每种估价方法，都有其适用的情形：

房地产估价方法　　　　　　　　　　　表 4-2-16

市场比较法	（1）	有条件选用市场比较法进行估价的，应以市场比较法为主要的估价方法。
收益法	（2）	"对于收益性房地产"的估价，应选用收益法作为其中的一种估价方法。
假设开发法	（3）	具有投资开发或再开发潜力的房地产估价，应选用假设开发法作为其中的一种估价方法。
成本法	（4）	在无市场依据或市场依据不充分而不宜采用市场比较法、收益法、假设开发法进行估价的情况下，可采用成本法作为主要的估价方法。
基准地价修正法	（5）	适用于估算地块的价格，当知道地块的基准价、相关修正因素后，可应用此方法估算地块的价格。

房地产估价的选用原则：对同一估价对象宜选用两种以上的估价方法进行估价。根据已明确的估价目的，若估价对象适宜采用多种估价方法进行估价，应同时采用多种估价方法进行估价，不得随意取舍；若必须取舍，应在估价报告中予以说明并陈述理由。

第4节 市场比较法估价

4.1 搜集大量交易实例

运用"市场比较法"可对原有房屋进行估价或对"拟建楼盘"的租售价格进行预测。市场比较法的原理和技术，也可用于其他估价方法中有关参数的求取。

应用"市场比较法"时，应有能力搜集大量交易的实例，搜集交易实例应包括下列内容：（1）交易双方情况及交易目的；（2）交易实例房地产状况；（3）成交价格；（4）成交日期；（5）付款方式。

根据估价对象状况和估价目的，应从搜集的交易实例中选取三个以上的可比实例。选取的可比实例应符合下列要求：（1）是估价对象的类似房地产；（2）成交日期与估价时点相近，不宜超过一年；（3）成交价格为正常的交易价格或可修正成正常的交易价格。

4.2 建立价格可比基准

选取"可比实例"后，应对"可比实例"的成交价格进行换算处理，建立价格可比基础，统一其表达方式和内涵。换算处理应包括下列内容：（1）统一房地产的范围；（2）统一其付款方式：统一折算为在成交日期时一次总付清的情况下；（3）统一所采用的单价计算口径；（4）统一其币种和货币计量单位：其不同币种之间的换算，应按中国人民银行公布的成交日期时的市场汇率中间价计算；（5）统一其面积内涵和面积的计量单位。

4.3 基于交易情况的修正

当进行交易情况的修正时，应排除交易行为中的特殊因素所造成的"可比实例"的成交价格的偏差，应将"可比实例"的成交价格调整为正常价格。有下列情形之一的交易实例不宜选为可比实例：（1）有利害关系人之间的交易；（2）急于出售或购买情况下的交易；（3）受债权债务关系影响的交易；（4）交易双方或一方对市场行情缺乏了解的交易；（5）交易双方或一方有特别动机或特别偏好的交易；（6）相邻房地产的合并交易；（7）特殊方式的交易；（8）交易税费非正常负担的交易；（9）其他非正常的交易。

434

当可供选择的交易实例较少时，而又需要选用上述情形的交易实例时，应对其进行交易情况的修正。例如对交易税费非正常负担的修正时，应将成交价格调整为依照政府有关规定，交易双方负担各自应负担的税费下的价格。

4.4 基于交易日期的修正

当对交易日期进行修正时，应将"可比实例"在其成交日期时的价格调整为估价时点的价格。交易日期修正宜采用"类似房地产"的价格变动率或价格指数进行调整。在"无类似房地产"的价格变动率或指数的情况下，可根据当地房地产价格的变动情况和趋势作出判断并给予修正。

4.5 基于区域因素的修正

当对区域因素进行修正时，应将"可比实例"在其外部环境状况下的价格调整为估价对象外部环境状况下的价格。区域因素修正的内容主要应包括：（1）繁华程度；（2）交通便捷程度；（3）环境、景观，公共配套设施完备程度；（4）城市规划限制等影响房地产价格的因素。

区域因素修正的具体内容应根据估价对象的用途确定。当进行区域因素修正时，应将可比实例与估价对象的区域因素逐项进行比较，找出由于区域因素优劣所造成的价格差异进行调整。

4.6 基于个别因素的修正

当进行个别因素修正时，应将"可比实例"在其个体状况下的价格调整为估价对象个体状况下的价格。

有关土地方面的个别因素修正的内容主要应包括：（1）规划管制条件；（2）土地使用权年限等；（3）临路状况；（4）地势，地质水文状况；（5）面积大小，形状；（6）基础设施完备程度；（7）土地平整程度等。

有关建筑物方面的个别因素修正的内容主要应包括：（1）建筑结构；（2）装修标准与设备配置水平；（3）平面布置、楼层、朝向等；（4）折旧程度、工程质量等因素。

4.7 修正因素的综合汇总

总之，通过对区域状况调整、权益状况调整、实物状况调整；通过对市场状况的调整，选取的多个"可比实例"的价格经过上述各种修正之后，应根据具体情况计算求出一个综合结果，作为"基准价格"。

第5节　收益还原法估价

5.1　收益还原法的含义

"收益法"又称"收益还原法"、"收益资本化法"、"投资法"或"收益现值法"，在土地经济理论和土地估价时又称为"地租资本化法"。是预计估价对象未来的正常净收益，选用适当的"还原率，或报酬率，或收益乘数，或资本化率"将其折算到估价时点时的价值，以此来估算估价对象的客观合理价格。

采用收益法估价求得的价格称为"收益价格"。收益法还可用来检验市场比较法和成本法评估出来的价值的可靠性。

表 4-2-17

直接资本化法	指将估价对象未来某一年的收益除以还原率或乘以收益乘数来计算估价对象的价值的方法。
报酬资本化法	也称之为现金流量折现法，计算未来各期收益乘以报酬率即折现率后，累计相加来计算估价对象的方法。

5.2　收益法的适用范围

收益法适用于有收益或有潜在收益，并且收益和风险都能够量化的房地产：如商业、旅馆、餐饮、写字楼、公寓、游乐场、厂房、农地等房地产。

而对于收益或潜在收益难以量化的房地产价格的评估则不适用。如：政府办公楼、学校公园、图书馆、博物馆等公用、公益房地产的估价，则不适用于收益法。

5.3　收益法的执行程序

房地产的净收益，是指房地产本身所带来的净收益，包括有形收益和无形收益。运用"收益法"对房地产进行估价时应按下列步骤进行：

表 4-2-18

模块四　房地产的经营业务与房地产的估价

背景资料	(1)	搜集有关收入和费用的资料。
年度潜在毛收入	(2)	计算出估价对象在假定房地产充分利用、无空置状态下，可获得的年度收入。
年度有效毛收入	(3)	由潜在毛收入扣除正常的空置、拖欠租金以及其他原因造成的收入损失后所得到的年度收入。
运营费用	(4)	维持房地产正常生产、经营或使用必须支出的费用。
	(5)	归属于其他资本或经营的收益。或称非房地产本身所创造的收益，例如货币资金的利息和利润等。
资本比率或折现率	(6)	选择合适的还原率或折现率。
收益价格对比	(7)	计算收益价格时应根据未来净收益流量的类型，选用对应的收益法计算公式。
	(8)	将上述推算出来的指标与"类似房地产"的指标进行对比分析，找出存在的偏差。
修正	(9)	通过对比后，如果存在偏差较大，应根据影响因素进行修正，使之回归合理水平。

由有效毛收入扣除合理运营费用，剩余的即是房地产本身所带来的收益，也即房地产的净收益。

运营费用与会计上的成本费用有区别，从估价角度，运营费用不包括房地产抵押贷款还本付息额、会计意义的折旧、房地产改扩建费用、所得税。

"收益法"估价中所采用的潜在毛收入、有效毛收入、运营费用或净收益，除有租约限制的之外，都应采用正常客观的数据。有租约限制的，租约期内的租金宜采用租约所确定的租金（简称为"合约租金"）；租约期外的租金应采用正常客观的租金（简称为"客观租金"）。

5.4　收益法的计算公式

根据收益法的基本原理，假设净收益和资本化率、报酬率（折现率）都已知的条件下，我们来讨论收益法的各种计算公式。

5.4.1　直接资本化公式

$$房地产价格 = \frac{未来第一年的净收益}{资本化率} \qquad V = \frac{NOI}{R}$$

5.4.2　报酬资本化公式

5.4.2.1　基本公式

报酬资本化法本质就是根据资金的时间价值规律进行折现，我们将收益法的基本原理公式表达如下：

$$房地产价格=\left[\frac{年度净收益}{(1+还原率)^{年数}}\right]累计之和 \qquad V=\sum_{i=1}^{n}\frac{a_i}{(1+r)^i}$$

根据房地产未来获取净收益流量的类型，我们可以推导出不同条件下的收益法公式。

5.4.2.2　净收益及其他因素不变的公式

（1）无限年（不变）收益法

"无限年（不变）收益法"公式的假设条件是：1）净收益：每年不变；2）还原率：每年不变且大于零；3）收益年限 n 为无限年。

$$房屋价格=\frac{不变的年度净收益}{还原率} \qquad V=\frac{a}{r}$$

该公式可直接用于估价土地的收益价格，因为土地的收益是无限期的；对于房地合一的房地产，当建筑物提取折旧时，其收益价格也可运用该公式。

（2）有限年（不变）收益法

"有限年（不变）收益法"公式的假设和限制条件为：1）房地产的总收益年限为 N 年，已使用年限为 n；2）还原率：每年不变且大于零（当 $r=0$ 时，$V=a\times n$）；3）"待估房地产"的净收益每年均相等为 a。

此公式适用于有限期出让大块土地地价的评估；对于单纯的建筑物估价，如果净收益为折旧前的，也可近似采用此公式。

$$房屋价格=\frac{不变的年度净收益}{还原率}\times\left[1-\left(\frac{1}{(1+还原率)^{剩余年限}}\right)\right]$$

$$V=\frac{a}{r}\times\left(1-\frac{1}{(1+r)^{N-n}}\right)$$

5.4.2.3　净收益在前若干年有变化的公式

（1）无限年（有变）收益法公式

"无年限（有变）收益法公式"的假设前提是：1）净收益在前 t 年（含第 t 年）有变化；在 t 年以后无变化为 a；2）还原率 r 大于零；3）收益年限 n 为无限年。

$$房屋价格 = \Sigma\left[\frac{有变的年度净收益}{(1+还原率)^{有变年数}}\right] + \frac{不变的年度净收益}{还原率\times(1+还原率)^{不变的年数}}$$

$$V = \sum_{i=1}^{t} \frac{a_i}{(1+r)^i} + \frac{a}{r(1+r)^t}$$

（2）有限年（有变）收益法公式

"有年限（有变）收益法公式"公式的假设前提是：1）净收益在未来前 t 年（含第 t 年）有变化，在 t 年以后无变化为 a；2）还原率不等于零且为 r；3）收益年限为有限年 n。

$$收益价格 = \Sigma\left[\frac{有变的年度净收益}{(1+还原率)^{有变年数}}\right] + \frac{不变的年度净收益}{还原率\times(1+还原率)^{不变的年数}}$$
$$\times \frac{1}{(1+还原率)^{有变的年数}}$$

$$V = \sum_{i=1}^{t} \frac{a_i}{(1+r)^i} + \frac{a}{r}\left[1 - \frac{1}{(1+r)^{n-t}}\right] \times \frac{1}{(1+r)^t}$$

5.4.2.4 净收益按等差级数递增的公式

（1）无限年期（等差递增）的公式

"无年限（等差递增）收益法公式"的假设前提是：1）净收益按等差级数递增；2）还原率大于零且为 r；3）收益年限 n 为无限年。

$$房屋价格 = \frac{第一年的净收益}{还原率} + \frac{逐年递增的金额}{还原率^2} \qquad V = \frac{a}{r} + \frac{b}{r^2}$$

（2）有限年（等差递增）的公式

"有年限（等差递增）收益法公式"的假设前提是：1）净收益按等差级数递增；2）还原率不等于零且为 r；3）收益年限 n 为有限的年数。

$$价格 = \left(\frac{第一年的净收益}{还原率} + \frac{逐年递增的金额}{还原率^2}\right) \times \left[1 - \frac{1}{(1+还原率)^{年限}}\right]$$
$$- \frac{逐年递增的金额}{还原率} \times \frac{年限}{(1+还原率)^{年限}}$$

$$V = \left(\frac{a}{r} + \frac{b}{r^2}\right) \times \left[1 - \frac{1}{(1+r)^n}\right] - \frac{b}{r} \times \frac{n}{(1+r)^n}$$

5.4.2.5 净收益按等差级数递减的公式

净收益按等差级数递减的公式只有收益年限为有限年期一种，"有限年（等差递减）的公式"的假设前提是：1）净收益按等差级数递减；2）还原率不等于零且为 r；3）收益年限为有限年 n，且 $n \leqslant a/b$（当 $n = a/b$ 时，第 $n+1$ 年的净收益为零，以后各年的净收益均为负值,任何一个"理性经营者"在 a/b 年后都不会再经营)。

$$价格 = \left(\frac{第一年的净收益}{还原率} - \frac{逐年递增的金额}{还原率^2}\right) \times \left[1 - \frac{1}{(1+还原率)^{年限}}\right]$$
$$+ \frac{逐年递增的金额}{还原率} \times \frac{年限}{(1+还原率)^{年限}}$$

$$V = \left(\frac{a}{r} - \frac{b}{r^2}\right) \times \left[1 - \frac{1}{(1+r)^n}\right] + \frac{b}{r} \times \frac{n}{(1+r)^n}$$

5.4.2.6　净收益按等比级数递增的公式

(1) 无限年 (等比递增) 的公式

"无限年 (等比递增) 的公式"的假设前提是:1) 净收益按等比级数递增;2) 资本比率 r 大于净收益逐年递增的比率 g;3) 收益年限 n 为无限年。

$$价格 = \frac{第一年的净收益}{还原率 - 递增比率} \qquad V = \frac{a}{r-g}$$

(2) 有限年 (等比递增) 的公式

"有限年 (等比递增) 的公式"的假设前提是:1) 净收益按等比级数递增;2) 收益年限 n 为有限年。

当还原率 $\neq$ 递增比率

$$价格 = \frac{第一年的净收益}{还原率 - 递增比率} \times \left[1 - \left(\frac{1+递增比率}{1+还原率}\right)^{年限}\right]$$
$$V = \frac{a}{r-g} \times \left[1 - \left(\frac{1+g}{1+r}\right)^n\right]$$

当还原率 $=$ 递增比率

$$价格 = \frac{第一年的净收益 \times 年限}{1+还原率} \qquad V = \frac{a \times n}{1+r}$$

5.4.2.7　净收益按等比级数递减的公式

(1) 无限年 (等比递减) 的公式

"无限年 (等比递减) 的公式"的假设前提是:1) 净收益按等比级数递减;2) 还原率不等于零且为 r;3) 收益年限 n 为无限年。

$$价格 = \frac{第一年的净收益}{还原率 + 递减比率} \qquad V = \frac{a}{r+g}$$

(2) 有限年 (等比递减) 的公式

"有限年 (等比递减) 的公式"的假设前提是:1) 净收益按等比级数递减;2) 还原率大于零且为 r;3) 收益年限 n 为有限年。

$$价格 = \frac{第一年的净收益}{还原率 + 递减比率} \times \left[1 - \left(\frac{1-递减比率}{1+还原率}\right)^{年限}\right] \qquad V = \frac{a}{r+g} \times \left[1 - \left(\frac{1-g}{1+r}\right)^n\right]$$

5.5 收益年限的确定

5.5.1 基于仅对地块估价时

表 4-2-19

收益年限	1)	应根据"土地使用权年限"确定未来可获收益的年限。
有限年收益法公式	2)	净收益中不扣除建筑物折旧费和土地摊提费。

5.5.2 基于仅对建筑物估价时

表 4-2-20

收益年限	1)	应根据"建筑物耐用年限"确定未来可获收益的年限。
有限年收益法公式	2)	净收益中不扣除建筑物折旧费和土地摊提费。

5.5.3 基于房与地的综合估价时

当对土地与建筑物合二为一的估价对象进行估价时,当"建筑物耐用年限≥土地使用权年限"时,应根据土地使用权年限的剩余确定未来可获收益的年限,选用对应的有效年的收益法计算公式,净收益中不应扣除建筑物折旧和土地取得费用的摊销。

对于土地与建筑物合一的估价对象,当"建筑物耐用年限<土地使用权年限"时,可采用下列方式之一处理:

表 4-2-21

有限年收益法	(1) 先根据建筑物耐用年限确定未来可获收益的年限,选用对应的有效年的收益法计算公式,净收益中不应扣除建筑物折旧和土地取得费用的摊销。 (2) 再加上土地使用权年限超出建筑物耐用年限的土地剩余使用年限价值的折现值。
无限年收益法	(3) 将未来可获收益的年限设想为无限年,选用无限年的收益法计算公式,净收益中应扣除建筑物折旧和土地取得费用的摊销。(扣除建筑物折旧费和土地摊提费,相当于在每次建筑物经济寿命结束和土地使用年限到期时,能分别累积到一笔资金,利用该资金可对建筑物和土地进行不断地"复制",最终使房地产的收益年限拓展为无限年。)

5.6 房地产类型与净收益

5.6.1 出租型房地产

对于出租型的房地产项目，应根据租赁资料计算其"净收益"。

表 4-2-22

净收益	(1)	租赁收入-维修费-管理费-保险费-税金。
租赁收入	(2)	有效毛租金收入＋利息收入（租赁保证金及押金等）。
扣除项	(3)	全部扣除：维修费、管理费、保险费和税金应根据租赁契约规定的租金含义决定取舍。若能确保其合法、安全、正常使用所需的费用都能由出租方承担的话，应将四项费用全部扣除。
	(4)	调整扣除：若维修、管理等费用全部或部分由承租方负担，应对四项费用中的部分项目作相应调整。

5.6.2 经营型房地产

对于商业经营型的房地产项目，应根据经营资料计算其"净收益"，"净收益"为商品销售收入扣除商品销售成本、经营费用、商品销售税金及附加、管理费用、财务费用和商业的利润。

5.6.3 生产型房地产

对于生产型的房地产项目，应根据产品市场价格以及原材料、人工费用等资料计算其"净收益"，"净收益"为产品销售收入扣除生产成本、产品销售费用、产品销售税金及附加、管理费用、财务费用和厂商的利润。

5.6.4 未用或自用型房地产

对于尚未使用或自用型的房地产项目，可以比照有收益的"类似房地产"的有关资料按上述相应的就去计算其"净收益"，或直接比较得出其"净收益"。

总之，在求取各类型房地产项目的"净收益"时，应根据"净收益"过去、现在、未来的变动情况及可获收益的年限，来确定"未来净收益流量"的特性，判断该"未来净收益流量"属于每年基本上固定不变、每年基本上按某个固定数额递增或递减、每年基本上按某个固定的比率递增或递减；还是其他有规则的变动情形等类型。

5.7 还原率

5.7.1 还原率的选取

（1）市场提取法

市场提取法又称实例法，是利用收益还原法公式，通过搜集市场上相类似房地产的净收益、价格等资料，反求出还原率的方法。

如果房地产市场比较发达，容易获得可靠的房地产交易资料，则市场提取法是一种有效而实用的方法。运用市场提取法求取资本比率时，所选取的实例必须是与"待估对象"相类似的实例；需要抽取多宗类似房地产交易实例来求取。具体要求是，选择近期发生的三宗以上与估价对象房地产相似的交易实例。通过搜集的类似房地产的价格、净收益等资料，分析净收益的现金流量，选用相应的收益法计算公式，反求出还原率。

（2）安全利率加风险调整值法

安全利率加风险调整值法又称累加法，是以安全利率加上风险调整值作为还原率的方法，其基本公式为：

还原率＝安全利率＋投资风险补偿＋管理负担补偿＋缺乏流动性补偿－投资带来的优惠。

该方法主要是从投资者获取期望目标收益的角度考虑，其技术关键是风险调整值的确定。风险调整值是根据估价对象所在地区的经济现状及未来预测，估价对象的用途及新旧程度等各种风险因素，确定增加或减小的风险利率。在不考虑时间和地域范围差异的情况下，风险调整值主要与房地产的类型相关，通常情况下，商业零售用房，写字楼，住宅、工业用房的投资风险依次降低，风险调整值也相应下降。

该方法的具体操作是首先找出安全利率，安全利率又称无风险投资的收益率。通常可选用同一时期的一年期国债年利率或中国人民银行公布的一年定期存款年利率；其次，确定在安全利率基础上对投资风险，管理负担和投入资金缺乏流动性的各项补偿。

（3）复合投资收益率法

复合投资收益率是将购买房地产的抵押贷款收益率与自有资本收益率的加权平均数作为还原率。

还原率＝贷款价值比率×抵押贷款还原率＋（1－贷款价值比例）×自有资本要求的正常收益率；

1）贷款价值比率（％）＝抵押贷款额占房地产价值的比率；

2）抵押贷款还原率（％）＝第一年还本息额与抵押贷款额的比率。

（4）投资收益率排序插入法

投资收益应排序插入法是指找出相关投资类型及其收益率，风险程度，按风险大小排序，将估价对象与这投资的风险程序进行比较，判断，确定资本比率。具体执行程序如下：

表 4-2-23

搜集资料	(1)	调查、搜集估价对象所在地区的房地产投资、相关投资及其收益率和风险程度的资料，如各种类型的银行存款、贷款、政府债券、保险、企业债券、股票，以及有关领域的投资收益率等。
收益率排列	(2)	将所搜集的不同类型投资的收益率按低到高的顺序排列，制成图表，横轴为投资类型与风险，纵轴为收益率。
分析比较	(3)	将估价对象与这些类型投资的风险程度进行分析比较，考虑投资的流动性、管理的难易以及作为资产的安全性等，判断出同等风险的投资，确定估价对象风险程度应落入的位置。
查找对应收益率	(4)	根据估价对象风险程度所落的位置，在图表上找出对应的收益率，从而就确定出了所要求的还原率。

5.7.2 还原率的种类

"还原率"可分为综合还原率、土地还原率、建筑物还原率，他们之间的关系应按下式确定：

表 4-2-24

综合还原率 RO	(1)	适用于土地与建筑物合二为一的估价。
土地还原率 RL	(2)	适用于土地资本的估价。
建筑物还原率 RB	(3)	适用于建筑物的估价

$$综合还原率 = \frac{土地价值}{房地产价值} \times 土地还原率 + \frac{建筑物价值}{房地产价值} \times 建筑物还原率$$

第 6 节　假设开发法估价

6.1 假设开发法的内涵

假设开发法，又称剩余法、预期开发法、倒算法或余值法，是将"估价对象"的预期开发价格或价值，扣除预计的正常投入费用，正常税金及合理利润等，以此估算"估价对象"价值的方法。

6.2 假设开发法的理论依据

假设开发法在形式上是评估新建房地产价格的成本法的倒算法。两者的主要区别是：成本法中的土地价格为已知，需要求取的是开发完成后的房地产价格；假设开发法中开发完成后的房地产价格已事先通过预测得到，需要求取的是土地价格。

假设开发法的理论依据与收益法相同，是预期原理。假设开发法更深的理论依据，类似于地租原理。只不过地租是每年的租金剩余，假设开发法通常估算的是一次性的价格剩余。

6.3 假设开发法的前提条件

根据假设开发法的基本思路，该方法主要是从开发商的角度进行分析的，在分析测算时，必须遵循以下前提条件：

表 4-2-25

最佳开发利用	(1)	必须假设土地或房地产的利用为最佳开发利用方式，包括用途、使用强度、建筑物的设计等。
合法原则	(2)	售价的预测和成本的测算必须符合合法原则，符合国家有关政策，包括税收政策。
房地产市场行情	(3)	正确分析房地产市场行情，掌握房地产市场中的有关数据信息，正确预测售价和开发成本。
分段均匀投入	(4)	假设在开发期间各项成本的投入是均匀投入或分段均匀投入。
正常平均水平	(5)	开发商的利润和开发成本为社会正常平均水平。

6.4 假设开发法的适应范围

剩余法适用于"待开发房地产"，不适用于规划设计条件不明确的情形，如需估价，也可事先预测地块的规划设计条件。剩余法的适应范围：（1）用于房地产的投资分析；（2）测算开发项目的最高地价；（3）测算开发项目的预期利润；（4）确定开发成本的控制目标值。

根据开发企业不同的经营模式，开发企业需要购买不同的"初始资源要素"，所谓的"初始资源要素"是指开发企业根据不同的经营模式，需要购买初端的要素资源。假设开发法适用于以下的经营模式：

表 4-2-26

估价的对象		定义	初始要素资源
土地价格	(1)	由生地变房屋的经营模式；	生地
	(2)	由毛地变房屋的经营模式；	毛地
	(3)	由熟地变房屋的经营模式；	熟地
熟地价格	(4)	由生地变熟地的经营模式；	生地
	(5)	由毛地变熟地的经营模式；	毛地
被拆迁的房地产的价格	(6)	由拆迁房变新建房的经营模式；	被拆迁的房地产
旧房的房地产价格	(7)	对旧房进行装修改造的经营模式；	旧的房地产
在建工程的价格	(8)	收购在建工程并变成可租售产品经营模式。	收购的在建工程

6.5　开发时间的假设

开发经营期可分为开发期和经营期，其中开发期又可细分为开发前期与建造期，开发前期始于地块取得日，止于正式开工日；建造期是始于正式开工日，止于竣工日。

当有预售时，销售期与开发期有重叠现象，经营期始于竣工日，止于剩余年限结束日。"后续必要支出"是指始于取得待开发房地产日且止于开发完成日之间所需要投入的成本、费用和税金。

6.6　假设开发法的估价方法

剩余法的估价公式分为二种，第一种是传统方法，即用计算利息的方法考虑全部预付资本的时间价值，第二种是用现金流量折现的方法考虑资金的时间价值。

表 4-2-27

传统计利息法	(1)	对于测算的科目是静止于估价时点的直接累加，再考虑利息。
	(2)	利息的计算期一般止于开发竣工日，不考虑预售、延迟销售的影响。
	(3)	应计利息的项目有：未知、需要求取的待开发房地产的价值、取得税费、后续开发成本、后续销售费用、后续管理费用；销售税费与开发利润不计利息。
	(4)	计利息时段：始于费用产生日，止于竣工日；而对于未知的、需要求取的待开发房地产的价值是基于估价时点时一次付清的，所以，计息时间始于估价时点。而对后续开发成本与后续管理费用是基于时间内均匀放款的。

| 现金流量折现法 | （5） 需要折现的项目有后续开发成本、后续销售费用、后续管理费用、后续销售税费、开发完成后价值；不需要折现的科目有待开发房地产价值和取得税费。 |
| | （6） 现金流量折现法的科目中不体现投资利息、开发利润二项，因为，其已体现于折现率中了。 |

6.7 各类经营模式下的传统公式

6.7.1 终端产品为熟地的估价公式

6.7.1.1 生地变熟地的估价公式

表 4-2-28

生地的价值＝	估价公式
＋	（1） 由生地变熟地后的预期价值
－	（2） 开发成本（由生地变成熟地的成本）
－	（3） 管理费用
－	（4） 销售费用
－	（5） 销售税费
－	（6） 投资利息
－	（7） 土地开发利润
－	（8） 取得生地的税费

6.7.1.2 毛地变熟地的估价公式

表 4-2-29

毛地的价值＝	估价公式
＋	（1） 由毛地变成熟地后的预期价值
－	（2） 开发成本（由毛地变成熟地的成本）
－	（3） 管理费用
－	（4） 销售费用
－	（5） 销售税费
－	（6） 投资利息
－	（7） 土地开发利润
－	（8） 取得毛地的税费

6.7.2 终端产品为房屋的经营模式

6.7.2.1 生地变房屋的经营模式

表 4-2-30

生地的价值＝	估价公式	
＋	(1)	由生地变成房屋后的预期价值
－	(2)	开发成本（由生地变成房屋的成本）
－	(3)	管理费用
－	(4)	销售费用
－	(5)	销售税费
	(6)	投资利息
－	(7)	开发利润
－	(8)	取得生地的税费

6.7.2.2 毛地变房屋的经营模式

表 4-2-31

毛地的价值＝	估价公式	
＋	(1)	由毛地变成房屋后的预期价值
－	(2)	开发成本（由毛地变成房屋的成本）
－	(3)	管理费用
－	(4)	销售费用
－	(5)	销售税费
	(6)	投资利息
－	(7)	开发利润
－	(8)	取得毛地的税费

6.7.2.3 熟地变房屋的经营模式

表 4-2-32

熟地的价值＝	估价公式	
＋	(1)	由熟地变成房屋后的预期价值
－	(2)	开发成本（由熟地变成房屋的成本）
－	(3)	管理费用
－	(4)	销售费用
－	(5)	销售税费
	(6)	投资利息
－	(7)	开发利润
－	(8)	取得熟地的税费

6.7.2.4 拆迁房变新建房的估价公式

表 4-2-33

待拆迁房地产价值＝	估价公式	
＋	(1)	由拆迁房变成新建房后的预期价值
－	(2)	开发成本（由拆迁房变成新建房的成本）
－	(3)	管理费用
－	(4)	销售费用
－	(5)	销售税费
	(6)	投资利息
	(7)	开发利润
－	(8)	取得被拆迁的房地产的税费

6.7.3 旧房装修的经营模式

表 4-2-34

旧房地产价值＝	估价公式	
＋	(1)	装修改造完成后的预期价值
－	(2)	装修改造的成本
－	(3)	管理费用
－	(4)	销售费用
－	(5)	销售税费
	(6)	投资利息
	(7)	投资利润
－	(8)	购买旧房地产的税费

6.7.4 收购在建工程的经营模式

表 4-2-35

在建工程价值＝	估价公式	
＋	(1)	续建完成后的房地产的预期价值
－	(2)	续建的成本
－	(3)	管理费用
－	(4)	销售费用
－	(5)	销售税费
	(6)	投资利息
	(7)	投资利润
－	(8)	取得在建工程的税费

6.8 假设开发法估价的程序

根据假设开发法的基本思路，假设开发法估价的执行程序和内容如下：

表 4-2-36

调查估价对象基本情况	(1)	土地位置包括城市类别、土地所在地性质和土地具体坐落状态三个方面。调查土地面积大小、形状、平整程度、基础设施通达程度、地质和水文状况等。调查规划的条件包括且不限于土地用途、建筑高度、容积率等。调查房地产的各项权利包括且不限于估价对象的权利性质、使用年限、续期情况，以及对转让、出租、抵押等的有关规定。
确定最佳开发利用方式	(2)	在城市规划及法律法规等限制所允许的范围内，确定地块的最佳利用方式，包括确定用途、建筑容积率、土地覆盖率、建筑高度、交楼标准等。土地用途的选择，要与房地产市场的需求相结合，并且，要有一定的预测。最佳的开发利用方式就是开发完成后销售时能获得最高的收益。
估计开发期经营期	(3)	可利用本书模块三之"项目的全生命周期的管理"中的工期预估技术。
预测终端产品的预期价值	(4)	对于出售的房地产，可采用"市场比较法"确定终端产品的总价格。
	(5)	对于出租的房地产，首先可采用"市场比较法"确定所开发房地产出租的纯收益，再采用"收益法"将出租收益转化为房地产总价。
开发成本	(6)	可采用比较法来估算，即通过同类建筑物当前开发成本大致金额来估算，可引用本书"模块五之项目的投资估算"中的指标来测算。
管理费用	(7)	可引用本书"模块五之项目的投资估算"中的指标来测算。
销售费用销售税费	(8)	销售费用包括且不限于销售广告宣传费、委托销售代理费等；销售税金及附加（即营业税、城市维护建设税、教育税附加）；其他销售税费（即应当由卖方负担的印花税、交易手续费、产权转移登记费等）

投资利润	(9)	开发商的合理利润率可引用正常的类似项目平均利润率，它与投资年限呈正方向变化。
	(10)	可引用本书"模块五之项目的投资估算"中的指标来测算。
投资利息	(11)	可选不同期限的贷款利率。在计算投资利息时应注意计息基数、利息率、计息期和计息方法等问题。
测算估价对象的价值	(12)	根据不同的经营模式。
	(13)	根据不同经营模式下的各类公式计算。

第7节 成本法估价

7.1 成本法估价的含义

成本法是房地产估价的最基本方法之一，其评估原理建立在重置成本的理论基础之上。假设在估价时点重新购建一宗与"待估对象"有同等效用的房地产所需投入的各项费用，再加上一定的利润和应纳税金后，扣除相应的折旧后来确定房地产价格的方法。

成本法评估房地产价格的适用对象有：（1）新开发的房地产；（2）旧的房地产；（3）在建工程；（4）待开发的房地产即计划开发的房地产。

7.2 成本法中的成本科目

成本法中的成本科目构成有七项：（1）土地取得成本；（2）开发成本；（3）管理费用；（4）销售费用；（5）销售税费；（6）投资利息；（7）开发利润。其中销售税费不包括土地增值税和企业所得税。其中销售费用包括样板房及售楼中心的建设费。

投资利息是考虑了资金的时间价值，不论资金是自有资金或借贷资金，均应以土地取得成本、开发成本、管理费用、销售费用为基数计取利息。利息的期限始于费用的发生日，止于估价时点。

开发利润率的形式有四种：

表 4-2-37

直接成本利润率	(1)	是以土地取得成本＋开发成本为基数的利润率。
投资利润率	(2)	是以土地取得成本＋开发成本＋管理费用＋销售费用为基数的利润率。
成本利润率	(3)	是以土地取得成本＋开发成本＋管理费用＋销售费用＋投资利息为基数的利润率。
销售利润率	(4)	是以开发完成后价值即总销售价为基数的利润率。

以北京出让地价评估技术标准为案例，其中规定，开发商的利润是根据投资年限不同而有差别取值的，投资期为一年的，回报率按 20%；投资期为二年的，回报率按 30%；投资期为三年的，回报率按 40%。

以英国为案例，其在剩余法估价时，利润的取值一般按预付总资本的 20%或不动产总价的 17%计取得利润。

7.3　成本法的经营期的确定

成本法中开发经营期始于地块取得日，止于估价时点，当没有销售期时，估价时点即为竣工日，当有销售期时，估价时点即为销售截止日。

7.4　成本法估价的执行程序

表 4-2-38

基础资料	(1)	搜集有关收入和费用的资料。
计算重建价格	(2)	采用估价对象原有的建筑材料和建筑技术，按估价时点的价格水平，重新建造与估价对象相同的全新状态的建筑物的正常价格。
物质折旧	(3)	建筑物在物质实体方面的磨损所造成的建筑物价值的损失。
功能折旧	(4)	建筑物在功能方面的落后所造成的建筑物价值的损失。
经济折旧	(5)	建筑物以外的各种不利因素所造成的建筑物价值的损失。
求出积算价格	(6)	根据上述的科目计算出积算价格。

积算价格应为重置价格或重建价格扣除建筑物折旧，或为土地的重置价格加上建筑的现值，必要时还应扣除由于旧有建筑物的存在而导致的土地价值损失。

新开发土地和新建房地产可采用成本法估价，一般不应扣除折旧，但应考虑其工程质量和周围环境等因素给予适当修正。

7.5 重置价格或重建价格

表 4-2-39

建筑物重置价格	(1)	采用估价时点的建筑材料和建筑技术，按估价时点的价格水平，重新建造与估价对象具有同等功能效用的全新状态的建筑物的正常价格。
	(2)	宜用于一般建筑物和因年代久远、已缺少与旧有建筑物相同的建筑材料，或因建筑技术变迁，使得旧有建筑物复原建造有困难的建筑物的估价。
建筑物重建价格	(3)	采用估价对象原有的建筑材料和建筑技术，按估价时点的价格水平，重新建造与估价对象相同的全新状态的建筑物的正常价格。
	(4)	宜用于有特殊保护价值的建筑物的估价。

　　具体估价中估价对象的重置价格或重建价格构成内容，应根据估价对象的实际情况，在其价格构成内容的基础上酌予增减，同一宗房地产，重置价格或重建价格在采取土地与建筑物分别估算、然后加总时，必须注意成本构成划分和相互衔接，防止漏项或重复计算。

表 4-2-40

土地的重置价格	(1)	应直接求取其在估价时点状况的重置价格。
建筑物的重置价格	(2)	可采用成本法、市场比较法求取，或通过政府确定公布的房屋重置价格扣除土地价格后的比较修正来求取。
	(3)	按工程造价估算的方法具体计算。

7.6 折旧与建筑物耐用年限

　　成本法估价中的建筑物折旧，应是各种原因造成的建筑物价值的损失，包括物质上的、功能上的和经济上的折旧。

表 4-2-41

物质折旧	(1)	建筑物在物质实体方面的磨损所造成的建筑物价值的损失。
功能折旧	(2)	建筑物在功能方面的落后所造成的建筑物价值的损失。
经济折旧	(3)	建筑物以外的各种不利因素所造成的建筑物价值的损失。

成本法中的折旧与会计折旧的概念不同，估价的折旧是注重市场价值的真实减损，其本质是减价的调整，而会计折旧是注重于原价的分摊与回收。

建筑物损耗分为可修复和不可修复两部分，修复所需的费用小于或等于修复后房地产价值的增加额的，为可修复部分；反之为不可修复部分。对于可修复部分，可直接估算其修复所需的费用作为折旧额。

建筑物耐用年限分为自然耐用年限和经济耐用年限。估价采用的耐用年限应为经济耐用年限。经济耐用年限应根据建筑物的建筑结构、用途和维修保养情况，结合市场状况、周围环境、经营收益状况等综合判断。

在估价时，当确认建筑物耐用年限与折旧，遇有下列情况时，其处理的原则应为：(1) 建筑物的建设期不计入耐用年限，即建筑物的耐用年限应从建筑物竣工验收合格之日起计；(2) 建筑物耐用年限短于土地使用权年限时，应按建筑物耐用年限计算折旧；(3) 建筑物耐用年限长于土地使用权年限时，应按土地使用权年限计算折旧；(4) 建筑物出现于补办土地使用权出让手续之前，其耐用年限早于土地使用权年限而结束时，应按建筑物耐用年限计算折旧；(5) 建筑物出现于补办土地使用权出让手续之前，其耐用年限晚于土地使用权年限而结束时，应按建筑物已使用年限加上土地使用权剩余年限计算折旧。

7.7 建筑物现值的计算

扣除折旧后的建筑物现值的计算方法有直线法、双倍余额递减法、成新折扣法三种方法：具体的计算公式如下：

直线法　建筑物现值＝重建价格－$\dfrac{(重建价格－净残值)×已使用年限}{耐用年限}$

双倍余额递减法　　建筑物现值＝重建价格×$\left(1-\dfrac{2}{耐用年限}\right)^{已使用年限}$

成新折扣法　　建筑物现值＝重建价格×成新率

三种折旧方法均可计算建筑物现值，估价人员应亲临估价对象现场，观察、鉴定建筑物的实际新旧程度，根据建筑物的建成时间，维护、保养、使用等因素，最后确定应扣除的折旧额或成新率。

第 4-3 章　参与旧城改造的开发经营业务

第 1 节　参与城市更新的经营业务

1.1　土地资源的不可再生性

"地块"是房地产开发的第一生产要素资源，由于土地的不可再生性，必然是"开发一块就少一块"。根据我国现行的国土资源政策的精神，将严格控制农用地转为建设用地，对基本农田实施特殊保护，"18 亿耕地红线不能突破"。近年来又出台了强化对耕地保护的政策。直接从农业性用地转换为建设用地的难度越来越大。

同时，国土资源部门对土地用途也进行了严格控制，一是严格控制新增建设用地规模。必须强化土地利用总体规划和年度计划对新增建设用地规模、结构和时序安排的调控。二是积极盘活存量建设用地。加强城镇闲散用地整合，鼓励低效用地增容改造和深度开发。积极推行节地型城、镇、村更新改造，重点加快城中村改造，推广各类建设节地技术和模式。因此，各地方政府加大了城市更新的政策出台。

1.2　旧城改造业务的前景

城市的发展离不开旧城的改造，对城市更新也是各地方政府推动经济发展的措施之一，旧城改造主要包括"三旧"的改造（是对"旧城镇、旧厂房、旧村庄"改造更新的简称）。

以深圳为例，根据深圳的《城市更新管理办法》，对旧城的改造也称之为"城市更新"，所谓"城市更新"是指对特定城市建成区域（包括旧工业区、旧商业区、旧住宅区、城中村及旧屋村等），根据城市规划和本办法规定程序进行综合整治、功能改变或者拆除重建的活动。城市更新单元包括一个或者多个城市更新项目。城市更新可分为综合整治类、功能改变类和拆除重建类。

通过上述分析可知，"城市更新"业务可以拉动巨额的固定资产的投资，同时可带动冶金、建筑、建材、能源、机械、轻工等众多相关产业的发展，因此，城市更新业务也将为地方政府带来可观的收入。

旧城改造与城市更新业务将给房地产行业带来巨大的投资机会和利润空间，房地产开发企业应把握其中的商机，积极参与旧城改造与城市更新方面的开发，以拓展新的业务模式和寻求新的利润增长点。

第 2 节　国有土地上的房屋征收管理

房屋拆迁是旧城改造及城市更新中最基本的业务范畴，因此，作为房地产开发企业，如果参与旧城的改造和城市更新的经营业务，则对各个城市的房屋拆迁政策应有了解。

国务院已于 2011 年 1 月 21 日发布了《国有土地上房屋征收与补偿条例》（国务院第 590 号令）。下面重点归集其中的重点内容。

2.1　征收条例总则

根据条例规定，由市、县级人民政府（以下简称为"政府"）负责本行政区域的房屋征收与补偿工作。政府确定的房屋征收部门（以下称"房屋征收部门"）组织实施本行政区域的房屋征收与补偿工作。

"房屋征收部门"可以委托"房屋征收实施单位"，承担房屋征收与补偿的具体工作。房屋征收实施单位不得以营利为目的。房屋征收部门对房屋征收实施单位在委托范围内实施的房屋征收与补偿行为负责监督，并对其行为后果承担法律责任。

为了公共利益的需要，征收国有土地上的单位、个人的房屋，应当对被征收房屋所有权人（以下称"被征收人"）给予公平补偿。

根据 2011 年 1 月 21 日起施行的《国有土地上房屋征收与补偿条例》规定，拆迁补偿可以通过货币补偿或房屋产权调换，在过渡期限内，被拆迁人或者房屋承租人自行安排住处的，拆迁人应当支付临时安置补助费；被拆迁人或者房屋承租人使用拆迁人提供的周转房的，拆迁人不支付临时安置补助费。

2.2　征收的决定

2.2.1　征收方案的发布与听证

房屋征收部门拟定征收补偿方案并报政府。政府应当组织有关部门对征收补偿方案进行论证并予以公布，征求公众意见。征求意见期限不得少于 30 日。

政府应当将征求意见情况和根据公众意见修改的情况及时公布。因旧城区改建需要征收房屋，多数被征收人认为征收补偿方案不符合本条例规定的，政府应当组织由被征收人和公众代表参加的听证会，并根据听证会情况修改方案。

政府作出房屋征收决定前，应当按照有关规定进行社会稳定风险评估；房屋征收决定涉及被征收人数量较多的，应当经政府常务会议讨论决定。作出房屋征收决定前，征收补偿费用应当足额到位、专户存储、专款专用。

政府作出房屋征收决定后，应当及时公告。公告应当载明征收补偿方案和行政复议、行政诉讼权利等事项。被征收人对市、县级人民政府作出的房屋征收决定不服的，可以依法申请行政复议，也可以依法提起行政诉讼。

2.2.2　房屋征收范围的确定

政府作出房屋征收决定前，应当组织有关部门依法对征收范围内未经登记的建筑进行调查、认定和处理。对房屋征收范围内房屋的权属、区位、用途、建筑面积等情况组织调查登记，被征收人应当予以配合。调查结果应当在房屋征收范围内向被征收人公布。

对认定为合法建筑和未超过批准期限的临时建筑的，应当给予补偿；对认定为违法建筑和超过批准期限的临时建筑的，不予补偿。

房屋征收范围确定后，不得在房屋征收范围内实施新建、扩建、改建房屋和改变房屋用途等不当增加补偿费用的行为；违反规定实施的，不予补偿。房屋征收部门应当将所列事项书面通知有关部门暂停办理相关手续。暂停办理相关手续的书面通知应当载明暂停期限。暂停期限最长不得超过 1 年。

2.3　征收的补偿

2.3.1　征收补偿的内容

作出房屋征收决定的政府对被征收人给予的补偿包括：1）被征收房屋价值的补偿；2）因征收房屋造成的搬迁、临时安置的补偿；3）因征收房屋造成的停产停业损失的补偿。政府还应当制定补助和奖励办法，对被征收人给予补助和奖励。

2.3.2　补偿价值的评估

对被征收房屋价值的补偿，不得低于房屋征收决定公告之日被征收房屋类似房地产的市场价格。被征收房屋的价值，由具有相应资质的房地产价格评估机构按照房屋征收评估办法评估确定。房地产价格评估机构由被征收人协商选定；协商不成的，通过多数决定、随机选定等方式确定。

对评估确定的被征收房屋价值有异议的，可以向房地产价格评估机构申请复核评估。对复核结果有异议的，可以向房地产价格评估专家委员会申请鉴定。

2.3.3　补偿的方式

被征收人可以选择货币补偿，也可以选择房屋产权调换。被征收人选择房屋产权调换的，政府应当提供用于产权调换的房屋，并与被征收人计算、结清被征收房屋价值与用于产权调换房屋价值的差价。因旧城区改建征收个人住宅，被征收人选择在改建地段进行房屋产权调换的，政府应当提供改建地段或者就近地段的房屋。

因征收房屋造成搬迁的，房屋征收部门应当向被征收人支付搬迁费；选择房屋产权调换的，产权调换房屋交付前，房屋征收部门应当向被征收人支付临时安置费或者提供周转用房；对因征收房屋造成停产停业损失的补偿，根据房屋被征收前的效益、停产停业期限等因素确定。

2.4　征收补偿的协议

2.4.1　补偿协议达成一致

房屋征收部门与被征收人依照条例的规定，就补偿方式、补偿金额和支付期限、用于产权调换房屋的地点和面积、搬迁费、临时安置费或者周转用房、停产停业损失、搬迁期限、过渡方式和过渡期限等事项，订立补偿协议。

2.4.2　补偿协议达不成一致

房屋征收部门与被征收人在征收补偿方案确定的签约期限内达不成补偿协议，或者被征收房屋所有权人不明确的，由房屋征收部门报请政府依照条例的规定，按照征收补偿方案作出补偿决定，并在房屋征收范围内予以公告。

补偿决定应当公平，被征收人对补偿决定不服的，可以依法申请行政复议，也可以依法提起行政诉讼。实施房屋征收应当先补偿、后搬迁。

政府对被征收人给予补偿后，被征收人应当在补偿协议约定或者补偿决定确定的搬迁期限内完成搬迁。任何单位和个人不得采取暴力、威胁或者违反规定中断供水、供热、供气、供电和道路通行等非法方式迫使被征收人搬迁。禁止建设单位参与搬迁活动。

被征收人在法定期限内不申请行政复议或者不提起行政诉讼，在补偿决定规定的期限内又不搬迁的，由政府依法申请人民法院强制执行。强制执行申请书应当附具补偿金额和专户存储账号、产权调换房屋和周转用房的地点和面积等材料。房屋征收部门应当依法建立房屋征收补偿档案，并将分户补偿情况在房屋征收范围内向被征收人公布。审计机关应当加强对征收补偿费用管理和使用情况的监督，并公布审计结果。

第 3 节　典型城市的房屋征收管理

3.1　广州的房屋征收管理

根据土地所有权的形成，土地的所有权可分国家所有土地（本书简称"国有土地"）和集体所有土地（本书简称"集体土地"），广州于 2011 年 9 月颁布了《关于广州市国有土地上房屋征收与补偿的实施意见》，广州于 2010 年 3 月颁布了《广州市征收集体土地房屋拆迁管理工作指导意见》，下面分别对二类土地上拆迁活动相关政策进行表述。

3.1.1　国有土地上房屋征收

根据《关于广州市国有土地上房屋征收与补偿的实施意见》，旧城更新改造项目范围内住宅房屋拆迁，被拆迁人可以选择"货币补偿"、跨区域异地房屋产权调换（简称"异地永迁"）、本区域就近安置（简称"就近安置"）三种方式。

对住宅房屋应当实行同一征收项目统一标准的征收奖励。住宅房屋价值的补偿金额加上征收奖励、搬迁时限奖励不得高于被征收房屋所处区位的新建普通商品住宅的市场价格。

征收个人住宅，被征收人选择货币补偿后申请购买经济适用房、租住公租房或廉租房，符合申请条件的，住房保障管理部门应当优先安排。

被征收人选择房屋产权调换的，房屋征收部门与被征收人应当计算被征收房屋的补偿金额加上征收奖励、搬迁时限奖励与所调换房屋的市场价格，结清差价。

选择产权调换房屋的套内建筑面积不得少于被征收房屋的套内建筑面积。属于公用分摊的超面积部分，由房屋征收部门按产权调换房屋的成本价格与被征收人进行结算。

被征收人选择产权调换的，产权调换房屋交付前，被征收人或者房屋承租人自行安排住处的，房屋征收部门应当支付临时安置补助费；被征收人或者房屋承租人使用房屋征收部门提供的周转用房的，房屋征收部门不支付临时安置补助费。

实行产权调换的，房屋征收部门应当为被征收人办理所调换房屋的产权登记手续。房地产行政主管部门应当自收到申请之日起 30 日内给予办理。

征收租赁房屋，被征收人与房屋承租人对解除租赁关系达不成协议的，房屋征收部门应当对被征收人实行产权调换，不作货币补偿。产权调换的房屋由原房屋承租人承租，被征收人应当与原房屋承租人重新订立房屋租赁合同。

房地产行政主管部门定期向社会公布业务能力强、社会信誉好、具有相应资质的房地产评估机构名录。房屋征收决定公告后10日内，被征收人应协商选定房地产评估机构；半数以上被征收人共同选择一家房地产价格评估机构的，视为协商选择有效，由房屋征收部门与其签订委托评估合同后进行评估作业。如协商选定不成的，由房屋征收部门组织被征收人在公布名录通过摇珠方式确定。房屋征收部门应当在摇珠前5日内在征收范围内公告摇珠时间和地点。公开摇珠时，邀请被征收人代表、被征收房屋所在区监察部门、街道（镇）、社区组织代表等参与监督。

征收按照房改政策购买的房屋，被征收人可以按照住房制度改革有关规定购买公用分摊面积后再办理征收补偿相关手续。被征收人不购买公用分摊面积的，对被征收人按照原购房面积给予补偿。

3.1.2 集体土地的征收管理

根据《广州市征收集体土地房屋拆迁管理工作指导意见》、《广州市集体土地房屋拆迁补偿标准规定》相关的内容，对集体土地进行"征地拆迁房屋"的主要内容如下：

拆迁人是指依法取得征收集体所有土地有关批准文件的用地单位。被拆迁人是指被拆迁房屋及其附属物的合法所有人。"被拆迁人"是指被拆迁集体土地房屋的所有权人。

"本村村民"是指农村（居委）现有集体经济组织成员以及经县级人民政府批准回本村定居的原本村村民。

"一户"指是已婚夫妇及其未满法定婚龄子女。地方政府建设通告或征收土地预公告公布之日，已满法定婚龄的未婚村民。地方政府建设通告或征收土地预公告公布之日前，已离异或丧偶后未再婚的。

拆迁集体土地房屋以农村集体房地产证或宅基地证作为补偿依据。被拆迁人提供其他产权证明文件，经国土房管部门确认可以作为权属证明的，作为补偿依据。

拆迁集体土地房屋以地方政府建设通告或征收土地预公告发布之日作为拆迁补偿的估价时点。地方政府建设通告或征收土地预公告发布后，被拆迁人应当立即停止建房、迁户、装修等相关活动。应予补偿安置的被拆迁人数以地方政府建设通告或征收土地预公告发布之日时被拆迁人的户籍人口数确定。

拆迁集体土地房屋，对于未超过批准使用期限的临时建设房屋、已依法取得建房批准文件但尚未建造完毕房屋的已建部分、已建成的房屋，均可以给予拆迁补偿。但对于超过批准使用期限的临时建设房屋；新房建成后应当拆除的旧房；地方政府建设通告或征收土地预公告发布后的抢建部分，均不给予拆迁补偿。

被拆迁房屋建筑面积的核定是计算补偿费用的基本数据，对于以货币补偿或产权调换方式进行安置的，安置面积核定的规则如下：被拆除房屋的批准建筑面积低于 $25m^2$/人的按人均 $25m^2$ 核定，超过 $40m^2$/人的按人均 $40m^2$ 核定，在 $25\sim40m^2$/人之间的按批准的建筑面积核定；2 人以下（含 2 人）的户，按 2 人核定；已婚并达到法定育龄夫妇尚未生育子女的按 3 人核定。

实行货币补偿的，货币补偿金额根据被拆迁集体土地住宅房屋的重置成新价和宅基地土地使用权区位补偿价确定。计算公式：货币补偿金额＝被拆迁集体土地住宅房屋重置成新单价×被拆迁居住房屋建筑面积＋宅基地土地使用权区位补偿单价×核定的补偿面积。

补偿金额低于最低补偿金额的，按最低补偿金额予以补偿。最低补偿金额计算公式：最低补偿金额＝被拆迁集体土地住宅房屋重置成新单价×（被拆迁居住房屋建筑面积－核定的补偿面积）＋集体土地住宅房屋拆迁最低补偿单价×核定的补偿面积。

被拆迁集体土地住宅房屋重置成新单价由评估确定。如被拆迁居住房屋建筑面积小于宅基地用地面积，按宅基地用地面积确定货币补偿金额。

未超过批准使用期限的临时建设房屋，按照重置成新价和剩余使用期限予以补偿，不给予宅基地土地使用权区位补偿价。

集体土地住宅房屋拆迁最低补偿单价参考被拆迁房屋同区域城市房屋拆迁最低补偿标准、国有土地有偿使用费、征地综合区片价、相关税费等因素由市国土房管局定期公布。

被拆迁人只有一处集体土地住宅房屋且人均建筑面积不足 $25m^2$ 的，按人均 $25m^2$ 的标准予以补偿。

实行产权调换的，拆迁人可以根据规划要求统一申请安置房建设用地，支付申请安置房用地的所有费用，并出资统一建设安置房；或者由拆迁人提供自有产权房屋安置被拆迁人。

当被拆迁人除被拆除的集体土地住宅房屋外，尚有其他集体土地住宅房屋，且其他集体土地住宅房屋达到人均建筑面积 $40m^2$ 的、拆迁非本村村民居住房屋时，被拆迁房屋按重置成新价给予补偿后，将不再提供安置房或另行安排宅基地。以广州为例，其产权调换方式拆迁补偿的内容如下：

表 4-3-1

房地产税费科目	具体补偿标准
被拆迁房与安置房价差	（1）按市场评价的价格计算出二类房屋的市场总价，再计算出两者价差出来。由"拆迁人"与"被拆迁人"进行结算；

461

房地产税费科目		具体补偿标准
临时安置补助费	（2）	按被拆迁地段同类房屋的市场租赁价格确定；
搬家补助费	（3）	500 元/月；
电话移装费	（4）	按物价部门规定；
煤气拆装费	（5）	按物价部门规定；
有线电视移装费	（6）	暂按物价部门规定；
限时搬迁奖励费	（7）	签订的拆迁补偿安置协议补偿金额的 5%。

实行农民自建，应符合土地利用总体规划、城市规划和村镇规划，并按相关规定进行建设。本村集体经济组织尚有宅基地，可以安排宅基地给被拆迁人自建住宅或由村集体经济组织统一建设住宅。

如由被拆迁人自建，拆迁人对被拆迁人按照被拆迁集体土地住宅房屋重置价给予补偿，对集体经济组织按照宅基地土地使用权区位补偿价给予经济的补偿。

3.2 上海房屋征收的管理

上海市于 2011 年 10 月 10 日实施的《国有土地上房屋征收与补偿实施细则》的主要内容摘录如本节内容。

确需征收房屋的各项建设活动，应当符合本市国民经济和社会发展规划、土地利用总体规划、城乡规划和专项规划。保障性安居工程建设、旧城区改建，应当纳入区（县）国民经济和社会发展年度计划。

房屋征收范围根据建设用地规划许可证确定。因旧城区改建需要征收房屋的，房屋征收范围由市建设行政管理部门会同市房屋管理、发展改革、规划土地、财政等行政管理部门以及相关区（县）人民政府确定。

房屋征收部门应当在房屋征收范围内予以公告，并书面通知规划土地、工商、公安等行政管理部门，房地产登记机构以及公有房屋出租人等单位。公告和书面通知应当载明暂停期限。暂停期限自公告之日起最长不得超过 1 年。

因旧城区改建房屋征收范围确定后，房屋征收部门应当组织征询被征收人、公有房屋承租人的改建意愿；有 90% 以上的被征收人、公有房屋承租人同意的，方可进行旧城区改建。

房屋征收部门应当对房屋征收范围内房屋的权属、区位、用途、建筑面积等情况组织调查登记，被征收人、公有房屋承租人应当予以配合。调查结果应当在房屋征收范围内向被征收人、公有房屋承租人公布。

区（县）人民政府应当组织有关行政管理部门依法对征收范围内未经登记的建筑进行调查、认定和处理。对认定为合法建筑和未超过批准期限的临时建筑的，房屋征收部门应当给予补偿；对认定为违法建筑和超过批准期限的临时建筑的，不予补偿。

房屋征收部门拟订征收补偿方案，应当包括以下内容：（1）房屋征收与补偿的法律依据；（2）房屋征收的目的；（3）房屋征收的范围；（4）被征收房屋类型和建筑面积的认定办法；（5）房屋征收补偿方式、标准和计算方法；（6）补贴和奖励标准；（7）用于产权调换房屋的基本情况和选购方法；（8）房屋征收评估机构选定办法；（9）房屋征收补偿的签约期限；（10）搬迁期限和搬迁过渡方式、过渡期限；（11）受委托的房屋征收事务所名称；（12）其他事项。

征收补偿费用包括用于货币补偿的资金和用于产权调换的房屋。用于货币补偿的资金在房屋征收决定作出前应当足额到位、专户存储、专款专用。用于产权调换的房屋在交付时应当符合国家质量安全标准和本市住宅交付使用许可要求，并产权清晰、无权利负担。

房屋征收决定作出前，房屋征收部门应当会同区（县）相关行政管理部门、街道办事处、镇（乡）人民政府，参照本市重大事项社会稳定风险评估的有关规定，进行社会稳定风险评估，并报区（县）人民政府审核。

涉及被征收人、公有房屋承租人50户以上的，应当经区（县）人民政府常务会议讨论决定。房屋征收决定后应当及时公告。公告应当载明征收补偿方案和行政复议、行政诉讼权利等事项。

因旧城区改建需要征收房屋的，房屋征收部门应当在征收决定作出后，组织被征收人、公有房屋承租人根据征收补偿方案签订附生效条件的补偿协议。在签约期限内达到规定签约比例的，补偿协议生效；在签约期限内未达到规定签约比例的，征收决定终止执行。签约比例由区（县）人民政府规定，但不得低于80%。

被征收人、公有房屋承租人对房屋征收决定不服的，可以依法申请行政复议，也可以依法提起行政诉讼。

房屋征收补偿协议应当由房屋征收部门与被征收人、公有房屋承租人签订。被征收人、公有房屋承租人以合法有效的房地产权证、租用公房凭证、公有非居住房屋租赁合同计户，按户进行补偿。被征收人以房地产权证所载明的所有人为准，公有房屋承租人以租用公房凭证、公有非居住房屋租赁合同所载明的承租人为准。

被征收房屋的价值，由具有相应资质的房地产价格评估机构按照房屋征收评估办法评估确定。

房地产价格评估机构由被征收人、公有房屋承租人协商选定；协商不成的，由房屋征收部门通过组织被征收人、公有房屋承租人按照少数服从多数的原则投票决定，也可以由房屋征收部门或者被征收人、公有房屋承租人采取摇号、抽签等随机方式确定。房屋征收部门应当将确定的房地产价格评估机构予以公告。房地产价格评估机构应当独立、客观、公正地开展房屋征收评估工作，任何单位和个人不得干预。

被征收房屋价值评估应当考虑被征收房屋的区位、用途、建筑结构、新旧程度、建筑面积以及占地面积、土地使用权等因素。

除本市对用于产权调换房屋价格有特别规定外，用于产权调换房屋的市场价值应当由已选定的房地产价格评估机构评估确定。被征收房屋和用于产权调换房屋的价值评估时点为房屋征收决定公告之日。

被征收人、公有房屋承租人或者房屋征收部门对评估结果有异议的，应当自收到评估报告之日起 10 日内，向房地产价格评估机构申请复核评估。被征收人、公有房屋承租人或者房屋征收部门对房地产价格评估机构的复核结果有异议的，应当自收到复核结果之日起 10 日内，向市房地产估价师协会组织的房地产估价专家委员会申请鉴定。

征收居住房屋的，被征收人、公有房屋承租人可以选择货币补偿，也可以选择房屋产权调换。

被征收人、公有房屋承租人选择房屋产权调换的，房屋征收部门应当提供用于产权调换的房屋，并与被征收人、公有房屋承租人计算、结清被征收房屋补偿金额与用于产权调换房屋价值的差价。

因旧城区改建征收居住房屋的，政府应当提供改建地段或者就近地段的房源，供被征收人、公有房屋承租人选择，并按照房地产市场价结清差价。就近地段的范围，具体由房屋征收部门与被征收人、公有房屋承租人在征收补偿方案征求意见过程中确定。

征收居住房屋的，应当根据不同情况，按照本细则规定给予被征收人、公有房屋承租人以下补偿、补助：（1）被征收房屋的房地产市场评估价格；（2）价格补贴；（3）特定房屋类型的套型面积补贴；（4）居住困难户的保障补贴；（5）搬迁费和临时安置费。

对按期签约、搬迁的被征收人、公有房屋承租人，房屋征收部门应当给予奖励，具体奖励标准由各区（县）人民政府制定。

被征收居住房屋的补偿金额＝评估价格＋价格补贴，但本细则有特别规定的，从其规定。

评估价格＝被征收房屋的房地产市场评估单价×被征收房屋的建筑面积。被征收房屋的房地产市场评估单价低于评估均价的，按评估均价计算。

评估均价＝被征收范围内居住房屋评估总价÷居住房屋总建筑面积。评估均价标准，由房地产价格评估机构在评估后计算得出，由房屋征收部门在征收范围内公布。

价格补贴＝评估均价×补贴系数×被征收房屋的建筑面积。补贴系数不超过 0.3，具体标准由区（县）人民政府制定。

被征收房屋属于旧式里弄房屋、简屋以及其他非成套独用居住房屋的，被征收房屋的补偿金额增加套型面积补贴。套型面积补贴＝评估均价×补贴面积。套型面积补贴按照房屋征收决定作出之日合法有效的房地产权证、租用公房凭证计户补贴，每证补贴面积标准不超过 15m² 建筑面积。

征收执行政府规定租金标准的公有出租居住房屋，被征收人选择货币补偿的，租赁关系终止，对被征收人的补偿金额计算公式为：评估价格×20％；对公有房屋承租人的补偿金额计算公式为：评估价格×80％＋价格补贴，被征收房屋属于旧式里弄房屋、简屋以及其他非成套独用居住房屋的，按照本细则规定增加套型面积补贴。

征收执行政府规定租金标准的公有出租居住房屋，被征收人选择房屋产权调换的，由被征收人负责安置公有房屋承租人，租赁关系继续保持。对被征收人的补偿金额计算公式为：评估价格＋价格补贴，被征收房屋属于旧式里弄房屋、简屋以及其他非成套独用居住房屋的，按照本细则规定增加套型面积补贴。

征收执行政府规定租金标准的私有出租居住房屋，对被征收人的补偿金额计算公式为：评估价格×100％；对房屋承租人的补偿按照第二十九条第一款有关公有房屋承租人的补偿规定执行。

按照本市经济适用住房有关住房面积核定规定以及本条第二款规定的折算公式计算后，人均建筑面积不足 22m² 的居住困难户，增加保障补贴，但已享受过经济适用住房政策的除外。增加的保障补贴可以用于购买产权调换房屋。折算公式为：被征收居住房屋补偿金额÷折算单价÷居住困难户人数。保障补贴＝折算单价×居住困难户人数×22m²－被征收居住房屋补偿金额。符合经济适用住房政策规定条件的居住困难户，可以优先购买经济适用住房。

居住困难的被征收人、公有房屋承租人应当向所在区（县）住房保障机构提出居住困难审核申请，并提供相关证明材料。

区（县）住房保障机构应当按照本细则以及本市经济适用住房的相关规定对居住困难户进行认定，并将经认定符合条件的居住困难户及其人数在征收范围内公示，公示期为 15 日。公示期内有异议的，由区（县）住房保障机构在 15 日内进行核查和公布。

征收居住房屋，被征收人、公有房屋承租人选择房屋产权调换的，产权调换房屋交付前，房屋征收部门应当支付临时安置费或者提供周转用房。征收居住房屋造成搬迁的，房屋征收部门应当向被征收人、公有房屋承租人支付搬迁费。

征收非居住房屋的，被征收人、公有房屋承租人可以选择货币补偿，也可以选择房屋产权调换。征收非居住房屋的，应当对被征收人、公有房屋承租人给予以下补偿：(1) 被征收房屋的市场评估价格；(2) 设备搬迁和安装费用；(3) 无法恢复使用的设备按重置价结合成新结算的费用；(4) 停产停业损失补偿。

被征收人、公有房屋承租人按期搬迁的，应当给予搬迁奖励。具体奖励标准由区（县）人民政府制定。

因征收非居住房屋造成被征收人、公有房屋承租人停产停业损失的补偿标准，按照被征收房屋市场评估价的 10％确定。

被征收人、公有房屋承租人认为其停产停业损失超过被征收房屋的市场评估价10％的，应当向房屋征收部门提供房屋被征收前三年的平均效益、停产停业期限等相关证明材料。房屋征收部门应当委托房地产价格评估机构对停产停业损失进行评估，并按照评估结果予以补偿。被征收人、公有房屋承租人对评估结果有异议的，可以按照本细则第二十五条第三款规定申请复核、鉴定。

征收执行政府规定租金标准的公有出租非居住房屋，被征收人选择货币补偿的，租赁关系终止，对被征收人的补偿金额计算公式为：评估价格×20％，对公有房屋承租人的补偿金额计算公式为：评估价格×80％；被征收人选择房屋产权调换的，由被征收人安置公有房屋承租人，租赁关系继续保持。

征收宗教团体所有的房屋，房屋征收部门应当事先征求宗教事务管理部门的意见，并与宗教团体签订征收补偿协议。

征收由房屋行政管理部门代理经租的宗教团体的房屋，租赁关系终止。征收居住房屋的，补偿方式与标准按照本细则第三十条规定执行。征收非居住房屋的，对被征收人的补偿金额为：评估价格×100％，对房屋承租人的补偿按照第三十六条有关公有房屋承租人的补偿规定执行。

征收房屋管理部门依法代管的房屋，房屋征收部门应当与代管人订立征收补偿协议。征收补偿协议应当经公证机构公证，征收房屋有关资料应当向公证机构办理证据保全。

征收设有抵押权的房屋，抵押人与抵押权人应当按照国家和本市房地产抵押规定，就抵押权及其所担保债权的处理问题进行协商。

抵押人与抵押权人达成书面协议的，房屋征收部门应当按照协议对被征收人给予补偿。达不成协议，房屋征收部门对被征收人实行货币补偿的，应当将补偿款向公证机构办理提存；对被征收人实行房屋产权调换的，抵押权人可以变更抵押物。

房屋征收部门与被征收人、公有房屋承租人依照本细则的规定，就补偿方式、补偿金额和支付期限、用于产权调换房屋的地点和面积、搬迁费、临时安置费或者周转用房、停产停业损失、搬迁期限、过渡方式和过渡期限等事项，订立补偿协议。

补偿协议订立后，一方当事人不履行补偿协议约定的义务的，另一方当事人可以依法提起诉讼或者仲裁。

政府对被征收人、公有房屋承租人给予补偿后，被征收人、公有房屋承租人应当在补偿协议约定或者补偿决定确定的搬迁期限内完成搬迁。

任何单位和个人不得采取暴力、威胁或者违反规定中断供水、供热、供气、供电和道路通行等非法方式迫使被征收人、公有房屋承租人搬迁。禁止建设单位参与搬迁活动。

房屋征收部门与被征收人、公有房屋承租人在征收补偿方案确定的签约期限内达不成补偿协议，或者被征收房屋所有权人不明确的，由房屋征收部门报区（县）人民政府。区（县）人民政府应当依法按照征收补偿方案作出补偿决定，并在房屋征收范围内予以公告。

补偿决定应当公平，包括本细则第四十条第一款规定的有关补偿协议的事项。

对征收居住房屋的补偿争议，应当决定以房屋产权调换或者房屋产权调换与货币补偿相结合的方式进行补偿。对征收非居住房屋的补偿争议，可以决定以房屋产权调换、货币补偿或者房屋产权调换与货币补偿相结合的方式进行补偿。

被征收人、公有房屋承租人对补偿决定不服的，可以依法申请行政复议，也可以依法提起行政诉讼。

第四十三条（补偿决定的司法强制执行）

被征收人、公有房屋承租人在法定期限内不申请行政复议或者不提起行政诉讼，在补偿决定规定的期限内又不搬迁的，由作出房屋征收决定的区（县）人民政府依法申请人民法院强制执行。

区（县）人民政府在申请人民法院强制执行前，应当依法书面催告被征收人、公有房屋承租人履行搬迁义务。

申请人民法院强制执行的，区（县）人民政府应当按照规定提交作出补偿决定的有关文件、被申请人的基本情况，并附具补偿金额和专户存储账号、产权调换房屋和周转用房的地点和面积等材料。

第四十四条（居住房屋征收补偿所得的归属和安置义务）

征收居住房屋的，被征收人取得货币补偿款、产权调换房屋后，应当负责安置房屋使用人；公有房屋承租人所得的货币补偿款、产权调换房屋归公有房屋承租人及其共同居住人共有。

房屋征收部门应当依法建立房屋征收补偿档案，并将分户补偿结果在房屋征收范围内向被征收人、公有房屋承租人公布。审计机关应当加强对征收补偿费用管理和使用情况的监督，并公布审计结果。

采取暴力、威胁或者违反规定中断供水、供热、供气、供电和道路通行等非法方

467

式迫使被征收人、公有房屋承租人搬迁，造成损失的，依法承担赔偿责任；对直接负责的主管人员和其他直接责任人员，构成犯罪的，依法追究刑事责任；尚不构成犯罪的，依法给予处分；构成违反治安管理行为的，依法给予治安管理处罚。

采取暴力、威胁等方法阻碍依法进行的房屋征收与补偿工作，构成犯罪的，依法追究刑事责任；构成违反治安管理行为的，依法给予治安管理处罚。

3.3 北京市房屋征收管理

为规范本市国有土地上房屋征收与补偿活动，维护公共利益，保障被征收房屋所有权人（以下简称被征收人）的合法权益，依据《国有土地上房屋征收与补偿条例》（国务院令第590号），北京市于2011年5月颁布了《北京市国有土地上房屋征收与补偿实施意见的通知》的主要内容摘录如本节。

房屋征收部门或者房屋征收实施单位根据需要可以通过购买服务方式完成房屋征收与补偿过程中涉及的测绘、评估、房屋拆除、法律服务等专业性工作。

为了公共利益需要征收房屋的，由建设单位向建设项目所在地区县人民政府提出征收申请，并提交项目批准文件、规划意见、土地预审意见等文件。收到申请后，区县人民政府按照《征收补偿条例》规定审核建设项目是否符合房屋征收条件。

对符合房屋征收条件的建设项目，区县房屋征收部门自收到区县人民政府的确认意见后5个工作日内，在征收范围内发布暂停公告，告知被征收人不得在房屋征收范围内实施新建、扩建、改建房屋和改变房屋用途、变更房屋权属登记等不当增加补偿费用的行为；违反规定实施的，不当增加部分不予补偿。

房屋征收部门应当将前款所列事项书面通知规划、工商、公安、房管等有关部门暂停办理相关手续。暂停办理相关手续的书面通知应当载明暂停期限，暂停期限最长不得超过1年。

房屋征收部门发布暂停公告后，可以委托房屋征收实施单位或属地街道办事处（乡镇人民政府）组织被征收人在规定期限内协商选定房地产价格评估机构；协商不成的，根据多数被征收人意见确定；若无法形成多数意见，则由房屋征收部门通过公开摇号的方式随机选定，结果应当在征收范围内公布。

房屋征收部门可以委托房屋征收实施单位对房屋征收范围内房屋的权属、区位、用途、建筑面积等情况进行调查登记，被征收人应当予以配合。调查结果应当在房屋征收范围内向被征收人公布。

房屋征收部门应当按照公平的原则，会同财政、发展改革、监察、审计等部门及街道办事处（乡镇人民政府）拟定房屋征收补偿方案，报区县人民政府批准后，在征收范围内予以公布，征求公众意见，征求意见期限为30日。被征收人有意见的，持本人身份证明和房屋权属证明，在征求意见期限内以书面形式提交房屋征收部门。区县人民政府应当将征求意见情况和根据公众意见修改的情况及时公布。

区县人民政府作出房屋征收决定前，应当按照有关规定进行社会稳定风险评估，制定并认真落实各项防范、化解、处置措施。房屋征收决定涉及被征收人数量较多的，应当经区县人民政府常务会议讨论决定。

对危房集中、基础设施落后等地段进行旧城区改建需要征收房屋的，多数被征收人认为征收补偿方案不符合规定的，区县人民政府应当组织由被征收人和公众代表参加的听证会，并根据听证会情况修改方案。

在作出房屋征收决定前，应当明确征收项目补偿资金的总额和产权调换房源。房屋征收部门应当设立房屋征收补偿资金专用账户，确保资金足额到位、专款专用。

区县人民政府依据《征收补偿条例》规定，履行上述程序后方可作出房屋征收决定，并及时在征收范围内公告。公告应当载明征收范围、实施单位、征收补偿方案、签约期限和行政复议、行政诉讼权利等事项。

区县人民政府及房屋征收部门应当按照《征收补偿条例》规定对被征收人给予公平补偿，补偿方式包括货币补偿和房屋产权调换。被征收人符合住房保障条件的，应当优先给予住房保障。

房屋征收部门与被征收人在征收补偿方案确定的签约期限内达不成补偿协议，或者被征收房屋所有权人不明确的，由房屋征收部门报请作出房屋征收决定的区县人民政府按照征收补偿方案作出补偿决定，并在房屋征收范围内予以公告。被征收人对补偿决定不服的，可以依法申请行政复议，也可以依法提起行政诉讼。

被征收人在法定期限内不申请行政复议或者不提起行政诉讼，在补偿决定规定的期限内又不搬迁的，由作出房屋征收决定的区县人民政府依法申请人民法院强制执行。

实施房屋征收应当先补偿、后搬迁。作出房屋征收决定的区县人民政府对被征收人给予补偿后，被征收人应当在补偿协议约定或者补偿决定确定的搬迁期限内完成搬迁。任何单位和个人不得采取暴力、威胁或者违反规定中断供水、供热、供气、供电和道路通行等非法方式迫使被征收人搬迁。禁止建设单位参与搬迁活动。

第 4 节　房屋拆迁的估价

4.1　房屋拆迁估价的依据

为了规范城市房屋拆迁估价行为，根据城市房地产管理法、房地产估价规范等依据，建设部发布了《城市房屋拆迁估价指导意见》（建住房［2003］234 号）。

4.2　城市房屋拆迁估价内容

城市房屋拆迁估价（以下简称拆迁估价），是指为确定被拆迁房屋货币补偿金额，根据被拆迁房屋的区位、用途、建筑面积等因素，对其房地产市场价格进行的评估。

房屋拆迁评估价格为被拆迁房屋的房地产市场价格，不包含搬迁补助费、临时安置补助费和拆迁非住宅房屋造成停产、停业的补偿费，以及被拆迁房屋室内自行装修装饰的补偿金额。搬迁补助费、临时安置补助费和拆迁非住宅房屋造成停产、停业的补偿费，按照省、自治区、直辖市人民政府规定的标准执行。被拆迁房屋室内自行装修装饰的补偿金额，由拆迁人和被拆迁人协商确定；协商不成的，可以通过委托评估确定。拆迁估价一般应当采用市场比较法。不具备采用市场比较法条件的，可以采用其他估价方法，并在估价报告中充分说明原因。

根据指导意见规定，拆迁估价由具有房地产价格评估资格的估价机构（以下简称估价机构）承担，估价报告必须由专职注册房地产估价师签字。因此，开发商在开发有拆迁的楼盘时，应委托具有房地产价格评估资格的估价机构完成房屋拆迁估价工作。

拆迁估价时点一般为房屋拆迁许可证颁发之日。拆迁规模大、分期分段实施的，以当期（段）房屋拆迁实施之日为估价时点。拆迁估价的价值标准为公开市场价值，不考虑房屋租赁、抵押、查封等因素的影响。

4.3　被拆迁房屋的性质和面积

被拆迁房屋的性质和面积一般以房屋权属证书及权属档案的记载为准；各地对被拆迁房屋的性质和面积认定有特别规定的，从其规定；拆迁人与被拆迁人对被拆迁房屋的性质或者面积协商一致的，可以按照协商结果进行评估。

对被拆迁房屋的性质不能协商一致的，应当向城市规划行政主管部门申请确认。对被拆迁房屋的面积不能协商一致的，可以向依照《房产测绘管理办法》设立的房屋面积鉴定机构申请鉴定；没有设立房屋面积鉴定机构的，可以委托具有房产测绘资格的房产测绘单位测算。

对拆迁中涉及的被拆迁房屋的性质和面积认定的具体问题，由市、县规划行政主管部门和房地产管理部门制定办法予以解决。

4.4　城市拆迁估价的程序

表 4-3-2

查勘记录	(1)	拆迁估价人员应当对被拆迁房屋进行实地查勘，做好实地查勘记录，拍摄反映被拆迁房屋外观和内部状况的影像资料。实地查勘记录由实地查勘的估价人员、拆迁人、被拆迁人签字认可。因被拆迁人的原因不能对被拆迁房屋进行实地查勘、拍摄影像资料或者被拆迁人不同意在实地查勘记录上签字的，应当由除拆迁人和估价机构以外的无利害关系的第三人见证，并在估价报告中作出相应说明。
报告公示	(2)	估价机构应当将分户的初步估价结果向被拆迁人公示 7 日，并进行现场说明，听取有关意见。
提交报告	(3)	公示期满后，估价机构应当向委托人提供委托范围内被拆迁房屋的整体估价报告和分户估价报告。委托人应当向被拆迁人转交分户估价报告。
专业解释	(4)	拆迁人或被拆迁人对估价报告有疑问的，可以向估价机构咨询。估价机构应当向其解释拆迁估价的依据、原则、程序、方法、参数选取和估价结果产生的过程。
持有异议	(5)	拆迁当事人对估价结果有异议的，自收到估价报告之日起 5 日内，可以向原估价机构书面申请复核估价，也可以另行委托估价机构评估。
申请复核	(6)	拆迁当事人向原估价机构申请复核估价的，该估价机构应当自收到书面复核估价申请之日起 5 日内给予答复。估价结果改变的，应重新出具估价报告；估价结果没有改变的，出具书面通知。

4.5　拆迁费用速查估算表

　　每个城市拆迁费用的规定是不同的，为了便于项目"投资分析师"能快速估算出旧城改造拆迁费费用，将相关拆迁费用明细归纳如下表：

表 4-3-3

房地产税费科目	序	计价	标准
城拆迁评估费	(1.1)	拆迁户数≤100 户	12 元/m²，上下浮动不超过 20%
	(1.2)	拆迁户数>100 户	10 元/m²，上下浮动不超过 20%

房地产税费科目	序			计价	标准
拆迁评估专家鉴定费	(2.1)		居住类		12 元/m²，且≥800 元/月
	(2.2)		非居住类		12 元/m²，且≥1500 元/月
临时安置补助费	(3.1)	在约定期限内	集体土地		8 元/m²，且≥600 元/月
			国有土地		12 元/m²，且≥600 元/月
	(3.2)	超过限≤三个月	集体土地		12 元/m²，且≥600 元/月
			国有土地		18 元/m²，且≥600 元/月
	(3.3)	超限＞三个月	集体土地		16 元/m²，且≥600 元/月
			国有土地		24 元/m²，且≥600 元/月
搬家补助费	(4.1)	非期房	集体土地		10 元/m²，且≥500 元/月
			国有土地		12 元/m²，且≥500 元/月
	(4.2)	期房	集体土地		20 元/m²，且≥500 元/月
			国有土地		24 元/m²，且≥500 元/月
电话移装费	(5.1)		有关规定		暂定 140 元/台测算
煤气拆装费	(5.2)		有关规定		暂定 150 元/台测算
有线电视移装费	(5.3)		有关规定		暂定 150 元/台测算
空调拆装费	(5.4)		有关规定		暂定 400 元/台测算
热水器拆装费	(5.5)		有关规定		暂定 300 元/台测算
拆迁费	(6.1)		集体土地		30 元/m²，上下浮动不超过 20％
	(6.2)		国有土地		90 元/m²，上下浮动不超过 10％
原有房屋的价格	(7)		市场价		由房地产价格估价机构的注册房地产估价师签字出具的《房地产估价报告》

广州于 2012 年 5 月颁布了《关于公布广州市国有土地上住宅房屋征收搬迁补助费标准、临时安置补助费试行标准的通知》，其他主要内容摘录于本节。

房屋征收部门按户为单位，向被征收人或房屋承租人支付搬迁补助费每户 1000 元。因房屋征收涉及的被征收人或者房屋承租人电话移机以及有线电视、管道煤气、宽带网迁装等费用，由房屋征收部门按照征收时的收费标准予以补偿。被征收人选择期房产权调换的，搬迁补助费增加一倍计算，并一次付清。

被征收人选择货币补偿的，房屋征收部门应当根据广州市房地产租赁管理所最近一次公布的被征收房屋所处区位同类型住宅租金参考价格，按照被征收房屋建筑面积，向被征收人或房屋承租人支付 3 个月的临时安置补助费。

被征收人选择房屋产权调换的，产权调换房屋交付前，被征收人或房屋承租人自行安排住处的，房屋征收部门应当根据广州市房地产租赁管理所最近一次公布的被征收房屋所处区位同类型住宅租金参考价格，按照被征收房屋建筑面积，向被征收人或房屋承租人支付临时安置补助费。

被征收人选择房屋产权调换的，产权调换房屋交付前，被征收人使用房屋征收部门提供的周转用房，房屋征收部门不支付临时安置补助费。承租人使用房屋征收部门提供的周转用房，周转用房租金标准高于原租金标准的，由承租人按原租金标准向房屋征收部门支付周转用房租金。

房屋征收部门提供的周转房使用面积应不少于被征收人房屋原使用面积。被征收人或房屋承租人使用房屋征收部门提供周转房的，过渡期限内的水、电等费用自负。但水、电等费用超过原征收房屋地段单价标准的，超出标准部分由房屋征收部门支付。

第4-4章 房地产价格与土地价格的估价案例

一、房地产的估价

A. 背景资料

A.1 地块与房屋概况

形态	科目	数据	单位
地块	取得时间	2003年1月1日	
	出让年限	40	年
	到期时间	2042年12月22日	
	用地面积	4 333.33	m²
	占地亩数	6.50	亩
	容积率	3.00	
	计容总面积	13 000.00	m²
	总建筑面积	15 500.00	m²
房屋	开工时间	2003年7月2日	
	建设工期	2	年
	竣工日间	2005年7月1日	
	耐用年限	70	年
	残值率	2%	
	建造单价	3 000.00	元/m²
	建造成本	39 000 000.00	元

A.2 建筑与营销方案

科目	功能	用途	总建筑面积
一1层面积	地下室	出租	2 500m²
十1层面积	商场	出租	2 500m²
十2层面积	商场	出租	2 500m²
十3层面积	商场	出租	2 000m²
十4层面积	办楼	出租	2 000m²
十5层面积	办楼	出租	2 000m²
十6层面积	办楼	自用	2 000m²
合计			15 500m²

A.3 楼市的行情

科目	功能	用途	总建筑面积	合约租金	客观月租金	单位
−1层面积	地下室	出租	2 500.00	0.00	0.00	元/(月·m²)
+1层面积	商场	出租	2 500.00	700.00	800.00	元/(月·m²)
+2层面积	商场	出租	2 500.00	500.00	600.00	元/(月·m²)
+3层面积	商场	出租	2 000.00	400.00	500.00	元/(月·m²)
+4层面积	办公层	出租	2 000.00	110.00	120.00	元/(月·m²)
+5层面积	办公层	出租	2 000.00	105.00	125.00	元/(月·m²)
+6层面积	办公层	自用	2 000.00	0.00	110.00	元/(月·m²)

B. 问题解答

B.1 时间的计算

土地使用年限	40.00
建造工期（天）	730.00

科目	数量	时差（年）	累计年时差
地块取得时间	2003 年 1 月 1 日	0.00	0.00
正式开工时间	2003 年 7 月 2 日	0.50	0.50
房屋竣工时间	2005 年 7 月 1 日	2.00	2.50
（估价时点）基点	2008 年 6 月 30 日	3.00	5.50
始于竣工日的地块剩余时间		37.50	
始于估价日的地块剩余时间		34.50	

科目	数量	时差（年）	累计年时差
1~2 层开始出租时点	2005 年 9 月 29 日	−2.75	
1~2 层合约的租期	1460	4.00	
1~2 层合约到期至基点时间	2009 年 9 月 28 日		1.25
1~2 层于基点后的剩余时间			33.25
3~5 层开始出租时点	2005 年 11 月 28 日	−2.59	
3~5 层合约的租期	1095	5.00	
3~5 层合约到期至基点时间	2008 年 11 月 27 日		2.41
3~5 层于基点后的剩余时间			32.09

B. 2 年纯收益的计算

科目		合约租金				
		元/(月·m²)	每年月租期	出租市场率	净利率	年纯收益
正1层	商场	700.00	11.50	95%	70%	5 353.25
正2层	商场	500.00	11.50	95%	70%	3 823.75
正3层	商场	400.00	11.50	95%	70%	3 059.00
正4层	办公	110.00	11.50	90%	70%	796.95
正5层	办公	105.00	11.50	90%	70%	760.73
正6层	办公					—

科目		客观租金				
		元/(月·m²)	每年租期	出租市场率	净利率	年纯收益
正1层	商场	800.00	12.00	98%	70%	6 585.60
正2层	商场	600.00	12.00	98%	70%	4 939.20
正3层	商场	500.00	12.00	98%	70%	4 116.00
正4层	办公	120.00	12.00	92%	70%	927.36
正5层	办公	125.00	12.00	92%	70%	966.00
正6层	办公	110.00	12.00	92%	70%	850.08

B. 3 年纯收益的折现

B. 3. 1 合约租金的折现

科目	功能	纯收益 (a)	$r1$	a/r	$n1$	$1-1/(1+r)^n$	单方纯收益
正1层	商铺	5 353.25	8.0%	66 915.63	1.25	0.09	6 121.40
正2层	商铺	3 823.75	8.0%	47 796.88	1.25	0.09	4 372.43
正3层	商铺	3 059.00	8.0%	38 237.50	2.41	0.17	6 475.62
正4层	办公	796.95	8.0%	9 961.88	2.41	0.17	1 687.07
正5层	办公	760.73	8.0%	9 509.06	2.41	0.17	1 610.38
正6层	办公						

B. 3. 2 客观租金的折现

科目	功能	纯收益 （a）	r2	a/r	n1	$1-1/(1+r)^n$
正1层	商铺	6 585.60	8.0%	82 320.00	33.25	0.92
正2层	商铺	4 939.20	8.0%	61 740.00	33.25	0.92
正3层	商铺	4 116.00	8.0%	51 450.00	32.09	0.92
正4层	办公	927.36	8.0%	11 592.00	32.09	0.92
正5层	办公	966.00	8.0%	12 075.00	32.09	0.92
正6层	办公	850.08	8.0%	10 626.00	34.50	0.93

n2	r1	$1/(1+r)^n$	单方纯收益
1.25	8%	0.91	69 003.32
1.25	8%	0.91	51 752.49
2.41	8%	0.83	39 120.50
2.41	8%	0.83	8 814.09
2.41	8%	0.83	9 181.34
			9 879.12

B. 4 房地产价格的计算

科目	功能	建筑面积	合约单方租金	客观单方租金	单方总纯收益	总纯收益
正1层	商铺	2 500.00	6 121.40	69 003.32	75 124.72	187 811 796.45
正2层	商铺	2 500.00	4 372.43	51 752.49	56 124.92	140 312 293.55
正3层	商铺	2 000.00	6 475.62	39 120.50	45 596.12	91 192 234.29
正4层	办公	2 000.00	1 687.07	8 814.09	10 501.16	21 002 313.94
正5层	办公	2 000.00	1 610.38	9 181.34	10 791.73	21 583 451.25
正6层	办公	2 000.00	0.00	9 879.12	9 879.12	19 758 242.00
Σ		房地产总价格				481 660 331.48

二、土地价格的计算

A. 背景资料

科目	数据	单位	备注
近三年亩产值	2000	元/亩	
征地管理费	4%		×征地费
耕地占用税	30	元/m²	×占地面积
耕地开垦费	20	元/m²	×占地面积
五通一平的土地开发费	200	元/m²	×占地面积
土地开发周期	1.5	年	
土地增值率	20%		
开发的投资回报率	15%		
年贷款利率	7%		
土地资本化率	6%		
土地可出让率	80%		
市场价与土地成本价的比率	120%		

应用"成本逼近法"计算土地的价格：

B. 问题解答

B.1　土地取得费的计算

建筑形态	数据	单位
土地补偿费和安置补助费	90.00	元/m²
青苗补助费和地上物补偿	10.00	元/m²
征地费	100.00	元/m²
征地管理费用	4.00	元/m²
耕地占用税	30.00	元/m²
耕地开垦费	20.00	元/m²
土地取得费	154.00	元/m²

B.2　投资利息的计算

科目	资金来源	放款方式	还款方式	比例	借款本金	贷款年限计算	借款年限	贷款利率	复利系数	利息
土地取得费	银行贷款	一次付清	一次还清	100%	154.00	购买日至竣工日	1.50	8.00%	0.1224	18.85
开发费	200.00	元								
建设期	1.50	年								

科目	资金来源	放款方式	还款方式	比例	借款本金	贷款年限计算	借款年限	贷款利率	复利系数	利息
开发费	第1年	均衡放款	一次还清	60%	90.00	$n/2$	0.75	8.00%	0.0595	5.355

利息（一）	18.85
利息（二）	5.36
	24.20

B.3　土地价格的计算

建筑形态	数据	单位
土地取得费	154.00	元/m²
土地开发费	200.00	元/m²
投资利息	24.20	元/m²
投资利润	53.10	元/m²
土地成本	431.30	元/m²
土地增值	86.26	
整片土地单价	517.56	元/m²
土地可出让率	80%	
可出让的土地单价	646.96	元/m²

模块五

房地产开发的支出与税费

模块五　房地产开发的支出与税费·模块导读

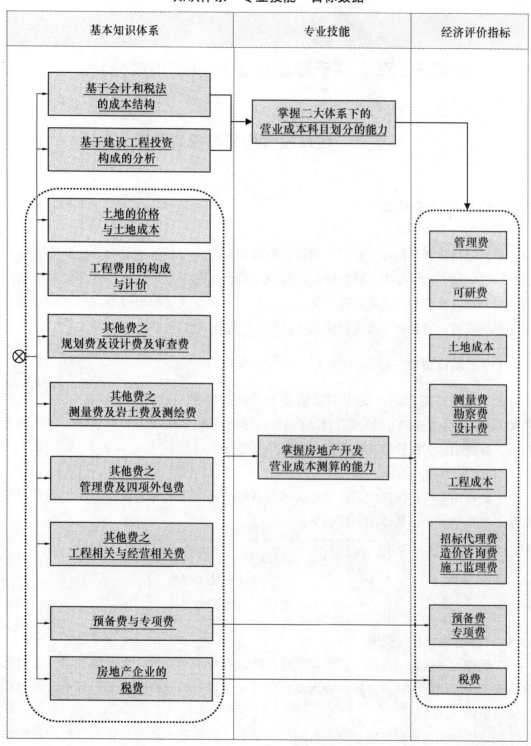

基本知识体系	专业技能	经济评价指标

基于会计和税法
的成本结构

基于建设工程投资
构成的分析

掌握二大体系下的
营业成本科目划分的能力

土地的价格
与土地成本

工程费用的构成
与计价

其他费之
规划费及设计费及审查费

其他费之
测量费及岩土费及测绘费

其他费之
管理费及四项外包费

其他费之
工程相关与经营相关费

预备费与专项费

房地产企业的
税费

掌握房地产开发
营业成本测算的能力

管理费

可研费

土地成本

测量费
勘察费
设计费

工程成本

招标代理费
造价咨询费
施工监理费

预备费
专项费

税费

模块五　房地产开发的支出与税费

485

第 5-1 章　基于建设项目的投资构成分析

第 1 节　建设投资构成与投资阶段

1.1　建设投资总构成

建设项目投资是指在工程项目建设阶段所需要的全部费用的总和。生产性建设项目总投资包括"建设投资、建设期利息和流动资金"三部分；非生产性建设项目总投资包括"建设投资和建设期利息"两部分。其中，建设投资和建设期利息之和对应于固定资产投资，固定资产投资与建设项目的工程造价在量上相等。

1.1.1　建设投资

建设投资是工程造价的主要构成部分，根据国家发改委和建设部以发改投资〔2006〕1325 号发布的《建设项目经济评价方法与参数（第三版）》的规定，建设投资包括工程费用、工程建设其他费用和预备费三部分。

（1）工程费用

工程费用是指直接构成固定资产实体的各种费用，可以分为建筑安装工程费和设备及工器具购置费。具体的科目如下：

```
第一部分　工程费用
        建筑安装工程费
        设备及工器具购置费
```

（2）工程建设其他费用

工程建设其他费用是指应在建设项目的建设投资中开支的，为保证工程建设顺利完成和交付使用后能够正常发挥效用而发生的固定资产其他费用、无形资产费用和其他资产费用。

固定资产其他费用是固定资产费用的一部分。固定资产费用系指项目投产时将直接形成固定资产的建设投资，包括设备及工器具购置费用构成、建筑安装工程费用构成中的工程费用以及在工程建设其他费用中按规定将形成固定资产的费用，后者被称固定资产其他费用。无形资产费用指直接形成无形资产的建设投资，主要是指专利及专有技术使用费。其他资产费用指建设投资中除形成固定资产和无形资产以外的部分，主要包括生产准备费和开办费等。

工程建设其他费科目将随着建设工程的性质变化而变化，并不是固定的，且有的科目属于必须发生的，有的科目是或有科目，有的科目是可退还的。根据《广州市建设项目设计概算编审指引 2012》的内容整理，建设工程其他费用的构成科目如下：

1	土地取得费及相关税费	32	水土保持勘测费
2	建设单位管理费或代建费	33	工程设计费
3	建设工程监理与相关服务收费	34	施工图技术审查费
4	前期工作咨询费	35	设计咨询费
5	项目建议书编制费	36	招标代理服务费
6	可行性研究报告编制费	37	工程造价咨询服务费
7	地质灾害危险性评估费	38	城市基础设施配套费
8	水土保持方案编制费	39	防空地下室易地建设费
9	环境影响咨询费	40	通航安全评估费
10	劳动安全预评价费	41	设置航标及水上航标维护管理费
11	职业病危害预评价费	42	高可靠用电费
12	地震安全性评价费	43	临时接电费
13	节能评估费	44	白蚁防治费
14	消防性能化设计评估费	45	散装水泥专项资金
15	交通影响评价费	46	新型墙体材料专项基金
16	防洪评价费	47	场地准备及临时设施费
17	通航标准和技术要求论证费	48	工程保险费
18	通航安全影响论证费	49	房屋安全鉴定费
19	用地红线图测量费	50	商品房预售款监督管理服务费
20	规划放线费	51	房地产交易手续费
21	规划验收测量费	52	房屋登记费
22	管线探测费	53	特殊设备安全监督检验费
23	管线搬迁及补偿费	54	研究试验费
24	城市道路临时占用费	55	引进技术和引进设备其他费
25	道路挖掘修复费	56	专利及专有技术使用费
26	临时占用绿地费	57	联合试运转费
27	绿化补偿费	58	生产准备及开办费
28	易地绿化补偿费	59	水土保持专项验收费
29	恢复绿化补偿费	60	环境保护验收费
30	勘察设计费	61	职业病危害控制效果评价费
31	工程勘察费	62	其他

对于不同的建设项目，工程建设其他费用的组成内容不同。在编制项目设计概算时，应根据工程具体情况、文件适用条件、计算标准取定，不发生不计算。

在测算设计概算时，应根据项目所在地主管部门的最新政策，弄清费用科目属于免收范围。根据《关于切实落实国家保障性住房建设等涉及行政事业性收费和政府性基金免收政策的通知》（穗财综〔2011〕116 号）的规定，对廉租住房、经济适用住房、公共租赁住房建设以及棚户区改造、旧住宅区整治，一律免收的行政事业性收费和政府性基金包括防空地下室易地建设费、房屋登记费、商品房预售款监督管理服务费、环境监测收费、耕地开垦费、临时占用绿地费、绿化补偿费、城市道路占用挖掘费、堤围防护费、占用利用公路路产补（赔）偿费、城市基础设施配套费、散装水泥专项资金、新型墙体材料专项基金、新菜地开发建设基金、城市教育费附加、地方教育附加、城镇公用事业附加等项目。

（3）预备费

预备费是指为了保证工程项目的顺利实施，避免在难以预料的情况下造成投资不足而预先安排的一笔费用。包括基本预备费和涨价预备费。

1.1.2　建设期利息

建设期利息包括向国内银行和其他非银行金融机构贷款、出口信贷、外国政府贷款、国际商业银行贷款以及在境内外发行的债券等在建设期间内应偿还的贷款利息。国外贷款利息的计算中，还应包括国外贷款银行根据贷款协议向贷款方以年利率的方式收取的手续费、管理费、承诺费；以及国内代理机构经国家主管部门批准的以年利率的方式向贷款单位收取的转贷费、担保费、管理费等。

1.1.3　流动资金

生产性建设项目总投资包括建设投资、建设期利息和流动资金三部分，在"项目报批总投资"和"项目概算总投资"中只包括铺底流动资金，其金额通常为流动资金总额的 30%。

1.2　建设投资的构成科目

基本建设项目投资的估算方法有多种，根据国家发展改革委和建设部联合发布的第三版《建设项目经济评价方法与参数》中的规定，按照费用归集形式，建设项目投资构成科目可分为"概算法"和"形成资产法"。

1.2.1 概算法

根据国家发展改革委和建设部联合发布的第三版《建设项目经济评价方法与参数》中的规定"概算法"所使用的建设投资估算表如下：

表 5-1-1

序号	资产科目	建筑工程费	设备购置费	安装工程费	其他费用	合计	其中外币	比例%
1	工程费用							
1.1	主体工程							
1.1.1	…							
1.2	辅助工程							
1.2.1	…							
1.3	公用工程							
1.3.1	…							
1.4	服务性工程							
1.4.1	…							
1.5	厂外工程							
1.5.1	…							
1.6	…							
2	工程建设其他费							
2.1	…							
3	预备费							
3.1	基本预备费							
3.2	涨价预备费							
4	建设投资合计							
	比例%							

1.2.2 资产法

根据国家发展改革委与建设部联合公布的《建设项目经济评价方法与参数》中的规定:"形成资产法"适用于新设法人项目与既有法人项目的新增建设投资的估算。利用"形成资产法"(本书简称为"资产法")对建设项目进行投资估算。其科目划分与表格建设投资估算表(形成资产法)如下:

表 5-1-2

序号	资产科目	建筑工程费	设备购置费	安装工程费	其他费用	合计	其中外币	比例%
1	固定资产费用							
1.1	工程费用							
1.1.1	…							
1.2	固定资产其他费							
1.2.1	…							
2	无形资产费用							
2.1	…							
3	其他资产费用							
3.1	…							
4	预备费							
4.1	基本预备费							
4.2	涨价预备费							
5	建设投资合计							
	比例%							

1.2.3 科目的比较

将建设项目的投资费用,用两种不同的方法("概算法"和"资产法")进行归集对照,分析如下:"项目总投资"构成如下:

表 5-1-3

建设项目总投资	固定资产投资（工程造价）	固定资产费用	建筑工程费		第一部分 工程费用
			设备、工器具购置费		
			安装工程费		
			其他费用	建设用地取得费	第二部分 工程建设 其他费用
				建设管理费	
				可行性研究费	
				勘察设计费	
				环境影响评价费	
				劳动安全卫生评价费	
				场地准备及临时设施费	
				引进技术和引进设备其他费	
				工程保险费	
				联合试运转费	
				特殊设备安全监督检验费	
				……	
		无形资产费用		建设用地费	
				专利及专有技术使用费	
		其他资产费用，或递延资产		生产准备及开办费	
		预备费用		基本预备费	第三部分 预备费
				价差预备费	
		建设期借款利息（计入固定资产原值）			第四部分 专项费用
	流动资金				

　　"建设项目总投资"的内涵：当计算资金本基数的项目总投资时只包括30％的流动资金，当作项目的财务评价时，"建设项目总投资（项目投入总投资）"包括全部的流动资金。

　　从上表划分的科目对比分析，"资产法"具体的科目内容与"概算法"的中科目基本一致，在此基础上，归集至"资产"的划分科目（固定资产、无形资产和其他资产）。

模块五　房地产开发的支出与税费

1.3 投资控制阶段与精度

1.3.1 投资的控制阶段

根据我国现行的基本建设项目的程序，总结起来可归纳为"三阶段八环节"：即立项决策阶段（项目建议、初步可行性研究与详细可行性研究）、规划设计阶段（方案设计、初步设计与施工图设计）、实施使用阶段（施工建造、竣工验收和工程保修），伴随这八个环节的投资控制的节点为投资估算（三次修正）、概算、预算、结算（竣工结算与进度结算）、清算等阶段。

1.3.2 投资的控制精度

1.3.2.1 投资估算阶段

建设项目规划阶段是指有关部门根据国民经济发展规划、地区发展规划和行业发展规划的要求，编制一个建设项目的建设规划。其对投资估算精度的要求为允许误差不大于±30％。

在项目建议书阶段，是按项目建议书中的产品方案、项目建设规模、产品主要生产工艺、企业车间组成、初选建厂地点等，估算建设项目所需要的投资额。其对投资估算精度的要求为误差控制在±30％以内。

可行性研究阶段，是在掌握了更详细、更深入的资料条件下，估算建设项目所需的投资额。其对投资估算精度的要求为误差控制在±20％以内。

1.3.2.2 设计概算阶段

根据《广州市建设项目设计概算编审指引》规定：项目设计概算与经批准的可行性研究报告所确定的总投资差异幅度超过10％的，项目建设单位应当重新编制项目可行性研究报告报市投资主管部门审批后方可报批概算。

1.3.2.3 预算结算阶段

根据《湖南省建设工程招标控制价备案管理办法》规定，潜在投标人对招标控制价有异议的，有权向招标投标管理机构和工程造价管理机构投诉，由工程造价管理机构组织复核，经复核后，招标控制价误差范围在±3％以内（含±3％）的，原招标控制价有效；误差范围在±3％以外的，原招标控制价无效，应以复核确认的招标控制价为准。经复核确认的招标控制价不得再次复核。

招标控制价复核费用由投诉人预付。复核确认招标控制价误差范围在±3％以内（含±3％）的，其复核费用由投诉人承担；误差范围在±3％以外的，其复核费用由编制单位承担。

第 2 节　建设投资的估算

2.1　投资估算阶段

投资估算是进行建设项目技术经济评价和投资决策的基础，根据《建设项目投资估算编审规程》（CECA/GC1—2007）中的规定在项目建议书、预可行性研究、可行性研究、方案设计阶段（包括概念性方案设计和实施性方案设计）应编制投资估算。为了区分其中各阶段的情况，在项目的立项阶段，可将投资估算进一步细分为投资粗算（项目建议阶段）、投资匡算（预可行性研究和可行性研究）和方案估算。

投资估算指在项目决策进程中，依据项目的建设规模、产品方案和设计方案等资料，对建设项目投资数额（包括工程造价和流动资金）进行的测算过程，称之为投资估算。投资估算可参考相应工程造价管理部门宣布的投资估算指标，依据工程所在地市场价格水平合理肯定估算编制期的人工、材料、机械台班价格，全面反应建设项目建设后期和建设期的全部投资。

始于项目立项阶段的投资估算，面对较长的建设周期，如果外部经济环境波动较大，则对投资估算的精度影响较大。因此，项目投资分析师在进行投资估算时，除了掌握一定的专业知识外，对项目投资所处的外部经济环境对项目的影响有一定的分析能力。同时，应以动态的控制方法对所采用的指标时点进行估算期、建设期与运营期的动态修正，才能使估算的结果更接近整个建设期与运营期的实际支出。

从建设项目投资估算的办法分类，可将建设项目的投资估算分为"简单估算法"、"投资分类估算法"。下面分别对这几个投资估算的方法进行阐述。

2.2　简单估算法

从建设项目的投资估算复杂程度角度分类，投资估算可分为"简单投资估算法"和"投资分类估算法"。其中"简单投资估算法"包括"生产能力指数法、比例估算法、系数估算法和投资估算指标法"等。

项目建议书阶段建设项目投资估算可采用生产能力指数法、系数估算法、比例估算法、混正当（生产能力指数法与比例估算法、系数估算法与比例估算法）、指标估算法等。

2.2.1 生产能力指数法

生产能力指数法是根据已建成的类似建设项目生产能力和投资额，进行精详估算拟建建设项目相关投资额的方法。本办法主要运用于设计深度不足，拟建建设项目与类似建设项目的范围不同，设计定型并系列化，行业内相关指数和系数等基础资料完备的情况。对于"工业地产"项目，可利用此方式进行投资估算：

表 5-1-4

$C_2 = C_1 \times \left(\dfrac{Q_2}{Q_1}\right)^n \times f$	(1)	C_1	已建类似项目的投资额
	(2)	Q_2	拟建类似项目的生产能力
	(3)	Q_1	已建类似项目的生产能力
	(4)	n	生产能力指数 $0 \leqslant n \leqslant 1$
	(5)	f	综合修正系数
	(6)	C_2	拟建项目的投资额

其中，综合修正系数（f）是指根据已建项目的指标时点、定额、单价、变更等因素对其拟建项目投资额度进行修正的综合调整系数。

生产能力指数（n）的合理取值十分关键，直接影响了投资估算的精度，生产能力指数的取值可按以下情况进行：

若已建类似项目的规模和拟建项目的规模相差不大，生产规模比值在 0.5 至 2 之间，则指数 n 的取值近似为 1；若已建类似项目的规模和拟建项目的规模相差不大于 50 倍，且拟建项目规模的扩大仅靠增大设备规模来达到时，则 n 取值约在 0.6 至 0.7 之间；若已建类似项目的规模和拟建项目的规模相差不大于 50 倍，且拟建项目规模的扩大靠增加相同规格设备的数量达到时，则 n 取值为 0.8 至 0.9 之间。

2.2.2 系数估算法

"设备费的系数估算法"是以"拟建项目"的设备购置费为基数，根据其他费用占其比例值来估算拟建项目投资额的方法：

表 5-1-5

$C_2 = E \times (1 + f_1 P_1 + f_2 P_2 + \cdots + f_n P_n) + I$	(1)	C_2	拟建项目的投资额
	(2)	E	已建类似项目的设备费，或 已建类似项目的主体工程费
	(3)	P	已建项目的辅助配套工程费占主体工程的比例，或 占其主要设备费的比例
	(4)	f	综合调整系数
	(5)	I	拟建项目的其他费用

综合调整系数是指项目建设间隔期内定额、单价、费用变更等的综合调整系数。应用"设备费的比例法"估算拟建项目的投资时，首先对已建项目的投资额进行构成分析，以设备费为基数，测算出其他费用占其的比例。再根据综合调整系数对静态的比例值进行修正。

2.2.3 比例估算法

比例估算法是根据已知的同类建设项目主要生产工艺设备投资占全部建设项目的投资比例，先逐项估算出拟建建设项目主要生产工艺设备投资，再按比例进行估算拟建建设项目相关投资额的方法。同样本办法主要应用于设计深度不足，拟建建设项目与类似建设项目的主要生产工艺设备投资比重较大，行业内相关系数等基础资料完备的情况。"比例估算法"的计算办法如下：

表 5-1-6

$C_2 = \dfrac{1}{K}(Q_1 P_1 + Q_2 P_2 \cdots$ $+ Q_i P_i)$	(1) C_2 拟建项目的投资额。
	(2) K 主要设备投资占已建项目总投资的比例。
	(3) Q_i 第 i 种主要工艺设备的数量。
	(4) P_i 第 i 种主要工艺设备的购置费（入库价）。

首先对已建项目的投资进行构成分析，求出其主要设备投资占整个项目投资的比例，然后再据此估算出拟建项目的主要设备投资，即可按比例求出拟建项目的建设投资。

2.2.4 指标估算法

指标估算法，是把拟建建设项目以单项工程或单位工程，按建设内容纵向划分为各个主要生产设施、辅助及公用设施、行政及福利设施、各项其他基本建设费用，按费用性质横向划分为建筑工程、设备购置、安装工程等，根据各种具体的投资估算指标，进行各单位工程或单项工程投资的估算，在此基础上汇成拟建建设项目的各个单项工程费用和拟建建设项目的工程费用投资估算。再按相关规定估算工程建设其他费用、预备费、建设期贷款利息等，计算成拟建建设项目总投资。

估算指标是以独立的建设项目、单项工程或单位工程为对象，综合项目全过程投资和建设中的各类成本和费用，反映出其扩大的技术经济指标，具有较强的综合性和概括性。投资估算指标分为建设项目综合指标、单项工程指标和单位工程指标三种。

（1）项目综合指标

建设项目是指在一个总体设计或初步设计范围内，由一个或几个单项工程所组成，经济上实行统一核算，行政上实行统一管理。

建设项目可分解为单项工程、单位工程（子单位工程）、分部工程（子分部工程）、分项工程和检验批。

建设项目的综合指标是指将建设项目从立项筹建到竣工验收交付使用全过程中所需投入的全部投资额分摊到某一计量单位后的数值。包括建设投资和流动资产投资。

建设项目的综合指标计量单位一般是以项目的综合生产能力单位投资表示，如以"元/吨"、"元/kW"、"元/年生产能力(t)"、"元/小时产气量"等来表示；或以建设工程项目单位使用功能的投资表示，如：元/床，元/客房套。

（2）单项工程指标

单项工程是指具有单独设计文件的，建成后可以独立发挥生产能力或效益的一组配套齐全的工程项目。单项工程是建设项目的组成部分。

单项工程指标是指将单项工程从其开始施工至其竣工及交付使用全过程中所需投入的建筑工程费用、安装工程费用和设备与工器具购置费用，分摊到某一计量单位后的数值。单项工程指标中不包括工程建设其他费用。

单项工程指标的计量单位，一般以单项工程单位生产能力造价或者单位建筑面积造价表示。如：元/（kV·A），元/年产蒸汽（t），元/建筑面积（m^2）等。

（3）单位工程指标

单位工程是指具有独立的设计文件，具备独立施工条件并能形成独立使用功能，但竣工后不能独立发挥生产能力或工程效益的工程，是单项工程的组成部分。

单位工程指标是将单位工程从其开始施工到其竣工且具备交付使用条件的全过程中所需要投入的建筑工程费用、安装工程费用分摊至某一计量单位后的数值。

单位工程指标是反映建造能独立组织施工的单位工程的造价指标，仅表示单位工程所投入的建筑安装工程费用指标，一般以单位工程量的造价表示。如：元/m^2，元/m。

2.3 投资分类估算法

2.3.1 投资分类估算法的含义

建设项目投资由工程费（建筑工程费、设备及工器具购置费、安装工程费）、工程建设其他费用、预备费（基本预备费、涨价预备费）、建设期利息等部分构成。

"建设投资分类估算法"就是根据上述的构成科目，对拟建项目所需要的投资额，按工程费用（含建筑工程费、设备购置费和安装工程费）、工程建设其他费用和预备费（含基本预备费和涨价预备费）科目的进行分类估算求和的方法。

2.3.2 投资分类估算法的程序

表 5-1-7

估算工程费用	(1)	分别估算项目建设所需的建筑工程费、设备购置费和安装工程费。
汇总工程费用	(2)	汇总建筑工程费、设备购置费和安装工程费，得出分装置的工程费用，然后合计得出项目建设所需的工程费用。
估算其他费用	(3)	在工程费用的基础上估算工程建设其他费用。
估算基本预备费	(4)	以工程费用和工程建设其他费用为基础估算基本预备费。
涨价预备费	(5)	在确定工程费用分年投资计划的基础上估算涨价预备费。
估算建设期利息	(6)	根据融资方案测算出所需要的建设期的利息支付。
汇总	(7)	根据上述的估算合计汇总出建设项目的总投资额度。

第 3 节 设计概算的构成与编制

3.1 设计概算的含义

建设项目概算是设计文件的重要组成部分，是确定和控制建设项目全部投资的文件。设计概算文件必须严格执行国家有关的方针、政策和制度，完整、准确反映工程项目初步设计内容，设计概算应根据工程所在地的建设条件（包括自然条件、施工条件、市场变化等影响投资的各种因素）进行编制。

3.2 设计概算编制依据

建设项目设计概算编制依据，包括但不限于以下内容：（1）国家和地方政府有关建设和造价管理的法律、法规和规程。（2）设计说明书及设计图纸。（3）与建设项目有关的标准、规范等技术资料。（4）概算定额或指标等计价依据及有关计价规定。（5）工程造价管理机构发布的工程造价信息；工程造价信息没有的，参照市场价。（6）工程建设其他费用计费依据。（7）建设项目的合同、协议等有关文件。（8）项目资金筹措方式。（9）建设项目的自然条件、施工条件等。（10）常规的施工组织设计。（11）建设单位提供的有关概算的其他资料。

第 5-2 章　工程费用的构成与计价

根据工程的使用功能，可将其分为建筑物与构筑物。建筑物一般指供人居住、工作、学习、生产、经营、娱乐、储藏物品以及进行其他社会活动的工程建筑。构筑物是指不具备、不包含或不提供人类居住功能的工程建筑。

建筑物可进一步划分为居住建筑、公共建筑、工业建筑和农业建筑、园林建筑等类别。居住建筑和公共建筑可统称为民用建筑。

工程费用：指用于项目的建筑物、构筑物的建设、设备及工器具的购置，以及设备安装而发生的全部建造和购置费用。工程费用的三大科目为"建筑工程费、设备及工器具的购置费、安装工程费"。

对于建筑安装工程费，根据专业的不同，可进一步划分为土建工程费、装饰工程费、安装工程费、市政工程费和园林工程费等专业工程费。

第 1 节　与工程造价相关的术语

1.1　建设工程

建设工程是指新建，改建，扩建固定资产的投资活动。建设工程包括土木工程，建筑工程，线路管道工程，设备安装工程，装修工程等。

1.2　工程造价

工程造价是按照确定的建设内容，建设规模，建设标准、功能要求和使用要求等将工程项目全部建成并验收合格交付使用所需的全部费用。工程费用是指直接构成固定资产实体的各种费用，可以分为建筑安装工程费和设备及工器具购置费。

1.3　计价方式

工程费的计价方式有三种：第一，是通过市场竞争形成的计价方式；第二，是定额计价法；第三，是工程量清单计价法。

市场竞争形成的计价方式，是指完全以建设工程交易当期外部市场行情下，通过有效的市场竞争方式所形成的价格。定额计价是指按国家、省、有关专业部门定期发布的各种定额为计价依据并按一定的计价程序编制的工程造价。工程量清单计价是指按《建设工程工程量清单计价规范》（GB50500-2008）规定的计价方法编制的工程造价。

第 2 节　工程量清单计价

2.1　工程量清单计价科目

工程量清单是指建设工程的分部分项工程项目、措施项目、其他项目、规费项目和税金项目的名称和相应数量等的明细清单。工程量清单应由分部分项工程量清单、措施项目清单、其他项目清单、规费项目清单、税金项目清单"五大清单"组成。工程量清单的构成表格与科目由以下内容构成：

表 5-2-1

封面	（1）应有建设单位、编制单位的签字与盖章等内容。
总说明	（2）应有工程概况、编制的界面范围、编制依据等内容。
分部分项工程量清单与计价表	（3）应有项目编码、项目名称、项目特征、计量单位、工程数量、综合单价、合价等内容。
综合单价分析表（一）	（4）广东省版表格，与综合单价分析表（二）的区别是缺少了主材的"暂估"单价与合计的单元格。
综合单价分析表（二）	（5）此表为国标版表格，表内有项目编码、项目名称、计量单位、清单工程量、定额编号、子目名称、定额单位、工程数量、人工费、材料费、机械费、管理费、利润、人工单价、未计价材料费、主要材料名称与规格型号、主材数量、单价与合价、主材的暂估单价与合计等单元格。
综合单价分析表（三）	（6）广东省版表格，表格中有序号、项目编码、项目特征、人工费、材料费、机械使用费、管理费、利润、综合单价等单元格。

主要材料设备价格表	（7）广东省版表格，表格中有序号、材料设备编码、材料设备名称、规格与型号、单位、单价等单元格。
措施项目清单与计价表（一）	（8）适用于以"项"计价的措施项目，表格中有序号、项目名称、计算基础费率、金额等单元格，其中"计算基础"可为"直接费"、"人工费"或"人工费＋机械费"等。 （9）主要包括安全文明施工费、夜间施工费、二次搬运费、冬雨季施工费、大型机械设备进出场费与安拆费、施工排水费、施工降水费、地上（下）设施、建筑物的临时保护设施费、已完成工程及设备保护费、各专业工程的措施项目。
措施项目清单与计价表（二）	（10）适用于可用"综合单价"计价的措施项目。表格中有序号、项目编码、项目名称、项目特征、计量单位、工程数量、综合单价与合价等单元格。
其他项目清单与计价表	（11）表格中有序号、项目名称、单位、金额备注等单元格。 （12）其他项目由暂列金额、暂估价、材料暂估价、专业工程暂估价、计日工、总承包服务费、索赔费用、现场签证费用。对于材料暂估单价已编入清单项目综合单价的，此处将不再列出。
暂列金额明细表	（13）表格中有序号、项目名称、单位、暂定金额、备注等单元格组成。
材料设备暂估价表	（14）表格中有序号、材料设备名称及规格及型号、计量单位、工程数量、单价与合价、备注等单元格组成。 （15）此表格由建设单位填写，并在备注栏中说明此表内容拟用于的清单科目。
专业工程暂估价表	（16）表格中有序号、工程名称、工程内容、金额与备注等单元格。
计日工表	（17）表格中有编号、项目名称、单位、暂定数量、综合单价与合价等单元格。 （18）本表主要是由建设单位填写人工、材料与施工机械的费用。
总承包服务费表	（19）表格有序号、项目名称、项目价值、服务内容、费率、金额等单元格。 （20）总承包服务费由指定分包工程、甲方供应的材料设备二大科目组成。
索赔与现场签证计价表	（21）表格有索赔及签证项目名称、计量单位、工程数量、单价与合价、索赔及签证依据等单元格。

规费和税金项目清单 与计价表	（22）表格由序号、项目名称、计算基础、费率、金额等单元格 组成。 （23）此表由规费、工程排污费、施工噪声排污费、防洪工程维护 费、危险作业意外伤害保险费、税金等科目构成。

中华人民共和国住房和城乡建设部发布的并实施于 2008 年 12 月 1 日的《建设工程工程量清单计价规范》（GB 50500—2008）全面规范了工程造价的计价方法与科目。根据计价规范的规定，建筑安装工程费的科目由分部分项工程量清单、措施项目清单、其他项目清单、规费项目清单、税金项目清单等"五大子清单"构成。

2.2　分部分项工程量清单

分部分项工程量清单应根据规定的项目编码、项目名称、项目特征、计量单位和工程量计算规则进行编制。分部分项工程量清单的项目名称应按规定的项目名称结合拟建工程的实际确定。分部分项工程量清单中所列工程量应按规定的工程量计算规则计算。分部分项工程量清单的计量单位应符合规定要求。分部分项工程量清单项目特征应按规定的项目特征，结合拟建工程项目的实际予以描述。

每个省、市的造价管理站均会发布各专业的定额，一般由各专业的"造价工程师"或"造价员"编制完成。

2.3　措施项目清单

措施项目清单应根据拟建工程的实际情况列项。可细分为通用措施项目和专业工程的措施项目。若出现清单规范未列的项目，可根据工程实际情况补充。通用措施项目包括安全文明施工（含环境保护、文明施工、安全施工、临时设施）、夜间施工二次搬运、冬雨季施工、大型机械设备进出场及安拆、施工排水施工降水、地上、地下设施。建筑物的临时保护设施、已完工程及设备保护。

清单计价规范中的"措施项目清单与计价表（一）"适用于不能计算工程量的项目清单（简称为"非计量措施项目"），以"项"为计量单位。

清单计价规范中的"措施项目清单与计价表（二）"适用于措施项目中可以计算工程量的项目清单（简称为"可计量措施项目"），宜采用分部分项工程量清单的方式编制，列出项目编码、项目名称、项目特征、计量单位和工程量计算规则。

本书以《广东省建设工程计价办法 2010》为案例，分析建设工程措施项目的内容：其中各专业工程的措施项目包括且不限于：模板（扣除支撑）、垂直运输、泵送增加费、围堰、桥梁支架、施工便道等内容。

安全文明施工费（含环境保护、文明施工、安全施工、临时设施）包括且不限于：综合脚手架（含安全网）、内脚手架、靠脚手架安全挡板和独立挡板、围尼龙纺织布、模板的支撑、现场围挡、现场设置的卷扬机架、按系数计量部分等内容。

其他措施项目有泥浆池（槽）砌筑及拆除、材料二次运输费、大型机械设备进出场及安拆费、施工排水费、施工降水费、地上、地下设施、建筑物的临时保护设施、已完工程及设备保护费等。

其中以系数计算的措施项目科目归集于下表：

表 5-2-2

措施项目科目	适用的专业工程及计算公式
安全文明施工费	（1）分部分项工程费×（建筑工程 3.18%、单独装修工程 2.52%、市政工程 2.90%、园林绿化工程 5.25%） （2）人工费×26.57%，适用于安装工程。
文明工地增加费	（3）分部分项工程费×（省级 0.7%，市级 0.4%），适用于建筑工程。 （4）分部分项工程费×（省级 0.4%，市级 0.2%），适用于单独装修工程、市政工程、园林绿化工程、安装工程。
夜间施工增加费	（5）夜间施工项目人工费×20%，适用于建筑工程。 （6）夜间施工项目人工费×10%：适用于单独装修工程、市政工程、园林绿化工程、安装工程。
交通干扰施工增加费	（7）施工道路上施工项目人工费×10%；适用于市政工程。
赶工措施费	（8）(1-合同工期/定额工期)×分部分项工程费×0.1，适合于建筑工程、单独装修工程、市政工程。 （9）(1-合同工期/定额工期)×人工费×0.7，适用于园林绿化工程和安装工程。
工程优质费	（10）分部分项工程费×（国家级 0.7%，省级 0.4%，市级 1.5%）
材料检验试验费	（11）分部分项工程费×（建筑工程 0.3%、单独装修工程 0.2%、市政工程 0.1%、园林绿化工程 0.2%、安装工程 0.2%）

2.4 其他项目清单

"其他项目清单"一般包括暂列金额、暂估价（包括材料暂估价、专业工程暂估价)、计日工、总承包服务费。未列的项目，可根据工程实际情况补充。

表 5-2-3

暂列金额	（1）招标人在工程量清单中暂定并包括在合同价款中的一笔款项。用于施工合同签订时尚未确定或者不可预见的所需材料、设备、服务的采购，施工中可能发生的工程变更、合同约定调整因素出现时的工程价款调整以及发生的索赔、现场签证确认等的费用。
暂估价	（2）招标人在工程量清单中提供的用于支付必然发生但暂时不能确定的材料的单价以及专业工程的金额。
计日工	（3）在施工过程中，完成发包人提出的施工图纸以外的零星项目或工作，按合同中约定的综合单价计价。
总承包服务费	（4）总承包人为配合协调发包人进行的工程分包自行采购的设备、材料等进行管理、服务以及施工现场管理、竣工资料汇总整理等服务所需的费用。

下面以《广东省建设工程计价办法 2010》为案例来说明相关其他项目清单费用的计取：

表 5-2-4

措施项目科目	适用的专业工程及计算公式
暂列金额	（1）分部分项工程费×（10%～15%）；
暂估价	（2）工程量清单中提供的用于支付必然发生的但暂时不能确定价格的货物单价及专业工程的金额；
总承包服务费	（3）仅要求对招标人发包的专业工程进行总承包管理和协调的情形：专业工程造价×1.5%； （4）对招标人发包的专业工程进行总承包管理和协调，同时提供配合和服务的情形：专业工程造价×（3%～5%）； （5）配合招标人自行供应材料（不含建设单位供应材料的保管费）的情形：招标人供应材料价值×1%；
预算包干费	（6）分部分项工程费×（0～2%）；
零星工程费	（7）零星工程费以分部分项工程费为计算基础。费率标准：建（构）筑物工程、安装工程、市政桥梁工程取 3%～5%，市政管网工程、道路工程取 3%，隧道工程取 1%～3%。

2.5 规费项目清单

"规费项目清单"应按照下列内容列项：工程排污费；工程定额测定费；社会保险费：包括养老保险费、失业保险费、医疗保险费；住房公积金；危险作业意外伤害保险费。对于未列的项目，应根据省级政府或省级有关权力部门的规定列项。

下面以《广东省建设工程计价办法2010》为案例来说明相关"规费项目清单"费用的计取：工程排污费、施工噪声排污费按相关部门规定计取得；社会保险费（养老保险费、失业保险费、医疗保险费、工伤保险费、生育保险费）、住房公积金已计入"人工费"；危险作业意外伤害保险费按（分部分项工程费＋措施项目费＋其他项目费）×0.1%计取。

2.6 税金项目清单

"税金项目清单"应包括下列内容：营业税；城市维护建设税、教育费附加，未列的项目，应根据税务部门的规定列项。

第3节 设备购置费

设备及工器具购置费包括设备的购置费、工器具购置费、现场自制非标准设备费、生产用家具购置费和相应的运杂费。对于价值高的设备应按单台（套）估算购置费；价值较小的设备可按分类估算。设备购置费应按国内设备和进口设备分别估算，工器具购置费一般按占设备费的比例计取。

3.1 国内设备购置费

"国内设备购置费"是指为建设项目购置或自制的达到固定资产标准的各种国产设备的购置费用。它由设备原价和设备运杂费构成。

3.1.1 国产标准设备原价

国产标准设备原价一般指的是设备制造厂的交货价，即出厂价。设备的出厂价分两种情况，一是带有备件的出厂价，二是不带备件的出厂价，在计算设备原价时，应按"带备件"的出厂价计算。如设备由设备成套公司供应，则应以订货合同为设备原价。国产标准设备原价可通过查询相关价格目录，或向设备生产厂家询价得到。

3.1.2　国产非标准设备原价

非标准设备原价有多种计价方法，如成本计算法、系列设备插入估价法、分部组合估价法、定额估价法等。无论采用哪种方法都应该使非标准设备计价接近实际出厂价，并且计算方法要简便。实践中也可以采用有关单位公布的参考价格（元/吨），根据设备类型、材质、规格等要求选用。按成本计算估价法，非标准设备的原价由以下各项组成：

表 5-2-5

价格构成科目	具体的步骤
直接费 A	（1）材料费＋加工费＋辅助材料费
专用工具费 B	（2）A×专用工具费率
废品损失费 C	（3）A×B×废品损失费率
外购配套件费 D	（4）D
包装费 E	（5）（A×B×C＋D）×包装费率
利润 F	（6）（A＋B＋C＋D＋E）×利润率
税金 G	（7）增值税＝当期销项税额－进项税额 （8）当期销项税额＝销售额×适用增值税率
非标准设备设计费 H	（9）H
单台非标准设备原价	（10）A＋B＋C＋D＋E＋F＋G＋H

3.1.3　设备运杂费

设备运杂费通常由运输费、装卸费、运输包装费、供销手续费和仓库保管费等各项费用构成。一般按设备原价乘以设备运杂费费率计算。设备运杂费费率按部门、行业或省、市的规定执行。

3.1.4　进口设备购置费

进口设备购置费是由进口设备货价、进口从属费用、国内运杂费三部分组成。进口设备货价按交货地点和方式的不同可分为三类。进口设备从属费用包括国外运输费、国外运输保险费、进口关税、进口环节增值税、银行手续费、外贸手续费、海关监管手续费等。国内运杂费包括运输费、装卸费、运输保险费等。下面分别对其进行阐述。

3.1.5 进口设备的货价

进口设备的交货类别根据进口设备的交货地点不同可分内陆交货类、目的地交货类、装运港交货类。进口设备货价通过向有关生产厂商询价、报价、订货合同价计算。具体简介如下：

表 5-2-6

内陆交货类	（1）在出口国内陆的某个地点（铁路、公路）交货。买方须自行办理出口手续和装运出口。货物的所有权也在交货后由卖方转移给买方。
目的地交货类	（2）在进口国的港口或内地交货，分为"目的港"的船上交货价、船边交货价、码头交货价（关税已付）、完税后交货价（进口国的指定地点）等几种"交货价"。以交货点为分界线，只有货物置于买方控制下才算交货，才能收取货款。
装运港交货类	（3）在出口国装运港交货，主要有"装运港"货价分为离岸价格、离岸价、运输价、到岸价。只要卖方把合同规定的货物装船后提供货运单据便完成交货任务，可凭单据收回货款。

3.1.6 进口从属费用

进口设备从属费用包括国外运输费、国外运输保险费、进口关税、进口环节增值税、银行手续费、外贸手续费、海关监管手续费等：

表 5-2-7

国际运费	（1）从"装运港"到达"抵达港"的运费。计算公式为：国际运费＝离岸价×运费率或国际运费＝单位运价×运量。
运输保险费	（2）运输保险费＝（离岸价＋国际运费）×国外保险费率。
进口关税	（3）由海关对进出口国境或关境的货物和物品征收的一种税。计算公式为：进口关税＝（进口设备离岸价＋国际运费＋运输保险费）×进口关税率。
增值税	（4）进口应税产品均按组成计税价格和增值税税率直接计算应纳税额。计算公式为：增值税额＝组成计税价格×增值税税率；组成计税价格＝关税完税价格＋进口关税＋消费税，其中，增值税税率根据规定的税率计算，目前进口设备适用税率为17%。

外贸手续费	(5) 是指国家对外贸易经济合作部规定的对进口产品征收的费用，计算公式为：外贸手续费＝［进口设备离岸价（FOB 价）＋国际运费＋运输保险费］×外贸手续费率。
银行财务费	(6) 一般指中国银行手续费。计算公式为：银行财务费＝进口设备离岸价（FOB 价）×银行财务费率。
海关监管手续费	(7) 是指海关对进口减免税、保税设备实施监督、管理、提供服务的手续费。对全额征收关税的货物不收海关监管手续费。计算公式为：海关监管手续费＝进口设备到岸价×海关监管手续费率。

3.1.7　国内运杂费

国内运杂费通常由运费和装卸费、包装费、设备供销部门的手续费、采购与仓库保管费等构成。设备运杂费其公式为：设备运杂费＝设备离岸价×设备运杂费率，其中，设备运杂费率按各部门及省、市等的规定计取。

3.2　工器具及生产家具购置费

工具、器具及生产家具购置费是指新建或扩建项目初步设计规定的，保证初期正常生产必须购置的没有达到固定资产标准的设备、仪器、工卡模具、器具、生产家具和备品备件等的购置费用。

一般以设备购置费为计算基数，按照部门或行业规定的工具、器具及生产家具费率计算。计算公式为：工具、器具及生产家具购置费＝设备购置费×定额费率。

现场自制非标准设备，由材料费、人工费和管理费组成。按其占设备总费用的一定比例估算。

第 5-3 章 其他费之土地价格及土地成本

房地产开发企业或建设项目的第一生产要素的资源是"地块"。因此，从事建设项目或房地产开发项目的投资管理者，应对土地的价格理论、城市的基准地价体系、土地的储备管理、土地一级开发等内容应有深入专项的研究。

第 1 节 土地价格的理论

1.1 土地价格的属性

土地价格是指一宗土地或成片土地在一定权利状态下某一时点的价格，是土地权利和预期收益的购买价格，即地租的资本化。

我国的土地使用制度实行土地所有权与使用权的两权分离。因此，我国土地价格的含义不同于一般土地私有制国家：第一，它是取得一定年期土地使用权时支付的代价，而不是土地所有权的价格。第二，土地使用权价格是一定年限的地租收入资本化；第三，由于土地使用年期较长（70 年、50 年、40 年），而且在土地使用期间也会产生转让、出租、抵押等权利的体现，又类似于土地的所有权。所以，地价评估原理、程序与方法上又类似于土地私有制的国家。

总之，我国的土地价格主要是土地使用权的价格，是以土地使用权出让、转让为前提，是土地使用人取得土地使用权和相应年期内土地收益的购买价格。土地价格本质上是一次性支付的多年地租的现值总和。

土地与普通商品的价格相比，具有其独有的特性：土地价格具有明显的地域性和地段性；土地资源的稀缺性使得土地价格呈总体上升趋势。

1.2 土地价格的分类

1.2.1 地块的开发程度

根据土地开发程度的不同，每个地块有三种开发形态，即"生地、毛地、熟地"，具体的内涵如下：

表 5-3-1

生地	（1）是指完成土地征收，未经开发、不可直接作为建设用地的"农用地"或"荒地"。红线之外还没有建立完善的"大市政"的配套设施。
毛地	（2）是指在城市旧城区的范围内的（地块红线之外已有完善的"大市政"的配套设施），且尚未经过拆迁安置补偿等土地开发过程、不具备基本建设条件的地块。
熟地	（3）是指经过土地开发，开发程度已达到一定的程度、已具备基本建设条件的地块（交地标准已达三通一平或五通一平或七通一平）。

1.2.2 土地价格的分类

分别从土地权利、土地价格形成机制、政府管理手段、土地价格计量单位、地块的开发程度等角度分析，土地价格可分为以下五类：

表 5-3-2

按土地权利分类	（1）地价可分为所有权价格、使用权价格、租赁价格、抵押价格等；
按价格形成机制分类	（2）地价可分为交易价格、评估价格；
按政府管理手段分类	（3）地价可分为申报地价、公示地价或基准地价；
按地价计量单位分类	（4）地价可分为土地总价格、单位占地面积地价和楼面地价等；
按地块的形态分类	（5）可分为生地价格、毛地价格和熟地价格。

1.3 土地价格的评估方法

1.3.1 基本估价方法

基本估价方法是为评估单个宗地价格所采用的方法，属于此类方法的有：市场比较法、收益还原法、剩余法和成本逼近法。

表 5-3-3

市场比较法	（1）是地价评估方法中最重要、最常用的方法，也是国际上通用的经典估价方法之一。其基本思路是根据替代原则，将估价对象与"类似对象"加以比较对照，形成既知价格，再就交易情况、交易日、区域因素及个别因素等差别进行修正后，得出估价对象的价格。
收益还原法 收益资本化法 收益现值法	（2）也是地价评估中最常用的方法之一，它是在估算地产未来每年预期纯收益的基础上，以一定的还原利率，将估价对象的未来收益还原为评估日期收益的一种方法。
假设开发法 剩余法 倒算法	（3）是国际上较为流行的评估方法。是一种对具有发展潜能的地产进行估价的方法，其基本思路是采用倒算的方式，估算出未来房地产正常交易价格的基础上，扣除开发成本、利息、利润之后所剩的余额即为地产价格。
成本逼近法	（4）是以开发土地所耗费的各项费用之和为主要依据，再加上一定的利润、利息、应缴纳的税金和土地所有权收益来确定土地价格的估价方法。用公式表示为：地产价格＝地产取得费＋地产开发费＋税费＋利息＋利润＋地产所有权收益。

1.3.2 应用估价方法

应用估价是在应用基本估价方法评估样点宗地地价的基础上，对一定区域内的土地价格、地价影响因素和地价变化规律进行分析，建立起一套大范围内宗地价格与宗地条件及影响因素间的相关关系，作为该范围内宗地价格的评估标准，从而在需要时可以迅速地评估出该区域内宗地价格。

此类方法多适用于政府管理需要而进行的政策性大量估价，属于此类的方法有：路线价估价法、标准宗地估价法、基准地价系数修订法等。

表 5-3-4

路线价估价法	（1）是对面临特定街道、使用价值相等的市街地，设定标准深度，求取在该深度上数宗土地的平均单价并附设于特定街道上，即得到该街道的路线价，然后据此路线价，再配合深度指数表和其他修正率表，用数学的方法计算出临接同一街道的其他宗地地价的一种估价方法。 （2）计算公式为：宗地地价＝路线价×深度指数×宗地面积＋其他条件修正价格。

标准宗地估价法	（3）在一定范围的均质区段、区片内，选定具有代表性的宗地，即其形状、面积、临街条件、土地利用状况、地势、效用均具有代表性的定义为标准状态的宗地，通过收益还原法、市场比较法、成本逼近法或剩余法评估标准宗地地价，将估价对象与条件类似的标准宗地加以比较对照，从标准宗地的既知价格，再经过日期、区域等因素进行修正后，得出估价对象最可能实现的价格。
基准地价系数修订法	（4）是利用基准地价和基准地价修订系数，按照替代原则，就估价对象的区域条件和个别条件等与其所处区域的平均条件相比较，并对照修订系数表选取相应的修订系数对基准地价进行修正，进而求出估价对象在估价日期的价格的方法。

1.4 土地使用权出让金

1.4.1 土地出让金的构成

土地使用权出让金是指土地有效年限的使用价格，即土地批租时一次性收取的费用，土地使用权出让金由土地开发投资费用和使用期内的土地使用费构成。具体分析如下：

表 5-3-5

土地开发投资费用	（1）土地一级开发的投资。一级开发的投资额将取决于地块的"交地标准"是"毛地还是熟地"。
土地使用费用	（2）土地资源使用的费用，即"地租"，是土地所有权在经济上的体现。

1.4.2 土地出让金的计价

土地使用权出让金从其计量的单位角度划分，又可分为"地面地价"与"楼面地价"两种计算方法：

表 5-3-6

地面地价	（1）地面地价是以每平方米占地面积为计量单位的地块单价；
楼面地价	（2）当以土地使用权出让金总额除以规划允许建造的总建筑面积即形成了地块的"楼面地价"。

第 2 节　城市基准地价体系

2.1　基准地价的定义

　　基准地价是政府对城镇各级土地或均质地域及其商业、住宅、工业等土地利用类型分别评估的土地使用权平均价格，是各用途土地的使用权区域平均价格，对应的使用年期为各用途土地的法定最高出让年限，由政府定期向社会发布。

　　基准地价适用于土地使用权出让、转让、出租、抵押、作价入股等宗地价格评估的依据，其中土地使用权拍卖、招标、挂牌的出让价格，按拍卖、招标、挂牌的实际成交价进行市场定价。

　　基准地价一般具有如下作用：（1）基准地价具有政府公告作用；（2）基准地价是宏观调控地价水平的依据；（3）基准地价是国家征收城镇土地税收的依据；（4）基准地价是政府参与土地有偿使用收益分配的依据；（5）基准地价是进一步评估宗地价格的基础性依据；（6）基准地价是引导土地资源在行业之间进行合理配置的依据。

2.2　基准地价的内涵

　　以广州的基准地价为例，基准地价采用的是土地在正常市场条件、"五通一平"（通给水、通排水、通供电、通讯、通路、土地平整）的土地开发程度和合理容积率下的熟地价格，它包括土地取得费（征地或拆迁的费用及相关税费）、土地开发费用和土地纯收益。

　　土地使用年限：商业用地为 40 年、居住用地为 70 年、工业和综合（办公）用地为 50 年。基准地价的计价单位为"元/m²"，币种为人民币。

　　基准地价采用"网格点"基准地价和"商业路线价"予以表示，并以"土地级别图、网格点基准地价图、土地级别范围和商业路线价加价表"的形式予以公布。在商业路线价区段上的临街商业用地，在标准深度内的部分，其商业地价在网格点价格的基础上按每平方米建筑面积进行"商业路线价"加价计取。

2.3　基准地价的分类

2.3.1　土地用途的类别

　　基准地价按土地用途可划分为商业、综合（办公）、居住、工业等四类。下表是以广州城市的基准地价分类为案例来分析土地用途的分类标准：

表 5-3-7

商业类	（1）批发零售用地（含各类商场、销售和服务网点、批发（零售）市场、加油站等用地）； （2）旅游餐饮娱乐业用地（含宾馆、酒店、饭店、旅馆、招待所、度假村、餐厅、酒吧、游乐及旅游设施、歌舞厅、俱乐部、康乐中心、高尔夫球场等用地）； （3）其他商服用地（含洗车场、洗染店、废旧物资回收站、维修网点、照相馆、理发美容店、洗浴场所、电信、银行、信用社、证券、期货、保险和其他服务的对外营业场所等用地）。
综合（办公）类	（4）办公用地（含国家机关、人民团体及其他事业单位办公楼、会展中心、商业写字楼、金融保险业办公楼、普通办公楼、科工贸一体化办公楼、高新技术产业研发中心、厂区外独立的办公楼等用地）； （5）教育科研设计用地（含各类教育、科学研究和勘测设计机构等用地），文化体育用地（含文化馆、博物馆、图书馆、影剧院、体育场馆、体育训练基地等用地）； （6）医疗卫生用地（含医疗、保健、卫生、防疫、康复和急救设施等用地）； （7）慈善用地（含孤儿院、养老院、福利院等用地）、宗教用地。
居住类用地	（8）用于生活居住的各类房屋用地。
工业类用地	（9）工矿企业的生产车间、库房、露天作业场及其附属设施用地； （10）用于物资储备的库房、堆场、包装加工车间、中转的场所及相应附属设施用地； （11）铁路、公路、管道运输、港口、机场的线路、站场等用地以及城市道路、广场、车站、社会停车场及其相应附属设施用地等交通运输用地； （12）市政设施用地：供水、供电、供燃气、供热、邮政、电信、消防、环卫、公交站场等设施及其相应附属设施用地； （13）其他未列入上述范围的用地，其用途类别可参照相关或相近用地的用途类别确定。

2.3.2 基准地价的分类

从地块用途的角度分类，基准地价可分为"商业用地的基准地价、居住用地的基准地价、综合用地的基准地价、工业用地的基准地价"四大类，每类基准地价的内涵与影响价格的因素如下：

表 5-3-8

基准地价类别	影响价格因素	序号	基准价格内涵
商业用地的基准地价	土地开发程度	(1)	五通一平
	平均容积率	(2)	合理
	价格类型	(3)	为首层楼面地价
居住用地的基准地价 综合用地的基准地价	土地开发程度	(1)	五通一平
	平均容积率	(2)	设定值
	价格类型	(3)	为楼面地价
工业用地的基准地价	土地开发程度	(1)	五通一平
	平均容积率	(2)	设定值
	价格类型	(3)	为地面地价

第 3 节　土地的一级开发

3.1　土地开发的经营模式

3.1.1　委托管理模式

土地储备机构负责实施土地开发的，由土地储备机构负责筹措资金、办理规划、项目核准、征地拆迁及大市政建设等手续并组织实施。

其中通过招标方式选择开发企业负责土地开发具体管理的，开发企业的管理费用不高于土地储备开发成本的 2%。以招标方式确定开发企业后，土地储备机构应当与中标开发企业签订土地一级开发管理委托协议。

3.1.2　委托开发模式

通过招标方式选择开发企业实施土地开发的，由开发企业负责筹措资金、办理规划、项目核准、征地拆迁和大市政建设等手续并组织实施。

招标底价包括土地储备开发的预计总成本和利润，利润率不高于预计成本的一定的比例（北京规定为 8%）。

通过招标方式确定开发企业后，土地储备机构应当与中标开发企业签订土地一级开发委托协议。

3.1.3　利润分成模式

土地一级开发企业接受土地整理储备中心的委托进行土地一级开发，生地变成熟地之后，土地储备中心进行"招、拍、挂"出让，出让所得扣除开发成本后在市政府和企业之间按照一定的比例进行分成。

3.1.4　土地置换模式

土地一级开发企业在完成规定的土地一级开发任务后，土地储备中心并不是给予现金计算，而是给予开发企业一定面积土地作为补偿（可设置门槛条件的"招拍挂"）。

3.1.5　土地储备开发实施方案

土地储备开发实施方案主要包括待储备开发地块的范围、土地面积、控规条件、地上物状况、储备开发成本、土地收益、开发计划、实施方式等。

土地储备开发实施方案由市国土局会同市发展改革、规划、建设、交通、环保等部门就土地、产业政策、城市规划、建设资质、交通及环保等条件提出原则意见。

3.1.6　土地储备开发成本

土地储备开发成本包括：（1）征地、拆迁补偿费及有关税费；（2）收购、收回和置换过程中发生的有关补偿费用；（3）市政基础设施建设有关费用；（4）招标、拍卖和挂牌交易中发生的费用；（5）贷款利息；（6）土地储备开发供应过程中发生的审计、律师、工程监理等费用，不可预见费以及经同级财政和土地主管部门核准的其他支出。

土地储备开发完成后依法以出让方式供应的，由政府与受让人签订土地出让合同，同时由土地储备开发实施单位与受让人签订土地储备开发补偿合同，收回土地储备开发成本。土地储备开发完成后依法以划拨方式供应的，土地储备开发成本由土地使用权人承担。

3.1.7　土地一级开发内容

土地一级开发的内容：办理规划意见书、核准、征地、园林、文物、交通、环保、市政等审批文件，自筹资金完成征地补偿、地上和地下附属物拆改移工作、市政基础设施工程的设计与施工、围挡，场地平整，提供市政管线综合图，申请土地一级开发验收等工作。

3.2 土地开发的程度

表 5-3-9

三通一平	(1) 宗地外通路、通电、通上下水及宗地内土地平整
五通一平	(2) 宗地外通路、通电、通信、通上水、通下水及宗地内土地平整
七通一平	(3) 宗地外通路、通电、通信、通上水、通下水、通燃气、通热力及宗地内土地平整

3.3 一级开发的流程

表 5-3-10

土地一级开发申请	(1) 原土地所有者或使用者在征得区县和乡镇政府或上级主管部门的同意后向市国土局提出土地一级开发申请。
土地开发项目预审	(2) 市国土局受理申请并进行土地开发项目预审。
编制土地储备开发实施方案	(3) 土地储备机构负责组织编制土地储备开发实施方案，方案主要包括：待储备开发地块的范围、土地面积、控规条件、地上物状况、储备开发成本、土地收益、开发计划、实施方式等。
开发实施方案联审	(4) 市国土局会同市发展改革、规划、建设、交通、环保等部门参加的联审会，对建设项目土地一级开发的实施方案中土地、产业政策、城市规划、建设资质、交通及环保等条件提出原则意见。
确定土地开发主体	(5) 开发企业管理模式：以招标方式确定开发企业后，土地储备机构应当与中标开发企业签订土地一级开发管理委托协议。
	(6) 开发企业开发模式：由开发企业负责筹措资金、办理规划、项目核准、征地拆迁和大市政建设等手续并组织实施。通过招标方式确定开发企业后，土地储备机构应当与中标开发企业签订土地一级开发委托协议。
办理专项报建手续	(7) 土地储备开发实施单位向市规划部门办理规划意见，向市国土部门办理用地手续，向市发展和改革委员会办理核准手续，涉及交通、园林、文物、环保和市政专业部门的，应按照有关规定办理相应手续。
	(8) 如果开发项目涉及新增集体土地办理农用地征收、农转用手续或存量国有建设用地收回国有土地使用权的，土地储备开发实施单位依法办理相关手续，并获得市人民政府的批准。
	(9) 在取得市人民政府的批准文件后由土地储备开发实施单位到相关委办局办理征地、拆迁、市政基础设施建设等相关手续。

组织实施土地的一级开发	（10）组织实施征地、拆迁和市政基础设施建设。危改、文保、绿隔等项目需按规定承担回迁房建设。
组织验收	（11）建设项目的土地一级开发完成后由市国土局组织相关委办局进行验收，验收审核的内容：审核土地一级开发成本；组织验收土地开发程度是否达到合同的要求，根据委托合同支付相应土地开发费或管理费。
纳入市土地储备库	（12）将验收合格后的土地纳入市土地储备库。

第 4 节　土地交易过程中的税费

4.1　土地交易的环节划分

土地从土地所有者、使用者的手中变成可用于建设的地块，其交易环节的多少不但取决于土地的性质属于国有或集体的，还取决于土地开发的"生熟"程度。

对于已是属于建设用地的土地交易，其交易方式有三种：出让、转让与划拨。其交易过程中所产生的行政规费及税金的多少随着交易方式的不同而是有差异的。

4.2　土地征收环节

根据《土地管理法》第四十七条规定，征收土地的，按照被征收土地的原用途给予补偿。征收耕地的补偿费用包括（1）土地补偿费；（2）安置补助费；（3）地上附着物和青苗的补偿费。征收耕地的土地补偿费，为该耕地被征收前三年平均年产值的六至十倍。征收耕地的安置补助费，按照需要安置的农业人口数计算。需要安置的农业人口数，按照被征收的耕地数量除以征地前被征收单位平均每人占有耕地的数量计算。每一个需要安置的农业人口安置补助费标准，为该耕地被征收前三年平均年产值的四至六倍。但是，每公顷被征收耕地的安置补助费，最高不得超过被征收前三年平均年产值的十五倍。征收城市郊区的菜地，用地单位应当按照国家有关规定缴纳"新菜地开发建设基金"。

根据国土资源部于 2004 年 10 月发布的关于印发《关于完善征地补偿安置制度的指导意见》的内容，关于征地补偿标准的规定如下：

表 5-3-11

统一年产值标准	(1)	制订统一年产值标准可考虑被征收耕地的类型、质量、农民对土地的投入、农产品价格、农用地等级等因素。
统一年产值倍数	(2)	土地补偿费和安置补助费按法定的统一年产值倍数计算，土地补偿费和安置补助费合计按 30 倍计算，尚不足以使被征地农民保持原有生活水平的，由当地人民政府统筹安排，从国有土地有偿使用收益中划出一定比例给予补贴。经依法批准占用基本农田的，征地补偿按当地人民政府公布的最高补偿标准执行。
征地区片综合地价	(3)	制订省域内各县（市）征地区片综合地价，实行征地补偿。制订区片综合地价应考虑地类、产值、土地区位、农用地等级、人均耕地数量、土地供求关系、当地经济发展水平和城镇居民最低生活保障水平等因素。
土地补偿费的分配	(4)	按照土地补偿费主要用于被征地农户的原则，土地补偿费应在农村集体经济组织内部合理分配。土地被全部征收，同时农村集体经济组织撤销建制的，土地补偿费应全部用于被征地农民生产生活安置。

以安徽省人民政府关于调整安徽省征地补偿标准的通知（皖政〔2012〕67 号）安徽在 2012 年度征收集体土地的土地补偿费和安置补助费的标准在 4.9 万～13.9 万元/亩之间。

在土地征收环节时，在估算"与土地使用有关的其他费用"时，应考虑的估算科目有：土地补偿费、安置补助费、青苗补助费、附着物补偿费等。

为了快速测算在土地征地环节房地产税费的总额，本书根据相关的收费标准（每个城市的收费标准是有差异的）并对相关复杂的计价程序进行了简化，列为"耕地占用税、被征地农民社会保障费、（征）用地管理费、地籍测量费、拔地定桩费"等，以达到快速测算的目的。

表 5-3-12

房地产税费科目	序号	计价基数	单价估算指标
耕地占用税	（1）	占地面积	取值于 20～38 元/m²
被征地农民社会保障费	（2）	占地面积	20 元/m²
用地管理费	（3）	征地补偿费总额	1.4%～4%

模块五　房地产开发的支出与税费

房地产税费科目	序号	计价基数	单价估算指标
测量费	（4）	占地面积	0.2元/m²；或200元/亩；与规划不重复测量
拔地定桩费	（5）	每件（4点）	可按每件（4点）2594元计取

4.3 建设用地出让环节

针对国有土地的招、拍、挂的土地交易方式，土地成交价款即为该宗地出让的总地价款，一般情况下不包含竞得人应缴纳的契税、宗地测绘费、土地评估费、控制性详细规划设计费、公告费、招投标服务费、征地管理费、地籍测绘费、拔地定桩费、土地登记费及开发建设中应缴交的有关税费。

为了快速测算在国有土地转让环节应交纳的房地产税费总额，本书根据相关的收费标准并对相关复杂的计价程序进行了简化，以达到快速测算的目的。

表 5-3-13

房地产税费科目	序号	计价基数	单价
土地成交价	（1）	成交总价	根据每宗地块的实际成交总价
契税	（2）	成交总价	取值区间为 3%～5%
土地交易服务费	（3）	成交总价	≤500万元：2.0% 500万元以上至1000万元：1.7% 1000万元以上至5000万元：1.2% 5000万元以上至1亿元：0.3%
土地挂牌工作费	（4）	成本总价	1%～1.1%
土地信息服务费	（5）	成交总价	0.01%
地籍测绘费	（6）	占地面积	0.2元/m²；或200/亩；与规划不重复测量
拔地定桩费	（7）	每件（4点）	可按每件（4点）2594元计取

4.4 建设用地转让环节

在建设用地的转让环节所形成的费用科目有土地出让金、契税、土地交易服务费、工程测量费、建筑用地拔桩费、营业税、城市建设维护税、教育费附加、印花税、土地增值税、所得税等。为了快速测算在国有土地转让环节应交纳的房地产税费总额，本书根据相关的收费标准并对相关复杂的计价程序进行了简化，以达到快速测算的目的。

表 5-3-14

房地产税费科目	序号	计价基数	单价
土地转让价	（1）	成交总价	根据每宗地块的实际成交总价
契税	（2）	成交总价	取值区间为 3%～5%
土地交易服务费	（3）	成交总价	≤500 万元：2.0% 500 万元以上至 1000 万元：1.7% 1000 万元以上至 5000 万元：1.2% 5000 万元以上至 1 亿元：0.3% 转让方与受让方各承担 50%
地籍测绘费	（4）	占地面积	0.2 元/m²；或 200 元/亩，地籍测绘 1∶500
拔地定桩费	（5）	每件	可按每件（4 点）2594 元计取
营业税	（6）	转让总价	5%
城市建设维护税	（7）	营业税额	取值区间为（1%，5%，7%）
教育费附加	（8）	营业税额	取值区间为（1%，3%）
印花税	（9）	转让总价	0.05%
土地增值税	（10）	转让总价	5%
企业所得税	（11）	转让总价	1%

4.5 国有土地使用证环节

4.5.1 土地登记费

根据《中华人民共和国土地管理法实施条例》规定：国家依法实行土地登记发证制度。依法登记的土地所有权和土地使用权受法律保护，任何单位和个人不得侵犯。土地使用者、所有者和土地他项权利者应当按照国家规定缴纳土地登记费用。

在测算开发项目的营业成本时，对于企业应交纳的土地登记费可按以下标准测算：1000m² 以下，每宗地 110 元，每超过 500m² 以内加收 40 元，最高不超过 4 万元。或按 0.1 元/m² 计取测算。

4.5.2　土地证工本费

根据《国家计委、财政部关于土地证书工本费收费标准等有关问题的通知》(计价格〔2001〕1734号)第一条规定：根据原国家土地管理局、国家测绘局、原国家物价局、财政部《关于土地登记收费及其管理办法》(〔1990〕国土籍字第93号)的规定，土地证书工本费收费标准为：普通证书，个人每证5元，单位每证10元；国家特制证书，单位和个人均为每证20元；对"三资"企业颁发土地证书的工本费收费标准为每证20元。拥有土地所有权或使用权的单位或个人在办理土地登记时，可根据实际需要，自愿选择普通证书或特制证书并缴纳相应的证书工本费。

第5-4章 其他费之勘测费/岩土工程相关费

在建设项目的全过程中，需要对地块的地形进行测量，需要对地块的地质进行勘察、需要对岩土工程进行检测、监测，对于竣工后的建筑形态进行测绘等环节的工作，由此，将产生测量费、勘察费、岩土工程检测费与测绘费等费用。下面就房地产开发项目经常产生的与测量、测绘、勘察、岩土检测费的收费标准归集于单独的章节，以便查用。

第1节 工 程 测 量 费

1.1 工程测量费的计算公式

表 5-4-1

测量费计算科目	序	具体的计算公式
工程勘察收费	（1）	工程勘察收费基准价×（1＋土浮动幅度值）
工程勘察收费基准价	（2）	工程勘察实物工作收费＋工程勘察技术工作收费
工程勘察实物工作收费	（3）	工程勘察实物工作收费基价×实物工作量×附加调整系数
工程勘察技术工作收费	（4）	工程勘察实物工作收费×工程测量技术工作收费比例20%

1.2 地面测量复杂程度

1.2.1 一般地区

表 5-4-2

因素	简单	中等	复杂
地形	起伏小或比高≤20m 的平原	起伏大但有规律，或比高≤80m 的丘陵地	起伏变化很大或比高>80m 的山地

因素	简单	中等	复杂
通视	良好，隐蔽地区面积≤20%	一般，隐蔽地区面积≤40%	困难，隐蔽地区面积≤60%
通行	较好，植物低矮，比高较小的梯田地区	一般，植物较高，比高较大的梯田，容易通过的沼泽或稻田地区	困难，密集的树林或荆棘灌木丛林、竹林，难以通行的水网、稻田、沼泽、沙漠地、岭谷险峻、地形切割剧烈、攀登艰难的山区

1.2.2 建筑群区复杂程度表

表 5-4-3

简单	中等	复杂
有一般地区特征 细部坐标点每格≤5 建筑物占图面积≤30%	有一般地区特征 细部坐标点每格≤8 建筑物占图面积≤50%	有一般地区特征 细部坐标点每格>8 建筑物占图面积>50%

1.3 实物工作的收费基价

1.3.1 控制测量

（1）三角（边）

表 5-4-4

测量等级	单位	简单	中等	复杂
二等	元/km	4 263	4 842	6 232
三等	元/km	3 136	3 565	4 584
四等	元/km	2 737	3 112	4 006
一级	元/km	1 096	1 244	1 602
二级	元/km	728	829	1 069

（2）导线

表 5-4-5

测量等级	单位	简单	中等	复杂
三等	元/km	2 818	3 203	4 122
四等	元/km	2 186	2 484	3 196
一级	元/km	1 552	1 764	2 269
二级	元/km	1 086	1 234	1 589
三级	元/km	759	863	1 112
图根点	元/点	89	101	131

（3）水准

表 5-4-6

测量等级	单位	简单	中等	复杂
二等	元/km	877	997	1283
三等	元/km	438	500	643
四等	元/km	220	250	323
五等	元/km	167	188	242
图根	元/km	111	124	162

（4）GPS 测量

表 5-4-7

测量等级	单位	简单	中等	复杂
C 级	元/点	3 727	4 274	5 500
D 级	元/点	3 198	3 632	4 671
E 级	元/点	2 821	3 203	4 123

1.3.2 地形测量

（1）一般地区

表 5-4-8

测量比例	单位	简单	中等	复杂
1：200	元/km²	76 780	102 374	163 795
1：500	元/km²	33 383	44 510	71 216
1：1000	元/km²	15 174	20 232	32 374
1：2000	元/km²	6 676	8 901	14 244
1：5000	元/km²	1 975	2 630	4 210
1：10000	元/km²	1 109	1 478	2 364

（2）建筑群区

表 5-4-9

测量比例	单位	简单	中等	复杂
1：200	元/km²	138 204	184 273	294 831
1：500	元/km²	66 766	89 020	142 432
1：1000	元/km²	30 348	40 464	64 748
1：2000	元/km²	13 352	17 802	28 488
1：5000	元/km²	3 950	5 260	8 420
1：10000	元/km²	2 218	2 956	4 728

（3）断面测量

表 5-4-10

测量比例	单位	简单	中等	复杂
1：200	元/km	1 016	1 354	1 864
1：500	元/km	785	1 047	1 440
1：1000	元/km	607	809	1 113
1：2000	元/km	468	625	860
1：5000	元/km	362	481	665

1.4 附加调整系数表

表 5-4-11

序号	项目	附加调整系数
（1）	二、三、四等三角（边）不造标	0.6
（2）	连接原有三角点	0.5
（3）	房顶标志、墙上水准	0.5
（4）	三角高程	1.2
（5）	GPS 测量 C 级、D 级、E 级不造标	0.6
（6）	建立施工方格网的导线点	0.6
（7）	检验施工方格网导线点的稳定性	0.48
（8）	航测、陆测的地形图	0.7
（9）	汇水面积测量	0.4
（10）	带状地形测量（图面宽度＜20cm）	1.3
（11）	地形图修测	1.1
（12）	覆盖或隐蔽程度＞60％	1.2～1.5
（13）	绘制 1：200 大样图	1.6
（14）	数字化测绘	1.5

1.5　地形图数字化测量

1.5.1　一般地区

表 5-4-12

测量比例	计费单位	简单	中等	复杂
1：500	元/0.25m²	459	689	1 102
1：1000	元/0.25m²	756	1 099	1 732
1：2000	元/0.25m²	1 049	1 509	2 362
1：5000	元/0.25m²	1 966	2 739	4 215
1：10000	元/0.25m²	2 882	3 969	6 066

1.5.2　建筑群区

表 5-4-13

测量比例	计费单位	简单	中等	复杂
1：500	元/0.25m²	918	1 378	2 204
1：1 000	元/0.25m²	1 512	2 198	3 464
1：2 000	元/0.25m²	2 098	3 018	4 724
1：5 000	元/0.25m²	3 932	5 478	8 430
1：10 000	元/0.25m²	5 764	7 938	12 132

第 2 节　岩土工程的勘察与监测费

　　房屋建筑和构筑物（简称为建筑物）的设计，将涉及建筑物上部荷载、功能特点、结构类型、基础形式、埋置深度和变形限制等因素。因此，对地块进行岩土工程的勘察是不可缺少的环节。

　　岩土工程的勘察其主要工作内容应符合下列规定：查明场地和地基的稳定性、地层结构、持力层和下卧层的工程特性、土的应力历史和地下水条件以及不良地质作用等；提供满足设计施工所需的岩土参数，确定地基承载力，预测地基变形性状；提出地基基础、基坑支护、工程降水和地基处理设计与施工方案的建议；提出对建筑物有影响的不良地质作用的防治方案建议；对于抗震设防烈度≥6 度的场地，还应进行场地与地基的地震效应评价。

　　建筑物的岩土工程勘察宜分阶段进行，可行性研究勘察应符合选择场址方案的要求；初步勘察应符合初步设计的要求；详细勘察应符合施工图设计的要求；场地条件复杂或有特殊要求的工程，宜进行施工勘察。

工程勘察收费是指勘察人根据发包人的委托，收集已有资料、现场踏勘、制订勘察纲要，进行测绘、勘探、取样、试验、测试、检测、监测等勘察作业，以及编制工程勘察文件和岩土工程设计文件等收取的费用。

2.1　勘察费

2.1.1　岩土工程勘察费算式

表 5-4-14

工程勘察收费	（1）工程勘察收费基准价×（1±浮动幅度值）
工程勘察收费基准价	（2）工程勘察实物工作收费＋工程勘察技术工作收费
工程勘察实物工作收费	（3）工程勘察实物工作收费基价×实物工作量×附加调整系数
工程勘察技术工作收费	（4）工程勘察实物工作收费×技术工作收费比例
主体勘察协调费	（5）建设项目工程勘察由两个或者两个以上勘察人承担的，其中对建设项目工程勘察合理性和整体性负责的勘察人，按照该建设项目工程勘察收费基准价的 5％加收主体勘察协调费。

工程勘察收费基准价不包括以下费用：办理工程勘察相关许可，以及购买有关资料费；拆除障碍物，开挖以及修复地下管线费；修通至作业现场道路，接通电源、水源以及平整场地费；勘察材料以及加工费；水上作业用船、排、平台以及水监费；勘察作业大型机具搬运费；青苗、树木以及水域养殖物赔偿费等。

勘察人提供工程勘察文件的标准份数为 4 份。发包人要求增加勘察文件份数的，由发包人另行支付印制勘察文件工本费。

2.1.2　附加调整系数

附加调整系数是对工程勘察的自然条件、作业内容和复杂程度差异进行调整的系数。附加调整系数为两个或者两个以上的，附加调整系数不能连乘。将各附加调整系数相加，减去附加调整系数的个数，加上定值 1，作为附加调整系数值。

在气温（以当地气象台、站的气象报告为准）≥35℃或者≤－10℃条件下进行勘察作业时，气温附加调整系数为 1.2。

在海拔高程超过 2 000m 地区进行工程勘察作业时，高程附加调整系数如下：海拔

模块五　房地产开发的支出与税费

高程 2 000~3 000m 为 1.1；海拔高程 3 001~3 500m 为 1.2；海拔高程 3 501~4 000m 为 1.3；海拔高程 4 001m 以上的，高程附加调整系数由发包人与勘察人协商确定。

2.1.3 工日与台班收费基价

表 5-4-15

勘察等级	单价	单位
（1）工程测量、岩土工程验槽、检测监测、工程物探	1 000	元/组日
（2）岩土工程勘察	1 360	元/台班
（3）水文地质勘察	1 680	元/台班

2.1.4 工程勘察分级

根据工程的规模和特征，以及由于岩土工程问题造成工程破坏或影响正常使用的后果，岩土工程勘察分级如下：

表 5-4-16

等级	等级内容	技术工作费比例
甲级	（1）工程重要性、场地复杂度、地基复杂度有一项一级或多项一级	1.2
乙级	（2）程重要性、场地复杂度、地基复杂度，除了甲丙级之外情况为乙级	1.0
丙级	（3）工程重要性、场地复杂度、地基复杂度均为有三级	0.8

2.1.5 勘察复杂程度表

表 5-4-17

复杂度	松散地层	岩石地层
Ⅰ	流塑、软塑可塑黏土，中密粉土杂质≤25％回填土	—
Ⅱ	硬、坚硬黏土，密实粉土，杂质≤25％回填土，其他	极软岩
Ⅲ	砂土、砾石，混合土，多年冻土，杂质＞25％回填土	软岩
Ⅳ	粒径≤50mm，含量＜50％碎石层	较软岩
Ⅴ	粒径≤100mm，含量＜50％碎石层	较硬岩
Ⅵ	粒径＞100mm，含量＞50％碎石、块石	坚硬岩

2.1.6 勘探的实物工作量

岩土工程勘探是岩土工程勘察的一种手段,包括钻探、井探、槽探、坑探、洞探以及物探、触探等。

2.1.7 勘探点的布置

高层建筑初步勘察时,应对可能采取的地基基础类型、基坑开挖与支护、工程降水方案进行初步分析评价。

表 5-4-18

岩土勘察等级	勘察线间距（m）	初步勘探的勘探点间距（m）	详细勘探的勘探点间距（m）
复杂（一级）	50～100	30～50	10～15
中等（二级）	75～150	40～100	15～30
简单（三级）	150～300	75～200	30～50

2.1.8 探孔的深度

表 5-4-19

岩土勘察等级	一般性探孔（m）	控制性探孔（m）
重要工程（一级）	$H \geqslant 15$	$H \geqslant 30$
一般工程（二级）	10～15	15～30
次要工程（三级）	6～10	10～20

2.1.9 勘探的实物工作费基价

（1）实物工作费基价表（钻孔）

表 5-4-20

深度 D（m）	I	II	III	IV	V	VI
$D \leqslant 10$	46	71	117	207	301	382
$10 < D \leqslant 20$	58	89	147	259	377	477
$20 < D \leqslant 30$	69	107	176	311	452	573
$30 < D \leqslant 40$	82	127	209	368	536	680
$40 < D \leqslant 50$	98	151	249	439	639	809
$50 < D \leqslant 60$	109	168	277	489	711	901
$60 < D \leqslant 80$	121	187	307	542	789	1 000
$80 < D \leqslant 100$	132	204	335	592	862	1 092
$D > 100$	每增加20m,按前一档收费基价乘以1.2的附加系数					

（2）实物工作费基价表（井探）

表 5-4-21

深度 D（m）	Ⅰ	Ⅱ	Ⅲ	Ⅳ	Ⅴ	Ⅵ
$D \leqslant 2$	50	63	78	125	200	250
$2 < D \leqslant 5$	63	78	97	156	250	313
$5 < D \leqslant 10$	78	97	120	194	310	388
$10 < D \leqslant 20$	103	128	159	256	410	513
$D > 20$	每增加 10m，按前一档收费基价乘以 1.2 附加系数					

（3）实物工作费基价表（槽探）

表 5-4-22

深度 D（m）	Ⅰ	Ⅱ	Ⅲ	Ⅳ	Ⅴ	Ⅵ
$D \leqslant 2$	40	52	72	92	120	148
$D > 2$	58	75	104	133	174	215

（4）实物工作费基价表（洞探）

表 5-4-23

深度 D（m）	Ⅰ	Ⅱ	Ⅲ	Ⅳ	Ⅴ	Ⅵ
$D \leqslant 50$	350	525	735	980	1 173	1 348
$50 < D \leqslant 100$	368	551	772	1 029	1 231	1 514
$100 < D \leqslant 150$	385	578	809	1 078	1 290	1 482
$150 < D \leqslant 200$	403	604	845	1 127	1 348	1 550
$200 < D \leqslant 250$	420	630	882	1 176	1 407	1 617
$250 < D \leqslant 300$	438	656	919	1 225	1 466	1 684
$D > 300$	每增加 50m，按前一档收费基价乘以 1.1 附加系数					

2.2 取样费

2.2.1 取样的实物工作量

采取土试样应结合地貌单元、地层结构和土的工程性质布置，其数量可占勘探点总数的 1/4～1/2；采取土试样的数量竖向间距，应按地层特点和土的均匀程度确定；每层土均应采取土试样或进行原位测试，其数量不宜少于 6 个。

2.2.2 取样的实物工作费基价

（1）厚壁取土

表 5-4-24

取法	规格	取土深度≤30m	取土深>30m
锤击法厚壁取土器	直径 50～100mm，长度 150～200mm	40	50
静压法厚壁取土器	直径 50～100mm，长度 150～200mm	65	95

（2）薄壁取土

表 5-4-25

取法	规格	取土深度≤30m	取土深>30m
活塞薄壁取土器	直径 75mm，长度 800mm	310	460
水压活塞薄壁取土器	直径 75mm，长度 800mm	420	620
固定活塞薄壁取土器	直径 75mm，长度 200mm	360	560

（3）其他方式取样

表 5-4-26

取法	规格	取土深度≤30m	取土深>30m
束节取土器	直径 75mm，长度 120mm	150	240
黄土取土器	直径 120mm，长度 150mm	80	120
其他取土器	直径 75mm，长度 1250mm	310	460
探井取土		100	150
扰动取土		15	
取岩芯费		25	
人工取样		200	
取水		40	

模块五 房地产开发的支出与税费

2.3 原位测试

（1）原位测试的实物工作量

采取原位测试的勘探点应结合地貌单元、地层结构和土的工程性质布置，其数量可占勘探点总数的 1/4～1/2；采取孔内原位测试的竖向间距，应按地层特点和土的均匀程度确定；每层土均应采取土试样或进行原位测试，其数量不宜少于 6 个。

（2）原位测试的实物工作费

原位测试是指在岩土体所处的位置，基本保持岩土原来的结构、湿度和应力状态，对岩土体进行的测试。

2.4 岩土试验

（1）标准贯入试验

表 5-4-27

深度 D（m）	计费单位	I	II	III	IV	V	VI
$D{\leqslant}20$	元/次	80	108	144	—	—	—
$20{<}D{\leqslant}50$	元/次	120	162	216	—	—	—
$D{>}50$	元/次	144	194	259	—	—	—

（2）圆锥动力触探试验

表 5-4-28

深度（m）	单位	I	II	III	IV	V	VI
轻型${\leqslant}10$	元/m	32	50	82	—	—	—
重型$0{\leqslant}10$	元/m	50	78	128	300	375	425
重型$10{<}D{\leqslant}20$	元/m	63	97	159	375	469	531
重型$20{<}D{\leqslant}30$	元/m	75	116	191	450	563	638
重型$30{<}D{\leqslant}40$	元/m	89	138	227	534	668	757
重型$40{<}D{\leqslant}50$	元/m	106	164	270	636	795	901
超重型$0{<}D{\leqslant}10$	元/m	—	—	140	330	413	468
超重型$10{<}D{\leqslant}20$	元/m	—	—	175	413	516	584
超重型$20{<}D{\leqslant}30$	元/m	—	—	210	495	619	701
超重型$30{<}D{\leqslant}40$	元/m	—	—	249	587	734	832
超重型$40{<}D{\leqslant}50$	元/m	—	—	297	700	875	991

（3）静力触探试验

表 5-4-29

深度（m）	单位类别	I			II			III		
		单桥	双桥	加压	单桥	双桥	加压	单桥	双桥	加压
$D{\leqslant}10$	元/m	34	39	41	49	56	59	82	94	98
$10{<}D{\leqslant}20$	元/m	43	49	52	62	71	74	102	117	122
$20{<}D{\leqslant}30$	元/m	51	59	61	74	85	89	122	140	146

深度（m）	单位类别	I			II			III		
		单桥	双桥	加压	单桥	双桥	加压	单桥	双桥	加压
30<D≤40	元/m	61	70	73	88	101	106	145	167	174
40<D≤50	元/m	72	83	86	105	121	126	173	199	208
50<D≤60	元/m	80	92	96	116	133	139	193	222	232
60<D≤80	元/m	89	102	107	129	148	155	214	246	257

（4）扁铲侧胀试验

表 5-4-30

深度（m）	单位	I	II
D≤10	元/点	66	99
10<D≤20	元/点	83	124
20<D≤30	元/点	99	149
30<D≤40	元/点	116	173
40<D≤50	元/点	132	198
50<D≤60	元/点	158	238
60<D≤80	元/点	198	297

（5）十字板剪切试验

表 5-4-31

深度（m）	单位	I
D≤10	元/m	206
10<D≤20	元/m	227
20<D≤30	元/m	247
D>30	元/m	309

2.5 岩土工程检测费

2.5.1 静载荷试验

（1）静载试验的实物工作量

抽检数量不少于单位工程桩总数的 1%，且不少于 3 根；当单位工程桩总数在 50

根以内时，不少于 2 根。

（2）垂直静载试验的实物工作费

表 5-4-32

加荷最大值（kn）	单位	单价
≤500	元/根	6 400
1 000	元/根	10 000
3 000	元/根	15 000
5 000	元/根	25 000
10 000	元/根	40 000
15 000	元/根	55 000
20 000	元/根	70 000
>20 000，每增加 5 000	按前一档收费基价乘以 1.25 的附加调整系数	

（3）水平静载试验桩收费

表 5-4-33

桩直径 ϕ 分档	单位	单价
≤500	元/根	5 000
500~800	元/根	7 000
800~1 000	元/根	9 000
>1 000	元/根	12 000

2.5.2 低应变检测

根据《建筑桩基检测技术规范》（JGJ106-2003）规定，适用于检测混凝土桩的桩身完整性，判定桩身缺陷的程度及位置，低应变的数量应与桩的总根数相同。

（1）低应变的实物工作量

表 5-4-34

预制桩	抽检数量不少于总桩数的 20%，且每个柱下承台不得少于 1 根；
混凝土灌注桩	对于地基基础设计等级为甲级或地质条件复杂、成桩质量可靠性较低的灌注桩，抽检数量不少于桩总数的 30%，且不得少于 20 根；其他桩基工程，抽检桩数不少于总桩数的 20%，且不得少于 10 根。除上述规定外，每个柱下承台还不得少于 1 根。

（2）低应变的实物工作费基价

表 5-4-35

检测类别	单位	收费标准
低应变	元/根	500

2.5.3 高应变检测

(1) 高应变检测的实物工作量

表 5-4-36

预制桩	1）抽检数量不低于 8% 且不少于 10 根。
混凝土灌注桩	2）抽检数量不少于单位工程桩总数的 5% 且不少于 5 根。

(2) 高应变检测的实物工作费

表 5-4-37

单桩承载力	单位	收费标准
≤1 000kn	元/根	3 500
3 000kn	元/根	4 500
5 000kn	元/根	6 000
10 000kn	元/根	9 000
>10 000，每增加 5 000	按前一档收费基价乘以 1.25 的附加调整系数	

2.5.4 钻孔桩成孔检测

(1) 成孔的实物工作量

表 5-4-38

等直径钻孔灌注桩	成孔检测数量应不少于总桩孔数的 20%，且不少于 10 个桩孔，柱下三桩或三桩以下承台桩孔的成孔检测数量应不少于 1 个桩孔。
挤扩型灌注桩	成孔检测数量应不少于总桩孔数的 30%，且不少于 20 个桩孔，柱下三桩或三桩以下承台桩孔的成孔检测应不少于 1 个桩孔，市政桥梁基础桩孔应 100% 检测。

(2) 钻孔的实物工作费

表 5-4-39

深度（m）	单位	单价
$D \leqslant 30$	元/孔	1 200
$30 < D \leqslant 40$	元/孔	1 500
$40 < D \leqslant 50$	元/孔	1 800
$50 < D \leqslant 60$	元/孔	2 200
$D > 60$	元/孔	2 600

2.5.5 混凝土非破损检测

（1）埋管法超声波的检测

表 5-4-40

剖面深度	单位	单价
$D \leqslant 30$	元/剖面	50
$D > 30$ 每增加 10	元/剖面	按前一档收费基价乘以 1.1 的附加调整系数

（2）混凝土的其他检测

表 5-4-41

检测方法	单位	单价
回弹依法	元/测区	60
超声回弹综合法	元/测区	100
超声波测缺陷	元/m²	1 000

2.6 岩土工程监测费

2.6.1 基准网的监测

（1）水平位移

表 5-4-42

测量方法	简单		复杂	
	单测	复测	单测	复测
一等	3 272	2 618	4 593	3 674
二等	2 181	1 745	3 062	2 450
三等	1 606	1 285	2 253	1 802
四等	1 402	1 122	1 968	1 574
平均边长：一、二等<150m，三等<200m 的，降低一等计算收费				

（2）垂直位移

表 5-4-43

测量方法	简单		复杂	
	单测	复测	单测	复测
一等	1 459	1 167	1 980	1 584
二等	1 216	973	1 650	1 320

测量方法	简单		复杂	
	单测	复测	单测	复测
三等	1 029	823	1 386	1 109
四等	538	430	802	642
不足 1km 按 1km 计算收费				

2.6.2 变形监测

（1）水平位移

表 5-4-44

监测方法	计费单位	简单		复杂	
		单向	双向	单向	双向
一等	元/（点·次）	91	163	135	243
二等	元/（点·次）	74	134	112	201
三等	元/（点·次）	62	112	93	167
四等	元/（点·次）	53	95	78	140

（2）垂直位移

表 5-4-45

监测方法	计费单位	简单	复杂
一等	元/（点·次）	59	91
二等	元/（点·次）	50	74
三等	元/（点·次）	42	62
四等	元/（点·次）	35	53

（3）土体回弹与分层沉降的监测

表 5-4-46

观测点深度 D（m）	简单的监测	复杂的监测
$D \leqslant 20$	1 000	1 500
$D > 20$	1 200	1 800

（4）建筑物倾斜的监测

表 5-4-47

建筑物高度 H（m）	简单的监测	复杂的监测
$H \leqslant 30$	610	920
$H > 30$	740	1 100

（5）深层侧向位移的监测

表 5-4-48

孔深（m）	单位	简单的监测	复杂的监测
≤20	元/（m·次）	13	23
20<D≤40	元/（m·次）	16	29
40<D≤60	元/（m·次）	19	34
>60	元/（m·次）	23	41

2.6.3 其他监测

表 5-4-49

项目内容		单位	单价
	建筑物裂缝监测	元/（条·次）	23
应力应变监测	测点传感器个数≤6	元/（点·次）	116
	每增加一个传感器递增	元/（点·次）	29
孔隙水压力试验	测点传感器个数≤6	元/（点·次）	174
	每增加一个传感器递增	元/（点·次）	29

第 5-5 章　其他费之四项外包费/管理或代建费

第 1 节　项目立项研究咨询费

1.1　费用的依据

前期工作咨询的服务内容可分为：编制项目建议书、编制可行性研究报告、评估项目建议书、评估可行性研究报告等业务。

关于前期工期咨询费的指导价，国家"发改委"发布了《建设项目前期工作咨询收费暂行规定》（计价格［1999］1283 号）。

一些地方政府的"发改委"，例如广东省物价局、广东省计划委员会转发的《国家计委关于印发建设项目前期工作咨询收费暂行规定的通知》（粤价［2000］8 号）中就对其收费标准进行了补充。

1.2　建议书

项目建议书又称立项报告，是项目建设筹建单位或项目法人，根据国民经济的发展、国家和地方中长期规划、产业政策、生产力布局、国内外市场、所在地的内外部条件，提出的某一具体项目的建议文件，是对拟建项目提出的框架性的总体设想。

建议书的咨询服务可分为编制与评估，其咨询费的标准是不同的，编制费与评估费详见下表：

表 5-5-1

投资分档（元）	≤3000万	≤1亿	≤5亿	≤10亿	≤50亿	>50亿
编制费（万元）	1.5～6	6～14	14～37	37～55	55～100	100～125
计费依据	粤价［2000］8 号		计价格［1999］1283 号			

表 5-5-2

投资分档（元）	≤3000万	≤1亿	≤5亿	≤10亿	≤50亿	>50亿
评估费（万元）	1.5～4	4～8	8～12	12～15	15～17	17～20
计费依据	粤价［2000］8 号		计价格［1999］1283 号			

1.3 可行性研究报告

可行性研究报告是在投资决策之前，对拟建项目进行全面技术经济分析的科学论证，是指对拟建项目有关的自然、社会、经济、技术等进行调研、分析比较以及预测建成后的社会经济效益。综合论证项目建设的必要性，财务的营利性，经济上的合理性，技术上的先进性和适应性以及建设条件的可能性和可行性，从而为投资决策提供科学依据。

可行性研究报告的咨询服务可分为编制与评估，其咨询费的标准是不同的，编制费与评估费详见下表：

表 5-5-3

投资分档（元）	≤3000 万	≤1 亿	≤5 亿	≤10 亿	≤50 亿	>50 亿
编制费（万元）	3～12	12～28	28～75	75～110	110～200	200～250
计费依据	粤价〔2000〕8 号		计价格〔1999〕1283 号			

表 5-5-4

投资分档（元）	≤3000 万	≤1 亿	≤5 亿	≤10 亿	≤50 亿	>50 亿
评估费（万元）	1.5～5	5～10	10～15	15～20	20～25	25～35
计费依据	粤价〔2000〕8 号		计价格〔1999〕1283 号			

第 2 节 招 标 代 理 费

2.1 招标代理费的内涵

招标代理服务收费，是指招标代理机构接受招标人委托，从事编制招标文件（包括编制资格预审文件和"招标控制价"），审查投标人资格，组织投标人踏勘现场并答疑，组织开标、评标、定标，以及提供招标前期咨询、协调合同的签订等业务所收取的费用。

招标代理机构按规定收取代理费用和出售招标文件后，不得再要求招标委托人无偿提供食宿、交通等或收取其他费用。

根据中华人民共和国国家发展计划委员会于 2002 年 10 月 15 日发布的《招标代理服务收费管理暂行办法》（计价格〔2002〕1980 号）、国家发展改革委办公厅《关于招标代理服务收费有关问题的通知》（发改办价格〔2003〕857 号）、国家发展改革委于

2011年3月16日发布了《关于降低部分建设项目收费标准规范收费行为等有关问题的通知》（发改价格［2011］534号）规定的内容，招标代理服务收费实行政府指导价。

招标代理服务收费采用差额定率累进计费方式。收费标准按本办法附件规定执行，上下浮动幅度不超过20%。具体收费额由招标代理机构和招标委托人在规定的收费标准和浮动幅度内协商确定。

工程招标委托人支付的招标代理服务费，可计入工程前期费用。货物招标和服务招标委托人支付的招标代理服务费，按照财政部门规定列支。

2.2　工程类招标代理费

工程类招标代理服务收费是指各类土木工程、建筑工程、设备安装、管道线路敷设、装饰装修等建设以及附带服务的工程招标代理服务收费。

表 5-5-5

概算的分档区间	代理费率	招标代理费速算公式
≤100 万元	1.000%	中标金额×1.00%
100 万元＜中标金额≤500 万元	0.700%	1 万元＋(中标金额－100)×0.70%
500 万元＜中标金额≤1000 万元	0.550%	3.8 万元＋(中标金额－500)×0.55%
1000 万元＜中标金额≤5000 万元	0.350%	6.55 万元＋(中标金额－1 000)×0.35%
5000 万元＜中标金额≤1 亿元	0.200%	20.55 万元＋(中标金额－5 000)×0.20%
1 亿元＜中标金额≤5 亿元	0.050%	30.55 万元＋(中标金额－10 000)×0.05%
5 亿元元＜中标金额≤10 亿元	0.035%	50.55 万元＋(中标金额－50 000)×0.035%
10 亿元＜中标金额≤50 亿元	0.008%	68.05 万元＋(中标金额－100 000)×0.008%
50 亿元＜中标金额≤100 亿元	0.006%	100.05 万元＋(中标金额－500 000)×0.006%
＞100 亿元以上	0.004%	130.05 万元＋(中标金额－1 000 000)×0.004%

总招标代理费的上限为 450 万元

2.3　货物类招标代理费

货物类招标代理服务收费是指原材料、产品、设备和固态、液态或气态物体和电力等货物及其附带服务的货物招标代理服务收费。

表 5-5-6

概算的分档区间	代理费率	招标代理费速算公式
≤100 万元	1.50%	中标金额×1.50%
100 万元<中标金额≤500 万元	1.10%	1.5 万元+(中标金额-100)×1.10%
500 万元<中标金额≤1000 万元	0.80%	5.9 万元+(中标金额-500)×0.80%
1000 万元<中标金额≤5000 万元	0.50%	9.9 万+(中标金额-1 000)×0.50%
5000 万元<中标金额≤1 亿元	0.25%	29.9 万元+(中标金额-5 000)×0.25%
1 亿元<中标金额≤5 亿元	0.05%	42.4 万元+(中标金额-10 000)×0.05%
5 亿元<中标金额≤10 亿元	0.01%	62.4 万元+(中标金额-50 000)×0.01%
10 亿元<中标金额≤50 亿元	0.008%	67.4 万元+(中标金额-100 000)×0.008%
50 亿元<中标金额≤100 亿元	0.006%	99.4 万元+(中标金额-500 000)×0.006%
>100 亿元以上	0.004%	129.4 元万+(中标金额-1 000 000)×0.004%
		总招标代理费的上限为 350 万元

2.4 服务类招标代理费

服务类招标代理服务收费是指工程勘察、设计、咨询、监理，矿业权、土地使用权出让、转让和保险等工程和货物以外的服务招标代理服务收费。

表 5-5-7

概算的分档区间	代理费率	招标代理费速算公式
≤100 万元	1.50%	中标金额×1.50%
100 万元<中标金额≤500 万元	0.80%	1.5 万元+(中标金额-100)×0.80%
500 万元<中标金额≤1000 万元	0.45%	4.7 万元+(中标金额-500)0.45%
1000 万元<中标金额≤5000 万元	0.25%	6.95 万元+(中标金额-1 000)×0.25%
5000 万元<中标金额≤1 亿元	0.10%	16.95 万元+(中标金额-5 000)×0.10%
1 亿元<中标金额≤5 亿元	0.05%	21.95 万元+(中标金额-10 000)×0.05%
5 亿元<中标金额≤10 亿元	0.01%	41.95 万元+(中标金额-50 000)×0.01%
10 亿元<中标金额≤50 亿元	0.008%	46.95 万元+(中标金额-100 000)×0.008%
50 亿元<中标金额≤100 亿元	0.006%	78.95 万元+(中标金额-500 000)×0.006%
>100 亿元以上	0.004%	108.95 万元+(中标金额-1 000 000)×0.004%
		总招标代理费的上限为 300 万元

第3节 造价业务咨询费

建设工程造价咨询服务收费，是指工程造价咨询单位面向社会接受委托，从事建设工程项目投资估算的编制、审核及项目经济评价；工程概算、工程量清单、工程预算的编制、工程结算审查、竣工决算的编制；工程实施各阶段造价控制，工程造价纠纷鉴证；工程造价信息、技术经济咨询以及与工程造价业务有关的咨询服务，出具工程造价成果文件等业务活动所收取的费用。

工程造价咨询服务收费实行政府指导价。通过分析各省份与城市之造价咨询费的收费标准，其各有差异，因此，作为投资分析师在对"拟建项目"测算造价咨询费时，应根据项目所在地城市相关部门所发布的收费标准为依据。本书仅对有代表意义的省份与城市的收费标准进行整理。

3.1 估算

投资估算是指在整个投资决策过程中，依据现有的资料和一定的方法，对建设项目的投资额进行的估计。开发企业在投资决策阶段，需要对项目的总投资进行估算或对投资估算进行第三方审核。

表 5-5-8

投资额分档	费率	广东 2011
投资额≤100 万元	0.13%	总投资×0.13%
100 万元＜投资额≤500 万元	0.11%	0.13+（总投资－100）×0.11%
500 万元＜投资额≤1000 万元	0.09%	0.57+（总投资－500）×0.09%
1000 万元＜投资额≤5000 万元	0.07%	1.02+（总投资－1000）×0.07%
5000 万元＜投资额≤10000 万元	0.05%	3.82+（总投资－5000）×0.05%
投资额度＞10000 万元	0.04%	6.32+（总投资－10000）×0.04%

3.2 概算

设计概算是指工程项目在初步设计阶段（包括技术设计），根据设计意图，通过编制工程概算文件（修正概算文件）预先测算和确定项目的工程造价。从房地产开发企业或建设单位的角度分析，概算业务分为编制概算与审核概算。有的城市的收费标准，概算编制费与概算审核费是不同的，而有的城市的收费标准，概算的编制与审核是同样的收费标准。

表 5-5-9

投资额分档	费率	广东 2011
投资额≤100 万元	0.20%	总投资×0.20%
100 万元<投资额≤500 万元	0.18%	0.2+(总投资－100)×0.18%
500 万元<投资额≤1000 万元	0.16%	0.92+(总投资－500)×0.16%
1000 万元<投资额≤5000 万元	0.13%	1.72+(总投资－1000)×0.13%
5000 万元<投资额≤10000 万元	0.12%	6.92+(总投资－5000)×0.12%
投资额度>10000 万元	0.11%	12.92+(总投资－10000)×0.11%

3.3 预算

施工图预算是根据施工图及一定的计价办法编制工程造价的详细预算。施工图预算是开发企业或建设单位与建筑单位签订承包合同和办理工程结算的依据；是开发企业确定标底或招标控制价的依据。施工图预算的编制方法有"工程量清单法"和"定额法"。

3.3.1 清单法

（1）清单法单独编制工程量清单

根据工程量清单计价规范的规则，依据施工图编制或审核工程量清单，出具工程量清单书或审核报告时，造价咨询服务费的政府指导价为：

表 5-5-10

投资额分档	费率	广东 2011
投资额≤100 万元	0.30%	总投资×0.30%
100 万元<投资额≤500 万元	0.25%	0.3+(总投资－100)×0.25%
500 万元<投资额≤1000 万元	0.24%	1.3+(总投资－500)×0.24%
1000 万元<投资额≤5000 万元	0.22%	2.5+(总投资－1000)×0.22%
5000 万元<投资额≤10000 万元	0.20%	11.3+(总投资－5000)×0.20%
投资额度>10000 万元	0.18%	21.3+(总投资－10000)×0.18%

（2）清单法单独编制预算

清单法单独编制预算或审核预算是指根据已开列的工程量清单、工程量清单计价规范编制或造价咨询单位受委托以清单法审核工程预算的合理性，其造价咨询费的指导价：

表 5-5-11

投资额分档	费率	广东 2011
投资额≤100 万元	0.18%	总投资×0.18%
100 万元<投资额≤500 万元	0.16%	0.18+(总投资-100)×0.16%
500 万元<投资额≤1000 万元	0.14%	0.82+(总投资-500)×0.14%
1000 万元<投资额≤5000 万元	0.12%	1.52+(总投资-1000)×0.12%
5000 万元<投资额≤10000 万元	0.09%	6.32+(总投资-5000)×0.09%
投资额度>10000 万元	0.08%	10.82+(总投资-10000)×0.08%

3.3.2 定额法

定额法编制或审核预算是指造价咨询人依据相关定额，按定额计价程序编制施工图预算或审核施工图预算，出具工程预算书或审核报告的业务，其造价咨询费的政府指导价如下：

表 5-5-12

投资额分档	费率	广东 2011
投资额≤100 万元	0.35%	总投资×0.35%
100 万元<投资额≤500 万元	0.30%	0.35+(总投资-100)×0.30%
500 万元<投资额≤1000 万元	0.28%	1.55+(总投资-500)×0.28%
1000 万元<投资额≤5000 万元	0.27%	2.95+(总投资-1000)×0.27%
5000 万元<投资额≤10000 万元	0.24%	13.75+(总投资-5000)×0.24%
投资额度>10000 万元	0.02%	25.75+(总投资-10000)×0.02%

3.4 结算

3.4.1 结算的编制

结算的编制业务是指造价咨询人依据竣工图等竣工资料及相关计价依据文件，编制工程结算，出具工程结算书的业务，其造价咨询费的政府指导价如下：

表 5-5-13

投资额分档	费率	广东 2011
投资额≤100 万元	0.45%	总投资×0.45%
100 万元<投资额≤500 万元	0.40%	0.35+（总投资-100）×0.40%
500 万元<投资额≤1000 万元	0.35%	1.55+（总投资-500）×0.35%
1000 万元<投资额≤5000 万元	0.33%	2.95+（总投资-1000）×0.33%
5000 万元<投资额≤10000 万元	0.30%	13.75+（总投资-5000）×0.30%
投资额度>10000 万元	0.25%	25.75+（总投资-10000）×0.25%

3.4.2 结算的审核

结算审核业务是指造价咨询人受委托对工程结算进行审核，根据指导价的计费办法，其造价咨询费的计取一般是按"基本收费＋效益提成"计取，效益提成按"核减额＋核增额"的 5％计取，基本收费的指导价如下：

表 5-5-14

投资额分档	费率	广东 2011
投资额≤100 万元	0.28％	总投资×0.28％
100 万元＜投资额≤500 万元	0.25％	0.28＋(总投资－100)×0.25％
500 万元＜投资额≤1000 万元	0.22％	1.28＋(总投资－500)×0.22％
1000 万元＜投资额≤5000 万元	0.16％	2.38＋(总投资－1000)×0.16％
5000 万元＜投资额≤10000 万元	0.13％	8.78＋(总投资－5000)×0.13％
投资额度＞10000 万元	0.01％	15.28＋(总投资－10000)×0.01％

3.5 施工全过程造价控制

施工阶段的全过程造价控制是指造价咨询人在施工阶段，从工程量清单编制开始到工程结算审核全过程的造价咨询服务，其造价咨询费的指导价如下：

表 5-5-15

投资额分档	费率	广东 2011
投资额≤100 万元	1.20％	总投资×1.2％
100 万元＜投资额≤500 万元	1.10％	1.2＋(总投资－100)×1.1％
500 万元＜投资额≤1000 万元	1.00％	5.6＋(总投资－500)×1.0％
1000 万元＜投资额≤5000 万元	0.90％	10.6＋(总投资－1000)×0.9％
5000 万元＜投资额≤1 亿元	0.80％	46.6＋(总投资－5000)×0.8％
投资额度＞1 亿元	0.70％	86.6＋(总投资－10000)×0.7％

3.6 造价纠纷的鉴证

表 5-5-16

投资额分档	费率	广东 2011
投资额≤100 万元	1.20％	总投资×1.2％
100 万元＜投资额≤500 万元	1.00％	1.2＋(总投资－100)×1.0％
500 万元＜投资额≤1000 万元	0.80％	5.2＋(总投资－500)×0.8％
1000 万元＜投资额≤5000 万元	0.70％	9.2＋(总投资－1000)×0.7％
5000 万元＜投资额≤10000 万元	0.60％	37.2＋(总投资－5000)×0.6％
投资额度＞10000 万元	0.50％	67.2＋(总投资－10000)×0.5％

3.7 抽料法计算钢材量

"抽料法"计算钢材量是指造价咨询人依据施工图纸、设计标准和施工操作规程计算或审核钢筋（或铁件）重量，提供完整的钢筋（或铁件）重量计算明细表、汇总表或审核报告的业务。指导价：按实际钢筋使用量×12元/t计取造价咨询费。

3.8 造价咨询工时计费

对于持有不同资质证书的造价人员，如果按"日或小时"计取造价咨询业务的咨询费，可以按下表的内容测算。

表 5-5-17

	序号	项目名称	按小时计费
广东，2011年	（1）	有注册造价工程师资格证书及高级职称资格	190
	（2）	中级工程师	150
	（3）	造价员	100

第4节 监理服务费

4.1 监理服务的内容

根据建筑法的规定，对建设工程进行监理是强制性内容，因此，作为以房地产开发为主营业的开发企业，对"拟建项目"进行立项分析时，或在施工阶段委托监理单位进行工程监理时对项目的监理费进行测算是必做的环节。

根据国家发展改革委员会、住房和城乡建设部联合发布的《建设工程监理与相关服务收费的管理规定》，建设工程监理与相关服务的主要工作内容如下：

表 5-5-18

勘察阶段	（1）协助发包人编制勘察要求、选择勘察单位、核查勘察方案并监督实施和进行相应的控制，参与验收勘察成果。

设计阶段	（2）协助发包人编制设计要求、选择设计单位、组织评选设计方案，对各设计单位进行协调管理、监督合同履行，审查设计大纲和设计深度、使用技术规范合理性，提出设计评估报告（包括各阶段设计的核查意见和优化建议），协助审核设计概算。
施工阶段	（3）施工过程中的质量、进度和费用控制、安全生产监督管理、合同、信息等方面的协调管理。
保修阶段	（4）检查和记录工程质量缺陷，对缺陷原因进行调查分析并确定责任归属，审查修复方案，监督修复过程并验收，审核修复的费用。

开发企业一般只有对施工阶段的工程建设实施监理，根据《建设工程监理与相关服务收费的管理规定》：当开发企业仅将监理工作内容中的某一部分单独发包给监理单位时，监理费的计取将按其所占全部工作量的比例计取，其中，质量控制与安全生产监督管理服务收费不宜低于施工监理服务收费额的 70%。

4.2 施工监理费的计算公式

表 5-5-19

| 政府指导价 | ＝基价×专业调整系数×工程复杂程度调整系数×高程调整系数 |
| 市场竞争价 | ＝施工监理指导价×（1±浮动率） |

4.3 施工监理费的基价计算

施工监理费的基价是完成国家法律法规规定的施工阶段的监理基本服务内容的价格，其计算的程序：

表 5-5-20

关键词	序	具体的程序	
计算工程概算 GS	1.	＝A 建筑安装工程费＋B 设备购置费＋C 联合试运转费	
分析概算构成比例	1.1	B＋C≥GS×40%	计费的概算＝A＋（B＋C）×40%
	1.2	40%≤B＋C≤62.5%	计费的概算＝A＋（B＋C）×40% 计算出的监理费应取其临界值；
	1.3	B＋C＜GS×40%	计费的概算＝A＋（B＋C）×100%

关键词	序	具体的程序	
对设备进行分类	2.1	原有设备	按设备的原值计算概算基数，不得折旧
	2.2	缓配设备	不纳入计费的概算基数
	2.3	进口设备	按离岸价并折算成人民币纳入计费的概算
对指导价分档内插	3	监理费＝基价下限＋$\dfrac{测量概算－概算下限}{概算上限－概算下限}$×（基价上限-基价下限） 监理费＝$JL_小＋(GS_X-GS_小)$×内插系数	

4.4 施工监理费的基价速查

表 5-5-21

概算（GS）	监理费（JL）	JL/GS	GS跨距	JL跨距	内插系数
≤500 万元	16.5	3.30%	500	16.5	0.033
1 000 万元	30.1	3.01%	500	13.6	0.027
3 000 万元	78.1	2.60%	2 000	48.0	0.024
5 000 万元	120.8	2.42%	2 000	42.7	0.021
8 000 万元	181.0	2.26%	3 000	60.2	0.020
1 亿元	218.6	2.19%	2 000	37.6	0.019
2 亿元	393.4	1.97%	10 000	174.8	0.017
4 亿元	708.2	1.77%	20 000	314.8	0.016
6 亿元	991.4	1.65%	20 000	283.2	0.014
8 亿元	1 255.8	1.57%	20 000	264.4	0.013
10 亿元	1 507.0	1.51%	20 000	251.2	0.013
20 亿元	2 712.5	1.36%	100 000	1 205.5	0.012
40 亿元	4 882.6	1.22%	200 000	2 170.1	0.011
60 亿元	6 835.6	1.14%	200 000	1 953.0	0.010
80 亿元	8 658.4	1.08%	200 000	1 822.8	0.009
1 00 亿元	10 390.1	1.04%	200 000	1 731.7	0.009
GC>100 亿	监理费＝概算×1.039%				

4.5 专业调整系数

表 5-5-22

工程类别	建筑工程	市政工程	园林工程
专业调整系数	1.0	1.0	0.8

4.6 高程调整系数

表 5-5-23

海拔高程（m）	$H \leqslant 2000$	$2001 < H \leqslant 3000$	$3000 < H \leqslant 3500$	$3500 < H \leqslant 4000$	$H > 4000$
调整系数	1.0	1.1	1.2	1.3	双方协商

4.7 复杂调整系数

4.7.1 建筑与人防工程复杂调整系数

表 5-5-24

等级	复杂系数	工程特征
一级	0.85	（1）高度<24m 的公共建筑和住宅工程
		（2）跨度<24m 的厂房和仓储建筑工程
		（3）室外工程及简单的配套用房
		（4）高度<70m 的高耸构筑物
二级	1.0	（1）24m≤高度<50m 的公共建筑
		（2）24m≤跨度<36m 的厂房和仓储建筑工程
		（3）高度≥24m 的住宅工程的一般公共建筑工程
		（4）仿古建筑、一般标准的古建筑、保护性建筑及地下建筑工程
		（5）装饰装修工程
		（6）防护级别为四级及以下同时建筑面积≤10000m² 的人防工程
		（7）70m≤高度<120m 的高耸构筑物
三级	1.15	（1）高度≥50m 的公共建筑工程，或跨度≥36m 的厂房和仓储建筑工程
		（2）高标准的古建筑、保护性建筑
		（3）防护级别为四级以上的人防工程
		（4）高度≥120m 的高耸构筑物

4.7.2 市政与园林工程复杂调整系数

表 5-5-25

等级	复杂系数	工程特征
一级	0.85	(1) 小区内燃气管道工程
		(2) $DN<1.0$m 给排水地下管线工程
		(3) 小区供热管网工程，小于 2MW 的小型换热站工程
		(4) 小型垃圾中转站，简易堆肥工程
二级	1.0	(1) $DN>1.0$m 的给排水地下管线工程；小于 $3m^3/s$ 的给水、污水泵站；小于 10 万 t/日的给水厂工程
		(2) 小于 5 万 t/日污水处理工程
		(3) 城市中、低压燃气管网，$<1000m^3$ 的液化气储罐场（站）
		(4) 锅炉房，城市供热管网工程，$\geqslant$2MW 换热站工程
		(5) 大于或等于 100t/日的垃圾中转站，垃圾填埋工程
		(6) 园林绿化工程
三级	1.15	(1) 大于或等于 $3m^3/s$ 的给水、污水泵站，大于或等于 10 万 t/日的给水厂工程，大于或等于 5 万 t/日污水处理厂工程
		(2) 城市高压燃气管网（站），大于或等于 $1000m^3$ 液化气罐场（站）
		(3) 垃圾焚烧工程
		(4) 海底排污管线，海水取排水、淡化及水处理工程

4.8 监理工日价的政府指标价

表 5-5-26

等级	高级专家	高级职称	中级职称	初级职称
元/工日	1 000～1 200	800～1 000	600～800	300～600

说明：此表适用于短期服务监理费的计取

第 5 节 建设单位的管理费用

如果从房地产开发企业会计准则的角度划分，建设单位的管理费用属于"三费

（管理费用、销售费用、财务费用）"之一。如果从建设工程投资构成的科目划分，建筑单位的管理费属于"其他费"科目。

5.1 建设单位管理费

建设单位管理费系指建设单位为建设项目的立项、筹建、建设、竣（交）工验收、总结等工作所发生的费用。不包括应计入设备、材料预算价格的建设单位采购及保管设备、材料所需的费用。

费用内容包括：工作人员的工资、工资性补贴、施工现场津贴、社会保障费用（基本养老、基本医疗、失业、工伤保险）、住房公积金、职工福利费、工会经费、劳动保护费；办公费、会议费、差旅交通费、固定资产使用费（包括办公及生活房屋折旧、维修或租赁费、车辆折旧、维修、使用或租赁费，通信设备购置、使用费、测量、试验设备仪器折旧、维修或租赁费、其他设备折旧、维修或租赁费等）、零星固定资产购置费、招募生产工人费；技术图书资料费、职工教育经费、工程招标费（不含招标文件及标底或造价控制值编制费）；合同契约公证费、法律顾问费、咨询费、建设单位的临时设施费、完工清理费、竣（交）工验收费（含其他行业或部门要求的竣工验收费用）、各种税费（包括房产税、车船使用税、印花税）、建设项目审计费、境内外融资费用（不含建设期的贷款利息）、业务招待费、安全生产管理费和其他管理性开支。

在投资估算阶段，在估算建设工程管理费用时，可按工程费概算的 2%～3% 进行估算。由于管理费用的支出与所管理的工程复杂程度有关，所以，以工程费为基数进行估算是合理的。

但从房地产开发项目的企业管理的角度，管理费用的支出不但与所管理的工程复杂程度有关，还与企业的建制有关，"集团制"与"单一项目公司制"的管理模式与管理费用的支出是有关系的。

5.2 项目代建服务费

代建制，是指政府通过招标等方式，选择社会专业化的项目管理单位（以下简称代建单位），负责政府投资项目的投资管理和建设组织实施工作，严格控制项目投资、质量和工期，项目建成后交付使用单位的制度。

基建项目代建方式包括分阶段代建（前期工作代建、建设实施代建）和全过程代建：

表 5-5-27

前期代建	(1) 组织编制项目可行性研究报告、办理项目可行性研究报告审批及与该阶段相关的项目规划选址、用地预审、环评等行政许可手续； (2) 组织项目勘察、设计等工作，并与勘察、设计单位签订项目勘察、设计合同； (3) 组织初步设计文件编制和审批工作； (4) 办理建设用地征地、房屋拆迁等工作； (5) 办理施工场地七通一平工作。
实施代建	(1) 组织施工图设计，负责项目预算（施工图预算及相关费用）编制工作； (2) 组织项目施工、主要材料设备采购等招标活动，并与施工单位、主要材料设备供应单位签订施工合同、主要材料设备采购合同； (3) 编制项目年度计划和基建支出预算，办理资金申领手续； (4) 办理项目建设工程规划许可证、开工报告、施工许可证等项目开工前各项报批手续； (5) 组织项目施工，负责办理项目施工中出现的设计变更、概算调整等手续； (6) 组织项目中间验收，单位工程竣工验收，办理竣工备案手续； (7) 组织项目竣工结算、竣工决算报告编制； (8) 负责将项目竣工及有关项目建设的技术资料完整地整理汇编移交，办理资产移交手续，编制并报送项目总结报告。

代建服务费是指通过招标等方式选择的专业化项目管理单位为建设单位提供项目前期、实施、验收及后期审计、结算等阶段管理服务，并独立承担控制项目投资、质量和工期的责任和风险所收取的费用。包括代建单位在项目前期、实施、验收及后期审计、结算等阶段的管理成本、人员工资及福利、应缴税费和合理利润。不包括勘察、设计、监理等中介服务费用。

如果建设项目是以代建制的形式进行管理的，代建服务费可按以下计算方法进行估算：

表 5-5-28

分档	费率	前期代理费	全过程代理费
≤5 千万元	3.0%	概算×3%	概算×3%
≤1 亿元	2.5%	125＋（概算-5000）×2.5%	125＋（总投资-5000）×2.5%
≤2 亿元	2.0%	475＋（概算-10000）×2.0%	475＋（总投资-10000）×2.0%
≤5 亿元	1.5%	275＋（概算-20000）×1.5%	275＋（总投资-20000）×1.5%
>5 亿元	0.5%	925＋（概算-50000）×2.2%	925＋（总投资-50000）×0.5%

代建服务费取费基数为代建范围内的项目总投资，应包括建设工程费用、设备费用、建设工程其他费用及基本预备费等。实行全程代建，其取费基数为投资估算或投资概算；始于施工阶段开始介入的阶段性代建，其取费基数为设计概算或施工图预算。

表 5-5-29

代建的阶段	项目前期	阶段性代建	全过程代建
调整系数	0.2	1	1.2

针对不同的项目特征类别，其项目代建服务费的收费是不同的，因此，在计算代建费时，应根据其专业调整系数进行调整：

表 5-5-30

序号	工程类别	专业调整系数
（1）	民用机场工程	1
（2）	公路、城市道路、轻轨工程	1.1
（3）	地铁、桥梁、隧道、索道工程	1.2
（4）	园林绿化工程	0.9
（5）	建筑、人防、市政公用工程	1
（6）	邮政、电信、广播电视工程	1

第5-6章 其他费之规划费及设计费及审查费

建设项目的实施离不开规划设计，需要经过地块的规划、工程的建筑设计、专项设计（深化设计）等环节，直至完成政府规定的施工图审查程序。在整个规划的设计过程中，将产生规划设计费、工程设计费、专项设计费和施工图审查费。

第1节 城市规划设计费

针对房地产开发企业来说，其中规划设计费不一定发生，主要是取决于其购买地块的规模。但作为建设项目的投资分析师有必要了解规划设计费的取费情况。中国城市规划协会于2004年6月发布了《城市规划设计计费指导意见》，本书对于其中的内容进行了摘录整理。

1.1 总体规划

城市总体规划设计费中的城市分类，是按照《城市规划法》所规定的特大城市、大城市、中等城市、小城市（含县城）的标准分档计费（不含乡镇规划）。下表中人口规模以规划期末人口为准。城市总体规划按人口规模分档，并按实际规划"用地面积"计算规划设计费。

表 5-6-1

总体规划设计费科目	小城市（含县城）	中等城市	大城市	特大城市
人口（万人）	≤20	20～50	50～100	＞100
总体规划费（万元/1000m²）	3.5	3.0	2.5	2.0
专题研究费（万元/个）	30	20	15	10
单独编制城市总体纲要费：	总体规划费×50%			
总体规划费的基价：	35万元			
各阶段工作量划分：	现状调研阶段30%、方案阶段40%、成果制作阶段30%			

单独编制城市近期建设规划，计费按城市总体规划计费的40%收取；如与城市总体规划同时编制，则按城市总体规划设计费的30%计取。城市近期建设规划的规划费

用小于 20 万元时，则按 20 万元计费。

1.2 分区规划

城市建成区的规划设计费按照旧区计费，城市新区的规划设计费按照新区计费。有些地区在城市建设中进行的某些类似于分区规划深度的规划，按照城市新区计费。编制分区规划，各阶段工作量划分比例为：

表 5-6-2

分区规划设计费科目	新区	旧区
分区规划设计费（万元/1000m²）	3.0	3.5
总体规划费的基价：	15 万元	
工作量划分：	现状调研阶段 20%、方案阶段 50%、成果制作阶段 30%	

1.3 详细规划

（1）控制性详细规划

"控制性详细规划"中以城市总体规划或分区规划为依据，确定建设地区的土地使用性质、使用强度等控制指标、道路和工程管线控制性位置以及空间环境控制的规划。

表 5-6-3

项目类别	基本计费	增加分图则费	增加建筑形体方案费
城市新区、开发区	2 500	500	2 000
城市一般地段	3 000	500	2 000
城市重点地段	3 500	500	2 000

表 5-6-4

规划类别	阶段划分	现状调研阶段	方案阶段	成果制作阶段
建成区	工作量比例	30%	40%	30%
	增加分图则	25%	40%	35%
新区	工作量比例	15%	50%	35%
	增加分图则	15%	45%	40%

（2）修建性详细规划

修建性详细规划是以城市总体规划、分区规划或控制性详细规划为依据，制订用以指导各项建筑和工程设施的设计和施工的规划设计。

根据建设部《城市规划编制办法》，修建性详细规划应当包括下列内容：第一，建设条件分析及综合技术经济论证；第二，进行建筑、道路和绿地等的空间布局和景观规划设计，布置总平面图；第三，道路交通规划设计；第四，绿地系统规划设计；第五，工程管线规划设计；第六，竖向规划设计；第七，估算工程量、拆迁量和总造价，分析投资效益。

修建性详细规划设计费按居住区、城市一般地段、城市重点地段、大型公建及周围地段、公园、游乐场及其他园林规划四个类别分类计取。

表 5-6-5

用地规模（hm²）	3	3～10	10～20	20～30	30～50	50 以上
规划设计费单价（元/hm²）	2	1.5	1.2	1	0.9	0.8
修建性总平面图增加费：	用地面积×单价×（1+50%）					
规划总平面方案增加费：	用地面积×单价×（1+50%）					
居住区修建性规划基价：	5 万元					
其他说明：	建筑单体为选型方案。如做建筑单体方案设计，则"建筑方案"费用另计。委托单位如果要求制作效果图、模型等，则费用另计。					

表 5-6-6

用地规模（hm²）	3	3～10	10～20	20～30	30～50	50 以上
规划设计费单价（元/hm²）	2	1.8	1.5	1.2	1.0	0.9
修建性总平面图增加费：	用地面积×单价×（1+50%）					
修建性规划基价：	6 万元					
其他说明：	建筑单体为选型方案。如做建筑单体方案设计，则"建筑方案"费用另计。委托单位如果要求制作效果图、模型等，则费用另计。					

表 5-6-7

用地规模（hm²）	城市重点地段	大型公建	主要公建及周围地段
规划设计费单价（元/hm²）	1.6	1.8	1.8
修建性总平面图增加费：	用地面积×单价×（1+50%）		
修建性规划基价：	6 万元		
其他说明：	大专院校、单位大院等按城市主要公建地段计费。建筑单体为选型方案。如做建筑单体方案设计，则"建筑方案"费用另计。委托单位如果要求制作效果图、模型等，则费用另计。		

表 5-6-8

用地规模（hm²）	3～10	10～20	20～30	30～50	50 以上
规划设计费单价（元/hm²）	1.2	0.9	0.8	0.7	0.6
修建性总平面图增加费：	用地面积×单价×（1＋50％）				
修建性规划基价：	5 万元				
其他说明：	其他设施是指公园、游乐场及其他园林，委托单位如果要求制作效果图、模型等，则费用另计。				

1.4 风景区规划

表 5-6-9

用地规模（hm²）	小于 50	50～100	100～200	200～500	500 以上
规划设计费单价（元/hm²）	0.5	0.4	0.35	0.25	0.15
修建性规划基价：	15 万元				
其他说明：	本收费为单独编制风景区规划大纲的费用。				

表 5-6-10

用地规模（hm²）	小于 10	10～20	20～50	50～100	100 以上
规划设计费单价（元/hm²）	1.6	1.4	1.2	1.0	0.8
修建性规划基价：	15 万元				
其他说明：	风景区总体规划计费已包括风景区规划大纲的工作量。风景区总体规划的面积，应按实际规划用地面积计算。水面应按实际规划利用范围计算。				

表 5-6-11

用地规模（hm²）	≤20	≤50	≤100	≤200	＞200
规划设计费单价（元/hm²）	1.1	1.0	0.9	0.8	0.6
修建性规划基价：	15 万元				
其他说明：	风景区总体规划计费已包括风景区规划大纲的工作量。风景区总体规划的面积，应按实际规划用地面积计算。水面应按实际规划利用范围计算。				

1.5 城市体系规划

表中人口规模以规划期末区域总人口为准。都市圈、城镇群等类似规划，参照城市体系规划的深度和计费意见进行。

表 5-6-12

城市人口（万人）	≤50	≤60	≤70	≤80	≤90	≤100	≤200	>200
城市体系规划设计费	1.1	1.0	0.95	0.9	0.85	0.8	0.75	0.7

表 5-6-13

城市类别	省域和区域	特大城市	大城市	中等城市	小城市
专题研究费	1.1	1.0	0.95	0.9	0.85

1.6 环境景观规划

环境景观规划指居住小区、城市街景景观、校园规划等城市各类景观专项规划。环境景观规划按相应项目类别规划计费的 30%～40% 收取规划设计费。景观规划设计详细规划，按公园、游乐场及其他园林详细规划计费单价执行。

表 5-6-14

用地规模（公顷）	3～10	10～20	20～30	30～50	50 以上
规划设计费单价（元/公顷）	1.2	0.9	0.8	0.7	0.6
修建性总平面图增加费：用地面积×单价×（1+50%）					
修建性规划基价：8 万元					
其他说明：委托单位如果要求制作效果图、模型等，则费用另计。					

1.7 城市设计规划

单独编制城市设计，其计费为：总体规划、分区规划阶段按其规划设计计费的 40%～50% 收取；控制性详细规划、修建性详细规划，按其规划设计计费的 50%～80% 收取。不同规划阶段基础上增加城市设计内容，应在相应阶段的规划设计计费的基础上，增加 30%～50% 的规划设计费。

1.8 城市专业规划

专业规划特指给水、排水、供热、燃气、防洪、消防、电力、电信、环卫、抗震、人防、环境保护、绿地系统、道路工程、轨道交通、城市竖向、地下空间利用等规划。

表 5-6-15

规划设计费科目	小城市	中等城市	大城市	特大城市
人口（万人）	≤20	≤50	≤100	>100
专业规划费（万元/万人）	1.0	0.8～1.0	0.6～0.8	≥60万元，每增10万元，增加5万元

专项规划深度为国家相关专业规划编制办法所规定的深度。城市规模为城市总体规划确定的人口规模。城市人口规模介于中间规模的城市，可采用插入法计算。

专业规划根据本表计费，结合各专业的具体情况乘以如下专业系数：排水、防洪为 1.1；抗震、人防为 0.8；电力、电信、地下空间为 0.9；排水、道路工程为 1.2；环境保护为 1.0（如做生态环境保护内容为 1.5）；其他为 1.0；城市综合防灾规划，在该计费单项的基础上乘以 1.5 的系数。

第 2 节　岩土工程设计费

2.1　岩土工程设计内容

岩土工程设计的服务内容是根据工程性质和技术要求，现场踏勘，收集分析已有资料，调查周边建筑物及地下管线情况；编制岩土设计文件，绘制施工图，提出试验、检测和监测方案；配合施工，解决施工中的设计问题。

2.2　岩土工程复杂度划分

2.2.1　地基处理

表 5-6-16

工程特征	地基变形	地质条件	地下水	施工影响
（1）Ⅰ	无严格要求	较为简单	较为简单	影响轻微
（2）Ⅱ	有相关要求	一般复杂	较为复杂	较为严重
（3）Ⅲ	有严格要求	十分复杂	十分复杂	十分严重

2.2.2　基坑支护

表 5-6-17

工程特征	基坑深度（Hm）	地质条件	地下水	施工影响
（1）Ⅰ	H≤6	较为简单	较为简单	影响轻微

工程特征	基坑深度（H_m）	地质条件	地下水	施工影响
（2）Ⅱ	6＜H≤12	一般复杂	较为复杂	较为严重
（3）Ⅲ	H＞12	十分复杂	十分复杂	十分严重

2.2.3 施工降水

表 5-6-18

工程特征	外轴内包面积（m²）	渗透系数（m/d）	降水深度（m）	环境影响	施工措施
（1）Ⅰ	≤1 000	0.5＜m/d≤20	H≤7	影响轻微	较为简单
（2）Ⅱ	1 000＜S≤2 000	0.5＜m/d≤50	7＜H≤13	较为严重	较为复杂
（3）Ⅲ	S＞2 000	m/d≤0.5 或，m/d＞50	H＞13	十分严重	十分复杂

2.3 岩土工程设计收费基价表

2.3.1 Ⅰ（简易）岩土工程收费基价

表 5-6-19

岩土工程概算 GS	序	设计费 SJ	占比% (SJ/GS)	概算步距	设计费步距	内插系数
10 万元	（1）	6.40%	0.64			
50 万元	（2）	5.60%	2.8	40.00	2.16	0.054
100 万元	（3）	5.40%	5.4	50.00	2.60	0.052
500 万元	（4）	4.60%	23	400.00	17.60	0.044
1000 万元	（5）	4.30%	43	500.00	20.00	0.040
200 万元	（6）	3.90%	78	1000.00	35.00	0.035
2000 万元以上	（7）	3.5%				

岩土工程设计费≥0.5万元

2.3.2 Ⅱ（中易）岩土工程收费基价

表 5-6-20

岩土工程概算	序	设计费	占比% (SJ/GS)	概算步距	设计费步距	内插系数
10 万元	（1）	7.50%	0.75			
50 万元	（2）	6.60%	3.3	40	2.55	0.064

岩土工程概算	序	设计费	占比％ (SJ/GS)	概算步距	设计费步距	内插系数
100 万元	(3)	6.30％	6.3	50	3.00	0.060
500 万元	(4)	5.40％	27	400	20.70	0.052
1000 万元	(5)	5.00％	50	500	23.00	0.046
2000 万元	(6)	4.60％	92	1000	42.00	0.042
2000 万元以上	(7)	4.5％				

岩土工程设计费≥0.5万元

2.3.3　Ⅲ（复杂）岩土工程收费基价

表 5-6-21

岩土工程概算	序	设计费	占比％ (SJ/GS)	概算步距	设计费步距	内插系数
10 万元	(1)	0.86	8.60％			
50 万元	(2)	3.80	7.60％	40	2.94	0.074
100 万元	(3)	7.20	7.20％	50	3.40	0.068
500 万元	(4)	31.00	6.20％	400	23.80	0.060
1000 万元	(5)	58.00	5.80％	500	27.00	0.054
2000 万元	(6)	106.00	5.30％	1000	48.00	0.048
2000 万元以上	(7)	4.5％				

岩土工程设计费≥0.5万元

第 3 节　建筑工程设计费

工程设计收费是指设计人根据发包人的委托，提供编制建设项目初步设计文件、施工图设计文件、非标准设备设计文件、施工图预算文件、竣工图文件等服务所收取的费用。

3.1 设计阶段的划分

3.1.1 三阶段设计工作量比例

表 5-6-22

三阶段	建筑工程及室外工程			住宅小区	人防工程	园林绿化（Ⅲ级）	古建筑工程
	Ⅰ	Ⅱ	Ⅲ				
方案	10%	15%	20%	25%	10%	30%	30%
初步	30%	30%	30%	35%	40%	20%	20%
施工图	60%	55%	55%	45%	50%	50%	50%

3.1.2 二阶段设计工作量比例

表 5-6-23

二阶段	住宅	智能化	室内装修	园林绿化 Ⅰ、Ⅱ	市政公用 Ⅰ、Ⅱ	市政公用 Ⅲ	广电邮政	电信
方案	25%	40%	50%	30%	40%	50%	60%	60%
施工图	75%	60%	50%	70%	60%	50%	40%	40%

根据建筑法的规定，对建设工程进行设计是强制性内容，因此，作为以房地产开发为主营业的开发企业，对"拟建项目"进行立项分析时，或在施工阶段委托设计单位进行工程设计时对项目的设计费进行测算是必做的环节。

3.2 设计费的计算公式

国家发展计划委员会、建设部《工程勘察设计收费标准》（计价格〔2002〕10号）（2002 年修订本）规定标准收取，工程设计收费按照建设项目单项工程概算投资额分档定额计费方法计算收费。

表 5-6-24

设计费指导价	（1）工程设计收费基准价×（1±浮动幅度值）
设计收费基准价	（2）基本设计收费＋其他设计收费
基本设计收费	（3）工程设计收费基价×专业调整系数×工程复杂程度调整系数×附加调整系数。

根据国家发展计划委员会、建设部《工程勘察设计收费标准》（计价格〔2002〕10

号）（2002 年修订本）规定，设计费计算科目的内涵：

表 5-6-25

基准价	（1）是按照本收费标准计算出的工程设计基准收费额。
基本设计收费	（2）是指在工程设计中提供编制初步设计文件、施工图设计文件收取的费用，并提供相应设计技术交底、解决施工中的设计技术问题、参加试车考核和竣工验收等服务。
其他设计收费	（3）是指根据工程设计实际需要或者发包人要求提供相关服务收取的费用，包括总体设计费、主体设计协调费、采用标准设计和复用设计费、非标准设备设计文件编制费、施工图预算编制费、竣工图编制费等。
设计费基价	（4）工程设计收费基价是完成基本服务的价格。工程设计收费基价在《工程设计收费基价表》（附表一）中查找确定，计费额处于两个数值区间的，采用直线内插法确定工程设计收费基价。
计费基数	（5）工程设计收费计费额，为经过批准的建设项目初步设计概算中的建筑安装工程费、设备与工器具购置费和联合试运转费之和。

3.3 设计费的基价计算

根据国家发展计划委员会、建设部《工程勘察设计收费标准》（计价格〔2002〕10 号）（2002 年修订本）规定，设计费的计费基数是以工程投资额为基础进行测算的：

表 5-6-26

关键词	序号		具体的程序
计算工程概算 GS	（1）		＝A 建筑安装工程费＋B 设备购置费＋C 联合试运转费
对设备进行分类	（2.1）	原有设备	合同签约同类设备的当期价格纳入概算
	（2.2）	缓配设备	既配设备的当期价格纳入概算
	（2.3）	进口设备	按离岸价并折算成人民币纳入计费的概算
对基价分档内插	（3）		设计费＝基价下限＋$\dfrac{已知概算－概算下限}{概算上限－概算下限}$×（基价上限-基价下限） 设计费＝$GC_小$＋（$GC_X$-$GC_小$）×内插系数

3.4 设计费的基价速查

表 5-6-27

概算额 GC	设计费 LI 万元 ‰	设计费 ‰ 概算额	概算跨距 △GC	设计跨距 △LI	△LI △GC（内插系数）
200 万元	9.0	4.50%	200	9.0	0.045
500 万元	20.9	4.18%	300	11.9	0.040
1000 万元	38.8	3.88%	500	17.9	0.036
3000 万元	103.8	3.46%	2 000	65.0	0.033
5000 万元	163.9	3.28%	2 000	60.1	0.030
8000 万元	249.6	3.12%	3 000	85.7	0.029
1 亿元	304.8	3.05%	2 000	55.2	0.028
2 亿元	566.8	2.83%	10 000	262.0	0.026
4 亿元	1 054.0	2.64%	20 000	487.2	0.024
6 亿元	1 515.2	2.53%	20 000	461.2	0.023
8 亿元	1 960.1	2.45%	20 000	444.9	0.022
10 亿元	2 393.4	2.39%	20 000	433.3	0.022
20 亿元	4 450.8	2.23%	100 000	2 057.4	0.021
40 亿元	8 276.7	2.07%	200 000	3 825.9	0.019
60 亿元	11 897.5	1.98%	200 000	3 620.8	0.018
80 亿元	15 391.4	1.92%	200 000	3 493.9	0.017
100 亿元	18 793.8	1.88%	200 000	3 402.4	0.017
GC>200 亿元	设计费＝概算×1.6%				

3.5 专业调整系数

专业调整系数是对不同专业建设项目的工程设计复杂程度和工作量差异进行调整的系数。计算工程设计收费时，专业调整系数在《工程设计收费专业调整系数表》（附表二）中查找确定。

表 5-6-28

工程类别	邮政工艺	建筑、市政、电信	人防、园林绿化、广电工艺工程
专业调整系数	0.8	1.0	1.1

3.6 复杂调整系数

3.6.1 建筑与人防工程复杂调整系数

3.6.1.1 一级（简单工程）

表 5-6-29

序号	工程特征	复杂系数
（1）	功能单一技术要求简单的小型公共建筑工程	
（2）	跨度＜24m 的一般公共建筑工程	
（3）	小型仓储建筑工程	
（4）	简单的设备用房及其他配套用房工程	0.85
（5）	简单的建筑环境设计及室外工程	
（6）	相当于一星级饭店及以下标准的室内装修工程	
（7）	人防疏散干道、支干道及人防连接通道等人防配套工程	

3.6.1.2 二级（较复杂工程）

表 5-6-30

序号	工程特征	复杂系数
（1）	大型（建筑面积＞2 万 m^2）、中型（5000m^2＜建筑面积≤2 万 m^2）公共建筑工程	
（2）	技术要求较复杂或有地区性意义的小型公共建筑工程	
（3）	高度 24～50m 的一般公共建筑工程	
（4）	20 层及以下一般标准的居住建筑工程	
（5）	仿古建筑、一般标准的古建筑、保护性建筑以及地下建筑工程	1.0
（6）	大中型仓储建筑工程	
（7）	一般标准的建筑环境设计和室外工程	
（8）	相当于二、三星级饭店标准的室内装修工程	
（9）	防护级别为四级及以下同时建筑面积＜1 万 m^2 的人防工程	

3.6.1.3 三级（复杂工程）

表 5-6-31

序号	工程特征	复杂系数
（1）	高级大型（建筑面积＞2 万 m^2）公共建筑工程	
（2）	技术要求复杂或具有经济、文化、历史等意义的省（市）级中小型（建筑面积小于 2 万 m^2）公共建筑工程	1.15
（3）	高度＞50m 的公共建筑工程	
（4）	20 层以上居住建筑和 20 层及以下高标准居住建筑工程	

序号	工程特征	复杂系数
（5）	高标准的古建筑、保护性建筑和地下建筑工程	
（6）	高标准的建筑环境设计和室外工程	1.15
（7）	相当于四、五星级饭店标准的室内装修，特殊声学装修工程	
（8）	防护级别为三级以上或者建筑面积≥1万 m^2 的人防工程	

3.6.2 市政与园林工程复杂调整系数

3.6.2.1 一级（较简易工程）

表 5-6-32

序号	工程特征	复杂系数
（1）	一般标准的道路绿化工程	0.85
（2）	片林、风景林等工程	

3.6.2.2 二级（较复杂工程）

表 5-6-33

序号	工程特征	复杂系数
（1）	标准较高的道路绿化工程	1.0
（2）	一般标准的风景区、公共建筑环境、企事业单位与居住区的绿化工程	

3.6.2.3 二级（很复杂工程）

表 5-6-34

序号	工程特征	复杂系数
（1）	高标准的城市重点道路绿化工程	
（2）	高标准的风景区、公共建筑环境、企事业单位与居住区的绿化工程	1.15
（3）	公园、度假高尔夫球场、广场、街心花园、园林小品、屋顶花园、室内花园等	

3.7 附加调整系数

　　附加调整系数是对专业调整系数和工程复杂程度调整系数尚不能调整的因素进行补充调整的系数。附加调整系数分别列于总则和有关章节中。附加调整系数为两个或两个以上的，附加调整系数不能连乘。将各附加调整系数相加，减去附加调整系数的个数，加上定值1，作为附加调整系数值。

表 5-6-35

序号	工程特征	复杂系数
（1）	智能建筑弱电系统设计，以弱电系统的设计概算为计费额	1.3
（2）	古建筑、仿古建筑、保护性建筑等，根据具体情况	1.3～1.6
（3）	室内装修设计，以室内装修的设计概算为计费额	1.5
（4）	特殊声学装修设计，以声学装修的设计概算为计费额	2.0

第4节　室内装饰工程设计费

4.1　室内装饰工程的含义

本节的内容是根据深圳市装饰行业协会发布的《装饰设计收费标准》（2001版）内容进行归集整理，此价格只是指导性的意见，可作为项目投资控制的测算指标。市场竞争价将根据市场行情的波动而变化。

本标准所指范围是各类建筑装饰工程。所指的装饰设计是装饰工程从方案初步设计到施工图设计的各阶段工作及内容、单项设计方案及工作内容的收费。

装饰设计费的计取办法有二种，一种是按"装饰的建筑面积"为基数分档计算，另一种是按"装饰工程的投资额"为基数，按百分比计取装饰设计费。如果设计单位不参与技术配合，则不计算施工技术配合费。

4.1.1　设计工作量比例

概念性设计方案包括：平面布置；平面布置图；概念方案说明图；总体设计说明。此阶段与施工图阶段的设计工作量的比例详见表5-6-36中的数据。

实施性设计方案包括：平面布置、局部平面布置图；天花布置图；彩色方案效果图；地面拼花图、主要立面图、主要设计说明、主要材料样板等。

表 5-6-36

装饰等级	方案阶段	施工图阶段
概念性方案	10％～25％	90％～75％
实施性方案	30％～40％	70％～65％

4.1.2 施工图的编制深度要求

装饰工程施工图设计阶段的编制深度要求，设计文件应包括且不限于：设计说明、材料表、门表、灯具表、家具表、平面布置图、地面拼花图、天花布置图、照明布置图、立面图、剖面图、主要施工节点大样图、材料样板等。

4.2 建筑装饰工程设计费协会标准

总造价 500 万元以下工程，设计收费率不低于 14%；装饰工程总造价 2000 万元至 5000 万元时，降低设计费 1% 收费；总造价超过"一亿元"时，可适当地降低收费，但最低收费率不低于 8% 收费。

4.2.1 A⁺⁺ 类装饰标准及设计费

A⁺⁺ 类装饰标准及设计费适用于别墅、豪宅、豪华会所、豪华样板房、豪华游船等各类项目的装饰设计。

表 5-6-37

（S）面积分档	S≤500m²	S≤2 000m²	S≤5 000m²
元/m²	1000	800	600

施工技术配合费：80～100 元/m²

4.2.2 A⁺ 类装饰标准及设计费

A⁺ 类装饰标准及设计费适用于高级住宅、高级会所、高级样板房、高级游艇等各类项目的装饰设计。

表 5-6-38

（S）面积分档	S≤500m²	S≤2 000m²	S≤5 000m²
元/m²	800	600	400

施工技术配合费：80～100 元/m²

4.2.3 A 类装饰标准及设计费

白金五星级酒店、精品风格酒店及类似等级的夜总会、高级会所、高级餐厅、高级水会、博物馆、夜总会、夜景灯光装饰等各类项目。

表 5-6-39

面积分档 m²	S≤2 000	S≤5 000	S≤10 000	S≤30 000	S≤50 000	S>50 000
元/m	450	420	390	360	330	300

按投资额度计取装饰设计费：装饰工程投资额×14%

4.2.4 B类装饰标准及设计费

五星级酒店、宾馆、高级公寓、高级美容院、机场、轮船、音乐厅、展览馆、医院、商业空间、高级办公楼、园林景观绿化、建筑外观改造等各类项目。

表 5-6-40

面积分档 m²	S≤2 000	S≤5 000	S≤10 000	S≤30 000	S≤50 000	S>50 000
元/m²	360	330	300	270	240	210

按投资额度计取装饰设计费＝装饰工程投资额×12%

4.2.5 C类装饰标准及设计费

四星级酒店、宾馆及各类似等级的影剧院、办公楼、公寓、游乐场、俱乐部、航空港、咖啡厅、酒吧、营业厅、商场、图书馆、园林景观绿化、建筑外观改造等各类项目。

表 5-6-41

面积分档 m²	S≤2 000	S≤5 000	S≤10 000	S≤30 000	S≤50 000	S>50 000
收费基价	330	300	270	240	210	180

按投资额度计取装饰设计费＝装饰工程投资额×10%

4.2.6 D类装饰标准及设计费

三星级以下酒店、宾馆及类似等级的住宅、办公楼、图书馆、商场、餐厅、园林绿化等各类项目。

表 5-6-42

面积分档（m²）	S≤2 000	S≤5 000	S≤10 000	S≤30 000	S≤50 000	S>50 000
收费（元/m²）	300	270	240	210	180	165

按投资额度计取装饰设计费＝装饰工程投资额×8%

模块五 房地产开发的支出与税费

4.3 施工技术配合费

所谓施工技术的配合，是指设计单位在工程的施工过程中，参与重要环节的技术配合工作。如果设计单位不参与技术配合，则不计算施工技术配合费。

表 5-6-43

面积分档	A类	B类	C类	D类
按面积计费（元/m²）	60～80	50～70	40～60	30～50
按投资额度比例	5%	3%	2%	1%

第 5 节　建筑幕墙工程设计收费

5.1 建筑幕墙工程设计的含义

根据深圳装饰行业协会编制的《建筑幕墙工程设计收费标准》中的内容，建筑幕墙工程包括建筑幕墙的各种材料的产品（玻璃幕墙、石材幕墙、金属板幕墙等）类型。本收费标准中的工程设计是指建筑幕墙范围内的全部设计工作。内容主要包括方案设计（含效果图），施工图设计、加工工艺、施工工艺及施工工艺设计、竣工验收等工作的费用。光顶、雨棚等可参照幕墙设计收费标准执行。

本设计费已包含了建筑幕墙工程设计应提供的设计文件及数量：方案设计四份、效果图三至五张（不同立面）；施工图八份。对于超出的份数，委托人应另外支付晒图费。

5.2 建筑幕墙工程收费标准

5.2.1 幕墙设计费的基价

建筑幕墙工程设计费有二种计价办法，一种是以幕墙的面积为基数，另一种是以幕墙工程的造价为基数：

表 5-6-44

计价办法	按幕墙的面积为基数	按幕墙工程的造价额
设计费单价（元/m²）	80～120	8%～12%

5.2.2 各阶段的工作量比例

表 5-6-45

阶段划分	分析计算	结构与节点	效果图	施工图	工艺设计
比例值	15%	15%	5%	30%	35%

5.2.3 设计费基价调整系数

表 5-6-46

阶段划分	序	结构与节点
0.8	(1)	建筑幕墙的面积超过（30 000）m² 时；
1.0～1.2	(2)	幕墙工程高度超过（150）m；
1.2	(3)	地震设防在（八级）以上；
1.1～1.4	(4)	采用新技术、新材料、新工艺。

5.2.4 投标补偿

凡招标要求二套方案及以上的，按上述的方案设计费标准的 1.6～2.0 倍取费。落标者，按方案设计取费标准的 60% 给予设计单位补偿金。

第6节 施工图审查费

6.1 施工图审查的程序与内容

施工图审查是政府主管部门对建筑工程勘察设计质量监督管理的重要环节，是基本建设必不可少的程序，建筑工程设计等级分级标准中的各类新建、改建、扩建的建筑工程项目均属审查范围。建设单位应当将施工图报送建设行政主管部门，由建设行政主管部门委托有关审查机构，进行结构安全和强制性标准、规范执行情况等内容的审查。

施工图审查的主要内容：建筑物的稳定性、安全性审查，包括地基基础和主体结构体系是否安全、可靠；是否符合消防、节能、环保、抗震、卫生、人防等有关强制性标准、规范；施工图是否达到规定的深度要求；是否损害公众利益。

建设单位将施工图报建设行政主管部门审查时，还应同时提供下列资料：批准的立项文件或初步设计批准文件；主要的初步设计文件；工程勘察成果报告；结构计算书及计算软件名称。

6.2 施工图审查费的标准

每个城市就施工图审查费的收费标准各有不同，在项目的立项阶段，在测算项目总投资概算时，可按以下计费办法测算。根据国家发展改革委印发《关于降低部分建设项目收费标准规范收费行为等有关问题的通知》，从 2011 年 5 月 1 日起，降低了各地偏高的施工图设计审查收费标准，并实行上限控制。对于施工图审查费，各地以工程勘察设计收费为基准计费的，其收费标准应不高于工程勘察设计收费标准的 6.5%；以工程概（预）算投资额比率计费的，其收费标准应不高于工程概（预）算投资额的 2‰；按照建筑面积计费的，其收费标准应不高于 2 元/m²。

6.2.1 按工程复杂程度计取审查费

表 5-6-47

工程复杂程度	简单民用建筑工程（Ⅰ级）	中易（Ⅱ级）、复杂（Ⅲ）民用建筑工程
审查费（元/m²）	1.5	2.0

施工图审查费≥1 500 元

6.2.2 公用建筑或市政工程的审查费

表 5-6-48

工程概算 GS	序	占比（SJ/GS）	概算分档	分档计费	累计值
≤500 万元	(1)	0.3% 发	500	1.50	1.5
≤1000 万元	(2)	0.23%	1 000	2.30	3.80
≤5000 万元	(3)	0.15%	5 000	7.50	9.80
≤1 亿元	(4)	0.12%	10 000	12.00	19.50
≤5 亿元	(5)	0.08%	50 000	40.00	52.00
≤10 亿元	(6)	0.05%	100 000	50.00	90.00
>10 亿元	(7)	0.04%	>100 000	1.15	

施工图审查费≥1 500 元

6.2.3　专项设计的审查费

表 5-6-49

专项工程名称	超限高层建筑抗震设计
施工图审查费（元/m²）	1.5

<u>施工图审查费≥1 500 元</u>

6.2.4　深基坑工程专项设计审查费

表 5-6-50

工程概算 GS	序	占比（SJ/GS）	概算分档	分档计费	累计值
≤500 万元	(1)	1%	500	5.0	5.0
>500 万元	(2)	0.4%	>500	(SC-500)×0.4%	5+(SC-500)×0.4%

<u>深基坑设计专项施工图审查费≥1 000 元</u>

第5-7章　其他费之工程相关费及运营相关费

第1节　与工程相关的其他费

1.1　规划设计阶段

（1）环境影响评价咨询费

环境影响咨询是建设项目前期工作中的重要环节。环境影响咨询内容包括：编制环境影响报告书（含大纲）、环境影响报告表和对环境影响报告书（含大纲）、环境影响报告表进行技术评估。

"环境影响评价咨询费"属于中介服务收费，应当遵循公开、平等、自愿、有偿的原则，委托方根据国家有关规定可自主选择有资质的环境影响评价机构开展环境影响评价工作，相应的环境影响评估机构负责对评价报告进行技术评估工作。建设项目环境影响咨询收费实行政府指导价，从事环境影响咨询业务的机构应根据本通知规定收取费用。

根据国家计委、国家环境保护总局《关于规范环境影响咨询收费有关问题的通知》、发改委《关于降低部分建设项目收费标准规范收费行为等有关问题的通知》的规定，环境影响评价费是以项目建议书或可行性研究报告中的估算投资额为基数进行分档计取的，再按建设项目行业特点和所在区域的环境敏感程度，乘以调整系数。费用不包括遥感、遥测、风洞实验、污染气象观测、示踪实验、地探、物探、卫星图片解读、需要动用船、飞机等的特殊监测等费用。针对房地产行业环境评价费的政府指导价为（万元）：

表 5-7-1

估算投资额（亿元）	≤0.3	0.3~2	2~10	10~50	50~100	>100
编制环境影响报告书（含大纲）	2.4~2.9	2.9~7.2	7.2~16.8	16.8~36	36~52.8	66
编制环境影响报告表	0.5~1	1~1.9	1.9~3.36	≥3.36	≥3.36	≥4.2
评估环境影响报告书（含大纲）	0.4~0.7	0.7~1.4	1.4~3.36	3.36~4.32	4.32~6.24	≥7.8
评估环境影响报告表	0.2~0.4	0.4~0.7	0.7~0.96	≥0.96	≥0.96	≥1.2

模块五　房地产开发的支出与税费

（2）交通影响评价服务费

"交通影响评价服务费"是指具备相应执业资质、经工商登记注册的企业、中介机构或自收自支的事业单位，坚持自愿委托、服务有偿和不盈利的原则，与委托方签订协议（合同），利用城乡规划专业信息和专业知识，提供资料收集、现场踏勘、交通现状调查、现状分析、交通模型与需求预测、交通影响评价等服务，出具《建设项目交通影响评价报告》等服务的收费。

有的城市规定以下项目须作交通影响评价：①中心城区范围内体育场（馆）、展览馆、文化艺术中心、会议（会展）中心、大型商店、综合市场、批发交易市场、大型宾馆酒店、二级以上医院、学校等公共建筑类建设项目；②中心城区范围内公路客货运站场、铁路客货运站场、民用机场、公共交通枢纽、客货运码头、物流中心、规模在 80 个泊车位以上的机动车社会停车场（库）、公共汽电车停车场（库）、加油站等交通生成量大的交通类建设项目；③城市核心区范围内，建筑面积超过 1 万 m^2 或停车泊位数超过 50 个的公共建筑项目；建筑面积超过 3 万 m^2 或机动车泊位数超过 100 个的居住建筑工程；④除城市核心区以外的中心城区范围内，建筑规模超过 2 万 m^2 的大型公共建筑项目和超过 5 万 m^2 的居住类项目；⑤中心城区范围内超过 5 公顷用地规模的仓储类建设项目、工业类建设项目和机动车泊位数超过 100 个的园林与广场建设项目；⑥中心城区范围内容积率超过 3.5 且建筑面积在一万 m^2 以上的建设工程。

本书以湖南省物价局《关于进一步规范城乡规划信息技术服务收费的通知》收费标准为实例："交通影响评价费"按每平方米建筑面积 0.5 元收取。

（3）地震安全评价服务费

根据国务院令第 323 号《地震安全性评价管理条例》规定，需要进行地震安全评价的建设工程的范围如下：国家重大建设工程；受地震破坏后可能引发水灾、火灾、爆炸、剧毒或者强腐蚀性物质大量泄漏或者其他严重次生灾害的建设工程，包括水库大坝、堤防和贮油、贮气、贮存易燃易爆、剧毒或者强腐蚀性物质的设施以及其他可能发生严重次生灾害的建设工程；受地震破坏后可能引发放射性污染的核电站和核设施建设工程；省、自治区、直辖市认为对本行政区域有重大价值或者有重大影响的其他建设工程。抗震设防要求高于本地震动参数区划图抗震设防要求的重大工程、可能发生严重次生灾害的工程、核电站和其他有特殊要求的核设施建设工程；位于地震动参数区划图分界线附近的新建、扩建、改建的工程；某些地震研究程度和资料详细程度较差的边远地区；位于复杂工程地质条件区域的大城市、大型厂矿企业、长距离生命线工程以及新建开发区等。

（4）水土保持方案编制费

根据国家计委、建设部关于发布《〈工程勘察设计收费管理规定〉的通知》（计价格〔2002〕10 号）的规定，初步设计和施工图阶段的水土保持勘测设计费按该文件执行。可行性研究阶段的开发建设项目"水土保持方案编制费"可根据水利部水土保持司《关于开发建设项目水土保持咨询服务费用计列的指导意见》执行：开发建设项目的水土保持评价与验收费包括水土保持方案编制、水土保持监理、水土保持监测、水土保持设施验收技术评估报告编制和水土保持技术文件技术咨询服务费等构成（万元）。

表 5-7-2

投资额	0.5	1	2	3	4	5	6	≥7
水土保持方案编制费	0.60%	0.52%	0.36%	0.27%	0.24%	0.21%	0.19%	0.17%
水土保持监测费	0.60%	0.52%	0.36%	0.27%	0.24%	0.21%	0.19%	0.17%
水土保持验收费	0.20%	0.18%	0.15%	0.12%	0.11%	0.10%	0.09%	0.08%
技术咨询服务费	0.02%	0.02%	0.01%	0.01%	0.01%	0.01%	0.01%	0.01%

"水土保持补偿费"，以广东为实例，根据《广东省水土保持补偿费征收和使用管理暂行规定》，在地面坡度 5 度以上、林草覆盖率 50% 以上的区域内从事房地产开发，开办经济（技术）开发区、旅游开发区，修建铁路、公路、水工程、电力工程等基础设施，采矿、采石，陶瓷厂、砖瓦窑经营性取土等生产、建设活动，造成土壤流失量每年每平方公里 500 吨以上的，必须缴纳水土保持补偿费。从事房地产开发、开办经济（技术）开发区、旅游开发区等经营性建设项目，按实际破坏植被面积每平方米缴纳 0.5～1.5 元。

（5）劳动安全卫生评价费

按照劳动部《建设项目（工程）劳动安全卫生监察规定》凡符合下列情况之一的，必须进行建设项目劳动安全卫生预评价：①大中型和限额以上的建设项目；②火灾危险性生产类别为甲类和建设项目；③爆炸危险场所等级为特别危险场所和高度危险场所的建设项目；④大量生产或使用Ⅰ级、Ⅱ级危害程度的职业性接触毒物的建设项目；⑤大量生产或使用石棉粉料或含有 10% 以上的游离二氧化硅粉料的建设项目；⑥劳动行政部门确认的其他危险、危害因素大的建设项目。

"劳动卫生评价费"是指为分析和预测该建设项目存在的职业危险、危害因素的种类和危险、危害程度并提出先进、科学、合理可行的劳动安全卫生技术和管理对策，以及编制"建设项目劳动安全卫生预评价大纲"和"劳动卫生预评价报告书"以及为编制上述文件所进行的工程分析和环境现状调查等所需费用。

新建、改建、扩建的基本建设项目（工程）、技术改造项目（工程）和引进的建设项目（工程）。按工程项目总投资的 0.02%～0.05% 收取。

（6）节能评估与审查费

根据《固定资产投资项目节能评估和审查暂行办法》规定：节能审查，是指根据节能法规、标准，对项目节能评估文件进行审查并形成审查意见，或对节能登记表进行登记备案的行为。

以《上海市固定资产投资项目节能评估和审查管理办法》为例，其中就规定：①年耗能折合 2000 吨标准煤以上（含）的固定资产投资项目；②单体建筑面积在 2 万 m^2 以上（含）的公共建筑项目，建筑面积在 20 万 m^2 以上（含）的居住建筑项目均需要进行节能的评估与审查。

"节能评估与节能审查费"，目前国家没有发布统一的收费标准，本书仅以上海发布的相关收费标准（万元）为例：

表 5-7-3

投资额度分档	费及费率	节能评估费或节能审查费计算公式
投资额≤1 亿元	3 万元	最低收费为 3 万元
1 亿元＜投资额≤5 亿元	0.0075％	3 万元＋（投资额-1 亿元）×0.0075％
5 亿元＜投资额≤10 亿元	0.004％	6 万元＋（投资额-5 亿元）×0.004％
10 亿元＜投资额≤50 亿元	0.0005％	8 万元＋（投资额-5 亿元）×0.0005％
50 亿元＜投资额≤150 亿元	0.0002％	9 万元＋（投资额-5 亿元）×0.0002％
投资额＞150 亿元	12 万元	最高收费为 3 万元

（7）专利及专有技术使用费

按专利使用许可协议和专有技术使用合同的规定计列；专有技术的界定应以省、部级鉴定同意为依据；项目投资中只计取需要在"建设期"支付的"专利及专有技术使用费"。协议或合同规定在生产期支付的使用费应在生产成本中核算。

一次性支付的商标权、商誉及特许经营权费按协议或合同规定计列。协议或合同规定在"生产期"支付的商标权或特许经营权费应在生产成本中核算。

为项目配套的专用设施投资，包括专用铁路线、专用公路、专用通信设施、变送电站、地下管道、专用码头等，如由项目建设单位负责投资但产权不归属本单位的，应作无形资产处理。

（8）引进技术和设备的其他费用

"引进技术和设备的其他费用"是指引进技术和设备发生的未计入设备费的费用，一般包括：

表 5-7-4

翻译复制费 备品备件测绘费	（1）引进项目图纸资料翻译复制费、备品备件测绘费。可根据引进项目的具体情况计列或按引进货价（POB）的比例估算；引进项目发生备品备件测绘费时按具体情况估列。

出国人员费用	（2）包括买方人员出国设计联络、出国考察、联合设计、监造、培训等所发生的旅费、生活费等。依据合同或协议规定的出国人次、期限以及相应的费用标准计算。生活费按照财政部、外交部规定的现行标准计算，旅费按中国民航公布的票价计算。
来华人员费用	（3）包括卖方来华技术人员的现场办公费用、往返现场交通费用、接待费用等。依据引进合同或协议有关条款及来华技术人员派遣计划进行计算。来华人员接待费用可按每人次费用指标计算。引进合同价款中已包括的费用内容不得重复计算。
银行担保及承诺费	（4）指引进的项目由国内外金融机构出面承担风险和责任担保所发生的费用，以及支付贷款机构的承诺费用。应按担保或承诺协议计取。投资估算和概算编制时可以担保金额或承诺金额为基数乘以费率计算。

在施工许可阶段，其他费用有：城市基础设施配套费、建设工程交易服务费、新型墙体材料专项基金、建筑质量监督费、建筑安全监督费、防空地下室易地建设费等。

（9）研究试验费

"研究试验费"是指为建设项目提供或验收设计参数、数据、资料等进行必要的研究试验，以及设计规定在施工中必须进行试验、验证和支付国内专利、技术成果一次性使用费等所需费用。

研究试验费不包括：科技三项费用（新产品试制费、中间实验费和重要科学研究补助费）；应在建筑安装费用中列支的施工企业对建筑材料、构件和建筑物进行一般鉴定、检查所发生的费用及技术革新的研究试验费；应由勘察设计费或工程费用中开支的项目。

对于以住宅地产、商业地产为主营业的房地产开发项目，此项"研究试验费"较少发生。

（10）考古勘察费

根据国家计委、财政部《关于建设项目涉及的考古调查与勘探费问题的通知》，凡建设项目涉及文物保护的，建设单位应当依照《中华人民共和国文物保护法》的有关规定，事先会同文物业务单位在工程范围内有可能埋藏文物的地方进行文物勘查、考古发掘工作。对文物业务单位承担考古调查、考古勘探所需费用，建设单位应当及时支付。

以湖南的规定为例：当建设项目在其工程范围内埋藏文物的地方，或在进行大型

模块五　房地产开发的支出与税费

基本建设项目时，其工程范围内有可能埋藏文物的地方，必须进行考古调查勘探，由此发生的勘察费为"考古调查勘察费"。收费标准如下（万元）：

表 5-7-5

科目	单价标准	考古勘察费计算分工
$S_{占地}\leqslant10$ 万 m^2	0.2	2 万元
$10<S_{占地}\leqslant100$ 万 m^2	0.06	$2+（S_{占地}-10$ 万 $m^2）$
$100<S_{占地}\leqslant1000$ 万 m^2	0.04	$7.4+（S_{占地}-100$ 万 $m^2）$
$S_{占地}>1000$ 万 m^2	0.024	$43.4+（S_{占地}-1000$ 万 $m^2）$

（11）抗震设防确认费

对地震安全性评价建设工程目录以外的建设工程，进行建设工程抗震设防要求确认，收取一般工业与民用建筑抗震设防要求确认费。对于以住宅地产、商业地产为主营业的房地产开发企业，此项需要支出的为"地震设防确认费"，收费标准可按每个报建项目 2 000 元计取。

（12）防雷设计审查费

根据《中华人民共和国气象法》、《防雷装置设计审核和竣工验收规定》，气象部门所在收缴的费用有"防雷设计审查费"可按建筑面积的 0.2 元/m^2 计取（有的城市停收了此项费用）；须提交的资料的：①防雷装置设计审查及雷电灾害风险评估；②《防雷装置施工图设计审核申请表》；③防雷装置设计单位资质和防雷专业人员的资质证和资格证书（原件和复印件）；④防雷装置施工图设计说明书、施工图设计图纸及相关资料；⑤防雷设计中所采用的防雷产品相关资料。

（13）规划技术论证费

"规划技术论证费"是指具备相应执业资质、经工商登记注册的企业、中介机构或自收自支的事业单位，坚持自愿委托、服务有偿和不盈利的原则，与委托方签订协议（合同），利用城乡规划专业信息和专业知识，提供建设项目选址、用地规划和工程规划论证服务及《经济技术指标复核报告书》、《建筑面积复核报告书》等服务的费用。

本书以湖南省物价局《关于进一步规范城乡规划信息技术服务收费的通知》收费标准为实例：

表 5-7-6

高层建筑	多层建筑	其他建筑
1.2 元/m^2	0.8 元/m^2	工程造价×0.1%

有的城市称之为"城市规划技术服务费"，商业用房 1.0 元/m^2；工业用房 0.9 元/m^2；住宅用房 0.8 元/m^2；或按投资额度的 0.1% 计取。可见，每个城市的规定都不

一样。

（14）日照分析服务费

"日照分析服务费"是指具备相应执业资质、经工商登记注册的企业、中介机构或自收自支的事业单位，坚持自愿委托、服务有偿和不盈利的原则，与委托方签订协议（合同），利用城乡规划专业信息和专业知识，提供建设项目咨询日照分析、用地规划和工程规划审批阶段日照分析服务及《日照分析报告书》的费用。

本书以湖南省物价局《关于进一步规范城乡规划信息技术服务收费的通知》收费标准为实例：按每平方米地上建筑面积 0.2 元收取。每个"报规"，建设项目只能按此标准收取一次日照分析服务费。

1.2 施工准备阶段

（1）城市基础设施配套费

城市配套费是指按城市总体规划要求，为筹集城市基础设施建设资金所收取的费用。其用途是专项用于城市道路、桥涵、供气、供热、给排水、路灯照明、环卫设施、园林绿化、公用消防设施等城市基础设施建设。"城市基础设施配套费"属于行政事业性收费。

"城市基础设施配套费（大市政配套费）"的计费办法，根据城市的不同、建设项目的类别有以下几种：

表 5-7-7

	计费标准
广东	省会城市：小区项目：投资总额×5%
	省会城市：零星项目：投资总额×10.5%
	其他城市：投资总额×4%
上海	住宅项目：建筑面积×430 元/m²
重庆	建筑面积×（150～290 元/m²）
岳阳市	住宅/工业项目：上年度商品房销售价格×3%
	商业项目：上年度商品房销售价格×4%
湖南	省会城市：造价指标×8%
	地市级城市：造价指标×6%
	县镇级城市：造价指标×4%

因此，在测算"城市基础设施配套费"时，应根据"拟建项目"所在城市的规定

为准，同时，有的城市规定，对于实行招、拍、挂全额交缴土地出让价款的项目，或具备其他减免、优惠的建设项目，将减免"城市基础设施配套费"。

（2）价格调节基金

为充分发挥价格合理配置资源的作用，确保市场物价稳定，增强政府对市场价格的调控能力，根据《中华人民共和国价格法》、价格监督管理条例，及相关价格调节基金征收管理办法有规定，对于建设项目须征收"价格调节基金"。

各城市对开发企业应缴纳的"价格调节基金"，归纳起来，有以下几种：①按开发的建筑面积计取并在报建期间交纳；②在销售环节，按实际交纳的营业税额×费率计取；③按销售收入×费率；④按工程造价×费率计取。在建设项目的估算阶段，价格调节基金可按建筑面积×10元/m²估算。

（3）人防易地建设费

"防空地下室易地建设费"是指导建设单位因地质、地形、结构或者其他条件限制等原因无法同步配套修建防空地下室，必须依法向人防部门交纳建设规定面积的"防空地室"所需的工程费用，由人防主管部门统一易地建设，简称为"人防易地建设费"。

此项费用，每个城市的规定各不相同，在建设项目的立项阶段，可按以下标准进行测算：

表 5-7-8

按地下建筑面积计算	中心城区：2 800 元/m²×S下
	副中心城区：2 400 元/m²×S下
	县市：2 200 元/m²×S下
按地上建筑面积计算	10 层以下：地上建筑面积×23 元/m²
	10 层以上：地上建筑面积×67 元/m²

当工程设计的人防面积满足了规定时，此项"人防易地建设费"可免交。

（4）新型墙体料专项基金

根据《新型墙体材料专项基金征收使用管理办法》规定：凡新建、扩建、改建建筑工程未使用《新型墙体材料目录》规定的建设单位，应按照本办法规定缴纳"新型墙体材料专项基金"。

建设单位在工程开工前，按照规划审批确定的建筑面积以及每平方米最高不超过10元的标准，预缴新型墙体材料专项基金。在主体工程竣工后30日内，凭预算书确定的新型墙体材料用量以及购进新型墙体材料原始凭证等资料，经原预收的新型墙体材料专项基金的主管部门核实无误后，办理新型墙体材料专项基金清算手续，实行多退少补。

（5）散装水泥专项基金

根据国务院对《进一步加快发展散装水泥意见的批复》（国函〔1997〕8 号）和《财政部、国家经贸委发布的〈关于散装水泥专项资金征收和使用管理办法的通知〉》（财综〔2002〕23 号）等有关规定，散装水泥专项资金是国家为支持散装水泥事业发展而设立的具有专门用途的政府性基金，收入全额缴入地方国库，纳入地方财政预算，实行"收支两条线"管理。

建设项目竣工之日起 30 日内，建设单位凭有关部门批准的工程决算以及购买散装水泥或预拌混凝土）发票等凭证，向原预收的主管部门办理资金结算；主管部门对建设单位报送材料进行审核，根据散装水泥或预拌混凝土实际使用量，提出结算意见，经同级财政部门审批后，办理清算手续，实行多退少补。

凡建设工程项目使用散装水泥（或预拌混凝土）达不到 70％的，预缴的专项资金不予退还；使用散装水泥或预拌混凝土达到 70％以上的，预缴的专项资金据实退还。

散装水泥专项基金可按以下办法测算：以建筑面积计算的建设工程，按每平方米 1.5 元标准缴纳专项资金；其他建设工程，按工程概算预计水泥使用量每吨 3 元的标准预缴专项资金。

在竣工验收环节，还要根据竣工验收的建筑面积或工程测量的数据对先前交纳的各项规费进行调整。

（6）城市规划综合技术服务费

规划部门为建设项目业主提供现场踏勘选址、技术资料、规划设计和建筑设计方案论证、验线验基等技术服务时，可收取"城市规划综合技术服务费"。每个城市的收费标准不同。在项目的估算阶段，"城市规划综合技术服务费"：住宅按建筑面积×0.8 元/m² 计取，经营性用房按建筑面积×1.5 元/m² 计取，工业厂房按建筑面积×1.2 元/m² 计取。

（7）建设工程交易服务费

每个城市一般都设置了"建设工程交易中心"，其提供的服务内容：为建设工程招投标双方提供交易洽谈场所和配套服务；收集和统一发布建设工程信息；建立设计、监理、施工企业信息库供交易各方查询；为招投标过程提供组织和后勤保障服务，包括为招投标提供场所和设备，办理招投标的申请登记手续，对标书实行统一管理，设立工程项目评比专家库为标书评比提供专业服务，公布抽签和中标结果；为有关职能部门提供统一的办公场地等服务。

关于工程交易阶段收费的费用标准及收费对象，每个城市建设工程交易中心的规定略有不同，例如根据关于广州市建设工程交易中心服务费收费标准的批复（穗价函〔1999〕59 号）文件规定：交易服务费由中标单位支付，交易场地使用费由建设单位支付，按中标价的 0.05％且小于等于 15 万元。但根据深圳市的关于市建设工程交易服务中心交易服务费标准的批复文件规定：

表 5-7-9

交易内容	交费单位	取费标准
设计招标	中标单位	1500≤中标价×1％≤25 万元
监理招标	中标单位	1500≤中标价×1％≤25 万元
工程招标	建设单位	中标价≤8000 万元时：中标价×0.14％，直接发包项目为 0.12％且≤25 万元 中标价>8000 万元时：中标价×0.11％，直接发包项目为 0.09％且≤25 万元

（8）建筑质量监督费

"建筑质量监督费"是指城市各级主管建筑工程质量的监督机构依照规定在对建筑工程实施工程质量监督时，向建设单位收取的相关费用。

例如，根据广东物价局粤价［2001］323 号、粤价费（1）函［1994］70 号、粤价函［2004］477 号规定"建筑质量监督费"的计取办法：

表 5-7-10

混合或框架结构	高层建筑	超高建筑	其他
2 元/m²	2.52 元/m²	3.22 元/m²	造价×0.1％

通过分析各个城市关于"建筑质量监督费"的相关政策，有的城市已取消此项收费，有的城市仍然在收取此项费用。因此，在测算此项建设项目其他费用时，应首先了解"拟建项目"所在地城市关于此项费用的规定后再进行计算。

（9）白蚁预防费

根据建设部第 130 号令，关于《关于房屋白蚁防治管理规定》：房地产开发企业在进行商品房销（预）售时，应当向购房人出具该项目的《白蚁预防合同》或者其他实施房屋白蚁预防的证明文件，提供的《住宅质量保证书》中必须包括白蚁预防质量保证的内容。建设单位在办理房屋产权登记手续时，应当向房地产行政主管部门出具按照本规定实施房屋白蚁预防的证明文件。

每个城市对"白蚁防治费"的规定都不一样，有的城市按以下标准：

表 5-7-11

三层以下、别墅或厂房	七层以下	八层以上
底层面积×12 元/m²	建筑面积×2.3 元/m²	建筑面积×0.7 元/m²

有的城市统一按建筑面积计取，在项目立项阶段，"白蚁防治费"可按建筑面积×2.5 元/m² 估算。

（10）高可靠供电费和接电费

对申请新装及增加用电容量的两回及以上多回路供电（含备用电源、保安电源）用电户，除一条最大供电容量的供电回路和用户内部没有电气连接的两回及以上多供电回路外，按双方约定的供电容量收取高可靠性供电费用。

临时接电费收费是指临时用电的客户在接电前应当与供电公司签订《临时供用电合同》，以合同方式约定临时接电期限，并预交相应容量的临时接电费用。在合同约定期限内结束临时用电的，预交的临时接电费全部退还客户；确需超过合同约定期限的，由双方另行约定。高可靠性供电费与临时接电费收费标准相同，电缆线路的收费标准为架空线路的 1.5 倍。在投资估算阶段，可按以下标准进行估算（以湖南收费标准为案例）：

表 5-7-12

用户受电电压等级	用户应交纳的费用（元/千伏安）	
（千伏）	架空线路	地下电缆
0.38/0.22	270	405
10	220	330
35	170	255
63	110	165
110	90	135
220	70	105

1.3　建造施工阶段

（1）场地准备与临时设施费

"建设单位临时设施费"是指建设期间建设单位所需临时设施的搭设、维修、摊销费用或租赁费。包括临时宿舍、文化福利及公用事业房屋与构筑物、仓库、办公室、加工厂以及规定范围内的道路、水、电、管线等临时设施和小型临时设施。此项费用不包括已列入建筑安装工程费用中的施工单位临时设施费用。

"建设单位临时设施费"的估算办法：新建项目一般按建筑安装工程费用的 1% 计取，改、扩建项目按建筑安装工程费用的 0.6% 计取。

（2）工程规划定位放线费

"工程规划定位放线费"是指政府规划部门（规划局）在规划许可的各环节中并在建筑物动工前对现场进行的规划定点放、验线所收取费用。每个城市的"工程规划定位放线费"的收费标准有差异的，但在估算房地产开发项目的投资成本时，可按每栋2594元计取。

（3）工程保险费

"工程保险费"是指建设项目在建设期间根据需要，对建筑工程、安装工程、设备与人身安全进行投保而发生的保险费用。包括建筑安装工程一切险、引进设备财产保险和人身意外伤害险等。以广东省建设工程施工合同示范文本为例，建筑安装工程一切险应由发包人购买。

以建筑安装工程一切险为例，第三者责任险一般按赔偿限额的0.2%～0.5%计取；物质损失部分的保险，是根据不同的工程类别，分别以其建筑、安装工程费乘以建筑、安装工程保险费率计算：民用建筑（住宅楼、综合性大楼、商场、旅馆、医院、学校）按建筑工程费的0.2%～0.4%计取；其他建筑（工业厂房、仓库、道路、码头、水坝、隧道、桥梁、管道等）按建筑工程费的0.3%～0.6%计取；安装工程（农业、工业、机械、电子、电器、纺织、矿山、石油、化学及钢铁工业、钢结构桥梁）按安装费的0.3%～0.6%计取。

（4）专项质量检测费

根据建设部第141号令《建设工程质量检测管理办法》规定，建设工程质量检测（以下简称质量检测），是指工程质量检测机构（以下简称检测机构）接受委托，依据国家有关法律、法规和工程建设强制性标准，对涉及结构安全项目的抽样检测和对进入施工现场的建筑材料、构配件的见证取样检测。质量检测业务分为"专项检测"、"见证取样检测"。

根据建设部与财政部以建标［2003］206号文印发《建筑安装工程费用项目组成》的通知规定：材料费是指施工过程中耗费的构成工程实体的原材料、辅助材料、构配件、零件、半成品的费用。内容包括：①材料原价（或供应价格）；②材料运杂费：指材料自来源地运至工地仓库或指定堆放地点所发生的全部费用；③运输损耗费：指材料在运输装卸过程中不可避免的损耗；④采购及保管费：指为组织采购、供应和保管材料过程中所需要的各项费用，包括采购费、仓储费、工地保管费、仓储损耗；⑤检验试验费：指对建筑材料、构件和建筑安装物进行一般鉴定、检查所发生的费用，包括自设试验室进行试验所耗用的材料和化学药品等费用。不包括新结构、新材料的试验费和建设单位对具有出厂合格证明的材料进行检验，对构件做破坏性试验及其他特殊要求检验试验的费用。

由此可见，从费用支出的科目划分角度，"材料的检验试验费"与"工程质量检测费"哪些纳入"工程费"，哪些纳入"建设工程其他费"，笔者通过研究了各省份造价管理站的相关计价规则，各有不同的作法，大部省份将材料的"检验试验费"（既见证取样的质量检测业务）以费率的形式纳入建安工程费中，将工程质量的检测费中的

"专项检测费"纳入"建设工程其他费"中。

而少数省份都将工程质量检测费（包括专项检测业务与见证取样检测业务、材料的检验试验费）均纳入"建设工程其他费"，由建设单位另行列支。

本书以湖南建设厅 2009 第 3 号文件为实例，其中规定：工程质量检测费用（包括材料检验试验费）在工程建设其他费用中列支。在估算或概算阶段，单列于其他建设费的"工程质量检测检验费"可按以下内容测算：

表 5-7-13

专业类别		收费标准
市政桥与隧道	（1）	工程造价×0.30％
建筑工程	（2）	工程造价×0.25％
安装工程 装饰工程 市政道路工程	（3）	工程造价×0.15％
桩基础的专项检测费	（4）	每个单位工程按 5 万元单列
建筑幕墙的专项检测费	（5）	每个单位工程按 5 万元单列

（5）城市道路占用与修复费

根据建设部、财政部、国家物价局关于印发《城市道路占用挖掘收费管理办法》的通知，因特殊需要必须临时占用道路兴建各种建筑物、构筑物、基建施工、堆物堆料、停放车辆、搭建棚亭、摆设摊点、设置广告标志或其他临时占道的单位和个人，必须交纳占道费。因施工、抢修地下管线或其他情况需要挖掘道路的单位和个人，必须交纳道路挖掘修复费。

每个城市对此项费用的规定是有差异的，因此本书仅以以下几个城市规定的"城市道路占用与修复费"收费标准为案例：

表 5-7-14

城市		收费标准
广东	（1） （2）	营业性占用：1 元/（m²·天）； 建设工程占用 0.5 元/（m²·天）。
湖南	（1） （2） （3） （4）	省辖市：建设项目 0.15 元/（m²·天），其他项目 0.5 元/（m²·天）； 其他市及县：建设项目 0.07 元/（m²·天）； 其他项目 0.3 元/（m²·天）； 城市道路挖掘修复费按所破道路工程造价的 2 倍收取。

（6）城市绿地占用与补偿费

根据《城市绿化条例》规定："因建设或者其他特殊需要临时占用城市绿化用地，须经城市人民政府城市绿化行政主管部门同意，并按照有关规定办理临时用地手续。"

每个城市关于此项费用的收费标准是不同的，本书仅对个别城市的"城市绿地占用与补偿费"取费标准进行摘录：

表 5-7-15

收费科目		具体的标准
临时绿地占用费	(1)	0.5 元/（m²·天）；
绿地建设费补偿费	(2)	住宅用地和商业用地，一级每平方米 130 元，二、三级每平方米 110 元，四、五级每平方米 90 元；
	(3)	工业用地不分级别，每平方米按 90 元收取。

1.4 竣工验收阶段

（1）联合试运转费

指新建项目或新增加生产能力的工程，在交付生产前，按照批准的设计文件规定的工程质量标准和技术要求，进行整个生产线或装置的负荷联合试运转或局部联动试车所发生的费用净支出（试运转支出大于收入的差额部分费用）。

试运转支出包括试运转所需要的原材料、燃料及动力消耗、低值易耗品、其他物料消耗、工具用具使用费、机械使用费、保险金、施工单位参加试运转人员工资、专家指导费等。试运转收入包括试运转期间的产品销售收入和其他收入。

"联合试运转费"不包括应由设备安装费用开支的调试及试车费用，以及在试运转中出现的因施工原因或设备缺陷等发生的费用。

（2）防雷竣工检测费

"防雷跟踪检测及竣工检测费"可按建筑面积的 0.9 元/m² 计取，须提交的资料有：①《防雷装置竣工验收申请表》、《防雷装置设计审核核准书》；②防雷装置施工单位资质证和防雷专业人员的资格证书；③防雷装置竣工图纸等技术资料；④防雷产品安装记录；⑤防雷产品出厂合格证和防雷产品测试机构出具的《防雷产品测试报告》；⑥《防雷产品登记备案证书》。

（3）室内环境污染检测费

《民用建筑工程室内环境污染控制规范》GB 50325 2006 年 8 月 1 日起开始正式实施，2010 年对其进行了修订，修订版本于 2010 年 8 月 18 日发布，于 2011 年 6 月 1 日实施。

规范适用于新建、扩建和改建的民用建筑工程室内环境污染控制。民用建筑工程根据控制室内环境污染的不同要求，划分为以下两类：

Ⅰ类：民用建筑工程：住宅、医院、老年建筑、幼儿园、学校教室等民用建筑工程。

Ⅱ类：民用建筑工程：办公楼、商店、旅馆、文化娱乐场所、书店、图书馆、展览馆、体育馆、公共交通等候室、餐厅、理发店等民用建筑工程。

民用建筑工程验收时，必须进行室内环境污染物浓度检测，因此，在验收竣工阶段，建设单位须委托有资质的检测单位进行室内环境污染的检测。在建设项目的立项估算阶段，"室内环境污染检测费"可按每个点 250～600 元/点（组）计取。

民用建筑工程验收时，应抽检有代表性的房间室内环境污染物浓度，抽检数量不得少于 5%，并不得少于 3 间；房间总数少于 3 间时，应全数检测。

民用建筑工程验收时，凡进行了样板间室内环境污染物浓度检测且检测结果合格的，抽检数量减半，并不得少于 3 间。

表 5-7-16

房屋使用面积	检测点的规定
S＜50m²	1 个
50≤S＜100	2 个
100≤S＜500	≥3 个
500≤S＜1000	≥5 个
1000≤S＜3000	≥6 个
S＞3000	每 1000m²≥3 个

（4）竣工测量服务费

在建设工程的竣工验收阶段，建设单位须提交竣工测量报告，须委托有资质的单位进行建设工程竣工测量服务，其收取有"建设工程竣工测量服务费"，在建设工程的立项估算阶段，可按以下标准测算：

表 5-7-17

科目	计费	单位
N≤二层	1 227	元/幢
N≤七层	2 454	元/幢
高层建筑（七层以上）	3 681	元/幢
超高层建筑（建筑高度大于 100m）	4 908	元/幢

（5）房产测绘费

"房产测绘费"指测绘单位接受委托，提供分层分户平面测绘、房产调查、分户面积、共有面积、分摊面积测算，检查修改和资料整理等服务，出具客观真实的测量报告，并向委托人提供房产分户图测绘服务收取的费用。

对新建房屋分户图初始测绘以及变更登记中房屋面积、结构发生变化，需要重新进行房屋分户图测绘的可收取房产测绘服务费。

对房屋所有权属进行变更、转移时，房屋面积、结构未发生变化的，产权人没有要求重新进行分户图测绘的不得收费。

房屋的类型，以报建时审批确定的房屋使用性质为依据进行划分；经审批机关批准变更了房屋使用性质的，按变性后所属房屋类型的收费标准收取测绘服务费。

测绘单位接受异地委托开展异地房产分户图测绘的，按当地收费标准执行；交通差旅费等费用由测绘单位与委托方协商确定。

新建商品房（指由房地产开发企业开发建设并出售的房屋）应由房地产开发单位委托测绘，房产测绘服务费由房地产开发单位承担，不得另行向购房户收取。新建商品房交易，不得强制二次测绘，也不得向买受人收取房产测绘服务费。凡房产开发商委托测绘单位对新建商品房进行预测和实测的，其测绘服务费均应由房产开发商承担。根据"国测财字〔2003〕3 号文件"规定的取费标准，关于"房屋产籍测绘费"如下：

表 5-7-18

		测绘价格科目	计价单位	单价（元）
房产测绘	1：500	住宅用房	元/km²	227 527
		商业楼用房	元/km²	284 264
		多功能综合楼	元/km²	372 196
	1：1000	住宅用房	元/km²	204 733
		商业楼用房	元/km²	255 367
		多功能综合楼	元/km²	328 166
房屋分户图		住宅用房	元/m²	1.36
		商业楼用房	元/m²	2.04
		多功能综合楼	元/m²	2.72

（6）城建档案服务费

"城建档案服务收费"是专业性城建档案资料管理单位向服务对象收取的费用，实行政府指导价管理。相关的费用取费标准，国家"发改委"办公厅发布了《关于城建档案馆技术咨询服务收费性质问题的复函》（发改价格［2003］197号）。但每个城市对此项费用的规定是有差异的。

在项目的立项阶段，对此项费用的估算，可按以下标准："工程档案编审费"（城建档案整理寄存费）收费标准：厂房0.60元/m²，其他房屋1.3元/m²（可先按规划设计面积预收，最终按确权面积结算）；市政工程、地下管线按造价的1.2‰。

1.5 确权交易阶段

（1）房屋产权初始登记费

根据《城市房屋权属登记管理办法》第十六条规定：新建的房屋，申请人应当在房屋竣工后的3个月内向登记机关申请房屋所有权初始登记，并应当提交用地证明文件或者土地使用权证、建设用地规划许可证、建设工程规划许可证、施工许可证、房屋竣工验收资料以及其他有关的证明文件。

房屋所有权登记费是指县级以上地方人民政府行使房产行政管理职能的部门依法对房屋所有权进行登记，并核发房屋所有权证书时，向房屋所有权人收取的登记费，不包括房产测绘机构收取的房产测绘费用。对住宅的房屋所有权登记费可按80元/套计取，非住宅按建筑面积分档计价。

对于项目立项阶段，测算"房屋产权初始登记费"时，非住宅项目可按销售收入的0.15％估算，或按550元/件计取。对住宅项目的"房屋所有权登记费"可按80元/套计取。

（2）房屋交易手续费

"房屋交易手续费"属经营服务性收费，应坚持公开、公平、质价相符的原则，由经批准建立的房地产交易中心提供交易服务，办理交易手续时收取。

按住房建筑面积收取。收费标准为：新建商品住房每平方米3元，非住宅房屋按销售价格的0.5％计取，新建商品房转让手续费由转让方承担，经济适用房减半计收；存量住房每平方米6元。存量住房转让手续费由转让双方各承担50％。住房租赁手续费。按套收取，收费标准为每套100元，由出租人承担。

（3）预售款监督服务费

预售商品房，是指依法成立的房地产开发经营企业依法将其开发的商品房在竣工验收前出售，由预购人按合同约定支付购房款，预售人按合同约定交付商品房的行为。

以《广东省商品房预售管理条例》为实例，商品房预售款是预购人依照合同的约定，预先支付给预售人，在商品房竣工验收交付使用前用作该商品房建设费用的款项。

预售人在商品房项目所在地的银行设立商品房预售款专用账户内的款项，在项目竣工之前，只能用于购买项目建设必需的建筑材料、设备和支付项目建设的施工进度款及法定税费，不得挪作他用。

房地产交易登记机构监督管理商品房预售款时，可以向预售人收取监督管理款项千分之二的监督管理服务费。

第2节　与项目未来运营相关其他费

2.1　生产准备及开办费

计标（85）352号	依据国家计委中华人民共和国建设银行印发《关于改进工程建设概预算定额管理工作的若干规定》

"生产准备及开办费"是指建设项目为保证正常生产（或营业、使用）而发生的人员培训费、提前进厂费以及使用必备的生产办公、生活家具用具及工器具等购置费用。

包括：人员培训费及提前进厂费；自行组织培训或委托其他单位培训的人员工资、工资性补贴、职工福利费、差旅交通费、劳动保护费、学习资料费等；为保证初期正常生产（或营业、使用）所必需的生产办公、生活家具用具购置费；为保证初期正常生产（或营业、使用）必需的第一套不够固定资产标准的生产工具、器具、用具购置费。不包括备品备件费。

表 5-7-19

人员培训及提前进厂费	（1）	核定培训人员×培训期（月）×费用标准＋外地培训人员×培训期（月）×费用标准＋提前进厂人员×提前进厂期（月）×费用标准
办公和生活家具、用具费	（2）	全厂设计定员×（600～1500）元/人。
工具、器具、用具购置费		（建筑工程费＋安装工程费＋设备购置费）×（0.3‰～0.8‰）

2.2　其他相关的费用

其他相关的费用将与建设项目的属性相关，应根据建设项目所在城市具体的文件规定的标准测算相关费用。

第3节　建设项目行政事业性收费的实例

随着政府服务功能的提高，对于建设项目的行政事业性收费，"一个窗口受理、一次性收费、一站式服务"的形式越来越多。下面以株洲市的规定为例，分析建设项目行政事业性收费的科目与内容。

3.1　基于发生必然性角度分类

3.1.1　必然收费的科目

表 5-7-20

序号	收费项目	收费标准（元/m²）		备　注
		住宅	非住宅	
1	城市基础设施配套费	42	60	
2	工程质量监督管理费	1.2	1.7	已监理工程减半收取
3	工程定额测定费	0.7	0.9	施工单位支付
4	防空地下室易地建设费	42	42	按规定修建了防空地下室的，不再缴纳
5	白蚁预防费	2		装饰装修房屋按 2.7 元/m² 收取。
6	抗震设防确认费	每项 2000 元		按每个项目计征
7	文物考古调查、勘探费	0.2	0.2	
8	价格调节基金	1.5	2	
9	新型墙体材料发展基金	4.6	4.6	使用了新型墙体材料的，按规定比例
10	散装水泥发展基金	2	2	使用了散装水泥的，按规定比例
11	劳保基金	按建安工程造价 3.5% 的标准计取代收		一般以中标价为建安工程造价
12	土地证书工本费	每证 20 元		精装本
13	房屋产权初始登记费	每套 80 元	6	

3.1.2 发生即收的科目

表 5-7-21

序号	收费项目	收费标准		备　注
		住宅	非住宅	
1	用地管理费	120平方公里城市规划区内按8元/m²；120平方公里城市规划区外按6元/m²	120平方公里城市规划区内按8元/m²；120平方公里城市规划区外按6元/m²	（1）按用地面积计征；（2）征用集体土地上的房屋的拆迁管理费，住宅按每建筑平方米12元、非住宅按每建筑平方米16元收取
2	土地闲置费	8元/m²	8元/m²	按闲置土地面积计征
3	土地复垦费	10元/m²	10元/m²	按复垦土地面积计征
4	耕地开垦费	旱地12元/m² 水田18元/m²	旱地12元/m² 水田18元/m²	按建设占用耕地面积计征
5	森林植被恢复费	2~10元/m²	2~10元/m²	按森林植被恢复面积计征
6	城市房屋拆迁管理费	10元/m²	10元/m²	按被拆房屋建筑面积计征
7	城市道路挖掘修复费	按所破道路造成价的1.5倍	按所破道路造成价的1.5倍	
8	城市道路占用费	0.15元/m²·天	0.15元/m²·天	按占道面积计征
9	水土保持设施补偿费	1.5元/m²	1.5元/m²	按损坏原地貌面积计征
10	水土流失防治费	2元/m²	2元/m²	按损坏原地貌造成水土流失的面积计征
11	新菜地开发基金	23元/m²	23元/m²	按征用菜地面积计征
12	防洪保安基金	1.2元/m²	1.2元/m²	按建设征用土地面积计征
13	文物考古发掘费	按文件执行	按文件执行	
14	土地测绘成果成图资料费	按文件执行	按文件执行	

序号	收费项目	收费标准 住宅	收费标准 非住宅	备 注
15	房屋产权转移登记费	每套 80 元	6	按建筑面积计征
16	房屋产权变更登记费	每套 80 元	1.5	按建筑面积计征
17	房屋他项权利登记费	每套 80 元	1.5	按建筑面积计征

3.1.3 服务性收费科目

由服务和被服务双方根据服务范围、工作量依法签订服务合同。对建设项目在征地、报建、建设和登记、交易环节发生的各项服务性收费共 14 项，即（1）土地交易服务费、（2）土地评估费、（3）施工图审查费、（4）工程监理费、（5）施工安全服务费、（6）建设工程交易服务费、（7）建筑垃圾处理费、（8）房屋估价费、（9）房屋交易手续费、（10）建设项目前期工作咨询费、（11）建设项目环境影响咨询费、（12）房地产测绘收费、（13）房地产档案利用收费、（14）防雷装置设计审核费。

3.2 基于行政许可的角度分类

3.2.1 办理工程规划许可证前缴费科目

表 5-7-22

序号	收费科目	收费单位
（1）	城市基础设施配套费	市建委
（2）	白蚁预防费	市白蚁防治研究所
（3）	土地权利证书工本费	市国土资源局
（4）	土地登记费	市国土资源局
（5）	人防工程易地建设费	市人民防空办公室
（6）	散装水泥专项资金	市散装水泥办公室
（7）	新型墙体材料专项基金	市墙体材料革新建筑节能办公室
（8）	城市规划综合技术服务费	市城市规划技术服务中心
（9）	土地勘测费	市土地开发利用服务中心

3.2.2 办理施工许可证前缴费科目

表 5-7-23

序号	建筑活动综合技术服务费	市建筑工程活动综合技术服务中心
（1）	城建档案利用收费	市建委城建档案馆
（2）	防雷装置设计技术审查费	市防雷中心
（3）	防雷装置施工跟踪检测费	
（4）	建筑垃圾处置管理费	市环卫处

3.2.3 其他阶段缴费的科目

表 5-7-24

序号	收费科目	收费单位
（1）	房产测绘费	市房地产测绘队
（2）	房屋登记费	市房地产产权产籍交易中心
（3）	建筑工地环境卫生费	市环卫处

模块五 房地产开发的支出与税费

第 5-8 章 预备费与专项费用

第 1 节 预 备 费

根据《工程造价术语标准》中的表述，预备费是指为建设阶段可能发生的各种不可预见因素和价格波动、汇率变动而预备的可能增加的费用。预备费可细分为"基本预备费"、"价差预备费"。

根据《建设项目全过程造价咨询规程》（中价协［2009］008 号）中关于预备费费率的规定摘录如下：

表 5-8-1

咨询类别	依据文件	预备费
投资估算	项目建议书	（工程费＋设备、工器具购置费＋其他费)×10％～20％
投资估算	可行性研究报告	（工程费＋设备、工器具购置费＋其他费)×8％～10％
工程概算	初步设计文件	（工程费＋设备、工器具购置费＋其他费)×4％～6％
工程预算	施工图设计文件	（工程费＋设备、工器具购置费＋其他费)×3％～5％
招标控制价	施工图设计文件	（工程费＋设备、工器具购置费＋其他费)×3％～5％

1.1 基本预备费

根据《工程造价术语标准》中的表述：基本预备费是指为建设阶段各种不可预见因素的发生而预留的可能增加的费用。

根据《建设项目设计概算编审规程》中关于基本预备费的表述：（1）在设计及概算内难以预料的费用，包括在批准的初步设计和概算范围内的技术设计、施工图设计及施工过程中所增加的工程和费用（如设计变更、局部地基处理等）；（2）由于一般自然灾害所造成的损失和预防自然灾害所采取的措施费用；（3）竣工验收时为鉴定工程质量对隐蔽工程进行必要开挖和修复的费用。

基本预备费的理论计算公式：

基本预备费＝(工程费＋工程建设其他费)×基本预备费率

费率为经验值，其区间值为 8％～10％。

在没有购买地块之前，在进行项目立项阶段的投资估算时，可将工程建设其他费用中的"土地取得费"纳入计取基数；当购买土地后，可将其中的"土地取得费"从其计费基数中扣除。

1.2 涨价预备费

涨价预备费是对建设工期较长的投资项目，在建设期内可能发生的材料、人工、设备、施工机械等价格上涨，以及费率、利率、汇率等变化，而引起项目投资的增加，需要事先预留的费用，亦称价差预备费或价格变动不可预见费。

1.2.1 计算方法一

涨价预备费以建筑工程费、设备及工器具购置费、安装工程费之和为计算基数。计算公式为：

表 5-8-2

$PF=\Sigma I_t\times[(1+f)^t-1]$	I_t (1)	第 t 年的建筑工程费，设备及工器具购置费，安装工程费之和
	f (2)	建设期价格上涨指数
	t (3)	建设期

1.2.2 计算方法二

根据新版的《全国造价工程师执业资格考试教材》中关于涨价预备费的计算方法，考虑了建设前期阶段与建设期末阶段与建设期三个阶段涨价的不同计算差异。具体的公式如下：

表 5-8-3

$PF=\Sigma I_t\times[(1+f)^m(1+f)^{0.5}(1+f)^{n-1}-1]$	PF (1)	涨价预备费
	I_t (2)	第 t 年的投资额
	f (3)	建设期价格上涨指数
	m (4)	建设前期的年限
	n (5)	建设期的年份数

通过两种方法计算结果的比较，"方法二"计算的涨价预备费高于用"方法一"计算的涨价预备费。

第 2 节　流动资金的估算

流动资金是指生产经营性项目投产后，为进行正常生产运营，用于购买原材料、

模块五　房地产开发的支出与税费

燃料,支付工资及其他经营费用等所需的周转资金。

流动资金估算方法可分为"分项详细估算法"和"扩大指标法"。对于有可参照的现有同类企业的数据时,可采用"分项详细估算法",对于个别情况或者小型项目则可采用"扩大指标法"。

2.1 分项详细估算法

用"分项详细估算法"估算流动资金的方法是指现有同类企业的财务数据进行分析,对其中的流动资金所构成的流动资产和流动负债的分项进行详细的估算。再利用公式求出拟建项目所需要的流动资金。

在可行性研究中,为简化起见,仅对流动资产中的存货、现金、应收账款,及流动负债中的应付账款4项内容进行估算。具体的估算方法如下:

表 5-8-4

算符	分项科目	序号	估算公式	省略的分项
＋	流动资产	(1)	＝应收账款＋存货＋现金	(＋预付账款)
－	流动负债	(2)	＝应付账款	(＋预收账款)
Σ	流动资金	(3)	狭义的流动资金,即为营业的周转资金	
	流动资金本年增加额	(4)	本年流动资金－上年流动资金	

2.2 流动资金周转率

企业在生产过程中,流动资金表现为循环运动。从货币、生产、产品,再回到货币形态这种周而复始的循环运动,叫做流动资金周转。流动资金周转的快慢,就是流动资金周转速度。

2.2.1 周转次数

周转次数是指一定时期内流动资金完成的周转次数。其计算公式为:

表 5-8-5

算符	分项科目	序号	估算公式及注解
＋	周转额	(1)	＝企业在一定时期内完成经营活动所需要周转的总金额
÷	流动资金平均占用额	(2)	＝企业在一定时间内完成经营活动所占用的流动资金的平均余额
Σ	周转次数	(3)	

流动资金的周转次数越多,也就意味着企业的经营活动可以较少的流动资金完成

了较多的生产任务。

2.2.2 周转天数

周转天数是指流动资金周转一次所需天数（即周转期）。其计算公式为：

表 5-8-6

算符	分项科目	序号	估算公式及注解
＋	流动资金平均占用额	(1)	＝企业在一定时间内完成经营活动所占用的流动资金的平均余额
×	计划期日数	(2)	＝企业计划完成经营活动的日数
÷	周转额	(3)	＝企业在一定时间内完成经营活动所占用的流动资金的平均余额
Σ	周转天数	(4)	

周转次数与周转天数的关系可用公式：周转次数＝360/最低周转天数进行换算。在建设项目可行性研究阶段进行流动资金进行估算时，存货、现金、应收账款和应付账款的最低周转天数，参照类似企业的平均周转天数并结合项目特点确定，或按部门（行业）规定计算。

2.3 流动资产估算

流动资产是指企业可以在一年或者超过一年的一个营业周期内变现或者运用的资产。流动资产在周转过程中，从货币形态开始，依次改变其形态，最后又回到货币形态。用"分项详细估算法"估算流动资金时所需计算的流动资产有存货、在产品、应收账款、预付账款、现金等分项科目。

2.3.1 存货

存货是企业为销售或耗用而储备的各种货物，主要有原材料、辅助材料、燃料、低值易耗品、修理用备件、包装物、在产品、自制半成品和产成品等。为简化计算，仅考虑外购原材料、外购燃料、在产品和产成品，并分项进行计算。计算公式为：

表 5-8-7

算符	分项科目	序号	估算公式及注解
＋	外购原材料、燃料	(1)	＝（年外购原材料、燃料费用）/（其年周转次数）
＋	其他材料	(2)	＝（年外购其他费用）/（其年周转次数）
＋	在产品	(3)	＝（年外购原材料、燃料动力费＋年工资或薪酬＋年修理费＋年其他制造费用）/其年周转次数
＋	产成品	(4)	＝（年经营成本－年其他营业费用）/其年周转次数
Σ	存货		

2.3.2　应收账款

应收账款是指企业在生产经营过程中因销售商品或提供劳务而应向购货单位或接受劳务单位收取的款项。包括很多科目，在项目的可行性研究阶段，一般只计算应收销售款。

表 5-8-8

算符	分项科目	序号	估算公式及注解
＋	年经营成本	（1）	＝外购原材料、燃料和动力费＋工资或薪酬＋修理费＋其他费用
÷	应收账款之年周转次数	（2）	＝销售收入净额÷应收账款平均余额
Σ	应收账款		

2.3.3　现金

现金是指立即可以投入流通的交换媒介。具有普遍的可接受性，是企业中流通性最强的资产，可由企业任意支配使用。现金在资产负债表中并入货币资金，列作流动资产科目。

表 5-8-9

算符	分项科目	序号	估算公式及注解
＋	年工资及福利费	（1）	＝企业在一年内直接支付给职工工资各项福利的总和
＋	年其他费用	（2）	＝制造费用＋管理费用＋营业费用－（其中三项费用中所含的工资或薪酬、折旧费、摊销费、修理费）
÷	现金之周转次数	（3）	＝360/（存货周转天数＋应收账款周转天数－应付账款周转天数）
Σ	现金		

2.3.4　预付账款

预付账款是企业因购货和接受劳务，按照合同规定预付给供应单位的款项；其他应收款是企业应收款项的另一重要组成部分。

表 5-8-10

算符	分项科目	序号	估算公式及注解
＋	预付的原材料、燃料或服务年费用	（1）	＝企业在一年内直接支付给职工工资各项福利的总和
÷	预付账款之周转次数	（2）	＝销售收入/平均预收账款余额
Σ	预付账款		

2.4 流动负债估算

2.4.1 应付账款

流动负债是指将在 1 年(含 1 年)或者超过 1 年的一个营业周期内偿还的债务，包括短期借款、应付账款、应交税金和一年内到期的长期借款等。

表 5-8-11

算符	分项科目	序号	估算公式及注解
＋	应付账款	(1)	＝年外购原材料、燃料、动力和其他材料费用
÷	应付账款之周转次数	(2)	＝360/(主营业务成本/平均应付账款余额)
Σ	应付账款		

2.4.2 预收账款

预收账款指买卖双方协议商定，由购货方预先支付一部分货款给供应方而发生的一项负债。预收账款一般包括预收的货款、预收购货定金。

表 5-8-12

算符	分项科目	序号	估算公式及注解
＋	预收的营业收入余额	(1)	＝企业在生产经营活动中，因销售产品或提供劳务而预付的各项收入的余额
÷	预收账款之年周转次数	(2)	＝销售收入/平均预收账款余额
Σ	预收账款		

2.5 扩大指标法

流动资金的"扩大指标估算法"是指根据现有企业的实际运营的相关资料，对其财务数据进行分析，求得各种流动资金率指标，亦可依据行业或部门给定的参考值或经验确定比率。并据此为依据，将各类流动资金率乘以相应的费用基数来估算拟建项目所需流动资金的方法。估算的精度不高，一般适用于项目建议书阶段的流动资金估算。

第 5-9 章　基于会计与税法的费用与成本

对项目进行估算就其本质是对"拟建项目"的成本支付的预先的测算，作为开发企业最终的经营活动将体现在一系列的且符合企业会计准则下的财务报表中。因此，从项目的"拟建"再至"已建"，成本支付将根据项目的施工进度和企业的经营活动体现于整个建设期与运营的全过程中，不能以项目的成本及费用采用何方式划分，终究要归集于财务报表中的科目。所以，作为开发企业的"项目投资分析师"应具备必要的财务知识（不必像"注册会计师"那样专业），以对项目进行正确的财务评价。

第 1 节　财务会计角度的成本科目

1.1　基于会计的成本与费用定义

一个企业的经营活动、投资活动和筹资活动必须以会计的管理工具对其进行业务进行反映、监督与控制。因此，从企业会计准则和企业所得税实施细则的角度，对房地产开发项目的成本与费用进行管理是必备的基本知识。

基于财政部 2006 年颁布的新《企业会计准则》，利润表中的"费用"是指企业在经营过程中发生的各项耗费。费用是指企业在日常活动中发生的、会导致所有者权益减少的、与向所有者分配利润无关的经济利益的总流出。

费用只有在经济利益很可能流出从而导致企业资产减少或者负债增加，且经济利益的流出额能够可靠计量时才能予以确认。

费用按照其功能分类，可分为从事经营业务发生的成本、管理费用、销售费用和财务费用等内容。如果将费用通过成本计算归集到各个成本核算对象中，则形成了产品的成本。

企业为生产产品、提供劳务等发生的可归属于产品成本、劳务成本等的费用，应当在确认产品销售收入、劳务收入等时，将已销售产品、已提供劳务的成本等计入当期损益。

企业发生的支出不产生经济利益的，或者即使能够产生经济利益但不符合或者不再符合资产确认条件的，应当在发生时确认为费用，计入当期损益。

企业发生的交易或者事项导致其承担了一项负债而又不确认为一项资产的，应当在发生时确认为费用，计入当期损益。符合费用定义和费用确认条件的项目，应当列入利润表。

1.2 基于会计的成本与损益类科目

1.2.1 资产类会计科目

1	库存现金	19	委托加工物资
2	银行存款	20	周转材料
3	其他货币资金	21	长期股票投资
4	交易性金融资产	22	长期股票投资减值准备
5	应收票据	23	投资性房地产
6	应收账款	24	固定资产
7	预付账款	25	累计折旧
8	应收股利	26	固定资产减值准备
9	应收利息	27	在建工程
10	其他应收款	28	工程物资
11	坏账准备	29	固定资产清理
12	贴现资产	30	无形资产
13	材料采购	31	累计摊销
14	在途物资	32	无形资产减值准备
15	原材料	33	长期待摊费用
16	材料成本差异	34	递延所得税资产
17	开发产品	35	待处理财产损溢
18	发出商品		

1.2.2 负债类会计科目

1	短期借款	8	应付股利
2	应付票据	9	其他应付款
3	应付账款	10	长期借款
4	预收账款	11	应付债券
5	应付职工薪酬	12	长期应付款
6	应交税费	13	预计负债
7	应付利息	14	递延所得税负债

1.2.3 所有者权益类会计科目

1	实收资本	4	本年利润
2	资本公积	5	利润分配
3	盈余公积	6	库存股

1.2.4 费用（成本）类会计科目

1	开发成本	13	投资收益
2	开发间接费用	14	营业外收入
3	劳务成本	15	主营业务成本
4	研发支出	16	其他业务成本
5	工程施工	17	营业税金及附加
6	工程结算	18	销售费用
7	机械作业	19	管理费用
8	损益类	20	财务费用
9	主营业务收入	21	资产减值损失
10	其他业务收入	22	营业外支出
11	汇兑损益	23	所得税费用
12	公允价值变动损益	24	以前年度损益调整

1.2.5 损益类会计科目

1	主营业务收入	9	营业税金及附加
2	其他业务收入	10	销售费用
3	汇兑损益	11	管理费用
4	公允价值变动损益	12	财务费用
5	投资收益	13	资产减值损失
6	营业外收入	14	营业外支出
7	主营业务成本	15	所得税费用
8	其他业务成本	16	以前年度损益调整

模块五 房地产开发的支出与税费

第 2 节　开发产品的成本科目

2.1　土地征用费及拆迁补偿费

"土地征用费及拆迁补偿费"是指为取得土地开发使用权（或开发权）而发生的各项费用，主要包括土地买价或出让金、大市政配套费、契税、耕地占用税、土地使用费、土地闲置费、土地变更用途和超面积补交的地价及相关税费、拆迁补偿支出、安置及动迁支出、回迁房建造支出、农作物补偿费、危房补偿费等，或土地批租价，本书将土地征用费用及拆迁补偿费简称为"土地取得费"。

2.2　前期工程费

"前期工程费"是指项目开发前期发生的水文地质勘察、测绘、规划、设计、可行性研究、筹建、场地通平等前期费用。

2.3　建筑安装工程费

"建筑安装工程费"是指开发项目开发过程中发生的各项建筑安装费用。主要包括开发项目建筑工程费和开发项目安装工程费、设备费等。

2.4　基础设施建设费

"基础设施建设费"是指开发项目在开发过程中所发生的各项基础设施支出，主要包括开发项目内道路、供水、供电、供气、排污、排洪、通信、照明等社区管网工程费和环境卫生、园林绿化等园林环境工程费。

2.5　公共配套设施费

"公共配套设施费"是指开发项目内发生的、独立的、非营利性的，且产权属于全体业主的，或无偿赠与地方政府、政府公用事业单位的公共配套设施支出。

2.6　开发间接费

"开发间接费"是指企业为直接组织和管理开发项目所发生的，且不能将其归属于特定成本对象的成本费用性支出。主要包括管理人员工资、职工福利费、折旧费、修理费、办公费、水电费、劳动保护费、工程管理费、周转房摊销以及项目营销设施建造费、利息支出、其他间接费用等。

其中利息支出是指开发企业为开发产品而借入的资金所产生的利息，且不能直接记入某项开发成本的利息支出和相关手续费（应冲减暂时存入银行的利息收入）。但对于开发产品完工后借入的资金产生的利息应作为财务费用，计入当期损益。

如果开发企业不设置现场管理部，而由企业总部派人定期或不定期到现场组织开发活动，则其产生的费用应记入企业管理费用。

对于企业内部核算单位所发生的开发间接费，可向有关商品性土地、房屋开发、能有偿转让的配套设施，及代建工程之间进行分配。分配率＝开发间接费/开发直接成本＝开发间接费/Σ（土地取得费＋前期工程费＋建安工程费＋基础设施费＋配套设施费）。

第 3 节　基于产品用途的成本核算

房地产开发企业的开发产品按其用途可分为商品性土地、商品房、出租房、周转房、代建房、配套设施、代建工程等，根据其用途与建筑形态，可将房地产开发产品的成本划分为"土地开发成本"、"房屋开发成本"、"配套设施成本"、"代建工程成本"。具体的表述如下节内容。

3.1　土地开发成本

房地产开发企业的土地用途可分为二类，一是"商品性土地（商品性建设场所）"；二是为开发房屋的要素资源。对于商品性土地，其为最终的开发产品，单独构成土地开发成本。对于构成房屋开发要素资源的土地费用应归集于房屋开发成本中。

由于地块的"交地标准"的不同，有的是熟地、有的是生地，其开发支出的内容是不尽相同的。土地开发成本一般包括：（1）土地取得费或土地批租费；（2）前期工程费；（3）基础设施费；（4）开发间接费。

对于已完土地开发的成本结转，取决于土地的用途。对于企业外购的房屋，其中的地价将用作于固定资产；当土地用作出租或增值时，应将其结转为投资性房地产。

当地块作为房屋开发的要素资源时，应将其结转为房屋开发的成本；结转方法有"分项平行结转法"、"归类集中结转法"。

表 5-9-1

分项平行结转法	（1）	将土地开发支出的各项费用分别平行转入房屋开发成本的相对应的成本科目中。
归类集中结转法	（2）	将土地开发支出归类合并为土地取得费或土地批租价和基础设施费后，再转入房屋开发成本中相对应的土地取得费及基础设施费二个科目中。

3.2 房屋开发成本

从房地产开发的房屋用途分类，可分为商品房、出租房、周转房和代建房。根据开发项目的建筑形态，可以进行单项工程、群体工程或根据其位置进行成本核算对象的划分。

房屋开发成本的科目或划分为：（1）土地征用及拆迁补偿费或批租地价；（2）前期工程费；（3）基础设施费；（4）建筑安装工程费，其中包括附属于房屋工程主体的各项设备；（5）配套设施费；（6）开发间接费。

当配套设施与房屋同步开发时，直接记入成本核算对象中的配套设施费科目，当配套设施与房屋不同步开发时，可按其他预算的成本权重预提，开发完成后再进行调整。

房地产开发企业对于已完成开发过程的商品房、出租房、周转房、代建房，在竣工验收后，可将其成本结转为开发产品。

3.3 配套设施开发成本

对于能有偿转让的配套设施包括：（1）小区内营业性的公共配套设施如商店、银行、邮局等；（2）小区内非营业性的配套设施如学校、医院、文化站等。

对于配套设施成本的科目或划分为：（1）土地征用及拆迁补偿费或批租地价；（2）前期工程费；（3）基础设施费；（4）建筑安装工程费；（5）配套设施费；（6）开发间接费。

对于配套设施与房屋开发不同步完成的，或房屋已完成开发，但相应的配套设施还未完成的情形，可采用预提方式对其成本进行结转或分配。预提率＝配套设施的成本/Σ（开发产品成本）。

对于能有偿转让的配套设施在其他完工后，应将配套设施成本结转为开发产品之配套设施科目。

3.4　代建工程开发成本

代建工程是指开发企业接受委托单位的委托，代为开发各类工程，包括土地、房屋或市政工程等。根据代建工程的使用功能分类，或细分为土地开发成本、房屋开发成本、代建工程成本等科目。

对于代建工程成本，由以下费用构成：（1）土地征用及拆迁补偿费或批租地价；（2）前期工程费；（3）基础设施费；（4）建筑安装工程费；（5）开发间接费。

代建工程全部竣工并验收后，将代建工程开发成本结转为开发产品科目，当代建工程移交给委托单位后且双方办理结算手续后，可将代建工程开发成本结转为主营业成本。

第4节　房地产开发的期间费用

4.1　销售费用

4.1.1　销售费用的会计内涵

房地产开发企业的销售费用是指企业在销售、出租、转让开发产品等过程中发生的各项费用，包括：（1）开发产品销售前产生包装费、修复费、看护费、水电费、采暖费；（2）开发产品销售、出租、转让过程中产生的广告宣传费、展览费、代销手续费、销售服务费；（3）为销售、出租、转让开发产品而设置的销售部门而发生的销售部门人员工资、职工福利费、差旅费、办公费、折旧费、修理费、物料消耗、低值易耗品摊销以及其他经费等。

企业在经营过程中，销售费用将分别被记入"管理费用"、"库存现金"、"银行存款"、"应付职工薪酬"、"原材料"、"周转材料"、"累计折旧"等科目。

4.1.2　销售费用估算的比例

销售费用是指开发建设项目在销售产品过程中发生的各项费用以及专设销售机构或委托销售代理的各项费用。

根据典型上市的房地产开发企业（20家）于2011年度公开披露的财务报告的数据统计分析，销售费用占收入的比例的统计数据如下：

表 5-9-2

最小值	中位数	最大值	平均数
1.4%	3.0%	4.4%	3.1%

所以，在建设项目或房地产开发项目的立项分析阶段，"销售费用"可按销售收入的 3%～5% 进行估算。

销售费用主要包括以下三项：

表 5-9-3

销售费用科目	序号	计费基数	经验指标区间
广告宣传费	（1）	销售收入	2.0%～3.0%
销售代理费	（2）	销售收入	1.5%～2.0%
其他销售费	（3）	销售收入	0.5%～1.0%
合计销售费用	（4）	销售收入	3.0%～5.0%

4.1.3 上市房企的销售费用

根据万科企业从 2006 年至 2011 年之间的"合并利润表"中的"销售费用"占"相关科目"的比例分析如下：

表 5-9-4

指标科目	2011 年	2010 年	2009 年	2008 年	2007 年	2006 年	波动值
销售费用／营业总收入	3.6%	4.1%	3.1%	4.5%	3.4%	3.5%	3.1%～4.5%
销售费用／营业成本	4.5%	5.3%	3.7%	5.3%	4.3%	4.3%	3.7%～5.3%
销售费用／营业利润	16.2%	17.5%	17.4%	29.2%	15.6%	18.3%	15.6%～29.2%
销售费用／净利润	22.0%	23.5%	23.5%	40.1%	22.5%	25.8%	22.0%～40.1%

由于销售费用主要与销售的规模、销售的收入关联度高，所以，在开发项目的立项阶段，当测算销售费用时，以销售收入为基数进行经验比例的测算较为合理。

4.2 管理费用

4.2.1 管理费用的会计内涵

管理费用是指开发企业总部为组织和管理企业生产经营所发生的各种费用，包括：（1）行政管理人员的工资、福利费、办公费、差旅费、工会经费、职工教育经费、劳动保险费、失业保险费、诉讼费、业务招待费、咨询费（含顾问费）；（2）折旧费、修理费、低值易耗品摊销；（3）在管理费用列支的税金如房产税、车船使用税、土地使用税、印花税等；（4）技术转让费、无形资产的摊销、计提的坏账准备、计提的存货跌价准备、存货盘亏、盘盈、毁损、损失等；（5）企业开办费、排污费、绿化费等。

在企业经营过程中，管理费用将分别被记入"管理费用"、"库存现金"、"银行存款"、"应付职工薪酬"、"应交税费""低值易耗品"、"累计折旧"、"无形资产"、"长期待摊费用"、"坏账准备"等科目。

4.2.2　上市房企的管理费用

根据典型上市的房地产开发企业（20 家）于 2011 年度公开披露的财务报告数据统计分析，管理费用占营业收入的比例统计数据如下：

表 5-9-5

最小值	中位数	最大值	平均数
1.6%	3.8%	6.0%	4.0%

对于房地产开发项目的管理费用，在立项分析的阶段，可按营业收入的 2%～4% 进行估算。

根据万科企业从 2006 年至 2011 年之间的"合并利润表"中的"管理费用"占"相关科目"的比例分析如下：

表 5-9-6

指标科目	2011 年	2010 年	2009 年	2008 年	2007 年	2006 年	波动区间
管理费用 营业总收入	3.6%	3.6%	3.0%	3.7%	5.0%	4.8%	3.0%～5.0%
管理费用 营业成本	4.5%	4.7%	3.5%	4.4%	6.3%	5.9%	3.5%～6.3%
管理费用 营业利润	16.4%	15.5%	16.6%	24.1%	23.1%	25.1%	15.5%～25.1%
管理费用 净利润	22.2%	20.9%	22.4%	33.0%	33.2%	35.5%	20.9%～35.5%

对于建设项目，由于管理费用的高低将取决于：（1）项目特征的复杂程度；（2）工期的长短；（3）公司的建制，例如是以"单一项目公司"的建制形式来组建管理团队的，还是以"集团建制"的形式建立管理阶段的。因此，在开发项目的立项阶段，测算建设工程的管理费时，以"工程费"的 3%～5% 来估算是较为合理的方法。

4.3 财务费用

4.3.1 财务费的会计内涵

财务费用是指企业为筹集生产经营所需资金而发生的费用，包括利息支出（减利息收入）、汇兑损失（减汇兑收益）以及相关的手续费。此类费用在会计上属于"财务费用"科目。

开发企业因开发产品而借入资金而产生的利息和相关手续费用在开发产品完工之前应记入开发间接费用，计入相关开发成本。形成"开发间接费"、"长期借款"、"银行存款"等科目。

开发企业因购建固定资产而产生的利息与相关手续费，在购建固定资产达到预定的可使用状态之前应计入固定资产的价值。形成"固定资产"、"在建工程"、"长期借款"、"银行存款"等科目。

对于开发产品完工后发生的长期借款利息支出与固定资产购建工程达到预定的可使用状态后发生的长期借款利息支出，应计入财务费用。

4.3.2 上市房企的财务费用

根据典型上市的房地产开发企业（20家）于2011年度公开披露的财务报告数据统计分析，其中，三家地产公司的财务净额为正（占营业收入的比例为0.71%~2.81%），其他的均为负，17家地产公司的财务费用占营业收入的比例统计数据如下：

表 5-9-7

最小值	中位数	最大值	平均数
0.1%	1.2%	4.2%	1.4%

根据万科企业从2006年至2011年之间的"合并利润表"中的"财务费用"占"相关科目"的比例分析如下：

表 5-9-8

指标科目	2011年	2010年	2009年	2008年	2007年	2006年	波动区间
财务费用 营业总收入	0.7%	1.0%	1.2%	1.6%	1.0%	0.8%	0.7%~1.6%
财务费用 营业成本	0.9%	1.3%	1.4%	1.9%	1.3%	1.0%	0.9%~1.9%
财务费用 营业利润	3.2%	4.2%	6.6%	10.3%	4.7%	4.1%	3.2%~10.3%
财务费用 净利润	4.4%	5.70%	8.9%	14.2%	6.8%	5.8%	4.4%~14.2%

第 5 节　计税成本的核算

根据国家税务总局于 2009 年 3 月颁布的关于印发《房地产开发经营业务企业所得税处理办法》的通知（国税发〔2009〕31 号）将其中关于房地产开发企业计税成本的相关规定摘录如本节。

5.1　计税成本

计税成本是指企业在开发、建造开发产品（包括固定资产，下同）过程中所发生的按照税收规定进行核算与计量的应归入某项成本对象的各项费用。

成本对象是指为归集和分配开发产品开发、建造过程中的各项耗费而确定的费用承担项目。计税成本对象的确定原则如下：

模块五　房地产开发的支出与税费

表 5-9-9

可否销售原则	（1）	开发产品能够对外经营销售的，应作为独立的计税成本对象进行成本核算；不能对外经营销售的，可先作为过渡性成本对象进行归集，然后再将其相关成本摊入能够对外经营销售的成本对象。
分类归集原则	（2）	对同一开发地点、竣工时间相近、产品结构类型没有明显差异的群体开发的项目，可作为一个成本对象进行核算。
功能区分原则	（3）	开发项目某组成部分相对独立，且具有不同使用功能时，可以作为独立的成本对象进行核算。
定价差异原则	（4）	开发产品因其产品类型或功能不同等因素而导致其预期售价存在较大差异的，应分别作为成本对象进行核算。
成本差异原则	（5）	开发产品因建筑上存在明显差异可能导致其建造成本出现较大差异的，要分别作为成本对象进行核算。
权益区分原则	（6）	开发项目属于受托代建的或多方合作开发的，应结合上述原则分别划分成本对象进行核算。

成本对象由企业在开工之前合理确定，并报主管税务机关备案。成本对象一经确定，不能随意更改或相互混淆，如确需改变成本对象的，应征得主管税务机关同意。

企业在结算计税成本时其实际发生的支出应当取得但未取得合法凭据的，不得计入计税成本，待实际取得合法凭据时，再按规定计入计税成本。

开发产品完工以后，企业可在完工年度企业所得税汇算清缴前选择确定计税成本核算的终止日，不得滞后。凡已完工开发产品在完工年度未按规定结算计税成本，主管税务机关有权确定或核定其计税成本，据此进行纳税调整，并按《中华人民共和国税收征收管理法》的有关规定对其进行处理。

5.2　计税成本核算程序

对当期实际发生的各项支出，按其性质、经济用途及发生的地点、时间区进行整理、归类，并将其区分为应计入成本对象的成本和应在当期税前扣除的期间费用。同时还应按规定对在有关预提费用和待摊费用进行计量与确认。

对应计入成本对象中的各项实际支出、预提费用、待摊费用等合理的划分为直接成本、间接成本和共同成本，并按规定将其合理的归集、分配至已完工成本对象、在建成本对象和未建成本对象。

对期前已完工成本对象应负担的成本费用按已销开发产品、未销开发产品和固定资产进行分配，其中应由已销开发产品负担的部分，在当期纳税申报时进行扣除，未销开发产品应负担的成本费用待其实际销售时再予扣除。

对本期已完工成本对象分类为开发产品和固定资产并对其计税成本进行结算。其中属于开发产品的，应按可售面积计算其单位工程成本，据此再计算已销开发产品计税成本和未销开发产品计税成本。对本期已销开发产品的计税成本，准予在当期扣除，未销开发产品计税成本待其实际销售时再予扣除。

对本期未完工和尚未建造的成本对象应当负担的成本费用，应按分别建立明细台账，待开发产品完工后再予结算。

5.3　成本的分配方法

企业开发、建造的开发产品应按"制造成本法"进行计量与核算。其中，应计入开发产品成本中的费用属于直接成本和能够分清成本对象的间接成本，直接计入成本对象，共同成本和不能分清负担对象的间接成本，应按受益的原则和配比的原则分配至各成本对象，具体分配方法有"占地面积法"、"建筑面积法"、"直接成本法"、"预算造价法"。

5.3.1　占地面积法

指按已动工开发成本对象占地面积占开发用地总面积的比例进行分配。（1）一次性开发的，按某一个成本对象占地面积占全部成本对象占地总面积的比例进行分配。（2）分期开发的，首先按本期全部成本对象占地面积占开发用地总面积的比例进行分配，然后再按某一个成本对象占地面积占期内全部成本对象占地总面积的比例进行分配。

期内全部成本对象应负担的占地面积为期内开发用地占地面积减除应由各期成本对象共同负担的占地面积。

5.3.2 建筑面积法

指按已动工开发成本对象建筑面积占开发用地总建筑面积的比例进行分配。（1）一次性开发的，按某一个成本对象建筑面积占全部成本对象建筑面积的比例进行分配。（2）分期开发的，首先按期内的成本对象建筑面积占开发用地计划建筑面积的比例进行分配，然后再按某一个成本对象建筑面积占期内的成本对象总建筑面积的比例进行分配。

5.3.3 直接成本法

指按期内某一个成本对象的直接开发成本占期内全部成本对象直接开发成本的比例进行分配。

5.3.4 预算造价法

指按期内某一个成本对象预算造价占期内全部成本对象预算造价的比例进行分配。

5.4 分配方法的适用

表 5-9-10

土地成本的分配	（1）	土地成本，一般按占地面积法进行分配。如果确需结合其他方法进行分配的，应商税务机关同意。土地开发同时连接房地产开发的，属于一次性取得土地分期开发房地产的情况，其土地开发成本经商税务机关同意后可先按土地整体预算成本进行分配，待土地整体开发完毕再行调整。
公共配套设施	（2）	单独作为过渡性成本对象核算的公共配套设施开发成本，应按建筑面积法进行分配。
借款费用	（3）	借款费用属于不同成本对象共同负担的，按直接成本法或按预算造价法进行分配。
其他成本	（4）	其他成本项目的分配法由企业自行确定。

5.5 其他情形的成本

5.5.1 特殊交易的土地使用权

企业、单位以换取开发产品为目的，将土地使用权投资企业的，按下列规定进行处理：（1）换取的开发产品如为该项土地开发、建造的，接受投资的企业在接受土地使用权时，暂不确认其成本，待首次分出开发产品时，再按应分出开发产品（包括首次分出的和以后应分出的）的市场公允价值和土地使用权转移过程中应支付的相关税费计算确认该项土地使用权的成本。如涉及补价，土地使用权的取得成本还应加上应支付的补价款或减除应收到的补价款。（2）换取的开发产品如为其他土地开发、建造的，接受投资的企业在投资交易发生时，按应付出开发产品市场公允价值和土地使用权转移过程中应支付的相关税费计算确认该项土地使用权的成本。如涉及补价，土地使用权的取得成本还应加上应支付的补价款或减除应收到的补价款。

企业、单位以股权的形式，将土地使用权投资企业的，接受投资的企业应在投资交易发生时，按该项土地使用权的市场公允价值和土地使用权转移过程中应支付的相关税费计算确认该项土地使用权的取得成本。如涉及补价，土地使用权的取得成本还应加上应支付的补价款或减除应收到的补价款。

5.5.2 预提费用

除以下几项预提（应付）费用外，计税成本均应为实际发生的成本。（1）出包工程未最终办理结算而未取得全额发票的，在证明资料充分的前提下，其发票不足金额可以预提，但最高不得超过合同总金额的10％。（2）公共配套设施尚未建造或尚未完工的，可按预算造价合理预提建造费用。此类公共配套设施必须符合已在售房合同、协议或广告、模型中明确承诺建造且不可撤销，或按照法律法规规定必须配套建造的条件。（3）应向政府上交但尚未上交的报批报建费用、物业完善费用可以按规定预提。物业完善费用是指按规定应由企业承担的物业管理基金、公建维修基金或其他专项基金。

5.5.3 停车场所的成本

企业单独建造的停车场所，应作为成本对象单独核算。利用地下基础设施形成的停车场所，作为公共配套设施进行处理。

第 5-10 章　房地产开发项目的税费

第 1 节　房地产开发的税费科目

1.1　增量房交易环节的税费科目

房地产开发项目的"增量房"在销售环节，应由房地产开发企业交纳各项税费的科目有：（1）营业税；（2）城建税；（3）教育费附加及地方教育费附加；（4）企业所得税；（5）土地增值税；（6）印花税。

每个城市的计费标准是有差异的，下面仅以一个城市的税费标准为例来说明，房地产开发项目税费的测算方法：

表 5-10-1

交纳人	税费科目	行号	计算办法
开发商	营业税	（1）	＝销售收入×5％
开发商	城建税	（2）	＝按销售不动产营业税税额×（7％、5％、1％）
开发商	教育费附加	（3）	＝按销售不动产营业税税额×3％
开发商	企业所得税	（4）	＝按当期所得额及预售收入利润率不低于15％的比例计算出预计营业利润额的（33％、27％、18％）的所得税率计算
开发商	土地增值税（预征）	（5）	普通住房＝销售收入×5％ 非普通住房＝销售收入×6％ 别墅、写字楼、营业用房＝销售收入×6％
开发商	印花税	（6）	商品房购销合同金额×0.05％

1.2　存量房交易环节的税费科目

存量房（二手房、二级市场）交易环节须交纳的税费科目有：（1）营业税；（2）城建税；（3）教育费附加及地方教育费附加；（4）个人所得税；（5）土地增值税；（6）印花税；（7）契税。

每个城市的计费标准是有差异的，下面仅以一个城市的税费标准为例来说明，"存量房"缴纳税费的测算方法：

表 5-10-2

交纳人	税费科目	行号	计算办法
转让人	营业税	(1)	按5％缴纳。（2005年6月1日后，个人转让购买不足2年的住房，全额征收；转让购买超过2年的普通住房免征；转让购买超过2年的非普通住房按差额征收）
转让人	城建税	(2)	＝按销售不动产营业税税额×（7％、5％、1％）
转让人	教育费附加	(3)	＝按销售不动产营业税税额×3％
转让人	个人所得税	(4)	财产转让所得，按20％的税率缴纳。（对个人转让自用5年以上，并且是家庭唯一生活用房取得的所得，免征个人所得税；对出售自有住房并拟在现住房出售后1年内按市场价重新购房的纳税人，其出售现住房所应缴纳的个人所得税，视其重新购房的价值可全部或部分予以免税）
转让人	土地增值税	(5)	对纳税人转让旧房按转让收入的50％至80％作为扣除项目计征
转让人	印花税	(6)	商品房购销合同金额×0.05％
购房人	契税	(7)	按房屋计税价格的4％（普通住宅2％）缴纳

第2节　上市房地产开发企业的税费

2.1　基于财务报表的税费

根据企业会计准则规定，财务报表至少应包括资产负责表、利润表、现金流量表、所有者权益变动表、附注等内容。从"资产负债表"的构成科目分析，企业应交纳的各项税费体现在"负债类"中的"应交税费"科目内（科目代码为2221）。

从"利润表"构成科目中分析，企业交纳的税费体现在利润表中的"损益类"中的"营业税及附加"科目内（科目代码为6403）和"所得税费用"科目（科目代码为6801）科目内。

从"现金流量表"的构成科目分析，企业在经营、投资、筹资三大活动过程中，企业所交纳的税费体现在"收到的税费返还、支付的各项税费"等科目内。

根据我国现行的税法规定，作为一个房地产开发企业在整个经营、投资与筹资三大活动中所涉及的税项有契税、土地增值税、营业税、城市维护建设税、教育费附加、企业所得税、增值税、消费税、车船使用税、城镇土地使用税、房产税、印花税等，其中与车船使用税、城镇土地使用税、房产税、印花税相关联的会计科目是"管理费用"。

从建设项目的投资构成分析的角度分析，主要涉及的税项计算有契税、土地增值税、营业税、城市维护建设税、教育费附加、企业所得税。

2.2 财务报表中的税费比例

2.2.1 营业税金及附加

根据万科企业从 2006 年至 2011 年之间的"合并利润表"中的"营业税及附加"占相关科目的比例分析如下：

表 5-10-3

指标科目	2011 年	2010 年	2009 年	2008 年	2007 年	2006 年	波动区间值
营业税及附加 营业总收入	11.1%	10.8%	7.4%	11.1%	11.6%	8.8%	7.4%～11.6%
营业税及附加 营业总成本	13.7%	14%	8.8%	13.0%	14.7%	10.8%	8.8%～14.7%
营业税及附加 营业成本	18.7%	18.0%	8.8%	13.0%	14.7%	10.8%	8.8%～18.7%
营业税及附加 营业利润	49.3%	47.3%	41.5%	71.2%	53.8%	46.1%	41.5%～71.2%
营业税及附加 净利润	67.1%	63.6%	56.0%	97.7%	77.4%	65.2%	56.0%～97.7%

上表数据以五个相关科目为基数进行了对比，由于营业税金与附加主要是以销售收入为基数进行测算的，在开发项目立项阶段的估算时，以营业总收入为基数进行估算营业税金与附加是较为合理的，但其他经验比例也可用作参考。

2.2.2 所得税

根据万科企业从 2006 年至 2011 年之间的"合并利润表"中的"所得税"占其他相关的会计科目的比例构成如下：

表 5-10-4

科目含义	2011 年	2010 年	2009 年	2008 年	2007 年	2006 年	波动区间值
所得税／营业总收入	5.9%	6.1%	4.5%	4.1%	6.5%	5.7%	4.1%～6.5%
所得税／营业总成本	7.4%	7.8%	5.3%	4.8%	8.3%	6.9%	4.8%～8.3%
所得税／营业成本	9.7%	10.3%	5.3%	4.8%	8.3%	6.9%	4.8%～10.3%
所得税／营业利润	26.6%	26.0%	25.2%	26.4%	30.4%	29.5%	25.2%～30.4%
所得税／净利润	36.3%	35.1%	34.0%	36.3%	43.7%	41.8%	34.0%～43.7%

2.2.3 支付的税费

根据万科企业从 2006 年至 2011 年之间的"合并现金流量表"中的"支付的各项税费"占相关的会计科目的构成比例如下：

表 5-10-5

指标科目	2011 年	2010 年	2009 年	2008 年	2007 年	2006 年	波动区间值
支付的各项税费／经营活动现金流入	14.2%	10.6%	11.0%	17.8%	10.6%	10.2%	10.2%～17.8%
支付的各项税费／经营活动现金流出	13.7%	10.6%	13.0%	17.8%	8.6%	8.8%	8.6%～17.8%

第 3 节 营 业 税

3.1 营业税的范围

根据《中华人民共和国营业税暂行条例》（发布于 2008 年 11 月 5 日国务院第 34 次常务会议修订通过）规定，在中华人民共和国境内提供本条例规定的劳务、转让无形资产或者销售不动产的单位和个人，为营业税的纳税人，应当依照本条例缴纳营业税。

3.2 营业税的计算

作为房地产开发企业在整个经营过程中应交纳"营业税"。营业税的税目、税率，将依照《营业税税目税率表》执行。

纳税人兼有不同税目的应当缴纳营业税的劳务（以下简称应税劳务）、转让无形资产或者销售不动产，应当分别核算不同税目的营业额、转让额、销售额（以下统称营业额）；未分别核算营业额的，从高适用税率。

表 5-10-6

税率	序	营业税适用的行业
3％	(1)	交通运输业、建筑业邮电通信业文化体育业
5％	(2)	金融保险业、服务业、转让无形资产、销售不动产
5％～20％	(3)	娱乐业

纳税人提供应税劳务、转让无形资产或者销售不动产，按照营业额和规定的税率计算应纳税额。应纳税额计算公式：应纳税额＝营业额×税率，营业额以人民币计算。纳税人以人民币以外的货币结算营业额的，应当折合成人民币计算。

纳税人的营业额为纳税人提供应税劳务、转让无形资产或者销售不动产收取的全部价款和价外费用。但是，下列情形除外：纳税人将承揽的运输业务分给其他单位或者个人的，以其取得的全部价款和价外费用扣除其支付给其他单位或者个人的运输费用后的余额为营业额；纳税人将建筑工程分包给其他单位的，以其取得的全部价款和价外费用扣除其支付给其他单位的分包款后的余额为营业额；外汇、有价证券、期货等金融商品买卖业务，以卖出价减去买入价后的余额为营业额；国务院财政、税务主管部门规定的其他情形。纳税人按照本条例第五条规定扣除有关项目，取得的凭证不符合法律、行政法规或者国务院税务主管部门有关规定的，该项目金额不得扣除。

纳税人提供应税劳务、转让无形资产或者销售不动产的价格明显偏低并无正当理由的，由主管税务机关核定其营业额。纳税人营业额未达到国务院财政、税务主管部门规定的营业税起征点的，免征营业税；达到起征点的，依照本条例规定全额计算缴纳营业税。

3.3 营业税扣缴义务人

中华人民共和国境外的单位或者个人在境内提供应税劳务、转让无形资产或者销售不动产，在境内未设有经营机构的，以其境内代理人为扣缴义务人；在境内没有代理人的，以受让方或者购买方为扣缴义务人。国务院财政、税务主管部门规定的其他扣缴义务人。

3.4 纳税的时间

营业税纳税义务发生时间为纳税人提供应税劳务、转让无形资产或者销售不动产并收讫营业收入款项或者取得索取营业收入款项凭据的当天。国务院财政、税务主管部门另有规定的，从其规定。营业税扣缴义务发生时间为纳税人营业税纳税义务发生的当天。

扣缴义务人应当向其机构所在地或者居住地的主管税务机关申报缴纳其扣缴的税款。营业税的纳税期限分别为 5 日、10 日、15 日、1 个月或者 1 个季度。纳税人的具体纳税期限，由主管税务机关根据纳税人应纳税额的大小分别核定；不能按照固定期限纳税的，可以按次纳税。

纳税人以 1 个月或者 1 个季度为一个纳税期的，自期满之日起 15 日内申报纳税；以 5 日、10 日或者 15 日为一个纳税期的，自期满之日起 5 日内预缴税款，于次月 1 日起 15 日内申报纳税并结清上月应纳税款。

3.5 营业税纳税地点

纳税人提供应税劳务应当向其机构所在地或者居住地的主管税务机关申报纳税。但是，纳税人提供的建筑业劳务以及国务院财政、税务主管部门规定的其他应税劳务，应当向应税劳务发生地的主管税务机关申报纳税。纳税人转让无形资产应当向其机构所在地或者居住地的主管税务机关申报纳税。但是，纳税人转让、出租土地使用权，应当向土地所在地的主管税务机关申报纳税。纳税人销售、出租不动产应当向不动产所在地的主管税务机关申报纳税。

第 4 节　城市维护建设税与教育费附加

4.1 城市维护建设税

4.1.1 城市维护建设税的含义

根据《中华人民共和国城市维护建设税暂行条例》规定，为了加强城市的维护建设，扩大和稳定城市维护建设资金的来源，凡缴纳产品税，增值税，营业税的单位和个人，都是城市维护建设税的纳税义务人（以下简称纳税人），都应当依照条例规定缴纳城市维护建设税。

4.1.2 城市维护建设税的计算

城市维护建设税，以纳税人实际缴纳的产品税，增值税，营业税税额为计税依据，分别与产品税，增值税，营业税同时缴纳。项目所在城市的属性不同，由其城市维护建设税计税的税率是不同的，具体详见下表内容：

表 5-10-7

计税基数	税率	序号	适用的范围
产品税	1％	(1)	纳税人所在地不在市区，县城或镇
增值税	5％	(2)	纳税人所在地在县城，镇
营业税	7％	(3)	纳税人所在地在市区

4.2 教育费附加

4.2.1 教育费附加的含义

根据《征收教育费附加的暂行规定》，为贯彻落实《中共中央关于教育体制改革的决定》，加快发展地方教育事业，扩大地方教育经费的资金来源，凡缴纳产品税、增值税、营业税的单位和个人，除按照《国务院关于筹措农村学校办学经费的通知》（国发〔1984〕174 号文）的规定缴纳农村教育事业费附加的单位外，都应当依照本规定缴纳教育费附加。对从事生产卷烟和经营烟叶产品的单位，减半征收教育费附加。

4.2.2 教育费附加的计算

教育费附加，以各单位和个人实际缴纳的产品税、增值税、营业税的税额为计征依据，分别与产品税、增值税、营业税同时缴纳，具体的税率详见下表：

表 5-10-8

	计税基数	税率	适用的范围
(1)	产品税		
(2)	增值税	1％	凡缴纳产品税、增值税、营业税的单位和个人，免征的除外
(3)	营业税		

依照现行有关规定，除铁道、人民银行、专业银行和保险总公司等汇总缴纳营业税的单位集中向指定的银行缴款外，其余的单位和个人，向其所在地银行缴款。教育费附加由税务机关负责征收，各级银行要为同级教育部门设立教育费附加专户。企业缴纳的教育费附加，一律在销售收入（或营业收入）中支付。

第5节 土地增值税

根据国家税务总局关于《房地产开发企业土地增值税清算管理有关问题的通知》中的规定，将重点内容归集如下：

5.1 土地增值税的清算单位

土地增值税以国家有关部门审批的房地产开发项目为单位进行清算，对于分期开发的项目，以分期的项目为单位清算。开发项目中同时包含普通住宅和非普通住宅的，应分别计算增值额。

5.2 土地增值税的清算条件

符合下列情形之一的，纳税人应进行土地增值税的清算：（1）房地产开发项目全部竣工、完成销售的；（2）整体转让未竣工决算房地产开发项目的；（3）直接转让土地使用权的。

5.3 土地增值税清算时收入确认

土地增值税清算时，已全额开具商品房销售发票的，按照发票所载金额确认收入；未开具发票或未全额开具发票的，以交易双方签订的销售合同所载的售房金额及其他收益确认收入。销售合同所载商品房面积与有关部门实际测量面积不一致，在清算前已发生补、退房款的，应在计算土地增值税时予以调整。

房地产开发企业在工程竣工验收后，根据合同约定，扣留建筑安装施工企业一定比例的工程款，作为开发项目的质量保证金，在计算土地增值税时，建筑安装施工企业就质量保证金对房地产开发企业开具发票的，按发票所载金额予以扣除；未开具发票的，扣留的质保金不得计算扣除。

5.4 土地增值税的扣除项目

房地产开发企业办理土地增值税清算时计算与清算项目有关的扣除项目金额，应根据土地增值税暂行条例第六条及其实施细则第七条的规定执行。除另有规定外，扣除取得土地使用权所支付的金额、房地产开发成本、费用及与转让房地产有关税金，须提供合法有效凭证；不能提供合法有效凭证的，不予扣除。

　　房地产开发企业开发建造的与清算项目配套的居委会和派出所用房、会所、停车场（库）、物业管理场所、变电站、热力站、水厂、文体场馆、学校、幼儿园、托儿所、医院、邮电通讯等公共设施，按以下原则处理：（1）建成后产权属于全体业主所有的，其成本、费用可以扣除；（2）建成后无偿移交给政府、公用事业单位用于非营利性社会公共事业的，其成本、费用可以扣除；（3）建成后有偿转让的，应计算收入，并准予扣除成本、费用。

　　房地产开发企业销售已装修的房屋，其装修费用可以计入房地产开发成本。房地产开发企业的预提费用，除另有规定外，不得扣除。属于多个房地产项目共同的成本费用，应按清算项目可售建筑面积占多个项目可售总建筑面积的比例或其他合理的方法，计算确定清算项目的扣除金额。

　　财务费用中的利息支出，凡能够按转让房地产项目计算分摊并提供金融机构证明的，允许据实扣除，但最高不能超过按商业银行同类同期贷款利率计算的金额。其他房地产开发费用，在按照"取得土地使用权所支付的金额"与"房地产开发成本"金额之和的5%以内计算扣除。凡不能按转让房地产项目计算分摊利息支出或不能提供金融机构证明的，房地产开发费用在按"取得土地使用权所支付的金额"与"房地产开发成本"金额之和的10%以内计算扣除。

　　全部使用自有资金，没有利息支出的，按照以上方法扣除。房地产开发企业为取得土地使用权所支付的契税，应视同"按国家统一规定交纳的有关费用"，计入"取得土地使用权所支付的金额"中扣除。

5.5　关于拆迁安置土地增值税

　　房地产企业用建造的本项目房地产安置回迁户的，安置用房视同销售处理，按《国家税务总局关于房地产开发企业土地增值税清算管理有关问题的通知》（国税发〔2006〕187号）第三条第（一）款规定确认收入，同时将此确认为房地产开发项目的拆迁补偿费。房地产开发企业支付给回迁户的补差价款，计入拆迁补偿费；回迁户支付给房地产开发企业的补差价款，应抵减本项目拆迁补偿费。

　　开发企业采取异地安置，异地安置的房屋属于自行开发建造的，房屋价值按国税发〔2006〕187号第三条第（一）款的规定计算，计入本项目的拆迁补偿费；异地安置的房屋属于购入的，以实际支付的购房支出计入拆迁补偿费。货币安置拆迁的，房地产开发企业凭合法有效凭据计入拆迁补偿费。

5.6 增值税的税率与计算办法

根据《中华人民共和国土地增值税暂行条例实施细则》规定：计算土地增值税税额，可按增值额乘以适用的税率减去扣除项目金额乘以速算扣除系数的简便方法计算，具体公式如下：

增值额未超过扣除项目金额 50%　土地增值税税额＝增值额×30%

增值额超过扣除项目金额 50%，未超过 100%　土地增值税税额＝增值额×40%－扣除项目金额×5%

增值额超过扣除项目金额 100%，未超过 200%　土地增值税税额＝增值额×50%－扣除项目金额×15%

增值额超过扣除项目金额 200%　土地增值税税额＝增值额×60%－扣除项目金额×35%

5.7 土地增值税的预征制度

根据国家税务总局《关于加强土地增值税征管工作的通知国税》（〔2010〕53 号）要求各城市科学合理制定预征率，加强土地增值税预征工作。规定：除保障性住房外，东部地区省份"预征率"不得低于 2%，中部和东北地区省份不得低于 1.5%，西部地区省份不得低于 1%。以广州的规定为例，土地增值税的"预征率"如下：

表 5-10-9

普通住宅	办公用房	非普通住宅	别墅	商业营业房	车位
2%	3%	3%	4%	4%	5%

第 6 节　企业所得税

6.1 企业所得税的交纳范围

根据《中华人民共和国企业所得税法》（主席令 36 号）、《中华人民共和国企业所得税法实施条例》（中华人民共和国国务院令第 512 号）企业所得税法应纳税额的计算公式为：应纳税额＝应纳税所得额×适用税率－减免税额－抵免税额。

所得，包括销售货物所得、提供劳务所得、转让财产所得、股息红利等权益性投资所得、利息所得、租金所得、特许权使用费所得、接受捐赠所得和其他所得。

企业应纳税所得额的计算，以权责发生制为原则，属于当期的收入和费用，不论款项是否收付，均作为当期的收入和费用；不属于当期的收入和费用，即使款项已经在当期收付，均不作为当期的收入和费用。本条例和国务院财政、税务主管部门另有规定的除外。

6.2　开发企业所得税的计算

房地产开发企业所交纳的企业所得税率与项目所在的地区相关，所以，项目分析师在测算"拟建项目"的税费时，应根据项目所在地的具体政策所规定的税率进行计算：

表 5-10-10

税率	序号	适用的范围	应纳税额
16.5%	(1)	香港地区	
20%	(2)	深圳、珠海、厦门海南及浦东等地区	＝应纳税所得额×适用税率－减免税额－抵免税额
25%	(3)	一般地区	

6.3　开发企业所得税的规定

根据国家税务总局于 2009 年 3 月发布的关于印发《房地产开发经营业务企业所得税处理办法》的通知（国税发［2009］31 号）的规定内容，将有关企业所得税方面的内容摘录如本书章节。

6.3.1　纳税利润的确认

确认收入（或利润）的方法和顺序为：（1）按本企业近期或本年度最近月份同类开发产品市场销售价格确定；（2）由主管税务机关参照当地同类开发产品市场公允价值确定；（3）按开发产品的成本利润率确定。开发产品的成本利润率不得低于 15%，具体比例由主管税务机关确定。

企业销售未完工开发产品的计税毛利率由各省、自治、直辖市国家税务局、地方税务局按下列规定进行确定：（1）开发项目位于省、自治区、直辖市和计划单列市人民政府所在地城市城区和郊区的，不得低于 15%。（2）开发项目位于地级市城区及郊区的，不得低于10%。（3）开发项目位于其他地区的，不得低于5%。（4）属于经济适用房、限价房和危改房的，不得低于3%。

企业销售未完工开发产品取得的收入，应先按预计计税毛利率分季（或月）计算出预计毛利额，计入当期应纳税所得额。开发产品完工后，企业应及时结算其计税成本并计算此前销售收入的实际毛利额，同时将其实际毛利额与其对应的预计毛利额之间的差额，计入当年度企业本项目与其他项目合并计算的应纳税所得额。

在年度纳税申报时，企业须出具对该项开发产品实际毛利额与预计毛利额之间差异调整情况的报告以及税务机关需要的其他相关资料。

企业新建的开发产品在尚未完工或办理房地产初始登记、取得产权证前，与承租人签订租赁预约协议的，自开发产品交付承租人使用之日起，出租方取得的预租价款按租金确认收入的实现。

6.3.2 成本费用扣除的税务处理

企业对尚未出售的已完工开发产品和按照有关法律、法规或合同规定对已售开发产品（包括共用部位、共用设施设备）进行日常维护、保养、修理等实际发生的维修费用，准予在当期据实扣除。企业将已计入销售收入的共用部位、共用设施设备维修基金按规定移交给有关部门、单位的，应于移交时扣除。

企业在开发区内建造的会所、物业管理场所、电站、热力站、水厂、文体场馆、幼儿园等配套设施，按以下规定进行处理：（1）属于非营利性且产权属于全体业主的，或无偿赠与地方政府、公用事业单位的，可将其视为公共配套设施，其建造费用按公共配套设施费的有关规定进行处理。（2）属于营利性的，或产权归企业所有的，或未明确产权归属的，或无偿赠与地方政府、公用事业单位以外其他单位的，应当单独核算其成本。除企业自用应按建造固定资产进行处理外，其他一律按建造开发产品进行处理。

企业在开发区内建造的邮电通讯、学校、医疗设施应单独核算成本，其中，由企业与国家有关业务管理部门、单位合资建设，完工后有偿移交的，国家有关业务管理部门、单位给予的经济补偿可直接抵扣该项目的建造成本，抵扣后的差额应调整当期应纳税所得额。

6.3.3 利息支出的税务处理

企业为建造开发产品借入资金而发生的符合税收规定的借款费用，可按企业会计准则的规定进行归集和分配，其中属于财务费用性质的借款费用，可直接在税前扣除。

企业集团或其成员企业统一向金融机构借款分摊集团内部其他成员企业使用的，借款人凡能出具从金融机构取得借款的证明文件，可以在使用借款的企业之间合理的分摊利息费用，使用借款的企业分摊的合理利息准予在税前扣除。

第 5-11 章　房地产开发项目总支出测算案例

一、案例背景资料

(一) 技术经济指标

1. 地块的主要技术经济指标

技术经济指标的科目	单位	数量
总用地面积	m^2	52 299
	hm^2	5.2
	亩	78
容积率		3.36
建筑密度		24%
绿地率		30%
建筑基底面积	m^2	12 321
总建筑面积	m^2	233 024
地下建筑面积	m^2	57 200
地上建筑面积	m^2	175 824
地上建筑面积-住宅	m^2	159 413
地上建筑面积-商业	m^2	14 337
公共配套	m^2	634
地上建筑面积-酒店幼儿园	m^2	1 440
总户数	户	897
总人数	人	2 871
停车位	个	1 136

2. 楼盘的建筑形态

使用功能	层数	建筑形态
地下室	−2	为连体地下室
C1 住宅	+44	独立的房屋，与连体地下室重叠
C2 住宅	+44	独立的房屋，与连体地下室重叠
C3 住宅	+44	独立的房屋，与连体地下室重叠
C3 商业	+3	与 C3 为裙楼关系，与连体地下室重叠
D1 住宅	+41	独立的房屋，与连体地下室重叠
D1 商业	+2	与 D1 为裙楼关系，与连体地下室重叠
D2 住宅	+46	独立的房屋，与连体地下室重叠
D3 住宅	+46	独立的房屋，与连体地下室重叠
D3 商业	+2	与 D3 为裙楼关系，与连体地下室重叠
D4 住宅	+32	独立的房屋，与连体地下室重叠
D5 住宅	+32	独立的房屋，与连体地下室重叠
幼儿园	+2	独立的房屋，没有与地下室重叠

3. 房屋的设计数据

使用功能	层数	占地面积	地上面积	地下面积	总面积	可售层	可售面积
C1 住宅	44	506	22 271	7 332	29 603	42	21 259
C2 住宅	44	445	19 589	6 449	26 038	42	18 698
C3 住宅	44	480	21 099	6 946	28 045	42	20 140
D1 住宅	41	500	20 019	6 591	26 610	39	19 519
D2 住宅	45	490	22 046	7 258	29 303	43	21 066
D3 住宅	45	489	21 997	7 242	29 238	43	21 019
D4 住宅	32	516	16 513	5 436	21 949	30	15 481
D5 住宅	32	516	16 513	5 436	21 949	30	15 481
住宅		3 942	160 046	52 689	212 735		152 663
C3 商业	2.5	2 020	4 060	1 337	5 397	2.5	5 050
D1 商业	2	3 214	5 427	1 787	7 214	2	6 428
D3 商业	2	865	1 730	570	2 300	2	1 730
D5 商业	2	1 560	3 120	1 027	4 147	2	3 120
商业		7 659	14 337	4 720	19 057	—	16 328
幼儿园	2	720	1 440		1 440		—
合计		12 321	175 824	57 409	233 233		168 991

（二）需要解决的问题

（1）	根据速查表测算项目的营业成本
（2）	按投资构成的角度估算项目投资
（3）	测算开发所需交纳的规费与税金

二、案例解答

（一）工程费

1.1 住宅工程费

成本科目	工程量	造价指标	合计（元）价	数据引用
建筑工程费		2 991	635 806 906	
桩基础	160 046	260	41 612 080	查数据表
基坑围护	52 497	900	47 247 702	查数据表
土方工程	52 497	250	13 124 362	查数据表
地下主体结构	52 497	2 500	131 243 618	查数据表
地下建筑部分	52 497	300	15 749 234	查数据表
地上主体结构	212 544	1 000	212 543 907	查数据表
地上建筑部分	212 544	300	63 763 172	查数据表

成本科目	工程量	造价指标	合计（元）价	数据引用
屋面	212 544	30	6 376 317	查数据表
外立面	212 544	360	76 515 807	查数据表
室内公共区域精装饰	212 544	130	27 630 708	查数据表
机电安装工程费		458	97 345 109	
给排水专业	212 544	100	21 254 391	查数据表
电气专业	212 544	140	29 756 147	查数据表
燃气专业	212 544	20	4 250 878	查数据表
消防专业	212 544	120	25 505 269	查数据表
弱电专业	212 544	65	13 815 354	查数据表
空调通风专业	212 544	—	—	查数据表
电梯专业	212 544	13	2 763 071	查数据表
住宅工程费		3 449	733 152 016	

1.2 商业工程费

成本科目	工程量	造价指标	合计（元）	数据来源
建筑工程费		4 090	77 864 910	查数据表
桩基础	14 337	300	4 301 172	查数据表
基坑围护	4 703	1 100	5 173 094	查数据表
土方工程	4 703	500	2 351 406	查数据表
地下主体结构	4 703	3 500	16 459 844	查数据表
地下建筑部分	4 703	360	1 693 013	查数据表
地上主体结构	14 337	1 100	15 770 964	查数据表
地上建筑部分	14 337	430	6 165 013	查数据表
屋面	14 337	110	1 577 096	查数据表
外立面	14 337	1 100	15 770 964	查数据表
室内装饰	14 337	600	8 602 344	查数据表
安装工程费		1 095	20 848 858	查数据表
给排水专业	19 040	80	1 523 204	查数据表
电气专业	19 040	120	2 284 806	查数据表
燃气专业	19 040	—	—	查数据表
消防专业	19 040	90	1 713 605	查数据表
弱电专业	19 040	70	1 332 804	查数据表
空调送排风	19 040	450	8 568 024	查数据表
电梯	19 040	120	2 284 806	查数据表
泛光照明	19 040	50	952 003	查数据表
变配电	19 040	—	—	查数据表
应急柴油发电机组	19 040	60	1 142 403	查数据表
擦窗机	19 040	—	—	查数据表
标识系统	19 040	55	1 047 203	查数据表
商场的工程费		5 185	98 713 768	

1.3　幼儿园工程费

营业成本科目	工程量	造价指标	合计（元）	数据引用
建筑工程费		3 300	4 752 000	查数据表
基础	1 440	150	216 000	
土方	1 440	60	86 400	
主体结构	1 440	1 200	1 728 000	查数据表
建筑部分	1 440	600	864 000	查数据表
屋面	1 440	90	129 600	查数据表
外立面	1 440	600	864 000	查数据表
室内装饰	1 440	600	864 000	查数据表
安装工程费		915	1 317 600	查数据表
给排水专业	1 440	70	100 800	查数据表
电气专业	1 440	320	460 800	查数据表
燃气专业	1 440	—		查数据表
消防专业	1 440	65	93 600	查数据表
弱电专业	1 440	150	216 000	查数据表
空调送排风	1 440	260	374 400	查数据表
电梯	1 440	—	—	不配置
泛光照明	1 440	—	—	不配置
变配电	1 440	—	—	不配置
应急柴油发电机组	1 440	—	—	不配置
擦窗机	1 440	—	—	不配置
标识系统	1 440	50	72 000	查数据表
幼儿园的工程费		4 215	6 069 600	

1.4　室外工程费

成本科目	面积	规划指标
总占地面积	52 299	
建筑占地面积	12 321	23.6%
红线内小市政占地面积	39 978	
绿地面积	15 690	30%

营业成本科目	量占比	单价	工程量	合计（元）
下水道，窨井	100%	70	39 978	2 798 478
电气、照明	100%	56	39 978	2 238 782
安防系统	100%	42	39 978	1 679 087
围墙	100%	28	39 978	1 119 391
消防	100%	28	39 978	1 119 391
给排水	100%	21	39 978	839 543
绿化	30%	168	15 690	2 635 882
道路	15%	308	5 997	1 846 995
停车场	5%	210	1 998	419 772
广场	29%	448	11 593	5 193 974
喷水池	2%	2 520	799.57	2 014 904
景观小品	1%	1 680	399.78	671 635
架空层绿化		168	16 248	2 729 657
室外工程费		633		25 307 490

1.5 室内装修工程费

科目	面积
营销中心室内装修面积	1 000
样板房户型 A	160
样板房户型 B	90
样板房户型 C	80
合计	1 330

工程费科目	合计（元）价	单价取值	数据来源
营业中心	2 000 000	2 000	经验值
样板房户型 A	1 500 000	1 500	经验值
样板房户型 B	1 500 000	1 500	经验值
样板房户型 C	1 500 000	1 500	经验值
室内装修的工程费	6 500 000		

模块五　房地产开发的支出与税费

1.6 工程费汇总

总建筑面积	233 024
可售面积	168 991

工程费科目	合计（元）价	元/S总	元/S售
住宅工程费	734 344 070	3 151	4 345
商场工程费	98 826 161	424	585
幼儿园工程费	6 069 600	26	36
室外工程费	25 307 490	109	150
室内装修工程费	6 500 000	28	38
工程费	871 047 321	3 738	5 154

（二）其他费

2.1 土地取得费

总用地面积	52 299
总建筑面积	233 023
可销售面积	168 991

成本科目	数据计算	元/S总	元/S售	数据引用	数据来源
土地成交价	1 794 276 869			7 700	查数据表
契税	71 771 075			4%	查数据表
土地交易服务费	8 971 384			0.50%	查数据表
土地挂牌工作费	17 942 769			1%	查数据表
土地信息服务费	1 794 277			0.10%	查数据表
土地取得费	1 894 756 374	8 131	11 212		

2.2 勘察费/测量/测绘费

(1) 勘察费

建筑基底面积	12 321
建筑总面积	233 024
可销售面积	168 991

成本科目	数据计算	数据引用	数据来源
勘探间距		10	查数据表
勘探深度		30	查数据表
勘探孔数测算	123		
勘探总长度	15 181	117	查数据表
地质勘探费	1 776 142		

(2) 基坑支护的变形监测费

地下室面积	57 200
边长	239
周长	957

成本科目	数据计算	数据引用	数据来源
变形点间隔		20	元/点，查数据表
变形点	48	135	
变形监测费	6 457		

（3）桩基础的质量检测费

科目	占地面积	桩密度	桩根数
住宅	3 942	8%	315
商业楼	7 659	5%	383

成本科目	数据计算	数据引用	数据来源
住宅桩	95	30%	查数据表
商业桩	115	30%	查数据表
低应变检测的根数	209		
住宅桩	16	5%	
商业桩	19	5%	
高应变的根数	35		

成本科目	数据计算	数据引用	数据来源
低应变的检测费	104 747	500	查数据表
低应变的检测费	122 204	3 500	查数据表
桩基础检测费	226 951		

（4）房产测绘费

住宅总建筑面积	212 544
商业总建筑面积	19 040
幼儿园总建筑面积	1 440
总建筑面积	233 024

房屋功能	数据计算	数据引用	数据来源
住宅用房	316 913	1.36	元/m², 查数据表
商业楼用房	475 369	2.04	元/m², 查数据表
多功能综合楼	633 825	2.72	元/m², 查数据表
产权分户图测绘费	1 426 107		

2.3 设计费

(1) 岩土工程设计费

地下室建筑面积	57 200
基坑支护工程费	52 611 919

成本科目	数据计算	数据引用	费用指标	数据说明
占工程费的比例		3.50%		
基坑支护设计费	1 841 417		32	占地面积

(2) 建设工程设计费

总建筑面积	233 023
可售面积	168 991
工程费	871 047 321

营业成本科目	数据计算	数据引用	数据来源	元/S总	元/S售
8亿元设计费基价		19 601 000			
内插系数		0.022			
投资差额	71 047 321				
设计费内插费	1 577 251				
建筑工程设计费	21 178 251	2.43%		91	125
施工图审查费	466 046			2	3

（3）室内装修设计费

总建筑面积	233 023
可售面积	168 991
室内装修面积	1 330
室内装修工程费	6 500 000

按国家标准计费

营业成本科目	数据计算	数据引用	数据来源	元/S总	元/S售
基本设计费		209 000	查数据表		
投资差额	1 500 000		查数据表		
内插系数		0.040	查数据表		
插入费	60 000		查数据表		
附加系数		1.5	查数据表		
室内装修设计费	403 500	6%	查数据表	1.7	2.4

按行业协会标准计费

营业成本科目	数据计算	数据引用	数据来源	元/S总	元/S售
按B类标准收费	478 800	360	查数据表	2.1	2.8

2.4 四项外包咨询费

（1）可行性研究费

工程费	871 047 321
总建筑面积	233 023
可售面积	168 991

成本科目	数据计算	数据引用	数据来源	元/S总	元/S售
取费标准		100 万元	查数据表		
可行性研究费	1 000 000			4	6

(2) 招标代理费

工程费	871 047 321
总建筑面积	233 023
可售面积	168 991

成本科目	数据计算	数据引用	数据来源	元/S总	元/S售
招标代理费基价		505 500	查数据表		
投资差额	371 047 321	0.035%	查数据表		
招标代理费内插值	129 867				
总招标代理费	635 367			3	4

(3) 造价全过程咨询费

工程费	871 047 321
总建筑面积	233 023
可售面积	168 991

营业成本科目	数据计算	数据引用	数据来源	元/S总	元/S售
基价		866 000	查数据表		
投资差额	771 047 321	0.70%	查数据表		
内插值	5 397 331				
造价全过程控制咨询费	6 263 331			27	37

(4) 施工监理费

工程费	871 047 321
总建筑面积	233 023
可售面积	168 991

营业成本科目	数据计算	数据引用	数据来源	元/S总	元/S售
基价		12 558 000	查数据表		
投资差额	71 047 321	0.70%			
内插系数		0.013	查数据表		
内插值	923 615				
施工监理费	13 481 615			58	80

2.5 其他费之相关费

工程费	871 047 321	占工程费	6%
总建筑面积	233 024	元/S总	222
可售面积	168 991	元/S售	306

成本科目	合计（元）	价 数据引用	单位	数据来源
环境影响评价费	160 000	7.2~16.8	万元/项	查数据表
水土保持费	—	—	—	此项目不须计取
节能评估费用	74 842	6~8	万元/项	内插法计算
劳动安全卫生评价费	—	—	—	此项目不须计取
地震安全评价费	—	—	—	此项目不须计取
规划技术论证费	279 628	1.20	元/m²	查数据表
日照分析服务费	46 605	0.20	元/m²	查数据表
交通影响评价服务费	116 512	0.50	元/m²	查数据表
抗震设防确认费	4 000	2 000	元/项	分二次报建
考古勘察费	—	—	—	此项目不须计取
防雷相关收费	256 326	1.10	元/m²	查数据表
拔地定桩费	5 880	2 940	元/4点	两块地共8个点
建筑物定点放线费	38 220	2 940	元/4点	共13栋楼共13次
研究试验费	—	—	—	此项目不须计取
专利及专有技术使用费	—	—	—	此项目不须计取
引进技术和设备的其他费用	—	—	—	此项目不须计取
城市基础设施配套费	43 552 366	5%	工程费	省会城市
场地准备与临时设施费	—	—	—	此项目不须计取
工程交易相关费用	250 000	0.11%	≤25万元	查数据表
建筑质量监督费	587 220	2.52	元/m²	查数据表
专项质量检测费	2 713 142	0.30%	工程费	桩与幕墙10万元+0.3%
防空地下室易地建设费	—	—	—	有地下室，不须另缴纳
城市道路占用与修复费	—	—	—	发生时，才缴纳
城市绿地占用与补偿费	—	—	—	发生时，才缴纳
白蚁预防费	466 047	2.00	元/m²	查5-8章1节
新型墙墙体料专项基金	—	—	—	发生时，才缴纳
散装水泥专项基金	—	—	—	发生时，才缴纳
价格调节基金	1 165 119	5.00	元/m²	查数据表
联合试运转费	—	—	—	住宅项目不须计取
工程保险费	1 742 095	0.00	工程费	查数据表
城建档案服务费	302 931	1.30	元/m²	查数据表
其他费之相关费	51 760 933			

（三）期间费与营业税金及附加

3.1 销售收入

总建筑面积	233 024
可销售面积	168 991

科目	销售量	销售单价	销售收入
住宅	152 663	25 000	3 816 566 250
商业	16 328	30 000	489 840 000
车位	1 136	250 000	284 000 000
销售收入			4 590 406 250

3.2 销售费用

总建筑面积	233 024
可销售面积	168 991
销售收入	4 590 406 250

科目	数据计算	数据引用	数据来源	元/S总	元/S售
销售收入		4 590 406 250	计算值		
销售费用比例		3%	查数据表		
销售费用	137 712 188			591	815

3.3 管理费用

工程费	871 047 321
总建筑面积	233 023
可售面积	168 991

营业成本科目	数据计算	数据引用	数据来源	元/S总	元/S售
工程费		871 047 321			
经验比例		4.0%			
管理费用	34 841 893			150	206

3.4　财务费用

本案例暂时不考虑财务费用，将在第七模块中讨论。

3.5　营业税金与附加

（1）土地增值税

总建筑面积	233 024
可销售面积	168 991

科目	销售量	销售单价	销售收入
住宅	152 663	25 000	3 816 566 250
商业	16 328	30 000	489 840 000
车位	1 136	1 136	1 290 496
销售收入			4 307 696 746

科目	数据计算	数据引用	数据来源	元/S总	元/S售
普通住宅的土地增值税	76 331 325	2%	查数据表	328	452
商业用房的土地增值税	19 593 600	4%	查数据表	84	116
停车位的土地增值税	64 525	5%	查数据表	0	0
土地增值税	95 989 450			412	568

（2）营业税及附加

建筑总面积	233 024
可销售面积	168 991
销售收入	4 590 406 250

科目	数据计算	数据引用	数据来源	元/S总	元/S售
营业税	229 520 313	5%	查数据表	985	1 358
城市维护建设税	11 476 015.63	7%	查数据表	49	68
教育税附加	2 295 203.13	1%	查数据表	10	14
土地增值税	95 989 450	预征	查数据表	412	568
营业税金及附加	339 280 981			1 456	2 008

(四) 汇总表

4.1 以开发项目的营业成本科目汇总

(1) 营业成本

总建筑面积	233 024
可售面积	168 991

营业成本科目	合计（元）价	元/S总	元/S售
土地取得费	1 894 756 374	8 131	11 212
工程费	871 047 321	3 738	5 154
勘察费	1 776 142	8	11
基坑变形监测费	6 457	0.03	0.04
桩基础检测费	226 951	0.97	1.34
房地产测绘费	1 426 107	6	8
基坑支护设计费	1 841 417	8	11
建筑设计费	21 178 251	91	125
施工图审查费	466 046	2.0	2.8
室内设计费	403 500	1.7	2.4
可行性研究费	1 000 000	4.3	5.9
招标代理费	635 367	2.7	3.8
全过程造价咨询费	6 263 331	27	37
施工监理费	13 481 615	58	80
其他费之相关费	51 760 933	222	306
营业成本	2 866 269 811	12 300	16 961

(2) 营业总成本

总建筑面积	233 024
可售面积	168 991

营业成本科目	合计（元）价	元/S总	元/S售
营业成本	2 866 269 811	12 300	16 961
销售费用	137 712 188	591	815
管理费用	34 841 893	150	206
财务费用	—	—	—
营业税金及附加	339 280 981	1 456	2 008
营业总成本	3 378 104 873	14 497	19 990

4.2 以建设项目投资构成的科目汇总

			建筑面积	233 024

投资构成科目	数据计算	数据引用	数据来源	元/S总
工程费	871 047 321		计算表	3 738
其他费	2 901 111 704		计算表	12 450
基本预备费	26 131 420	3%	经验值	112
涨价预备费	43 552 366	5%	经验值	187
专项费	—		本项目不计取	—
建设项目总投资	3 841 842 811		包括地价	16 487

模块六

建设工程的造价指标与工料价格

模块六 建设工程的造价指标与工料价格·模块导读

知识体系·专业技能·目标数据

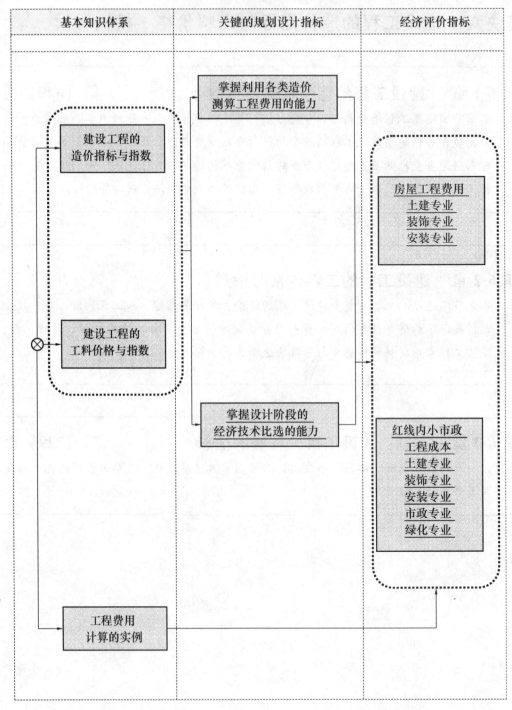

第 6-1 章　建设工程的造价指标与指数

建设项目的立项阶段，在满足地块规划控制条件下，"拟建项目"的建筑形态将随着建筑设计方案的不同选择而变化。在项目立项阶段对工程造价成本的测算要能做到"掐指一算"的便捷将更能提高项目投资的决策速度。因此，开发企业有必要根据其向楼市提供的建筑产品形态及其交楼标准，再结合工程造价专业的科目划分，形成能适用于项目立项阶段测算工程费支出的"速算指标体系"是必要的管理工具手段。

第 1 节　工程造价的分类方法

1.1　基于工程造价专业分类

针对房地产常见的开发项目，工程造价的工程费从其专业角度划分，可分为"建筑专业（土建专业）、装饰专业、安装工程、园林绿化工程和市政工程"五大专业。因此，工程费的经济指标也可相应的从"建筑（土建）、装饰专业、安装工程、园林绿化工程和市政工程"角度分类。

为了测算"资金使用计划或现金流量"的需要，也可按"工程的形象进度"，按地下部分、地上部分、主体结构、一般建筑、室内精装饰、安装、室外工程等角度对工程造价指标进行分类。

1.2　基于工程量清单规范的分类

根据工程量清单计价规范（GB 50500—2008）规定的，建设工程的造价构成分为"分部分项工程项目、措施项目、其他项目、规费项目和税金项目"五大部分。因此，工程费的经济指标可按上述五大部分进行表述。

从综合单价的构成角度，工程造价的经济指标也按"人工费、材料费、机械费"的角度建立工程造价指标的测算口径。

1.3　基于产品交楼标准的分类

由于不同的"交楼标准"对工程经济指标的高低水平影响较大，因此，在建立

"工程费测算体系"时，应结合房地产开发产品的交楼标准进行分类。

作为房地产开发企业开发出来的产品，向消费者提供的交楼标准是什么主要取决于产品的功能和城市的经济发展水平及当地的消费习惯。开发商向市场推出的房屋产品交楼标准一般为"毛坯房交楼标准"、"精装修交楼标准"和"全配置式交楼标准"。其中"精装修交楼标准"以可细分为"简装、中级精装、高级精装"；"全配置式交楼标准"可按星级标准细分为"五星级"、"四星级"、"三星级"等。

表 6-1-1

交楼标准	开发商完成的内容		消费者完成的内容
毛坯房的交楼标准 普通住宅 商铺	（1） （2） （3）	主体结构 外立面装饰 公共空间室内精装饰	消费者需要对室内进行二次精装修
精装修的交楼标准 普通住宅 豪华住宅	（1） （2） （3） （4）	主体结构 外立面装饰 公共空间室内精装饰 私家空间室内精装饰	消费者不需要进行二次精装修但需要对活动式家具、家电等进行配置
全配置式的交楼标准 酒店 酒店式公寓	（1） （2） （3） （4） （5） （6） （7）	主体结构 外立面装饰 公共空间室内精装饰 私家空间室内精装饰 活动家具 家电产品 软装饰品	消费者可直接入住

第 2 节　工程费的各类指标与指数

2.1　单方造价指标

所谓"单方造价指标"是根据楼市中具有典型代表性的工程为样本，按照工程造价规定的计价程序计算出的工程总造价，再除以总建筑面积得出的单方造价指标。基于编制基准日期的静态造价指标再考虑后期动态的造价指数以动态地对工程造价进行调整测算。

用此方法测算"目标地块"上拟建房屋的"工程费"时，其优点是计算简单，只要引用类似工程的基准日期造价指标，再根据相关影响因素进行"修正"，便可测算出建设期房屋的工程造价了。

但其缺点是：如果开发企业是一个中小型企业，企业内部积累的房屋类别较少或积累的造价指标较少时进入房地产行业的企业，由于缺少足够的造价指标值的历史数据，可引用的指标较少；另外，由于造价指标中的人工、材料的价格随着外部市场的波动较大，造价指标都是基于一定基准日期出来的，其更新的速度往往跟不上外部人工、建材市场的波动，因此，造价指标与造价指数的采集一般较为不容易。当所采集的造价指标的基准日期较为过时的时候，再考虑到工程的建设期间较长，对"拟建项目"的造价测算与实际当期的成本支出有较大的偏差。

2.2　工料含量指标

所谓"工料含量"指标，是指将具有典型代表意义的工程，在其一定的房屋交楼标准下，测算出其人工、主要物料的平方米（或百平方米）含量值，作为经验指标。

当需要测算"拟建项目"的工程费时，再根据"拟建项目"建设期间劳务市场的人工市场行情、主要建材市场的行情测算出工程的人工费与主要物料费，在此基础上，再根据人工或主要工料的价值占工程总造价的比例（简称为"造价倍数"）。测算出"拟建项目"的工程费支出。也可"含量指标"估算出人工、材料的用量。

由于"工料含量指标"一般只与建筑的形态相关，其人工与主要物料的品种与含量相对变化较少，含量指标不易过时。由于人工、主要建筑材料的市场价格在劳务市场和建材市场中比较容易采集。因此，用此方法测算出来的工程费与建设期间实际支出的工程成本偏差较小，但其缺点是，测算人员需要一定的专业工程造价知识。

2.3　造价占比指标

房屋是由很多"零部件"组成的，根据房屋的构成分析，其组成的"构件"基本都一样。所以，以房屋组成的构件来划分其成本科目，并测算出不同构件在整个工程造价中的比例后，则形成了"构件的造价占比指标"。

构件的造价占比指标，对测算"工程费"的资金使用计划或现金流量比较实用。这种方法的优点是，不同房屋类别的构件在建筑面积中含量比较容易采集，其缺点是其构件的价格需要造价工程师测算，且是相对静态的，需要根据"拟建项目"的建设周期进行外部因素的修正。

2.4 造价指数

无论是开发企业积累下来的数据，还是政府主管部门定期或不定期向社会发布的各类造价指标，其数据都是根据基准日期编制的静态指标。但价格与时间总是紧密相关的。

当测算"拟建项目"的投资成本时，由于项目的建设周期较长，所采集引用的指标，其"基准日期"与"拟建项目"建设的"开发日期"之间跨度较大，当外部经济环境波动较大时，所估算的投资偏差将较大，从而对投资的决策分析形成较大的"误导"。因此，作为建设项目的"投资分析师"应具备对静态指标进行动态调整的能力，根据"拟建项目"的建筑形态与交楼标准对工程造价进行修正。

为了揭示工程造价的动态波动性，下面以"深圳市造价工程师协会"网站公布的深圳"建筑工程投标价格指数"为案例来分析，静态指标与动态指数之间的波动规律：

2.4.1 建安工程的造价指数

表 6-1-2

时间	多层住宅	高层住宅	多层写字楼	高层写字楼	工业建筑	公共建筑
2006 年 6 月	100	100	100	100	100	100
2008 年 5 月	122	123	118	118	122	121
2008 年 6 月	122	123	119	118	122	122
2008 年 7 月	123	124	119	118	122	122
2008 年 8 月	121	123	118	117	121	120
2008 年 9 月	124	123	119	119	122	122
2008 年 10 月	117	117	113	113	119	114
2008 年 11 月	115	112	110	111	116	112
2008 年 12 月	115	113	111	110	116	112
2009 年 1 月	115	112	110	110	116	112
2009 年 2 月	115	112	110	110	116	111
2009 年 3 月	113	111	109	109	115	110
2009 年 4 月	113	110	109	109	114	110
2009 年 5 月	114	110	110	109	115	111
2009 年 6 月	115	112	110	110	116	112
2009 年 7 月	116	113	113	113	118	114
2009 年 8 月	118	114	114	119	119	115
2009 年 9 月	116	113	113	118	117	113
2009 年 10 月	116	112	113	117	117	113

时间	多层住宅	高层住宅	多层写字楼	高层写字楼	工业建筑	公共建筑
2009 年 11 月	117	113	113	117	117	113
2009 年 12 月	120	115	115	113	116	116
2010 年 1 月	119	117	115	114	117	116
2010 年 2 月	119	117	114	113	116	116
2010 年 3 月	120	119	116	115	118	118
2010 年 4 月	122	121	118	116	120	120
2010 年 5 月	121	120	117	116	119	119
2010 年 6 月	121	119	116	115	118	118
2010 年 7 月	120	119	116	115	118	117
2010 年 8 月	123	122	118	117	121	121
2010 年 9 月	128	126	122	120	125	125
2010 年 10 月	128	126	122	120	125	125
2010 年 11 月	129	128	123	121	126	127
2010 年 12 月	131	131	125	123	129	129
2011 年 1 月	131	130	125	123	128	128
2011 年 2 月	131	131	125	123	129	129
2011 年 3 月	130	129	124	122	127	128
2011 年 4 月	130	130	125	123	128	128
2011 年 5 月	140	138	132	130	136	136
2011 年 6 月	140	138	132	129	135	136
2011 年 7 月	143	141	135	132	138	139
2011 年 8 月	144	142	135	133	139	140
2011 年 9 月	144	142	136	133	140	140
2011 年 10 月	142	140	134	132	138	138
2011 年 11 月	142	139	134	131	137	138
2011 年 12 月	141	139	133	131	137	137
2012 年 1 月	141	138	133	130	136	137

2.4.2　市政工程的造价指数

表 6-1-3

时　间	给水管道工程	排水管道工程	沥青混凝土道路	混凝土道路	高架桥工程
2006 年 6 月	100	100	100	100	100
2008 年 5 月	116	118	117	113	125

模块六　建设工程的造价指标与工料价格

时　间	给水管道工程	排水管道工程	沥青混凝土道路	混凝土道路	高架桥工程
2008 年 6 月	124	119	117	113	126
2008 年 7 月	125	121	119	114	126
2008 年 8 月	125	121	118	113	124
2008 年 9 月	127	126	122	118	124
2008 年 10 月	124	123	121	116	115
2008 年 11 月	121	123	119	115	112
2008 年 12 月	120	120	118	114	113
2009 年 1 月	120	120	118	114	113
2009 年 2 月	120	120	117	114	112
2009 年 3 月	118	120	117	114	111
2009 年 4 月	118	120	117	114	110
2009 年 5 月	118	120	117	114	111
2009 年 6 月	119	121	118	114	113
2009 年 7 月	119	121	118	114	113
2009 年 8 月	121	121	125	115	114
2009 年 9 月	119	121	125	115	113
2009 年 10 月	117	121	126	115	113
2009 年 11 月	116	121	127	116	113
2009 年 12 月	115	126	129	118	116
2010 年 1 月	115	126	130	119	114
2010 年 2 月	115	126	129	119	114
2010 年 3 月	116	126	131	120	116
2010 年 4 月	118	127	132	120	120
2010 年 5 月	116	127	132	120	119
2010 年 6 月	115	127	131	120	118
2010 年 7 月	113	127	131	120	117
2010 年 8 月	116	129	134	120	121
2010 年 9 月	120	133	139	125	124

时 间	给水管道工程	排水管道工程	沥青混凝土道路	混凝土道路	高架桥工程
2010 年 10 月	120	133	139	125	124
2010 年 11 月	120	133	139	125	126
2010 年 12 月	120	134	141	127	129
2011 年 1 月	120	134	140	126	129
2011 年 2 月	121	134	140	126	129
2011 年 3 月	119	134	140	126	128
2011 年 4 月	121	134	141	126	128
2011 年 5 月	126	143	151	136	134
2011 年 6 月	126	143	151	136	134
2011 年 7 月	129	146	155	139	137
2011 年 8 月	129	146	155	139	139
2011 年 9 月	129	146	155	140	139
2011 年 10 月	127	146	155	139	137
2011 年 11 月	125	146	155	139	136
2011 年 12 月	124	146	155	139	135
2012 年 1 月	123	146	155	139	135

第 3 节　建设项目的综合指标

3.1　深圳市造价指标

3.1.1　造价指标速查说明

表 6-1-4

数据来源	（1）"表 6-1-5"的数据是根据深圳市造价管理站出版的《2011 年深圳市建设工程技术经济指标》整理而成。
指标内容	（2）建安平方米指标仅指工程建安工程费（含税造价），不包括建设项目土地使用费、设备/工器具购置费、货款利息、前期工程费、工程建设其他费用和建设单位投入生产所发生的费用。
交楼标准	（3）住宅及综合、办公楼建安平方米指标的范围为竣工时基本达到人们直接入住的水平，如楼地面水泥砂浆面层、墙面乳胶漆等。
大型场馆	（4）大型场馆是指特殊建筑，即影剧院、体育馆、展览馆、博物馆等工程。

3.1.2 房屋造价指标速查表

表 6-1-5

工程项目		建安指标	土建	安装	安装各专业工程平方米指标（元/m²）			
类别	特征	（元/m²）	（元/m²）	（元/m²）	给排水	电气	消防	弱电
住宅楼	6层以下	1770～2760	1550～2350	220～410	60～80	90～180	50～100	20～50
	7～14层	1840～2840	1600～2400	240～440	65～90	95～190	55～105	25～55
	15～24层	1910～2910	1650～2450	260～460	70～95	100～200	60～105	30～60
	25～35层	1960～3150	1680～2600	280～550	80～100	110～240	60～130	30～80
综合楼 办公楼	6层以下	1980～2915	1750～2500	255～415	40～65	100～170	55～80	60～100
	7～14层	1980～3040	1800～2580	240～460	35～70	100～205	55～105	50～80
	15～24层	2130～3120	1880～2630	250～490	35～75	110～220	55～110	50～85
	25～35层	2275～3335	1900～2800	375～535	70～95	130～200	85～110	90～130
教学楼	多层	1770～2900	1550～2450	220～450	30～80	90～190	50～100	50～80
医院	15～24层	2200～3150	1800～2400	400～750	80～140	180～280	80～150	60～180
大型场馆		3850～7790	3500～7000	350～790	60～160	150～290	80～160	60～180
工业建筑	标准厂房	1350～1960	1200～1600	150～360	20～50	75～150	40～120	15～40

3.2 广州市造价指标

广州市建设工程造价管理站每年度发布的在建工程平均造价水平的综合指标详见下表，指标包括建筑、安装、装饰工程（普通标准）的建安工程完税造价。

表 6-1-6

序号	类　型	2008 年	2009 年	2010 年	2011 年	2012 年	地下室	电梯	中央空调
1	住宅(6 层及 6 层以下)				1825	1737			
2	住宅(7 层及 7 层以上)				1972	1909		√	
3	住宅(7 层及 7 层以上)				2488	2402	√	√	
4	多层住宅(7 层及 7 层以下)	1596	1513	1733					
5	高层住宅(8 层及 8 层以上)	2128	2023	2053				√	√
6	办公楼(5 层及 5 层以下)				2785	2742	√		√
7	办公楼(6 层及 6 层以上)				2817	2836		√	√
8	办公楼(6 层及 6 层以上)				3777	3441	√	√	√

序号	类　　　型	2008 年	2009 年	2010 年	2011 年	2012 年	地下室	电梯	中央空调
9	办公楼（7 层及 7 层以下）	2245	2139	2160			✓	✓	
10	办公楼（8 层及 8 层以上）	3146	3019	2950			✓	✓	✓
11	商场	2533	2434	2525	2974	2668	✓	✓	✓
12	教学楼	1715	1623	1589	1847	1757			
13	图书馆				3228	2718		✓	✓
14	厂房仓库（层高 5m 内）	1260	1199	1367					
15	厂房仓库（层高 6m 内）				2094	1807		✓	

3.3　建筑形态的造价指标

　　从建设工程的建筑形态（楼层、结构、功能、装修标准等）划分，可分为别墅、住宅楼、商住楼、公寓楼、宿舍楼、办公楼、酒店、商场、教学楼、综合楼、厂房、独立的地下空间等类别。表 6-1-7 至 6-1-8 是根据厦门造价管理站官方网站发布的造价指标（2010 年），根据考察了时间因素的修正，形成了 2011 年的造价指标，对于二线城市的房地产开发企业，在进行"拟建项目"的成本估算时可引用并根据各类影响因素进行修正。

3.3.1　别墅

　　"别墅"指的是一至三层的砖混、钢筋混凝土构造或框架结构的房屋。从建筑形态可分为独栋别墅、双拼别墅、多联排别墅等；屋面有平屋面、斜屋面等；以及有无地下室、半地下室、全地下室等。

表 6-1-7

建筑形态	N≤3，砖混结构	N≤3，框架结构
单方指标	1420	1790
主体工程	（1）包含土石方、基础、桩基础、砌筑工程（多孔砖）、钢筋混凝土工程（商品混凝土）；	
屋面工程	（2）斜屋面，做防水保温；	
门窗工程	（3）入户门为防盗防火门，房间门为木门，铝合金窗；	
外墙装饰	（4）外墙涂料、外墙面砖；	

内墙装饰	(5)	水泥砂浆打底，乳胶漆；
地面装饰	(6)	水泥砂浆面层，厨卫水泥砂浆面层并做防水处理；
天棚装饰	(7)	水泥砂浆打底，乳胶漆；
安装工程	(8)	包含电力照明、弱电系统、给排水、消防工程、通风工程等；
弱电工程	(9)	主要指有线电视、电话、防盗对讲、综合布线、闭路监控系统等的配管、配线；
建筑层高	(10)	层高 3.5m 以内；否则，每增高 0.1m，造价增加 1%；
不含内容	(11)	高低压变配电系统、电梯、卫生洁具、空调系统等。

3.3.2 普通住宅工程

"普通住宅工程"是指该楼的使用性质为居民居住使用，从建筑形态可分为多层、小高层、超高层，不带地下室、有地下室等。交楼标准有"毛坯房、精装房"等。

表 6-1-8

建筑形态	多层，N≤7，砖混	多层，N≤7，框架	小高层 N≤12	高层 N≤30	超高层 N≤40
单方指标	1010	1160	1780	2190	2900
主体工程	(1)	包含土石方、基础、桩基础、砌筑工程（多孔砖）、钢筋混凝土工程（商品混凝土）；			
屋面工程	(2)	斜屋面，做防水保温；			
门窗工程	(3)	入户门为防盗防火门，房内门为木门，铝合金窗；			
外墙装饰	(4)	外墙涂料、外墙面砖；			
内墙装饰	(5)	水泥砂浆打底，乳胶漆；			
地面装饰	(6)	水泥砂浆面层，厨卫水泥砂浆面层并做防水处理；			
天棚装饰	(7)	水泥砂浆打底，乳胶漆；			
安装工程	(8)	包含电力照明、弱电系统、给排水、消防工程、通风工程等；			
弱电工程	(9)	主要指有线电视、电话、防盗对讲、综合布线、闭路监控系统等的配管、配线；			
建筑层高	(10)	层高 3.5m 以内；否则，每增高 0.1m，造价增加 1%；			
不含内容	(11)	高低压变配电系统、电梯、卫生洁具、空调系统等。			

3.3.3 商住楼工程

"商住楼"是指该楼的使用性质为商、住两用，商住楼一般底层（或数层）为商场、商店、商务，其余为住宅的综合性大楼。从建筑形态可分为多层、小高层、超高层，不带地下室、有地下室等。交楼标准有"毛坯房、精装房"等。

表 6-1-9

建筑形态	多层，N≤7，框架	小高层 N≤12	高层 N≤30	超高层 N≤40
单方指标	1050	1790	2180	2910
主体工程	（1）	包含土石方、基础、桩基础、砌筑工程（多孔砖）、钢筋混凝土工程（商品混凝土）；		
屋面工程	（2）	斜屋面，做防水保温；		
门窗工程	（3）	入户门为防盗防火门，房内门为木门，铝合金窗；		
外墙装饰	（4）	外墙涂料、外墙面砖；		
内墙装饰	（5）	水泥砂浆打底，乳胶漆；		
地面装饰	（6）	水泥砂浆面层，厨卫水泥砂浆面层并做防水处理；		
天棚装饰	（7）	水泥砂浆打底，乳胶漆；		
安装工程	（8）	包含电力照明、弱电系统、给排水、消防工程、通风工程等；		
弱电工程	（9）	主要指有线电视、电话、防盗对讲、综合布线、闭路监控系统等的配管、配线；		
建筑层高	（10）	层高 3.5m 以内；否则，每增高 0.1m，造价增加 1%；		
不含内容	（11）	高低压变配电系统、电梯、卫生洁具、空调系统等。		

3.3.4 公寓楼

"公寓楼"可分为"商住公寓楼"和"商场公寓楼"。房屋的套间组成主要由"一厨、一卫、一厅、一卧"构成，且以建筑面积不大于 50m² 套间为主。

表 6-1-10

建筑形态	多层，N≤7，砖混	多层，N≤7，框架	小高层 N≤12	高层 N≤30	超高层 N≤40
单方指标	980	1120	1720	2200	2800
主体工程	（1）	包含土石方、基础、桩基础、砌筑工程（多孔砖）、钢筋混凝土工程（商品混凝土）；			

屋面工程	(2)	斜屋面，做防水保温；
门窗工程	(3)	入户门为防盗防火门，房内门为木门，铝合金窗；
外墙装饰	(4)	外墙涂料、外墙面砖；
内墙装饰	(5)	水泥砂浆打底，乳胶漆；
地面装饰	(6)	水泥砂浆面层，厨卫水泥砂浆面层并做防水处理；
天棚装饰	(7)	水泥砂浆打底，乳胶漆；
安装工程	(8)	包含电力照明、弱电系统、给排水、消防工程、通风工程等；
弱电工程	(9)	主要指有线电视、电话、防盗对讲、综合布线、闭路监控系统等的配管、配线；
建筑层高	(10)	层高 3.5m 以内；否则，每增高 0.1m，造价增加 1%；
不含内容	(11)	高低压变配电系统、电梯、卫生洁具、空调系统等。

3.3.5 宿舍楼

"宿舍楼"指企业、事业、机关、团体、学校、医院等单位建造，供单位职工、学生使用的居住用房。从建筑形态上有多层、小高层、高层；有地下室、无地下室；结构类别可分为"砖混、框架、框剪"等。

表 6-1-11

建筑形态	多层，N≤7，砖混	多层，N≤7，框架	小高层 N≤12	高层 N≤30
单方指标	980	1120	1700	2200
主体工程	(1)	包含土石方、基础、桩基础、砌筑工程（多孔砖）、钢筋混凝土工程（商品混凝土）；		
屋面工程	(2)	斜屋面，做防水保温；		
门窗工程	(3)	入户门为防盗防火门，房内门为木门，铝合金窗；		
外墙装饰	(4)	外墙涂料、外墙面砖；		
内墙装饰	(5)	水泥砂浆打底，乳胶漆；		
地面装饰	(6)	水泥砂浆面层，厨卫水泥砂浆面层并做防水处理；		
天棚装饰	(7)	水泥砂浆打底，乳胶漆；		
安装工程	(8)	包含电力照明、弱电系统、给排水、消防工程、通风工程等；		
弱电工程	(9)	主要指有线电视、电话、防盗对讲、综合布线、闭路监控系统等的配管、配线；		
建筑层高	(10)	层高 3.5m 以内；否则，每增高 0.1m，造价增加 1%；		
不含内容	(11)	高低压变配电系统、电梯、卫生洁具、空调系统等。		

3.3.6 办公楼

"办公楼"是指企业、事业、机关、团体、学校、医院等单位使用的各类办公用房（又称"写字楼"）。从建筑形态上有多层、中高层、高层、超高层；有地下室、无地下室；结构类别可分为"砖混、框架、框剪"等。

表 6-1-12

建筑形态	多层，N≤7，砖混	多层，N≤7，框架	小高层 N≤12	高层 N≤30	超高层 N≤40
单方指标	1100	1310	1570	1890	2910
主体工程	(1)	包含土石方、基础、桩基础、砌筑工程（多孔砖）、钢筋混凝土工程（商品混凝土）；			
屋面工程	(2)	斜屋面，做防水保温；			
门窗工程	(3)	入户门为防盗防火门，房内门为木门，铝合金窗；			
外墙装饰	(4)	外墙涂料、外墙面砖；			
内墙装饰	(5)	水泥砂浆打底，乳胶漆；			
地面装饰	(6)	水泥砂浆面层，厨卫水泥砂浆面层并做防水处理；			
天棚装饰	(7)	水泥砂浆打底，乳胶漆；			
安装工程	(8)	包含电力照明、弱电系统、给排水、消防工程、通风工程等；			
弱电工程	(9)	主要指有线电视、电话、防盗对讲、综合布线、闭路监控系统等的配管、配线；			
建筑层高	(10)	层高 3.5m 以内；否则，每增高 0.1m，造价增加 1%；			
不含内容	(11)	高低压变配电系统、电梯、卫生洁具、空调系统等。			

3.3.7 酒店

"酒店"也称之为"饭店、宾馆、旅店、旅馆"等，为旅客提供住宿与餐饮、娱乐等设施服务功能的公用建筑。从建筑形态上有多层、中高层、高层、超高层；有地下室、无地下室；结构类别可分为"砖混、框架、框剪"等。

表 6-1-13

建筑形态	多层，N≤7，砖混	多层，N≤7，框架	小高层 N≤12	高层 N≤30	超高层 N≤40
单方指标	1000	1120	1720	2360	2950
主体工程	(1)	包含土石方、基础、桩基础、砌筑工程（多孔砖）、钢筋混凝土工程（商品混凝土）；			

屋面工程	(2)	斜屋面,做防水保温;
门窗工程	(3)	入户门为防盗防火门,房内门为木门,铝合金窗;
外墙装饰	(4)	外墙涂料、外墙面砖;
内墙装饰	(5)	水泥砂浆打底,乳胶漆;
地面装饰	(6)	水泥砂浆面层,厨卫水泥砂浆面层并做防水处理;
天棚装饰	(7)	水泥砂浆打底,乳胶漆;
安装工程	(8)	包含电力照明、弱电系统、给排水、消防工程、通风工程等;
弱电工程	(9)	主要指有线电视、电话、防盗对讲、综合布线、闭路监控系统等的配管、配线;
建筑层高	(10)	层高 3.5m 以内;否则,每增高 0.1m,造价增加 1%;
不含内容	(11)	高低压变配电系统、电梯、卫生洁具、空调系统等。

3.3.8 商场

"商场"是指聚集在一个或相连的几个建筑物内的各种商店所组成的市场。从建筑形态上有多层、中高层;有地下室、无地下室;结构类别可分为"砖混、框架"等。

表 6-1-14

建筑形态	多层,N≤7,砖混	多层,N≤7,框架	小高层 N≤12
单方指标	980	1110	1550
主体工程	(1)	包含土石方、基础、桩基础、砌筑工程(多孔砖)、钢筋混凝土工程(商品混凝土);	
屋面工程	(2)	斜屋面,做防水保温;	
门窗工程	(3)	入户门为防盗防火门,房内门为木门,铝合金窗;	
外墙装饰	(4)	外墙涂料、外墙面砖;	
内墙装饰	(5)	水泥砂浆打底,乳胶漆;	
地面装饰	(6)	水泥砂浆面层,厨卫水泥砂浆面层并做防水处理;	
天棚装饰	(7)	水泥砂浆打底,乳胶漆;	
安装工程	(8)	包含电力照明、弱电系统、给排水、消防工程、通风工程等;	
弱电工程	(9)	主要指有线电视、电话、防盗对讲、综合布线、闭路监控系统等的配管、配线;	
建筑层高	(10)	层高 3.5m 以内;否则,每增高 0.1m,造价增加 1%;	
不含内容	(11)	高低压变配电系统、电梯、卫生洁具、空调系统等。	

3.3.9　教学楼

"教学楼"是指提供教师的教学和学生的学习所组成的培养人才活动的场所。从建筑形态上多数表现为多层；一般无地下室；结构类别可分为"砖混、框架"等。

表 6-1-15

建筑形态		多层，砖混	多层，框架
单方指标		1100	1650
主体工程	（1）	包含土石方、基础、桩基础、砌筑工程（多孔砖）、钢筋混凝土工程（商品混凝土）；	
屋面工程	（2）	斜屋面，做防水保温；	
门窗工程	（3）	入户门为防盗防火门，房内门为木门，铝合金窗；	
外墙装饰	（4）	外墙涂料、外墙面砖；	
内墙装饰	（5）	水泥砂浆打底，乳胶漆；	
地面装饰	（6）	水泥砂浆面层，厨卫水泥砂浆面层并做防水处理；	
天棚装饰	（7）	水泥砂浆打底，乳胶漆；	
安装工程	（8）	包含电力照明、弱电系统、给排水、消防工程、通风工程等；	
弱电工程	（9）	主要指有线电视、电话、防盗对讲、综合布线、闭路监控系统等的配管、配线；	
建筑层高	（10）	层高 3.5m 以内；否则，每增高 0.1m，造价增加 1%；	
不含内容	（11）	高低压变配电系统、电梯、卫生洁具、空调系统等。	

3.3.10　综合楼

"综合楼"是指该房屋在使用功能上为综合性的，结构上也是综合性的。房屋在使用功能上可用于：商场、办公室、会议室、多功能大厅等。其特点是该建筑内一般都具备有"多功能大厅"。多设于学校，企业，医院等建筑群中。房屋结构多为框架结构。

表 6-1-16

建筑形态		多层 N≤7，砖混	多层 N≤7，框架	小高层 N≤12，框架
单方指标		1100	1300	1650
主体工程	（1）	包含土石方、基础、桩基础、砌筑工程（多孔砖）、钢筋混凝土工程（商品混凝土）；		

屋面工程	(2)	斜屋面，做防水保温；
门窗工程	(3)	入户门为防盗防火门，房内门为木门，铝合金窗；
外墙装饰	(4)	外墙涂料、外墙面砖；
内墙装饰	(5)	水泥砂浆打底，乳胶漆；
地面装饰	(6)	水泥砂浆面层，厨卫水泥砂浆面层并做防水处理；
天棚装饰	(7)	水泥砂浆打底，乳胶漆；
安装工程	(8)	包含电力照明、弱电系统、给排水、消防工程、通风工程等；
弱电工程	(9)	主要指有线电视、电话、防盗对讲、综合布线、闭路监控系统等的配管、配线；
建筑层高	(10)	层高 3.5m 以内；否则，每增高 0.1m，造价增加 1‰；
不含内容	(11)	高低压变配电系统、电梯、卫生洁具、空调系统等。

3.3.11　厂房

"厂房"中指工厂的房屋，通常专指"车间"。厂房是主要用于从事工业制造、生产、装配、维修、检测等活动的房屋。从建筑形态可分为单层、多层；有地下室、无地下室；结构类别可分为预制构件、钢结构、砖混、框架等类别。

表 6-1-17

建筑形态	单层，预制件	单层，轻钢构	单层，砖混	单层，框架	多层，砖混	多层，框架
单方指标	1210	1370	1000	1120	940	1000
主体工程	(1)	包含土石方、基础、桩基础、砌筑工程（多孔砖）、钢筋混凝土工程（商品混凝土）；				
屋面工程	(2)	斜屋面，做防水保温；				
门窗工程	(3)	入户门为防盗防火门，房内门为木门，铝合金窗；				
外墙装饰	(4)	外墙涂料、外墙面砖；				
内墙装饰	(5)	水泥砂浆打底，乳胶漆；				
地面装饰	(6)	水泥砂浆面层，厨卫水泥砂浆面层并做防水处理；				
天棚装饰	(7)	水泥砂浆打底，乳胶漆；				
安装工程	(8)	包含电力照明、弱电系统、给排水、消防工程、通风工程等；				
弱电工程	(9)	主要指有线电视、电话、防盗对讲、综合布线、闭路监控系统等的配管、配线；				
建筑层高	(10)	层高 3.5m 以内；否则，每增高 0.1m，造价增加 1‰；				
不含内容	(11)	高低压变配电系统、电梯、卫生洁具、空调系统等。				

3.3.12 独立的地下建筑

"独立的地上建筑工程"指自然地坪以下的构筑物。

表 6-1-18

建筑形态	单层，框架	多层，框架，框剪
单方指标	4780	5380

主体工程	(1)	包含土石方、基础、桩基础、砌筑工程（多孔砖）、钢筋混凝土工程（商品混凝土）；
屋面工程	(2)	斜屋面，做防水保温；
门窗工程	(3)	入户门为防盗防火门，房内门为木门，铝合金窗；
外墙装饰	(4)	外墙涂料、外墙面砖；
内墙装饰	(5)	水泥砂浆打底，乳胶漆；
地面装饰	(6)	水泥砂浆面层，厨卫水泥砂浆面层并做防水处理；
天棚装饰	(7)	水泥砂浆打底，乳胶漆；
安装工程	(8)	包含电力照明、弱电系统、给排水、消防工程、通风工程等；
弱电工程	(9)	主要指有线电视、电话、防盗对讲、综合布线、闭路监控系统等的配管、配线；
建筑层高	(10)	层高 3.5m 以内；否则，每增高 0.1m，造价增加 1%；
不含内容	(11)	高低压变配电系统、电梯、卫生洁具、空调系统等。

第4节 按专业分解的估算指标

在建设工程的立项研究阶段，测算整个项目的"现金流"；在建设工程的实施阶段，编制资金的使用计划都是不可缺少的投资控制环节。将造价指标按其专业可划分为建筑专业与安装专业。其中的建筑专业可按地下结构、地上结构、地下建筑、地上建筑、屋面、外立面、室内装饰、安装划分，将有利于"资金使用计划"与"现金流"的测算。

表 6-1-19

数据来源	(1)	本节各类经济指标是根据《建设工程造价估算指标与应用分析》书中的内容进行整理，并综合考虑了时效的修正因素。
建筑形态符号	(2)	建筑形态"0+≤6 层"表示"无地室，六层以下"，建筑形态"-1+2+19"表示"地下室一层，裙楼二层，塔楼 19 层"；"-X+22"表示有地下室，地上 22 层。"$S_上$ 表示地上建筑面积、$S_下$ 表示地下建筑面积"。

665

4.1 建筑专业

4.1.1 住宅

表 6-1-20

造价指标科目	0＋≤3层	0＋≤6层	－X＋≤22层	－X＋≤33层
桩基础	120～140×$S_上$	160～180×$S_上$	140～220×$S_上$	240～260×$S_上$
基坑围护	—	—	790～960×$S_下$	850～920×$S_下$
土方工程	2～3×$S_上$	5～8×$S_上$	160～260×$S_下$	170～290×$S_下$
地下主体结构	—	—	1900～2500×$S_下$	1900～2500×$S_下$
地下建筑部分	—	—	170～570×$S_下$	170～300×$S_下$
地上主体结构	1100～1420×$S_上$	1200～1500×$S_上$	820～920×$S_上$	990～1100×$S_上$
地上建筑部分	350～500×$S_上$	280～310×$S_上$	260～370×$S_上$	80～430×$S_上$
屋面	120～170×$S_上$	30～80×$S_上$	20～30×$S_上$	20～30×$S_上$
外立面	500～800×$S_上$	200～300×$S_上$	320～360×$S_上$	350～360×$S_上$
室内公区装饰	60～100×$S_上$	60～100×$S_上$	60～110×$S_上$	120～140×$S_上$
室内精装饰	1000～2000×$S_上$	1000～2000×$S_上$	1000～2000×$S_上$	1000～2000×$S_上$

4.1.2 办公楼

表 6-1-21

造价指标科目	序	0＋≤6层	－X＋≤22层	－X＋≤33层
桩基础	(1)	160～180×$S_上$	280～330×$S_上$	330～360×$S_上$
基坑围护	(2)	—	1300～1800×$S_下$	1200～1800×$S_下$
土方工程	(3)	20～35×$S_上$	200～400×$S_下$	330～400×$S_下$
地下主体结构	(4)	—	3500～3600×$S_下$	4000～4500×$S_下$
地下建筑部分	(5)	—	550～600×$S_下$	560～700×$S_下$
地上主体结构	(6)	1100～1350×$S_上$	1200～1550×$S_上$	1900～2350×$S_上$
地上建筑部分	(7)	380～450×$S_上$	460～700×$S_上$	480～600×$S_上$
屋面	(8)	110～130×$S_上$	50～80×$S_上$	40～50×$S_上$
外立面	(9)	530～650×$S_上$	630～220×$S_上$	630～2200×$S_上$
室内公区装饰	(10)	—	—	—
室内精装饰	(11)	—	850～×$S_上$	850～3500×$S_上$

4.1.3 商场

表 6-1-22

造价指标科目	序	0+≤3层	-X+≤6层	-X+≤12层
桩基础	(1)	190~220×S$_上$	310~360×S$_上$	350~490×S$_上$
基坑围护	(2)	—	1060~1300×S$_下$	1400~2000×S$_下$
土方工程	(3)	13~15×S$_下$	300~600×S$_下$	400~600×S$_下$
地下主体结构	(4)	—	3200~3700×S$_下$	3800~4000×S$_下$
地下建筑部分	(5)	—	200~360×S$_下$	600~1000×S$_下$
地上主体结构	(6)	1000~1100×S$_上$	1100~1200×S$_上$	1200~1600×S$_上$
地上建筑部分	(7)	350~400×S$_上$	360~430×S$_上$	360~500×S$_上$
屋面	(8)	110~180×S$_上$	35~45×S$_上$	30~40×S$_上$
外立面	(9)	250~400×S$_上$	400~1100×S$_上$	400~1100×S$_上$
室内公区装饰	(10)	—	—	—
室内精装饰	(11)	—	500~2500×S$_上$	500~2500×S$_上$

4.1.4 酒店

表 6-1-23

造价指标科目	序	-1+≤18层	-2、-3+≤40层
桩基础	(1)	160~250×S$_上$	300~350×S$_上$
基坑围护	(2)	600~800×S$_下$	1300~1600×S$_下$
土方工程	(3)	10~60×S$_下$	180~300×S$_下$
地下主体结构	(4)	3000~3600×S$_下$	3000~3600×S$_下$
地下建筑部分	(5)	350~560×S$_下$	360~650×S$_下$
地上主体结构	(6)	1000~1200×S$_上$	1200~1400×S$_上$
地上建筑部分	(7)	490~560×S$_上$	500~670×S$_上$
屋面	(8)	30~35×S$_上$	40~60×S$_上$
外立面	(9)	300~1100×S$_上$	1100~1600×S$_上$
室内精装饰	(10)	1100~5000×S$_上$	1100~5000×S$_上$

4.1.5 教学楼

表 6-1-24

造价指标科目	序	0+≤5层	−1+5层
桩基础	(1)	140～200×$S_上$	170～240×$S_上$
基坑围护	(2)	—	450～800×$S_下$
土方工程	(3)	10～60×$S_下$	300～400×$S_下$
地下主体结构	(4)	—	2500～3600×$S_下$
地下建筑部分	(5)	—	300～450×$S_下$
地上主体结构	(6)	1100～1300×$S_上$	1200～1400×$S_上$
地上建筑部分	(7)	400～600×$S_上$	500～600×$S_上$
屋面	(8)	30～90×$S_上$	30～90×$S_上$
外立面	(9)	300～600×$S_上$	600～800×$S_上$
室内公区装饰	(10)	—	—
室内精装饰	(11)	250～650×$S_上$	800～1100×$S_上$

4.1.6 工业地产

表 6-1-25

造价指标科目	序	轻型厂房，1层	重型厂房，1～2层
桩基础	(1)	120～140×$S_上$	190～220×$S_上$
基坑围护	(2)	—	—
土方工程	(3)	30～35×$S_下$	30～30×$S_下$
地下主体结构	(4)	—	—
地下建筑部分	(5)	—	—
地上主体结构	(6)	1100～1200×$S_上$	1300～1500×$S_上$
地上建筑部分	(7)	400～450×$S_上$	400～500×$S_上$
屋面	(8)	300～350×$S_上$	300～350×$S_上$
外立面	(9)	—	—
室内公区装饰	(10)	—	—
室内精装饰	(11)	140～170×$S_上$	150～160×$S_上$

4.2 安装专业

4.2.1 给排水专业

(1) 住宅

表 6-1-26

楼层	装饰标准	元/m²	指标范围
0+3	毛坯房	$100 \times S_{总}$	供水设备、普通洁具、一个普通低水箱坐厕、洗涤盆
0+3	精装房	$200 \times S_{总}$	供水设备、高档洁具、燃气热水器
0+4~6	毛坯房	$75 \sim 80 \times S_{总}$	管道工程、每套住宅配置一个普通低水箱坐厕、洗涤盆
-1+8~14	毛坯房	$80 \sim 85 \times S_{总}$	管道工程、每套住宅配置一个普通低水箱坐厕、洗涤盆
-1+15~22	毛坯房	$60 \sim 95 \times S_{总}$	管道工程、每套住宅配置一个普通低水箱坐厕、洗涤盆
-1+23~33	毛坯房	$100 \times S_{总}$	管道工程、每套住宅配置一个普通低水箱坐厕、洗涤盆
-2+33~45	精装房	$520 \times S_{总}$	成品水箱、供水设备、中继水箱、高档洁具、电热水器

(2) 办公楼

表 6-1-27

楼层	装修标准	元/m²	指标范围
综合	一般标准	$40 \sim 95 \times S_{总}$	管道工程、水泵、低档洁具
0+3~5	乙级办公楼标准	$115 \times S_{总}$	管道工程、水箱、水泵、中档洁具
-2+2+18	乙级办公楼标准	$130 \times S_{总}$	
-3+3+8	甲级办公楼标准	$285 \times S_{总}$	管道工程、成品不锈钢水箱、进口水泵、高档进口洁具、开水炉
-3+3+21	甲级办公楼标准	$230 \sim 275 \times S_{总}$	
-3+4+33	甲级办公楼标准	$250 \times S_{总}$	
-3+4+41	甲级办公楼标准	$260 \times S_{总}$	
-4+5+36	甲级办公楼标准	$275 \times S_{总}$	

（3）酒店

表 6-1-28

楼层	建筑形态	元/m²	指标范围
0＋1＋6	经济型酒店	310～320×S总	管道工程、屋面水箱、水泵、普通洁具、电热水器
−1＋2＋18	酒店式公寓	320～340×S总	管道工程、成品不锈钢水箱、水泵、高档洁具、电热水器
−2＋3＋19	三星级酒店	380～390×S总	管道工程、管道工程、水箱、水泵、洁具
−2＋3＋23	四星级酒店	430～450×S总	管道工程、成品不锈钢水箱、中继水箱、变频水泵、高档洁具、进口饮用水净化设备
−3＋4＋36	五星级酒店	500～550×S总	管道工程、成品不锈钢水箱、中继水箱、进口变频水泵、进口高档洁具、进口饮用水净化设备

（4）商场

表 6-1-29

楼层	装修标准	元/m²	指标范围
＋3	超级市场	40×S总	管道工程、不锈钢水箱、普通水泵、普通洁具、开水炉
−2＋6	精装百货大楼	156×S总	管道工程、水泵、不锈钢水箱、普通洁具、开水炉
−2＋10	精装百货大楼	105×S总	管道工程、水泵、不锈钢水箱、普通洁具、开水炉
−2＋6	购物中心	80×S总	管道工程、成品不锈钢水箱、水泵、高档洁具、电热水器
−3＋10	购物中心	46～80×S总	管道工程、水泵、不锈钢水箱、普通洁具、开水炉

（5）教学楼

表 6-1-30

楼层	装修标准	元/m²	指标范围
0＋≤5	普通装饰	40～85×S总	管道工程、水泵、低档洁具
−1＋≤5	普通装饰	90～130×S总	

（6）工业地产

表 6-1-31

楼层	类别	元/m²	指标范围
0+1	轻型厂房	65×S$_总$	管道工程、成品水箱、供水设备、普通洁具、电热水器
0+1	重型厂房	65×S$_总$	管道工程、成品水箱、供水设备、普通洁具、电热水器

4.2.2 强电专业

（1）住宅

表 6-1-32

楼层	装饰标准	元/m²	指标范围
0+3	毛坯房	195×S$_总$	
0+3	精装房	290×S$_总$	
0+4~6	毛坯房	105×S$_总$	电线管线工程、电表箱、用户箱、公共配电箱、配电柜
−1+8~14	毛坯房	110×S$_总$	
−1+14~22	毛坯房	130×S$_总$	
−1+23~33	毛坯房	140×S$_总$	
−2+33~45	豪华精装房	530×S$_总$	电线管线工程、电表箱、用户箱、公共配电箱、配电柜、灯具

（2）办公楼

表 6-1-33

楼层	装修标准	元/m²	指标范围
0+3~5	乙级办公楼标准	260×S$_总$	管线工程、普通配电箱、柜、普通灯具
−2+2+18	乙级办公楼标准	270×S$_总$	
−3+3+8	甲级办公楼标准	530×S$_总$	
−3+3+21	甲级办公楼标准	450×S$_总$	
−3+4+33	甲级办公楼标准	520×S$_总$	管线工程、高档配电箱、柜、高档灯具
−3+4+41	甲级办公楼标准	520×S$_总$	
−4+5+36	甲级办公楼标准	560×S$_总$	

（3）酒店

表 6-1-34

楼层	建筑形态	元/m²	指标范围
−1+2+18	酒店式公寓	330×S总	管线工程、配电箱、配电柜、一般灯具
0+1+6	经济型酒店	420×S总	管线工程、配电箱、配电柜、普通灯具
−2+3+19	三星级酒店	430×S总	
−2+3+23	四星级酒店	495×S总	管线工程、配电箱、配电柜、中档灯具
−3+4+36	五星级酒店	550×S总	管线工程、配电箱（主开关进口）、配电柜、高档灯具

（4）商场

表 6-1-35

楼层	装修标准	元/m²	指标范围
+3	超级市场	210×S总	管线工程、配电箱、配电柜、普通灯具
−2+6	精装百货大楼	230×S总	
−2+10	精装百货大楼	420×S总	管线工程、配电箱、配电柜、中档灯具
−2+6	购物中心	320×S总	管线工程、配电箱、配电柜、普通灯具
−3+10	购物中心	340×S总	

（5）教学楼

表 6-1-36

楼层	装修标准	元/m²	指标范围
0+3	小学普通装饰	320×S总	管线工程、配电箱、配电柜、普通灯具
0+5	中学普通装饰	330×S总	
0+4	大学普通装饰	360×S总	

（6）工业地产

表 6-1-37

楼层	类别	元/m²	指标范围
0+1	轻型厂房	190×S总	管线工程、配电箱、配电柜、普通灯具
0+1	重型厂房	230×S总	

4.2.3 弱电专业

表 6-1-38

系统（指标×$S_总$）	住宅	办公楼	酒店	商场	教学楼	工业
弱电配管	7~38	28~85	28~56	7~40	14~56	14~15
弱电桥架	—	22~53	25~50	28~50	14~21	14~15
安防系统	7~30	35~60	14~70	20~56	14~28	26~35
综合布线	13~17	63~85	40~100	20~80	20~70	33~48
有线电视系统	14~25	14~17	14~40	—	7~18	—
电话系统	3~4	28~60	55~60	14~28	8~22	—
广播系统	—	7~18	13~17	13~20	7~14	3~7
自来水煤气抄表系统	9~10	—	—	—	—	—
智能家居控制系统	8~9	—	—	—	—	—
停车场管理系统	4~7	—	15~70	17~56	—	—
计算机系统	—	55~70	—	—	10~15	—
BA 系统	—	70~90	55~100	35~78	25~30	—
会议室音频系统	—	95~100	—	—	40~70	—
VCD 点播系统	—	—	35~56	—	—	—
酒店管理系统	—	—	50~80	—	—	—
智能调光系统	—	20~50	50~80	—	—	—
合计弱电专业	65~140	430~690	380~780	160~410	150~350	90~120

4.2.4 燃气专业

表 6-1-39

建筑形态	住宅	办公楼	酒店	商场	教学楼
综合考虑，指标×$S_总$	8~20	7~15	8~40	8~30	—

4.2.5 消防专业

(1) 住宅

楼层区间	元/m²	消防专业指标界面
多层	$50\sim100\times S_总$	大部分采用国产设备材料;
高层	$55\sim130\times S_总$	多层住宅考虑配置消防栓的情况; 不包括室外配套的消防工程的费用。

(2) 办公楼

楼层	装修标准	元/m²	指标范围
$0+3\sim5$	乙级办公楼标准	$130\times S_总$	消防喷淋:大管为无缝钢管,小管为镀锌钢管;卡箍连接,消防栓箱、消防泵、中继水箱、机房气体灭火; 消防报警:感烟探测器、楼层显示器,联动控制器、控制模块。
$-2+2+18$	乙级办公楼标准	$140\times S_总$	
$-3+3+8$	甲级办公楼标准	$210\times S_总$	
$-3+3+21$	甲级办公楼标准	$210\times S_总$	
$-3+4+33$	甲级办公楼标准	$270\times S_总$	
$-3+4+41$	甲级办公楼标准	$230\times S_总$	
$-4+5+36$	甲级办公楼标准	$290\times S_总$	

(3) 酒店

楼层	建筑形态	元/m²	指标范围
$-1+2+18$	酒店式公寓	$160\times S_总$	消防喷淋:大管为无缝钢管,小管为镀锌钢管;卡箍连接,消防栓箱、消防泵、中继水箱、机房气体灭火; 消防报警:感烟探测器、楼层显示器,联动控制器、控制模块。
$0+1+6$	经济型酒店	$125\times S_总$	
$-2+3+19$	三星级酒店	$175\times S_总$	
$-2+3+23$	四星级酒店	$195\times S_总$	
$-3+4+36$	五星级酒店	$220\times S_总$	

(4) 商场

楼层	装修标准	元/m²	指标范围
$+3$	超级市场	$180\times S_总$	消防喷淋:大管为无缝钢管,小管为镀锌钢管;卡箍连接,消防栓箱、消防泵、中继水箱、机房气体灭火; 消防报警:感烟探测器、楼层显示器,联动控制器、控制模块。
$-2+6$	精装百货大楼	$205\times S_总$	
$-2+10$	精装百货大楼	$210\times S_总$	
$-2+6$	购物中心	$140\times S_总$	
$-3+12$	购物中心	$180\times S_总$	

(5) 教学楼

表 6-1-44

楼层	装修标准	元/m²	指标范围
0+3	小学普通装饰	65×S总	消防喷淋：大管为无缝钢管，小管为镀锌钢管；卡箍连接，消防栓箱、消防泵、中继水箱、机房气体灭火；
0+5	中学普通装饰	85×S总	
0+4	大学普通装饰	120×S总	消防报警：感烟探测器、楼层显示器，联动控制器、控制模块。

(6) 工业地产

表 6-1-45

楼层	类别	元/m²	指标范围
0+1	轻型厂房	190×S总	管线工程、配电箱、配电柜、普通灯具。
0+1	重型厂房	230×S总	

4.2.6 通风专业

(1) 住宅

表 6-1-46

楼层	装饰标准	元/m²	指标范围
0+3	精装别墅	1100×S总	铜管、塑料管、橡塑保湿、铝合金风口、高档 VRV 空调、地暖系统。
−1+33	毛坯高层	13×S总	仅通风专业，玻璃钢风管、送排风机、防火阀。
−2+33	精装高层（中央空调）	600×S总	热镀锌钢管、镀锌钢板、橡塑保湿、铝合金风口，冷水机组、冷动泵、交汇冷却循环水泵、冷却塔、热交换器、变风量空调箱、四管制风盘管，四管制供回水系统。送排风机组。新风机组、IT 机房独立 24 小时空调系统。

(2) 办公楼

表 6-1-47

楼层	装修标准	元/m²	指标范围
0+3~5	乙级办公楼标准	450×S总	热镀锌钢管、镀锌钢板、橡塑保湿、铝合金风口，VRV 空调，及分体变频空调。
−2+2+18	乙级办公楼标准	720×S总	

楼层	装修标准	元/m²	指标范围
－3＋3＋8	甲级办公楼标准	960×S总	热镀锌钢管、镀锌钢板、橡塑保湿、铝合金风口、冷水机组、冷动泵、交汇冷却循环水泵、冷却塔、热交换器、变风量空调箱、四管制风盘管，四管制供回水系统。送排风机组。新风机组、IT机房独立24小时空调系统。
－3＋3＋21	甲级办公楼标准	910×S总	
－3＋4＋33	甲级办公楼标准	960×S总	
－3＋4＋41	甲级办公楼标准	980×S总	
－4＋5＋36	甲级办公楼标准	980×S总	

（3）酒店

表 6-1-48

楼层	建筑形态	元/m²	指标范围
－1＋2＋18	酒店式公寓	520×S总	热镀锌钢管、镀锌钢板、橡塑保湿、铝合金风口，公寓套内为高档户式 VRV 空调、公共部位为中央空调机组。
0＋1＋6	经济型酒店	330×S总	客户挂壁式分体变频空调、公共部位为立式柜式分体变频空调。
－2＋3＋19	三星级酒店	650×S总	热镀锌钢管、镀锌钢板、橡塑保湿、铝合金风口，冷水机组、冷动泵、交汇冷却循环水泵、冷却塔、热交换器、变风量空调箱、四管制风盘管，两管制供回水系统。送排风机组，新风机组。
－2＋3＋23	四星级酒店	850×S总	
－3＋4＋36	五星级酒店	980×S总	

（4）商场

表 6-1-49

楼层	装修标准	元/m²	指标范围
＋3	超级市场	450×S总	玻璃钢及复合风管、镀锌钢板风管、橡塑保温、铝合金风口，普通冷水机组、冷却塔、热交换器、变风量空调箱、普通风盘管，普通送排风机组，普通新风机组。
－2＋6	精装百货大楼	260×S总	
－2＋10	精装百货大楼	550×S总	
－2＋6	购物中心	520×S总	
－3＋10	购物中心	550×S总	

模块六 建设工程的造价指标与工料价格

（5）教学楼

表 6-1-50

楼层	装修标准	元/m²	指标范围
0+3	小学普通装饰	260×S$_\text{上}$	镀锌钢板风管、分体空调、排气风扇、排风机
0+5	中学普通装饰	350×S$_\text{上}$	玻璃钢风管、离心棉保温、铝合金风口、VRV 系统
0+4	大学普通装饰	260×S$_\text{上}$	镀锌钢板风管、分体空调、排气风扇、排风机

（6）工业地产

表 6-1-51

楼层	类别	元/m²	指标范围
0+1	轻型厂房	70×S$_\text{上}$	生产区域为送排风机，办公区为 VRV 独立空调机组
0+1	重型厂房	80×S$_\text{上}$	

4.2.7　电梯专业

表 6-1-52

建筑形态	住宅	办公楼	酒店	商场	教学楼
综合考虑，指标×S$_\text{总}$	70~190	70~350	100~320	120~360	20~60

（1）住宅

表 6-1-53

楼层	装饰标准	元/m²	指标范围
0+3	毛坯房	—	
0+3	精装房	—	根据设计规范，一般多层可不设计电梯
0+4~6	毛坯房	—	
−1+8~14	毛坯房	80×S$_\text{总}$	3 台客梯，速度≤1.75m/s，荷载≤800kg
−1+14~22	毛坯房	70×S$_\text{总}$	3 台客梯，速度≤2.5m/s，荷载≤1000kg
−1+23~33	毛坯房	130×S$_\text{总}$	3 台客梯，速度≤2.5~4.0m/s，荷载≤1350kg
−2+33~45	精装房	190×S$_\text{总}$	3 台客梯，速度≤2.5~4.0m/s，荷载≤1350kg

（2）办公楼

表 6-1-54

楼层	装修标准	元/m²	指标范围
0+3~5	乙级办公楼标准	70×S总	速度≤1.5m/s，荷载≤1000kg
−2+2+18	乙级办公楼标准	250×S总	速度≤2.5m/s，荷载≤1350kg
−3+3+8	甲级办公楼标准	260×S总	速度≤2.5m/s，进口电梯
−3+3+21	甲级办公楼标准	320×S总	速度≤2.5m/s，高档电梯
−3+4+41	甲级办公楼标准	300×S总	低层≤1.75m/s，中高层≤2.5m/s，高层进口高速电梯，≤3.0m/s；荷载≤1350kg
−4+5+36	甲级办公楼标准	350×S总	低层≤1.75m/s，中高层≤2.5m/s，高层进口高速电梯，≤3.0m/s；荷载≤1350kg

（3）酒店

表 6-1-55

楼层	建筑形态	元/m²	指标范围
−1+2+18	酒店式公寓	50×S总	客梯速度≤2.5m/s，荷载≤1350kg；货梯速度≤1.75m/s，荷载≤1600kg
0+1+6	经济型酒店	100×S总	速度≤1.5m/s，荷载≤1000kg，普通电梯
−2+3+19	三星级酒店	150×S总	速度≤2.0m/s，荷载≤1000kg，普通电梯
−2+3+23	四星级酒店	230×S总	速度≤2.5~3.0m/s，荷载≤1350kg，电梯主件进口
−3+4+36	五星级酒店	300×S总	速度≤2.5~4.0m/s，荷载≤1350kg，进口电梯

（4）商场

表 6-1-56

楼层	装修标准	元/m²	指标范围
+3	超级市场	120×S总	速度≤1.00m/s，荷载≤1350kg
−2+6	精装百货大楼	200×S总	速度≤1.75m/s，荷载≤1350kg
−2+10	精装百货大楼	220×S总	速度≤1.50m/s，荷载≤1350kg
−2+6	购物中心	200×S总	速度≤1.50m/s，荷载≤1350kg
−3+12	购物中心	360×S总	垂直电梯含有客梯、观光电梯、消防电梯、自动扶梯、坡道梯

4.2.8 变配电专业

(1) 住宅

表 6-1-57

类别	元/m²	指标范围
一般住宅	0~410×S总	热镀钢管、铜芯电缆、变压器、高压柜（35kV、10kV）低压柜、两路供电。

(2) 办公楼

表 6-1-58

装修标准	元/m²	指标范围
乙级办公楼标准	80~200×S总	热镀钢管、电线、铜母线、桥架、普通变压器、变通高压柜、普通低压柜。
甲级办公楼标准	280~310×S总	热镀钢管、电线、铜母线、桥架、变压器、高压柜、低压柜、两路供电。

(3) 酒店

表 6-1-59

建筑形态	元/m²	指标范围
三星级酒店	200×S总	热镀锌钢管、铜芯电缆、铜母线、执镀锌桥架等。
四星级酒店	300×S总	变压器、高压柜、低压柜、两路供电。
五星级酒店	400×S总	热镀锌钢管、铜芯电缆、铜母线、执镀锌桥架等。变压器、进口高压柜、进口低压柜、两路供电。

(4) 商场

表 6-1-60

建筑形态	元/m²	指标范围
商场商业楼	160~270×S总	超级市场、精装饰标准的百货大楼、购物中心。热镀钢管、电线、铜母线、桥架、普通变压器、变通高压柜、普通低压柜。

（5）工业地产

表 6-1-61

楼层	类别	元/m^2	指标范围
0+1	轻型厂房	220～270×S$_总$	热镀钢管、电线、铜母线、桥架、变压器、高压柜、低压柜。
0+1	重型厂房	330～350×S$_总$	

4.2.9 发电机设备

（1）办公楼

表 6-1-62

建筑形态	元/m^2（S$_全$）	指标范围
无地下室	190～220×S$_总$	热镀钢管、电线、铜母线、桥架、普通变压器、变通高压柜、普通低压柜。
有地下室	95～150×S$_总$	热镀钢管、电线、铜母线、桥架、变压器、高压柜、低压柜，两路供电。

（2）酒店

表 6-1-63

建筑形态	元/m^2	指标范围
三星级酒店	60×S$_总$	应急柴油发电机组，切换柜。
四星级酒店	130×S$_总$	合资品牌应急柴油发电机组，切换柜。
五星级酒店	180×S$_总$	进口应急柴油发电机组，切换柜。

（3）商场

表 6-1-64

建筑形态	元/m^2	指标范围
无地下室	70～100×S$_总$	应急柴油发电机组，切换柜。
有地下室	40～60×S$_总$	合资品牌应急柴油发电机组，切换柜。

模块六　建设工程的造价指标与工料价格

4.2.10 锅炉设备

（1）办公楼

表 6-1-65

建筑形态	元/m^2	指标范围
甲级办公楼	$50\sim80\times S_总$	进口锅炉，水泵，集/分水器。

（2）酒店

表 6-1-66

建筑形态	元/m^2	指标范围
三星级酒店	$45\times S_总$	普通燃气锅炉，水泵，集/分水器
四星级酒店	$50\times S_总$	高档燃气锅炉，水泵，集/分水器
五星级酒店	$60\times S_总$	进口燃气锅炉，水泵，集/分水器

4.2.11 泛光照明专业

（1）办公楼

表 6-1-67

建筑形态	元/m^2	指标范围
多层	$20\sim25\times S_上$	投光灯（光源有进口、国产）、控制箱等
高层	$30\sim50\times S_上$	

（2）酒店

表 6-1-68

建筑形态	元/m^2	指标范围
高层	$50\sim80\times S_上$	投光灯（光源有进口、国产）、控制箱等
超高层	$70\sim100\times S_上$	

（3）商场

表 6-1-69

建筑形态	元/m^2	指标范围
多层	$25\sim60\times S_上$	投光灯（光源有进口、国产）、控制箱等
高层	$60\sim70\times S_上$	

模块六 建设工程的造价指标与工料价格

4.2.12 擦窗机专业

（1）办公楼

表 6-1-70

建筑形态	元/m²	指标范围
多层	20～25×$S_上$	投光灯（光源有进口、国产）、控制箱等。
高层	30～50×$S_上$	

（2）酒店

表 6-1-71

建筑形态	元/m²	指标范围
五星级酒店	60×$S_上$	进口擦窗设备及轨道，控制设备。
四星级酒店	50×$S_上$	国产擦窗设备及轨道，控制设备。

（3）商场

表 6-1-72

建筑形态	元/m²	指标范围
高层	50×$S_上$	投光灯（光源有进口、国产）、控制箱等。

4.2.13 厨房设备

（1）住宅

表 6-1-73

建筑形态	元/m²	指标范围
高级精装修别墅	450×$S_总$	一体厨距，包括洗水槽、灶具、烤炉、脱水排油烟机、消毒柜、洗碗柜、大容积冰箱、洗衣机。
高级精装修超高层	420～500×$S_总$	进口高档一体厨距，包括洗水槽、灶具、烤炉、脱水排油烟机、消毒柜、洗碗柜、大容积冰箱、洗衣机。

（2）酒店

表 6-1-74

建筑形态	元/m²	指标范围
五星级酒店	300~380×$S_总$	全进口设备。
四星级酒店	200~220×$S_总$	主要部件进口，国产设备。
三星级酒店	150~200×$S_总$	全国产成套设备。
经济型酒店	40~70×$S_总$	全国产成套设备。

4.3 其他专业

表 6-1-75

专　业	元/m²	指标范围
洗涤设施	65~75×$S_上$	根据星级酒店评定标准，须配置洗衣服务的设施。
康体设施	40~80×$S_上$	根据星级酒店评定标准，须配置健身方面的设施。
游泳池	35~45×$S_上$	根据星级酒店评定标准，须配置游泳池方面的设施。
标识系统	22~60×$S_上$	办公楼、酒店一般都须设计指引交通的标识系统。

第 5 节　按构件分解的造价比指标

根据典型工程的造价指标，各构件所占有的比例测算出来作为比例指标，有利于在测算各构件或专业所占用的造价指标，便于建设项目各阶段的投资控制。

表 6-1-76

数据来源	（1）本节各类经济指标是根据《建设工程造价估算指标与应用分析》书中的内容进行整理，并综合考虑了时效的修正因素，本节的造价指标的基准日期为 2012 年 12 月。
建筑形态符号	（2）建筑形态"0+≤6层"表示"无地室，六层以下"，建筑形态"−1+2+6"表示"地下室一层，裙楼二层，塔楼六层"。
毛坯房	（3）是指室内交楼标准为粗装修（内墙、地面不作面层，仅为找平层），而公共区域之楼梯、大堂等部位则为精装修标准。
简装房	（4）是室内空间（包括私有空间与公有空间）均有简单、一般的装修标准，不需要客户进行二次的装修。
精装房	（5）是室内空间（包括私有空间与公有空间）均有较高级的装修标准，不需要客户进行二次的装修。

5.1 住宅

5.1.1 无地下室住宅

表 6-1-77

序　号	造价科目	0+0+2 毛坯房	0+0+3 毛坯房	0+0+3 精装房	0+0+6 简装房
一、	**土建及装饰工程**	**83.9%**	**83.5%**	**83.5%**	**84.0%**
1.1	桩基础	0.0%	0.0%	1.8%	10.5%
1.2	基坑围护	0.0%	0.0%	0.0%	0.0%
1.3	土方工程	0.0%	0.0%	0.0%	0.2%
1.4	地下主体结构	0.0%	0.0%	0.0%	0.0%
1.5	地下建筑部分	0.0%	0.0%	0.0%	0.0%
1.6	地上主体结构	43.6%	42.4%	42.4%	30.6%
1.7	地上建筑部分	17.2%	14.1%	14.1%	19.1%
1.8	屋面	6.8%	7.1%	7.1%	5.2%
1.9	外立面	19.1%	19.8%	19.8%	14.8%
1.10	室内装饰	0.0%	0.0%	26.6%	6.4%
二、	**机电安装工程费**	**16.8%**	**16.5%**	**36.9%**	**16.0%**
2.1	给排水专业	5.5%	4.5%	4.5%	5.4%
2.2	电气专业	7.9%	8.5%	8.5%	7.0%
2.3	燃气专业	0.7%	0.7%	0.7%	0.5%
2.4	消防专业	0.0%	0.0%	0.0%	0.0%
2.5	弱电专业	3.0%	2.8%	2.8%	5.7%
2.6	空调通风专业	0.0%	0.0%	16.7%	0.0%
2.7	电梯专业	0.0%	0.0%	0.0%	0.0%
2.8	厨房专业	0.0%	0.0%	10.8%	0.0%
2.9	热水炉	0.0%	0.0%	0.4%	0.0%

5.1.2 有地下室住宅

表 6-1-78

序号	造价科目	−0.5+0+12 简装房	−1+8～14 简装房	−1+14～22 简装房	−1+23～33 简装房	−2+0+33 精装房	−2+1+44 精装房
一、	建筑工程费	**80.6%**	**80.7%**	**82.3%**	**79.7%**	**66.7%**	**63.5%**
1.1	桩基础	5.7%	6.4%	8.4%	8.2%	2.9%	2.7%
1.2	基坑支护	2.9%	2.8%	2.5%	1.0%	1.6%	1.5%
1.3	土方工程	0.7%	0.6%	0.5%	0.2%	0.9%	0.2%
1.4	地下主体结构	6.8%	7.5%	6.4%	3.2%	5.1%	5.3%
1.5	地下建筑部分	2.0%	0.6%	0.5%	0.2%	0.7%	0.6%
1.6	地上主体结构	33.1%	34.8%	33.6%	36.3%	13.7%	9.2%
1.7	地上建筑部分	11.2%	11.0%	12.9%	13.1%	5.6%	3.3%
1.8	屋面	1.1%	0.9%	1.1%	0.6%	0.1%	0.2%
1.9	外立面	14.0%	13.3%	14.0%	12.1%	8.3%	7.7%
1.10	室内装饰	4.2%	2.9%	2.5%	4.8%	34.1%	32.6%
二、	安装工程费	**19.6%**	**19.3%**	**17.7%**	**20.3%**	**39.4%**	**36.5%**
2.1	给排水专业	4.0%	3.8%	3.0%	3.8%	5.1%	5.1%
2.2	电气专业	5.2%	5.0%	6.0%	5.0%	0.6%	0.6%
2.3	燃气专业	0.4%	0.4%	0.4%	0.3%	0.1%	0.1%
2.4	消防专业	2.8%	2.8%	1.8%	2.3%	9.8%	9.0%
2.5	弱电专业	2.3%	2.2%	2.4%	2.0%	2.4%	2.2%
2.6	空调通风专业	0.0%	0.0%	0.0%	0.5%	0.8%	0.3%
2.7	电梯专业	5.2%	5.0%	4.2%	6.5%	0.0%	0.4%

5.2 办公楼

5.2.1 无地下室

表 6-1-79

序　号	造价科目	0+3~5 毛坯房	0+4 精装房	0+5 精装房
一、	**土建及装饰工程**	**67.9%**	**67.4%**	**42.1%**
1.1	桩基础	3.6%	3.3%	2.0%
1.2	基坑围护	0.4%	0.0%	0.0%
1.3	土方工程	7.4%	0.4%	0.3%
1.4	地下主体结构	20.7%	0.0%	0.0%
1.5	地下建筑部分	22.2%	0.0%	0.0%
1.6	地上主体结构	2.4%	21.8%	14.2%
1.7	地上建筑部分	11.2%	7.5%	4.7%
1.8	屋面	0.0%	2.3%	1.5%
1.9	外立面	0.0%	11.0%	7.6%
1.10	室内装饰	0.0%	20.4%	11.8%
1.11	其他	0.0%	0.5%	0.0%
二、	**机电安装工程费**	**32.1%**	**32.6%**	**57.9%**
2.1	给排水专业	2.7%	2.6%	2.5%
2.2	电气专业	5.9%	6.1%	7.6%
2.3	燃气专业	0.0%	0.0%	0.6%
2.4	消防专业	3.0%	3.0%	2.8%
2.5	弱电专业	6.4%	6.4%	16.8%
2.6	空调送排风	10.4%	10.5%	12.8%
2.7	电梯	2.1%	2.2%	1.2%
2.8	泛光照明	0.0%	0.0%	0.3%
2.9	锅炉	0.0%	0.0%	2.4%
2.10	变配电	1.8%	1.9%	7.4%
2.11	应急柴油发电机组	0.0%	0.0%	2.7%
2.12	擦窗机	0.0%	0.0%	0.2%
2.13	其他设备	0.0%	0.0%	0.6%

5.2.2 有地下室

表 6-1-80

序号	造价科目	$-2+2+18$ 精装房	$-3+3+22$ 精装房	$-3+4+33$ 精装房	$-3+4+41$ 精装房	$-4+5+36$ 精装房
一、	**土建及装饰工程**	**64.6%**	**60.2%**	**65.9%**	**67.0%**	**67.4%**
1.1	桩基础	3.7%	2.9%	2.6%	2.5%	2.3%
1.2	基坑围护	4.0%	3.9%	2.2%	2.1%	1.8%
1.3	土方工程	0.9%	0.8%	0.6%	0.6%	0.4%
1.4	地下主体结构	10.7%	9.1%	7.1%	7.2%	4.6%
1.5	地下建筑部分	1.6%	1.3%	1.0%	1.0%	0.7%
1.6	地上主体结构	15.7%	13.7%	14.0%	16.0%	16.3%
1.7	地上建筑部分	6.1%	4.8%	3.5%	3.5%	3.8%
1.8	屋面	0.7%	0.5%	0.3%	0.2%	0.3%
1.9	外立面	8.3%	14.7%	15.4%	14.0%	15.4%
1.10	室内装饰	12.9%	8.4%	19.0%	20.0%	21.6%
1.11	其他	0.0%	0.0%	0.2%	0.0%	0.3%
二、	**机电安装工程费**	**35.4%**	**39.8%**	**34.1%**	**33.0%**	**32.6%**
2.1	给排水	2.3%	3.2%	2.4%	2.5%	2.4%
2.2	电气专业	4.5%	5.5%	5.1%	4.9%	4.9%
2.3	燃气专业	0.1%	0.2%	0.1%	0.1%	0.1%
2.4	消防专业	2.3%	2.9%	2.6%	2.2%	2.4%
2.5	弱电专业	6.1%	4.7%	4.7%	4.7%	4.8%
2.6	空调送排风	12.5%	11.7%	9.4%	9.3%	8.5%
2.7	电梯	4.1%	4.4%	4.2%	3.7%	3.9%
2.8	泛光照明	0.0%	0.4%	0.2%	0.2%	0.2%
2.9	锅炉	0.0%	0.9%	0.6%	0.6%	0.7%
2.10	变配电	3.4%	3.6%	2.9%	2.8%	3.0%
2.11	应急柴油发电机组	0.0%	1.4%	1.4%	1.2%	1.4%
2.12	擦窗机	0.0%	0.9%	0.3%	0.4%	0.3%
2.13	其他设备等	0.0%	0.0%	0.0%	0.3%	0.0%

5.3 酒店

表 6-1-81

序号	造价科目	0＋7	−1＋20	−2＋18	−2＋22	−2＋26	−3＋40
一	建筑工程费	**65.00%**	**65.00%**	**60.00%**	**63.00%**	**63.00%**	**63.00%**
1.1	桩基础	3.40%	2.70%	3.00%	2.90%	2.30%	2.10%
1.2	基坑围护	0.00%	0.50%	0.00%	3.80%	2.20%	2.10%
1.3	土方工程	0.30%	0.40%	0.30%	1.00%	0.60%	0.50%
1.4	地下主体结构	0.00%	3.20%	0.00%	8.30%	5.50%	5.20%
1.5	地下建筑部分	0.00%	0.40%	0.00%	1.40%	1.00%	0.80%
1.6	地上主体结构	0.00%	11.00%	20.00%	9.80%	8.30%	8.50%
1.7	地上建筑部分	0.00%	5.20%	9.10%	5.30%	4.70%	4.00%
1.8	屋面	1.10%	0.30%	1.10%	0.50%	0.30%	0.30%
1.9	外立面	6.30%	12.00%	6.30%	4.20%	10.40%	9.00%
1.10	内装饰	22.00%	30.00%	21.00%	26.00%	28.00%	31.00%
二	安装工程费	**35.00%**	**35.00%**	**33.00%**	**37.00%**	**37.00%**	**37.00%**
2.1	给排水专业	7.20%	5.70%	6.30%	5.10%	4.50%	4.40%
2.2	电气专业	8.60%	4.10%	8.10%	5.40%	4.90%	4.20%
2.3	燃气专业	0.10%	0.10%	0.20%	0.30%	0.30%	0.20%
2.4	消防专业	2.80%	2.00%	2.60%	2.30%	1.90%	1.80%
2.5	弱电专业	4.40%	6.50%	4.40%	5.70%	5.00%	4.60%
2.6	空调送排风	7.20%	6.50%	7.10%	8.40%	8.40%	8.30%
2.7	电梯	2.90%	2.60%	2.80%	2.50%	3.00%	3.30%
2.8	泛光照明	0.00%	0.40%	0.00%	0.40%	0.40%	0.40%
2.9	锅炉	0.00%	0.00%	0.00%	0.70%	0.50%	0.60%
2.10	变配电	0.00%	4.10%	0.00%	2.40%	2.60%	3.00%
2.11	应急柴油发电机组	0.00%	1.80%	0.00%	0.80%	1.40%	1.70%
2.12	擦窗机	0.00%	0.70%	0.00%	0.00%	0.60%	0.50%
2.13	标识系统	0.10%	0.00%	0.00%	0.00%	0.30%	0.30%
2.14	厨房	2.00%	0.70%	1.90%	2.00%	2.10%	2.70%
2.15	游泳池设备	0.00%	0.60%	0.00%	0.00%	0.30%	0.30%
2.16	康体设施	0.00%	0.00%	0.00%	0.40%	0.40%	0.50%
2.17	洗衣设备	0.00%	0.00%	0.00%	0.00%	0.00%	0.00%
2.18	其他	0.00%	0.00%	0.00%	0.00%	0.00%	0.00%

模块六 建设工程的造价指标与工料价格

5.4　商场

表 6-1-82

序号	造价科目	0+2	0+3	-2+6	-2+10	-3+10	-3+12
一、	建筑工程费	**65.9%**	**59.8%**	**70.3%**	**72.0%**	**73.8%**	**72.0%**
1.1	桩基	5.0%	4.9%	3.6%	2.8%	3.2%	3.9%
1.2	基坑围护	0.0%	0.0%	5.1%	3.7%	6.2%	6.4%
1.3	土方工程	0.3%	0.3%	2.3%	1.5%	1.5%	1.1%
1.4	地下主体结构	0.0%	0.0%	14.7%	10.4%	14.5%	11.5%
1.5	地下建筑部分	0.0%	0.0%	1.4%	3.0%	2.3%	1.7%
1.6	地上主体结构	24.8%	26.3%	12.3%	13.6%	9.5%	12.3%
1.7	地上建筑部分	9.3%	8.2%	4.4%	3.2%	4.5%	3.9%
1.8	屋面	4.1%	2.6%	0.4%	0.3%	0.3%	0.3%
1.9	外立面	6.6%	5.9%	12.1%	10.1%	8.9%	8.4%
1.10	装饰	15.7%	11.5%	14.1%	23.3%	22.9%	22.4%
二、	安装工程费	**34.1%**	**40.2%**	**29.7%**	**28.0%**	**26.2%**	**28.0%**
2.1	给排水专业	0.8%	1.0%	1.2%	1.3%	0.6%	0.9%
2.2	电气专业	4.3%	5.3%	3.6%	5.3%	4.7%	5.1%
2.3	燃气专业	0.5%	0.7%	0.4%	0.3%	0.1%	0.2%
2.4	消防专业	3.8%	4.6%	3.1%	2.7%	1.6%	2.1%
2.5	弱电专业	3.1%	4.8%	3.9%	3.6%	2.3%	1.7%
2.6	空调送排风	10.6%	11.5%	8.1%	7.0%	8.6%	7.4%
2.7	电梯	4.0%	3.9%	4.0%	3.7%	5.2%	5.6%
2.8	泛光照明	0.0%	0.0%	0.3%	0.6%	0.5%	0.4%
2.9	变配电	5.0%	5.9%	4.0%	2.5%	2.1%	3.4%
2.10	应急柴油发电机组	2.0%	2.6%	0.8%	0.7%	0.5%	0.8%
2.11	擦窗机	0.0%	0.0%	0.0%	0.0%	0.0%	0.6%
2.12	标识系统	0.0%	0.0%	0.3%	0.2%	0.0%	0.0%
2.13	其他	0.0%	0.0%	0.0%	0.0%	0.0%	0.0%

5.5　教学楼

表 6-1-83

序号	造价科目	0+2	0+3	0+4	0+5	−1+5
一	**土建及装饰工程**	**64.2%**	**76.1%**	**77.1%**	**83.7%**	**72.3%**
1.1	桩基础	3.5%	4.0%	3.1%	6.0%	3.4%
1.2	基坑围护	0.0%	0.0%	0.0%	0.0%	2.3%
1.3	土方工程	0.6%	0.2%	1.4%	0.4%	1.4%
1.4	地下主体结构	0.0%	0.0%	0.0%	0.0%	10.4%
1.5	地下建筑部分	0.0%	0.0%	0.0%	0.0%	1.7%
1.6	地上主体结构	26.1%	25.7%	28.3%	31.7%	19.3%
1.7	地上建筑部分	7.3%	14.7%	11.0%	15.9%	8.6%
1.8	屋面	2.0%	2.2%	1.9%	2.0%	0.6%
1.9	外立面	7.3%	11.0%	11.0%	9.9%	9.6%
1.10	内装饰	17.4%	18.3%	20.4%	17.9%	15.0%
二	**机电安装工程费**	**35.8%**	**23.9%**	**22.9%**	**16.3%**	**27.7%**
2.1	电气专业	6.4%	9.2%	8.8%	9.9%	7.6%
2.2	燃气专业	0.6%	0.4%	0.0%	0.0%	0.1%
2.3	消防专业	2.5%	1.8%	0.5%	1.4%	1.8%
2.4	弱电专业	2.0%	2.2%	4.1%	2.2%	5.2%
2.5	空调送排风	13.1%	7.3%	6.9%	0.0%	7.6%
2.6	电梯	1.3%	0.0%	1.1%	0.8%	0.5%
2.7	变配电	0.0%	0.0%	0.0%	0.0%	2.4%
2.8	厨房	9.3%	0.0%	0.0%	0.0%	0.0%
2.9	不间断电源	0.0%	0.0%	0.0%	0.0%	0.1%
2.10	其他	0.0%	0.0%	0.0%	0.0%	0.0%

5.6 厂房

表 6-1-84

序号	造价科目	轻型 0+1	轻型 0+1~2	重型 0+1	重型 0+1~2
一、	**土建及装饰工程**	**72.2%**	**73.6%**	**71.8%**	**73.9%**
1.1	桩基础	4.2%	4.3%	5.4%	5.8%
1.2	基坑围护	0.0%	0.0%	0.0%	0.0%
1.3	土方工程	1.0%	1.1%	1.2%	1.2%
1.4	地下主体结构	0.0%	0.0%	0.0%	0.0%
1.5	地下建筑部分	0.0%	0.0%	0.0%	0.0%
1.6	地上主体结构	37.9%	38.6%	39.4%	40.8%
1.7	地上建筑部分	13.3%	13.6%	12.5%	12.4%
1.8	屋面	10.1%	11.4%	8.8%	9.7%
1.9	内装饰	5.6%	4.5%	4.4%	3.9%
二、	**机电安装工程费**	**27.8%**	**26.4%**	**28.2%**	**26.1%**
2.1	给排水专业	2.2%	2.3%	1.8%	1.9%
2.2	电气专业	7.0%	6.8%	7.6%	7.0%
2.3	消防专业	4.4%	2.7%	3.6%	2.3%
2.4	变配电	7.5%	8.6%	9.7%	9.7%
2.5	通风空调	2.6%	2.7%	2.1%	2.3%
2.6	弱电专业	4.0%	3.3%	3.3%	2.8%

模块六 建设工程的造价指标与工料价格

第6节 室 外 工 程

6.1 室外工程的造价指标

6.1.1 小型室外工程

表 6-1-85

序号	造价科目	量占比	元/m²	价占比	说明
1	下水道，窨井	100%	70	13.4%	根据排水要求，配置有下水道与窨井
2	电气、照明	100%	56	10.8%	室外有配电箱、照明灯具、电缆、电线
3	安防系统	100%	42	8.1%	各类电线、监视器、采集点、报警器
4	围墙	100%	28	5.4%	围墙基底外刷涂料，立面为铸铁栏杆
5	消防	100%	28	5.4%	消防管、室外消防栓
6	给排水	100%	21	4.0%	铸铁管、钢塑复合管、硬聚氯乙烯螺旋排水管
7	绿化	57%	168	18.3%	种植一般种类的乔木、灌木与草坪
8	道路	19%	308	11.2%	为小区道路，混凝土路面，建筑入口为花岗石
9	停车场	15%	210	6.1%	为地面停车，停车区域种植草地面
10	广场	8%	448	6.5%	为普通花岗石面层
11	喷水池	2%	2 520	7.3%	为小型喷水池
12	景观小品	1%	1 680	3.7%	简单的景观小品
Σ	合计	5 300m²	521 元/m²	100%	综合造价指标

模块六 建设工程的造价指标与工料价格

6.1.2 中型室外工程

表 6-1-86

序号	造价科目	量占比	元/m²	价占比	说明
1	小区集中变配电	100%	658	53.7%	变压器、高压柜、低压柜，两路供电
2	下水道，窨井	100%	91	7.4%	地下的排水设施
3	给水与排水	100%	56	4.6%	铸铁管、钢塑复合管、硬聚氯乙烯螺旋排水管、UPVC 排水管
4	小区集中水泵房	100%	42	3.4%	水池、水箱、变频水泵
5	围墙	100%	42	3.4%	围墙基底外刷涂料，立面为铸铁栏杆
6	电气与照明	100%	42	3.4%	配电箱、配电柜、管线、灯具
7	消防系统	100%	35	2.9%	铸铁管理、热镀钢管、沟槽式连接
8	安防系统	100%	28	2.3%	控制线、视频线、电源线、监视器、采集点、报警器
9	园林绿化	52.9%	98	4.2%	常青灌木、草坪
10	道路	26.5%	378	8.2%	沥青混凝土路面
11	停车场	5.9%	210	1.0%	为地面停车，停车区域种植草地面
12	露天网球场	3.5%	490	1.4%	为标准网球场
13	景观小品	1.6%	2 100	2.8%	雕塑小品、细卵石小道、休息亭
14	门卫	0.4%	1 680	0.5%	一般的建筑房屋
15	垃圾收集站	0.4%	1 260	0.4%	标准的垃圾收集站
16	公共厕所	0.3%	1 680	0.4%	一般标准的建筑房屋
Σ	总造价	1.7 万 m²	1225 元/m²	100%	综合指标

模块六 建设工程的造价指标与工料价格

6.1.3 大型室外工程

表 6-1-87

序号	造价科目	量占比	元/m²	价占比	说明
1	小区集中变配电	100%	308	33.2%	变压器、高压柜、低压柜，两路供电
2	下水道，窨井	100%	91	9.8%	地下的排水设施
3	给排水	100%	56	6.0%	铸铁管、钢塑复合管、硬聚氯乙烯螺旋排水管、UPVC排水管
4	电气与照明	100%	42	4.5%	配电箱、配电柜、管线、灯具
5	小区集中水泵房	100%	35	3.8%	水池、水箱、变频水泵
6	消防系统	100%	28	3.0%	铸铁管理、热镀钢管、沟槽式连接
7	安防系统	100%	28	3.0%	控制线、视频线、电源线、监视器、采集点、报警器
8	污水处理站	100%	28	3.0%	
9	围墙	100%	28	3.0%	围墙基底外刷涂料，立面为铸铁栏杆
10	园林绿化	58%	112	7.0%	局部区域种植在大规格树木、常青灌木、四季花卉、草坪
11	道路	15%	490	7.9%	沥青混凝土路面，局部为花岗石
12	水系处理	10%	252	2.7%	
13	停车场	6%	210	1.4%	为地面停车，停车区域种植草地面
14	广场	4%	910	3.9%	花岗岩面层、配有雕塑小品
15	景观小品	2.0%	2520	5.4%	名贵花木、叠石、雕塑造景、水面、细卵石道路、休息亭
16	露天公共运动场	0.8%	490	0.4%	塑胶地面
17	喷水池	0.4%	2100	0.9%	
18	门卫	0.2%	1400	0.3%	一般的建筑房屋
19	垃圾收集站	0.2%	840	0.2%	标准的垃圾收集站
20	公共厕所	0.1%	1400	0.1%	一般标准的建筑房屋
21	露天网球场	2片	20万元/片	0.4%	为标准网球场
Σ	**总造价**	**10万 m²**	**930 元/m²**	**100%**	**综合指标**

6.2 室外工程的造价占比

表 6-1-88

序号	占地面积（万 m²）	0.53	1.8	6.5	10	18	21	105
1	地基处理	0.0%	0.0%	0.0%	0.0%	0.0%	0.0%	4.3%
2	土方工程	0.0%	0.0%	0.0%	0.0%	11.9%	1.6%	5.4%
3	道路工程	11.2%	7.5%	8.8%	7.9%	9.7%	5.7%	7.5%
4	人行桥工程	0.0%	0.0%	0.0%	0.0%	0.3%	7.3%	2.0%
5	小径	0.0%	0.0%	0.0%	0.0%	0.0%	0.7%	0.0%
6	围墙	5.4%	6.9%	5.6%	3.0%	0.0%	0.5%	0.6%
7	门卫	0.0%	0.5%	0.4%	0.3%	0.0%	0.4%	0.0%
8	入口围栏	0.0%	0.0%	0.0%	0.0%	5.5%	10.6%	2.2%
9	广场	6.5%	2.5%	3.5%	3.9%	1.9%	5.6%	21.6%
10	停车场	6.1%	0.7%	1.1%	1.4%	1.1%	1.9%	0.0%
11	休闲亭	0.0%	0.0%	0.0%	0.0%	0.1%	0.0%	0.0%
12	景观小品	3.7%	3.6%	7.0%	5.4%	4.4%	0.0%	0.0%
13	休闲设施	0.0%	0.0%	0.0%	0.0%	5.5%	0.0%	0.0%
14	辅助建筑	0.0%	0.0%	0.0%	0.0%	3.3%	0.0%	0.0%
15	花坛砌筑	0.0%	0.0%	0.0%	0.0%	2.7%	0.0%	0.0%
16	绿化种植	18.3%	9.2%	7.8%	7.0%	15.8%	12.2%	16.4%
17	绿地汀步	0.0%	0.0%	0.0%	0.0%	0.0%	0.0%	0.0%
18	驳岸工程	0.0%	0.0%	0.0%	0.0%	6.6%	0.0%	0.0%
19	湖面汀步	0.0%	0.0%	0.0%	0.0%	0.0%	0.0%	0.0%
20	水体	0.0%	0.0%	0.0%	0.0%	0.0%	6.1%	1.6%
21	曝气复氧工程	0.0%	0.0%	0.0%	0.0%	0.4%	0.0%	0.0%
22	水系处理工程	0.0%	0.0%	0.0%	2.7%	2.9%	0.0%	0.0%
23	喷水池工程	7.3%	1.4%	1.7%	0.9%	0.4%	0.0%	0.0%
24	立体温室	0.0%	0.0%	0.0%	0.0%	0.7%	0.0%	0.0%
25	给排水及灌溉	0.0%	0.0%	0.0%	0.0%	3.7%	0.0%	0.0%

模块六　建设工程的造价指标与工料价格

序号	占地面积（万 m²）	0.53	1.8	6.5	10	18	21	105
26	电气照明工程	10.8%	4.3%	4.5%	4.5%	17.5%	13.9%	17.5%
27	消防	5.4%	2.6%	2.8%	3.0%	2.2%	1.2%	0.6%
28	安防系统	8.1%	4.3%	2.8%	3.0%	2.2%	0.0%	0.0%
29	广播	0.0%	0.0%	0.0%	0.0%	1.1%	0.0%	0.0%
30	交通标志牌	0.0%	0.0%	0.0%	0.0%	0.0%	0.0%	0.4%
31	给水	4.0%	3.4%	6.3%	6.0%	0.0%	5.1%	3.5%
32	排水	13.4%	5.6%	9.9%	9.8%	0.0%	13.9%	6.9%
33	露天健身运动场	0.0%	1.0%	0.4%	0.4%	0.0%	5.0%	0.9%
34	露天蓝、排、羽毛球场	0.0%	0.0%	0.0%	0.0%	0.0%	1.9%	2.5%
35	露天网球场	0.0%	1.9%	0.9%	0.6%	0.0%	1.0%	0.1%
36	消防泵房	0.0%	0.0%	0.0%	0.0%	0.0%	0.6%	0.0%
37	小区集中变配电	0.0%	41.1%	32.5%	33.1%	0.0%	0.0%	0.0%
38	变配电站房	0.0%	0.0%	0.0%	0.0%	0.0%	0.0%	4.5%
39	小区集中水泵房	0.0%	3.0%	3.2%	3.8%	0.0%	2.2%	0.2%
40	煤气调压站	0.0%	0.0%	0.0%	0.0%	0.0%	1.2%	1.1%
41	垃圾收集站	0.0%	0.3%	0.5%	0.2%	0.0%	0.0%	0.0%
42	污水处理站	0.0%	0.0%	0.0%	3.0%	0.0%	0.9%	0.2%
43	公共厕所	0.0%	0.3%	0.1%	0.1%	0.0%	0.0%	0.0%

第7节　基于国标清单的造价占比

根据《建设工程工程量清单计价规范》GB 50500—2008 所规定的工程造价科目构成，工程造价由"分部分项工程费、措施项目费、其他项目费、规费、税金、其他"五大科目组成，其费用是由"人工费、材料费、机械费、管理费、利润、其他"构成。

7.1 五大科目造价占比

7.1.1 住宅

（1）多层住宅

表 6-1-89

建筑形态	分部分项工程费	措施项目费	其他项目费	规费	税金
综合比例	79%～87%	8%～15%	0.0%～0.3%	2.9%～4.7%	3.1%～3.5%
建筑工程	76%～85%	9%～15%	0.0%～0.3%	2.9%～4.7%	3.1%～3.5%
安装工程	89%～92%	2%～3%	0.0%～0.3%	2.8%～4.7%	3.1%～3.5%

（2）高层住宅

表 6-1-90

建筑形态	分部分项工程费	措施项目费	其他项目费	规费	税金
综合比例	70%～78%	15%～25%	0.0%～0.3%	2.9%～4.7%	3.1%～3.5%
建筑工程	65%～76%	17%～28%	0.0%～0.3%	2.9%～4.7%	3.1%～3.5%
安装工程	89%～91%	2%～5%	0.0%～0.3%	2.9%～4.7%	3.1%～3.5%

7.1.2 公建

（1）多层公建

表 6-1-91

建筑形态	分部分项工程费	措施项目费	其他项目费	规费	税金
综合比例	83%～84%	10%～11%	0%～2%	3.0%～3.0%	3.1%～3.2%
建筑工程	75%～81%	13%～14%	0%～4%	2.9%～3.0%	3.1%～3.2%
安装工程	86%～87%	1%～2%	4%～6%	2.8%～3.0%	3.1%～3.2%

（2）高层公建

表 6-1-92

建筑形态	分部分项工程费	措施项目费	其他项目费	规费	税金
综合比例	77%～84%	11%～18%	0%～2.4%	3.0%～3.0%	3.1%～3.5%
建筑工程	73%～81%	12%～21%	0%～0.3%	2.9%～4.7%	3.1%～3.5%
安装工程	88%～92%	2%～4%	0%～0.1%	2.0%～4.7%	3.1%～3.5%

7.1.3 厂房

表 6-1-93

建筑形态	分部分项工程费	措施项目费	其他项目费	规费	税金
综合比例	74%～70%	16%～23%	0%～4%	3.3%～4.7%	3.1%～3.5%
建筑工程	68%～72%	18%～24%	0%～5%	3.4%～4.7%	3.1%～3.5%
安装工程	89%～91%	2%～4%	0%～0%	3.0%～4.7%	3.1%～3.5%

7.2 六大费用造价占比

7.2.1 住宅

（1）多层住宅

表 6-1-94

建筑形态	人工费	材料费	机械费	管理费	利润	其他
综合比例	10%～26%	50%～62%	2%～6%	2%～4%	3%～4%	7%～11%
建筑工程	2%～15%	47%～66%	1%～11%	2%～4%	4%～5%	9%～13%
安装工程	7%～21%	60%～75%	1%～3%	1%～3%	1%～3%	0%～9%

（2）高层住宅

表 6-1-95

建筑形态	人工费	材料费	机械费	管理费	利润	其他
综合比例	14%～28%	49%～69%	4%～13%	2%～4%	3%～5%	7%～12%
建筑工程	12%～26%	29%～53%	2%～7%	2%～4%	2%～5%	8%～9%
安装工程	23%～26%	56%～58%	1%～3%	3%～4%	2%～3%	2%～3%

7.2.2 公建

（1）多层公建

表 6-1-96

建筑形态	人工费	材料费	机械费	管理费	利润	其他
综合比例	14%～16%	53%～65%	3%～8%	2%～3%	3%～4%	8%～25%
建筑工程	14%～18%	51%～55%	3%～11%	2%～3%	3%～5%	12%～25%
安装工程	11%～14%	66%～72%	1%～2%	1%～2%	1%～2%	1%～12%

（2）高层公建

表 6-1-97

建筑形态	人工费	材料费	机械费	管理费	利润	其他
综合比例	15%～22%	57%～65%	4%～5%	2%～3%	3%～5%	6%～9%
建筑工程	18%～22%	55%～62%	5%～8%	2%～3%	4%～5%	7%～9%
安装工程	15%～20%	60%～75%	1%～3%	2%～3%	1%～2%	1%～7%

7.2.3 厂房

表 6-1-98

建筑形态	人工费	材料费	机械费	管理费	利润	其他
综合比例	18%～28%	56%～52%	3%～6%	2%～4%	3%～4%	10%～14%
建筑工程	19%～29%	53%～50%	4%～6%	2%～4%	3%～5%	10%～16%
安装工程	14%～23%	69%～66%	2%～3%	2%～3%	1%～2%	1%～2%

第8节 经济比选指标

在建设工程的立项阶段，经济比选是十分重要的投资控制环节，对设计方案进行结构选型、设备选型、材料选择、建造工法的不同的比较，是最有效的造价控制方法之一。因此，建立"经济比选指标"是十分必要的。

8.1 门窗的含量指标

表 6-1-99

建筑形态	门 m^2/m^2	窗 m^2/m^2	建筑形态	门 m^2/m^2	窗 m^2/m^2
办公楼 0+0+05	6%～8%	23%～32%	住宅 0+0+17	11%～17%	13%～21%
办公楼－2+0+16	13%	8%	住宅 0+0+25	5%～8%	8%～24%
住宅 0+0+02	27%	32%	住宅 0+0+30	5%	4%
住宅 0+0+04	22%	19%	住宅－1++1+14	8%	14%
住宅 0+0+06	8%～16%	15%～25%	住宅－1+0+34	17%	15%
住宅 0+0+08	12%	20%	住宅－1+1+30	11%	32%
住宅 0+0+11	10%～20%	7%～18%	住宅－2+0+16	12%	9%
住宅 0+0+12	10%	17%	住宅－2+2+29	17%	14%
住宅 0+0+15	19%	17%	综合楼 0+0+06	5%	20%
住宅 0+0+16	12%	6%	综合楼－1+0+16	6%	29%

8.2 门窗的比选指标

表 6-1-100

科目 元/m²	中值元/m²	科目 元/m²	中值元/m²
钢质防火门 620～1050	836	铝合金窗推拉窗 330～490	410
复塑板防火门 710～990	851	钢塑节能门窗单固定窗 50 428～485	457
木质防火门 695～1556	915	铝合金窗平开窗 288～650	469
钢质玻璃防火门 930～1960	1 445	钢塑节能门窗单固定窗 60 458～515	487
仿实木木质防火门 1020～2600	1 811	钢塑节能门窗平开窗 50 350～710	529
木质玻璃防火门 1405～2345	1 874	钢塑节能门窗平开窗 60 410～745	576
不锈钢防火门 1620～3530	2 573	钢塑节能门窗推拉窗 60 546～640	591
不锈钢玻璃防火门 1730～3665	2 698	钢质固定玻璃防火窗 758～1220	989
豪华实木防火门 1595～3835	2 715	钢质活动玻璃防火窗 930～1560	1 245

8.3 墙面的含量指标

表 6-1-101

建筑形态	内墙 m²/m²	外墙 m²/m²	建筑形态	内墙 m²/m²	外墙 m²/m²
住宅 0+0+02	234%	141%	住宅—1+0+34	207%	134%
住宅 0+0+04	380%	113%	住宅—1+2+14	260%	60%
住宅 0+0+06	255%	146%	住宅—1+30+1	253%	145%
住宅 0+0+08	268%	72%	住宅—2+0+29	209%	101%
住宅 0+0+11	197%	140%	住宅—2+1+08	178%	83%
住宅 0+0+16	230%	95%	住宅—2+2+39	204%	128%
住宅 0+0+17	250%	139%	住宅—3+0+32	187%	87%
住宅 0+0+25	273%	91%	办公楼 0+0+5	216%	112%
住宅 0+0+30	208%	176%	综合楼 0+0+6	180%	72%

8.4 墙面的比选指标

（1）抹灰类装饰面

表 6-1-102

建造工法	2010 基价	元/m²	建造工法	2010 基价	元/m²
墙面底层抹灰 15mm	10～12	11	墙面钉（挂）铁丝网	13～13	13
墙面珍珠岩浆 23＋2mm	22～22	22	墙面钉（挂）钢板网	19～19	19
墙面喷涂水泥砂浆 15mm	6～6	6	墙面钉（挂）玻璃纤维网	19～19	19
墙面抹平扫白	5～5	5	水刷石 15＋10mm	40～56	48
墙面聚合物水泥砂浆 20mm	22～22	22	斩假石	56～80	68
墙面 TG 砂浆 8＋2mm	11～11	11	水磨石 15＋10mm	80～100	90

（2）块料类装饰面

表 6-1-103

建造工法	2010 基价	元/m²	建造工法	2010 基价	元/m²
镶贴马赛克	45～50	48	镶贴花岗岩	240～250	245
镶贴陶瓷面砖	50～60	55	挂贴大理石	260～280	270
镶贴纸皮瓷砖	60～65	63	挂贴花岗岩	260～290	275
镶贴文化石	80～85	83	干挂大理石/不含钢骨架	275～285	280
镶贴凹凸假麻石	85～96	91	干挂花岗岩/不含钢骨架	290～330	310
镶贴大理石	240～250	245	干挂 GRG 饰板 20mm 厚	960～960	960

（3）涂料类装饰面

表 6-1-104

建造工法	2010 基价	平均基价	建造工法	2010 基价	平均基价
墙柱面涂料	11～11	11	彩砂喷涂	26～35	31
画假石、木纹	9～13	11	艺术涂料	50～56	53
墙柱面多彩喷涂	13～13	13	外墙喷硬质花纹涂料	50～60	55
喷塑	12～16	14	内墙彩绒涂料	55～55	55
防霉涂料	14～14	14	仿古涂料	60～60	60
砂胶涂料	15～16	16	外墙真石涂料	45～80	63
外墙乳胶漆	15～35	25	弹性质感涂料喷涂	50～80	65
墙柱面仿瓷涂料	25～25	25	弹性彩石漆喷涂	105～105	105
墙面贴墙纸	27～30	29	墙面贴织锦缎	230～250	240

（4）幕墙的经济比选

幕墙的作法有"铝塑板幕墙、铝板幕墙、铝合金玻璃幕墙、全玻璃幕墙、石板材幕墙"，此基础上，再根据其骨架方式，又可细分为十二种作法。

表 6-1-105

序号	项目名称	2010基价	基比价差系数	环比价差系数
1	铝塑板幕墙钢骨架	415	1.00	1.00
2	铝塑板幕墙铝合金骨架	486	1.17	1.17
3	铝板幕墙钢骨架	596	1.44	1.23
4	全玻璃幕墙座装式玻璃	612	1.48	1.03
5	铝合金玻璃幕墙一半隐框	623	1.50	1.02
6	全玻璃幕墙点支式（驳接式）玻璃（不含有钢架）	629	1.52	1.01
7	铝合金玻璃幕墙一全明框	629	1.52	1.00
8	铝合金玻璃幕墙一全隐框	631	1.52	1.00
9	铝板幕墙铝合金骨架	661	1.60	1.05
10	石板材幕墙一钢骨架短槽支承式	745	1.80	1.13
11	石板材幕墙一钢骨架背栓式	747	1.80	1.00
12	全玻璃幕墙吊挂式玻璃	763	1.84	1.02

8.5 地天顶三面含量指标

表 6-1-106

建筑形态	地面 m²/m²	天棚 m²/m²	屋面 m²/m²	建筑形态	地面 m²/m²	天棚 m²/m²	屋面 m²/m²
住宅 0＋0＋06	96%	99%	17%	住宅 0－1＋34	89%	102%	6%
住宅 0＋0＋08	95%	87%	20%	住宅 －2－2＋29	93%	120%	11%
住宅 0＋0＋11	28%	96%	12%	住宅 －2＋0＋32	30%	42%	4%
住宅 0＋0＋16	41%	98%	22%	住宅 －2＋0＋29	127%	116%	15%
住宅 0＋0＋15	87%	96%	7%	住宅 －1＋1＋30	94%	112%	10%
住宅 0＋0＋17	92%	91%	18%	住宅 －2＋1＋28	95%	115%	7%
住宅 0＋0＋25	66%	72%	5%	办公楼 0＋0＋05	105%	95%	27%
住宅 0＋0＋30	32%	96%	5%	办公楼 －1＋0＋11	94%	112%	18%
住宅 0＋0＋31	97%	113%	5%	综合楼 －1＋0＋16	89%	120%	7%

8.6 天棚作法的比选指标

表 6-1-107

建造作法科目	区间基价	平均基价	建造作法科目	区间基价	平均基价
砂浆底，砂浆面 10+5mm	11~13	12	石膏吸音板	40~40	40
对剖圆木天棚龙骨	40~70	55	铝板网面层	50~50	50
方木天棚龙骨	30~60	45	防火板面层	55~55	55
装配式 U 型轻钢天棚龙骨	35~70	53	磨砂玻璃面层	57~57	57
铝合金方板天棚龙骨	25~85	55	矿棉板面层	65~75	70
铝合金条板天棚龙骨	20~25	23	空腹 PVC 扣板面层	70~70	70
板条面层	8~8	8	矿棉吸音板	70~70	70
刨花板面层	12~12	12	塑料板面层	73~73	73
玻璃纤维板面层	13~13	13	阻燃聚丙烯板面层	90~90	90
钢板网面层	22~22	22	胶合板穿孔面板	105~105	105
钙塑板面层	20~25	23	铝合金条板面层	88~130	109
石膏板	26~26	26	铝合金方板面层	110~110	110
埃特板面层	26~26	26	铝塑板面层	110~120	115
胶合板面层	18~37	28	不锈钢镜面板	120~120	120
石膏板面层	25~30	28	铝合金穿孔面板	125~125	125
宝丽板面层	35~35	35	真空镀膜仿金(仿银)装饰板	180~180	180
柚木板面层	35~35	35	不锈钢板面层	190~190	190

8.7 楼地装饰的比选指标

表 6-1-108

建造作法科目	2010基价	平均基价	建造作法科目	2010基价	平均基价
楼地面水泥砂浆找平层	8~9	9	环氧自流坪地面	45~45	45
楼地面沥青砂浆找平层	22~30	26	铺贴花岗岩	240~240	240
细石混凝土找平层 30mm	12~12	12	铺贴预制水磨石块楼地面	90~90	90
水泥砂浆楼地面 20mm	10~10	10	楼地面水泥花阶砖	22~22	22
加浆抹光随捣随抹 5mm	5~5	5	楼地面陶瓷块料	45~170	108
楼地面普通水磨石整体面层	55~90	73	楼地面单层镭射钢化玻璃	180~260	220
楼地面斩假石粗面 20+10mm	45~50	48	楼地面缸砖	30~50	40
水刷石	30~30	30	陶瓷马赛克	40~40	40

模块六 建设工程的造价指标与工料价格

建造作法科目	2010基价	平均基价	建造作法科目	2010基价	平均基价
楼地面凹凸假麻石块	70～120	95	弹性纯 PU 球场面层 5mm 厚	139～139	139
楼地面广场砖	53～55	54	地楼面地毯	36～96	66
仿石砖	35～40	38	楼地面地毯方块地毯	170～170	170
塑料板	35～60	48	普通实木地板	100～120	110
楼地面橡胶板	45～45	45	免刨免漆实木地板	195～200	198
聚氨酯弹性安全地砖	70～70	70	防静电活动地板铝质	560～560	560
聚氨酯球场面层 12mm 厚	170～170	170	防静电活动地板木质	495～495	495

8.8 保温作法的比选指标

表 6-1-109

建造工法	2010 基价	平均基价
屋面现浇加气混凝土 100mm 厚	16～16	16
屋面现浇泡沫混凝土 100mm 厚	17～17	17
屋面现浇陶粒混凝土隔热层♯25100mm 厚	42～43	43
硬泡聚氨酯外墙外保温 20mm 厚	56～56	56
EPS 聚苯板外墙内保温增强石膏面 30mm	60～60	60
楼地面隔热沥青铺贴混凝土块 100mm 厚	67～67	67
EPS 聚苯板外墙内保温聚合物改性胶浆面 30mm	70～70	70
胶粉聚苯颗粒外墙外保温 20mm 厚	65～80	73
XPS 聚苯乙烯挤塑板外墙外保温 20mm	76～76	76
EPS 聚苯板外墙外保温 20mm	82～82	82
楼地面隔热沥青铺贴泡沫塑料板 100mm 厚	90～90	90
楼地面隔热沥青贴软木 100mm 厚	110～110	110
天棚保温(带木龙骨)泡沫塑料板混凝土下沥青铺贴 100mm 厚	125～125	125
天棚保温（带木龙骨）沥青软木混凝土下沥青铺贴 100mm 厚	155～155	155

8.9 防水作法的比选指标

表 6-1-110

建造工法	2010 基价	中
普通瓦屋面	35～65	50
合成树脂瓦	95～110	103
彩钢波纹瓦	125～125	125
彩钢夹心板	215～217	216
玻璃钢波纹瓦	30～32	31
镀锌薄钢板屋面	35～35	35
多彩油毡瓦屋面	50～50	50
细石混凝土刚性防水厚 3.5cm	13～13	13
屋面自粘型防水卷材	17～17	17
屋面水泥基渗透结晶型涂料涂膜 1mm 厚	20～20	20
屋面聚氯乙烯卷材防水灰（绿）色 PVC1.2 厚	22～28	25
屋面氯丁冷胶二布三涂	29～29	29
屋面石油沥青玛蹄脂卷材防水二毡三油	30～30	30
屋面聚合物水泥（JS）防水涂料涂膜 2mm 厚	30～30	30
屋面冷贴氯化聚乙烯－橡胶共混卷材冷贴满铺 1.2mm 厚	30～38	34
屋面改性沥青防水卷材满铺 1.2mm 厚	38～38	38
屋面冷贴氯磺化聚乙烯卷材冷贴满铺 1.2mm 厚	36～49	43
屋面冷贴再生橡胶卷材冷贴满铺 1.5mm 厚	40～47	44
屋面冷贴三元乙丙橡胶卷材冷贴满铺 1.2mm 厚	50～60	55
屋面满铺防水柔毡热贴、满铺二胶一毡一砂	58～58	58
屋面改性沥青防水卷材热熔单层	59～59	59
屋面聚氨酯涂膜防水 2mm 厚	68～68	68

第 6-2 章　建设工程的工料价格与指数

通过对建设项目造价构成的分析，"材料费与设备费"价值在其整个工程造价中的比例较大。所以，有必要对建设项目构成的主要材料设备的价格特征、价格档次、价格波动规律进行专题的研究，形成可"掐指一算"的决策指标。

第 1 节　工日指标与人工费价格

根据工程造价的价格波动规律分析，人工费的价格波动性大，因此根据不同功能的房屋建立人工工日数量速算指标十分必要。

1.1　工日数指标

根据对《深圳 2006 建设工程经济指标》、《深圳建设工程经济指标 2011》及相关造价管理站发布的经济指标分析，进行了统计归纳，建设工程的"工日数量指标"如下（人工总工日数量＝建筑面积×指标）：

表 6-2-1

类别	住宅	办公楼	综合楼	教学楼	厂房
工日/m²	3.5～6.5	4.20～7.5	4.5～6.5	4.5～7.2	4.0～4.5

1.2　人工费价格

根据"浙江省建设工程造价管理总站"发布的"2011 年四季度建筑工种人工成本信息"数据如下：

表 6-2-2

	区域与城市	普通工	模板工	钢筋工	混凝土工	架子工	砌筑工	抹灰工	镶贴工	饰木工
华北	1 北京市	90	113	105	100	100	109	109	119	148
	2 天津市	70	138	124	114	130	123	126	143	129
	3 石家庄市	85	105	94	93	98	100	96	110	120
	4 太原市	80	95	95	85	100	90	90	100	100
	5 呼和浩特市	80	145	130	80	145	160	145	185	160

区域与城市		普通工	模板工	钢筋工	混凝土工	架子工	砌筑工	抹灰工	镶贴工	饰木工
东北	6 沈阳市	83	120	120	100	100	120	133	120	133
	7 长春市	100	160	120	120	120	160	180	180	160
	8 哈尔滨市	120	220	190	120	170	230	220	250	220
华东	9 上海市	90	116	110	103	112	114	115	127	130
	10 南京市	86	106	103	95	105	109	105	110	115
	11 杭州市	102	149	137	139	150	141	136	141	144
	12 合肥市	60	93	83	78	93	90	87	98	102
	13 福州市	110	200	170	160	200	160	158	200	200
	14 南昌市	82	128	114	104	111	110	110	116	131
	15 济南市	76	112	105	91	105	108	94	95	115
中南	16 郑州市	60	79	78	66	77	77	76	85	89
	17 武汉市	74	95	89	76	85	86	81	86	90
	18 长沙市	60	70	70	65	65	65	65	65	75
	19 广州市	65	80	75	75	85	75	80	80	90
	20 南宁市	68	100	88	83	85	80	83	100	100
	21 海口市	61	87	86	73	74	74	70	79	91
西南	22 重庆市	74	120	110	98	118	108	105	116	125
	23 成都市	78	120	112	87	118	105	98	106	136
	24 贵阳市	77	139	132	120	115	158	146	156	156
	25 昆明市	56	105	85	80	90	90	90	95	110
西北	26 西安市	85	105	105	100	105	105	105	110	110
	27 兰州市	80	100	95	90	95	105	105	110	110
	28 西宁市	90	146	115	103	123	130	150	157	158
	29 银川市	110	137	106	113	150	118	130	133	141
	30 乌鲁木齐市	105	150	135	124	117	163	136	150	138
平均日工价		82	121	109	98	111	115	114	124	128
平均月工价		1781	2634	2379	2128	2423	2510	2482	2698	2774

表 6-2-3

	区域与城市	防水工	油漆工	管工	电工	通风工	电焊工	起重工	玻璃工	制品工
华北	1 北京市	107	136	107	107	107	104	90	133	100
	2 天津市	110	109	111	114	104	104	89	109	108
	3 石家庄市	90	85	86	90	90	90	85	90	86
	4 太原市	80	85	80	90	85	100	95	100	100
	5 呼和浩特市	126	120	130	120	120	130	90	110	110
东北	6 沈阳市	93	100	100	100	100	93	100	100	90
	7 长春市	140	140	140	140	140	120	120	120	100
	8 哈尔滨市	160	170	170	170	145	160	145	120	170
华东	9 上海市	106	112	112	118	114	124	112	110	116
	10 南京市	95	95	98	98	95	106	105	102	106
	11 杭州市	147	142	136	138	137	155	152	137	151
	12 合肥市	81	81	87	102	87	110	108	87	99
	13 福州市		150	160	160	155	200			
	14 南昌市	102	100	92	96	96	102	92	91	105
	15 济南市	98	106	96	95	91	102	94	98	98
中南	16 郑州市	69	71	70	71	72	77	73	69	74
	17 武汉市	69	69	76	82	82	93	80	65	73
	18 长沙市	70	75	70	70	70	70	70	75	70
	19 广州市	80	80	80	90	80	90	80	80	80
	20 南宁市	85		85		85		100	70	
	21 海口市	68	80	72	67	68	75	64	70	75
西南	22 重庆市	96	107	94	95	95	106	92	94	96
	23 成都市	88	92	89	91	85	91	82	76	79
	24 贵阳市	111	116	103	105	97	114	94	96	105
	25 昆明市	80	85	85	85	85	85	90	85	85
西北	26 西安市	100	100	105	105	105	115	105	100	105
	27 兰州市	90	90	90	95	90	110	85	85	85
	28 西宁市	98	114	101	114	100	124	90	115	95
	29 银川市	108	128	109	127	135	141	132	107	112
	30 乌鲁木齐市	110	114	113	114	111	136	102	101	110
	平均日工价	99	105	102	104	101	111	96	97	99
	平均月工价	2143	2288	2209	2272	2206	2412	2090	2116	2162

模块六 建设工程的造价指标与工料价格

第2节 材料设备的划分标准

2.1 材料设备的定义

由于材料与设备对工程计价的方式是有影响的，因此，有必要对材料与设备进行定义与分类，根据国家"住建部"发布的且于 2009 年 12 月 1 日起实施的《建设工程计价设备材料划分标准》GB/T 50531—2009 规定的材料与设备的定义如下：

表 6-2-4

材料	(1) 为完成建筑、安装工程所需的，经过工业加工的原料和设备本体以外的零配件、附件、成品、半成品等。
设备	(2) 经过加工制造，由多种部件按各自用途组成独特结构，具有生产加工、动力、传送、储存、运输、科研、容量及能量传递或转换等功能的机器、容器和成套装置等。

2.2 材料设备划分原则

划分设备与材料首先应根据设备供货范围、特性等情况确定，不应单纯就名称硬性确定为设备或材料。

对于成套设备范围的确定，应根据设备制造厂的文件、采购供应的供货合同范围以及设备制造厂文件上列出的清单项目确定是否属于设备，凡在设备制造厂文件上列出的清单项目，且实际供应的，应属于设备范围。

表 6-2-5

建筑设备	(1) 房屋建筑及其配套的附属工程中电气、采暖、通风空调、给排水、通信及建筑智能等为房屋功能服务的设备。
工艺设备	(2) 为工业、交通等生产性建设项目服务的各类固定和移动设备。
工艺性主要材料	(3) 工业、交通等生产性工程项目中作为工艺或装置的主要材料，如：长输管道、长输电缆、长输光纤电缆，以及达到规定规模、压力、材质要求的阀门、器具等。

第3节　材料价格的指数

3.1　材料价格指数的作用

　　价格与时间有直接的关系，材料价格是指某个静态时点的价格，取决于"建材市场"行情的波动而涨或跌，所以，一般可引用"材料价格的指数"来反映价格的波动情况，除非材料的价格来源可以做到"在线更新"。

　　在建设工程的工程造价构成中，根据统计数据分析，材料与设备占工程总价的比例为50%～70%，可见，控制住了材料与设备的价格后，工程造价的控制效果才能真正达到。尤其在房地产开发项目在投资立项阶段，利用"材料价格指数"并根据外部建材的市场行情及开发周期预测房地产的开发的"动态成本"是较为有效的方法。

3.2　价格指数的数据分析

　　下面就根据深圳市造价管理站发布的"建安工程材料与市政工程材料"二类材料的价格指数，来反映建材市场于2006年至2011年之间的波动规律：

表 6-2-6

时间	建安类	市政类	时间	建安类	市政类	时间	建安类	市政类
2006 年 6 月	100.0	100.0	2009 年 7 月	106.36	107.03	2010 年 10 月	115.14	116.72
2008 年 5 月	117.3	121.1	2009 年 8 月	107.96	109.26	2010 年 11 月	117.24	118.50
2008 年 6 月	117.5	123.0	2009 年 9 月	105.83	107.89	2010 年 12 月	120.74	122.10
2008 年 7 月	118.0	123.9	2009 年 10 月	101.51	106.82	2011 年 1 月	119.99	121.35
2008 年 8 月	116.4	121.7	2009 年 11 月	102.29	107.28	2011 年 2 月	120.60	122.32
2008 年 9 月	113.4	119.0	2009 年 12 月	106.98	106.75	2011 年 3 月	118.97	120.31
2008 年 10 月	105.3	108.8	2010 年 1 月	107.80	107.46	2011 年 4 月	119.26	120.98
2008 年 11 月	101.9	105.2	2010 年 2 月	107.34	106.88	2011 年 5 月	119.58	121.61
2008 年 12 月	101.3	106.2	2010 年 3 月	109.43	109.97	2011 年 6 月	119.26	121.25
2009 年 1 月	101.7	106.1	2010 年 4 月	112.72	113.67	2011 年 7 月	119.74	121.59
2009 年 2 月	101.4	105.7	2010 年 5 月	111.30	112.11	2011 年 8 月	120.93	122.97
2009 年 3 月	99.8	104.0	2010 年 6 月	110.18	111.07	2011 年 9 月	121.42	123.50
2009 年 4 月	99.5	103.6	2010 年 7 月	109.48	110.15	2011 年 10 月	119.15	121.32
2009 年 5 月	99.5	104.5	2010 年 8 月	113.69	115.46	2011 年 11 月	117.91	119.87
2009 年 6 月	101.5	105.7	2010 年 9 月	115.19	117.07	2011 年 12 月	117.26	119.24

从上表数据分析，2009 年 3～5 月价格指数是低于基数 2006 年的，其他都是处于上涨趋势，平均每个月的上涨 0.4%。

第 4 节　建筑工程的材料设备

4.1　土建常用材料

4.1.1　钢材

（1）钢材含量

根据深圳造价工程师协会出版的《建设工程经济指标分析案例汇编》中的数据，将建设工程钢材含量指标归纳如下表：

表 6-2-7

建筑形态	kg/m²	建筑形态	kg/m²
别墅，框架结构，3 层	57	商住楼，框剪结构，15 层	62
住宅，砖混结构，7 层	26	公寓式办公楼，−1+27 层	57
住宅，砖混结构，−1+7 层	28	酒店，框剪结构，−1+9 层	99
住宅，框架结构，−1+7 层	54	商业大厦，框剪结构，−1+32 层	50
住宅，框架结构，−1+20 层	61	教学楼，框架结构，5 层	56
住宅，框架结构，−1+29 层	76	地下车库，1 层	138
住宅，框架结构，11～13 层	47	小区地下室，1 层	162
商住楼，框剪结构，11 层	59	厂房，构架结构，5 层	83

（2）钢材价格

根据"上海建筑建材业"网站发布各年度的静态的时点价格摘录如下，并分析其价格动态波动的规律：

表 6-2-8

序号	名称	规格	单位	2006 年 1 月	2012 年 6 月	波动幅度	年均波动
1	热轧盘条	碳结钢 Φ6.5mm	t	3132	4122	32%	4.9%
2	热轧盘条	碳结钢 Φ8.0mm	t	3122	4122	32%	4.9%
3	热轧圆钢 碳结钢 A 级钢 Φ11～12mm		t	3272	4342	33%	5.0%

序号	名称	规格	单位	2006年1月	2012年6月	波动幅度	年均波动
4	螺纹钢	HRB335(Ⅱ级)10mm	t	3052	4282	40%	6.2%
5	螺纹钢 HRB335(Ⅱ级)12～14mm		t	2992	4242	42%	6.4%
6	螺纹钢 HRB335(Ⅱ级)16～18mm		t	2982	4182	40%	6.2%
7	螺纹钢 HRB335(Ⅱ级)20～25mm		t	2972	4152	40%	6.1%
8	螺纹钢 HRB335(Ⅱ级)28～32mm		t	3072	4242	38%	5.9%
9	钢筋混凝土用钢筋	综合价	t	2997	4195	40%	6.1%

4.1.2 预拌混凝土

(1) 混凝土的含量

根据深圳造价工程师协会出版的《建设工程经济指标分析案例汇编》及深圳市建设工程造价管理站发布的《2006年深圳市建设工程技术经济指标》中的数据分析，将其混凝土的含量指标归纳如下表：

表 6-2-9

序号	建筑形态	含量指标	单位
1	住宅，N≤10层	33%～47%	m³/m²
2	住宅，N>10层	43%～62%	m³/m²
3	办公楼，N≤10层	35%～50%	m³/m²
4	办公楼，N>10层	56%～59%	m³/m²
5	综合楼，N≤10层	37%～56%	m³/m²
6	综合楼，N>10层	46%～55%	m³/m²
7	教学楼，N≤10层	31%～45%	m³/m²
8	酒店，－4+43层	55%	m³/m²
9	商业中心，－1+4层	65%	m³/m²
10	厂房，0+4层	43%	m³/m²

(2) 混凝土的价格

根据"上海建筑建材业"网站发布各年度的静态的时点价格摘录如下，并分析其价格动态波动的规律：

模块六 建设工程的造价指标与工料价格

表 6-2-10

序号	名称	规格（不含泵送费）	单位	2006—01	2012—06	波幅	年波动
1	泵送商品混凝土 5～25 石子	C20 坍落度 12cm±1	m³	262	378	44%	7%
2	泵送商品混凝土 5～25 石子	C25 坍落度 12cm±1	m³	264	384	45%	7%
3	泵送商品混凝土 5～25 石子	C30 坍落度 12cm±1	m³	266	389	46%	7%
4	泵送商品混凝土 5～25 石子	C35 坍落度 12cm±1	m³	271	404	49%	8%
5	泵送商品混凝土 5～25 石子	C40 坍落度 12cm±1	m³	276	412	49%	8%
6	泵送商品混凝土 5～25 石子抗渗 S_8	C20 坍落度 12cm±1	m³	263	380	44%	7%
7	泵送商品混凝土 5～25 石子抗渗 S_8	C25 坍落度 12cm±1	m³	266	391	47%	7%
8	泵送商品混凝土 5～25 石子抗渗 S_8	C30 坍落度 12cm±1	m³	271	397	46%	7%
9	泵送商品混凝土 5～25 石子抗渗 S_8	C35 坍落度 12cm±1	m³	276	412	49%	8%
10	泵送商品混凝土 5～25 石子抗渗 S_8	C40 坍落度 12cm±1	m³	281	420	49%	8%

4.1.3 桩基础含量

根据《深圳技术经济指标 20011》书中的典型工程案例的统计分析，对于"钻孔混凝土桩、人工挖孔桩、预制混凝土管桩"的含量指标统计如下：

表 6-2-11

含量指标	钻孔混凝土桩	预制混凝土管桩	人工挖孔桩
m/总建筑面积	17%～22%	20%～31%	5%～13%
根数/基底面积	5%～6%	7%～8%	7%～8%

4.2 砌筑类材料

（1）含量指标

根据深圳造价工程师协会出版的《建设工程经济指标分析案例汇编》及深圳市建设工程造价管理站发布的《2006年深圳市建设工程技术经济指标》中的数据分析，将其砌体的含量指标归纳如下表：

表 6-2-12

建筑形态	外墙 m³/m²	内墙 m³/m²	合计	建筑形态	外墙 m³/m²	内墙 m³/m²	合计
公寓 0+17 层	4.0%	11.0%	15.0%	大厦－2+11 层	0.0%	12.0%	12.0%
住宅 0+20 层	7.8%	10.3%	18.1%	酒店－4+43 层	0.0%	11.0%	11.0%
住宅 0+34 层	5.2%	10.7%	15.9%	大厦－2+4+37 层	2.5%	4.1%	6.6%
住宅－2+32 层	6.2%	2.5%	8.7%	酒店 0+9 层	—		18.0%
住宅－3+23 层	9.0%	6.0%	15.0%	商业中心－2+3+9 层			3.4%
住宅－3+3 层	3.2%	5.4%	8.6%	商业中心－1+4 层			9.3%
大厦－3+29 层	5.5%	8.5%	14.0%	厂房－1+4 层	2.3%	1.8%	2.3%
办公楼－2+32 层	4.1%	8.6%	12.7%	厂房 0+4 层	3%	2%	4.7%

（2）材料价格

通过分析砌筑工程墙体的各类砌体专用的主要材料主要有黏土砖类、混凝土类（加入了各类添加剂）、石料。块料的轮廓尺寸表现为多样性，为了便于投资管理者快速估算，将砌块的计量单位统一为：元/m³。

表 6-2-13

序号	材料内容	耗材系数	2006 年	2010 年	单位	年均波动
1	毛石	1.12	55	59	元/m³	1.4%
2	普通混凝土空心砌块	0.94	264	165	元/m³	−7.5%
3	蒸压灰砂砖	0.91	174	175	元/m³	0.2%
4	标准砖	0.77	133	185	元/m³	7.8%
5	烧结粉煤灰砖	0.83	160	185	元/m³	3.1%
6	泡沫混凝土砌块	0.94	281	200	元/m³	−5.8%
7	蒸压加气混凝土砌块	0.76	353	205	元/m³	−8.4%

序号	材料内容	耗材系数	2006 年	2010 年	单位	年均波动
8	炉渣混凝土空心砌块	0.94	248	260	元/m³	0.9%
9	膨胀珍珠岩砌块	0.99	304	269	元/m³	−2.3%
10	陶粒砌块	0.93	307	300	元/m³	−0.4%
11	料石	1.04	951	350	元/m³	−12.6%
12	方整石	0.96	426	550	元/m³	5.8%

4.3 瓦块类材料

表 6-2-14

序号	材料内容	单位	消耗系数	2006 年	2010 年	单位	年均波动
1	黏土瓦筒	千块/m²	0.04	93	110	元/千块	3.7%
2	小青瓦盖瓦	千块/m²	0.09	152	150	元/千块	−0.2%
3	黏土瓦	千块/m²	0.08	193	200	元/千块	0.7%
4	小青瓦底瓦	千块/m²	0.07	158	230	元/千块	9.2%
5	西班牙瓦	千块/m²	0.02	4 819	4 312	元/千块	−2.1%
6	西班牙瓦脊	千块/m²	0.04	9 815	5 480	元/千块	−8.8%
7	玻璃钢脊瓦	m/m²	0.12	11	13	元/m	3.3%
8	彩钢脊瓦	m/m²	0.05	38	42	元/m	2.2%
9	玻璃钢波形瓦	m²/m²	1.34	16	18	元/m²	2.4%
10	镀锌薄钢板波纹瓦	m²/m²	1.21	24	24	元/m²	0.4%
11	镀锌薄钢板	m²/m²	0.04	22	24	元/m²	1.7%
12	多彩油毡瓦	m²/m²	1.04	无	38	元/m²	
13	彩钢板波形瓦	m²/m²	1.31	41	46	元/m²	2.4%
14	聚碳酸酯（PC）板	m²/m²	1.03	无	63	元/m²	
15	彩钢夹芯板	m²/m²	1.31	181	116	元/m²	−7.2%

模块六 建设工程的造价指标与工料价格

4.4 防水类材料

表 6-2-15

序号	材料内容	2006 年	2010 年	单位	年均波动
1	石油沥青油毡	2.4	2.2	元/m²	−1.7%
2	玻璃纤维布	3.6	4.4	元/m²	4.4%
3	氯化聚乙烯橡胶卷材	23.5	12.0	元/m²	−9.8%
4	聚氯乙烯灰色 PVC 卷材	23.5	14.0	元/m²	−8.1%
5	氯磺化聚乙烯卷材	23.5	16.0	元/m²	−6.4%
6	聚氯乙烯灰色 PVC 卷材	29.4	16.0	元/m²	−9.1%
7	防水柔毡	17.7	17.0	元/m²	−0.8%
8	聚氯乙烯灰色 PVC 卷材	32.7	18.0	元/m²	−9.0%
9	再生橡胶卷材	22.6	23.0	元/m²	0.4%
10	氯丁橡胶防水卷材	22.6	24.8	元/m²	1.9%
11	改性沥青卷材	17.7	25.0	元/m²	8.2%
12	聚乙烯丙纶双面复合防水卷材	26.1	26.0	元/m²	−0.1%
13	三元乙丙橡胶卷材	27.1	29.0	元/m²	1.4%
14	改性沥青卷材	50.5	46.0	元/m²	−1.8%

4.5 防腐类材料

表 6-2-16

序号	材料内容	2006 年	2010 年	单位	年均波动
1	石油沥青砂浆	502	744	元/m³	9.7%
2	铁屑水泥砂浆	876	907	元/m³	0.7%
3	水玻璃耐酸砂浆	1 806	1 897	元/m³	1.0%
4	重晶石砂浆	2 307	2 323	元/m³	0.1%
5	耐酸混凝土	2 146	2 511	元/m³	3.4%
6	水玻璃胶泥	2 520	2 973	元/m³	3.6%

序号	材料内容	2006 年	2010 年	单位	年均波动
7	硫磺混凝土	3 007	3 179	元/m³	1.1%
8	耐酸沥青胶泥	2 251	3 318	元/m³	9.5%
9	重晶石混凝土	3 205	3 999	元/m³	5.0%
10	硫磺砂浆	3 007	4 000	元/m³	6.6%
11	硫磺胶泥	6 531	6 592	元/m³	0.2%
12	环氧煤焦油砂浆	6 546	7 337	元/m³	2.4%
13	环氧呋喃树脂砂浆	9 198	9 802	元/m³	1.3%
14	环氧砂浆	12 536	12 235	元/m³	−0.5%
15	铸石板	102	102	元/m²	0.1%
16	过氯乙烯漆	8	6	元/kg	−4.6%
17	沥青漆	6	7	元/kg	2.8%
18	聚乙烯漆稀释剂	8	8	元/kg	−1.0%
19	漆酚树脂	12	12	元/kg	0.2%
20	氯磺化聚乙烯漆	14	14	元/kg	−0.3%
21	聚氨酯漆	17	18	元/kg	0.3%
22	耐酸陶片	40	40	元/m²	0.2%
23	耐酸瓷砖	149	149	元/m²	0.0%

4.6 保温类材料

表 6-2-17

序号	材料内容	2006 年	2010 年	单位	年均波动
1	聚氯乙烯薄膜	1.10	1.2	m²	1.1%
2	EPS 聚苯板	—	450.00	m³	—
3	耐碱玻璃纤维网格布 45g/m²	2.2	4.50	m²	21.9%
4	无纺布	—	3.50	m²	—
5	XPS 聚苯乙烯挤塑板	341.5	450.00	m³	6.4%
6	珍珠岩水泥板	200.2	500	m³	30.0%

序号	材料内容	2006 年	2010 年	单位	年均波动
7	铝基反光隔热涂料	—	9	kg	—
8	防水涂膜稀浆	—	13.00	kg	—
9	现喷硬质聚氨酯泡沫塑料	—	450.00	m³	—
10	腻子膏防水型	4.0	6.00	kg	10.1%
11	聚氯乙烯热熔密封胶	14.6	15	kg	1.0%
12	石棉泥	611.7	673.20	t	2.0%
13	沥青矿渣棉	73.5	130.00	m³	15.4%
14	沥青玻璃棉	190.4	452.00	m³	27.5%
15	沥青玻璃棉毡 20	526.5	800.00	m³	10.4%
16	玻璃纤维网格布	3.6	4.40	m²	4.2%
17	脲醛泡沫塑料	221.8	157.30	m³	−5.8%
18	聚苯乙烯泡沫板 50	23.4	25.30	m²	1.6%
19	玻璃纤维布	2.2	2.20	m²	0.5%
20	寸方大阶砖 370×370	1429.0	1429.00	千块	0.0%
21	水泥珍珠岩浆	353.9	353	m³	0.0%

第 5 节　装饰工程的材料设备

5.1　木材基面的油漆涂料

(1) 含量指标

表 6-2-18

序号	材料内容	遍数	门 kg/m²	窗 kg/m²	其他 kg/m²	家具 kg/m²	扶手 kg/m
1	酚醛调和漆	3	0.47	0.39	0.24	0.14	0.05
2	聚氨酯漆	3	0.62	0.52	0.32	0.34	0.06
3	硝基清漆	3	0.51	0.42	0.26	0.27	0.05
4	过氯乙烯底漆	1	0.33	0.27	0.16	—	0.03
	过氯乙烯磁漆	2	0.66	0.55	0.33		0.07
	过氯乙烯清漆	3	0.88	0.74	0.39		0.08

序号	材料内容	遍数	门 kg/m²	窗 kg/m²	其他 kg/m²	家具 kg/m²	扶手 kg/m
5	酚醛调和漆	1	0.24	0.2	0.12	—	0.03
	酚醛清漆	1	0.04	0.03	0.02	—	0.01
6	酚醛调和漆	2	0.65	0.55	0.33	—	0.06
	酚醛清漆	1	0.01	0.01	0.01	—	0.01
	醇酸清漆	1	0.01	0.02	0.01	—	0.001
7	酚醛清漆	1	0.16	0.13	0.08	0.08	0.02
	丙烯酸清漆	3	0.79	0.66	0.4	0.42	0.08
8	硝基手扫漆	3	0.97	0.81	0.49	—	0.1
9	聚氨酯清漆	2	0.46	0.38	0.23	—	0.05
	亚光漆	3	0.75	0.63	0.38	—	0.08
10	防火漆	2	0.36	0.3	0.18	—	0.04

（2）材料价格

表 6-2-19

序号	材料内容	2006 年	2010 年	单位	年均波动
1	酚醛调和漆	9	7	元/kg	−3.7%
2	聚氨酯清漆	14	13	元/kg	−1.6%
3	硝基清漆	15	15	元/kg	0.0%
4	过氯乙烯底漆	9	11	元/kg	2.3%
	过氯乙烯磁漆	10	15	元/kg	8.7%
	过氯乙烯清漆	8	10	元/kg	4.4%
5	酚醛调和漆	9	7	元/kg	−3.7%
	酚醛清漆	9	10	元/kg	2.7%
6	酚醛调和漆	9	7	元/kg	−3.7%
	酚醛清漆	9	10	元/kg	2.7%
	醇酸清漆	11	11	元/kg	−1.3%
7	酚醛清漆	9	10	元/kg	2.7%
	丙烯酸清漆	19	18	元/kg	−1.0%
8	硝基手扫漆	15	18	元/kg	4.1%
9	聚氨酯清漆	14	13	元/kg	−1.6%
	亚光漆	19	14	元/kg	−5.3%
10	防火漆	13	13	元/kg	0.0%

模块六　建设工程的造价指标与工料价格

5.2 金属基面的油漆涂料

表 6-2-20

序号	材料内容	2006 年	2010 年	单位	年均波动
1	水玻璃	2	2	元/kg	−1.0%
2	酚醛调和漆	9	7	元/kg	−3.7%
3	沥青清漆	5	8	元/kg	11.3%
4	酚醛铁红防锈漆	7	8	元/kg	2.0%
5	酚醛耐酸漆	9	10	元/kg	1.9%
6	过氯乙烯清漆	8	10	元/kg	4.4%
7	酚醛防锈漆	8	10	元/kg	6.5%
8	过氯乙烯底漆	9	11	元/kg	2.3%
9	醇酸磁漆	13	11	元/kg	−2.4%
10	生漆（耐碱漆）	13	13	元/kg	0.2%
11	金属面防火漆	13	13	元/kg	0.0%
12	耐高温漆（耐热漆）	10	15	元/kg	—
13	过氯乙烯磁漆	10	15	元/kg	8.7%
14	水性无机富锌底漆	—	16	元/kg	—
15	聚氨酯面漆	19	16	元/L	−3.2%
16	环氧绝缘漆	17	18	元/kg	1.8%
17	环氧云铁漆	—	25	元/kg	—
18	聚硅氧烷面漆	—	25	元/L	—
19	环氧云母氧化铁中间漆	—	26	元/L	—
20	环氧富锌底漆	12	26	元/kg	24.1%
21	铝银漆	21	26	元/kg	5.2%
22	无机富锌底漆	—	29	元/kg	—
23	环氧富锌漆	12	33	元/kg	35.4%
24	金属氟碳漆	—	120	元/kg	—

5.3 抹灰基面的油漆涂料

表 6-2-21

序号	材料内容	2006 年	2010 年	单位	年均波动
1	喷塑骨油	3	3	元/kg	−1.0%
2	乳胶漆 8205	4	4	元/kg	0.0%
3	多彩底涂料	5	5	元/kg	−0.4%
4	丙烯酸彩砂涂料	5	5	元/kg	2.7%
5	多彩中涂料	6	6	元/kg	−1.3%
6	喷塑底漆	6	6	元/kg	1.1%
7	砂胶料	8	7	元/kg	−1.0%
8	酚醛调和漆	9	7	元/kg	−3.7%
9	水性水泥漆	9	8	元/kg	−2.7%
10	喷塑面漆	8	8	元/kg	−1.0%
11	防水涂料	5	9	元/kg	14.7%
12	仿瓷涂料	1	9	元/kg	113.9%
13	过氯乙烯清漆	8	10	元/kg	4.4%
14	过氯乙烯底漆	9	10	元/kg	0.2%
15	酚醛清漆	9	10	元/kg	2.7%
16	乳胶漆	12	13	元/kg	1.0%
17	壁纸	9	13	元/kg	10.6%
18	内墙真石涂料	27	15	元/kg	−8.9%
19	过氯乙烯磁漆	10	15	元/kg	8.7%
20	艺术涂料	18	15	元/kg	−3.1%
21	内墙乳胶底漆	23	16	元/kg	−6.1%
22	多彩面涂料	16	16	元/kg	0.0%
23	内墙彩绒涂料—中（水性绒面涂料中涂层）	23	16	元/kg	−6.1%
24	弹性浮雕骨浆	16	16	元/kg	0.4%
25	内墙彩绒涂料—底（封闭乳胶底涂料）	23	21	元/kg	−1.5%
26	地坪漆	58	22	元/kg	−12.3%
27	内墙乳胶面漆	21	23	元/kg	1.0%

序号	材料内容	2006 年	2010 年	单位	年均波动
28	耐候外墙漆	45	24	元/kg	−9.4%
29	弹性质感装饰涂料	24	24	元/kg	0.0%
30	外墙水性底涂料	30	25	元/kg	−3.1%
31	外墙真石涂料	37	25	元/kg	−6.4%
32	抗碱底漆	40	25	元/kg	−7.4%
33	普通内墙涂料	无	25	元/kg	
34	内墙彩绒涂料一面（水性绒面涂料）	29	25	元/kg	−2.9%
35	外墙一喷浮雕型涂料一底（抗碱底涂）	39	25	元/kg	−7.1%
36	渗透底涂料	25	25	元/kg	0.0%
37	弹性彩石漆	16	25	元/kg	10.7%
38	外墙油性底漆	37	26	元/kg	−5.9%
39	外墙水性乳胶漆	43	29	元/kg	−6.4%
40	透明防尘面涂料	50	30	元/kg	−8.0%
41	地坪底漆	52	30	元/kg	−8.5%
42	防霉涂料	11	30	元/kg	37.2%
43	釉面仿古涂料	46	32	元/kg	−6.1%
44	高弹彩色防水屋面漆	55	32	元/kg	−8.4%
45	防水底漆	47	35	元/kg	−5.1%
46	梦幻粉彩涂料	57	35	元/kg	−7.8%
47	铜线导电网	31	38	元/kg	4.0%
48	外墙油性乳胶漆	61	42	元/kg	−6.2%
49	导电中层漆	47	45	元/kg	−0.8%
50	高光耐磨面漆	73	45	元/kg	−7.7%
51	丝光乳胶漆	44	48	元/kg	1.9%
52	抗静电面漆	89	50	元/kg	−8.7%
53	外墙一喷浮雕型涂料一面（复层罩面涂料）	52	55	元/kg	1.1%
54	氟碳漆	—	90	元/kg	—
55	硅基金属漆	132	132	元/kg	−0.1%
56	织锦缎	188	188	元/kg	0.0%

5.4 块料类的装饰材料

表 6-2-22

序号	内容	2006 年	2010 年	单位	年均波动
1	水泥花阶砖	8	10	元/m²	5.0%
2	缸砖	14	14	元/m²	−0.3%
3	马赛克	19	16	元/m²	3.4%
4	200×200×30 水泥花砖	12	17	元/m²	7.5%
5	400×200 瓷质仿石砖	67	18	元/m²	−14.6%
6	400×200 仿石砖	67	18	元/m²	−14.6%
7	500×500 瓷质仿古砖	68	24	元/m²	−12.9%
8	500×500 釉面砖	63	27	元/m²	−11.4%
9	300×150 瓷质梯级砖	—	28	元/m²	—
10	300×280 瓷质梯级砖	50	30	元/m²	−8.1%
11	300×300 瓷质梯级砖	42	32	元/m²	−4.7%
12	200×200 瓷质耐磨砖	26	32	元/m²	5.0%
13	δ5 橡胶板	35	37	元/m²	1.0%
14	100×100×18 广场砖	67	39	元/m²	−8.3%
15	陶瓷地砖	25	45	元/m²	16.2%
16	300×300 瓷质抛光砖	56	57	元/m²	0.5%
17	聚氨酯弹性安全地砖	63	63	元/m²	0.1%
18	预制水磨石块	33	74	元/m²	25.5%
19	实木地板	83	85	元/m²	0.4%
20	复合木地板	94	85	元/m²	−1.9%
21	泡沫塑料板踢脚线	95	104	元/m²	2.0%
22	500×500×8 幻影玻璃	108	112	元/m²	0.7%
23	镭射玻璃	167	167	元/m²	0.0%
24	橡胶软木地板	168	168	元/m²	0.0%
25	地毯	47	180	元/m²	56.7%
26	大理石	114	200	元/m²	15.1%
27	花岗石	204	220	元/m²	1.6%
28	树脂软木地板	257	257	元/m²	0.0%
29	成品金属地板	—	335	元/m²	—
30	木质活动地板	256	350	元/m²	7.3%
31	铝质活动地板	325	380	元/m²	3.4%

第6节 安装工程的材料设备

安装材料的种类、型号较为繁杂，其价格与时点坐标总是紧密相连接的，为了做到"掐指一算"的快速估算目标，笔者对部分安装类材料与设备进行价格规律的归纳，并形成"速算公式"，以便在建设工程的不同阶段快速测算其"材料费"。

6.1 安装材料价格速算公式

6.1.1 镀锌管

通过对《广州建设工程材料（设备）厂商价格信息》中关于管件价格的统计分析，其价格快算速查表如下：

表 6-2-23

管径	壁厚	2011年3月时段价格（元/m）	管径	壁厚	2011年3月时段价格（元/m）
DN15	2.0~3.25	0.26×管径(mm)×壁厚(mm)	DN100	2.5~5.50	0.23×管径(mm)×壁厚(mm)
DN20	2.0~3.50	0.26×管径(mm)×壁厚(mm)	DN125	3.5~8.00	0.22×管径(mm)×壁厚(mm)
DN25	2.0~3.75	0.26×管径(mm)×壁厚(mm)	DN150	3.75~8.00	0.22×管径(mm)×壁厚(mm)
DN32	2.0~4.00	0.25×管径(mm)×壁厚(mm)	DN200	3.5~8.00	0.23×管径(mm)×壁厚(mm)
DN40	2.0~4.00	0.23×管径(mm)×壁厚(mm)	DN250	5.0~8.00	0.26×管径(mm)×壁厚(mm)
DN50	2.0~4.00	0.24×管径(mm)×壁厚(mm)	DN300	5.0~8.00	0.26×管径(mm)×壁厚(mm)
DN65	2.5~5.00	0.23×管径(mm)×壁厚(mm)			

6.1.2 塑料管

表 6-2-24

材料名称及特征	规格	2011 年 3 月时段价格(元/m)
PVC-U 排水管	Φ32×2～Φ400×9.8	0.07×管径(mm)×壁厚(mm)
PVC-U 雨水管-压力管	Φ110×4.0～Φ250×8.0	0.07×管径(mm)×壁厚(mm)
PVC-U 内螺旋	Φ75×2.3～Φ160×4.0	0.08×管径(mm)×壁厚(mm)
PVC-U 中空螺旋消音管-Ⅰ型	Φ75×3.8～Φ160×5.0	0.06×管径(mm)×壁厚(mm)
PVC-U 中空螺旋消音管-Ⅱ型	Φ50×4.8～Φ160×7.0	0.05×管径(mm)×壁厚(mm)
PVC-U 中空壁消音管	Φ50×4.8～Φ160×7.0	0.04×管径(mm)×壁厚(mm)
PVC-U 给水管 0.63MPa	Φ63×2.0～Φ160×4.0	0.07×管径(mm)×壁厚(mm)
PVC-U 给水管 1.0MPa	Φ40×2.0～Φ110×4.2	0.06×管径(mm)×壁厚(mm)
PVC-U 给水管 1.6MPa	Φ25×2.0～Φ110×6.6	0.06×管径(mm)×壁厚(mm)
PVC-U 给水管 2.0MPa	Φ20×2.0～Φ40×3.7	0.06×管径(mm)×壁厚(mm)
PVC-U 给水管 2.5MPa	Φ20×2.3～Φ32×3.6	0.06×管径(mm)×壁厚(mm)
PP-R 给水管 1.25MPa	Φ20×2.0～Φ160×14.6	0.08×管径(mm)×壁厚(mm)
PP-R 给水管 1.6MPa	Φ16×1.9～Φ160×17.9	0.08×管径(mm)×壁厚(mm)
PP-R 给水管 2.0MPa	Φ16×2.2～Φ160×21.9	0.08×管径(mm)×壁厚(mm)
PP-R 给水管 2.5MPa	Φ20×3.4～Φ160×26.6	0.08×管径(mm)×壁厚(mm)
PE 燃气管≤0.2MPa-PE80	Φ20×2.3～Φ400×22.8	0.08×管径(mm)×壁厚(mm)
PE 燃气管≤0.4MPa-PE80	Φ20×3.0～Φ315×28.6	0.08×管径(mm)×壁厚(mm)

6.1.3 配线管

表 6-2-25

材料名称与特征	规格	2011 年 3 月时段价格
热浸锌电线套管	φ20×1.2～φ50×2.0	0.26×管径(mm)×壁厚(mm)
热镀锌板电线套管	φ20×1.0～φ50×2.0	0.19×管径(mm)×壁厚(mm)
PVC 通信管	Φ50×2.0～Φ200×4.5	0.07×管径(mm)×壁厚(mm)
中型(305)PVC 难燃电线套管	Φ16～Φ50	0.12×管径(mm)
重型(405)PVC 难燃电线套管	Φ16～Φ50	0.15×管径(mm)

模块六 建设工程的造价指标与工料价格

6.1.4 电缆

表 6-2-26

材料的科目与规格	2011 年 3 月的价格
铜芯聚氯乙烯绝缘电线－BV,截面 1.5～400	0.8×截面(mm²)
铜芯聚氯乙烯绝缘电线－BVV,截面 1.5～400	0.9×截面(mm²)
铜芯聚氯乙烯绝缘电线－BVR,截面 1.5～400	0.9×截面(mm²)
0.6/1kV 铜芯聚氯乙烯绝缘聚氯乙烯护套电力电缆(VV)－单芯,截面 1.5～4	1.2×截面(mm²)
0.6/1kV 铜芯聚氯乙烯绝缘聚氯乙烯护套电力电缆(VV)－单芯,截面 6～630	0.9×截面(mm²)
0.6/1kV 铜芯聚氯乙烯绝缘聚氯乙烯护套电力电缆(VV)－双芯,截面 1.5～10	2.5×截面(mm²)
0.6/1kV 铜芯聚氯乙烯绝缘聚氯乙烯护套电力电缆(VV)－双芯,截面 16～630	1.7×截面(mm²)
0.6/1kV 铜芯聚氯乙烯绝缘聚氯乙烯护套电力电缆(VV)－三芯,截面 1.5～4	3.5×截面(mm²)
0.6/1kV 铜芯聚氯乙烯绝缘聚氯乙烯护套电力电缆(VV)－三芯,截面 6～630	2.5×截面(mm²)
0.6/1kV 铜芯聚氯乙烯绝缘聚氯乙烯护套电力电缆(VV)－四芯,截面 1.5～4	5.0×截面(mm²)
0.6/1kV 铜芯聚氯乙烯绝缘聚氯乙烯护套电力电缆(VV)－四芯,截面 6～630	3.2×截面(mm²)
0.6/1kV 铜芯聚氯乙烯绝缘聚氯乙烯护套电力电缆(VV)－五芯,截面 1.5～4	6.0×截面(mm²)
0.6/1kV 铜芯聚氯乙烯绝缘聚氯乙烯护套电力电缆(VV)－五芯,截面 6～630	4.0×截面(mm²)
0.6/1kV 铜芯聚氯乙烯绝缘钢带铠装聚氯乙烯护套电力电缆(VV22)－单芯,截面 10～630	0.9×截面(mm²)
0.6/1kV 铜芯聚氯乙烯绝缘钢带铠装聚氯乙烯护套电力电缆(VV22)－双芯,截面 1.5～4	3.8×截面(mm²)
0.6/1kV 铜芯聚氯乙烯绝缘钢带铠装聚氯乙烯护套电力电缆(VV22)－双芯,截面 16～630	1.9×截面(mm²)
0.6/1kV 铜芯聚氯乙烯绝缘钢带铠装聚氯乙烯护套电力电缆(VV22)－三芯,截面 1.5～4	4.8×截面(mm²)
0.6/1kV 铜芯聚氯乙烯绝缘钢带铠装聚氯乙烯护套电力电缆(VV22)－三芯,截面 16～630	2.6×截面(mm²)

材料的科目与规格	2011 年 3 月的价格
0.6/1kV 铜芯聚氯乙烯绝缘钢带铠装聚氯乙烯护套电力电缆 （VV22）—四芯，截面 1.5～4	6.3×截面（mm²）
0.6/1kV 铜芯聚氯乙烯绝缘钢带铠装聚氯乙烯护套电力电缆 （VV22）—四芯，截面 16～630	3.5×截面（mm²）
0.6/1kV 铜芯聚氯乙烯绝缘钢带铠装聚氯乙烯护套电力电缆 （VV22）—五芯，截面 1.5～4	8.0×截面（mm²）
0.6/1kV 铜芯聚氯乙烯绝缘钢带铠装聚氯乙烯护套电力电缆 （VV22）—五芯，截面 16～630	4.3×截面（mm²）

6.2 建安工程材料费指数

表 6-2-27

时间	材料费指数	时间	材料费指数
2006 年 6 月	100	2010 年 3 月	109
2008 年 5 月	117	2010 年 4 月	113
2008 年 6 月	118	2010 年 5 月	111
2008 年 7 月	118	2010 年 6 月	110
2008 年 8 月	116	2010 年 7 月	109
2008 年 9 月	113	2010 年 8 月	114
2008 年 10 月	105	2010 年 9 月	115
2008 年 11 月	102	2010 年 10 月	115
2008 年 12 月	101	2010 年 11 月	117
2009 年 1 月	102	2010 年 12 月	121
2009 年 2 月	101	2011 年 1 月	120
2009 年 3 月	100	2011 年 2 月	121
2009 年 4 月	100	2011 年 3 月	119
2009 年 5 月	100	2011 年 4 月	119
2009 年 6 月	102	2011 年 5 月	120
2009 年 7 月	106	2011 年 6 月	119
2009 年 8 月	108	2011 年 7 月	120
2009 年 9 月	106	2011 年 8 月	121
2009 年 10 月	102	2011 年 9 月	121
2009 年 11 月	102	2011 年 10 月	119
2009 年 12 月	107	2011 年 11 月	118
2010 年 1 月	108	2011 年 12 月	117
2010 年 2 月	107	2012 年 1 月	116

6.3 市政工程材料费指数

表 6-2-28

时间	材料费指数	时间	材料费指数
2006 年 6 月	100	2010 年 3 月	110
2008 年 5 月	121	2010 年 4 月	114
2008 年 6 月	123	2010 年 5 月	112
2008 年 7 月	124	2010 年 6 月	111
2008 年 8 月	122	2010 年 7 月	110
2008 年 9 月	119	2010 年 8 月	115
2008 年 10 月	109	2010 年 9 月	117
2008 年 11 月	105	2010 年 10 月	117
2008 年 12 月	106	2010 年 11 月	119
2009 年 1 月	106	2010 年 12 月	122
2009 年 2 月	106	2011 年 1 月	121
2009 年 3 月	104	2011 年 2 月	122
2009 年 4 月	104	2011 年 3 月	120
2009 年 5 月	105	2011 年 4 月	121
2009 年 6 月	106	2011 年 5 月	122
2009 年 7 月	107	2011 年 6 月	121
2009 年 8 月	109	2011 年 7 月	122
2009 年 9 月	108	2011 年 8 月	123
2009 年 10 月	107	2011 年 9 月	124
2009 年 11 月	107	2011 年 10 月	121
2009 年 12 月	107	2011 年 11 月	120
2010 年 1 月	107	2011 年 12 月	119
2010 年 2 月	107	2012 年 1 月	118

第6-3章 实例：建设项目工程费的估算

一、案例背景资料

(一) 技术经济指标

1.1 地块的主要技术经济指标

技术经济指标的科目	单位	数量
总用地面积	m²	51 096
	公顷	5.1
	亩	77
容积率		2.4
建筑密度		9.8%
绿地率		40%
建筑基底面积	m²	50 13
总建筑面积	m²	153 648
地下建筑面积	m²	32 000
地上建筑面积	m²	121 648
地上建筑面积—住宅用房	m²	97 328
地上建筑面积—商业用房	m²	2 820
地上建筑面积—酒店	m²	21 500
总户数	户	930
总人数	人	2 976
停车位	个	780

1.2 楼盘的建筑形态

使用功能	层数	建筑形态	交楼标准
地下室	−1	为连体地下室	一般装饰标准
1号住宅	+24	独立的住宅,与连体地下室重叠,二梯四户	公共区域精装饰,套间内毛坯房
2号住宅	+24	独立的住宅,与连体地下室重叠,二梯四户	公共区域精装饰,套间内毛坯房
3号住宅	+27	独立的住宅,与连体地下室重叠,二梯四户	公共区域精装饰,套间内毛坯房
4号住宅	+33	独立的住宅,与连体地下室重叠,二梯四户	公共区域精装饰,套间内毛坯房
5号住宅	+33	独立的住宅,与连体地下室重叠,二梯四户	公共区域精装饰,套间内毛坯房
6号住宅	+33	独立的住宅,与连体地下室重叠,二梯四户	公共区域精装饰,套间内毛坯房
7号住宅	+33	独立的住宅,与连体地下室重叠,二梯四户	公共区域精装饰,套间内毛坯房
8号住宅	+33	独立的住宅,与连体地下室重叠,二梯四户	公共区域精装饰,套间内毛坯房
酒店	+29	与商场有一面相连,与连体地下室重叠	四星级
商业	+3	与酒店有一面相连,与连体地下室重叠	公共区域精装饰,套间内毛坯房

(二)需要解决的问题

(1)	根据速查表测算项目的营业成本
(2)	测算开发所需交纳的行政规费与税金

二、案例分析

(一)连体地下室的面积分摊

(1)工程量估算

长	宽	高	周长	地下室面积
250	128	6	756	32 000

(2)面积的分摊

地下室总面积	32 000

住宅科目	地上面积	分摊系数	地下面积
住宅	97 328	0.819	26 210
酒店	21 500	0.181	5 790
与地下室相关的面积	118 828	1.000	32 000

(二) 住宅工程费

(1) 工程量估算

成本科目	栋数	总层数	总面积	每栋地上面积	每层地上面积
1号、2号住宅	2	24	20 454	10 227	426
3号住宅	1	27	19 874	19 874	736
4～8号住宅	5	33	57 000	11 400	345
总地上面积			97 328		
分摊后的地下面积			26 210		
住宅总建筑面积			123 538		

(2) 住宅工程费的测算

序号	成本科目	工程量	造价指标	合计（元）	数据来源
一、	**建筑工程费**		**2 785**	**344 041 981**	
1.1	基坑围护	26 210	900	23 589 107	查数据表
1.2	土方工程	26 210	180	4 717 821	查数据表
1.3	地下主体结构	26 210	2 500	65 525 297	查数据表
1.4	地下建筑部分	26 210	300	7 863 036	查数据表
1.5	地上主体结构	97 328	1 100	107 060 800	查数据表
1.6	地上建筑部分	97 328	400	38 931 200	查数据表
1.7	屋面	97 328	30	2 919 840	查数据表
1.8	外立面	97 328	360	35 038 080	查数据表
1.9	室内公共区域精装饰	97 328	600	58 396 800	查数据表
二、	**机电安装工程费**		**570**	**70 416 728**	
2.1	给排水专业	123 538	100	12 353 812	查数据表
2.2	电气专业	123 538	140	17 295 337	查数据表
2.3	燃气专业	123 538	20	2 470 762	查数据表
2.4	消防专业	123 538	110	13 589 193	查数据表
2.5	弱电专业	123 538	70	8 647 668	查数据表
2.6	空调通风专业	123 538	—	—	查数据表
2.7	电梯专业	123 538	130	16 059 955	查数据表
Σ	住宅工程费		3 355	414 458 709	

(三) 酒店工程费

(1) 工程量的估算

成本科目	栋数	总层数	面积	每栋地上面积	每层地上面积
酒店地上面积	1	29	21 500	21 500	741
分摊的地下面积			5 790		
酒店的总面积			27 290		

(2) 工程费的测算

序号	成本科目	工程量	造价指标	合计 (元)	数据来源
一、	**建筑工程费**		**5 482**	**149 598 335**	**查数据表**
1.1	桩基础	21 500	300	6 450 000	查数据表
1.2	基坑围护	5 790	1400	8 105 834	查数据表
1.3	土方工程	5 790	200	1 157 976	查数据表
1.4	地下主体结构	5 790	3500	20 264 584	查数据表
1.5	地下建筑部分	5 790	500	2 894 941	查数据表
1.6	地上主体结构	21 500	1300	27 950 000	查数据表
1.7	地上建筑部分	21 500	600	12 900 000	查数据表
1.8	屋面	21 500	50	1 075 000	查数据表
1.9	外立面	21 500	1200	25 800 000	查数据表
1.10	地上内装饰	21 500	2000	43 000 000	查数据表
二、	**安装工程费**		**3 360**	**91 694 001**	**查数据表**
2.1	给排水专业	27 290	450	12 280 447	查数据表
2.2	电气专业	27 290	480	13 099 143	查数据表
2.3	燃气专业	27 290	30	818 696	查数据表
2.4	消防专业	27 290	190	5 185 077	查数据表
2.5	弱电专业	27 290	400	10 915 952	查数据表
2.6	空调送排风	27 290	850	23 196 399	查数据表
2.7	电梯	27 290	230	6 276 673	查数据表
2.8	泛光照明	27 290	80	2 183 190	查数据表
2.9	锅炉	27 290	50	1 364 494	查数据表
2.10	应急柴油发电机组	27 290	130	3 547 685	查数据表
2.11	擦窗机	27 290	50	1 364 494	查数据表
2.12	标识系统	27 290	30	818 696	查数据表
2.13	厨房	27 290	220	6 003 774	查数据表
2.14	游泳池设备	27 290	40	1 091 595	查数据表
2.15	康体设施	27 290	60	1 637 393	查数据表
2.16	洗衣设备	27 290	70	1 910 292	查数据表
Σ	酒店工程费		8 842	241 292 335	

（四）商场的工程费

（1）工程量的估算

成本科目	栋数	总层数	面积	每栋地上面积	每层地上面积
商场地上面积	1	3	2 820	2 820	940
分摊的地下面积			—		
商场的总面积			2 820		

（2）工程费的测算

序号	成本科目	工程量	造价指标	合计（元）	数据来源
一、	**建筑工程费**		**2 650**	**7 473 000**	**查数据表**
1.1	主体结构	2 820	1 000	2 820 000	查数据表
1.2	建筑部分	2 820	400	1 128 000	查数据表
1.3	屋面	2 820	150	423 000	查数据表
1.4	外立面	2 820	300	846 000	查数据表
1.5	室内装饰	2 820	800	2 256 000	查数据表
二、	**安装工程费**	**2 820**	**1 545**	**4 356 900**	**查数据表**
2.1	给排水专业	2 820	40	112 800	查数据表
2.2	电气专业	2 820	210	592 200	查数据表
2.3	燃气专业	2 820	25	70 500	查数据表
2.4	消防专业	2 820	180	507 600	查数据表
2.5	弱电专业	2 820	200	564 000	查数据表
2.6	空调送排风	2 820	450	1 269 000	查数据表
2.7	电梯	2 820	120	338 400	查数据表
2.8	泛光照明	2 820	30	84 600	查数据表
2.9	变配电	2 820	160	451 200	查数据表
2.10	应急柴油发电机组	2 820	70	197 400	查数据表
2.11	擦窗机	2 820	—	—	查数据表
2.12	标识系统	2 820	60	169 200	查数据表
Σ	商场的工程费		4 195	11 829 900	

（五）室外工程费

（1）工程量的测算

用地平衡表

用地功能	规范比例	L	R
住宅用地（R01）	70%～80%	35 767	40 877
公建用地（R02）	6%～12%	3 066	6 132
道路用地（R03）	7%～15%	3 577	7 664
公共绿地（R04）	3%～6%	1 533	3 066

工程量估算表

成本科目	面积	规划指标
总占地面积	51 096	
建筑占地面积	5 013	9.8%
绿地面积	20 438	40%

红线内小市政占地面积　46 083

（2）工程费的测算

序号	造价科目	量占比	元/m²	工程量	合计（元）
1	下水道，窨井	100%	70	46 083	3 225 810
2	电气、照明	100%	56	46 083	2 580 648
3	安防系统	100%	42	46 083	1 935 486
4	围墙	100%	28	46 083	1 290 324
5	消防	100%	28	46 083	1 290 324
6	给排水	100%	21	46 083	967 743
7	绿化	40%	168	20 438	3 433 651
8	道路	15%	308	7 664	2 360 635
9	停车场	5%	210	2 555	536 508
10	广场	29%	448	14 818	6 638 392
11	喷水池	2%	2 520	1 022	2 575 238
12	景观小品	1%	1 680	511	858 413
Σ	室外工程费		601		27 693 173

（六）工程费的汇总

总建筑面积	153 648
地上建筑面积	121 648

工程费科目	合计（元）造价
住宅工程费	414 458 709
酒店工程费	241 292 335
商场工程费	11 829 900
室外工程费	27 693 173
项目工程费	695 274 117

元/S$_总$	4 525.11
元/S$_上$	5 715.46

模块六 建设工程的造价指标与工料价格

模块七

房地产开发的现金流量与融资

模块七　房地产开发的现金流量与融资·模块导读

739

知识体系·专业技能·目标数据

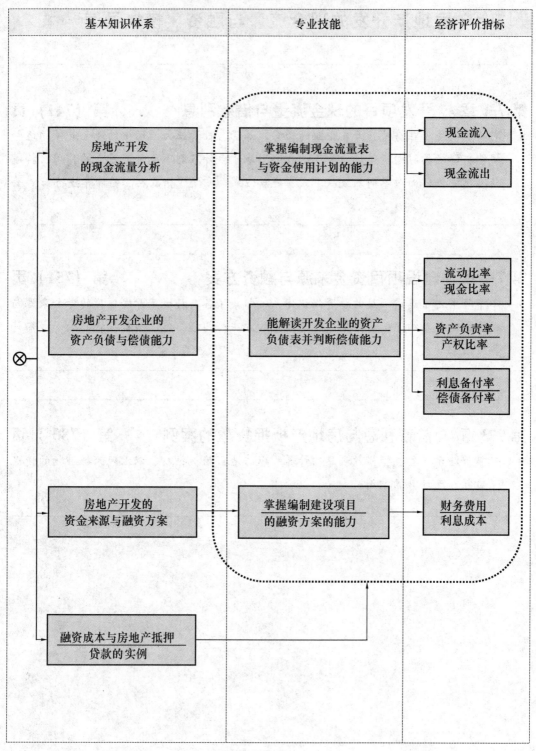

基本知识体系	专业技能	经济评价指标

房地产开发的现金流量分析 → 掌握编制现金流量表与资金使用计划的能力 → 现金流入 / 现金流出

房地产开发企业的资产负债与偿债能力 → 能解读开发企业的资产负债表并判断偿债能力 → 流动比率 现金比率 / 资产负责率 产权比率 / 利息备付率 偿债备付率

房地产开发的资金来源与融资方案 → 掌握编制建设项目的融资方案的能力 → 财务费用 利息成本

融资成本与房地产抵押贷款的实例

第 7-1 章　开发项目的现金流量与借款利息

第 1 节　基于会计准则下的现金流量表

会计意义上的"现金"，是指企业库存现金以及可以随时用于支付的存款及现金等价物。"库存现金"，是指可以随时用于支付的存款，一般就是资产负债表上"货币资金"项目的内容。准确地说，则还应剔除那些不能随时动用的存款，如保证金专项存款等。

所谓的"现金等价物"是指企业持有的期限短、流动性强、易于转换为已知金额现金、价值变动风险很小的投资。现金等价物是指在资产负债表上"短期投资"项目中符合：持有的期限短、流动性强、易于转换为已知金额的现金、价值变动风险很小的短期投资。

1.1　现金流量表的构成

现金流量表是财务报表的三个基本报告之一，是指反映企业在一定会计期间现金和现金等价物流入和流出的报表。现金流量表是一份显示于指定时期（月、季、年）的现金流入和流出的财务报告。

现金流量表主要由三部分组成，分别反映企业在经营活动、投资活动和筹资活动中产生的现金流量。每一种活动产生的现金流量又分别揭示流入、流出总额，使会计信息更具明晰性和有用性。

1.2　现金流量表的作用

资产负债表、利润表、现金流量表是最基本的三大财务报表，每个报表所反映的财务信息不同。资产负债表是利用资产、负债、所有者权益三个会计要素的期末余额编制的；利润表是利用收入、费用、利润三个会计要素的本期累计发生额编制的。利润表的利润是根据权责发生制原则核算出来的，"权责制"贯彻了递延、应计、摊销和分配原则，核算的利润与现金流量是不同步的。利润表上有利润，账户上没有钱的现象经常发生。利用现金流量表可分析净收益与现金流量间的差异。

现金流量表将企业活动划分为"经营、投资、筹资"三大活动，能反映出企业在不同活动中的某个时期的现金流入与流出的情况和现金流量的净额。可评价企业未来产生现金净流量的能力；评价企业偿还债务与支付能力。能反映出筹措的现金是否按计划用到企业扩大生产规模、购置固定资产，或用于补充流动资金。

1.3　现金流量的分类

企业一定时期内现金流入和现金流出是由各种因素产生的，现金流量按其产生的原因和支付的用途不同，可分为经营活动产生的现金流量、投资活动产生的现金流量、筹资活动产生的现金流量三大类。

1.3.1　经营活动产生的现金流量

经营活动产生的现金流量指企业投资活动和筹资活动以外的所有交易活动和事项的现金流入和流出量。包括：销售商品、提供劳务、经营租赁等活动收到的现金；购买商品、接受劳务、广告宣传、交纳税金等到活动支付的现金。下面以"万科"地产所披露的年报数据为案例来分析其"经营活动产生的现金流量"情况：

表 7-1-1

会计科目	2006 年	2007 年	2008 年	2009 年	2010 年	平均值
销售商品、提供劳务收到的现金	97.6%	97.3%	96.7%	96.8%	96.7%	97.1%
收到其他与经营活动有关的现金	2.5%	2.7%	3.4%	3.2%	3.3%	3.0%
经营活动现金流入小计	100%	100%	100%	100%	100%	100%
购买商品、接受劳务支付的现金	77.4%	81.9%	68.2%	68.8%	75.0%	74.3%
支付给职工及为职工支付的现金	3.3%	2.0%	5.3%	2.4%	2.1%	3.0%
支付的各项税费	8.8%	8.6%	17.8%	13.0%	10.6%	11.8%
支付其他与经营活动有关的现金	10.5%	7.6%	8.8%	15.8%	12.4%	11.0%
经营活动现金流出小计	100%	100%	100%	100%	100%	100%

根据 2011 年财务报告中的财务数据，针对不同房地产开发企业在经营活动中产生的现金流量，进行横向的对比分析形成如下的表格（单位：亿元）：

表 7-1-2

经营活动现金流量的科目	注码	万科	保利	金地	招商
经营活动现金流量流入小计	Σ	1105	702	285	282
销售商品、提供劳务收到的现金	(1)	1036	660	283	208
客户存款和同业存放款项净增加额	(2)	0	0	0	0.11
向中央银行借款净增加额	(3)	0	0	0	0
向其他金融机构拆入资金净增加额	(4)	0	0	0	0
收到原保险合同保费取得的现金	(5)	0	0	0	0
收到再保险业务现金净额	(6)	0	0	0	0
保户储金及投资款净增加额	(7)	0	0	0	0
处置交易性金融资产净增加额	(8)	0	0	0	0
收取利息、手续费及佣金的现金	(9)	0	0	0	0
拆入资金净增加额	(10)	0	0	0	0
回购业务资金净增加额	(11)	0	0	0	0
收到的税费返还	(12)	0	0	0	0
收到其他与经营活动有关的现金	(13)	69	42	2.3	53
经营活动现金流出小计	Σ	1072	782	270	282
购买商品、接受劳务支付的现金	(14)	849	626	194	189
客户贷款及垫款净增加额	(15)	0	0	0	0
存放中央银行和同业款项净增加额	(16)	0	0	0	0
支付原保险合同赔付款项的现金	(17)	0	0	0	0
支付利息、手续费及佣金的现金	(18)	0	0	0	0
支付保单红利的现金	(19)	0	0	0	0
支付给职工以及为职工支付的现金	(20)	25	11	7.7	9.3
支付的各项税费	(21)	147	113	45	38
支付其他与经营活动有关的现金	(22)	51	32	23	46
经营活动产生的现金流量净额	Σ	34	−79	15.3	−21

1.3.2 投资活动产生的现金流量

投资活动产生的现金流量是指企业长期资产的购建和对外投资活动（不包括现金

等价物范围的投资）的现金流入和流出量。包括：收回投资、取得投资收益、处置长期资产等活动收到的现金；购建固定资产、在建工程、无形资产等长期资产和对外投资等到活动所支付的现金等。

根据上市的房地产开发企业 2011 年财务报告中投资活动产生的现金流量进行统计分析，形成如下表格（单位为：亿元）：

表 7-1-3

投资活动现金流量的科目	代码	万科	保利	招商	金地
投资活动现金流量流入小计	Σ	8.7	0.11	3.22	16.3
收回投资收到的现金	(1)	2.7	0.09	0	16
取得投资收益收到的现金	(2)	1.9	0.02	0.03	0.03
处置固定资产、无形资产和其他长期资产收回的现金净额	(3)	0.11	0.004	0.03	0.005
处置子公司及其他营业单位收到的现金净额	(4)	0	0	0.002	0
收到其他与投资活动有关的现金	(5)	6.4	0	3.22	0
投资活动现金流出小计	Σ	65	4.6		27.4
购建固定资产、无形资产和其他长期资产支付的现金	(6)	2.6	0.05	0	0.9
投资支付的现金	(7)	12	1.01	3.15	26
质押贷款净增加额	(8)	0	0	0	
取得子公司及其他营业单位支付的现金净额	(9)	47	3.1	0	
支付其他与投资活动有关的现金	(10)	9.9	0	0	0.0004
投资活动产生的现金流量净额	Σ	−57	−4.5	0.08	−11.2

1.3.3 筹资活动产生的现金流量

筹资活动产生的现金流量指企业接受投资和借入资金导致的现金流入和流出量。包括：接受投资、借入款项、发行债券等活动收到的现金；偿还借款、偿还债券、支付利息、分配股利等活动支付的现金等。

根据上市的房地产开发企业 2011 年财务报告中筹资活动产生的现金流量进行统计

分析，形成如下表格（单位为：亿元）：

表 7-1-4

模块七　房地产开发的现金流量与融资

筹资活动现金流量的科目	代码	万科	保利	招商	金地
筹资活动现金流量流入小计	Σ	275	406	123	130
吸收投资收到的现金	（1）	39	369	0.6	15
其中：子公司吸收少数股东投资收到的现金	（2）	39	369	0.6	15
取得借款收到的现金	（3）	236	369	122	114
发行债券收到的现金	（4）	0	0	0	0
收到其他与筹资活动有关的现金	（5）	0	0	0	0
筹资活动现金流出小计	Σ	267	332	52	29
偿还债务支付的现金	（6）	200	278	39	61
分配股利、利润或偿付利息支付的现金	（7）	67	53	14	22
其中：子公司支付给少数股东的股利/利润	（8）	14	1.4	0.4	18
支付其他与筹资活动有关的现金	（9）	0	1.0	0	101
筹资活动产生的现金流量净额	Σ	8	74	71	29

1.4　现金流量的结构分析

现金流量表是以"收付实现制"原则来编制的，反映企业在一定时期内现金收入和现金支出情况的报表。对现金流量表的分析，既要掌握该表的结构及特点，分析其内部构成，又要结合利润表和资产负债表进行综合分析，以求全面、客观地评价企业的财务状况。

1.4.1　经营现金流量的分析

在企业经营正常的情况下，将"销售商品、提供劳务收到的现金"与"购买商品、接受劳务支付的现金"相比。比率越大，说明企业的销售利润越多，现金回笼得越好。

将"销售商品、提供劳务收到的现金"与"经营活动流入的现金"相比，比率越大，说明企业的主营业务经营状态越好。将本期的"经营活动现金流净额"与上期的相比，比率越高，说明企业的"成长性"越好。

下面以 2011 年四大上市房地产开发企业的财务报告中数据进行统计分析，并进行了对比计算，形成如下表格：

表 7-1-5

经营活动现金流量的科目	代码	万科	保利	金地	招商
销售商品、提供劳务收到的现金	(1)	100%	100%	100%	100%
购买商品、接受劳务支付的现金	(2)	22.0%	5.4%	45.9%	10.1%
支付给职工以及为职工支付的现金	(3)	2.4%	1.7%	2.7%	4.5%
支付的各项税费	(4)	14.2%	17.1%	15.9%	18.3%
支付其他与经营活动有关的现金	(5)	4.9%	4.8%	8.1%	22.1%

1.4.2　投资的现金流量分析

当企业扩大规模或开发新的利润增长点时，需要大量的现金投入，投资活动产生的现金流入量补偿不了流出量，投资活动现金净流量为负数。

但如果企业投资的项目好，将会在未来产生现金净流入用于偿还债务，创造利润，因此，分析投资活动产生的现金流量，应结合企业目前投资项目的情况综合分析，不能简单地以现金净流入还是净流出评价财务状况。

1.4.3　筹资现金流量的分析

一般来说，筹资活动产生的现金净流量越大，企业面临的偿债压力也越大，但如果现金净流入量主要来自于企业吸收的权益性资本，则不仅不会面临偿债压力，资金实力反而增强。因此，可将吸收权益性资本收到的现金与筹资活动现金总流入比较，所占比重大，说明企业资金实力增强，财务风险越低。

1.4.4　现金流量纵向构成比

首先，分别计算经营活动现金流入、投资活动现金流入和筹资活动现金流入占现金总流入的比重，了解现金的主要来源。一般来说，经营活动现金流入占现金总流入比重大的企业，经营状况较好，财务风险较低，现金流入结构较为合理。下面以"万科"地产近五来其企业的现金流入占总流入的比例关系分析其现金流量。

表 7-1-6

会计科目	2006 年	2007 年	2008 年	2009 年	2010 年
经营活动现金流入小计	53％	60％	67％	57％	64％
投资活动现金流入小计	1％	1％	2％	6％	2％
筹资活动现金流入小计	46％	40％	31％	37％	34％
总流入	100％	100％	100％	100％	100％

其次，分别计算经营活动现金支出、投资活动现金支出和筹资活动现金支出占现金总流出的比重，它能具体反映企业的现金用于哪些方面。一般来说，经营活动现金支出比重大的企业，其生产经营状况正常，现金支出结构较为合理。下面以"万科"地产近五年来其企业的现金流出占总流出的比例关系分析其现金流量。

表 7-1-7

会计科目	2006 年	2007 年	2008 年	2009 年	2010 年
经营活动现金流出小计	77％	80％	70％	57％	73％
投资活动现金流出小计	7％	7％	7％	0.11％	5％
筹资活动现金流出小计	17％	13％	23％	43％	21％
合计	100％	100％	100％	100％	100％

从以上数据分析，2006 年～2008 年、2010 年度比较正常，70％～80％的现金均用于经营活动中去了。但 2009 年结构原则比较异常，足以说明"金融海啸"对企业运营造成的影响。

第 2 节　借款利息的计算方法

2.1　资金的时间价值

资金随着时间的推移而具有资金增值的属性，资金时间价值可以用利息额或利息率（简称为利率）来表示。利率的实际内容是社会资金利润率。各种形式的利息率（贷款利率、债券利率等）的水平，就是根据社会资金利润率确定的。但是，一般的利息率除了包括资金时间价值因素以外，还要包括风险价值和通货膨胀因素。资金时间价值通常被认为是没有风险和没有通货膨胀条件下的社会平均利润率。

资金存在时间的价值，因此，当资金流量发生在不同时点时，其价值不能直接进行比较，须进行其时间价值的等量变换，使不同时点的资金价格转换成同一时点的资金价值，使之具备时间的可比性。

常用的资金时间价值的计算速查方法详见下表：

表 7-1-8

求解		公式法算式	系数法算式
一次性支付	终值	$F=P \cdot (1+i)^n$	一次性支付终值系数$(F/P,i,n)$
	现值	$P=F \cdot (1+i)^{-n}$	一次性支付现值系数$(P/F,i,n)$
分期等额付	终值	$F=A \cdot i^{-1} \cdot [(1+i)^n-1]$	年金终值系数$(F/A,i,n)$
	年值	$A=F \cdot i \cdot [(1+i)^n-1]^{-1}$	偿债基金系数$(A/F,i,n)$
	现值	$P=A \cdot i^{-1} \cdot (1+i)^{-n} \cdot [(1+i)^n-1]$	年金现值系数$(P/A,i,n)$
	年值	$A=P \cdot i \cdot (1+i)^n \cdot [(1+i)^n-1]^{-1}$	资金回收系数$(A/P,i,n)$

2.2　利率

2.2.1　名义利率

计算周期利率（r）乘以一年内计息周期数（m）所得的年利率称之为"名义利率"。

2.2.2　有效利率

由于将计算周期的利率换算成年利率时，应考虑"利息再生"的因素，因此，只有考虑到"利息再生"后的年利率才有实际意义（简称为有效利率或实际利率）：

表 7-1-9

$i_m = (1+r/m)^m-1$	i_m	（1）有效利率
	r	（2）名义利率即计息周期利率
	m	（3）一年内的计息周期

2.3　利息

2.3.1　利息的基本公式

计算利息应考虑的因素有：（1）融资属性（债务型与股权型融资）；（2）融资金

额；（3）利率；（4）占用资金的时间；（5）放款方式；（6）还款方式等。

利息的计算方法在单利法与复利法，具体的公式与应用条件如下：

表 7-1-10

单利法： $F=P\cdot(1+n\cdot i)$	F	(1)本利和,即本金与利息之和
	P	(2)本金
复利法： $F=P\cdot(1+i)^n$	n	(3)借款年限
	i	(4)利率

2.3.2 借款的类别与时间

根据项目的全生命周期及项目的类别，可将项目的全生命周期分为准备期、建设期、运营期等。如果从项目的全生命周期的角度划分，可将借款产生的利息划分为"建设期利息"、运营期借款利息等。从借款的时间长短划分，可分为长期借款与短期借款。

根据《工程造价术语标准》中的表述：建设期利息是指为工程建设筹措债务资金而发生的融资费用及其在建设期内发生并应计入固定资产原值的利息。

建设期之贷款利息的估算，根据建设期"融资方案"计算，应用国外贷款的利息计算中，年利率应综合考虑贷款协议中向贷款方加收的手续费、管理费、许诺费；以及国内代办署理机构向贷款方收取的转贷费、担保费和管理费相关费用。

建设期利息的计算，当融资的方式为非债务型时，并按期支付利息时，可按单利计算应计利息；在建设期内不支付利息，或用借款支付利息，应按复利计算应计利息。

当借款发生在年初时，则应按全年计取应计利息；当借款按"全年均衡"放款时，则当年的借款额按半年计取，其他则按全年计取应计利息。

总之，无论是建设期间的贷款利息计算、还是运营期间的流动资产贷款利息的计算，无论是长期借款与短期借款，不能"一律硬套公式"，而是根据放款与还款的方式，根据资金的时间价值的规律灵活应用。

2.3.3 常用的借款方式的利息计算

（1）等额本金法且分期付息法

"等额本金且分期付息"即"等额本金偿还法"是指一种贷款的还款方式，是指将"年初借款余额"科目按还款时间等额均分，定期偿还等额的本金和剩余贷款在该期所产生的利息。

此还款方式的特点：应计"利息"是递减的，应计"本金"是等额的，应计"本利和"是递减的；总的融资成本将小于"等额本息法"的还款方式。

用电子表格编制"等额本金法"的"还本付息表"，其计算方法：(1) 根据放款方式与还款方式绘制"现金流量图"；(2) 编制表格模板（详见下章节实例）；(3) 根据融资方案，将当年的借款本金数据填入相应单元格；(4) 根据借款方式计算当期应计本金、应计利息；(5) 根据还款方式计算当期的"应计利息与应还利息"；(6) 计算当期的"本利和"；(7) 计算期末借款余额。

(2) 等额本息且分期付息法

"等额本息且分期付息"亦称之为"等额本息还款"，即借款人每期按相等的金额偿还贷款本息，其中每期借款利息按期初剩余贷款本金计算并逐期结清。

此还款方式的特点：应计"利息"是递减的，应计"本金"是递增的，应计"本利和"是等额的；这种还款方式，其融资成本将大于"等额本金法"的还款方式。

用电子表格编制等额本息偿还法的"还本付息表"的方法如下：(1) 根据放款方式与还款方式绘制"现金流量图"；(2) 编制表格模板（详见下章节实例）；(3) 计算等额的本利和 (A)，即 $A = P \cdot i \cdot (1+i)^n \cdot [(1+i)^n - 1]^{-1}$，并注意 P 值的取值；(4) 根据借款方式计算当期应计本金、应计利息；(5) 根据还款方式计算当期的"应计利息与应还利息"；(6) 计算当期的"本利和"；(7) 计算期末借款余额。

(3) 分期还息且一次还本法

"分期付息且一次还本法"是指还款的方式为：在一定的时期内，定期偿还银行的利息，而本金则约定在某一时间一次性偿还的借款形式。其特点是"本年应计利息"是均衡的。具体的计算方法详见下章节之实例。

(4) 一次性还本息法

"一次性还本息法"是指还款的方式为：在某一时间，将本金与应计利息一次性归还的借款形式，具体的计算方法，详见下一章节的实例。

第7-2章　建设项目资金来源与融资方案

当"拟建项目"的设计方案构思完成，且完成了项目的投资估算后，还应根据企业的资金情况，结合项目实施组织和建设进度计划，进行项目融资方案的策划，对融资结构、融资成本、融资风险等进行分析，以作为融资后财务分析的基础。

第1节　建设项目融资的知识体系

1.1　融资环境的调查

在编制建设项目的融资方案时，应进行融资环境的调查，融资环境包括法律法规、经济环境、融资渠道、税务条件和投资政策等方面。

1.2　融资主体的分类

融资主体是指进行融资活动，承担融资责任和风险的经济实体。根据《公司法》与《建设项目法人责任制的暂行规定》，实行项目法人责任制。融资主体可分为"新设法人"、"既有法人"。二类项目法人在融资方式与财务评价方面有较大的差异。

1.2.1　新设法人融资方式

新设法人融资方式是以新组建的具有独立法人资格的项目公司为融资主体的融资方式。采用新设法人融资方式的建设项目，项目法人大多是企业法人。社会公益性项目和某些基础设施项目也可能组建新的事业法人实施。采用新设法人融资方式的建设项目，一般是新建项目，但也可以是将既有法人的一部分资产剥离出去后重新组建新的项目法人的改扩建项目。

新设法人融资方式的基本特点是：（1）由项目发起人（企业或政府）发起组建新的具有独立法人资格的项目公司，由新组建的项目公司承担融资责任和风险；（2）建设项目所需资金的来源，包括项目公司股东投入的资本金和项目公司承担的债务资金；（3）依靠项目自身的盈利能力来偿还债务；（4）一般以项目投资形成的资产、未来收益或权益作为融资担保的基础。

采用新设法人融资方式，项目发起人与新组建的项目公司分属不同的实体，项目的债务风险由新组建的项目公司承担。项目能否还贷，取决于项目自身的盈利能力，因此必须认真分析项目自身的现金流量和盈利能力。

1.2.2 既有法人融资方式

既有法人融资方式是以既有法人为融资主体的融资方式。采用既有法人融资方式的建设项目，既可以是技术改造、改建、扩建项目，也可以是非独立法人的新建项目。既有法人融资方式的基本特点是：

(1) 由既有法人发起项目、组织融资活动并承担融资责任和风险；

(2) 建设项目所需的资金，来源于既有法人内部融资、新增资本金和新增债务资金；

(3) 新增债务资金依靠既有法人整体（包括拟建项目）的盈利能力来偿还；

(4) 以既有法人整体的资产和信用承担债务担保。

1.3 投资产权结构

投资产权结构是项目前期研究的核心内容，通常应当在项目研究的初期就需要确定。投资产权结构的选择要服从项目实施目标的要求，要能够最大限度实现项目目标。

投资人以资本金形式向项目或企业投入资金称为"权益投资"。权益投资取得对项目或企业产权的所有权、控制权、收益权。通常，企业的权益投资以"注册资金"形式投入。注册资金是指企业投资人对企业出资金额的责任限度。注册资金之外，投资人也可以以其他形式对企业投入资本金，包括：资本公积、企业留存利润形式。

权益投资可以有许多种方式，不同的投资方式构成了不同的投资产权结构。项目的资金结构研究中，需要对权益投资的方式即项目的投资产权结构进行研究。项目的投资结构是指项目投资形成的资产所有权结构，是指项目的股权投资人对项目资产的拥有和处置形式、收益分配关系。现代主要的权益投资方式有三种：股权式合资结构、契约式合资结构、合伙制结构。

1.3.1 股权式合资结构

"股权式合资结构"是指依照公司法设立的有限责任公司、股份有限公司等形式。

1.3.2 契约式合资结构

契约式合资结构是公司的投资人（项目的发起人）为实现共同的目的，以合作协议方式结合在一起的一种投资结构。在这种投资结构下，投资各方的权利和义务依照合作协议约定，可以不严格地按照出资比例分配，而是按契约约定分配项目投资的风险和收益。这种投资结构在石油天然气勘探、开发、矿产开采、初级原材料加工行业使用较多。

1.3.3 合伙制结构

合伙制结构是两个或两个以上合伙人共同从事某项投资活动建立起来的一种法律关系。合伙制结构有两种基本形式：一般合伙制和有限合伙制。在一般合伙制下，每一个合伙人对于合伙制机构的债务及其他经济责任和民事责任均承担无限连带经济责任。在有限责任合伙制下，合伙人中至少有一个一般合伙人和一个有限合伙人。一般合伙人对于合伙机构承担无限连带责任，有限合伙人只承担有限责任。一般合伙制通常只适用于一些小型项目。有限合伙制可以在一些大型基础设施建设及高风险投资项目中使用。通常，有限合伙人只提供有限的资金投资，不参与项目的日常经营管理。

1.4 融资类别与融资模式

融资类别可分为"权益资金融资（资本金融资）"、"债务资金融资"两类，融资模式可分为"新设法人融资"、"既有法人融资"；从另一角度分类也可分为"项目融资"、"公司融资"。

项目融资是指以项目的资产、预期收益或权益作抵押取得的一种无追索权或有限追索权的融资或借款活动。

项目融资的特点：（1）有限追索或无追索；（2）融资风险分散，担保结构复杂；（3）融资比例大；（4）融资成本高；（5）实现资产负债表外融资。

公司融资，又称企业融资，是指由现有企业筹集资金并完成项目的投资建设，无论项目建成之前或之后，都不出现新的独立法人。

公司融资的特点：公司作为投资者，作出投资决策，承担投资风险，也承担决策责任。虽然借款和其他债务资金实际上是用于项目投资，但是债务方是公司而不是项目，整个公司的现金流量和资产都可用于偿还债务、提供担保；也就是说债权人对债务有完全的追索权，即使项目失败也必须由公司还贷，因而借款的风险程度相对较低。

1.5 资金来源与融资方式

资金来源可分为内部资金与外部资金，融资相应也可分为"内源融资"、"外源融资"。内源融资是指公司经营活动结果产生的资金，即公司内部融通的资金，它主要由留存收益和折旧构成。既有法人的内源融资方式有货币资金、资产变现、企业产权转让、直接使用非现金资产等。

外源融资是指企业通过一定方式向企业之外的其他经济主体筹集资金。外源融资方式包括：银行借款、发行股票、企业债券等，此外，企业之间的商业信用、融资租赁在一定意义上说也属于外源融资的范围。

从融资的渠道分析，可分为"直接融资"、"间接融资"。直接融资指直接从资金供给人手中取得资金，如股票、企业债券等形式；间接融资是指通过金融机构作为中介而取得所需要的资金。

1.6 资本金的筹措

1.6.1 资本金的制度规定

根据我国《企业财务通则》规定："设立企业必须有法定的资本金。资本金是指企业在工商行政管理部门登记的注册资金。"我国有关法规遵循实收资本与注册资金相一致的原则。资本金在不同类型企业中的表现形式有所不同。股份有限公司的资本金被称为股本，股份有限公司以外的一般企业资本金被称为实收资本。

项目资本金指的是由项目的发起人、权益投资人以获得项目财产权和控制权的方式投入的资金。由投资者认缴的出资额，对投资项目来说是非债务性资金，项目法人不承担这部分资金的任何利息和债务；投资者可按其出资的比例依法享有所有者权益，也可转让其出资，但不得以任何方式抽回。

表 7-2-1

资本金与总投资比例	适用的行业
40%及以上	（1）钢铁行业
35%及以上	（2）交通运输、煤炭、水泥、电解铝、铜冶炼、房地产开发项目（不含经济适用房项目）
25%及以上	（3）邮电、化肥行业
20%及以上	（4）电力、机电、建材、化工、石油加工、有色（铜冶炼除外）、轻工、纺织、商贸及其他行业

根据国家工商行政管理局《关于中外合资经营企业注册资本与投资总额比例的暂行规定》，对外商投资企业的注册资本与投资总额的比例有如下规定：

表 7-2-2

投资总额	适用的行业
≤300 万美元	（1）注册资本至少应占投资总额的 7/10；
300 万美元＜投资额≤1000 万美元	（2）其注册资本至少应占投资总额的 1/2，其中投资总额在 420 万美元以下的，注册资本不得低于 210 万美元；
1000 万美元＜投资额≤3000 万美元	（3）其注册资本至少应占投资总额的 2/5，其中投资总额在 1250 万美元以下的，注册资本不得低于 500 万美元；
＞3000 万美元	（4）其注册资本至少应占投资总额的 1/3，其中投资总额在 3600 万美元以下的，注册资本不得低于 1200 万美元。

1.6.2 既有法人项目资本金的筹措

表 7-2-3

内部资金来源	（1）企业现金 （2）企业经营的净现金流量 （3）企业资产变现 （4）企业产权转让
外部资金来源	（5）增资扩股，通过原股东增资扩股或新吸收股东方式增资扩股 （6）优先股

1.6.3 新设法人项目资本金的筹措

表 7-2-4

外部资金来源	（1）资本市场中私募或公募股本资金 （2）合资合作

1.7 债务资金筹措

1.7.1 债务资金筹措的考虑因素

表 7-2-5

债务期限	（1）根据资金使用计划、债务偿还计划、融资成本高低合理设计和搭配。
债务偿还	（2）要有稳妥的还款计划。
债务序列	（3）在公司出现违约的情况下，公司资产和其他抵押、担保权的分割将严格地按照债务序列进行。
债权保证	（4）为保证债权人的权益，需要债务人及涉及的第三方对债权人提供履行债务的特殊保证。
违约风险	（5）债务人违约或无力清偿债务时，债权人追索债务的形式和手段及追索程度决定了债务人违约风险的大小。
利率结构	（6）债务资金利率主要有浮动利率、固定利率以及浮动/固定利率等不同的利率机制。利率结构的确定应考虑：①项目现金流量的特征；②金融市场上利率的走向；③借款人对控制融资风险的要求。
货币结构与国家风险	（7）货币结构是为了减少项目的外汇风险；资金来源多样化是减少国家风险的一种有效措施。

1.7.2 债务资金筹措的基本因素

表 7-2-6

时间和数量	（1）可能提供的数量、初期支付的时间、借款期和宽限期、分期还款的类型。
融资成本	（2）利息/租金/券息。浮动的还是固定的，何时调整如何调整、计息周期、有效利率，资金筹集费（承诺费、手续费、牵头费、代理费、担保费等）的计算方法及数额。
	（3）建设期利息的支付：一、投产之前不必付息，但未清偿的利息要和本金一样计息（即复利计息）。二、建设期内利息必须照付。三、建设期利息照付，且借款时就以利息扣除的方式贷出资金。
附加条件	（4）应对债务型融资的附加条件说明认真研究。
债权保证	（5）对债务人或第三方债权保证的说明进行研究。
外债责任	（6）对于利用外国政府或外国金融机构的债务型融资，应关注债务人所应承担的外债责任。

第 2 节　资金来源与融资渠道

建设项目的融资渠道主要有：（1）国内政府投资金；（2）国外政府资金捐赠或借款；（3）金融机构借款；（4）国内外证券市场股票与债券；（5）国内外非银行金融机构的资金如信托、基金、风险投资、保险、租赁等形式；（6）国内外企业、团队、个人资金。

以房地产开发为主营业务的企业，其资金来源可分为：（1）资本金；（2）销售收入；（3）租赁收入；（4）自营收入；（5）借贷资金等渠道。其中，房地产开发企业的营业收入已在第四模块详细表述，本章节的重点将表述资本金与借贷资金的内容。

针对房地产开发行业，在整个房地产开发的全过程中，开发企业与购房人是主要的资金需求人。从资金供给者的角度分析有国内银行、国外投行、股市、债券市场、民间投资人等渠道。下面仅对房地产开发企业常用的融资渠道进行表述。

2.1　向银行借款

根据中国银行业监督管理委员会于 2004 年发布的《商业银行房地产借款风险管理指引》（银监发〔2004〕57 号）的内容分析如下：房地产借款是指与房产或地产的开发、经营、消费活动有关的借款。主要包括土地储备借款、房地产开发借款、个人住房借款、商业用房借款等。

表 7-2-7

土地储备借款	（1）指向借款人发放的用于土地收购及土地前期开发、整理的借款。土地储备借款的借款人仅限于负责土地一级开发的机构。
房地产开发借款	（2）指向借款人发放的用于开发、建造向市场销售、出租等用途的房地产项目的借款。
个人住房借款	（3）指向借款人发放的用于购买、建造和大修理各类型住房的借款。
商业用房借款	（4）是指向借款人发放的用于购置、建造和大修理以商业为用途的各类型房产的借款。

开发企业能取得借款的关键是要有抵押物、质押物的担保，银行根据抵押物、质押物的不同情况确定不同的抵押率、质押率。抵押率是指借款本金与抵押物作价现额之比。质押率是指借款本金与质物作价现额之比。抵押率应根据抵押人、出质人的资

信程度、经营管理水平、经济效益、借款期限、借款风险、折旧率、抵押物的磨损程度、市场价格变化以及抵押物、质物估价的可信度等情况确定。一般情况下，抵押率取值如下：

表 7-2-8

≤90％	（1）有价证券，其中国库券、金融债券和部分信誉高、价值稳定、风险小、易于转让的企业债券。
≤70％	（2）建筑物、房地产和土地使用权等，根据该不动产的地点、建筑年限、类型、实用性和实用价值以及流动性确定。
≤50％	（3）机器、设备等动产；股票。

房地产开发借款的放款时间相对滞后时，开发企业可通过项目预售或者施工垫资来解决部分资金短缺的问题。但是在房地产开发的前期阶段，主要是购买土地的资金需求量比较大。

开发企业向银行贷款的利率高低直接决定了资金的成本，因此，测算贷款的利率水平十分关键。下面以央行于 2011 年 4 月 6 日发布的金融机构人民币借款基准利率为案例，来说明银行贷款的利率区间值：

表 7-2-9

基准年利率	借款的种类
5.85％	（1）适用于借款期限≤六个月以内的短期借款。
6.31％	（2）适用于借款期限≤1 年以内的短期借款。
6.4％	（3）适用于借款期限≤3 年以内的中长期借款。
6.65％	（4）适用于借款期限≤5 年以内的中长期借款。
6.8％	（5）适用于借款期限＞1 年以内的中长期借款。

2.1.1 土地储备借款

土地储备借款是银行向土地储备机构发放的用于收购、整治土地，提升土地出让价值的短期周转借款。其主要用途包括支付征地补偿费、安置补助费、地上附着物和青苗补偿费、场地平整费、缴纳土地出让金等。向借款人发放的用于土地收购及土地前期开发、整理的借款。

借款的对象一般是受政府主管部门委托负责土地收购及土地前期开发、整理的土地一级开发机构。一般要求项目资本金应达到项目预算总投资的 35％以上，并须在银行借款到位之前投入项目建设。借款人归还借款的期限实际上就是土地拍卖变现之日，偿还借款资金的唯一来源就是土地拍卖变现资金。

采取抵押担保的，须提供抵押人同意抵押的承诺函、抵押物清单、权属证明。采取保证担保的，须提供保证人的近三年财务报表、信用状况和保证人同意担保的董事会决议或相应决策机构授权书；银行一般与政府、借款人三方签订《土地储备借款封闭运行协议》，《协议》中明确了借款资金必须专款专用和储备土地处置后优先偿还借款。

2.1.2 房地产开发借款

房地产开发借款对象为经国家房地产业主管部门批准设立，在工商行政管理部门注册登记，并取得企业法人营业执照及由行业主管部门核发的房地产开发企业资质证书的各类房地产开发企业。借款用途用于支持房地产开发企业从事住房开发、商业用房开发、房地产土地开发和配套设施建设所需的资金。开发借款的种类可分为：

表 7-2-10

住房开发借款	（1）住房开发借款是指银行向房地产开发企业发放的用于开发建造向市场销售住房的借款，借款期限≤3 年。
商业用房开发借款	（2）商业用房开发借款是指银行向房地产开发企业发放的用于开发建造向市场销售主要用于商业行为而非家庭居住用房的借款。借款期限≤5 年。
其他房地产开发借款	（3）其他房地产开发借款是指住房、商业用房开发借款以外的土地开发和楼宇装饰、修缮等房地产借款。借款期限≤5 年。

房地产开发借款的主要条件，开发企业应取得了国有土地使用证、建设用地规划许可证、建设工程规划许可证、建筑工程施工许可证。开发项目资本金比例不低于35%。已落实了房地产开发企业借款的担保。

用于抵押的财产，要求经过资产评估。抵押借款金额不得超过抵押物价值的70%；以土地使用权作抵押的，抵押合同有效期限应长于借款期限，确定抵押期限时应以土地使用权出让合同的使用年限减去已经使用年限后的剩余年限为限。

商业银行在办理房地产开发借款时，将对借款项目进行尽职调查，以确保该项目符合国家房地产发展总体方向，有效满足当地城市规划和房地产市场的需求，确认该项目的合法性与可行性。深入调查审核的内容有：企业的性质、股东构成、资质信用等级等基本背景；近三年的经营管理和财务状况，以往的开发经验和开发项目情况，与关联企业的业务往来等。

在房地产开发企业的自有资金得到落实后，商业银行将根据项目进展状况，分期发放借款，并对其资金使用情况进行监控，防止借款挪作他用。同时，积极采取措施应对项目开发过程中出现的项目自身的变化、房地产开发企业的变化、建筑施工企业的变化等，及时发现并制止违规使用借款情况，严密监控建筑施工企业流动资金借款使用情况，防止用流动资金借款为房地产开发项目垫资。对有逾期未还款或有欠息现象的房地产开发企业销售款进行监控，在收回借款本息之前，防止将销售款挪作他用。

商业银行将密切关注房地产开发企业的开发情况，确保对购买主体结构已封顶住房的个人发放个人住房借款后，该房屋能够在合理期限内正式交付使用。

2.2 在债券市场发债

2.2.1 企业债券

企业债券通常又称为公司债券，是企业依照法定程序发行，约定在一定期限内还本付息的债券。根据深、沪证券交易所关于上市企业债券的规定，企业债券发行的主体可以是股份公司，也可以是有限责任公司。申请上市的企业债券必须符合规定条件。

表 7-2-11

一级分类科目	二级分类科目	具体的内容
期限	短期企业债券	（1）期限≤1年。
	中期企业债券	（2）5年≤期限≤1年。
	长期企业债券	（3）期限＞5年。
记名	记名企业债券	（4）如果企业债券上登记有债券持有人的姓名，投资者领取利息时要凭印章或其他有效的身份证明，转让时要在债券上签名，同时还要到发行公司登记，那么，它就称为记名企业债券。
	不记名企业债券	（5）反之称为不记名企业债券。
担保	信用债券	（6）指仅凭筹资人的信用发行的、没有担保的债券，信用债券只适用于信用等级高的债券发行人。
	担保债券	（7）是指以抵押、质押、保证等方式发行的债券，其中，抵押债券是指以不动产作为担保品所发行的债券，质押债券是指以其有价证券作为担保品所发行的债券，保证债券是指由第三者担保偿还本息的债券。

一级分类科目	二级分类科目	具体的内容
	可提前赎回债券	(8) 如果企业在债券到期前有权定期或随时购回全部或部分债券,这种债券就称为可提前赎回企业债券。
	不可提前赎回债券	(9) 反之,则是不可提前赎回企业债券。
利率	固定利率债券	(10) 指在偿还期内利率固定不变的债券。
	浮动利率债券	(11) 指票面利率随市场利率定期变动的债券。
	固定利率债券	(12) 指随着债券期限的增加,利率累进的债券。
选择权	附有选择权的企业债券	(13) 指债券发行人给予债券持有人一定的选择权,如可转让公司债券、有认股权证的企业债券、可退还企业债券等。
	不附有选择权的企业债券	(14) 反之,债券持有人没有上述选择权的债券。
发行方式	公募债券	(15) 公募债券指按法定手续经证券主管部门批准公开向社会投资者发行的债券。
	私募债券	(16) 私募债券指以特定的少数投资者为对象发行的债券,发行手续简单,一般不能公开上市交易。

2.2.2 可转换债券

1996 年我国政府决定选择有条件的公司进行可转换债券的试点,1997 年颁布了《可转换公司债券管理暂行办法》,2001 年 4 月中国证监会发布了《上市公司发行可转换公司债券实施办法》,极大地规范、促进了可转换债券的发展。

可转换债券是债券的一种,它可以转换为债券发行公司的股票,从本质上讲,可转换债券是在发行公司债券的基础上,附加了一份期权,并允许购买人在规定的时间范围内将其购买的债券转换成指定公司的股票。它是一种可以在特定时间、按特定条件转换为普通股票的特殊企业债券。可转换债券具有债权和期权的双重特性,对企业和投资者都具有吸引力。双重选择权是可转换公司债券最主要的金融特征,它的存在使投资者和发行人的风险、收益限定在一定的范围以内,并可以利用这一特点对股票进行套期保值，获得更加确定的收益。从发行者的角度看，用可转换债券融资的主要优势在于可以减少利息费用，但如果债券被转换，公司股东的股权将被稀释。

可转换债券有规定的利率和期限，投资者可以选择持有债券到期，收取本息，或者在流通市场出售变现。如果持有人看好发债公司股票增值潜力，在宽限期之后可以行使转换权，按照预定转换价格将债券转换成为股票，发债公司不得拒绝。在转换成股票之后，原债券持有人就由债权人变成了公司的股东，可参与企业的经营决策和红利分配，这也在一定程度上会影响公司的股本结构。

可转换债券利率一般低于普通公司债券利率，企业发行可转换债券可以降低筹资成本。可转换债券持有人还享有在一定条件下将债券回售给发行人的权利，发行人在一定条件下拥有强制赎回债券的权利。

可转换债券的售价由两部分组成：一是债券本金与利息按市场利率折算的现值；二是转换权的价值。转换权之所以有价值，是因为当股价上涨时，债权人可按原定转换比率转换成股票，从而获得股票增值的惠益。

可转换债券的发行有两种会计方法：一种认为转换权有价值，并将此价值作为资本公积处理；另一种方法不确认转换权价值，而将全部发行收入作为发行债券所得。

2.3 股票市场的融资

房地产开发企业通过上市进行股权融资是十分重要的融资渠道之一，上市公司最大的优势是能在证券市场上大规模筹集资金，以此促进公司规模的快速增长。房地产开发企业通过上市不但能融来所需要的资金，还有利于宣传企业的品牌。同时，由于证券交易机构对上市企业的经营规模、赢利能力、公司法人结构的治理、公司的内部控制制度均有一定的"门槛"要求。因此，通过上市可以促进企业内部控制的完善。

上市融资的实质是出售公司的部分股权以换取企业发展所需要的资金，因此，企业在上市时应充分评估企业控制权减少所带来的风险。

2.3.1 IPO 上市融资

首次公开招股（IPO）是指一家企业第一次将它的股份向公众出售。通常，上市公司的股份是根据向相应证券会出具的招股书或登记声明中约定的条款通过经纪商或做市商进行销售。一旦首次公开上市完成后，这家公司就可以申请到证券交易所或报价系统挂牌交易。

对应于一级市场，大部分公开发行股票由投资银行集团承销而进入市场，银行按照一定的折扣价从发行方购买到自己的账户，然后以约定的价格出售。

IPO的一般程序是：（1）公开募股的公司必须向监管部门提交一份招股说明书，只有招股说明书通过了审核该公司才能继续被允许公开募股；（2）该公司需要四处路演，向公众宣传自己，以吸引投资者会对IPO的公司产生兴趣。

发行公司将聘请金融机构为IPO公司的承销商，由承销商负责IPO新发行股票的所有上市过程中的工作，以及负责将所有的股票发售到市场。

IPO新股定价属于承销商的工作，承销商通过估值模型来进行合理的估值，并有责任尽力保障新股发行后股价的稳定性及不发生较大的波动。IPO新股定价过程分为两部分，首先是通过合理的估值模型估计上市公司的理论价值，其次是通过选择合适的发行方式来体现市场的供求，并最终确定价格。

2.3.2　借壳上市融资

所谓"壳"就是指上市公司的上市资格。借（买）壳上市是一种对上市公司壳资源进行重新配置的活动，都是为了实现间接上市。

壳公司的特征一般是：即所处行业大多为夕阳行业，具体主营业务增长缓慢，盈利水平微薄甚至亏损；公司的股权结构较为单一，以利于对其进行收购控股。壳公司要具备一定的质量，不能具有太多的债务和不良债权，具备一定的盈利能力和重组的可塑性。

非上市公司要实现借壳上市的步骤：（1）首先必须要选择壳公司，要结合自身的经营情况、资产情况、融资能力及发展计划，选择规模适宜的壳公司；（2）可通过现金收购、通过资产或股权置换或两种方式结合使用，获得对一家上市公司的控制权；（3）通过重组后的董事会对上市壳公司进行清理和内部重组，剥离不良资产或整顿提高壳公司原有业务状况，改善经营业绩。

对于通过已上市的子公司进行借壳，以实现集团公司上市的一般做法是：（1）集团公司先剥离一块优质资产上市；（2）通过上市公司大比例的配股筹集资金，将集团公司的重点项目注入上市公司中去；（3）再通过配股将集团公司的非重点项目注入已上市公司实现借壳上市。

2.3.3　增发配售

股票增发配售是已上市的公司通过指定投资者（如大股东或机构投资者）或全部投资者额外发行股份募集资金的融资方式，发行价格一般为发行前某一阶段的平均价的某一比例。

上市公司增发股票的一般条件是指上市公司采用不同增发股票方式都应当具备的条件，该条件有：

表 7-2-12

组织机构健全	(1) 上市公司的公司章程合法有效，股东大会、董事会、监事会和独立董事制度健全，能够依法有效履行职责。 (2) 公司内部控制制度健全，能够有效保证公司运行的效率、合法合规性和财务报告的可靠性；内部控制制度的完整性、合理性、有效性不存在重大缺陷；现任董事、监事和高级管理人员具备任职资格，能够忠实和勤勉地履行职务。 (3) 最近 36 个月内未受到过中国证监会的行政处罚、最近 12 个月内未受到过证券交易所的公开谴责；上市公司与控股股东或实际控制人的人员、资产、财务分开，机构、业务独立，能够自主经营管理；最近 12 个月内不存在违规对外提供担保的行为。
盈利能力应具有可持续性	(4) 上市公司最近 3 个会计年度连续盈利。扣除非经常性损益后的净利润与扣除前的净利润相比，以低者作为计算依据；业务和盈利来源相对稳定，不存在严重依赖于控股股东、实际控制人的情形。 (5) 现有主营业务或投资方向能够可持续发展，经营模式和投资计划稳健，主要产品或服务的市场前景良好，行业经营环境和市场需求不存在现实或可预见的重大不利变化。 (6) 高级管理人员和核心技术人员稳定，最近 12 个月内未发生重大不利变化；公司重要资产、核心技术或其他重大权益的取得合法，能够持续使用，不存在现实或可预见的重大不利变化；不存在可能严重影响公司持续经营的担保、诉讼、仲裁或其他重大事项；最近 24 个月内曾公开发行证券的，不存在发行当年营业利润比上年下降 50% 以上的情形。
财务状况良好	(7) 上市公司的会计基础工作规范，严格遵循国家统一会计制度的规定；最近 3 年及一期财务报表未被注册会计师出具保留意见、否定意见或无法表示意见的审计报告；被注册会计师出具带强调事项段的无保留意见审计报告的，所涉及的事项对发行人无重大不利影响或者在发行前重大不利影响已经消除。 (8) 资产质量良好。不良资产不足以对公司财务状况造成重大不利影响；经营成果真实，现金流量正常。营业收入和成本费用的确认严格遵循国家有关企业会计准则的规定，最近 3 年资产减值准备计提充分合理，不存在操纵经营业绩的情形；最近 3 年以现金或股票方式累计分配的利润不少于最近 3 年实现的年均可分配利润的 20%。

财务会计文件无虚假记载	(9) 上市公司不存在违反证券法律、行政法规或规章，受到中国证监会的行政处罚，或者受到刑事处罚的行为。 (10) 不存在违反工商、税收、土地、环保、海关法律、行政法规或规章，受到行政处罚且情节严重，或者受到刑事处罚的行为；不存在违反国家其他法律、行政法规且情节严重的行为。
募集资金的数额和使用符合规定	(11) 上市公司募集资金数额不超过项目需要量。 (12) 募集资金用途符合国家产业政策和有关环境保护、土地管理等法律和行政法规的规定。 (13) 除金融类企业外，募集资金使用项目不得为持有交易性金融资产和可供出售的金融资产、借予他人、委托理财等财务性投资，不得直接或间接投资于以买卖有价证券为主要业务的公司。 (14) 投资项目实施后，不会与控股股东或实际控制人产生同业竞争或影响公司生产经营的独立性；建立募集资金专项存储制度，募集资金必须存放于公司董事会决定的专项账户。

2.4　特许经营项目的融资

城市基础设施特许经营，是指中华人民共和国境内外的企业和其他经济组织依法取得政府授予的特许经营权，在一定期限和范围内经营城市基础设施，提供公共产品或者公共服务。

表 7-2-13

BOT	(1) 建设—经营—转让，是指政府通过契约授予私营企业（包括外国企业）以一定期限的特许专营权，许可其融资建设和经营特定的公用基础设施，并准许其通过向用户收取费用或出售产品以清偿借款，回收投资并赚取利润；特许权期限届满时，该项目无偿移交给政府。
BOOT	(2) 建设—经营—转让，是指政府通过契约授予私营企业（包括外国企业）以一定期限的特许专营权，许可其融资建设和经营特定的公用基础设施，并准许其通过向用户收取费用或出售产品以清偿借款，回收投资并赚取利润；特许权期限届满时，该基础设施无偿移交给政府。
BOO	(3) BOO 即建设—拥有—经营，承包商根据政府赋予的特许权，建设并经营某项产业项目，但是并不将此项基础产业项目移交给公共部门。

BT	（4）由项目发起方通过招标的方式确定投资方，然后由投资方负责项目资金筹措和工程建设，并承担项目的建设风险，项目建成竣工验收合格后，项目发起方按照签署的回购协议接管项目，并向投资方支付回购价款的一种融资建设方式。
BOST	（5）是指建设—运营—补贴—移交模式。
TOT	（6）是指民营企业通过购买某一项目资产（公益性资产）的经营权，购买者在约定的时间内通过经营该资产并收回全部投资并有合理的利润后，再将该资产无偿移交给原产权所有人。
PPP	（7）是一种公共部门与民营企业的合作模式。是指政府和营利性企业、非营利性企业为完成某个项目而形成相互合作关系的形式，由参与合作的各方共同承担责任和融资风险的合作形式。
ABS	（8）是以项目所属的资产为支撑的证券化融资方式，即以项目所拥有的资产为基础，以项目资产可以带来的预期收益为保证，通过在资本市场发行债券来募集资金的一种项目融资方式。
PFI	（9）是利用私有资金进行公共工程和基础设施项目的开发与运营。

2.5 其他融资渠道

开发企业的融资渠道除了通过银行借款、发行债券、上市融资外，其他的融资方式还有融资租赁、典当、委托借款、信托等方式，有此融资方式目前属于金融创新品种，总之，我国房地产企业在融资渠道方面应该说越来越广阔，房地产业的资本运作是一个系统工程，需要对其具备项目、财务、资源、控制、管理等综合因素分析，通过测算其融资成本、分析其资本结构选择最优的融资工具组合。

第3节 融资方案的设计与优化

项目融资方案的设计是指通过融资环境的调查、融资形式的分析、融资结构的设计、融资成本的计算、融资风险分析后拟定的一套或几套融资方案。融资方案的优化是通过方案的比较选择，推荐资金来源可靠、资金结构合理、融资成本低、融资风险低的方案。

3.1 编制相关资金平衡分析的报表

根据项目资金使用的流量，进行资金平衡的分析，编制项目资金来源计划表，编制项目总投资使用计划与资金筹措表、测算资金缺口。

根据借款的类别，编制借款利息的计算表、借款还本付息平衡表。根据建设期借款、流动资金借款及资金的来源判断是否需要临时借款。

3.2 各类融资成本的测算

3.2.1 资金成本的构成

资金成本是指使用资金的代价，资金成本包括"资金筹集费用"和"资金占用费用"两部分。

表 7-2-14

资金筹集费用	（1）指资金筹集过程中支付的各种费用，如发行股票，发行债券支付的印刷费、律师费、公证费、担保费及广告宣传费。
资金占用费	（2）是指占用他人资金应支付的费用，或者说是资金所有者凭借其对资金所有权向资金使用者索取的报酬。如股东的股息、红利、债券及银行借款支付的利息。

资金成本在企业融资决策中的作用：资金成本是影响企业筹资总额的重要因素；资金成本是企业选择资金来源的基本依据；资金成本是企业选用融资方式的参考标准；资金成本是确定最优资金结构的主要参数。

资金成本计算的通用公式：

$$\sum \frac{各年实际筹措资金流入额-各年实际资金筹集费和对资金提供者的各种付款（包括贷款、债券等本金的偿还）}{(1+资金成本率)^{资金占用期限}}=0$$

资金成本在投资决策中的作用：在利用净现值指标进行投资决策时，常以资金成本作为折现率；在利用内部收益率指标进行决策时，一般以资金成本作为基准收益率。

表 7-2-15

金融资产	（1）指其未来现金流的预期值经过折现后的现值之和，折现率作为其资金成本。
公司负责	（2）企业在筹资过程所应支付的利息和筹资费（税前、税后）作为其资金成本。
股东权益	（3）在同等风险条件下，通过其他投资渠道可获得的最高预期回报率。预期的回报率作为其资金成本。

767

3.2.2 权益资金的成本分析

3.2.2.1 优先股的资金成本

企业如果是股份公司，则可以通知发行优先股的方式进行融资，优先股通常预先定明股息收益率。由于优先股股息率事先固定，所以优先股的股息一般不会根据公司经营情况而增减，而且一般也不能参与公司的分红，但优先股可以先于普通股获得股息。

根据《会计准则》规定，优先股的股利应在税后净利润支付，所以其不能减少企业应交纳的所得税，同时企业发行优先股需要产生印刷费、发行代理费、注册费等相关筹资活动发生的各类费用。因此，以优先股方式进行融资的资金成本率的计算公式如下：

$$优先股的资金成本 = \frac{优先股股息}{(优先股发行价 - 发生成本)}$$

3.2.2.2 普通股的资金成本

普通股的基本特点是其投资收益（股息和分红）不是在购买时约定，而是事后根据股票发行公司的经营业绩来确定。普通股的资金成本计算方法有：（1）资本资产定价模型法；（2）税前债务成本加风险溢价法；（3）股利增长模型法；（4）参照既有法人的净资产收益率。

（1）资本资产定价模型法

普通股的资金成本＝社会无风险投资收益率(R_f)＋项目投资风险系数
$$\times(市场投资组合预期收益率 - R_f)$$

（2）税前债务成本加风险溢价法

普通股的资金成本＝税前债务资金成本＋风险溢价（一般为3%～5%）

（3）股利增长模型法

股利增长模型法是根据股票投资的收益率不断提高的方法来计算普通股资金成本的方法，当假定收益为固定增长率递增时，其普通股资金成本的计算公式为：

$$普通股的资金成本 = \frac{预期年股利额}{普通股市价} + 股利期望增长率$$

3.2.3 所得税前的债务资金成本

3.2.3.1 借款的资金成本

国内银行借款时，将根据借款的时间、利率（单利、复利、浮动、固定等）、还款方式、放款方式进行借款的资金成本计算。可根据资金成本的通用公式进行其他资金成本计算。

3.2.3.2 债券的资金成本

如果企业以发行债券的方式进行融资，企业除了向债权人支付利息外，在发行债券的过程中还要产生债券印刷费、发行代理费等筹资费用，发行的价格可为"溢价发行"、"折价发行"、"等价发行"。可根据资金成本的通用公式进行计算。

根据《会计准则》规定，企业发行债券所产生的利息可以在税前利润列支。所以通过发行企业债券可以合理的"避税"。

3.2.3.3 融资租赁资金成本计算

采取融资租赁方式所支付的租赁费，一般包括类似借贷资金的资金占用费和对本金的分期偿还额。融资租赁的租赁费可以资金成本的通用公式进行试算。

3.2.4 所得税后的债务资金成本

3.2.4.1 所得税后资金成本简化公式

借款、债券的筹资费用和利息支出均可在所得税前支付，对于股权投资方来说，存在所得税抵扣的益处。当在所得税后支付时，其资金成本的简化公式如下：

所得税后资金成本＝所得税前的资金成本×(1－所得税率)

3.2.4.2 不同抵税作用后的税后资金成本

对于资金供应者的各类资金，不都是可以有所得税抵减的益处，如对于利息，可在税前支付，具有抵税作用，而对借款本金的偿还，要在所得税后支付。对于利息与本金的不同抵税作用后的税后资金成本的计算，可按资金成本的通用公式进行试算。

3.2.4.3 基于所得税免征的税后资金成本

在计算所得税后债务资金成本时，应注意项目建设期与运营期内的免征所得税的年份，其当期的利息支付并不具备抵税作用。对于含筹资费用的所得税后债务资金成本的计算，可按下列公式（等号左边为债务人的实际现金流入，等号右边为债务引起的未来现金流出的现值总额）试算：

$$债务的现值(1－筹资费率)＝\Sigma \frac{当期本金＋当期利息×(1－所得税率)}{(1－资金成本)债务年限}$$

在应用上述公式时，应关注哪些为免征所得税的年份，公式中的（1－所得税率）

是否应乘以，则分三种情况：（1）对于建设期，上述公式中则不乘以（1-所得税率）；（2）运营期内免征所得税的年份，上述公式中则不乘以（1-所得税率）；（3）对于运营期内不免征所得税的年份，上述公式中则乘以（1-所得税率）。

3.2.5　基于通货膨胀下的资金成本

借贷资金的利息中一般包含通货膨胀的因素影响，扣除通货膨胀影响的资金成本的公式如下（在计算扣除通货膨胀影响的资金成本时，应先行扣除所得税的影响）：

$$扣除通货膨胀后的资金成本=\frac{1+未扣除通货膨胀影响的资金成本}{1+通货膨胀率}-1$$

3.2.6　资金成本的比较

"项目投资分析师"在编制融资方案时，应比较各类融资方式的资金成本的高低、融资风险的大小，融资的资本成本的排序如下：

普通股（留存收益）资金成本＞优先股资金成本＞债券的资金成本＞借款的资金成本

3.2.7　综合的资金成本

企业在进行融资过程中，不能仅根据资金的成本率的高低来进行融资，需要根据不同融资渠道的融资条件、各类融资方式的风险大小进行综合分析，以合理的综合资金成本（加权平均）形成多渠道的融资方案。

综合资金成本指企业对各种资金来源的资金成本按其所占比重加权计算的资金成本。其计算公式如下：

综合资金成本率＝Σ（第 i 类资金来源的权重×第 i 类资金成本率）

在计算加权平均资金成本时，应先把不同来源和筹集方式的资金成本统一为税前或税后，再进行计算。

3.3　资本结构的分析

3.3.1　资本结构的基本内容

资本结构是指企业各种资本的价值构成及其比例。资本结构反映公司总资产中各种资金来源的构成情况。资本结构是指企业全部资本价值的构成及其比例关系。

对于项目决策分析中资本结构的分析，主要是研究项目筹集资金的来源构成、项目资本金、债务资金的形式、各类资金的构成比例等内容。

3.3.2 自有资金与股权结构

股权结构是指股权的构成人员与股权构成比例，公司的股东一般分为个人股东和法人股东。个人股东的持股动机是追求短期投资收益的最大化，缺乏对企业的经营者进行监督与约束的激励，法人股东一般是公司股份的长期持有者，注重公司业绩的长期稳定与发展，对公司的治理具有至关重要的作用。股权的集中或分散的程度将影响公司治理的效果。

房地产开发项目的自有资金是指房地产开发企业的注册资本和历年收益结存形成的权益资本。房地产开发项目的自有资金是衡量房地产开发企业整体实力和项目开发风险的重要因素。为降低房地产开发项目的授信风险，保证房地产开发项目的顺利完工，人民银行和银监会均对房地产项目开发的自有资金比例有明确要求，各股份制商业银行也制定相应的房地产项目借款政策。

根据中央银行发布的《2007年第一季度中国货币政策执行报告》中的数据显示，房地产开发项目投资中企业自有资金占项目总投资比例平均在20%～25%。

房地产开发企业的预售款用于收购土地储备的行为受到限制：一方面是项目自有资本金达不到35%的，无法申请银行借款；另一方面是开发企业收购土地储备的融资来源受到限制。

2003年的《中国人民银行关于进一步加强房地产信贷业务管理的通知》，其中规定："房地产开发企业申请银行借款，其自有资金（指所有者权益）应不低于开发项目总投资的30%"。

但在2006年《国务院办公厅转发建设部等部门关于调整住房供应结构稳定住房价格意见的通知》明确"为抑制房地产开发企业利用银行借款囤积土地和房源，对项目资本金比例达不到35%等借款条件的房地产企业，商业银行不得发放借款。"但到了2009年，普通商品房开发的自有资金的比例规定已降至了20%。

政府对房地产项目的自有资金比例进行限制，是为了防止房地产项目开发过程中产生风险，以保障银行、购房者的权益。

针对项目决策分析中的项目资本金结构，包括投资产权结构与资本金结构比例。参与投资人出资比例不同，分为绝对控股、相对控股。

3.3.3 债务融资与财务杠杆

按照国家相关企业所得税法规定，开发企业进行经营活动应交纳企业所得税，同时根据《会计准则》相关规定，利息是在税前支付的，而股利是在税后分配的，因此，公司通过负责经营可以避税，这种"财务杠杆"的作用，可以降低公司的资本成本。

在项目决策分析中，对债务资金结构分析的主要内容包括债务资金的比例、负债的方式、债务期限的比例，外币种类的选择、偿债顺序的安排等内容。

3.3.4　资本结构的要素分析

资本结构的要素分析，可从其成本、风险与弹性三个角度去分析。一般来说，债务性融资的成本低于主权性融资成本、流动负债成本低于长期负债成本，最优的资本结构是一个使企业价值最大的资本比例，也就是使得加权资金成本的最低。

资本结构的另一个要素分析是"风险"因素，一般来说，主权性融资风险低于负债融资风险、长期负债风险要低于流动负债风险。企业的资本结构不同，导致其所承受的风险压力也是不相同的。企业建立资本结构所追求的目标应是在取得既定的资金成本下，尽可能获得风险最小的资本结构。

资本结构的弹性要素，是指企业资本结构内部各项目的可调整性、可转换性。企业总是期望在既定的资金成本和风险下，尽可能地获得弹性最大的资本结构。但通常风险小、弹性大的资本结构，资金成本高。企业只能进行融资渠道的优化组合，使资本结构在整体上实现成本、风险、弹性三要素之间的合理分配。

3.3.5　优化资本结构的原则

在优化资本结构时，应遵守资金成本最低、筹资时机适宜、综合权衡各要素三大原则。第一，在进行企业的资本结构设计时，应使其加权平均资金成本最低。第二，企业在进行筹资时，应考虑时机是否适宜，在筹资时，应对股市、楼市、国家的宏观政策进行分析。第三，在对企业资本结构进行设计时，应综合权衡的因素有筹资规模、资金成本、风险、弹性，以及财务杠杆的运用等因素的有机配合。

3.4　融资结构比选的方法

3.4.1　比较资金成本法

比较资金成本法是指在适当的财务风险条件下，测算可供选择的不同资金结构或融资组合方案的加权平均资金平均成本率，并以此为标准进行相互比较，以确认最佳资金结构的方法。

3.4.1.1　初始融资的资金结构

对于"拟建项目"的融资可以通过多种融资方式和不同的融资渠道来筹措，每种融资方式的融资额的权重亦有所不同，因而形成多个资金结构或多个融资方案。当不同的融资方案面临相同的环境和风险的外部情况下，可利用比较资金成本法，通过加权平均融资成本率的测算选出合理的融资方案。

3.4.1.2 追加融资的资金结构

在建设项目的实施过程中，当出现变更因素导致需要追加投资的情况时，因融资环境与初始融资方案编制时的外部环境相比已发生了变化，原先确定的最佳资本结构需要根据追加融资的情况进行调整，以实现资金结构的最优化。

在适度财务风险的前提下，选择追加融资方案可用两种方法：（1）直接测算各备选追加融资方案的边际资金成本率，从中比较选择最佳融资组合方案；（2）是分别将各备选追加融资方案与原有所选定的资金结构进行合并，测算比较各个追加融资方案下汇总资金结构的加权资金成本率，从中比较最佳融资方案。

3.4.2 息税前利润/每股利润分析法

将企业的盈利能力与负债对股东权益结合起来，来分析资金结构与每股利润之间的关系，进而确定合理的资金结构的方法叫息税前利润/每股利润分析法（也称每股利润无差别点法）。

息税前利润/每股利润分析法是利用息税前利润和每股利润之间的关系来确定最优资金结构的方法，也即利用每股利润无差别点来进行资金结构决策的方法。所谓每股利润无差别点是指两种或两种以上的融资方案下普通股每股利润相等时的息税前利润点，亦称息税前利润平衡点或融资无差别点。根据每股利润无差别点分析判断在什么情况下可利用什么方式融资，以安排及调整资金结构，这种方法确定的资金结构也为每股利润最大的资金结构。每股利润无差别点的计算：

$$\frac{(EBIT - I_1)(1 - T) - D_{P_1}}{N_1} = \frac{(EBIT - I_2)(1 - T) - D_{P_2}}{N_2}$$

$EBIT$	（1）息税前利润平衡点，即每股利润无差别点
I_1、I_2	（2）两种增资方式下的长期债务年利息
D_{P1}、D_{P2}	（3）两种增资方式下的优先股年股利
N_1、N_2	（4）两种增资方式下的普通股股数

根据上述公式计算出不同融资方案间的无差别点之后，通过比较相同息税前利润情况下的每股利润值大小，分析各种每股利润值与临界点之间的距离及其发生的可能性，来选择最佳的融资方案。

当息税前利润大于每股利润无差别点时，增加长期债务的方案要比增发普通股的方案有利；而息税前利润小于每股利润无差别点时，增加长期债务则不利。

这种分析方法的实质是寻找不同融资方案之间的每股利润无差别点，找出对股东最为有利的最佳资金结构。

这种方法既适用于既有法人项目融资决策，也适用于新设法人项目融资决策。对于既有法人项目融资，应结合公司整体的收益状况和资本结构，分析何种融资方案能够使每股利润最大；对于新设法人项目而言，可直接分析不同融资方案对每股利润的影响，从而选择适合的资本结构。

3.5 融资风险的分析

融资风险分析可从资金运用、项目控制、资金供应、资金追加、利率与汇率等角度对融资的风险进行评估。融资风险分析的步骤如下：（1）识别融资风险因素；（2）评估融资风险程度；（3）提出融资风险对策。

3.5.1 资金运用风险

资金运用风险主要是项目投资失败导致的融资风险，在制订融资方案时，应详细分析项目的整体风险，正确处理"筹资人"与"出资人"承担风险大小的分配。

3.5.2 项目控制风险

融资所带来的项目控制风险主要体现在融资后，筹资人可能失去对项目的某些控制权，如项目管理权、经营权或部分收益权。因此筹资人在制订融资方案时，应综合平衡融资的代价与割让项目控制权之间的关系。

3.5.3 资金供应风险

资金供应风险是指出资人实际的供应资金的额度、供给时间不符合事先承诺的风险，一旦出现了资金供应不正常的现象，将导致项目实施资金链的断裂，会引起各方的索赔。因此，在制订融资方案时，应对出资人的出资能力进行调查分析，应选择实力强、信用好、风险承载能力大、所在国政治与经济稳定的出资人。

3.5.4 资金追加风险

由于建设项目的周期较长，外部环境处于"经常性变化状态"，面对工程的变更、技术的变更等因素，将可能引起投资的追加，因此，在制订融资方案时，应留有余量，打足预算。同时对出资人的再融资能力进行评价，对于可能发生的追加融资现象进行融资渠道和融资方式的储备。

3.5.5 利率及汇率的风险

利率的大小，利率的方式是固定利率还是浮动利率直接关系到融资成本和融资风险的问题，因此，在制订融资方案时，应充分考虑融资成本与利率风险的因素。必要时可采取利率掉期的措施，即将固定利率转换为浮动利率或反之，以转移利率风险。

同样，对于在国际金融市场上进行融资，将涉及汇率问题，汇率的变动也是融资风险评估时须考虑的问题。必要时可通过选择借款外币或还款外币、外汇掉期等措施转移汇率风险。

第4节　上市公司财务费用的数据分析

4.1　基于企业运营角度的财务费用

基于企业运营的会计准则的科目划分角度分析，财务费用的定义与包括的内容如下：

表 7-2-16

财务费用定义	（1）财务费用指企业在生产经营过程中为筹集资金而发生的各项费用。
计入范围	（2）利息支出，指企业短期借款利息、长期借款利息、应付票据利息、票据贴现利息、应付债券利息、长期应付引进国外设备款利息等利息支出（除资本化的利息外）减去银行存款等的利息收入后的净额。
	（3）汇兑损失，指企业因向银行结售或购入外汇而产生的银行买入、卖出价与记账所采用的汇率之间的差额，以及月度（季度、年度）终了，各种外币账户的外币期末余额按照期末规定汇率折合的记账人民币金额与原账面人民币金额之间的差额等。
	（4）相关的手续费，指发行债券所需支付的手续费（资本化的手续费除外）、开出汇票的银行手续费、调剂外汇手续费等，但不包括发行股票所支付的手续费等。
	（5）其他财务费用，如融资租入固定资产发生的融资租赁费用等。

4.2　基于营业收入的财务费用比

通过对利润表进行的垂直结构的分析，当以营业收入为基数时，可测算出"财务费用占营业收入"的比例如下：

表 7-2-17

商业模式	2006 年	2007 年	2008 年	2009 年	2010 年	最小值	平均值	最大值
万科	0.78%	1.01%	1.60%	1.17%	0.99%	0.78%	1.11%	1.60%

通过对利润表垂直结构的分析，当以营业成本或以销售成本为基数时，可测算出"财务费用占营业成本"的比例如下：

表 7-2-18

商业模式	2006 年	2007 年	2008 年	2009 年	2010 年	最小值	平均值	最大值
万科	0.96%	1.28%	1.89%	1.40%	1.27%	0.96%	1.36%	1.89%

4.3 基于统计局的资金来源的数据分析

根据中国统计年鉴（2010 年）所发布的数据分析，房地产开发企业的资金来源划分为自筹资金、国内借款、利用外资和其他来源四个科目来统计的：

表 7-2-19

资金来源类别	1998 年至 2009 年统计数据分析
自筹资金	(1) 占总资金来源的 26%～39%，平均比例为 30%
国内借款	(2) 占总资金来源的 18%～24%，平均比例为 21%
利用外资	(3) 占总资金来源的 1%～8%，平均比例为 2%
其他来源	(4) 占总资金来源的 40%～50%，平均比例为 46%

4.4 筹资活动的现金流量结构分析

4.4.1 筹资活动的现金流入分析

以万科近五年期间所披露的财务报告数据进行统计分析，关于筹资活动的现金流入比例结构如下：

表 7-2-20

会计科目	2006 年	2007 年	2008 年	2009 年	2010 年
吸收投资收到的现金	32.5%	39.2%	2.3%	0.0%	0.0%
取得借款收到的现金	67.5%	60.8%	69.7%	100.0%	100.0%
发行公司债券收到的现金	0.0%	0.0%	28.0%	0.0%	0.0%
筹资活动现金流入小计	100.0%	100.0%	100.0%	100.0%	100.0%

4.4.2 筹资活动的流出分析

以万科近五年期间所披露的财务报告数据进行统计分析，关于筹资活动的现金流出比例结构如下：

表 7-2-21

会计科目	2006 年	2007 年	2008 年	2009 年	2010 年
偿还债务支付的现金	75.8％	78.2％	79.6％	87.7％	74.8％
分配股利、利润或偿付利息支付的现金	24.2％	21.8％	20.4％	12.3％	25.2％
筹资活动现金流出小计	100.0％	100.0％	100.0％	100.0％	100.0％

4.4.3 万科地产主要的筹资活动

表 7-2-22

2002 年 2004 年 可转换公司债券	(1) 2002 年 6 月公开发行 1500 万张可转换公司债券，面值为 100 元，发行总额人民币 15 亿元。截至 2004 年 4 月，已有 99.6％公司债转为公司股票，未转股的债，公司按面值加当年利息的价格，即 101.5 元/张（当年利息含税，个人和基金持有的万科转债扣税后，赎回价格为人民币 101.2 元/张）的价格赎回未转股的全部万科转债，共计人民币（60 239×101.5＝6 11 万元）。 (2) 公司于 2004 年 9 月公开发行 1990 万张可转换公司债券，每张面值人民币 100 元，发行总额人民币 19.9 亿元。
2006 年 非公开发行 A 股股票 共募集资金 42 亿元 筹资费率 0.79％	(3) 2006 年 12 月，公司以 10.5 元/股的发行价格，向华润股份有限公司等 10 家发行对象，非公开发行 4 亿股 A 股股票，共募集资金 42 亿元。扣除发行费用，募集资金净额 41.967 亿元。根据规定，非公开发行的 A 股股票在限售期内将予以锁定。其中，华润股份有限公司所认购的股份的锁定期限自 2006 年 12 月至 2009 年 12 月止；其他发行对象所认购的股份的锁定期限自 2006 年 12 月至 2007 年 12 月止。
2007 年 公开发行股票 筹资费率 0.63％ 100 亿元	(4) 2007 年 8 月发布招股意向书，向社会公开发行 A 股股票，发行数量 317 158 261 股（面值人民币 1 元/股），发行价格为 31.53 元/股，募集资金近 100 亿元。发行费用占总募集资金比例为 0.63％，募集资金净额人民币 99.36 亿元投资了 11 个项目。
2008 年 发行债券 有担保利率确 5.50％ 无担保利率确 7.00％ 59 亿元	(5) 2008 年 9 月向社会公开发行面值不超过 59 亿元的公司债券。债券分为有担保和无担保两个品种，均为 5 年期固定利率债券，其中"无担品种"附在存续期限的第 3 年末发行人上调票面利率选择权及投资者回售选择权。有担保品种的票面利率确定为 5.50％，无担保品种的票面利率确定为 7.00％。有担保品种的发行规模为 30 亿元，无担保品种发行规模为 29 亿元。

4.4.4 地产公司的借款类别

表 7-2-23

信用借款	(1) 信用借款是指企业凭借自己的信誉从银行取得的借款。企业这种借款，无须以财产作抵押。银行在对企业的财务报表、现金预算等资料分析的基础之上，决定是否向企业借款。一般只有信誉好、规模大的公司才可能得到信用借款。这种信用借款一般都带有一些信用条件，如信用额度、周转信用协议和补偿性余额等。
担保借款	(2) 担保借款是指有一定的担保人作保证或利用一定的财产作抵押或质押而取得的借款。担保借款可分为保证借款、抵押借款和质押借款三类。
抵押借款	(3) 债务人或第三人对债权人以一定财产作为清偿债务担保的法律行为，以此类为抵押形式作为担保的借款称之为抵押借款。
质押借款	(4) 质押也称质权，就是债务人或第三人将其动产移交债权人占有，将该动产作为债权的担保，当债务人不履行债务时，债权人有权依法就该动产卖得价金优先受偿。分为动产质押和权利质押，以此类为抵押形式作为担保的借款称之为质押借款。
反担保借款	(5) 反担保是指为债务人担保的第三人，为了保证其追偿权的实现，要求债务人提供的担保。在债务清偿期届满，债务人未履行债务时，由第三人承担担保责任后，第三人即成为债务人的债权人，第三人对其代债务人清偿的债务，有向债务人追偿的权利。当第三人行使追偿权时，有可能因债务人无力偿还而使追偿权落空，为了保证追偿权的实现，第三人在为债务人作担保时，可以要求债务人为其提供担保，这种债务人反过来又为担保人提供的担保叫反担保。
信任借款	(6) 指公司向信托公司借用信托资金，此类借款称为信托借款，信托借款一般的期限较长，适合于长期借款。

（1）短长期借款与利率

表 7-2-24

短期借款	(1) 企业用来维持正常的生产经营所需的资金或为抵偿项全力而向银行或其他金融机构等外单位借入的、还款期限在一年以下或者一年的一个经营周期内的各种借款。
长期借款	(2) 长期借款是指企业从银行或其他金融机构借入的期限在一年以上（不含一年）的借款。主要是向金融机构借入的各项长期性借款，如从各专业银行、商业银行取得的借款；除此之外，还包括向财务公司、投资公司等金融企业借入的款项。

（2）借款利率的区间值

根据"万科"地产上市年报所披露的数据分析，各种形式的短期借款在不同年度的利率统计分析如下表，从表中可知，万科"短期借款"的年利率幅度为 4.5% ～ 10%，五年的平均短期借款年利率为 6.34%：

表 7-2-25

借款类别	近五年来的借款利率的区间值与平均值
信用借款	（1）年利率的幅度为 5.25% ～ 7.38%，五年的平均短期借款年利率为 6.38%。
担保借款	（2）年利率的幅度为 5.47% ～ 10.00%，五年的平均短期借款年利率为 7.31%。
反担保借款	（3）年利率的幅度为 4.5% ～ 6.10%，五年的平均短期借款年利率为 5.30%。
抵押借款	（4）年利率的幅度为 6.12% ～ 7.02%，五年的平均短期借款年利率为 6.48%。
质押借款	（5）年利率的幅度为 6.16% ～ 8.06%，五年的平均短期借款年利率为 6.93%。

根据"万科"地产上市年报所披露的数据分析，其长期借款占公司总资产的比例如下：

表 7-2-26

年度	2007 年	2008 年	2009 年	2010 年	2011 年
长期借款占总资产之比	16.35%	7.69%	12.72%	11.5%	7.08%

对于长期借款，根据"万科"地产上市年报所披露的数据分析，从 2009 年到 2011 年期间，信托借款利率的区间值 4.9% ～ 11.6%，委托借款的利率在 9.7% ～ 11.25%。可见，当外部宏观经济政策"收紧"时，融资成本将会增加。

第7-3章　借款利息与房地产抵押贷款的案例

一、等额本金法

(A) 背景资料

某建设项目，其建设期为三年，运营期间为 6 年，业主与银行签订的《借款合同书》中约定：年利率为 7%，放款的方式为：第一年均衡放款 1000 万元；第二年均衡放款 2000 万元；第三年均衡放款 3000 万元；还款的方式为：始于运营期的第一年的 6 年内，按年还息且本金部分按年等额返还。请计算建设期的利息。

(B) 问题解答

名称利率	7.00%
计息周期	1
实际利率	7.00%
还款类别	等额本金法
还款时间	6
建设期放款系数	0.5
运营期放款系数	1.0

序号	科目	1 年	2 年	3 年	1 4 年	2 5 年	3 6 年	4 7 年	5 8 年	6 9 年
1	年初借款余额	—	1 035	3 177	6 505	5 421	4 337	3 252	2 168	1 084
2	本年借款本金	1 000	2 000	3 000						
3	本年应计利息	35	142	327	455	379	304	228	152	76
4	本年应还利息	—	—	—	455	379	304	228	152	76
5	本年应还本金	—	—	—	1 084	1 084	1 084	1 084	1 084	1 084
6	本年应还本利和	—	—	—	1 539	1 464	1 388	1 312	1 236	1 160
7	年末借款余额	1 035	3 177	6 505	5 421	4 337	3 252	2 168	1 084	—
Σ	建设期利息	505								
Σ	总的利息	2 099								
Σ	总本利和	8 099								

二、等额本息法

(A) 背景资料

某建设项目，其建设期为三年，运营期间为 6 年，业主与银行签订的《借款合同书》中约定：年利率为 7%，放款的方式为：第一年均衡放款1 000万元；第二年均衡放款2 000万元；第三年均衡放款3 000万元；还款的方式为：始于运营期的第一年的 6 年内，按"等额本息法"还款，请计算建设期的利息、总的利息、应还本利和。

(B) 问题解答

名称利率	7.00%
计息周期	1
实际利率	7.00%
还款时间	6
建设期放款系数	0.5
运营期放款系数	1.0
还款类别	等额本息法
$(1+i)^n$	1.501
减一再倒数	1.997
$(A/P, i, n)$	0.210

序号	科目	1 年	2 年	3 年	1 4 年	2 5 年	3 6 年	4 7 年	5 8 年	6 9 年
1	年初借款余额	—	1 035	3 177	6 505	5 596	4 623	3 581	2 467	1 275
2	本年借款本金	1 000	2 000	3 000	—					
3	本年应计利息	35	142	327	455	392	324	251	173	89
4	本年应还利息				455	392	324	251	173	89
5	本年应还本金				909	973	1 041	1 114	1 192	1 275
6	本年应还本利和				1 365	1 365	1 365	1 365	1 365	1 365
7	年末借款余额	1 035			5 596	4 623	3 581	2 467	1 275	—
Σ	建设期利息	505								
Σ	总的利息	2 188								
Σ	总的本利和	8 188								

三、分期还息且一次还本法

(A) 背景资料

某一建设项目,建设期3年,运营期为8年。流动资金需要贷款,业主与银行签订的《借款合同约定》:放款的方式为运营期的第1年放款100万元;运营期的第2年放款100万元;还款的方式为:运营期内,按年还息,运营期最后1年将本金一次偿还。年利率为3‰。请计算借款利息。

(B) 问题解答

名称利率	3.00%
计息周期	1
实际利率	3.00%
还款类别	分期付息且一次还本法
还款时间	8
建设期放款系数	0.5
运营期放款系数	1.0

序号	科目	1年	2年	3年	1 4年	2 5年	3 6年	4 7年	5 8年	6 9年	7 10年	8 11年
1	年初借款余额	—	—	—	—	100.0	200.0	200.0	200.0	200.0	200.0	200.0
2	本年借款本金	—	—	—	100.0	100.0	—	—	—	—	—	—
3	本年应计利息	—	—	—	3.0	6.0	6.0	6.0	6.0	6.0	6.0	6.0
4	本年应还利息	—	—	—	3.0	6.0	6.0	6.0	6.0	6.0	6.0	6.0
5	本年应还本金										—	200.0
6	本年应还本利和	—	—	—	3.0	6.0	6.0	6.0	6.0	6.0	6.0	206.0
7	年末借款余额	—	—	—	100.0	200.0	200.0	200.0	200.0	200.0	200.0	—
Σ	建设期利息	—										
Σ	总的利息	45.00										
Σ	总本利和	245.00										

四、一次还本付息法

(A) 背景资料

某建设项目,其建设期为三年,运营期间为6年,业主与银行签订的《借款合同书》中约定:年利率为7%,放款的方式为:第一年均衡放款1000万元;第二年均衡放款2000万元;第三年均衡放款3000万元;还款的方式为:于运营期末将本金与利息一次性偿还，请计算应还利息与应还本利和。

（B）问题解答

名称利率	7.00%
计息周期	1
实际利率	7.00%
还款类别	一次还本息法
还款时间	6
建设期放款系数	0.5
运营期放款系数	1.0

					1	2	3	4	5	6
序号	科目	1 年	2 年	3 年	4 年	5 年	6 年	7 年	8 年	9 年
1	年初借款余额	—	1 035	3 177	6 505	6 960	7 447	7 969	8 527	9 123
2	本年借款本金	1 000	2 000	3 000	—	—	—	—	—	—
3	本年应计利息	35	142	327	455	487	521	558	597	639
4	本年应还利息	—	—	—						3 762
5	本年应还本金	—	—	—						6 000
6	本年应还本利和	—	—	—	—	—	—	—	—	9 762
7	年末借款余额	1 035	3 177	6 505	6 960	7 447	7 969	8 527	9 123	—

Σ	建设期利息	505
Σ	总还利息和	3 762
Σ	总本利和	9 762

五、土地抵押贷款的计算

（A）背景资料

某开发企业通过竞拍取得如下地块，开发企业想以此地块向银行申请"土地抵押贷款"，请计算出可申请的贷款额度是多少？

形态	科目	数据	单位
	取得时间	2000 年 1 月 1 日	
	出让年限	50	年
	到期时间	2049 年 12 月 19 日	
地块	用地面积	10 000.00	m²
	占地亩数	15.00	亩
	容积率	2.54	
	计容总建筑面积	25 400.00	m²

（B）问题解答

B1 建筑方案的设计与营销的定位

科目	功能	用途	总建筑面积	使用面积	可出租面积
1 层面积	商场	出租	2 600.00	1 950.00	1 950.00
2 层面积	商场	出租	2 600.00	1 950.00	1 950.00
3 层面积	商场	出租	2 600.00	1 950.00	1 950.00
4 层面积	商场	出租	2 600.00	1 950.00	1 950.00
5 层面积	办公层	出租	1 000.00	800.00	800.00
6 层面积	办公层	出租	1 000.00	800.00	800.00
7 层面积	办公层	自用	1 000.00	800.00	—
8 层面积	设备层	公用	1 000.00	800.00	—
9 层面积	办公层	自用	1 000.00	800.00	—
10 层面积	办公层	出租	1 000.00	800.00	800.00
11 层面积	办公层	出租	1 000.00	800.00	800.00
12 层面积	办公层	出租	1 000.00	800.00	800.00
13 层面积	办公层	出租	1 000.00	800.00	800.00
14 层面积	办公层	出租	1 000.00	800.00	800.00
15 层面积	办公层	出租	1 000.00	800.00	800.00
16 层面积	办公层	出租	1 000.00	800.00	800.00
17 层面积	办公层	出租	1 000.00	800.00	800.00
18 层面积	办公层	出租	1 000.00	800.00	800.00
19 层面积	办公层	出租	1 000.00	800.00	800.00
合计			25 400.00	19 800.00	17 400.00

B2 建造成本的测算

根据开发企业的成本数据分析，地块上所建造房屋的建造成本如下：

开工时间	2000 年 6 月 29 日	
建设工期	2	年
竣工时间	2002 年 6 月 29 日	
耐用年限	70	年
残值率	2%	
总建筑面积	25 400.00	
建造单价	3 000.00	元/m^2
建造成本	76 200 000.00	元

B3　楼市行情的调查与分析

经过开发企业进行的楼市行情调查的数据分析，本地块房屋的出租价格如下：

科目	租金（元/月·m^2）	租金押金	假设条件
商场的出租	200.00	3 个月的租金	假设在整个租期内租金水平不变
写字楼的出租	130.00	4 个月的租金	假设在整个租期内租金水平不变

B4　经营时间的分析与计算

土地使用年限（年）	50.00
建造工期（天）	730.00

科目		数量	时差（年）	累计年时差
地块取得时间	2000 年 1 月 1 日		0.00	0.00
正式开工时间	2000 年 6 月 29 日		0.49	0.49
房屋竣工时间	2002 年 6 月 29 日		2.00	2.49
估价时点	2000 年 9 月 1 日		—1.82	0.67
始于竣工日的地块剩余时间			47.51	
始于估价日的地块剩余时间			49.33	

B5 地块有效毛收益的计算

根据楼市场行情，对房屋出租进行"客观租金"的计算如下：

科目	功能	用途	总建筑面积	使用率	使用面积	可租面积	元/月·m²	月数	租金（元）
1 层面积	商场	出租	2 600.00	75%	1 950.00	1 950.00	200.00	11.50	4 485 000.00
2 层面积	商场	出租	2 600.00	75%	1 950.00	1 950.00	200.00	11.50	4 485 000.00
3 层面积	商场	出租	2 600.00	75%	1 950.00	1 950.00	200.00	11.50	4 485 000.00
4 层面积	商场	出租	2 600.00	75%	1 950.00	1 950.00	200.00	11.50	4 485 000.00
5 层面积	办公层	出租	1 000.00	70%	700.00	700.00	130.00	11.50	1 046 500.00
6 层面积	办公层	出租	1 000.00	70%	700.00	700.00	130.00	11.50	1 046 500.00
7 层面积	办公层	自用	1 000.00	70%	700.00	700.00	130.00	11.50	1 046 500.00
8 层面积	设备层	公用	1 000.00	70%	700.00	—	130.00	11.50	—
9 层面积	办公层	自用	1 000.00	70%	700.00	700.00	130.00	11.50	1 046 500.00
10 层面积	办公层	出租	1 000.00	70%	700.00	700.00	130.00	11.50	1 046 500.00
11 层面积	办公层	出租	1 000.00	70%	700.00	700.00	130.00	11.50	1 046 500.00
12 层面积	办公层	出租	1 000.00	70%	700.00	700.00	130.00	11.50	1 046 500.00
13 层面积	办公层	出租	1 000.00	70%	700.00	700.00	130.00	11.50	1 046 500.00
14 层面积	办公层	出租	1 000.00	70%	700.00	700.00	130.00	11.50	1 046 500.00
15 层面积	办公层	出租	1 000.00	70%	700.00	700.00	130.00	11.50	1 046 500.00
16 层面积	办公层	出租	1 000.00	70%	700.00	700.00	130.00	11.50	1 046 500.00
17 层面积	办公层	出租	1 000.00	70%	700.00	700.00	130.00	11.50	1 046 500.00
18 层面积	办公层	出租	1 000.00	70%	700.00	700.00	130.00	11.50	1 046 500.00
19 层面积	办公层	出租	1 000.00	70%	700.00	700.00	130.00	11.50	1 046 500.00
合计			25 400		18 300	17 600.00			32 591 000

押金月数	押金	存款利率	利息（存1年）
3	1 170 000.00	3.60%	42 120.00
3	1 170 000.00	3.60%	42 120.00
3	1 170 000.00	3.60%	42 120.00
3	1 170 000.00	3.60%	42 120.00
3	273 000.00	3.60%	9 828.00
3	273 000.00	3.60%	9 828.00
3	273 000.00	3.60%	9 828.00
3	—	3.60%	—
3	273 000.00	3.60%	9 828.00
3	273 000.00	3.60%	9 828.00
3	273 000.00	3.60%	9 828.00
3	273 000.00	3.60%	9 828.00
3	273 000.00	3.60%	9 828.00
3	273 000.00	3.60%	9 828.00
3	273 000.00	3.60%	9 828.00
3	273 000.00	3.60%	9 828.00
3	273 000.00	3.60%	9 828.00
3	273 000.00	3.60%	9 828.00
			306 072.00

租金的年毛收益		32 591 000.00
押金的利息年收入		306 072.00
合计年毛收益		32 897 072.00

787

B6　计算年经营成本

房屋的年折旧表

科目	数量	单位
地块使用年限	50.00	年
始于竣工日的地块剩余年限	47.51	年
房屋使用所限	70.00	年
建造成本	76 200 000.00	元
年折旧费	1 603 979.24	元/年

出租的年经营成本计算表

重置总价	76 200 000.00
总建筑面积	25 400.00
租金收入	32 591 000.00

科目	基数	费率	费用
出租管理费	租金的	10%	3 259 100.00
出租的税金	租金的	12%	3 910 920.00
维修费	重置总价	0.2%	65 182.00
保险费	重置总价	0.20%	152 400.00
折旧费	引用数据		1 603 979.24
费用合计			8 991 581.24
年净收益			23 905 490.76

B7　年纯收益的折算成房地产的总价值

基于有限年限内预期收益不变化的情况下

综合资本化率	10%

开发产品	出租纯收益(a)	r	a/r	n	$1-1/(1+r)^n$	总纯收益现值
房地产出租	23 905 490.76	10.0%	239 054 907.61	47.51	0.99	236 472 281.09
房地产总价值						236 472 281.09

B8 开发的赢利模型

	综合还原率	10%

科目	序号	注释		数据引用
房地产总价值	1	详见计算表		236 472 281.09
土地成本	2	待求值		地价
建造成本	3	详见计算表		76 200 000.00
税项	4	假定按租金的	6.0%	14 188 336.87
销售费用	5	假定按租金的	2.0%	4 729 445.62
管理费用	6	假定按收入的	1.5%	3 547 084.22
投资利息	7	详见计算表		
利润/投资回报	8	(地价＋建造成本)	30.0%	
利润（一）				0.3 地价
利润（二）				22 860 000.00

B9 投资利息的计算

科目	资金来源	放款方式	还款方式	比例	借款本金	贷款年限计算	借款年限	贷款利率	复利系数	利息
地价款	银行贷款	一次付清	一次还清	100%	地价	购买日至竣工日	2.49	9.00%	0.2397	0.2397 地价

建造成本	76 200 000	元
建设期	2.00	年

科目	资金来源	放款方式	还款方式	比例	借款本金	贷款年限计算	借款年限	贷款利率	复利系数	利息
第1年借款	第1年	均衡放款	一次还清	60%	45 720 000.00	$n-1+0.5$	1.50	9.00%	0.1380	6 309 360.000
第2年借款	第2年	均衡放款	一次还清	40%	30 480 000.00	$n-2+0.5$	0.50	9.00%	0.0441	1 344 168.000

利息（一）										0.2397 地价
利息（二）										7 653 528.00

B10 始于竣工日的地价计算

左边		右边	运算符号	数据运算
地价	=	房地产总现值	+	236 472 281.09
		建造成本	—	76 200 000.00
		税金	—	14 188 336.87
		销售费用	—	4 729 445.62
		管理费用	—	3 547 084.22
		利息（一）	—	7 653 528.00
		利息（二）	—	0.2397 地价
		利润（一）	—	0.3 地价
		利润（二）	—	22 860 000.00
		B1	+	107 293 886.38
地价		B2	—	0.5397 地价
0.5397 地价		B1	÷	1.5397
始于竣工日的地价				69 684 929.78

楼面地价	元/m^2	6 968.49
单亩地价	元/亩	464.57

B11 地价的日期修正与可抵押贷款的计算

始于竣工日土地剩余年限　　47.51

i	$(1+i)^n$	$1/(1+i)^n$	$1-1/(1+i)^n$
8%	38.71	0.03	0.9742

始于估价日土地剩余所限　　49.33

i	$(1+i)^n$	$1/(1+i)^n$	$1-1/(1+i)^n$
8%	44.55	0.02	0.9776

始于竣工日的总地价	69 684 929.78
修正系数	1.0035
始于估价日的总地价	69 927 012.01
可抵押的土地借款比例	70%
土地抵押可贷款的额度	48 948 908.41

六、以现有的房地产作为抵押来融资的案例

(A) 房屋资产的情况

形态	科目	数据	单位
地块	取得时间	2003 年 1 月 1 日	
	出让年限	40	年
	到期时间	2042 年 12 月 22 日	
	用地面积	4 666.67	m²
	占地亩数	7.00	亩
	容积率	3.00	
	计容总面积	14 000.00	m²
房屋	开工时间	2003 年 7 月 2 日	
	建设工期	2	年
	竣工时间	2005 年 7 月 1 日	
	耐用年限	70	年
	残值率	2%	
	总建筑面积	17 000.00	
	建造单价	3 000.00	元/m²
	建造成本	42 000 000.00	元

科目	功能	用途	总建筑面积
−1 层面积	地下室	出租	3 000.00
＋1 层面积	商场	出租	3 000.00
＋2 层面积	商场	出租	3 000.00
＋3 层面积	办公楼	出租	2 000.00
＋4 层面积	办公楼	出租	2 000.00
＋5 层面积	办公楼	出租	2 000.00
＋6 层面积	办公楼	自用	2 000.00
合计			17 000.00

开发企业以上述的房地产资产进行抵押，向银行申请贷款，请计算可贷款的额度。

(B) 问题解答

B1 时间的计算

土地使用年限	40.00
建造工期（天）	730.00

科目	数量	时差（年）	累计年时差
地块取得时间	2003年1月1日	0.00	0.00
正式开工时间	2003年7月2日	0.50	0.50
房屋竣工时间	2005年7月1日	2.00	2.50
（估价时点）基点	2008年6月30日	3.00	5.50
始于竣工日的地块剩余时间		37.50	
始于估价日的地块剩余时间		34.50	

科目	数量	时差（年）	累计年时差
1~2层开始出租时点	2005年9月29日	—2.75	
1~2层合约的租期	1460	4.00	
1~2层合约到期至基点时间	2009年9月28日		1.25
1~2层于基点后的剩余时间			33.25
3~5层开始出租时点	2005年11月28日	—2.59	
3~5层合约的租期	1095	5.00	
3~5层合约到期至基点时间	2008年11月27日		2.41
3~5层于基点后的剩余时间			32.09

B2 楼市行情的分析

科目	功能	用途	总建筑面积	合约租金	客观月租金	单位
—1层面积	地下室	出租	3 000.00	0.00	0.00	元/（月·m²）
+1层面积	商场	出租	3 000.00	700.00	800.00	元/（月·m²）
+2层面积	商场	出租	3 000.00	500.00	600.00	元/（月·m²）
+3层面积	商场	出租	2 000.00	400.00	500.00	元/（月·m²）
+4层面积	办公层	出租	2 000.00	110.00	120.00	元/（月·m²）
+5层面积	办公层	出租	2 000.00	105.00	125.00	元/（月·m²）
+6层面积	办公层	自用	2 000.00	0.00	110.00	元/（月·m²）

B3 单方年纯收益的计算

合约租金					
科目	元/（月·m²）	每年月租期	出租市场率	净利率	年纯收益
正1层 商场	700.00	11.50	95％	70％	5 353.25
正2层 商场	500.00	11.50	95％	70％	3 823.75
正3层 商场	400.00	11.50	95％	70％	3 059.00
正4层 办公	110.00	11.50	90％	70％	796.95
正5层 办公	105.00	11.50	90％	70％	760.73
正6层 办公	0.00	11.50	90％	70％	—

客观租金					
科目	元/（月·m²）	每年租期	出租市场率	净利率	年纯收益
正1层 商场	800.00	12.00	98％	70％	6 585.60
正2层 商场	600.00	12.00	98％	70％	4 939.20
正3层 商场	500.00	12.00	98％	70％	4 116.00
正4层 办公	120.00	12.00	92％	70％	927.36
正5层 办公	125.00	12.00	92％	70％	966.00
正6层 办公	110.00	12.00	92％	70％	850.08

B4 预期收益的折现

合约租金的折现

科目	功能	出租纯收益（a）	r_1	a/r	n_1	$1-1/(1+r)^n$	单方纯收益
正1层	商铺	5 353.25	8.0％	66 915.63	1.25	0.09	6 121.40
正2层	商铺	3 823.75	8.0％	47 796.88	1.25	0.09	4 372.43
正3层	商铺	3 059.00	8.0％	38 237.50	2.41	0.17	6 475.62
正4层	办公	796.95	8.0％	9 961.88	2.41	0.17	1 687.07
正5层	办公	760.73	8.0％	9 509.06	2.41	0.17	1 610.38
正6层	办公						

客观租金的折现

科目	功能	出租纯收益(a)	r_2	a/r	n_2	$1-1/(1+r)^n$
正1层	商铺	6 585.60	8.0%	82 320.00	33.25	0.92
正2层	商铺	4 939.20	8.0%	61 740.00	33.25	0.92
正3层	商铺	4 116.00	8.0%	51 450.00	32.09	0.92
正4层	办公	927.36	8.0%	11 592.00	32.09	0.92
正5层	办公	966.00	8.0%	12 075.00	32.09	0.92
正6层	办公	850.08	8.0%	10 626.00	34.50	0.93

n_1	r_1	$1/(1+r)^n$	单方纯收益
1.25	8%	0.91	69 003.32
1.25	8%	0.91	51 752.49
2.41	8%	0.83	39 120.50
2.41	8%	0.83	8 814.09
2.41	8%	0.83	9 181.34
			9 879.12

B5 房地产总现值的估价

科目	功能	建筑面积	合约单租金	客观单租金	单总纯收益	总纯收益
正1层	商铺	3 000.00	6 121.40	69 003.32	75 124.72	225 374 155.74
正2层	商铺	3 000.00	4 372.43	51 752.49	56 124.92	168 374 752.26
正3层	商铺	2 000.00	6 475.62	39 120.50	45 596.12	91 192 234.29
正4层	办公	2 000.00	1 687.07	8 814.09	10 501.16	21 002 313.94
正5层	办公	2 000.00	1 610.38	9 181.34	10 791.73	21 583 451.25
正6层	办公	2 000.00	0.00	9 879.12	9 879.12	19 758 242.00
Σ						547 285 149.48

B6 可抵押贷款额度的计算

以现有房屋作为抵押,可贷款的额度为

贷款比例	房地产总价	可贷款额度
65%	547 285 149.48	355 735 347.16

模块八

建设项目的财务评价与决策分析

模块八　建设项目的财务评价与决策分析·模块导读

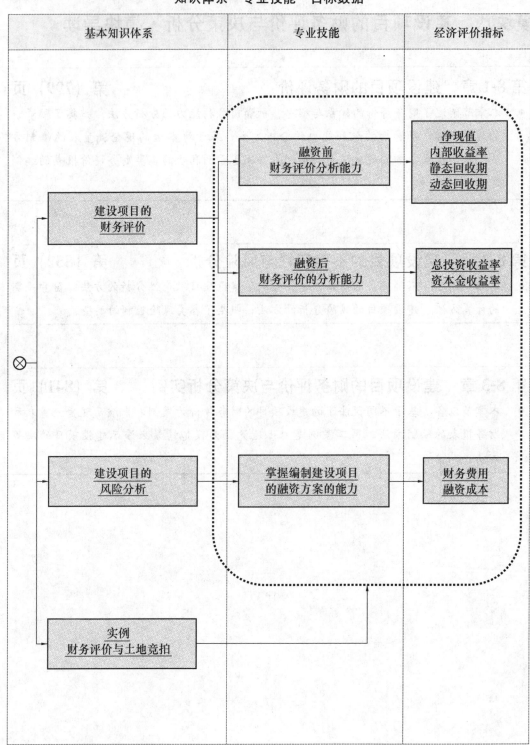

第8-1章　建设项目的财务评价

根据国家发展改革委、建设部于2006年发布的关于《建设项目经济评价方法与参数》的文件规定，建设项目的经济评价是项目前期立项研究的重要内容，对于加强固定资产投资的宏观调控，提高投资决策的科学化水平，引导与促进资源的合理配置，优化投资结构，减少和规避投资风险，充分发挥投资效益，具有重要的作用。

建设项目的经济评价包括财务评价与国民经济评价，具体的含义如下：

表8-1-1

财务评价	（1）是在国家现行财税制度和价格体系的前提下，从项目的角度出发，计算项目范围内的财务效益和费用，分析项目的盈利能力和清偿能力，评价项目在财务上的可行性。
国民经济评价	（2）是在合理配置社会资源的前提下，从国家整体利益角度出发，计算项目对国民经济的贡献，分析项目的经济效率、效果和对社会的影响，评价项目在宏观经济上的合理性。

建设项目经济评价内容的选择，应根据项目性质、项目目标、项目投资者、项目财务主体以及项目对经济与社会的影响程度等具体情况确定。对于费用效益计算比较简单，建设期和运营期比较短，不涉及进出口平衡等一般项目，如果财务评价的结论能够满足投资决策需要，可不进行国民经济评价。

对于关系公共利益、国家安全和市场不能有效配置资源的经济和社会发展的项目，除应进行财务评价外，还应进行国民经济评价；对于特别重大的建设项目应辅以区域经济与宏观经济影响分析方法进行国民经济评价。

建设项目的经济评价，对于财务评价结论和国民经济评价结论都可行的建设项目，可予以通过；反之应予否定。对于国民经济评价结论不可行的项目，一般应予否定；对于关系公共利益、国家安全和市场不能有效配置资源的经济和社会发展的项目，如果国民经济评价结论可行，但财务评价结论不可行，应重新考虑方案，必要时可提出经济优惠措施的建议，使项目具有财务生存能力。

第1节 项目财务评价的方法

1.1 财务评价的体系

建设项目的财务评价（亦称为"财务分析"）是投资与融资决策的重要依据，是项目经济评价的重要组成部分。是在现行会计规定、税收规定和价格体系下，通过财务效益与费用的预测，编制财务报表，计算评价指标，考察项目的财务盈利能力、偿债能力和财务生存能力，并综合判断项目的可行性。

针对房地产开发项目，应在完成了项目所处的环境分析（经济环境、政策环境和市场环境）、项目设计方案的构思，项目的全生命周期、投资估算，项目收入预测等必要的分析后，通过编制基本财务报表，计算财务评价指标，对项目的财务盈利能力、清偿能力和资金平衡情况、财务生存能力进行分析，以判断项目投资行为对投资人的价值贡献，为项目的决策提供参考依据。

1.2 财务评价的程序

根据《建设项目经济评价的方法与参数》的相关内容，对建设项目进行财务评价的体系详见图 8-1-1 的"思维逻辑图"。

1.3 财务评价的价格体系

1.3.1 基价体系

以基年价格水平表示，不考察其后价格的变动，即计算期内各年价格都是相同的，是财务分析中的固定价格体系。

1.3.2 时价体系

"时价"是指任何时点的当时的市场价格，财务分析中关于价格的数据是以当时的价格水平表示。当以基价为依据测算时，应考虑各类价格不同的价格上涨率。一般在财务分析中，对偿债能力和财务生存能力的分析，原则上采用时价体系。

1.3.3 实价体系

"实价"是以基年的价格水平表示，只反映相对价格变动因素影响的价格，可由

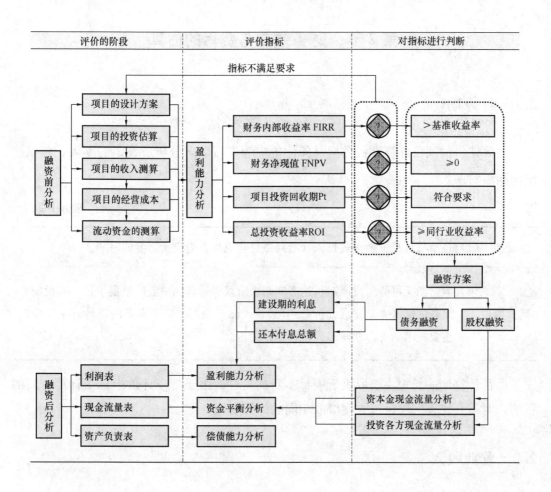

图 8-1-1

"时价"中扣除物价总水平变动的影响求得。一般在财务分析中，对现金流量的分析原则上采用实价体系。

1.3.4 价格体系的简化

在《建设项目经济评价方法与参数》中对财务分析中所采用的价格体系的简化处理方法如下：（1）建设期投资，要考虑通货膨胀的因素，同时考虑相对价格的变化；（2）项目运营期内，一般情况下，盈利能力和偿债能力可采用同一套价格，即运营期的预测价格。

第 2 节　财务效益与费用的估算

2.1　计算期

财务评价的项目计算期：是指财务评价中为进行动态分析所设定的期限，包括建设期和运营期。

表 8-1-2

建设期	(1) 是指项目从资金正式投入开始到项目建成投产为止所需要的时间。
运营期	(2) 运营期又可分为投产期和达产期两个阶段。运营期一般应根据项目主要设施和设备的经济寿命期（或折旧年限）、产品寿命期（矿山资源的设计开采年限）、主要技术的寿命期等多种因素综合确定。

项目计算期的长短主要取决于项目本身的特性。由于折现评价指标受计算时间的影响，对需要比较的项目或方案应取相同的计算期。

2.2　营业收入

财务评价中的"营业收入"即为销售产品或提供服务所取得的收入，在估算营业收入时，一般还应对销售环节的流转税金进行估算，流转税金主要包括营业税、增值税、消费税、营业税金附加等。

对于工业项目，在估算营业收入时，应合理确定其运营负荷（生产能力利用率、开工率）。测算运营负荷的方法有二种：一种是"经验设定法"；另一种是"营销计划法"。

2.3　补贴收入

包括：先征后返的增值税、定额补贴、财政扶持给予的其他形式的补贴。不包括企业取得的、用于购建或以其他方式形成长期资产的与资产相关的政府补助。

在财务评价中，补贴收入同营业收入一样，应列入项目投资现金流量表、项目资本金现金流量表和财务计划现金流量表。

2.4 成本与费用

2.4.1 会计中的成本与费用

根据修订后并于 2007 年 1 月 1 日开始实行的《企业会计准则》相关条款的规定：费用是指企业在日常活动中发生的、会导致所有者权益减少的、与向所有者分配利润无关的经济利益的总流出。

成本与费用的估算原则上遵守企业会计准则和企业会计制度中规定的成本和费用核算的方法，同时应按相关税收方面的规定。当两者有矛盾时，应按"从税原则"处理。

在财务评价中，将其中的期间费用即"管理费、财务费与营业费用"与生产成本合并为"总成本费用"，这与会计的处理方法不同，但不影响利润的计算。

2.4.2 经营成本与总成本

在项目的决策分析与财务评价中，成本与费用按其计算范围可分为单位产品的成本和总成本，根据成本与产量的关系可分为固定成本与可变成本；按会计核算的要求，可分为生产成本、期间费用；按财务评价的特定要求，可分为经营成本等。

经营成本（即付现的运营成本）是项目决策分析与评价的现金流量分析中所采用的特定概念，作为运营期内主要的现金流出。经营成本与融资方案无关。对于工业项目的经营成本，计算如下：

$$经营成本 = \frac{外购原材料费 + 外购燃料与动力费 + 工资或薪酬 + 修理费 + 其他费用}{总成本费用 - 折旧费 - 摊销费 - 利息支出}$$

2.4.3 总成本费用的构成

总成本费用系指在运营期内为生产产品提供服务所发生的全部费用。科目可划分为经营成本、折旧费、摊销费、财务费用、维持运营的投资费用等科目。

财务评价中的总成本费用的构成与估算一般有"生产成本加期间费用法"、"生产要素估算法"两种方法。

2.4.3.1 生产成本加期间费用法

制造费用指企业为生产产品和提供劳务而发生的各项间接费用，包括生产单位管理人员工资和福利费、折旧费、修理费（生产单位和管理用房屋、建筑物、设备）、办公费、水电费、机物料消耗、劳动保护费、季节性和修理期间的停工损失等。但不包括企业行政管理部门为组织和管理生产经营活动而发生的管理费用。项目评价中的制造费用系指项目包含的各分厂或车间的总制造费用，为了简化计算常将制造费用归类为管理人员工资及福利费、折旧费、修理费和其他制造费用几部分。

表 8-1-3

总成本费用	生产成本	（1）直接材料费
		（2）直接燃料和动力费
		（3）直接工资
		（4）其他直接支出
		（5）制造费用
	期间费用	（6）管理费用
		（7）营业费用
		（8）财务费用

管理费用是指企业为管理和组织生产经营活动所发生的各项费用，包括公司经费、工会经费、职工教育经费、劳动保险费、待业保险费、董事会费、咨询费、聘请中介机构费、诉讼费、业务招待费、排污费、房产税、车船使用税、土地使用税、印花税、矿产资源补偿费、技术转让费、研究与开发费、无形资产与其他资产摊销、计提的坏账准备和存货跌价准备等。为了简化计算，项目评价中可将管理费用归类为管理人员工资及福利费、折旧费、无形资产和其他资产摊销、修理费和其他管理费用几部分。

营业费用是指企业在销售商品过程中发生的各项费用以及专设销售机构的各项经费，包括应由企业负担的运输费、装卸费、包装费、保险费、广告费、展览费以及专设销售机构人员工资及福利费、类似工程性质的费用、业务费等经营费用。为了简化计算，项目评价中将营业费用归为销售人员工资及福利费、折旧费、修理费和其他营业费用几部分。

2.4.3.2 生产要素法估算法

其他管理费用是指由管理费用中扣除工资及福利费、折旧费、摊销费、修理费后的其余部分。其他营业费用是指由营业费用中扣除工资及福利费、折旧费、修理费后的其余部分。

表 8-1-4

总成本费用	（1）外购原材料、燃料和动力费	
	（2）工资及福利费	
	（3）折旧费	
	（4）摊销费	
	（5）修理费	
	（6）财务费用（利息支出）	
	（7）其他费用	（7.1）其他制造费用
		（7.2）其他管理费用
		（7.3）其他营业费用

2.5 折旧费与摊销费

2.5.1 固定资产

2.5.1.1 固定资产的原值

固定资产是指同时具有下列特征的有形资产：（1）为生产商品提供劳务出租或经营管理而持有的；（2）使用寿命超过一个会计年度。

固定资产的初始计量，对于自行建造的固定资产，按建造该项资产达到预定可使用状态前所发生的必要支出，作为入账价值，形成固定资产的原值。包括工程费用（设施购置费、安装工程费、建筑工程费）和工程建设其他费用中应计入固定资产原值的部分。预备费可计入固定资产原值，建设期利息应计入固定资产原值。

固定资产的后续计量，涉及固定资产的残值、净值与折旧问题。

2.5.1.2 固定资产的折旧

"固定资产折旧"指一定时期内为弥补固定资产损耗按照规定的固定资产折旧率提取的固定资产折旧，或按国民经济核算统一规定的折旧率虚拟计算的固定资产折旧。它反映了固定资产在当期生产中的转移价值。

表 8-1-5

年限平均法	(1) 年折旧率＝（1－预计净残值率）/预计使用寿命（年）
工程量法	(2) 单位工作量折旧额＝固定资产原价×（1－预计净残值率）/预计总工作量
年数总和法	(3) 年折旧率＝（折旧年限－已使用年限）/〔折旧年限×（折旧年限＋1）÷2〕 (4) 固定资产原价×（1－预计净残值率）×年折旧率
双倍余额递减法	(5) 年折旧率＝折旧年限÷2 (6) 年折旧额＝年初固定资产净值×年折旧率 (7) 年初固定资产净值＝固定资产原值－以前各年累计折旧 (8) 折旧年限到期后的前二年内，将固定资产净值扣除净残值后的净额平均摊销

2.5.1.3 固定资产的年限

根据《中华人民共和国企业所得税法实施条例》第六十条 除国务院财政、税务主管部门另有规定外，固定资产计算折旧的最低年限如下：

表 8-1-6

20 年	(1) 房屋、建筑物
10 年	(2) 飞机、火车、轮船、机器、机械和其他生产设备
5 年	(3) 与生产经营活动有关的器具、工具、家具等
3 年	(4) 电子设备

2.5.1.4 固定资产的残值率

对内资企业，根据《国家税务总局关于做好已取消的企业所得税审批项目后续管理工作的通知》（国税发〔2003〕70 号）第二条之规定固定资产残值比例统一为 5%。

根据《外商投资企业和外国企业所得税法实施细则》第三十三条的规定，外资企业固定资产残值率一般为 10%。

2.5.1.5 固定资产的修理费

由于固定资产使用期较长，为了使固定资产经常处于最佳状态，恢复其使用价值，就需要经常进行修理或修复，或发生的费用支出，就是修理费。可分为"小修理"、

"中修理"、"大修理"。

一般来说，固定资产的中小修理支出，可以采取直接列支费用的方法；大修理的支出可以采取预提或待摊的方法。但是根据我国税法规定，预提大修理费用需要主管税务机关认可才可以税前列支。

根据《中华人民共和国企业所得税法实施条例》第六十九条规定，固定资产的大修理支出，按照固定资产尚可使用年限分期摊销。固定资产的大修理支出是指同时符合下列条件：（1）修理支出达到取得固定资产时的计税基础50％以上；（2）修理后固定资产的使用年限延长2年以上。

在项目决策分析与财务评价中，可按固定资产原值扣除建设期利息后按一定的百分比进行估算。

2.5.2　无形资产

无形资产是指企业拥有或者控制的没有实物形态的可辨认非货币性资产。

无形资产的应摊销金额为其成本扣除预计残值后的金额。已计提减值准备的无形资产，还应扣除已计提的无形资产减值准备累计金额。使用寿命有限的无形资产，其残值应当视为零，但下列情况除外：（1）有第三方承诺在无形资产使用寿命结束时购买该无形资产；（2）可以根据活跃市场得到预计残值信息，并且该市场在无形资产使用寿命结束时很可能存在。企业摊销无形资产，应当自无形资产可供使用时起，至不再作为无形资产确认时止。

企业选择的无形资产摊销方法，应当反映与该项无形资产有关的经济利益的预期实现方式。无法可靠确定预期实现方式的，应当采用直线法摊销。

无形资产的摊销金额一般应当计入当期损益，当某项无形资产所包含的经济利益通过所生产的产品或其他资产实现的，其摊销金额应当计入相关资产的成本。

对于房地产开发企业来说，作为土地使用权的账面价值应计入建造房屋的经营成本中。

2.5.3　其他资产

其他资产，是指除货币资金、交易性金融资产、应收及预付款项、存货、长期投资、固定资产、无形资产以外的资产，主要包括开办费、长期待摊费用和其他长期资产。

在项目的决策分析与财务评价中，对于其他资产的摊销可按年限平均法，不计残值。

2.6 税金的处理

财务评价中所涉及的税种取决于项目所处的行业，主要的有增值税、营业税、消费税、资源税、所得税、关税、城市维护建设税和教育费附加、车船税、房产税、土地使用税、印花税、契税等。有的行业还涉及土地增值税、矿产资源补偿费、石油特别收益金、矿区使用费等。

针对财务评价中的税费处理原则：（1）注明税种、征用方式、计税依据、税率等内容，且应注意税收的减免与优惠；（2）注意会计准则规定的税费科目，例如在会计处理上，营业税、消费税、资源税、土地增值税、城市维护建设税和教育费附加归集于"营业税金及附加"科目。

2.6.1 关税

关税是指进出口商品在经过一国关境时，由政府设置的海关向进出口国所征收的税收。当在进行项目的财务评价时，当涉及进出口货物时，应计算关税并正确归集于相应的成本科目中。

2.6.2 增值税

根据 2009 年 1 月 1 日实施的《中华人民共和国增值税暂行条例》，允许抵扣规定范围内的固定资产进项税额。在财务分析中应按规定计算可抵扣固定资产的增值税。

根据规定在中华人民共和国境内销售货物或者提供加工、修理修配劳务以及进口货物的单位和个人，为增值税的纳税人，应当依照本条例缴纳增值税。

表 8-1-7

应纳税额	＝销项税额－进项税额
销项税额	＝销售额×税率
进项税额	纳税人购进货物或者接受应税劳务支付或者负担的增值税额，为进项税额。（1）从销售方取得的增值税专用发票上注明的增值税额。（2）从海关取得的海关进口增值税专用缴款书上注明的增值税额。其他进项税额的规定详见条例。

条例规定以下情形，下列项目的进项税额不得从销项税额中抵扣：（1）用于非增值税应税项目、免征增值税项目、集体福利或者个人消费的购进货物或者应税劳务；（2）非正常损失的购进货物及相关的应税劳务；（3）非正常损失的在产品、产成品所耗用的购进货物或者应税劳务；（4）国务院财政、税务主管部门规定的纳税人自用消

费品；本条第（1）项至第（4）项规定的货物的运输费用和销售免税货物的运输费用。

非增值税应税项目包括提供非增值税应税劳务、转让无形资产、销售不动产和不动产在建工程，因此，财务评价中可抵扣固定资产增值税仅包括设备、主要安装材料的进项税额。

2.6.3 消费税

自 2009 年 1 月 1 日起施行的《中华人民共和国消费税暂行条例》规定，在中华人民共和国境内生产、委托加工和进口本条例规定的消费品的单位和个人，以及国务院确定的销售本条例规定的消费品的其他单位和个人，为消费税的纳税人，应当依照本条例缴纳消费税。

2.6.4 营业税

自 2009 年 1 月 1 日起施行的《中华人民共和国营业税暂行条例》规定，在中华人民共和国境内提供本条例规定的劳务、转让无形资产或者销售不动产的单位和个人，为营业税的纳税人，应当依照本条例缴纳营业税。应纳税额＝营业额×税率：

表 8-1-8

交通运输业	建筑业	金融保险业	邮电通信业	文化体育业	娱乐业	服务业	转让无形资产	销售不动产
3%	3%	5%	3%	3%	5%～20%	5%	5%	5%

2.6.5 城市维护建设税与教育费附加

表 8-1-9

城市维护建设税	根据《城市维护建设税暂行条例》规定，城市维护建设税，以纳税人实际缴纳的产品税，增值税，营业税税额为计税依据，分别与产品税，增值税，营业税同时缴纳。应纳税额＝（增值税＋消费税＋营业税）×（7%，或 5%，或 1%）
教育费附加	凡缴纳增值税、消费税、营业税的单位和个人，均为教育费附加的纳费义务人。应纳教育费附加＝（实际缴纳的增值税、消费税、营业税三税税额）×3%
地方教育费附加	2011 年 7 月 1 日发布的《国务院关于进一步加大财政教育投入的意见》要求，全面开征地方教育附加，各地区要加强收入征管，依法足额征收，不得随意减免。地方教育费附加＝（增值税＋消费税＋营业税）×2%

2.6.6 土地增值税

自 1994 年 1 月 1 日起施行的《中华人民共和国土地增值税暂行条例实施细则》规定，转让国有土地使用权、地上的建筑物及其附着物并取得收入，是指以出售或者其他方式有偿转让房地产的行为。不包括以继承、赠与方式无偿转让房地产的行为。土地增值税按四级超率累进税率计取，亦可按增值额乘以适用的税率减去扣除项目金额乘以速算扣除系数的简便方法计算。

2.6.7 资源税

自 2011 年 11 月 1 日起施行的《中华人民共和国资源税暂行条例》规定，在中华人民共和国领域及管辖海域开采本条例规定的矿产品或者生产盐（以下称开采或者生产应税产品）的单位和个人，为资源税的纳税人，应当依照本条例缴纳资源税。

2.6.8 企业所得税

自 2008 年 1 月 1 日起施行的《中华人民共和国企业所得税法》、《中华人民共和国企业所得税法实施条例》规定，在中华人民共和国境内，企业和其他取得收入的组织（以下统称企业）为企业所得税的纳税人，依照本法的规定缴纳企业所得税。所得税额＝应纳税所得额×适用税率－减免税额－抵免税额。

2.7 利息的支出

贷款可分为建设期利息的支出、流动资金的贷款利息支出、短期贷款的利息支出，具体的详见第 7－1 章节的内容。

2.8 维持运营的投资费用

在运营期内设备、设施等需要更新或拓展的项目的支出，如矿山、油田等行业为维持正常运营而需要在运营期投入的固定资产投资，在项目的决策分析与财务评价时，应根据特定行业的实际需要估算。并在现金流量表中将其作为现金流出，同时应调整相关报表。

第3节 财务盈利能力的分析

3.1 融资前的盈利能力

3.1.1 融资前的盈利能力分析

建设项目的财务评价可分为融资前分析和融资后分析，在融资前分析结论满足要求的情况下，初步设定融资方案，再进行融资后分析。

融资前分析应以动态分析（折现现金流量分析）为主，静态分析（非折现现金流量分析）为辅。融资前动态分析应以营业收入、建设投资、经营成本和流动资金的估算为基础，考察整个计算期内现金流入和现金流出，编制项目投资现金流量表，利用资金时间价值的原理进行折现，计算项目投资内部收益率和净现值等指标。

融资前分析排除了融资方案变化的影响，从项目投资总获利能力的角度，考察项目方案设计的合理性。融资前分析计算的相关指标，应作为初步投资决策与融资方案研究的依据和基础。根据分析角度的不同，融资前分析可选择计算"所得税前指标"、"所得税后指标"。融资前分析也可计算静态投资回收期指标，用以反映收回项目投资所需要的时间。基于项目投资现金流量表计算的逻辑图如下：

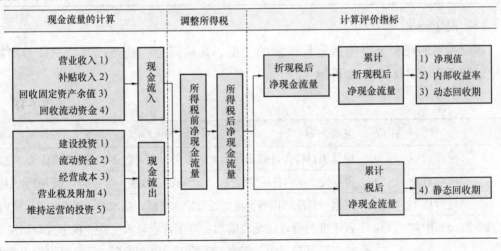

图 8-1-2

3.1.2 基于全部投资现金流量表

基于项目投资现金流量表属于融资前的分析，即不考虑融资方案变化的影响，从项目投资总获利的角度，考虑项目方案设计的合理性。

（1）现金流入

根据项目的类别可分为工业地产、住宅地产、商业地产、混合地产等类别，根据其资金运营的规律测算其现金流入：

表 8-1-10

科目内容		主要内容
营业收入	1.1	工业型地产：设计生产能力×产品单价×当年生产负荷率＋其他收入
	1.2	销售型地产：建筑面积×销售单价×销售率＋其他收入
	1.3	租赁型地产：建筑面积×租赁单价×出租率＋其他收入
	1.4	混合型地产：根据营业模式分别计算其主营业收入＋其他收入
	Σ1	＝（1.1）＋（1.2）＋（1.3）＋（1.4）
补贴收入	2	与收益相关的政府补贴
回收固定资产余值	3.1	残值＝固定资产原值×残值率
	3.2	折旧率＝（固定资产原值－残值）/折旧年限
	Σ3	＝年折旧率×（固定资产使用年限－项目运营期）＋残值
回收流动资金	4	项目投产期各年投入的流动资金在项目期末全额回收
增值税销项税额	5	销项税额＝销售额×税率
现金流入	A	＝（1）＋（2）＋（3）＋（4）＋（5）

（2）现金流出

建设项目的现金流出包括建设投资的支出、流动资金、经营成本、税金与附加、维持运营资金，具体计算如下：

表 8-1-11

科目内容		主要内容
建设投资	（1）	根据项目特征计算出所需要的投资金额，但不包括建设期贷款利息
流动资金	（2）	根据投产期内各年度所投入的流动资金数额，填入对应年份的单元格
经营成本	（3）	根据运营期间内各年度的经营成本数额，填入对应年份的单元格内
营业税金与附加	（4）	各年度的营业税金与附加＝当年营业收入×营业税金及附加税率
维持运营投资	（5）	指在运营期间内，需要投入的固定资产投资；通常可设定由企业的自有资金支出
增值税进项税额	（6）	根据增值税相关规定进行计算
应纳增值税	（7）	增值税销项税额－运营投入的进项税额－可抵扣的固定资产进项税额
现金流出	B	＝（1）＋（2）＋（3）＋（4）＋（5）＋（6）＋（7）

（3）净现金流量

以所得税为基准，净现金流量可分为税前净现金流量与税后净现金流量，具体的计算如下：

表 8-1-12

科目内容		主要内容
所得税前净现金流量	1.1	现金流入
	1.2	现金流出
	（1）	＝（1.1）－（1.2）
累计所得税前净现金流量	（2）	将各年度的税前净现金流量值进行累计
折现系数	（3）	$1/(1+i)^n$
折现的所得税前净现金流量	（4）	＝（1）×（3）
折现的累计税前净现金流量	（5）	将折现后的各年度的税前净现金流量值进行累计
调整所得税	6.1	息税前利润＝营业收入＋补贴收入（当约定补贴收入免税时，则不加此项）－营业税金与附加－总成本费用＋利息支出＝利润总额＋利息支出
	6.2	总成本费用＝经营成本＋折旧费＋摊销费＋维持运营投资＋利息支出
	6.3	年摊销费＝无形资产/摊销年限
	6.4	利息支出＝长期借款利息支出＋流动资金借款利息支出
	（6）	＝息税前利润（EBIT）×所得税率
税后净现金流量	（7）	＝对应年份的（所得税前净现金流－调整所得税）
累计税后净现金流量	（8）	各年度的税后净现金流量的累计之和
折现的税后净现金流量	（9）	＝（3）×（7）
折现的累计税后净现金流量	（10）	将折现后的各年度的税后净现金流量值进行累计

3.2 融资前财务评价指标

3.2.1 项目投资内部收益率

财务内部收益率系指能使项目计算期内的净现金流量现值累计等于零时的折现率。项目投资财务内部收益率、项目资本金财务内部收益率和投资各方财务内部收益率都依据上式计算，但所用的现金流入和现金流出不同。

$$\Sigma_i^n\left(\frac{(现金流入-现金流出)_t}{(1+FIRR)^t}\right)=0 \quad FIRR>基准收益率时，项目方案在财务上可考虑接受。$$

项目投资财务内部收益率、项目资金财务内部收益率和投资各方财务内部收益率可有不同的判别基准。

根据《建设项目经济评价方法与参数》（第三版）中的数据，房地产开发项目的融资前，税前的财务基准收益率的合理区间值为12%。对于项目资本金税后的财务基准收益率为13%。

3.2.2 项目投资净现值

财务净现值系指按设定的折现率（一般采用基准收益率 i）计算的项目计算期内，净现金流量的现值之和。

财务净现值 $FNPV=\Sigma_i^n\left(\frac{(现金流入-现金流出)_t}{(1+折现率)^t}\right)$，$FNPV>0$ 时，项目方案在财务上可考虑接受。

一般情况下，财务盈利能力分析只计算项目投资财务净现值，可根据需要选择计算所得税前净现值或所得税后净现值。

按照设定的折现率计算的财务净现值大于或等于零时，项目方案在财务上可考虑接受。

3.2.3 项目动态投资回收期

项目投资回收期系指以项目的净收益回收项目投资所需要的时间，一般以年为单位。项目投资回收期宜从项目建设开始年算起，若从项目投资开始年计算，应予以特别注明。

$$\Sigma^{Pt}\left(\frac{(现金流入-现金流出)_t}{(1+折现率)^t}\right)=0 \quad 当投资回收期\leqslant项目的计算期，则投资可行。$$

项目投资回收期可借助项目投资现金流量表计算。项目投资现金流量表中累计净现金流量由负值变成零的时点，即为项目的投资回收期。投资回收期短，表明项目投资回收快，抗风险能力强。

3.2.4 项目静态投资回收期

项目投资静态回收期是指不考虑资金的时间价值，以项目的净收益回收项目投资所需要的时间，一般以年为单位。项目投资回收期宜从项目建设开始年算起，若从项目投资开始年计算，应予以特别注明。

Σ^{Pt}(现金流入－现金流出)＝0　当 P_t≤行业基准投资回收期时，则投资可行。

3.3 融资后的盈利能力

3.3.1 基于资本金现金流量表的财务评价

资本金现金流量分析属于融资后财务分析，即在拟定的融资方案下，从项目资本金出资者集体的角度，确定其现金流入和现金流出，编制项目资本金现金流量表，利用资金时间价值的原理进行折现，计算项目资本金财务内部收益率指标，考察项目资本金可获得的收益水平。

（1）现金流入

根据项目的类别可分为工业项目、住宅项目、商业项目、混合型项目等类别，根据其资金运营的规律测算其现金流入：

表 8-1-13

	科目内容	主要内容
营业收入	1.1	工业型项目：设计生产能力×产品单价×当年生产负荷率＋其他收入
	1.2	销售型地产：建筑面积×销售单价×销售率＋其他收入
	1.3	租赁型地产：建筑面积×租赁单价×出租率＋其他收入
	1.4	混合型地产：根据营业模式分别计算其主营业收入＋其他收入
	Σ1	＝（1.1）＋（1.2）＋（1.3）＋（1.4）
补贴收入	2	与收益相关的政府补贴
回收固定资产余值	3.1	残值＝固定资产原值×残值率
	3.2	折旧率＝（固定资产原值－残值）/折旧年限
	Σ3	＝年折旧率×（固定资产使用所限－项目运营期）＋残值
回收流动资金	4	项目投产期各年投入的流动资金在项目期末全额回收
增值税销项税额	5	销项税额＝销售额×税率
现金流入	A	＝（1）＋（2）＋（3）＋（4）＋（5）

（2）现金流出

基于项目资本金的现金流出包括项目资本金、借款的还本付息、经营成本、税金与附加、所得税（不同于调整所得税）、维持运营投资等，对于实施新的增值税条例后，应在现金流入中增加销项税额，在现金流出的科目中增加进项税额及应纳增值税。

具体的列表如下：

表 8-1-14

科目内容		主要内容
项目资本金	2.1	(1.1) ＋ (1.2)
	2.1.1	建设期：建设投资中的自有资金
	2.1.2	运营期：流动资产中的自有资金
借款	2.2	(2.1) ＋ (2.2)
	2.2.1	建设期的借款：因建设期借款产生的"还本付息（应还本金＋应还利息）"
	2.2.2	流动资金借款：因流动资金借款产生的"还本付息（应还本金＋应还利息）"
经营成本	2.3	根据运营期各年实际发生的经营成本测算
进项税额	2.4	销项税额＝销售额×税率
应纳增值税	2.5	增值税销项税额－运营投入的进项税额－可抵扣的固定资产进项税额
营业税与附加	2.6	当年营业收入×税率
所得税	2.7	（营业收入－营业税金及附加－总成本费用－弥补以前年度亏损）×税率
维持运营投资	2.8	指在运营期间内，需要投入的固定资产投资；通常可设定由企业的自有资金支出
现金流出	B	Σ（2.1～2.8）

（3）净现金流量

从是否考虑资金的时间价值，净现金流量可分为净现金流量与折现后净现金流量，具体的计算如下：

表 8-1-15

科目内容		主要内容
净现金流量	$C_{折现前}$	现金流入－现金流出＝A－B
累计净现金流量	$C_{累计前}$	将各年净现金流量进行累计求和
折现系数		第 t 年折现系数：$(1+i)^{-t}$（t＝1，2，3，…，n）
折现净现金流量	$C_{折现后}$	各对应年份的净现值×折现系数
累计折现现金流量	$C_{累计后}$	各年折现净现金流量进行累计计算

（4）财务指标

基于项目资本金的财务指标，一般可以只计算"项目资本金财务内部收益率"，该指标应体现项目发起人对投资获利最低期望值（即"最低可接近收益率"），当项目资本金财务内部收益率≥最低可接近收益率时，说明在选定的融资方案下，项目资本金的获利水平满足了期望，该融资方案是可行的。

3.3.2 基于投资各方现金流量表的财务评价

投资各方的现金流量分析属于融资后财务分析，即在拟定的融资方案下，从投资各方出资者的角度，确定其现金流入和现金流出，编制项目投资各方的现金流量表，利用资金时间价值的原理进行折现，以考察投资各方的项目收益水平，财务指标为："投资各方的内部收益率指标"。

表 8-1-16

主要科目		计算要点
现金流入	（1）	1.1 实分利润
		1.2 资产处置收益分配
		1.3 租赁费收入
		1.4 技术转让与使用费
		1.5 其他现金收入
现金流出	（2）	2.1 实缴资本
		2.2 租赁资产支出
		2.3 其他现金流出
净现金流量	（3）	（1）－（2）

3.3.3 基于利润与利润分配表的财务评价

基于利润和利润分配表的财务评价属于融资后财务静态分析，即以设定的融资方案为基础，不采取折现方式处理数据，借助总成本费用及现金流量，计算相关盈利能力指标，包括项目资本金净利润率（ROE），总投资收益率（ROI）等。

对静态分析指标的判断，应按不同指标选定相应的参考值（企业或行业的对比值）。当静态分析指标分别符合其相应的参考值时，认为从该指标看盈利能力满足要求。如果不同指标得出的判断结论相反，应通过分析原因，得出合理的结论。

（1）营业收入

房地产开发产品科目有商品性土地、自有性土地、商品房、出租房、周转房、配套设计、代建工程等七个科目，相应的收入有销售收入、租赁收入等。

表 8-1-17

科目内容		主要内容
主营业收入	1.1	工业型地产：设计生产能力×产品单价×当年生产负荷率＋其他收入
	1.2	销售型地产：建筑面积×销售单价×销售率＋其他收入
	1.3	租赁型地产：建筑面积×租赁单价×出租率＋其他收入
	1.4	混合型地产：根据其商业模式分别计算其主营收入＋其他收入
	1	＝（1.1）＋（1.2）＋（1.3）＋（1.4）
营业税金与附加	2.1	营业税＝（1）×税率
	2.2	城市维护建设税＝（2.1）×税率
	2.3	教育税附加＝（2.1）×税率
	2.4	土地增值税＝（2.1）×税率
补贴收入	3	与收益相关的政府补贴
其他收入	4	根据企业的其他业务情况确认
营业收入	A	（1）－（2）＋（3）

（2）成本与费用

对于工业型建设项目，其成本与费用的估算方法有"生产成本法"与"生产要素法"。具体的方法介绍如下：

表 8-1-18

科目		计算方法
生产成本法估算法	1.1	直接费用＝直接材料费＋直接燃料费和动力费＋直接工资＋其他直接支出
	1.2	制造费用：分摊计入成本
	1.3	期间费用：管理费用＋财务费用＋销售费用
	B	总成本费用＝生产成本＋期间费用
生产要素估算法	2.1	可变成本：外购原料＋外购燃料动力＋计件工资及福利
	2.2	固定成本：折旧费＋摊销费＋修理费＋计件工资及福利＋利息支出＋其他
	2.3	经营成本：外购原料及燃料动力＋工资及福利＋修理费＋利息支出＋其他
	B	总成本费用＝经营成本＋折旧费＋摊销费＋利息支出

对于房地产开发企业的成本与费用详见第 5-1 章节中的内容。

（3）利润的分配

根据我国相关会计准则，利润的分配程序如下：

表 8-1-19

主要科目		计算方法
利润总额	C	A－B
弥补以前年度亏损	1	利润总额中用于弥补以前年度亏损的部分
应纳所得税	2	＝（收入总额－不征税收入－免税收入－各项扣除－允许弥补的以前年度亏损）×所得税率
净利润	3	C－（1）－（2）
期初未分配利润	4	上一年度留存的利润
可供分配的利润	5	（3）＋（4）
提供法定盈余公积金	6	（5）×费率
可供投资者分配利润	7	（5）－（6）
应付优先股股利	8	可根据企业性质和股本结构情况分配
提取任意盈余公积金	9	可根据企业性质和具体情况分配
应付普通股股利	10	可根据企业性质和股本结构情况分配
各投资方利润分配	11	（11）－（11.1）根据投资方的构成与分配方案进行利润分配
		（11）－（11.2）根据投资方的构成与分配方案进行利润分配
		（11）－（11.3）根据投资方的构成与分配方案进行利润分配
未分配利润	12	本年度留存结余的利润

3.3.4　财务评价指标

（1）总投资收益率

总投资收益率是从总投资的角度，分析收益的情况：

表 8-1-20

总投资收益率（ROI）＝$\dfrac{\text{息税前利润（EBIT）}}{\text{项目总投资（TI）}} \times 100\%$	（1）息税前利润：是指项目正常年份的年息税前利润或运营期内年平均息税前利润。
	（2）TI：是指项目的总投资。根据相关方法进行估算。
	（3）当 ROT≥行业收益率参考值时，说明该项目的盈利能力满足要求。

（2）资本金净收益率

项目资本金净收益率是从总投资的角度，分析收益的情况：

表 8-1-21

	（1）EC：是指项目正常年份的净利润或运营期内年平均净利润。
$资本金净收益率（ROE）=\dfrac{净利润（EC）}{项目资本金（NP）}×100\%$	（2）NP：是指投入本项目的资本金。
	（3）当 ROE≥行业收益率参考值时，说明该项目的盈利能力满足要求。

第4节 偿债能力与财务生存能力分析

4.1 相关报表的编制

4.1.1 借款利息计算表

"借款利息计算表"是根据融资方案计算借款利息的表格。在计算借款利息时应注意借款方式、还款方式、还本起点、还本年限、付息年限、实际年利率六大要素。

每个借款还本付息的计算循环均有"（1）年初借款余额、（2）本年借款本金、（3）本年应计利息、（4）本年应还利息、（5）本年应还本金、（6）本年应还本利和、（7）年末借款余额"七个科目构成。对于建设期利息的计算、流动资金的计算、临时借款的计算均可用此表进行。

4.1.2 借款还本付息总计划表

"借款还本付息总计划表"将反映项目计算期内各年借款本金偿还和利息支付情况，并增加了资金来源的科目。

当完成了建设期利息、流动资金利息的计算后，应编制"借款还本付息总计划表"并将当年应归还的本金与资金来源之折旧与摊销的和进行对比，以算出"归还本金的资金缺口"作为运营期"临时借款"及利润分配表中"应还未分配利润"的数据。

4.1.3 财务计划现金流量表

财务计划现金流量表主要反映了"经营、筹资、投资"三大活动的现金流量，是用于财务生存能力评价的报表，用以考察项目计算期内各年的经营活动、投资活动、筹资活动所产生的各项现金流入和流出，计算各年的净现金流量和累计盈余资金，分析项目是否有足够的净现金流量维持正常运营，以实现财务可持续性。

4.1.4 资产负债表

资产负债表（亦称财务状况表），表示企业在一定日期的财务状况（资产、负债和权益的状况）的主要会计报表。资产负债表利用会计平衡原则，科目分为"资产"和"负债及股东权益"两大类，以特定日期的静态企业情况为基准，所形成的财务报表。

资产负债表是反映企业在某一特定日期的财务状况的会计报表。主要包括企业拥有或者控制的资源、企业的财务结构、企业的变现能力、偿债能力和企业适应环境变化的能力等。

4.1.4.1 资产

根据新的会计准则规定，资产类科目的定义如下：

表 8-1-22

会计科目	具体定义
资产	（1）资产是指过去的交易或者事项形成的、由企业拥有或者控制的、预期会给企业带来经济利益的资源。
流动资产	（2）预计在一个营业周期内变现、出售或耗用；
	（3）主要为交易目标而持有的；
	（4）预计在资产负债表日起一年内变现；
	（5）自资产负债表日起一年内，交换其他资产或清偿负责能力不受限制的现金或现金等价物。
非流动资产	（6）流动资产以外的资产应归类为非流动资产，并应按其性质分类列示。

（1）流动资产

流动资产是指企业可以在一年或者超过一年的一个营业周期内变现或者运用的资产，包括货币资金、交易性金融资产、应收账款、预付账款、其他应收款、存货等。房地产开发企业的存货内涵如下：

表 8-1-23

会计科目	具体定义
房地产开发产品	(1) 房地产开发产品包括已完工开发产品、在建开发产品和拟开发产品。 (2) 已完工开发产品是指已建成、待出售的物业。 (3) 在建开发产品是指尚未建成、以出售为目的的物业。 (4) 拟开发产品是指所购入的、已决定将之发展为已完工开发产品的土地。项目整体开发时，拟开发产品全部转入在建开发产品；项目分期开发时，将分期开发用地部分转入在建开发产品，后期未开发土地仍保留在拟开发产品。
非房地产开发产品	(5) 非房地产开发产品为原材料。

下面以万科地产近五年的资产负债表为案例，来分析一下"流动资产"的构成比例在五年期间的变化状况：

表 8-1-24

会计科目	2006 年	2007 年	2008 年	2009 年	2010 年
货币资金	22.26%	17.86%	17.61%	17.65%	18.40%
交易性金融资产	0.005%	0.000%	0.000%	0.001%	0.000%
应收账款	0.76%	0.91%	0.81%	0.55%	0.78%
预付账款	4.79%	8.68%	2.79%	6.70%	8.68%
其他应收款	1.39%	2.90%	3.08%	5.97%	7.27%
存货	70.79%	69.65%	75.71%	69.12%	64.88%
流动资产合计	100%	100%	100%	100%	100%

（2）非流动资产

非流动资产是指流动资产以外的资产，包括可供出售金融资产、长期股权投资、投资性房地产、固定资产、在建工程、无形资产、长期待摊费用、递延所得税资产、其他非流动资产等。

下面以万科地产近五年的资产负债表为案例，来分析一下"非流动资产"的构成比例在五年期间的变化状况：

表 8-1-25

资产	2006 年	2007 年	2008 年	2009 年	2010 年
可供出售金融资产	4.93%	10.49%	2.90%	2.25%	4.00%
长期股权投资	49.47%	52.31%	43.00%	48.94%	44.42%
投资性房地产	0.57%	5.94%	3.43%	3.13%	1.28%
固定资产	30.17%	12.34%	21.89%	18.61%	12.05%
在建工程	0.20%	5.82%	3.26%	8.14%	7.55%
无形资产	0.00%	0.00%	0.00%	1.13%	3.70%
长期待摊费用	0.56%	0.15%	0.44%	0.43%	0.32%
递延所得税资产	14.09%	12.96%	25.08%	17.37%	16.24%
其他非流动资产	0.00%	0.00%	0.00%	0.00%	10.44%
非流动资产合计	100%	100%	100%	100%	100%

4.1.4.2 负债

根据新的会计准则规定,负债会计类的科目分类与定义如下:

表 8-1-26

会计科目	具体定义
负债	(1) 负债是指过去的交易或者事项形成的、预期会导致经济利益流出企业的现时义务。
流动负债	(2) 预计在一个正常的营业周期内中清偿的;
	(3) 主要为交易目的而持有的;
	(4) 预计在资产负债表日起一年内到期应予还清的;
	(5) 企业无权自主地将清偿推迟至资产负债表日后起一年以上。
非流动负债	(6) 流动负债以外的负债应归类为非流动负债,并应按其性质分类列示。

(1) 流动负债

流动负债科目内应包括短期借款、交易性金融负债、应付票据、应付账款、预收账款、应付职工薪酬、应交税费、其他应付款、应付利息、一年内到期的非流动负债等内容。

下面以万科地产近五年的资产负债表为案例,来分析一下"流动负债"的构成比例在五年期间的变化状况：

表 8-1-27

资产	2006 年	2007 年	2008 年	2009 年	2010 年
短期借款	12.33％	2.27％	7.13％	1.75％	1.14％
交易性金融负债	0.00％	0.043％	0.0026％	0.000％	0.012％
应付票据	0.00％	0.00％	0.00％	0.044％	0.00％
应付账款	27.04％	22.77％	19.98％	23.95％	13.05％
预收账款	40.14％	44.33％	37.09％	46.63％	57.39％
应付职工薪酬	1.48％	1.50％	0.80％	1.19％	1.09％
应交税费	0.92％	1.63％	—1.34％	1.73％	2.44％
其他应付款	13.14％	12.11％	15.44％	13.60％	12.97％
应付利息	0.00％	0.00％	0.34％	0.18％	0.10％
一年内到期的非流动负债	4.95％	15.35％	20.55％	10.93％	11.81％
流动负债合计	100％	100％	100％	100％	100％

（2）非流动性负债

流动负债科目内应包括长期借款、应付债券、预计负债、其他非流动负债、递延所得税负债等科目。

下面以万科地产近五年的资产负债表为案例，来分析一下"非流动负债"的构成比例在五年期间的变化状况：

表 8-1-28

资产	2006 年	2007 年	2008 年	2009 年	2010 年
长期借款	90.46％	94.03％	57.83％	72.50％	78.95％
应付债券	0.55％	0.00％	36.36％	24.00％	18.54％
预计负债	0.30％	0.22％	0.26％	0.14％	0.13％
其他非流动负债	0.17％	0.06％	0.08％	0.03％	0.03％
递延所得税负债	8.53％	5.70％	5.47％	3.32％	2.35％
非流动负债合计	100％	100％	100％	100％	100％

4.1.4.3 所有者权益

表 8-1-29

会计科目	具体定义
所有者权益	(1) 也指股东权益，是指企业资产扣除负债后由所有者享有的剩余权益。
直接计入的利得和损失	(2) 直接计入所有者权益的利得和损失，是指不应计入当期损益、会导致所有者权益发生增减变动的、与所有者投入资本或者向所有者分配利润无关的利得或者损失。
利得	(3) 是指由企业非日常活动发生的、会导致所有者企业较少的、与向所有者分配利润无关的经济利益的流入。
损失	(4) 是指由企业非日常活动发生的、会导致所有者企业较少的、与向所有者分配利润无关的经济利益的流出。

所有者权益的会计科目包括股本、资本公积、盈余公积、未分配利润、外币报表折算差额等内容，下面以万科地产近五年的资产负债表为案例，来分析一下"所有者权益"的构成比例在五年期间的变化状况：

表 8-1-30

资产	2006 年	2007 年	2008 年	2009 年	2010 年
股本	25.04%	20.26%	28.32%	24.21%	20.14%
资本公积	30.45%	37.83%	20.23%	18.85%	16.10%
盈余公积	25.22%	15.91%	16.96%	19.24%	19.40%
未分配利润	4.76%	11.89%	15.93%	19.40%	24.68%
外币报表折算差额	0.06%	0.44%	0.71%	0.61%	0.71%
所有者权益合计	100%	100%	100%	100%	100%

4.1.4.4 资产负债表结构分析

资产负债表中的一级会计科目包括流动资产、非流动资产、流动负债、非流动负债、所有者权益等科目构成。

下面以万科地产近五年的资产负债表为案例，来分析一下其"资产负债表"的垂直构成比例在五年期间的变化状况：

表 8-1-31

资产	2006 年	2007 年	2008 年	2009 年	2010 年	平均值
流动资产	96.68％	95.34％	95.15％	94.71％	95.31％	95.44％
非流动资产	3.32％	4.66％	4.85％	5.29％	4.69％	4.56％
资产总计	100％	100％	100％	100％	100％	100％
流动负债	67.81％	73.70％	80.27％	73.82％	80.50％	75.22％
非流动负债	32.19％	26.30％	19.73％	26.18％	0.01％	20.88％
负债合计	100％	100％	100％	100％	100％	100％

4.2 偿债能力指标

4.2.1 短期偿债能力

短期偿债能力是指企业以流动资产对流动负债及时足额偿还的保证程度，即企业以流动资产偿还流动负债的能力，反映企业偿付日常到期债务的能力，是衡量企业当前财务能力，特别是流动资产变现能力的重要指标。企业短期偿债能力的衡量指标主要有流动比率、速动比率和现金流动负债。

评价指标：流动比率、速动比率、存货周转率、应收账款周转率、流动资产周转率、经营活动现金流入/主营业务收入、经营活动现金净流入/负债总额、主营业务收入增长率等，本书仅介绍主要的指标。

（1）流动比率

流动比率是指企业流动资产与流动负债的比率，表明企业每一元流动负债有多少流动资产作为偿还的保证，反映企业用可在短期内转变为现金的流动资产偿还到期的流动负债的能力。公式模块：

表 8-1-32

$流动比率=\dfrac{流动资产}{流动负债}$	流动资产	（1）是指企业可以在一年或者超过一年的一个营业周期内变现或者运用的资产。流动资产的内容包括货币资金、短期投资、应收票据、应收账款和存货等。
	流动负债	（2）指企业在一年内或者超过一年的一个营业周期内需要偿还的债务合计，其中包括短期借款、应付及预收款项、应付工资、应交税金和应交利润等。

流动比率是衡量短期偿债能力的最常用的比率,是衡量企业短期偿债能力的指标。一般情况下,流动比率越高,反映企业短期偿债能力越强,债权人的权益越有保证。

根据《建设项目经济评价方法与参数》(第三版)中的数据,房地产开发项目的流动比率的合理区间值为 1.0%~2.0%。

下面以万科地产近五年的资产负债表为案例,来分析一下其"流动比率"的构成比例在五年期间的变化状况:

表 8-1-33

财务指标	2006 年	2007 年	2008 年	2009 年	2010 年	平均值
流动比率(%)	2.19	1.96	1.76	1.91	1.59	1.88

虽然流动比率越高,企业偿还短期债务的流动资产保证程度越强,但这并不等于说企业有足够的现金或存款用来偿债。流动比率高也可能是存货积压、应收账款增多且收账期延长,以及待摊费用和待处理财产损失增加所致,而真正可以用来偿债的现金和存款却严重短缺。所以,应在分析流动比率的基础上,进一步对现金流量加以考察。

(2)现金比率

现金比率是指企业持有的货币现金与流动负债的比率,反映企业的即刻变现能力。这里所说的现金,是指现金和现金等价物。这项比率可显示企业立即偿还到期债务的能力。

表 8-1-34

$现金比率 = \dfrac{货币资金}{流动负债}$	货币资金	(1)指包括库存现金、银行存款和其他货币资金。
	流动负债	(2)指企业在一年内或者超过一年的一个营业周期内需要偿还的债务合计,其中包括短期借款、应付及预收款项、应付工资、应交税金和应交利润等。

下面以万科地产近五年的资产负债表为案例,来分析一下其"现金比率"的构成比例在五年期间的变化状况:

表 8-1-35

资产	2006 年	2007 年	2008 年	2009 年	2010 年
现金比率	22.26%	17.86%	17.61%	17.65%	18.40%

模块八 建设项目的财务评价与决策分析

4.2.2 长期偿债能力

长期偿债能力是指企业有无足够的能力偿还长期负债的本金和利息。长期偿债能力评价指标：资产负债率、利润增长率、总资产收益率、净资产收益率、利息保障倍数、净资产增长率等。下面仅介绍主要的指标内容。

（1）资产负债率

资产负债率，是指负债总额对全部资产总额之比，用来衡量企业利用债权人提供资金进行经营活动的能力，反映债权人发放贷款的安全程度。这一比率是衡量企业长期偿债能力的指标之一。

表 8-1-36

资产负债率 $=\dfrac{负债总额}{资产总额}$	负债总额	（1）指过去的交易、事项形成的现时义务，履行该义务预期会导致经济利益流出企业，包括流动负债和长期负债。
	资产总额	（2）指企业拥有或控制的全部资产。包括流动资产、长期投资、固定资产、无形及递延资产、其他长期资产等，即为企业资产负债表的资产总计项。

一般来讲，企业的资产总额应大于负债总额，资产负债率应小于 100%。如果企业的资产负债率越低，说明企业有偿债能力和负债经营能力越强。根据《建设项目经济评价方法与参数》（第三版）中的数据，房地产开发项目的资产负债率的合理区间值为 35%～65%。

下面以万科地产近五年的资产负债表为案例，来分析一下其"资产负债率"的构成比例在五年期间的变化状况：

表 8-1-37

财务指标	2006 年	2007 年	2008 年	2009 年	2010 年	平均值
资产负债率	65.04%	66.11%	67.44%	67.00%	74.69%	68.06%

所有者总希望利用负债经营得到财务杠杆利益，从而提高资产负债率。但债权人希望企业的资产负债率低一些，因为债权人的利益主要表现在权益的安全方面。

（2）产权比率

产权比率也称负债对所有者权益的比率，指企业负债总额与所有者权益总额的比率。这一比率是衡量企业长期偿债能力的指标之一。

表 8-1-38

产权比率=$\dfrac{负债总额}{资产总额}$	负债总额	(1) 负债总额是指过去的交易、事项形成的现时义务，履行该义务预期会导致经济利益流出企业，包括流动负债和长期负债。
	权益总额	(2) 是指企业资产扣除负债后由所有者享有的剩余权益。

产权比率用来表明债权人提供的和由投资人提供的资金来源的相对关系，反映企业基本财务结构是否稳定。一般来说，所有者提供的资本大于借入资本为好。这一指标越低，表明企业的长期偿债能力越强，债权人权益的保障程度越高，承担的风险越小。该指标同时也表明债权人的资本受到所有者权益保障的程度，或者说是企业清算时对债权人利益的保障程度。

下面以万科地产近五年的资产负债表为案例，来分析一下其"产权比率"的构成比例在五年期间的变化状况：

表 8-1-39

财务指标	2006 年	2007 年	2008 年	2009 年	2010 年
产权比率	34.96%	33.89%	32.56%	33.00%	25.31%

4.2.3 利息备付率

利息备付率是从付息资金来源的充裕性角度反映项目偿付债务利息的保障程度，利息备付率应分年计算，比值越大，表明项目的利息偿付的保障程度越高。

表 8-1-40

利息备付率=$\dfrac{息税前利润}{应付利息}>1$	息税前利润	(1) 指借款的偿还期内企业之（净利润＋应支付的利息费用＋应支付的所得税）。
	应付利息	(2) 指计入总成本费用的应付利息。

根据《建设项目经济评价方法与参数》（第三版）中的数据，房地产开发项目的利息备付率的最低可接受值为 2。

4.2.4 偿债备付率

偿债备付率是指在借款偿还期内，用于计算还本付息的资金与应还本付息的资金的比值，它表明可用于计算还本付息的资金偿还贷款本息的保障程度。偿债备付率应分年计算，比值越大，表明可用于还本付息的资金保障程度越高。

表 8-1-41

	（1）折旧：是指在固定资产使用寿命内，按照确定的方法对应计折旧额进行系统分摊。
$偿债备付率 = \dfrac{息税前利润＋折旧＋摊销－企业所得税}{应付本利和} > 1$	（2）对于融资租赁可视为借款偿还，运营期内的短期借款本息也应计入。
	（3）如果项目在运行期内有维持运营的投资，可用于还本的资金应扣除维持运营的投资。

根据《建设项目经济评价方法与参数》（第三版）中的数据，房地产开发项目的偿债备付率的最低可接受的值为1.3。

4.3 财务生存能力指标

4.3.1 净现金流量

净现金流量是现金流量表中的一个指标，是指一定时期内，现金及现金等价物的流入（收入）减去流出（支出）的余额（净收入或净支出），反映了企业本期内净增加或净减少的现金及现金等价物数额。

经营、投资和筹资三大活动中的现金流量净额有正负，且会出现不同的组合，下表将是根据会计的专业知识，结合三大活动的正负组合来判断企业的运营情况：

表 8-1-42

经营活动现金流量	筹资活动现金流量	投资活动现金流量	对企业经营情况的分析
－	＋	＋	（1）企业靠借债维持经营活动所需资金，财务状况可能恶化，应重点分析投资活动现金流量净额是来源于投资回收还是投资收益，如果为前者，则企业将面临非常严峻的形势。
－	－	＋	（2）企业财务状况已经十分危险，偿还债务依靠投资活动现金流量，如果投资活动现金流量主要来自投资收回，则已面临破产，要高度警惕。

经营活动 现金流量	筹资活动 现金流量	投资活动 现金流量	对企业经营情况的分析
−	＋	−	(3) 企业靠借债维持日常生产经营活动，且继续扩大生产规模。企业如果处于投入时期并且行业前景可观，一旦渡过难关，还可能发展，否则非常危险。
−	−	−	(4) 这种情况往往发生在高速扩张的企业，由于对市场预测的失误等原因，经营活动现金流出大于流入，投资效率低下，使投入的大量扩张资金难以收回，财务状况非常危险。
＋	＋	＋	(5) 表明企业经营和投资收益良好，但其仍继续筹资，这时需要了解是否有良好的投资机会，否则会造成资金的浪费。
＋	−	＋	(6) 企业债务已进入偿还期，但有足够强的偿债能力，经营和投资活动良性循环，财务状况稳定、安全。
＋	＋	−	(7) 这种情况往往发生在企业扩张时期，在经营状况良好的前提下，通过筹资进行投资，但应分析投资项目的未来投资报酬率。
＋	−	−	(8) 企业经营状况良好，在偿还前欠债务的同时继续投资，但应关注经营状况的变化，防止经营状况恶化导致财务状况恶化。

4.3.2　累计盈余资金

从资产负债表中的数据分析，累计盈余资金为流动资产总额扣除应收账款、存货及现金后的余额。从财务计划现金流量表中的数据分析，累计盈余资金为当期净现金流量的累计值。各年累计盈余资金不出现负值是财务生存的必要条件。一旦累计盈余资金出现负值，则须短期融资。同时，短期融资的利息也应纳入成本费用和其后的计算。

第 8-2 章　建设项目的不确定性与风险分析

第 1 节　建设项目的不确定分析

1.1　不确定性概念

不确定性是指不可能预测未来将要发生的事件，该事件发生的概率是未知的，其特征是可能有多种结果。不可以量化，不确定性分析只能进行假设分析，假定某些因素发生后，分析不确定性因素对项目的影响。不确定性分析是对影响项目的主要不确定性因素进行分析，测算它们的增减变化对项目效益的影响，找出最主要的敏感因素及其临界点的过程。主要方法是敏感性分析和盈亏平衡分析。

敏感性分析可以得知影响项目效益的敏感因素和敏感程度，但不知这种影响发生的可能性，如需得知可能性，就必须借助于概率分析。敏感性分析所找出的敏感因素又可以作为概率分析风险因素的确定依据。

1.2　敏感性分析

1.2.1　敏感性分析的内容

敏感性分析是考察项目涉及的各种不确定因素对项目基本方案经济评价指标的影响，找出敏感因素，估计项目效益对它们的敏感程度，粗略预测项目可能承担的风险，为进一步的风险分析打下基础。

敏感性分析通过改变一种或多种不确定因素的数值，计算其对项目效益指标的影响，通过计算敏感度系数和临界点，估计项目效益对它们的敏感程度，进而确定关键的敏感因素。通常将敏感性分析的结果汇总于敏感性分析表，也可通过绘制敏感性分析图显示各种因素的敏感程度并求得临界点。最后对于敏感性分析的结果进行分析，并提出减轻不确定因素影响的措施。

1.2.2　敏感性分析的分类

敏感性分析包括单因素敏感性分析和多因素敏感性分析。单因素敏感性分析是指每次只改变一个因素的数值来进行分析；多因素分析则是同时改变两个或两个以上因素进行分析，估算多因素同时发生变化的影响。为了找出关键的敏感性因素，通常多进行单因素敏感性分析。

1.2.3 敏感性分析的步骤

表 8-2-1

选取不确定因素	(1) 选取不确定因素通常考虑那些影响较大的、重要的不确定因素。不确定因素的选取通常结合行业和项目特点参考类似项目的经验进行，特别是项目后评价的经验。 (2) 建设项目进行敏感性分析可以选取的不确定因素包括建设投资、产出物价格、主要投入物价格、可变成本、运营负荷、建设期以及人民币汇率，根据项目的具体情况也可选择其他因素。
确定变化程度	(3) 对于不确定性的变化程度，常取±10%。对于那些不适用百分数表示的因素，如建设期，可采用延长一段时间表示，例如延长一年。
计算敏感性指标	(4) 计算敏感性指标与临界点。
结果分析	(5) 将敏感度系数及临界点的计算结果进行排序，找出较为敏感的不确定因素。 定性分析临界点所表示的不确定因素变化发生的可能性。 (6) 归纳敏感性分析的结论，指出最敏感的一个或几个关键因素，粗略预测项目可能的风险。

1.2.4 敏感度系数

敏感度系数是项目效益指标变化的百分率与不确定因素变化的百分率之比：

表 8-2-2

敏感系数 (E) $=\dfrac{\Delta A}{\Delta F}$	E	(1) 评价指标 A 对于不确定因素 F 的敏感度系数；
	ΔA	(2) 不确定因素 F 发生变化时，评价指标 A 的相应变化率（%）；
	ΔF	(3) 不确定因素 F 的变化率（%）。

E>0，表示评价指标与不确定因素同方向变化；E<0，表示呈反方向变化。绝对值越大，敏感度系数越高，项目效益对该不确定因素的敏感程度越高。

1.2.5 临界点

临界点是指不确定因素使项目由可行变为不可行的临界数值，例如使内部收益率等于基准收益率或净现值变为零时的变化率。当该不确定因素是费用科目时，为其增加的百分比率；当该不确定因素是效益科目时为其降低的百分比率。临界点也可用该百分比率对应的具体数值表示。

在一定的基准收益下，临界点越低，说明该因素对项目效益指标影响越大，项目对该因素就越敏感；基准收益率的数值会影响到临界点的高低，对于同一个投资项目，随着设定基准收益率的提高，临界点就会变低。

可以通过敏感性分析图求得临界点的近似值，但由于项目效益指标的变化与不确定因素变化之间不完全是直线关系，有时误差极大，因此最好采用试算法或函数求解。

1.3 盈亏平衡分析

1.3.1 盈亏平衡分析的内容

盈亏平衡分析是在一定市场和经营管理条件下，根据达到设计能力时的成本费用和收入数据，通过求取盈亏平衡点，研究分析成本费用与收入平衡关系的一种方法。盈亏平衡分析可以分为线性盈亏平衡分析和非线性盈亏平衡分析，投资项目决策分析与评价中一般仅进行线性盈亏平衡分析。盈亏平衡点（BEP）是企业的盈利与亏损交会的转折点，即销售收入（扣除销售税金及附加）等于总成本费用，刚好盈亏平衡。

盈亏平衡点的表达形式有多种，可以用产量、产品售价、单位可变成本和年固定成本等绝对量表示，也可以用相对值表示。投资项目决策分析与评价中最常用的就是以产量和生产能力利用率表示的盈亏平衡点，也有采用产品售价表示的盈亏平衡点。

1.3.2 盈亏平衡分析的作用

盈亏平衡分析只适宜在财务分析中应用。通过盈亏平衡分析可以找出盈亏平衡点，考察企业（或项目）对产出品变化的适应能力和抗风险能力。用产量和生产能力利用率表示的盈亏平衡点越低，表明企业适应市场需求变化的能力越大，抗风险能力越强；用产品售价表示的盈亏平衡点越低，表明企业适应市场价格下降的能力越大，抗风险能力越强。

1.3.3 线性盈亏平衡分析的条件

进行线性盈亏平衡分析要符合以下四个条件：

表 8-2-3

产量与销售	（1）产量等于销量，即当年生产的产品（扣除自用量）当年销售出去。
产量与单位成本	（2）产量变化，单位可变成本不变，从而总成本费用是产量的线性函数。
产量与价格	（3）产量变化，产品售价不变，从而销售收入是销售量的线性函数。
产品负荷率	（4）只生产单一产品，或者生产多种产品，但可以换算为单一产品计算，也即不同产品负荷率的变化是一致的。

1.3.4 盈亏平衡点的计算方法

（1）BEP（生产能力利用率）

表 8-2-4

BEP（生产能力利用率）$=\dfrac{\text{年固定成本}}{\text{年销售收入}-\text{年总可变成本}-\text{年销售税金及附加}}\times100\%$	如采用含税价格计算，应再减去年增值税。

（2）BEP（产量）

表 8-2-5

BEP（产量）$=\dfrac{\text{年固定成本}}{\text{单位产品价格}-\text{单位产品可变成本}-\text{单位产品销售税金及附加}}\times100\%$	如采用含税价格计算，应再减去单位产品增值税。

（3）BEP（产品售价）

表 8-2-6

BEP（产品售价）$=\dfrac{\text{年固定成本}}{\text{设计生产能力}}+\text{单位产品可变成本}+\text{单位产品销售税金附加}$	如采用含税价格计算，应再减去单位产品增值税。

（4）图解法

盈亏平衡点可以采用图解法求得。图中销售收入线（如果销售收入和成本费用都是按含税价格计算的，销售收入中还应减去增值税）与总成本费用线的交点即为盈亏平衡点，这一点所对应的产量即为 BEP（产量），也可换算为 BEP（生产能力利用率）。

1.3.5　盈亏平衡分析注意要点

盈亏平衡点应按项目"达产年份"的数据计算，不能按计算期内的平均值计算。由于盈亏平衡点表示的是相对于设计能力，达到多少产量或负荷率多少才能达到盈亏平衡，或为保持盈亏平衡最低价格是多少。

当计算期存在借款与还款时，最好按还款期间和还完借款以后的年份分别计算。一般而言，最好选择还款期间的第一个达产年和还完借款以后的年份分别计算，以便分别给出最高的盈亏平衡点和最低的盈亏平衡点。

第 2 节　建设项目的风险分析

2.1　风险的内容与分类

风险是未来变化偏离预期的可能性以及其对目标产生影响的大小。风险的大小与变动发生的可能性有关，也与变动发生后对项目影响的大小有关。变动出现的可能性越大，变动出现后对目标的影响越大，风险就越高。风险分析可以采用概率分析方法，分析各种情况发生的概率及其影响。

风险按系统分类，有个体分险和系统风险；按性质分类，有政治风险、经济风险、财务风险、信用风险、技术风险和社会风险等；按风险来源分类，可分为内在风险和外来风险；按控制能力分类，有可控的风险和不可控的风险等。风险分析则是识别风险因素、估计风险概率、评价风险影响并制定风险对策的过程。

风险分析则主要对投资项目的风险因素和风险程度进行识别和判断，主要方法有概率树分析，蒙特卡洛模拟等。风险分析应贯穿于项目分析的各个环节和全过程。风险分析有助于通过信息反馈改进或优化方案，降低风险，避免损失；利用风险分析结果建立风险管理系统，有助于项目全过程风险管理打下基础，防范实施和经营过程中的风险。

2.2 风险分析的内容

表 8-2-7

风险识别	(1) 在对风险特征充分认识的基础上，识别项目潜在的风险和引起这些风险的具体风险因素。风险识别要根据行业和项目的特点，采用分析和分解原则，把综合性的风险问题分解为多层次的风险因素。常用的方法主要有风险分解法、流程图法、头脑风暴法和情景分析法等。具体操作中，大多通过专家调查的方式完成。
风险估计	(2) 风险估计是估计风险发生的可能性及其对项目的影响。采取定性描述与定量分析相结合的方法。
风险评价	(3) 风险评价是在风险估计的基础上，通过相应的指标体系和评价标准，对风险程度进行划分，以揭示影响项目成败的关键风险因素。风险评价包括单因素风险评价和整体风险评价。

2.3 投资项目的主要风险

表 8-2-8

市场风险	(1) 由于消费者的消费习惯、消费偏好发生变化，使得市场需求发生重大变化，市场供需总量的实际情况与预测值发生偏离。由于市场预测方法或数据错误，导致市场需求分析出现重大偏差。市场竞争格局发生重大变化，竞争者采取了进攻策略，或者是出现了新的竞争对手，对项目的销售产生重大影响。 (2) 市场条件的变化项目产品和主要原材料的供应条件和价格发生较大变化，对项目的效益产生了重大影响。
政策与环境风险	(3) 环境风险，是由于对项目的环境生态影响分析深度不足，或者是环境保护措施不当，引起项目的环境冲突。 (4) 社会风险，包括宗教信仰、社会治安、文化素质、公众态度等方面。社会风险的识别难度极大。
组织管理风险	(5) 管理风险，是指由于项目管理模式不合理，项目内部组织不当、管理混乱或者主要管理者能力不足、人格缺陷等造成的。合理设计项目的管理模式、选择适当的管理者和加强团队建设是规避管理风险的主要措施。 (6) 组织风险，是指由于项目存在多方参与者，各方的动机和目的不一致将导致项目合作的风险。完善项目各参与方的合同，加强合同管理，可以降低项目的组织风险。

2.4 风险分析的方法

表 8-2-9

风险解析法	（1）风险解析法（也称风险结构分解法），它将一个复杂系统分解为若干子系统，通过对子系统的分析进而把握整个系统的特征。
专家调查法	（2）专家调查法是根据专家的知识、经验和直觉，发现项目潜在风险的分析方法。它适用于风险分析的全过程。 （3）专家调查法有很多，其中头脑风暴法、德尔菲法、风险识别调查表、风险对照检查表和风险评价表是最常用的几种方法。

第3节 房地产开发的风险防范

3.1 土地储备方面的风险

3.1.1 地王的风险

所谓的"地王"是指开发企业所购买地块的土地成本太高，可能出现"面粉贵过面包"的现象。造成此类现象的原因：（1）对未来的宏观经济运行形势过于乐观；（2）没有事先经过"拟建地块"的财务评价和敏感性分析；（3）在土地的竞拍交易过程没有理性决策。在房地产开发的项目拓展过程中，避免"地王风险"的措施如下：

表 8-2-10

对经济趋势的预判能力	（1）对开发项目的投资分析师有较高的要求，团队管理应具备对外部经济运行趋势有一定的预判能力。
财务评价与敏感性分析	（2）对"拟购地块"进行详细的财务评价与敏感性分析，尤其是土地成本对开发项目赢利的敏感相关关系进行分析。
竞拍交易的理性决策	（3）参与土地竞拍的人员在多次竞拍举牌过程中，要冷静思维，当竞拍价上升至内部所测算的上限时，应停止举牌。

3.1.2 地荒的风险

所谓的"地荒"现象是指开发企业没有足够的土地储备，房地产的开发不能持续经营，对应地荒的风险措施是：（1）根据企业净资产的情况、现金流量的情况提前进行土地市场的寻找"宝地"的行动；（2）对拟购地块进行财务评价和立项的决策分析，当可行时，应果断出手。

3.1.3　地闲的风险

所谓的"地闲"现象是指开发企业储备的地块闲置不开发，根据土地闲置的管理办法，对于土地闲置，将被征收土地闲置费，如果闲置时间过长，将有可能被政府无偿没收的风险。

造成土地闲置的原因可能有：（1）缺乏计划管理的能力；（2）后续资金出现问题；（3）也可能等待楼市情况的变化，以图土地的增值。

应对"地闲"风险的防范措施有：（1）提升开发商计划的管理能力；（2）确保后续开发资金的供给；（3）研究土地闲置的政策文件。

3.2　内部控制方面的风险

企业的内部控制涉及企业内部环境、职责分工和制衡机制、董事局与监事会职责、审计委员会、内部管理手册、内部审计、人力资源政策、内部提升机制、企业文化建设、法律顾问制度、风险评估、风险评估、风险承受度、内部风险的识别、识别风险的方法、风险应对的策略、风险的规避、持续的识别、控制活动、内部控制措施、职能分离措施、授权审批控制、会计系统控制、财产保护控制、预算控制、运营分析控制、绩效考评控制、综合运用控制措施、应急处理机制、信息与沟通、信息与沟通制度、内部信息与外部信息、沟通和反馈传递、信息技术的应用、反舞弊机制、投诉制度和保护制度等方面的内容。

笔者根据多年的开发实践，已将房地产开发企业的内部控制内容进行了系统总结形成了《房地产开发企业内部控制手册》专著一本。有需求的读者，可另见专著。

3.3　合同管理方面的风险

在市场经济条件下，开发企业整合资源最为有效的手段是通过"合同契约"形式从资源市场中购买房地产开发所必需的要素资源。合同契约是开发企业与各类签约人之间就各自经济利益与责任风险博弈后达成一致所形成的最为直接有效的法律文件。所以，合同管理方面的风险控制也是十分重要的方面。

笔者根据多年的开发实践，已将房地产开发企业的合同管理方面的内容系统总结并形成了《房地产开发企业合同管理手册》专著一本。有需求的读者，可另见专著。

总之，从系统控制论的角度，房地产项目或建设项目的开发，只有从内部控制、资源控制、项目投资控制等多角度进行风险防范（《房地产开发企业内部控制手册》、《房地产开发企业合同管理手册》、《房地产开发项目投资管理手册》合称为房地产开发的"兵法三部"），才能达成"质量、安全文明、施工进度、成本"等建设项目管理、开发企业经营目标的全部实现。正所谓：

> 内部控制建团队，
> 合同管理设防范。
> 投资总控谋大略，
> 兵法三部筑名盘。

第8-3章　建设项目的财务评价与决策分析实例

【实例一】　基于营业税的"工业项目"的利润及
利润分配表的编制与财务指标的计算

A　背景资料

序号	科目	比例	合计	第1年	第2年	第3年	第4年	第5年
一、	建设投资	100%	5 000	2 250	1 750	1 000	—	
1.1	自有资金	38%	1 900	855	665	380		
1.2	借款本金	62%	3 100	1 395	1 085	620	—	—
二、	流动资金	53%	950	—	—	—	400	500
2.1	自有资金	47%	450				400	
2.2	借款本金	53%	500	—	—	—	—	500
三、	项目资本金	47%	2 350					

A. 2　融资方案表

科目	放款方式	还款方式	还本起点	还本年限	付息年限	实际年利率
建设投资借款	均衡放款	等额本金且分期付息法	第4年	6	6	6.60%
流动资金借款	一次放款	分期付息且一次还本法	第12年	一次还本	8	3.50%

A. 3　销售计划表

科目	单位	第4年	第5年	第6年	第7年	第8年	第9年	第10年	第11年	第12年
达产率	%	80%	100%	100%	100%	100%	100%	100%	100%	100%
产量	万件	80	100	100	100	100	100	100	100	100
销售单价	元/件	51	51	51	51	51	51	51	51	51
营业收入	万元	4 080	5 100	5 100	5 100	5 100	5 100	5 100	5 100	5 100

B 实战解答

B.1 建设期利息计算表

名义利率	6.60%
计息周期	1.00
实际利率	6.60%
融资方式	等额本金法
还款时间	6.00
建设期放款系数	0.50
运营期放款系数	1.00

科目	第1年	第2年	第3年	第4年	第5年	第6年	第7年	第8年	第9年
年初借款余额	0	1 441	2 657	3 473	2 894	2 315	1 736	1 158	579
本年借款本金	1 395	1 085	620	0	0	0	0	0	0
本年应计利息	46	131	196	229	191	153	115	76	38
本年应还利息	0	0	0	229	191	153	115	76	38
本年应还本金	0	0	0	579	579	579	579	579	579
本年应还本利和	0	0	0	808	770	732	693	655	617
年末借款余额	1 441	2 657	3 473	2 894	2 315	1 736	1 158	579	0
建设期利息	372.77								

B.2 流动资金利息计算表

名称利率	3.50%
计息周期	1.00
实际利率	3.50%
融资方式	分期付息且一次还本法
还款时间	8.00
建设期放款系数	1.00
运营期放款系数	1.00

科目	第4年	第5年	第6年	第7年	第8年	第9年	第10年	第11年	第12年
年初借款余额	—	500.0	500.0	500.0	500.0	500.0	500.0	500.0	500.0
本年借款本金	500.0	—	—	—	—	—	—	—	—
本年应计利息	17.5	17.5	17.5	17.5	17.5	17.5	17.5	17.5	17.5
本年应还利息	17.5	17.5	17.5	17.5	17.5	17.5	17.5	17.5	17.5
本年应还本金	—	—	—	—	—	—	—	—	500.0
本年应还本利和	17.5	17.5	17.5	17.5	17.5	17.5	17.5	17.5	517.5
年末借款余额	500.0	500.0	500.0	500.0	500.0	500.0	500.0	500.0	—

B.3 资产归集表

建设期	3
运营期	9

科目	合计	固定资产	无形资产	其他资产
建设投资	5 000.00			
金额	5 000.00	4 500.00	—	500.00
比例	100%	90%	0%	10%
建设期利息	372.77			
金额	372.77	372.77	—	—
比例	100%	100%	0%	0%
合计		4 872.77	—	500.00
使用年限		10		
残值率		5%	0%	0%
折旧方法		平均年限法		
摊销方法		平均分摊法		

B.4 资产折旧与摊销表

科目	第4年	第5年	第6年	第7年	第8年	第9年	第10年	第11年	第12年
折旧	462.91	462.91	462.91	462.91	462.91	462.91	462.91	462.91	462.91
摊销	55.56	55.56	55.56	55.56	55.56	55.56	55.56	55.56	55.56

B.5 总成本费用计算表

科目	第4年	第5年	第6年	第7年	第8年	第9年	第10年	第11年	第12年
达产率	80%	100%	100%	100%	100%	100%	100%	100%	100%
经营成本	2 960	3 700	3 700	3 700	3 700	3 700	3 700	3 700	3 700
折旧	462.9	462.9	462.9	462.9	462.9	462.9	462.9	462.9	462.9
摊销	55.6	55.6	55.6	55.6	55.6	55.6	55.6	55.6	55.6
利息支出	229.2	208.5	170.3	132.1	93.9	55.7	17.5	17.5	17.5
建设期利息	229.2	191.0	152.8	114.6	76.4	38.2	—	—	—
流动资金利息	—	17.5	17.5	17.5	17.5	17.5	17.5	17.5	17.5
总成本费用	3 708	4 427	4 389	4 351	4 312	4 274	4 236	4 236	4 236

B.6 借款还款总计划表

科目	第1年	第2年	第3年	第4年	第5年	第6年	第7年	第8年
建设期借款								
期初借款余额	—	1 441.0	2 656.9	3 472.8	2 894.0	2 315.2	1 736.4	1 157.6
当年借款	1 395.0	1 085.0	620.0	—	—	—	—	—
当年应计利息	46.0	130.9	195.8	229.2	191.0	152.8	114.6	76.4
当年应还利息	—	—	—	229.2	191.0	152.8	114.6	76.4
当年应还本金	—	—	—	578.8	578.8	578.8	578.8	578.8
期末借款余额	1 441.0	2 656.9	3 472.8	2 894.0	2 315.2	1 736.4	1 157.6	578.8
流动资金借款								
期初借款余额	—	—	—	—	—	500.0	500.0	500.0
当年借款	—	—	—	—	500.0	—	—	—
当年应计利息	—	—	—	—	17.5	17.5	17.5	17.5
当年应还利息	—	—	—	—	17.5	17.5	17.5	17.5
当年应还本金	—	—	—	—	—	—	—	—
期末借款余额	—	—	—	—	500.0	500.0	500.0	500.0
当年应还本金	—	—	—	578.8	578.8	578.8	578.8	578.8
当年应还利息	—	—	—	229.2	208.5	170.3	132.1	93.9
当年还本付息	—	—	—	808.0	787.3	749.1	710.9	672.7
资金来源	—	—	—	518.5	518.5	518.5	518.5	518.5
折旧	—	—	—	462.9	462.9	462.9	462.9	462.9
摊销	—	—	—	55.6	55.6	55.6	55.6	55.6
本金归还资金缺口	—	—	—	(60.3)	(60.3)	(60.3)	(60.3)	(60.3)
临时借款	—	—	—					
期初借款余额	—	—	—	—	60.3	—	—	—
当年借款	—	—	—	60.3	—			
当年应计利息	—	—	—	—	2.1			
当年应还利息	—	—	—	—	2.1			
当年应还本金	—	—	—	—	60.3			
期末借款余额	—	—	—	60.3	—	—	—	—
应还款	—	—	—		120.7	60.3	60.3	60.3

科目	第9年	第10年	第11年	第12年
建设期借款				
期初借款余额	578.8	—	—	—
当年借款	—	—	—	—
当年应计利息	38.2	—	—	—
当年应还利息	38.2	—	—	—
当年应还本金	578.8	—	—	—
期末借款余额	—	—	—	—
流动资金借款				
期初借款余额	500.0	500.0	500.0	500.0
当年借款	—	—	—	—
当年应计利息	17.5	17.5	17.5	17.5
当年应还利息	17.5	17.5	17.5	17.5
当年应还本金	—	—	—	500.0
期末借款余额	500.0	500.0	500.0	—
当年应还本金	578.8	—	—	500.0
当年应还利息	55.7	17.5	17.5	17.5
当年还本付息	634.5	17.5	17.5	517.5
资金来源	518.5	518.5	518.5	518.5
折旧	462.9	462.9	462.9	462.9
摊销	55.6	55.6	55.6	55.6
本金归还资金缺口	(60.3)			
临时借款				
期初借款余额	—	—	—	—
当年借款	—	—	—	—
当年应计利息	—	—	—	—
当年应还利息	—	—	—	—
当年应还本金	—	—	—	—
期末借款余额	—	—	—	—
用于应还款的未分配利润	60.3	—	—	—

B.7　临时借款利息计算表

名义利率	3.50%
计息周期	1
实际利率	3.50%
还款时间	1
还款系数	1
还款类别	分期付息且一次还本法

科目	第1年	第2年	第3年	第4年	第5年	第6年	第7年
年初借款余额	—	—	—	—	130.76		
本年借款本金	—	—	—	130.76			
本年应计利息	—	—	—		4.58		
本年应还利息	—	—	—		4.58		
本年应还本金	—	—	—		130.76		
本年应还本利和	—	—	—		135.34		
年末借款余额	—	—	—	130.76	—		

B.8　利润及分利润配表

所得税率	25%
法定公积金比例	10%
股东应付比例	20%

科目	第4年	第5年	第6年	第7年	第8年	第9年	第10年	第11年
营业收入	4 080.00	5 100.00	5 100.00	5 100.00	5 100.00	5 100.00	5 100.00	5 100.00
营业税收及附加	408.00	408.00	408.00	408.00	408.00	408.00	408.00	408.00
总成本费用	3 707.67	4 426.97	4 388.77	4 350.57	4 312.37	4 274.17	4 235.97	4 235.97
补贴收入	—	300.00	—					
利润总额	(35.67)	565.03	303.23	341.43	379.63	417.83	456.03	456.03
弥补以前亏损		35.67	—					
应纳税所得额		529.36	303.23	341.43	379.63	417.83	456.03	456.03
所得税	—	132.34	75.81	85.36	94.91	104.46	114.01	114.01

科目	第4年	第5年	第6年	第7年	第8年	第9年	第10年	第11年
净利润	(35.67)	432.69	227.42	256.07	284.72	313.37	342.02	342.02
期初未分配利润	0	0	162.35	233.30	310.68	393.22	479.88	630.16
可供分配利润		397.02	389.77	489.37	595.41	706.59	821.90	972.18
提取法定公积金		43.27	22.74	25.61	28.47	31.34	34.20	34.20
可供投资者分配利润		353.75	367.03	463.76	566.93	675.26	787.70	937.98
应付投资者股利		70.75	73.41	92.75	113.39	135.05	157.54	187.60
未分配利润		283.00	293.62	371.01	453.55	540.21	630.16	750.39
应还款		120.65	60.33	60.33	60.33	60.33	—	
剩余利润结转		162.35	233.30	310.68	393.22	479.88	630.16	750.39
息税前利润	193.53	773.53	473.53	473.53	473.53	473.53	473.53	473.53

科目	第12年
营业收入	5 100.00
营业税收及附加	408.00
总成本费用	4 235.97
补贴收入	—
利润总额	456.03
弥补以前亏损	—
应纳税所得额	456.03
所得税	114.01
净利润	342.02
期末未分配利润	750.39
可供分配利润	1 092.41
提取法定公积金	34.20
可供投资者分配利润	1 058.21
应付投资者股利	211.64
未分配利润	846.57
应还款	—
剩余利润结转	846.57
息税前利润	473.53

模块八 建设项目的财务评价与决策分析

B.9 财务指标的计算

(1) 总投资收益率(ROI) $= \dfrac{\text{息税前利润(EBIT)}}{\text{项目总投资(TI)}} \times 100\%$

$$= \dfrac{473.53}{5000 + 372.77 + 950} \times 100\% = 7.495\%$$

(2) 资本金净收益率(ROE) $= \dfrac{\text{净利润(EC)}}{\text{项目资本金(NP)}} \times 100\% = \dfrac{278.3}{2350} \times 100\% = 11.84\%$

【实例二】 增值税下的"工业项目"的内部收益率的计算

A 背景资料

A.1 资金投入计划表

序号	科目	比例	合计	1年	2年	3年	4年
一、	建设投资	100%	250 000	112 500	137 500	—	—
1.1	自有资金	30%	75 000	33 750	41 250	—	—
1.2	借款本金	70%	175 000	78 750	96 250	—	—
二、	流动资金	100%	28 000	—	—	16 800	11 200
2.1	自有资金	30%	8 400	—	—	5 040	3 360
2.2	借款本金	70%	19 600	—	—	11 760	7 840
三、	项目资本金	36%	91 246				

A.2 销售计划表

科目	年销量	单价	3年	4年	5年	6年	7年	8年
生产负荷	100%		90%	100%	100%	100%	100%	100%
产品A	300 000	3 000	81 000	90 000	90 000	90 000	90 000	90 000
产品B	150 000	2 800	37 800	42 000	42 000	42 000	42 000	42 000
产品C	100 000	3 500	31 500	35 000	35 000	35 000	35 000	35 000
产品D	8 000	700	504	560	560	560	560	560
营业收入			150 804	167 560	167 560	167 560	167 560	167 560

科目	放款方式	还款方式	还本起点	还本年限	付息年限	实际年利率
建设投资借款	均衡放款	等额本息且分期付息法	第3年	6	6	11.00%
流动资金借款	一次放款	分期付息且一次还本法	第8年	一次还本	6	5.00%

B 实战解答

B.1 建设期利息计算表

名义利率	11.00%
计息周期	1.00
实际利率	11.00%
还款时间	6.00
建设期还款系数	0.50
运营期还款系数	1.00
还款类别	等额本息法
$(1+i)^n$	1.870
减一后再倒数	1.149
$(A/P, i, n)$	0.236

				1	2	3	4	5	6
序号	科目	1年	2年	3	4	5	6	7	8
1	年初借款余额	—	83 081	193 764	169 277	142 096	111 925	78 436	41 262
2	本年借款本金	78 750	96 250	—	—	—	—	—	—
3	本年应计利息	4 331	14 433	21 314	18 620	15 631	12 312	8 628	4 539
4	本年应还利息			21 314	18 620	15 631	12 312	8 628	4 539
5	本年应还本金			24 487	27 181	30 171	33 489	37 173	41 262
6	本年应还本利和			45 801	45 801	45 801	45 801	45 801	45 801
7	年末借款余额	83 081	193 764	169 277	142 096	111 925	78 436	41 262	—
Σ	建设期利息	18 764							
Σ	总的利息	99 808							
Σ	总的本利和	274 808							

B.2　流动资金的利息计算表

名义利率	5.00％
计息周期	1.00
实际利率	5.00％
还款类别	分期付息且一次还本法
还款时间	8.00
建设期放款系数	0.50
运营期放款系数	1.00

序号	科目	1年	2年	1 3年	2 4年	3 5年	4 6年	5 7年	6 8年
1	年初借款余额			—	11 760	19 600	19 600	19 600	19 600
2	本年借款本金	11 760	7 840	—		—		—	
3	本年应计利息			588	980	980	980	980	980
4	本年应还利息			588	980	980	980	980	980
5	本年应还本金			—		—		—	19 600
6	本年应还本利和			588	980	980	980	980	20 580
7	年末借款余额			11 760	19 600	19 600	19 600	19 600	—

B.3　资产归集表

序号	科目	比例	合计	年限	残值率	年折旧费	摊销费
	建设投资	100％	250 000				
一、	固定资产原值		163 764	6	5％	25 929.29	
	形成固定资产的费用	65％	162 500				
	可抵扣的固定资产进项税		(30 000)				
	预备费	5％	12 500				
	建设期利息		18 764				
二、	无形资产						
	50年摊销的土地使用权	20％	50 000	50	0		1 000
	6年分摊的无形资产	5％	12 500	6	0		2 083
三、	其他资产						
	5年分摊的其他资产	5％	500	5	0		100

			1	2	3	4	5	6
科目	1	2	3	4	5	6	7	8
折旧费			25 929	25 929	25 929	25 929	25 929	25 929
年摊销费			3 183	3 183	3 183	3 183	3 183	3 083
50 年分摊			1 000	1 000	1 000	1 000	1 000	1 000
6 年摊销			2 083	2 083	2 083	2 083	2 083	2 083
5 年摊销			100	100	100	100	100	

B. 5　总成本费用计算表

科目	3	4	5	6	7	8
生产负荷	90%	100%	100%	100%	100%	100%
外购原材料	27 000	30 000	30 000	30 000	30 000	30 000
外购辅助材料	900	1 000	1 000	1 000	1 000	1 000
外购燃料	7 200	8 000	8 000	8 000	8 000	8 000
外购动力	5 400	6 000	6 000	6 000	6 000	6 000
外购水	1 350	1 500	1 500	1 500	1 500	1 500
职工薪酬	3 000	3 000	3 000	3 000	3 000	3 000
修理费	9 000	9 000	9 000	9 000	9 000	9 000
其他费	8 000	8 000	8 000	8 000	8 000	8 000
其中：其他营业费	2 520	2 800	2 800	2 800	2 800	2 800
经营成本	61 850	66 500	66 500	66 500	66 500	66 500
折旧	25 929	25 929	25 929	25 929	25 929	25 929
摊销	3 183	3 183	3 183	3 183	3 183	3 083
利息支出	21 902	19 600	16 611	13 292	9 608	5 519
总成本费用	112 865	115 213	112 223	108 904	105 221	101 031
其中：可变成本	44 370	49 300	49 300	49 300	49 300	49 300
固定成本	68 495	65 913	62 923	59 604	55 921	51 731

模块八　建设项目的财务评价与决策分析

抵扣固定资产进项税额	30 000						

科目	税率	3	4	5	6	7	8
生产负荷		90%	100%	100%	100%	100%	100%
营业税金及附加	10%	—	861	2 032	2 032	2 032	2 032
营业税							
消费税							
城市建设维护税	5%	—	430	1 016	1 016	1 016	1 016
教育费附加	3%	—	258	610	610	610	610
地方教育费附加	2%	—	172	406	406	406	406
增值税							
产品销项税额		24 125	26 805	26 805	26 805	26 805	26 805
产品A	17%	13 770	15 300	15 300	15 300	15 300	15 300
产品B	13%	4 914	5 460	5 460	5 460	5 460	5 460
产品C	17%	5 355	5 950	5 950	5 950	5 950	5 950
产品D	17%	86	95	95	95	95	95
运营投入进项税额		5 837	6 485	6 485	6 485	6 485	6 485
外购原料	17%	4 590	5 100	5 100	5 100	5 100	5 100
外购辅材	17%	153	170	170	170	170	170
外购动力	17%	918	1 020	1 020	1 020	1 020	1 020
外购水	13%	176	195	195	195	195	195
抵扣固定资产进项税额		18 288	11 712				
应纳增值税		—	8 608	20 320	20 320	20 320	20 320

B. 7 项目投资现金流量表

科目	1	2	3	4	5	6	7	8
生产负荷			90%	100%	100%	100%	100%	100%
现金流入	—	—	174 929	194 365	194 365	194 365	194 365	212 918
营业收入	—	—	150 804	167 560	167 560	167 560	167 560	167 560
销项税额	—	—	24 125	26 805	26 805	26 805	26 805	26 805
回收资产余额	—	—	—	—	—	—	—	8 283

模块八 建设项目的财务评价与决策分析

科目	1	2	3	4	5	6	7	8
回收流动资金	—	—	—	—	—	—	—	10 270
现金流出	124 735	124 735	77 285	83 125	95 337	95 337	95 337	95 337
建设投资	124 735	124 735						
流动资金	—	—	9 598	671				
经营成本	—	—	61 850	66 500	66 500	66 500	66 500	66 500
进项税额	—	—	5 837	6 485	6 485	6 485	6 485	6 485
应纳增值税	—	—	—	8 608	20 320	20 320	20 320	20 320
营业税金及附加	—	—	—	861	2 032	2 032	2 032	2 032
维持运营投资	—	—	—	—	—	—	—	—
税前净现金流量	(124 735)	(124 735)	97 644	111 240	99 028	99 028	99 028	117 581
税前累计净值	(124 735)	(249 469)	(151 825)	(40 585)	58 443	157 471	256 499	374 080
息税前利润			59 841	71 087	69 915	69 915	69 915	70 015
调整所得税			14 960	17 772	17 479	17 479	17 479	17 504
税后净现金流量	(124 735)	(124 735)	82 684	93 468	81 549	81 549	81 549	100 077
税后累计净值	(124 735)	(249 469)	(166 785)	(73 317)	8 232	89 781	171 331	271 408

B.8 基于税前 12% 折现率的全部现金流量表

折现率	12%							
科目	1	2	3	4	5	6	7	8
生产负荷			90%	100%	100%	100%	100%	100%
现金流入	—	—	174 929	194 365	194 365	194 365	194 365	212 918
营业收入	—	—	150 804	167 560	167 560	167 560	167 560	167 560
销项税额	—	—	24 125	26 805	26 805	26 805	26 805	26 805
回收资产余额								8 283
回收流动资金	—	—	—	—	—	—	—	10 270
现金流出	124 735	124 735	77 285	83 125	95 337	95 337	95 337	95 337
建设投资	124 735	124 735						
流动资金	—	—	9 598	671	—	—	—	—
经营成本	—	—	61 850	66 500	66 500	66 500	66 500	66 500

折现率	12%							
科目	1	2	3	4	5	6	7	8
进项税额	—	—	5 837	6 485	6 485	6 485	6 485	6 485
应纳增值税	—	—	—	8 608	20 320	20 320	20 320	20 320
营业税金及附加	—	—	—	861	2 032	2 032	2 032	2 032
维持运营投资	—	—	—	—	—	—	—	—
税前净现金流量	(124 735)	(124 735)	97 644	111 240	99 028	99 028	99 028	117 581
税前累计净值	(124 735)	(249 469)	(151 825)	(40 585)	58 443	157 471	256 499	374 080
折现系数	0.893	0.797	0.712	0.636	0.567	0.507	0.452	0.404
FNPV	(111 370)	(99 438)	69 501	70 695	56 191	50 171	44 795	47 489
累计 FNPV	(111 370)	(210 808)	(141 306)	(70 611)	(14 420)	35 750	80 546	128 035

B.9　基于税前 14% 的全部现金流量表

折现率	14%							
科目	1	2	3	4	5	6	7	8
生产负荷			90%	100%	100%	100%	100%	100%
现金流入	—	—	174 929	194 365	194 365	194 365	194 365	212 918
营业收入	—	—	150 804	167 560	167 560	167 560	167 560	167 560
销项税额			24 125	26 805	26 805	26 805	26 805	26 805
回收资产余额			—	—	—	—	—	8 283
回收流动资金			—	—	—	—	—	10 270
现金流出	124 735	124 735	77 285	83 125	95 337	95 337	95 337	95 337
建设投资	124 735	124 735	—	—	—	—	—	—
流动资金	—	—	9 598	671				
经营成本	—	—	61 850	66 500	66 500	66 500	66 500	66 500
进项税额	—	—	5 837	6 485	6 485	6 485	6 485	6 485
应纳增值税	—	—	—	8 608	20 320	20 320	20 320	20 320
营业税金及附加	—	—	—	861	2 032	2 032	2 032	2 032
维持运营投资	—	—	—	—	—	—	—	—
税前净现金流量	(124 735)	(124 735)	97 644	111 240	99 028	99 028	99 028	117 581
税前累计净值	(124 735)	(249 469)	(151 825)	(40 585)	58 443	157 471	256 499	374 080
折现系数	0.877	0.769	0.675	0.592	0.519	0.456	0.400	0.351
FNPV	(109 416)	(95 979)	65 907	65 863	51 432	45 116	39 575	41 219
累计 FNPV	(109 416)	(205 395)	(139 488)	(73 625)	(22 193)	22 923	62 498	103 717

B.10 基于税后 10% 的全部现金流量表

折现率	10%							
科目	1	2	3	4	5	6	7	8
生产负荷			90%	100%	100%	100%	100%	100%
现金流入	—	—	174 929	194 365	194 365	194 365	194 365	212 918
营业收入	—	—	150 804	167 560	167 560	167 560	167 560	167 560
销项税额	—	—	24 125	26 805	26 805	26 805	26 805	26 805
回收资产余额	—	—	—	—	—	—	—	8 283
回收流动资金	—	—	—	—	—	—	—	10 270
现金流出	124 735	124 735	77 285	83 125	95 337	95 337	95 337	95 337
建设投资	124 735	124 735	—	—	—	—	—	—
流动资金	—	—	9 598	671	—	—	—	—
经营成本	—	—	61 850	66 500	66 500	66 500	66 500	66 500
进项税额	—	—	5 837	6 485	6 485	6 485	6 485	6 485
应纳增值税	—	—	8 608	20 320	20 320	20 320	20 320	20 320
营业税金及附加	—	—	861	2 032	2 032	2 032	2 032	
维持运营投资	—	—	—	—	—	—	—	—
税前净现金流量	(124 735)	(124 735)	97 644	111 240	99 028	99 028	99 028	117 581
税前累计净值	(124 735)	(249 469)	(151 825)	(40 585)	58 443	157 471	256 499	374 080
息税前利润			59 841	71 087	69 915	69 915	69 915	70 015
调整所得税			14 960	17 772	17 479	17 479	17 479	17 504
税后净现金流量	(124 735)	(124 735)	82 684	93 468	81 549	81 549	81 549	100 077
税后累计净值	(124 735)	(249 469)	(166 785)	(73 317)	8 232	89 781	171 331	271 408
折现系数	0.909	0.826	0.751	0.683	0.621	0.564	0.513	0.467
折现 FNPV	(113 395)	(103 086)	62 122	63 840	50 636	46 032	41 848	46 687
累计 FNPV	(113 395)	(216 481)	(154 360)	(90 520)	(39 884)	6 148	47 996	94 683

B. 11　基于税后 11% 的全部现金流量表

折现率	11%							
科目	1	2	3	4	5	6	7	8
生产负荷			90%	100%	100%	100%	100%	100%
现金流入	—	—	174 929	194 365	194 365	194 365	194 365	212 918
营业收入	—	—	150 804	167 560	167 560	167 560	167 560	167 560
销项税额	—	—	24 125	26 805	26 805	26 805	26 805	26 805
回收资产余额	—	—	—	—	—	—	—	8 283
回收流动资金	—	—	—	—	—	—	—	10 270
现金流出	124 735	124 735	77 285	83 125	95 337	95 337	95 337	95 337
建设投资	124 735	124 735						
流动资金	—	—	9 598	671				
经营成本			61 850	66 500	66 500	66 500	66 500	66 500
进项税额			5 837	6 485	6 485	6 485	6 485	6 485
应纳增值税	—	—	—	8 608	20 320	20 320	20 320	20 320
营业税金及附加	—	—	—	861	2 032	2 032	2 032	2 032
维持运营投资	—	—	—	—	—	—	—	—
税前净现金流量	(124 735)	(124 735)	97 644	111 240	99 028	99 028	99 028	117 581
税前累计净值	(124 735)	(249 469)	(151 825)	(40 585)	58 443	157 471	256 499	374 080
息税前利润			59 841	71 087	69 915	69 915	69 915	70 015
调整所得税			14 960	17 772	17 479	17 479	17 479	17 504
税后净现金流量	(124 735)	(124 735)	82 684	93 468	81 549	81 549	81 549	100 077
税后累计净值	(124 735)	(249 469)	(166 785)	(73 317)	8 232	89 781	171 331	271 408
折现系数	0.901	0.812	0.731	0.659	0.593	0.535	0.482	0.434
折现 FNPV	(112 373)	(101 237)	60 458	61 570	48 395	43 600	39 279	43 426
累计 FNPV	(112 373)	(213 611)	(153 153)	(91 583)	(43 187)	412	39 691	83 117

B. 12　内部收益率的计算

(1) 税前内部收益率（FIRR）$=12\% + \dfrac{128\ 035}{128\ 035 + 103\ 717} \times 100\% = 13.10\%$

(2) 税后内部收益率（FIRR）$=12\% + \dfrac{94\ 683}{94\ 683 + 83\ 117} \times 100\% = 10.53\%$

【实例三】 某"停车库项目"内部收益率的计算与敏感性分析

A 背景资料

敏感幅度	20%	10%	5%	0%	—5%	—10%	—20%
建设投资	2520	2310	2205	2100	1995	1890	1680

序号	科目	比例	合计	1	2	3	4	5	6~11
一、	建设投资	100%	2 100	2 100	—				
1.1	自有资金	100%	2 100	2 100	—				
1.2	借款本金	0%	—	—	—				
二、	流动资金	100%	500		500				
2.1	自有资金	100%	500	—	500			—	
2.2	借款本金	0%	—	—	—			—	
三、	资本金	124%	2 600	2 100	500				
四、	资本金累计			2 100	2 600	2 600	2 600	2 600	2 600
	建设期利息			—					
	固定资产投资			2 100					
五、	累计,在建工程			2 100					

建设期	1
运营期	10

科目	合计	固定资产	无形资产（5）	无形资产（6）	其他资产
建设投资	2 100	2 100			
比例	100%	100%	0%	0%	0%
建设期利息	—	—	—	—	—
比例	100%	100%	0%	0%	0%
合计		2 100	—	—	—
使用年限		10	0	0	0
剩余所限		0			
残值率		5%	0%	0%	0%
折旧方法		平均年限法			
摊销方法			平均分摊法	平均分摊法	平均分摊法
折旧		200			
残值		105			
余值		—			
摊销			0	0	0

模块八 建设项目的财务评价与决策分析

857

敏感幅度	20%	10%	5%	0%	−5%	−10%	−20%
营业收入	1 261	1 156	1 104	1 051	999	946	841

				1	2～9	10
科目	单位	1	2	3～10	11
停车率	%		50%	50%	50%
停车位	个		400	400	400
出租单价	元/小时		6	6	6
营业收入	万元		1 051	1 051	1 051
营业税金与附加	万元		105	105	105

A. 4 折旧与摊销表

		1	2～9	10
科目	1	2	3～10	11
折旧		200	200	200
摊销合计		—	—	
残值				105
剩余价值				—
固定资产回收				105

A. 5 总成本费用表

		1	2	3	4	5	6	7	8	9	10
科目	1	2	3	4	5	6	7	8	9	10	11
达产率		100%	100%	100%	100%	100%	100%	100%	100%	100%	100%
经营成本		315	315	315	315	315	315	315	315	315	315
折旧		200	200	200	200	200	200	200	200	200	200
摊销		—	—	—	—	—	—	—	—	—	—
利息支出		—	—	—	—	—	—	—	—	—	—
建设期利息											
流动资金利息											
总成本费用		515	515	515	515	515	515	515	515	515	515

模块八 建设项目的财务评价与决策分析

假定基准收益率为 10%，编制项目全部投资的现金流量表，并计算内部收益率。当建设投资、营业收入二个不确定性因素在（$-20\%\sim20\%$）分档变化时，计算其内部收益率及敏感性系数。

B.1 基于折现率为 18% 的全部投资现金流量表

科目		1	2	3	4	5	6
	1	2	3	4	5	6	7
现金流入	0.00	1 051.20	1 051.20	1 051.20	1 051.20	1 051.20	1 051.20
营业收入		1 051.20	1 051.20	1 051.20	1 051.20	1 051.20	1 051.20
回收固定资产余值		0.00	0.00	0.00	0.00	0.00	0.00
回收流动资金		0.00	0.00	0.00	0.00	0.00	0.00
现金流出	2 100.00	920.48	420.48	420.48	420.48	420.48	420.48
建设投资	2 100.00	0.00	0.00	0.00	0.00	0.00	0.00
流动资金	0.00	500.00	0.00	0.00	0.00	0.00	0.00
经营成本	0.00	315.36	315.36	315.36	315.36	315.36	315.36
营业税金及附加		105.12	105.12	105.12	105.12	105.12	105.12
所得税前—净现金流量	(2 100.00)	130.72	630.72	630.72	630.72	630.72	630.72
所得税前—FNPV累计	(2 100.00)	(1 969.28)	(1 338.56)	(707.84)	(77.12)	553.60	1 184.32
折现系数	0.85	0.718	0.609	0.516	0.437	0.370	0.314
所得税前—折现的 FNPV	(1 779.66)	93.88	383.88	325.32	275.69	233.64	198.00
所得税前—折现的 FNPV 的累计	(1 779.66)	(1 685.78)	(1 301.90)	(976.59)	(700.89)	(467.25)	(269.26)
息税前利润	(514.86)	431.22	431.22	431.22	431.22	431.22	431.22
调整所得税(25%)	(128.72)	107.81	107.81	107.81	107.81	107.81	107.81
所得税后—净现金流量	(1 971.29)	22.92	522.92	522.92	522.92	522.92	522.92
所得税后—FNPV累计	(1 971.29)	(1 948.37)	(1 425.46)	(902.54)	(379.63)	143.29	666.21
所得税后—折现的 FNPV	(1 670.58)	16.46	318.26	269.71	228.57	193.70	164.16
所得税后—折现的 FNPV 的累计	(1 670.58)	(1 654.12)	(1 335.86)	(1 066.15)	(837.58)	(643.87)	(479.72)

科目	7 / 8	8 / 9	9 / 10	10 / 11
现金流入	1 051.20	1 051.20	1 051.20	1 656.20
营业收入	1 051.20	1 051.20	1 051.20	1 051.20
回收固定资产余值	0.00	0.00	0.00	105.00
回收流动资金	0.00	0.00	0.00	500.00
现金流出	420.48	420.48	420.48	420.48
建设投资	0.00	0.00	0.00	0.00
流动资金	0.00	0.00	0.00	0.00
经营成本	315.36	315.36	315.36	315.36
营业税金及附加	105.12	105.12	105.12	105.12
所得税前—净现金流量	630.72	630.72	630.72	1 235.72
所得税前—FNPV 累计	1 815.04	2 445.76	3 076.48	4 312.20
折现系数	0.266	0.225	0.191	0.162
所得税前—折现的 FNPV	167.80	142.20	120.51	200.09
所得税前—折现的 FNPV 的累计	(101.46)	40.74	161.25	361.33
息税前利润	431.22	431.22	431.22	946.08
调整所得税（25%）	107.81	107.81	107.81	236.52
所得税后—净现金流量	522.92	522.92	522.92	999.20
所得税后—FNPV 累计	1 189.12	1 712.04	2 234.95	3 234.15
所得税后—折现的 FNPV	139.12	117.89	99.91	161.79
所得税后—折现的 FNPV 的累计	(340.60)	(222.71)	(122.80)	38.99

B. 2　基于折现率为 19% 的全部投资现金流量表

科目	1 / 1	1 / 2	2 / 3	3 / 4	4 / 5	5 / 6	6 / 7
现金流入	0.00	1 051.20	1 051.20	1 051.20	1 051.20	1 051.20	1 051.20
营业收入		1 051.20	1 051.20	1 051.20	1 051.20	1 051.20	1 051.20
回收固定资产余值		0.00	0.00	0.00	0.00	0.00	0.00
回收流动资金		0.00	0.00	0.00	0.00	0.00	0.00

模块八　建设项目的财务评价与决策分析

科目	1	1	2	3	4	5	6
		2	3	4	5	6	7
现金流出	2 100.00	920.48	420.48	420.48	420.48	420.48	420.48
建设投资	2 100.00	0.00	0.00	0.00	0.00	0.00	0.00
流动资金	0.00	500.00	0.00	0.00	0.00	0.00	0.00
经营成本	0.00	315.36	315.36	315.36	315.36	315.36	315.36
营业税金及附加		105.12	105.12	105.12	105.12	105.12	105.12
所得税前—净现金流量	(2 100.00)	130.72	630.72	630.72	630.72	630.72	630.72
所得税前—FNPV累计	(2 100.00)	(1 969.28)	(1 338.56)	(707.84)	(77.12)	553.60	1 184.32
折现系数	0.840	0.706	0.593	0.499	0.419	0.352	0.296
所得税前—折现的FNPV	(1 764.71)	92.31	374.28	314.52	264.30	222.10	186.64
所得税前—折现的FNPV的累计	(1 764.71)	(1 672.40)	(1 298.12)	(983.60)	(719.29)	(497.19)	(310.55)
息税前利润	(514.86)	431.22	431.22	431.22	431.22	431.22	431.22
调整所得税(25%)	(128.72)	107.81	107.81	107.81	107.81	107.81	107.81
所得税后—净现金流量	(1 971.29)	22.92	522.92	522.92	522.92	522.92	522.92
所得税后—FNPV累计	(1 971.29)	(1 948.37)	(1 425.46)	(902.54)	(379.63)	143.29	666.21
所得税后—折现的FNPV	(1 656.54)	16.18	310.31	260.76	219.13	184.14	154.74
所得税后—折现FNPV的累计	(1 656.54)	(1 640.36)	(1 330.05)	(1 069.29)	(850.17)	(666.03)	(511.29)

科目	7	8	9	10
	8	9	10	11
现金流入	1 051.20	1 051.20	1 051.20	1 656.20
营业收入	1 051.20	1 051.20	1 051.20	1 051.20
回收固定资产余值	0.00	0.00	0.00	105.00
回收流动资金	0.00	0.00	0.00	500.00
现金流出	420.48	420.48	420.48	420.48
建设投资	0.00	0.00	0.00	0.00
流动资金	0.00	0.00	0.00	0.00
经营成本	315.36	315.36	315.36	315.36
营业税金及附加	105.12	105.12	105.12	105.12
所得税前—净现金流量	630.72	630.72	630.72	1 235.72
所得税前—FNPV累计	1 815.04	2 445.76	3 076.48	4 312.20

	7	8	9	10
科目	8	9	10	11
折现系数	0.249	0.209	0.176	0.148
所得税前—折现的 FNPV	156.84	131.80	110.76	182.35
所得税前—折现的 FNPV 的累计	(153.71)	(21.91)	88.85	271.20
息税前利润	431.22	431.22	431.22	946.08
调整所得税（25%）	107.81	107.81	107.81	236.52
所得税后—净现金流量	522.92	522.92	522.92	999.20
所得税后—FNPV 累计	1 189.12	1 712.04	2 234.95	3 234.15
所得税后—折现的 FNPV	130.03	109.27	91.83	147.45
所得税后—折现的 FNPV 的累计	(381.25)	(271.98)	(180.15)	(32.71)

$$税后内部收益率（FIRR）=18\%+\frac{38.99}{32.72+38.88}\times1\%=18.46\%$$

B.3 不确定性分析的汇总表

序号	不确定性因素	变化率	FIRR	敏感系数
0	基本方案	0%	18.46%	
1.1	建设投资	20%	14.81%	—0.99
1.2	建设投资	10%	16.55%	—1.03
1.3	建设投资	5%	17.51%	—1.03
1.4	建设投资	—5%	19.66%	—1.30
1.5	建设投资	—10%	20.87%	—1.31
1.6	建设投资	—20%	23.60%	—1.39
2.1	营业收入	20%	23.43%	1.35
2.2	营业收入	10%	21.94%	1.89
2.3	营业收入	5%	19.19%	0.80
2.4	营业收入	—5%	17.73%	0.79
2.5	营业收入	—10%	15.02%	1.86
2.6	营业收入	—20%	13.60%	1.32

【实例四】　编制财务计划现金流量表及资产负债表

A　背景资料

科目	单位	1	2	3	4	5	6	7	8	9	10
达产率	%			80%	90%	100%	100%	100%	100%	100%	200%
产量	万件			80	90	100	100	100	100	100	100
销售单价	元/件			60	60	60	60	60	60	60	60
营业收入	万元			4 800	5 400	6 000	6 000	6 000	6 000	6 000	6 000
营业税金与附加	万元			384	432	480	480	480	480	480	480
经营成本	万元			2 880	3 240	3 600	3 600	3 600	3 600	3 600	3 600
流动资产	万元			640	720	800	800	800	800	800	800
流动负债	万元			160	180	200	200	200	200	200	200
流动资金	万元			480	540	600	600	600	600	600	600
流动资金投入	万元			480	60	60					

A.2　资金投入计划表

科目	比例	合计	1	2	3	4	5	6	7	8	9	10
建设投资	100%	6 000	2 400	3 600	—	—						
自有资金	50%	3 000	1 200	1 800	—	—						
借款本金	50%	3 000	1 200	1 800	—	—						
流动资金	100%	600	—	—	480	60	60	—	—	—	—	—
自有资金	30%	312	—	—	192	60	60					
借款本金	60%	288	—	—	288							
资本金	55%	3 312	1 200	1 800	480	60	60					
资本金累计			1 200	3 000	3 480	3 540	3 600	3 600	3 600	3 600	3 600	3 600
建设期利息			60	216								
固定资产投资			2 460	3 816								
累计，在建工程			2 460	6 276								

模块八　建设项目的财务评价与决策分析

建设期	2
运营期	8

科目	合计	固定资产	无形资产(5)	无形资产(6)	其他资产(8)
建设投资	6 000.00	4 500.00	480.00	720.00	300.00
比例	100%	75%	8%	12%	5%
建设期利息	276.00	276.00	—	—	—
比例	100%	100%	0%	0%	0%
合计		4 776.00	480.00	720.00	300.00
使用年限		12	5	6	8
剩余年限		4			
残值率		5%	0%	0%	0%
折旧方法		平均年限法			
摊销方法			平均分摊法	平均分摊法	平均分摊法
折旧		378.10			
5年摊销的无形资产			96.00		
6年摊销的无形资产				120.00	
8年摊销的其他资产					37.50

A.4　融资方案表

科目	还款方式	本金放款方式	还本起点	还本年限	付息年限	实际年利率
建设投资借款	等额本息且分期付息法	建设期内均衡放款	第3年	4	4	10.00%
流动资金借款	分期付息且一次性还本法	第3年	第3年	第8年	8	5.00%

B　实战解答

B.1　折旧与摊销计算表

科目	1	2	1	2	3	4	5	6	7	8
			3	4	5	6	7	8	9	10
折旧			378	378	378	378	378	378	378	378
摊销合计			254	254	254	254	254	158	38	38
摊销,5年			96	96	96	96	96			
摊销,6年			120	120	120	120	120	120		
摊销,8年			38	38	38	38	38	38	38	38

模块八　建设项目的财务评价与决策分析

			1	2	3	4	5	6	7	8
科目	1	2	3	4	5	6	7	8	9	10
残值										239
剩余价值										1 512
固定资产回收										1 751
固定资产净值			4 398	4 020	3 642	3 264	2 886	2 507	2 129	1 751
无形资产净值			1 247	993	740	486	233	75	38	—
5 年的净值			384	288	192	96	—			
6 年的净值			600	480	360	240	120	—		
8 年的净值			263	225	188	150	113	75	38	—

B.2 建设期利息计算表

名义利率	10.00%
计息周期	1.00
实际利率	10.00%
还款时间	4.00
建设期还款系数	0.50
运营期还款系数	1.00
还款类别	等额本息法
$(1+i)^n$	1.464
减一再倒数	2.155
$(A/P, i, n)$	0.315

			1	2	3	4	5	6	7	8
科目	1	2	3	4	5	6	7	8	9	10
年初借款余额	—	1 260	3 276	2 570	1 794	940				
本年借款本金	1 200	1 800	—	—	—	—	—	—	—	—
本年应计利息	60	216	328	257	179	94				
本年应还利息			328	257	179	94				
本年应还本金			706	776	854	940				
本年应还本利和			1 033	1 033	1 033	1 033	—	—	—	—
年末借款余额	1 260	3 276	2 570	1 794	940	—	—	—	—	—
建设期利息	276									
总的利息	1 134									
总的本利和	4 134									

模块八　建设项目的财务评价与决策分析

B.3 流动资金的利息计算表

名义利率	5.00%
计息周期	1.00
实际利率	5.00%
还款时间	8.00
融资方式	分期付息且一次还本法
建设期放款系数	0.50
运营期放款系数	1.00

科目	1	2	1	2	3	4	5	6	7	8
	1	2	3	4	5	6	7	8	9	10
年初借款余额			—	288	288	288	288	288	288	288
本年借款本金			288	—						
本年应计利息			14	14	14	14	14	14	14	14
本年应还利息			14	14	14	14	14	14	14	14
本年应还本金			—						—	288
本年应还本利和			14	14	14	14	14	14	14	302
年末借款余额			288	288	288	288	288	288	288	—
应还利息和										115
应还本金和										288
应还本利和										403

B.4 借款与还款总计划表

科目	1	2	1	2	3	4	5	6	7	8
	1	2	3	4	5	6	7	8	9	10
建设期借款										
期初借款余额	0	1 260	3 276	2 570	1 794	940	0	0	0	0
当年借款	1 200	1 800	0	0	0	0	0	0	0	0
当年应计利息	60	216	328	257	179	94	0	0	0	0
当年应还利息	0	0	328	257	179	94	0	0	0	0
当年应还本金	0	0	706	776	854	940	0	0	0	0

			1	2	3	4	5	6	7	8
科目	1	2	3	4	5	6	7	8	9	10
期末借款余额	1 260	3 276	2 570	1 794	940	0	0	0	0	0
流动资金借款										
期初借款余额	0	0	0	288	288	288	288	288	288	288
当年借款	0	0	288	0	0	0	0	0	0	0
当年应计利息	0	0	14	14	14	14	14	14	14	14
当年应还利息	0	0	14	14	14	14	14	14	14	14
当年应还本金	0	0	0	0	0	0	0	0	0	288
期末借款余额	0	0	288	288	288	288	288	288	288	0
当年应还本金小计	0	0	706	776	854	940	0	0	0	288
当年应还利息小计	0	0	342	271	194	108	14	14	14	14
当年还本付息小计	0	0	1 048	1 048	1 048	1 048	14	14	14	302
资金来源	0	0	474	474	474	474	474	378	378	378
折旧	0	0	378	378	378	378	378	378	378	378
摊销	0	0	96	96	96	96	96	0	0	0
本金归还资金缺口	0	0	(232)	(302)	(380)	(465)	474	378	378	
临时借款	0	0								
期初借款余额	0	0	0	0	0	0	0	0	0	0
当年借款	0	0	0	0	0	0	0	0	0	0
当年应计利息	0	0	0	0	0	0	0	0	0	0
当年应还利息	0	0	0	0	0	0	0	0	0	0
当年应还本金	0	0	0	0	0	0	0	0	0	0
期末借款余额	0	0	0	0	0	0	0	0	0	0
用于应还款的未分配利润	0	0	232	302	380	465				
当年应还本金合计	0	0	706	776	854	940	0	0	0	288
当年应还利息合计	0	0	342	271	194	108	14	14	14	14
当年还本付息合计	0	0	1 048	1 048	1 048	1 048	14	14	14	302
期末借款余额合计	1 260	3 276	2 858	2 082	1 228	288	288	288	288	0

模块八 建设项目的财务评价与决策分析

B.5 总成本费用计算表

			1	2	3	4	5	6	7	8
科目	1	2	3	4	5	6	7	8	9	10
达产率			80%	90%	100%	100%	100%	100%	100%	100%
经营成本			2 880	3 240	3 600	3 600	3 600	3 600	3 600	3 600
折旧			378	378	378	378	378	378	378	378
摊销			254	254	254	254	254	158	38	38
利息支出			342	271	194	108	14	14	14	14
建设期利息			328	257	179	94	0	0	0	0
流动资金利息			14	14	14	14	14	14	14	14
总成本费用			3 854	4 143	4 425	4 340	4 246	4 150	4 030	4 030

B.6 利润与利润分配表

			1	2	3	4	5	6	7	8
科目	1	2	3	4	5	6	7	8	9	10
营业收入			4 800	5 400	6 000	6 000	6 000	6 000	6 000	6 000
营业税收及附加			384	432	480	480	480	480	480	480
总成本费用			3 854	4 143	4 425	4 340	4 246	4 150	4 030	4 030
补贴收入			0	0	0	0	0	0	0	0
利润总额			562	825	1 095	1 180	1 274	1 370	1 490	1 490
弥补以前亏损				0	0	0	0	0	0	0
应纳税所得额			562	825	1 095	1 180	1 274	1 370	1 490	1 490
所得税			141	206	274	295	319	343	373	373
净利润			422	619	821	885	956	1 028	1 118	1 118
期初分配利润			0	57	146	239	260	784	1 196	1 541
可供分配利润			422	675	967	1 124	1 215	1 811	2 313	2 659
提取法定公积金			42	62	82	89	96	103	112	112
可供投资者分配利润			380	614	884	1 036	1 119	1 708	2 202	2 547
应付投资者股利			91	166	265	311	336	513	660	764
未分配利润			289	448	619	725	784	1 196	1 541	1 783
应还款			232	302	380	465	0	0	0	0
剩余利润结转			57	146	239	260	784	1 196	1 541	1 783
息税前利润			904	1 096	1 288	1 288	1 288	1 384	1 504	1 504
累计期初分配利润			0	57	202	441	701	1 484	2 680	4 221
累计盈余公积金			42	104	186	275	370	473	585	696
累计末分配利润			289	736	1 356	2 080	2 864	4 060	5 601	7 384

B.7 项目财务计划现金流量表

科目	1	2	3	4	5	6
	1	2	3	4	5	6
经营活动净现金流量	0	0	1 395	1 522	1 646	1 625
现金流入	0	0	4 800	5 400	6 000	6 000
营业收入	0	0	4 800	5 400	6 000	6 000
回收固定资产余值	0	0	0	0	0	0
回收流动资金	0	0	0	0	0	0
现金流出	0	0	3 405	3 878	4 354	4 375
经营成本	0	0	2 880	3 240	3 600	3 600
营业附加税	0	0	384	432	480	480
所得税	0	0	141	206	274	295
投资活动净现金流量	(2 400)	(3 600)	(480)	(60)	(60)	0
现金流入	0	0	0	0	0	0
现金流出	2 400	3 600	480	60	60	0
建设投资	2 400	3 600	0	0	0	0
流动资金	0	0	480	60	60	0
筹资活动净现金流量	2 400	3 600	(371)	(1 154)	(1 253)	(1 359)
现金流入	2 400	3 600	768	60	60	0
资本金投入	1 200	1 800	480	60	60	0
建设资金借款	1 200	1 800	0	0	0	0
流动资金借款	0	0	288	0	0	0
现金流出	0	0	1 139	1 214	1 313	1 359
利息支出	0	0	342	271	194	108
偿还本金	0	0	706	776	854	940
应付利润	0	0	91	166	265	311
净现金流量（1＋2＋3）	0	0	544	308	333	266
累计盈余资金	0	0	544	853	1 186	1 452

模块八 建设项目的财务评价与决策分析

869

	7	8	9
科目	8	9	10
经营活动净现金流量	1 578	1 548	3 899
现金流入	6 000	6 000	8 351
营业收入	6 000	6 000	6 000
回收固定资产余值	0	0	1 751
回收流动资金	0	0	600
现金流出	4 423	4 453	4 453
经营成本	3 600	3 600	3 600
营业附加税	480	480	480
所得税	343	373	373
投资活动净现金流量	0	0	0
现金流入	0	0	0
现金流出	0	0	0
建设投资	0	0	0
流动资金	0	0	0
筹资活动净现金流量	(527)	(675)	(1 066)
现金流入	0	0	0
资本金投入	0	0	0
建设资金借款	0	0	0
流动资金借款	0	0	0
现金流出	527	675	1 066
利息支出	14	14	14
偿还本金	0	0	288
应付利润	513	660	764
净现金流量（1＋2＋3）	1 051	873	2 832
累计盈余资金	3 754	4 627	7 459

会计科目名称	1	2	1 3	2 4	3 5	4 6	5 7
资产	2 460	6 276	6 829	6 642	6 569	6 443	7 322
流动资产总额	0	0	1 184	1 629	2 188	2 694	4 204
流动资产			640	720	800	800	800
累计盈余资金			544	853	1 186	1 452	2 703
期初未分配利润			0	57	202	441	701
在建工程	2 460	6 276	0	0	0	0	0
固定资产净值	0	0	4 398	4 020	3 642	3 264	2 886
无形资产净值			1 247	993	740	486	233
负债及所有者权益	2 460	6 276	6 829	6 642	6 569	6 443	7 322
负债	1 260	3 276	3 018	2 262	1 428	488	488
流动负债			160	180	200	200	200
贷款负债	1 260	3 276	2 858	2 082	1 228	288	288
所有者权益	1 200	3 000	3 811	4 380	5 142	5 955	6 834
资本金	1 200	3 000	3 480	3 540	3 600	3 600	3 600
累计盈余公积金	0	0	42	104	186	275	370
累计未分配利润	0	0	289	736	1 356	2 080	2 864
资产负债率%	51.2%	52.2%	44.2%	34.0%	21.7%	7.6%	6.7%

会计科目名称	6 8	7 9	8 10
资产	8 621	10 274	11 880
流动资产总额	6 039	8 107	10 129
流动资产	800	800	800
累计盈余资金	3 754	4 627	5 108
期初未分配利润	1 484	2 680	4 221
在建工程	0	0	0
固定资产净值	2 507	2 129	1 751
无形资产净值	75	38	0
负债及所有者权益	8 621	10 274	11 880
负债	488	488	200
流动负债	200	200	200
贷款负债	288	288	0
所有者权益	8 133	9 786	11 680
资本金	3 600	3 600	3 600
累计盈余公积金	473	585	696
累计未分配利润	4 060	5 601	7 384
资产负债率%	5.7%	4.7%	1.7%

【实例五】 土地竞拍出让的案例

A 背景资料

A.1 土地出让信息

根据某一国土局的土地出让公告，有一块 78 亩的土地需要通过竞拍形式出让，地块的规划条件如下：

指标科目	单位	数量
总用地面积	m²	52 299
	公顷	5.2
	亩	78
容积率		3.36
建筑密度		24%
绿地率		30%

经过开发公司有经验的投资分析师对地块的快速数字化设计方案的构思，其他数字化设计方案技术经济指标如下：

A.2 数字化设计方案

技术经济指标	单位	数量
建筑基底面积	m²	12 321
总建筑面积	m²	233 023
地下建筑面积	m²	57 200
地上建筑面积	m²	175 823
地上建筑面积—住宅	m²	159 413
地上建筑面积—商业	m²	14 337
公共配套	m²	634
地上建筑面积—酒店幼儿园	m²	1 440
架空绿化面积	m²	16 248
架空通道面积	m²	351
总户数	户	897
总人数	人	2 871
停车位	个	1 136

A.3 营业收入的预测

经过开发公司营销部对项目所在地的楼市进行的调查分析，假定的营业收入如下：

开发产品	数量	单位	平均销售单价	营业收入
住宅	159 412.52	m²	25 000.00	3 985 313 000.00
商铺	14 337.00	m²	60 000.00	860 220 000.00
停车位	1 136.00	个	300 000.00	340 800 000.00
营业收入				5 186 333 000.00

A.4 其他营业成本

根据开发公司内部积累的开发成本的数据，经过成本控制部门的测算，不包括土地成本的其他营业成本数据如下：

营业成本科目	合计（元）价
工程费	869 604 896
勘察费	1 776 142
基坑变形监测费	6 457
桩基础检测费	159 945
房地产测绘费	1 426 107
基坑支护设计费	1 833 833
建筑设计费	21 146 229
施工图审查费	466 046
室内设计费	403 500
可行性研究费	1 000 000
招标代理费	634 895
全过程造价咨询费	6 253 904
施工监理费	13 464 107
其他费之相关费	51 686 806
其他营业成本	969 862 866

A.5 成本费用的设定

根据开发企业长期开发的赢利能力，所采用的赢利模型如下：销售费用按营业收入的3%计取，管理费用按营业收入的4%计取，财务费用按营业收入的1.2%计取，所得税按营业收入的5.8%计取。公司正常的净利润率按15%计取。

根据上述的假定条件，测算正常赢利模式下的楼面地价，并测算出楼面地价的涨幅对此开发项目的赢利能力的影响。

B 实战解答

B.1 赢利的数学模型

根据开发公司正常赢利能力，根据背景资料中假定的条件，在净利率确保在15%以下的赢利的数学模型如下：

科目	赢利模型	数量
营业收入	100%	5 186 333 000.00
土地取得费		2 042 399 727.46
其他营业成本		969 862 865.62
销售费用	3%	969 862 865.62
管理费用	4.00%	155 589 990.00
财务费用	1.20%	207 453 320.00
所得税	5.80%	62 235 996.00
净利润		778 928 235.30
净利润率		15.02%

B.2 预期的楼面地价

在此基础上计算出土地取得费与基于15%净利润率的楼面地价如下：

成本科目	数据计算	元/S总
土地成交价	1 934 090 651	8 300
契税	77 363 626	332
土地交易服务费	9 670 453	42
土地挂牌工作费	19 340 907	83
土地信息服务费	1 934 091	8
土地取得费	2 042 399 727	8 765

当在土地交易中心出现多家房地产开发公司进行竞标时，请计算出楼面地价的涨幅与净利率降幅的相关关系。

地价涨幅	基点	2%	4%	6%	8%	10%	12%	14%	16%	18%
楼面地价	8765	8940	9115	9291	9466	9641	9817	9992	10167	10342
单方赢利	3343	3167	2992	2817	2642	2466	2291	2116	1940	1765
净利润率	15.02%	14.23%	13.44%	12.66%	11.87%	11.08%	10.29%	9.51%	8.72%	7.93%

地价涨幅	20%	22%	24%	26%	28%	30%	32%	34%	36%	38%
楼面地价	10518	10693	10868	11044	11219	11394	11570	11745	11920	12095
单方赢利	1590	1414	1239	1064	889	713	538	363	187	12
净利润率	7.14%	6.36%	5.57%	4.78%	3.99%	3.20%	2.42%	1.63%	0.84%	0.05%

从上表数据分析，土地成本对开发项目的赢利影响很大，当土地价格上升 18%时，开发项目的赢利水平将达到"零点"，因此，在土地招、拍、挂的交易过程中，开发企业应保持理性的思维，测算出"止拍点"，否则，将容易产生"地王"的风险。

致　　谢

在此首先要感谢的是：我的母亲邹凤英女士和父亲吴生长先生，感谢他们的养育之恩。他们勤劳朴实的生活态度永远是我学习的典范。感谢妻子赵贞女士、儿子吴阳给我带来的家庭温暖。

感谢北京大学的老师们对我的培养（以下按姓氏拼音排序）：陈玉宇老师、董小英老师、李其老师、厉以宁老师、梁钧平老师、刘力老师、刘学老师、陆正飞老师、王俊宜老师、王明进老师、武常岐老师、徐信忠老师、姚长辉老师、于鸿君老师、张维迎老师、张一弛老师、张志学老师。

感谢中国人民大学的王轶老师、中国政法大学的赵旭东老师；香港科技大学工商管理学院赵越老师；美国加州大学的 RAJIVD. BANKER 老师；美国哥伦比亚商学院的 James Mac Hulbert 老师；美国加利福尼亚大学的祝效国老师给予知识的传授。

对于已进入不惑之年的我，一路走来，需要感谢的人还很多，在此特别要表达谢意的有（以下按姓氏拼音排序）：龚花强先生、郭梓文先生、黄欣先生、谢丽萍女士、邹锡昌先生、周泽荣先生，感谢他们能使我有机会从事建设项目管理、房地产开发项目管理的工作。

最后，以二首诗来总结一下：

> 内部控制建团队，
> 合同管理设防范。
> 投资总控谋大略，
> 兵法三部筑名盘。
>
> 吴越圣贤迁南粤，
> 增进友谊重恩情。
> 胜算运筹赋远见，
> 专著传世典书经。

吴增胜

（作者系北京大学硕士、高级工程师、国家注册造价工程师、国家注册监理工程师、广州市评标专家）